中国文化遗产
ZHONG GUO WEN HUA YI CHAN

中國 文化遗产年鉴

The Chinese Cultural Heritage Annal

酒文化卷

《中国文化遗产年鉴》 编辑委员会 编

文物出版社

总 策 划：杨曙光
策　 划：王　利
责任编辑：孙　霞
版式设计：邢志强

图书在版编目（CIP）数据

中国文化遗产年鉴.书画、酒、紫砂/《中国文化遗产
年鉴》编辑委员会编．—北京：文物出版社，2008.6
ISBN 978-7-5010-2488-9

I．中… II.中… III.文化遗产－中国－年鉴 IV.
K203-54

中国版本图书馆CIP数据核字（2008）第069020号

中国文化遗产年鉴·酒文化卷
《中国文化遗产年鉴》编辑委员会 编
*

文 物 出 版 社 出 版 发 行
（北京东直门内北小街2号）
http://www.wenwu.com
E-mail:wed@wenwu.com
北京画中画印刷有限公司印刷
新 华 书 店 经 销
889×1194　1/16　印张：31
2008年6月第一版　2008年6月第一次印刷
ISBN 978-7-5010-2488-9　定价：1280.00元（全三卷）

本年鉴由中国贵州茅台集团资助出版

《中国文化遗产年鉴·酒文化卷》 编辑委员会

一、2006年6月10日，《中国文化遗产年鉴》编辑委员会编辑出版了首部《中国文化遗产年鉴》。并以《书画艺术卷》作为《中国文化遗产年鉴》的第一分卷。并于2007年6月7日出版。本书是《酒文化卷》的第一卷，2008年版。

二、《中国文化遗产年鉴·酒文化卷》是对中国酒文化发展历史的忠实记录和高度概括总结。本书还简要介绍了中国酒文化的历史渊源及沿革发展，历代的名家及其影响。

三、《年鉴》当代部分主要收录了当代有突出贡献和有影响的制酒企业和后起之秀。

四、由于资料浩如烟海，难以割舍，只能取开放的方式，不求一次收全，但求逐次完善，对于未能辑入的酒文化名家、名企业将在今后的年鉴中增补。

五、本《年鉴》以中国酒为主。分白酒、啤酒、葡萄酒、果酒、黄酒、药酒、奶酒七大类。

六、古代酒文化名家小传以生年排序，生年相同或生年不详者以卒年排序，发表时间、生卒年均不详者，列入该时期之首。

当代按中国酒业特殊贡献奖获得者、酿酒大师、优秀酒企业家、 酒文化专家、酒具制作大师排序。

七、本《年鉴》记录事件发生的截止日期为2008年3月31日。

《中国文化遗产年鉴》编辑委员会
2008年6月8日

目 录 CONTENTS

2008年，值得中国人骄傲的一年！综合国力的不断壮大，令世人瞩目！随着奥运圣火的燃起，中国正向世界强国迈进！我们为处在这样一个和平盛世而备感欣慰。五千年的中华文明，先祖们留下了无数弥足珍贵的文化瑰宝，我们以完成文化遗产所赋与的代代传承，超越前人为历史使命！

胡锦涛同志在党的十七大报告中提出，要加强对各民族文化的挖掘和保护，重视文物和非物质文化遗产保护，做好文化典籍整理工作。这已是我们《中国文化遗产年鉴》编辑工作的重要思想指导。

出于对中华民族的情感、对民族文化的厚爱，经过三年的不懈努力，我们收集、整理了大量文献资料和当代资讯，在中国文化遗产日三周年之际，编辑出版了这套史料性、普及性、可读性极强的《中国文化遗产年鉴》三部分卷《书画艺术卷》《酒文化卷》《紫砂陶艺卷》这是继2006年开始的连续三年出版，共分五卷。

保护文化遗产这句重千钧的话语是我们编辑本年鉴的宗旨，守望精神家园是我们志同道合的缘起。

在我们的国土上还有许多的人在默默地为保护中国文化遗产不惜一切：国学大师季羡林先生为东方文化研究倾注了大量心血，为中华民族的复兴呐喊；冯骥才先生倾其所有设立文化遗产基金；成龙为弘扬中华武术年过半百而身体力行；张艺谋这位中国电影人在为北京2008人文奥运导演……

《中国文化遗产年鉴》的出版为中国久远而新兴的文化遗产保护事业添薪加火，但作为一项事业来建设，这才肇建伊始；《中国文化遗产年鉴》的出版是中华民族伟大复兴的又一响应，大厦建成，全凭一砖一瓦；知易行难，文成一字一句。

在今后的年度里，我们将围绕中国传统文化继续出版年鉴系列分卷，从不同门类、学科、领域进行全面收集、整理、汇编，对在为传承、创新中国优秀传统文化做出突出贡献的人物和重大事件给予记载；全面记录各级政府和社团组织为保护、抢救、传承、发扬中国优秀民族文化所做出的贡献。

中国文化博大精深，只有在深入其中之后才会有这样的感怀。

让我们在中国文化的大发展、大繁荣中，弘扬中华民族的优秀传统文化，以文化遗产为依托，积极普及和宣传文化遗产保护知识，增强中华文化的国际影响力，共同建设中华民族共有的精神家园。

发掘、整理、保护祖国文化遗产；传承、弘扬中华文明，亦吾辈之夙愿。我们躬行不止。

我们的努力但愿大家满意，努力的我们还望大家提携！

杨曙光 于北京禄米仓

农历戊子年三月

国酒之父　　周恩来总理生前特别钟爱茅台酒，在1949年9月召开的生届全国政协会议上，经周总理提议，茅台酒作为"开国第一酒"，从而奠定了茅台酒作为中国国酒的基础。图为矗立在茅台集团办公大楼旁边的周总理大型铜像（周总理的故乡——江苏省淮安市人民政府赠送）

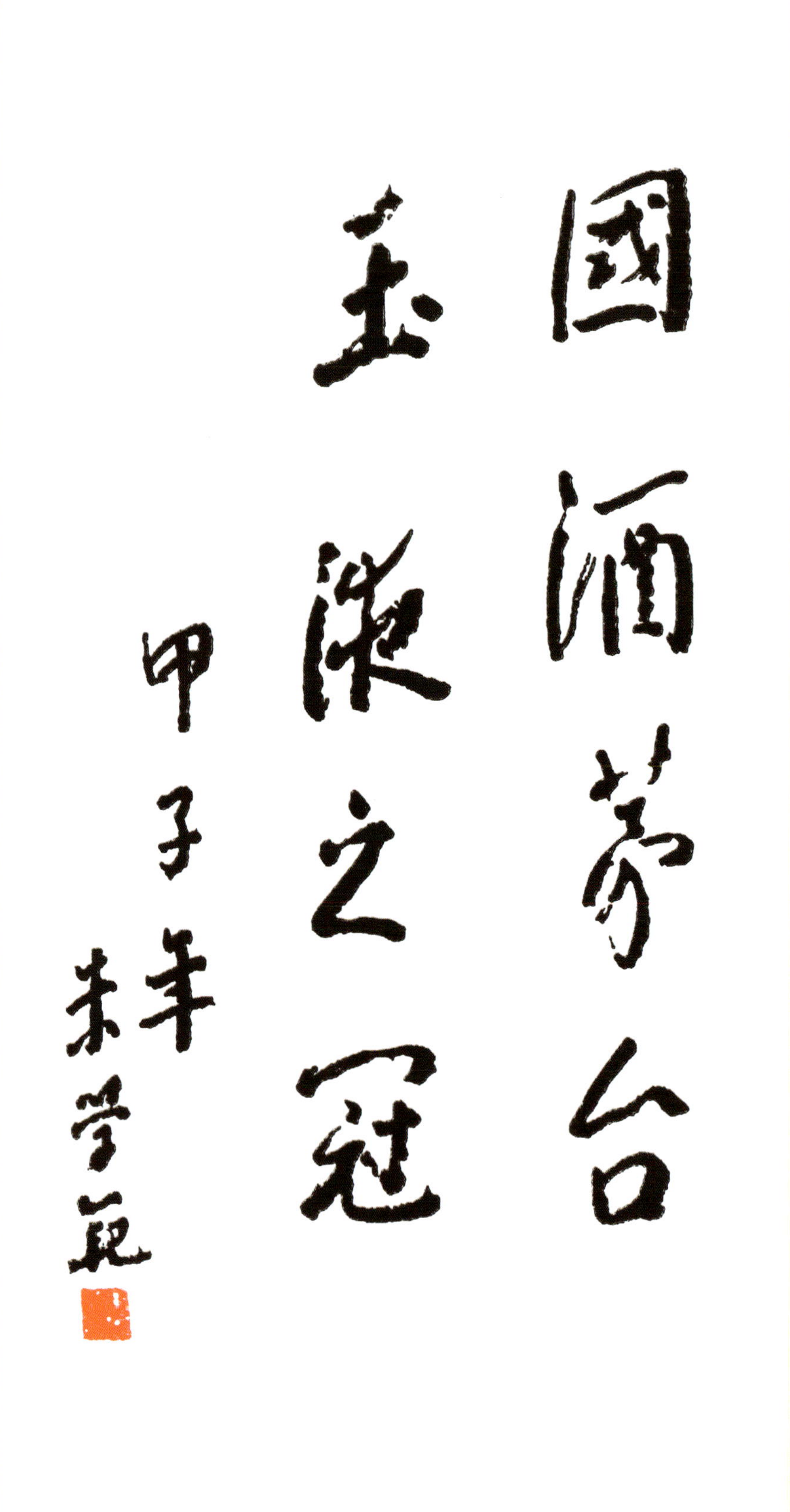

国酒茅台　玉液之冠

甲子年
朱学范

国酒茅台　玉液之冠　　　朱学范（原全国人大副委员长）

国酒茅台　香溢四海
程思远（原全国人大副委员长）

酒香漂万里
溥杰（著名书法家）

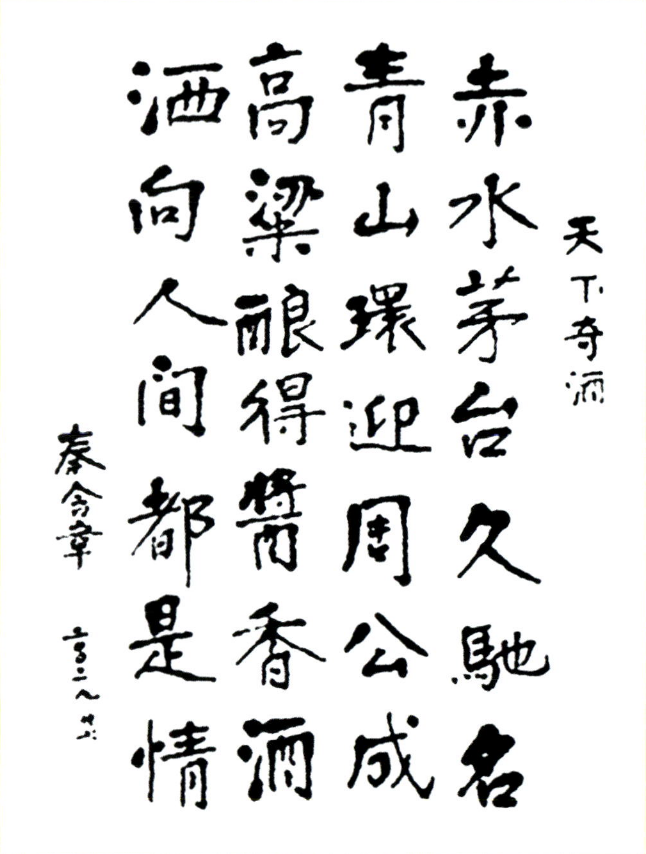

天下奇酒
赤水茅台久驰名　青山环迎周公成
高粱酿得酱香酒　洒向人间都是情
秦含章（中国酒界泰斗）

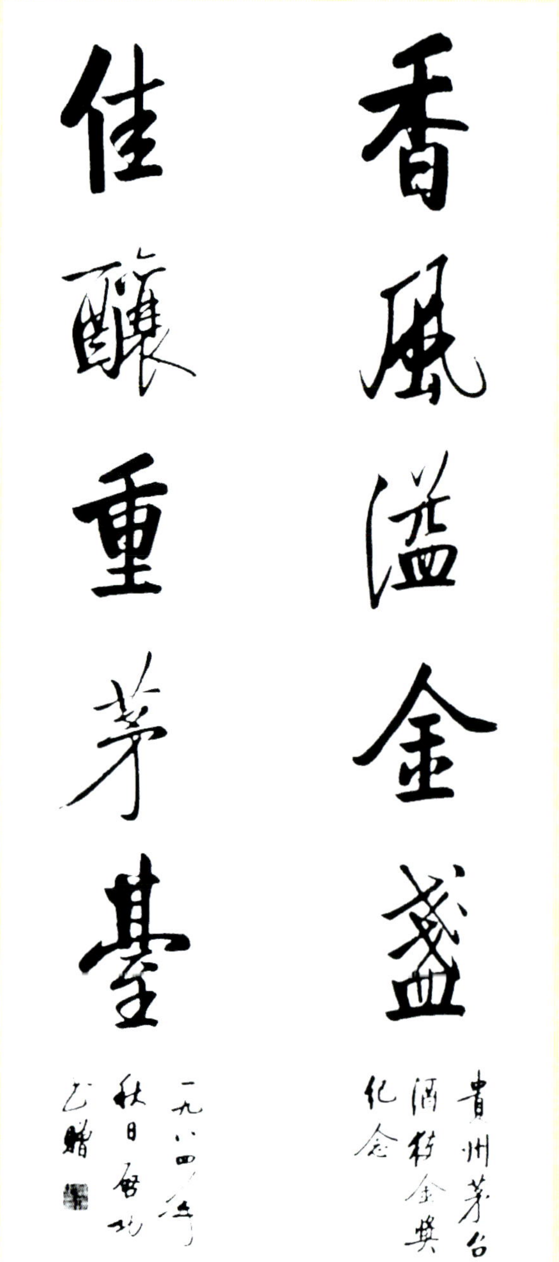

香风溢金盏　佳酿重茅台
启功（原中国书法家协会主席）

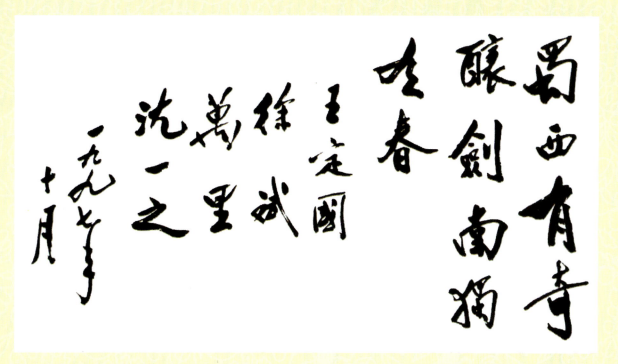

蜀西有奇酿　剑南独有春
王定国（原全国妇联副主席、谢觉哉同志夫人）、徐斌
万里（原全国人大委员长）、沈一之（原四川省委宣传部长）

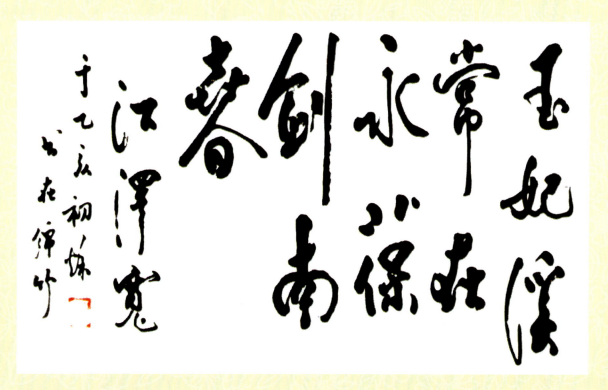

玉妃溪常在　永葆剑南春
江泽宽（原国家轻工部主管酿造领导）

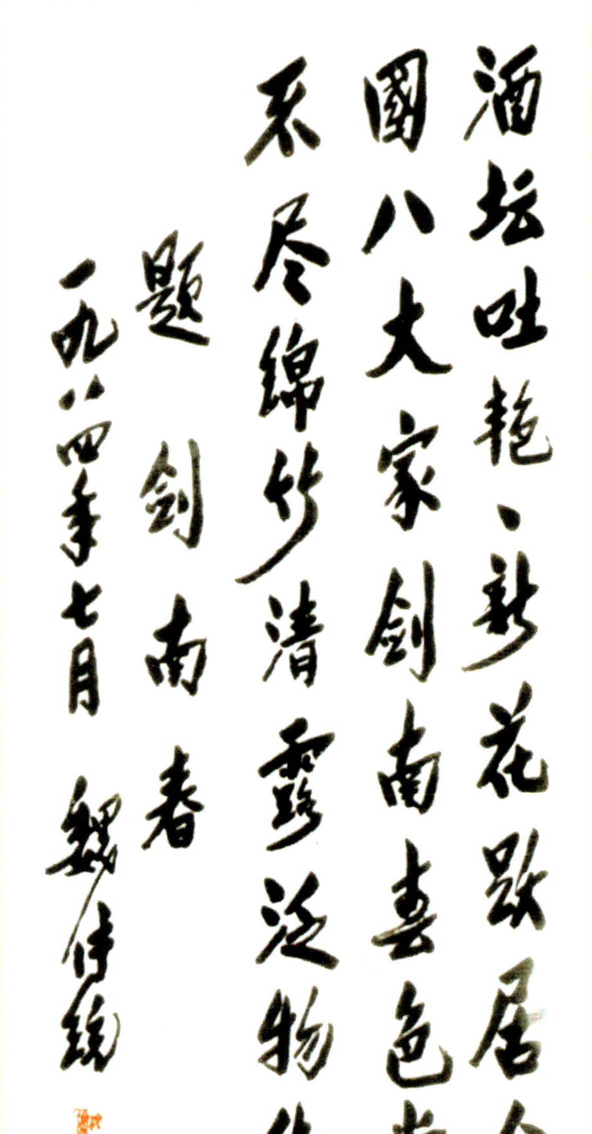

酒坛吐艳艳新花　跃居全国八大家
剑南春色赏不尽　绵竹清露泛物华
魏传统（原中国人民解放军艺术学院院长）

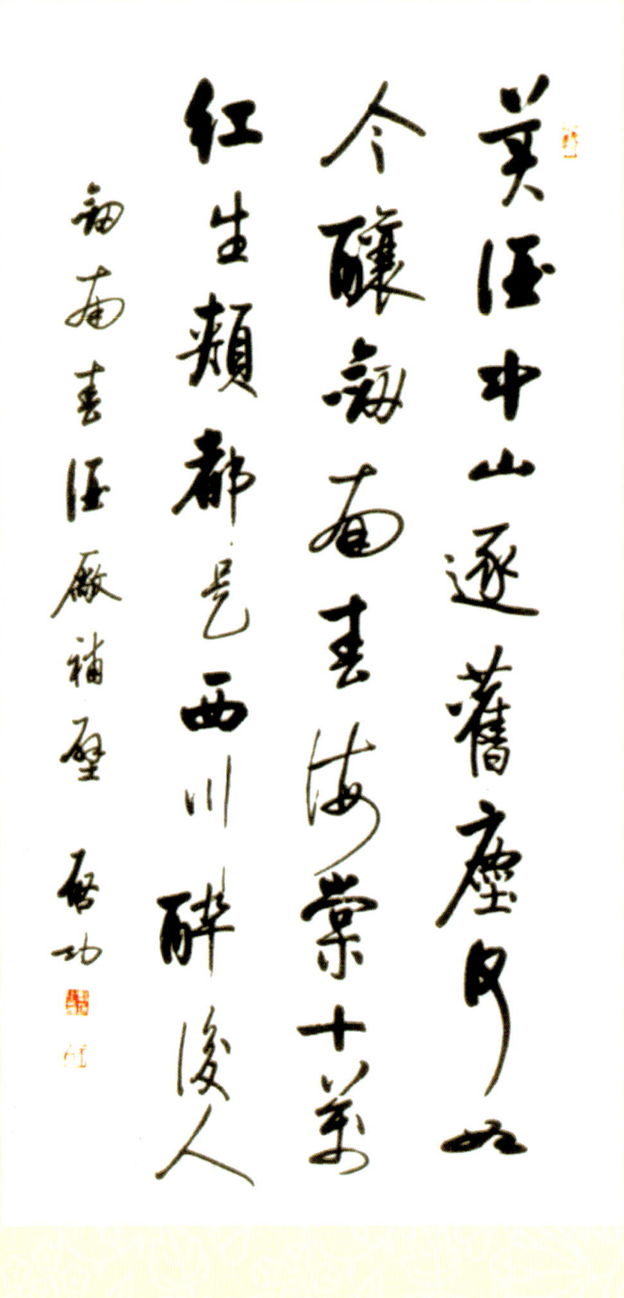

酒坛吐艳艳新花跃居全
国八大家剑南春色赏
不尽绵竹清露泛物华
题剑南春
一九八四年七月　魏传统

美酒中山逐旧尘　何如今酿剑南春
海棠十万红生颊　都是西川醉后人
启功（原中国书法家协会主席）

美酒中山逐旧尘
今酿翻为画海棠十
红生颊都是西川醉后
人
绵竹春酒厂补壁　启功

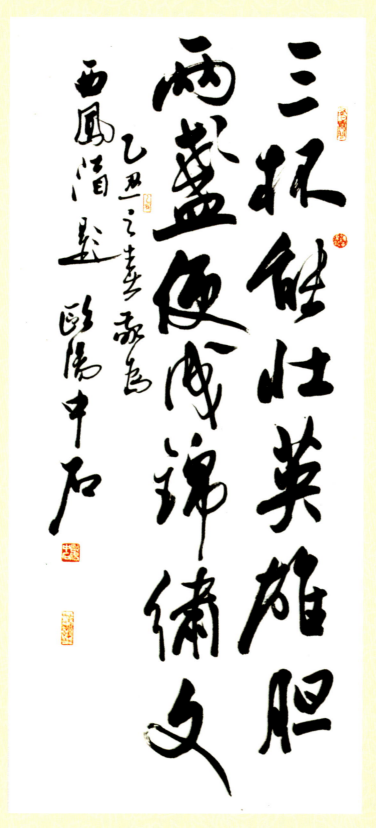

三杯能壮英雄胆　　两盏便成锦绣文

欧阳中石（著名书法家）为西凤酒厂题词

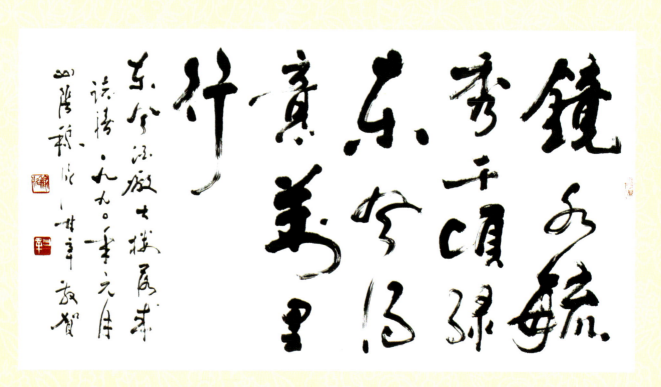

镜外毓秀千顷绿　东风得意万里行

会稽山酒厂题词

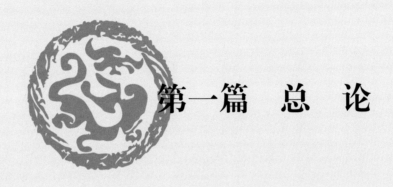 第一篇 总 论

第一章　文化国力论

进入21世纪，在经济全球化的趋势下，文化已经成为一个国家社会和经济发展的战略资源，在综合国力竞争中的地位和作用越来越突出。

推动社会主义文化大发展大繁荣

——《在中国共产党第十七次全国代表大会上的报告》之七

胡锦涛

当今时代，文化越来越成为民族凝聚力和创造力的重要源泉、越来越成为综合国力竞争的重要因素，丰富精神文化生活越来越成为我国人民的热切愿望。要坚持社会主义先进文化前进方向，兴起社会主义文化建设高潮，激发全民族文化创造活力，提高国家文化软实力，使人民基本文化权益得到更好保障，使社会文化生活更加丰富多彩，使人民精神风貌更加昂扬向上。

（一）建设社会主义核心价值体系，增强社会主义意识形态的吸引力和凝聚力。社会主义核心价值体系是社会主义意识形态的本质体现。要巩固马克思主义指导地位，坚持不懈用马克思主义中国化最新成果武装全党、教育人民，用中国特色社会主义共同理想凝聚力量，用以爱国主义为核心的民族精神和以改革创新为核心的时代精神鼓舞斗志，用社会主义荣辱观引领风尚，巩固全党全国各族人民团结奋斗的共同思想基础。大力推进理论创新，不断赋予当代中国马克思主义鲜明的实践特色、民族特色、时代特色。开展中国特色社会主义理论体系宣传普及活动，推动当代中国马克思主义大众化。推进马克思主义理论研究和建设工程，深入回答重大理论和实际问题，培养造就一批马克思主义理论家特别是中青年理论家。切实把社会主义核心价值体系融入国民教育和精神文明建设全过程，转化为人民的自觉追求。积极探索用社会主义核心价值体系引领社会思潮的有效途径，主动做好意识形态工作，既尊重差异、包容多样，又有力抵制各种错误和腐朽思想的影响。繁荣发展哲学社会科学，推进学科体系、学术观点、科研方法创新，鼓励哲学社会科学界为党和人民事业发挥思想库作用，推动我国哲学社会科学优秀成果和优秀人才走向世界。

（二）建设和谐文化，文明风尚。和谐文化是全体人民团结进步的重要精神支撑。要积极发展新闻出版、广播影视、文学艺术事业，坚持正确导向，弘扬社会正气。重视城乡、区域文化协调发展，着力丰富农村、偏远地区、进城务工人员的精神文化生活。加强网络文化建设和管理，营造良好网络环境。大力弘扬爱国主义、集体主义、社会主义思想，以增强诚信意识为重点，加强社会公德、职业道德、家庭美德、个人品德建设，发挥道德模范榜样作用，引导人们自觉履行法定义务、社会责任、家庭责任。加强和改进思想政治工作，注重人文关怀和心理疏导，用正确方式处理人际关系。动员社会各方面共同做好青少年思想道德教育工作，为青少年健康成长创造良好社会环境。深入开展群众性精神文明创建活动，完善社会志愿服务体系，形成男女平等、尊老爱幼、互爱互助、见义勇为的社会风尚。弘扬科学精神，普及科学知识。广泛开展全民健身运动。办好2008年奥运会、残奥会和2010年世博会。

（三）弘扬中华文化，建设中华民族共有精神家园。中华文化是中华民族生生不息、团结奋进的不竭动力。要全面认识祖国传统文化，取其精华，去其糟粕，使之与当代社会相适应、与现代文明相协调，保持民族性，体现时代性。加强中华优秀文化传统教育，运用现代科技手段开发利用民族文化丰厚资源。加强对各民族文化的挖掘和保护，重视文物和非物质文化遗产保护，做好文化典籍整理工作。加强对外文化交流，吸收各国优秀文明成果，增强中华文化国际影响力。

（四）推进文化创新，增强文化发展活力。在时代的高起点上推动文化内容形式、体制机制、传播手段创新，解放和发展文化生产力，是繁荣文化的必由之路。要坚持为人民服务、为社会主义服务的方向和百花齐放、百家争鸣的方针，贴近实际、贴近生活、贴近群众，始终把社会效益放在首位，做到经济效益与社会效益相统一。创作更多反映人民主体地位和现实生活、群众喜闻乐见的优秀精神文化产品。深化文化体制改革，完善扶持公益性文化事业、发展文化产业、鼓励文化创新的政策，营造有利于出精品、出人才、出效益的环境。坚持把发展公益性文化事业作为保障人民基本文化权益的主要途径，加大投入力度，加强社区和乡村文化设施建设。大力发展文化产业，实施重大文化产业项目带动战略，加快文化产业基地和区域性特色文化产业群建设，培育文化产业骨干企业和战略投资者，繁荣文化市场，增强国际竞争力。运用高新技术创新文化生产方式，培育新的文化业态，加快构建传输快捷、覆盖广泛的文化传播体系。设立国家荣誉制度，表彰有杰出贡献的文化工作者。

中华民族伟大复兴必然伴随着中华文化繁荣兴盛。要充分发展人民在文化建设中的主体作用，调动广大文化工作者的积极性，更加自觉、更加主动地推动文化大发展大繁荣，在中国特色社会主义的伟大实践中进行文化创造，让人民共享文化发展成果。

第二章　酒文化论

第一节　关于"酒文化"的研究

首届中国文化节的节徽是一只青铜酒爵，这足以说明中国酒文化是中国文化遗产的典型代表之一。

深入思考和正确把握酒文化的内涵、功能和作用，深入研究和探索中国酒文化在中国文化遗产和酒业生产经营中的地位和作用，对于我国文化建设和酒业发展来说，在理论和实践上都有重要的现实意义。

一、酒与饮酒

酒是一种可以天然生成或人工酿造而成的含有乙醇的刺激性美味饮料。乙醇的分子式为：C_2H_5OH。酒因原料和酿造方法的不同而有众多品种。

饮酒虽然是个人的饮食行为，但它既不充饥也不解渴，饮用后，在人体内产生的化学反应，具有快乐、兴奋的升华作用，直接影响人们的思想、语言、感情、心理和行为。每个人对酒的适应性不同，一般说来，适量饮酒有利健康，过量则有害。为了礼仪、交往，饮酒成为了一种社会活动。

二、酒文化的涵义

酒是一种非常奇特而又富有魅力的饮品，是食文化中内涵最丰富、历史最悠久的一种。在人类文明史上，酒文化是各民族不同传统文化中的重要组成部分。这种酒文化，是指围绕着酒这个中心所产生的一系列物质的、技术的、工艺的、精神的、习俗的、心理的、行为的现象的总和。它既包括了酒的起源、生产、流通和消费，也包括了酒的各种社会文化功能以及酒所带来的社会问题等方面所形成的一切现象。酒，在人际交往中有着重要的作用，它在人类生活中搭起了一座沟通、理解的桥梁。人只要在社会上生活，就离不开交往，而酒在交往中（包括国家等群体关系）的特殊作用和神奇魔力，恐怕是任何一种食品都望尘莫及的。酒，伴随着人类文明的发展，已渗透到人类文化的各个方面，从饮酒到赏酒，经几千年的进化，逐步形成了自身独特的个性。

酿酒，饮酒，用酒，以及由此而产生或衍生的行为和观念，是一种文化现象，人们称之为"酒文化"。这是世界共同的现象。中西酒文化的差异是明显的——浅斟低唱与牛饮，微醺与醉昏，人造酒说与神造酒说，以及缘此而来的种种不同的文化引伸，均有所不同。中国酒文化特有的社会功能与政治功能、天人合一的哲学理念、各种活动中的酒礼、酒桌上的游戏——酒令，与西方有着很大的不同。对于中国人来说，酒已不仅仅是一种饮品，而是一种积淀，一种寄托，一种悠久的文化。在酒的用料与品类上，中国最具特色、最著名的是用粮食酿造的粮食酒；西方则是用葡萄酿的葡萄酒。在酿造工艺上，中国讲究料、水、曲三者统一，采用固态、复式发酵法；西方以料为核心，采用液态、单式发酵法。在酒文化的核心上，中国视酒为工具，意不在酒；西方视酒为艺术品，意就在酒。造成这些差异的原因在于地理环境、物产、原料和生产方式、文化传统等的不同。

中国人很看重饮食文化，酒文化也相得益彰。美酒、佳肴向来是一对鸳鸯眷侣。高兴的时候、不开心的时候、过节的时候、平常的日子，没有酒的陪伴生活就像白水一样淡而无味，我们需要美酒的熏陶。在各种各样的日子里，与家人、与好友，斟一小杯酒，在轻摇慢啜中交谈相叙，情趣盎然，这成为中国人日常生活的重要组成部分。

酒对中国历史文化、文学艺术、绘画艺术、宗教文化、民风民俗、科学技术、社会心理、军事政治活动等各个领域产生了巨大的影响。中国酒文化以其悠久的历史、博大精深的蕴涵而在世界酒文化之林中独领风骚，人们逐步认识到中国酒文化的精神文化价值：中国酒文化是一种民俗文化、社会文化，也是一种政治文化，更是一种艺术文化。

酒作为特定文化的化身，具有强烈的民俗色彩，而饮酒行为背后所体现的哲理，可以让人体验生命、社会的无尽含义。即所谓"对酒当歌，人生几何"。酒一方面是人类文化活动的产物，是不同时代社会生产力发展水平的标志之一；另一方面也是社会文明的一种标志。

综上所述，酒文化的定义是人类有关酒的物质财富和精神财富的总和。酒文化是一种广泛的社会文化现象，具有鲜明的民族性，对社会生活发生着重要影响，是中华文化遗产的代表之一。

第二节 酒文化的构成及其层次关系

酒文化的内容可以分为酒论、酒史、传统酿造术、酒具、酒俗、酒功、酒艺文、饮酒心理与行为和酒政九个方面。其内涵丰富多彩，各部分有机地联系在一起形成一个具有系统性的整体。研究酒文化，应该以人为本，将经济的发展与人自身的需要，有机地结合起来。酒文化具有以下几种基本形态。

一、物质文化

它包括酒体、酿造原料、生产工具、饮酒器具、酒令器具、酿酒作坊等，它们是酒文化的物质形态。不同的酒，代表着不同的时代文化和地域文化。

二、技艺文化

它包括酒从原料加工到成品酒产出全过程的酿制工艺。酿制技艺的发展，反映着社会生产力水平和科技水平。围绕中国酒的物种起源、原料选用、酒曲制备、酿造机理、发酵工艺、蒸馏糖化、勾兑调味、饮用器具、酒窖酒池、质量控制、酒志酒谱、香型划分都是酒的酿造生产所必需的。传统酿造术是民间世代相传的，是人们长期实践经验和智慧的结晶。具有鲜明的群众性和实践性与现代工业酿酒的科学技术所具有的专业性和实验性是不同的。我国许多民族或地区一般家庭都能酿造的甜米酒就是一个很好的例证。它既方便酿制和食用又富有营养，常被当作产妇的滋补品。这种既简单又普遍的酒文化成果就是传统酿造术的结晶。

三、消费文化

它是指人们在酒类消费领域中产生的消费心理、消费原则、消费观念、消费取向、消费习惯以及消费品自身的特点等经济文化因素的总和。其中包括不同时期的消费时尚，不同地区的消费差异，不同群体的消费习惯，对饮酒的目的、时间、地点、人员和酒具的选择，对酒的品种、品牌、度数、口感、包装、价格的选择，酒桌上行令、娱乐等活动，以及不同的饮酒方式及酒后效应等。

四、制度文化

其中包括历代政府颁布的酒业政策法规及其社会效应，酒业管理机构的组成及其运行情况等。制度、行为形态酒文化的演变，作为礼仪文化重要内容的酒礼制度和行为准则，从最初的酒祭发展到酒礼、酒政、酒官、酒榷乃至酒税，从最初的敬天事鬼发展到防患酒祸、调整社会关系和行为，经过了几千年中华民族历史的扬弃与创造，逐渐融入了民族风俗习惯和社会政治形态中，成为成文或不成文的伦理道德、社会行为的规范准则。许多酒礼行为，如以尊贵崇老为先的宴席席位、座位的摆列、拱揖礼节、尊人谦己以及文明礼貌的饮食行为准则，一直为现代人所遵循。从周代以来发展形成的调整酒的社会关系的政治手段，以及从汉代以来发展形成的酒类专卖、酒税等经济调节手段，经过历代发展、损益，至今仍不失为较好的调剂手段，具有借鉴意义。

五、民俗文化

其中包括人们在逢年过节、婚丧嫁娶、待人接物、生日寿诞、生儿育女、成丁之礼、祭祀祖先、迎神赛会、游戏娱乐等民间活动中的饮酒用酒习俗。

六、精神文化

与酒有关的掌故礼俗、诗文创作、酒史文风、品评鉴赏、古今人物等等精神、心理、意识、思想都是酒的酿造生产的精神反映。与酒有关的种种文艺形式酒艺文是酒作为精神文化的一种表现。人们崇信和颂扬酒的某种神圣奇特的性质，欣赏有关美酒醇美品质和神奇力量的神话，讲究酒德，坚持对酒的传统道德观，形成与酒有关的酒令、酒歌、酒舞、酒戏、醉拳与醉棍等专门的文艺形式。至今放歌饮酒、歌舞饮宴、以歌劝酒和且歌且舞且饮等习俗仍在我国一些地区和民族中盛行充分说明其深厚的群众基础。从人们在酒行为中反映出来的情趣意志和精神寄托来看，在一定的适宜的时间场合和气氛中饮酒常有利于人们宣泄心理上的积淀。所以酒行为也常表现为一种心理与行为的文化。它或反映人们的个性与人格，或满足人们的某种动机与需要，或为实现人们的某种观念与理想，或可激发人们的思维与灵感或能表达人们某种情感与情绪等在各种各样的心理活动中其所起的作用常通过不同形式表现出来。

在以上几个方面中，物质文化既是酒文化得以产生和发展的基础，也是人们的酿造活动所创造的物质成果。没有这些物质成果，精神文化就无从谈起。精神文化是体现酒的社会文化功能的主要方面。其中的儒道佛三家酒文化思想、哲学和信条，则是中国酒文化的思想基础，这三种观念直接对酒文化的发展和演变产生着深刻的影响和重要的导向作用。

如果从文化遗产的角度，我们还可以把酒文化划分为物质文化遗产和非物质文化遗产两大类，其中酒文化中的物质构成属于物质文化遗产的范畴，酒文化中其他方面的文化均属于非物质文化遗产的范畴。

第三节 酒文化研究的地位和作用

一、促进"两个文明"建设

酒不仅是一种美味的饮料，在中华民族酒文化中，酒还是一种执行和完成礼仪之物、表达和激发感情之物、娱乐与助兴之物、美化与诗化生活之物、治疗或保健之物等。归结起来，这些都起因于酒本身所具有的升华力。而饮酒心理是酒文化的核心，通过它可以把酒与其他文化现象密切地联系起来，使之成为一个整体。使饮酒活动不仅是一种饮食习俗，而且是一种群体的社会行为。在群体中，正确适量饮酒可以让社会成员激昂斗志、振奋精神、欢乐顺畅、团结和谐、共同奋斗；自由放任、不加节制的饮酒可以让社会成员反目成仇、酗酒滋事、打架斗殴、妻离子散、邻里失和、事故仍频。

饮酒有饮酒的礼仪，酒与礼是紧密相连的。饮酒不仅要讲礼仪，更要有好的酒德、酒风。酒德，大可反映一个民族的精神风貌，小可知一个人的修养和品德。有酒德者，饮酒时遵从酒礼，畅饮却不至极，尽兴而不至醉。猜拳行令，文雅机敏，幽默风趣，妙语连珠，不贪杯，不赖酒，堂堂正气，诚实豪爽，君子风度，令人敬仰。酒要喝得安闲有致，慢斟细酌，徐徐品味，才能添雅兴，增雅趣，逸才思。宋人汪道昆说"善饮者必自爱其量"。

研究酒文化，要从官场做起，在全社会树立优良酒风、酒德，发挥酒在人们日常生活中的积极作用，减少不文明、不规范饮酒造成的负面影响，从建设社会主义物质文明和精神文明的高度发展酒的生产、规范饮酒行为、提倡社会主义酒德、建设和谐社会。

二、推动酒企业发展

酿酒企业的领导们要全面理解酒文化的内涵，纠正那种认为"酒文化研究就是查查历史、写写文章、搞搞宣传"的片面认识，从而统揽物质文明和精神文明建设的全局，将酒文化研究同企业文化建设紧密结合。通过研究酒的物质形态和工艺技术，提高酒的产品质量，降低生产成本；通过研究消费文化、民俗文化和消费心理，及时准确地掌握市场动态和消费者的需求，及时调整产品结构，开发适销对路的产品；提高企业营销人员的市场意识、服务意识和营销水平，扩大产品销路，提升企业的文化素质，提高职工的思想道德水平，增强企业的凝聚力，提高贯彻执行国家政策法规的自觉性，端正企业发展方向。只有这样，酒文化研究才能真正发挥其促进企业生产、经营、管理、科研和企业素质全面提高的作用。

三、保护中国文化遗产

中华民族优秀的文化遗产以生动的表现形态，见证了中国五千年文明的悠悠岁月。它们是维系中华民族团结统一的精神纽带。继承优秀历史文化遗产还是维护世界文化多样化、坚持民族精神的必然要求。加强文化遗产保护刻不容缓。而酒文化研究，就是将酒文化挖掘整理、保护完善、发扬光大，为国家建设服务。为满足人民群众日益提高的物质与文化需求服务。

主要参考文献：

1．《马克思恩格斯选集》第四卷，第62页、第159页
2．徐少华《中国酒与传统文化》北京，中国轻工业出版社，2003年
3．林超《饮酒六德》酿酒科技2001年第1期（总第103期）
4．万伟成《中华酒文化的内涵、形态及其趋势特征初探》酿酒科技2007年第9期（总第159期）
5．萧家成《论中华酒文化及其民族性》民族研究 1992年第5期

第二篇　酒文化史

第一章　酒的起源与酒文化诞生

酒，是用粮食、水果等含淀粉或糖的物质经过发酵制成的含乙醇的饮料。它的产生必须具备四个条件，一是原料，二是发酵剂，三是适当的温湿度，四是酿制器具。这四个条件必须同时具备，缺一不可。也就是说，只要具备这四个条件，就能够产生酒。因而，酒的产生有着极其久远的历史，从酒的产生到酒文化的形成，经历了一个极其漫长的过程。

第一节　天然果酒

大约在1亿年前，地表状况与今相差无几，地球上已经出现了被子植物，其中能够酿酒的水果如葡萄、梨、苹果等野生树木大量生长，可以认为，那时候自然果酒就已经产生了。

酒的最初形成是源于自然发酵。远古时候，熟透的野果落地，偶尔滚到岩石低洼的地方堆积成堆，遇有适当的温度、湿度，野果中所含能够发酵的糖分被果皮上带的酵母菌（广泛存在于自然界，空气中也有酵母细胞）发酵，可产生一种香甜的含酒精液体，这就是地球上最早出现的天然果酒。天然果酒的原料就是野生水果，发酵剂就是天然酵母菌，酿制器具就是石洼。

人工酿造的酒，是在自然形成的酒的基础上诞生的。如蒋英炬先生说："野生水果含有发酵性的糖类，遇到酵母菌会自然发酵成酒。空气尘埃或水果皮上也有酵母细胞，故成熟野果自然发酵成酒的现象是比较普遍的。"邢润川先生也有类似的观点，他说，人工酿造的酒是在自然形成的酒的基础上诞生的，它们之间的渊源关系，正是人工酿酒的起源。但自然形成的酒起源于何时呢？

果酒自然形成，史书记载确有其事，不少人亲眼目睹。如万国光先生曾引用过一个事例："金代文学家元好问(公元1190~1257年)在他写的《蒲桃酒赋》一文的序言中，说了一件葡萄自然发酵成酒的故事。他说，金宣宗时候，有邻居因躲避战乱，逃到山中去了。返回家后，见到原来放在一个竹器中的葡萄枝蒂已经干了，汁液流到下边的一个容器中，尝尝味道，成了挺好的酒。葡萄能自然发酵成酒，其他多汁水果，如梨等也能。这种推断，从南宋周密《癸辛杂识》一书中关于天然"梨酒"生成的记载就可以类比：

"仲宾又云，向其家有梨园，其树之大者，每株收梨二车。忽一岁盛生，触处皆然，数倍常年，以此不可售，甚至用以饲猪，其贱可知，有所谓山梨者味极佳，意颇惜之。漫用大瓮储数百枚，以缶盖而泥其口，意欲久藏旋取食之。久则忘之，及半岁后启至园中，忽闻酒气熏人，疑守舍者酿熟，因索，则无有也。因启观所藏梨，则化而为水，清冷可爱，湛然甘美，真佳酿也，饮之辄醉。回回国葡萄酒止用葡萄酿之，初不杂以他物，始知梨可酿，前所未闻也。"

所以说，酒并非人类的发明，更不是上帝的恩赐或猿猴的发明，而是大自然的造化，古人称酒为"天赐之美禄"很有道理。

第二节　猿酒与乳酒

一、猿酒

灵长类动物猿猴很早就发现了野果变酒的自然现象，饮酒所产生的愉悦感和兴奋感，刺激着它们也偶有所遇、寻踪觅酒或集果成酒，具体的做法不得而知，但仅为利用自然酿成的果酒而已，是采集而非制造。"低等动物身上表露的高等动物的征兆，反而只有在高等动物本身已被认识之后才能理解。"（《马克思恩格斯选集》第2卷第108页　人民出版社 1972）据清代徐珂《清稗类钞·金粟香饮猿酒》载："粤西平乐等府，山中多猿，善采百花酿酒。樵子入山，得其巢穴者，其酒多至数石。饮之，香美异常，名曰猿酒。漓江两岸间猿尤多，粤寇时，沿江炮火震警，猿迁越深山邃谷间，罕有止江者。江阴金粟香、平湖陆武园皆尝饮之。金粟香有句云：'岩暖猿搜花酿酒，林深狸攫果为粮。'武园也有句云：'猿入深山为避乱，桃源何地属秦人？'"《紫桃轩杂缀·蓬栊夜话》也载："黄山多猿猱，春夏采花果于石洼中，酝酿成酒，香气溢发，闻数百步。"

　　1977年在江苏省泗洪县双沟镇附近的下草湾出土的古猿人化石，经中国科学院古脊椎动物与古人类研究所的专家考证后，被命名为"双沟醉猿"。科学家们推断，1000多万年前，在双沟地区的亚热带原始森林中生活的古猿人，因为吞食了经自然发酵的野生果酒而醉倒未醒，成了千万年后的化石。此一论断，已被收入中国现代大百科全书。（详见《双沟醉猿》，文物出版社2002年3月版，尤玉柱等编著）

双沟醉猿　中新世双沟醉猿复原图

　　在广西左江地区，当地居民至今仍在自制的一种"猴酒"，就是将猴子藏在山洞中已经发酵的优质野果取回作为糖化发酵剂，酿制而成的。

二、人工野生果酒与乳酒

　　酒的酿造，是人类最古老的生产实践活动之一。300万年前诞生的早期人类，其酿酒技术仍停留在"猿酒"的水平上。60万年前，人类进入旧石器时代以后，生产力的发展促进了人类智力水平和生产水平的提高，以采集和狩猎为生的先民们将采集来的野生水果堆积在石洼中，酿成人工野生果酒。或者将一时喝不完的畜乳，用兽皮包起来贮存，在贮存过程中，空气中的酵母等就侵入乳汁，将其中的乳糖等发酵成乳酒（《周礼·礼运篇》中记载的"醴酪"，就是这种乳酒）。这种果酒和乳酒就是人类酿制的第一代酒精饮料。有以下两则报道可供参考：

　　2004年月日，中国科技大学科技史与科技考古系教授张居中与美国宾西法尼亚大学考古化学教授帕特里克·马克高文合作，曾在1999年至2004年，对在河南舞阳县贾湖遗址进行的6次发掘中采集到的部分出土陶器的沉淀遗留物质进行了一系列化学分析，结果显示：这些沉淀物含有酒类挥发后的酒石酸，残留物的化学成分与现代稻米、米酒、葡萄酒、蜂蜡、葡萄丹宁酸以及一些古代和现代草药所含的某些化学成分相同，某些残留物还留有山楂、蜂蜜等化学成分，由此可以推测该陶器曾被用于盛放美酒。贾湖遗址距今约9000年～7000年，是淮河流域迄今所知年代最早的新石器文化遗存，曾被评为20世纪中国100项考古大发现之一。盛酒陶器的具体年代确定为距今8600余年。这是中国乃至世界上目前发现最早的与酒有关的实物资料。

　　2007年7月19日，《美国国家地理》杂志刊载文章称，美国特拉华州一家名为"角鲨头"的酿酒厂，根据中国贾湖遗址盛酒陶器残留物的配方，经过数月的研制，已经生产出第一批复制成功的中国"贾湖城"牌古酒。

新华社1996年6月6日专电报道：美国考古学专家对从伊朗北部扎格罗斯山脉新发掘出的一个破损陶罐中的遗留物进行分析后发现，这个在距今7400年至7000年之间的陶罐中，存有富含于葡萄中的酒石酸的残留物以及一种叫做"含油树脂"的天然化学添加物质。含油树脂既可抑制酒转化成醋，又可去除酒中令人讨厌的口感。这个发现说明，人类在7000年前就能够酿造葡萄酒。这则报道，曾发表在英国《自然》科学杂志和墨西哥《至上报》1996年8月2日的文章《亚洲人在7000年前就开始酿酒》上。

上述人工酒所用的酿酒原料——野生水果并非人工生产，仍未完全脱离猿酒的状态，不具备文化的意义，因而还不能作为酒文化的开端。

第三节　酒文化的诞生

一、谷物酒的诞生

大约在五十万年前就出现了"北京人"，在六千余年前开始有了农业作物。那个时候的气候要比现在温和、湿润，有利于各种生物的繁衍和发展。大汶口文化时期，正处于母系社会开始解体，父系社会开始建立，原始农业已有了相当发展的历史阶段，同时，制陶业在当时亦得到了发展，这一点从山东大汶口遗址发掘出大汶口文化合葬墓中陶器的小口尖底瓶(贮酒容器)，其形状与《甲骨文编》中的酒字极相类似。因此，有了剩余粮食，为酿酒提供了原料，而陶器业的发展，则为酿酒提供了客器，剩下的问题只是发酵制剂了，而当时的气候条件又极有利于谷物发芽，培养发酵所需的霉菌，于是便产生了谷物制酒。所用的是曲和蘖。正如《尚书》中所载："欲作酒醴，尔惟曲蘖"(谷物芽)。谷物酒便如此应运而生了。从山东大汶口发掘的出土文物中，也有不少是酒器，如高柄杯等，是一有力的佐证。

值得着重提出的是，我国的酿酒技术从殷周时起就采取利用曲蘖使谷物发酵的方法，酒曲中除了培养的酵母、细菌等发酵微生物外，还有霉菌，而单就霉菌应用于酿酒来讲，我国可算是世界各国的鼻祖，这是我国劳动人民聪明才智发挥的光辉成就。

由于保存谷物的条件很差，有的受潮而发芽，这种发了芽的粮谷，称之为蘖；有的粮谷滋长了霉菌、酵母及细菌等微生物，称之为"曲"。蘖和曲均能使粮谷发酵成酒，蘖中的酶能将淀粉等分解为糖等成分（故蘖可称为糖化剂），再由空气中的酵母等侵入，将糖发酵成酒；曲中的酶可将淀粉变为糖，并由曲中的酵母及细菌等将糖发酵成酒（故曲可称为糖化发酵曲、酱油曲、醋曲等）。这种谷物酒，比野生果酒更为可口。人们为了得到这种美食的享受，开始有意识地仿效谷物发芽，或以煮熟谷粒泡水制酒，这便是人类自己酿造出来的谷物酒。和果酒相比较，谷物酒的形成机制比较复杂，因为谷物的主要成分不是糖，而是淀粉。

淀粉和糖同属碳水化合物，而淀粉的碳链比糖更长。酵母菌不能直接把淀粉分解成乙醇和二氧化碳，必须把淀粉链截成结构简单的葡萄糖、麦芽糖等糖类，才能被酵母发酵成二氧化碳和乙醇。在谷物发芽的时候，谷粒内部就会自然产生糖化酵素，自行把淀粉长碳链截断，变成麦芽糖等糖类，以供谷物生芽长根的需要。这时若遇到酵母菌，发芽的谷粒中麦芽糖等糖类就会发酵生出乙醇。啤酒就是根据这种原理，用发芽的大麦被酵母菌发酵成酒类；我国古代也是利用发芽的谷物制成的酒。

即使未发芽的谷粒中的淀粉也能被黄曲霉等真菌中的一些化学成分水解成糖类，再被酵母菌等发酵生出酒精。被称为"中国第五大发明"的酒曲，就是根据这种原理酿酒的。

农业的兴起，为酿酒提供了物质原料——谷物；陶器的出现为酿酒、饮酒提供了器具，保证酒在酿造过程和饮用过程中不会被渗漏掉；天然酒的形成、猿酒的产生和"有饭不尽，委以空桑，郁积成味，久蓄其芳"的现象，为人类酿酒提供了范例；以农业为主的原始氏族的定居生活又为酿酒奠定了社会生活基础，因而，这时出现人工谷物酒是历史的必然。近年来，我国三处地方出土的6000年前的原始酒具就有力地证明了这一点：

（一）1983年10月，就在炎黄部落发祥地宝鸡地区眉县杨家村二组出土了一组炎帝时代的陶器，计有五只小杯、四只高脚杯和一只酒葫芦。考古专家鉴定后确认：这批古陶器为酒具无疑，器物为泥质红陶，烧成温度约900度，至今已有6000年历史（《宝鸡日报》1988年9月1日周末文化版）。

（二）1998年浙江余姚县河姆渡文化遗址出土的6000年前用于盛酒、调酒和温酒的专用器皿"盉"。器高13.8厘米，采用泥质夹沙红陶烧成，胎壁薄而均匀，表面光洁，腹体硕大，形似蹲鸟。（《华夏酒报》1998年8月12日）。

（三）1999年江苏新沂市马陵山小徐庄的大汶口文化早期遗址中出土的6000年前陶酒杯，可分为四类：箍形杯、瓠形杯、筒形杯、圈足杯。另外出土了一个黑陶沥酒器（《华夏酒报》2000年1月19日）。

陕西眉县杨家村出土的古陶器

后两处遗址出土的酒具，与炎帝故乡宝鸡县杨家村出土的酒器大体是同一历史时期。这三处出土的6000年前的酒器遥相呼应，共同构成了原始先民酿酒、饮酒、用酒器具的系列，展现了中国酒器初创时期的古朴光华。它们的重见天日，进一步佐证了我国在6000年前就发明了人工谷物酒的史实，也进一步证实了中华文化和中华酒文化多元一体发展的观点。它们是目前我国乃至世界出土的最古老的酒器，为研究中国酒的起源提供了可靠的物证和珍贵的标本，从而有力地否定了仪狄、杜康造酒之说，使我国造酒史向前推进了1000年，从而成为世界三大酒文化古国之一。这正好与考古学家李仰松1962年提出的"我国酿酒的起

江苏新沂小徐庄出土的陶酒杯

源，可能与农业同时或稍晚些时候就出现了"的论点相暗合，也与刘安在《淮南子·说林训》中提出的"清醴之美，始于耒耜"的观点相一致。

当然，那时的酒只不过是谷物发酵泡水的"水酒"，可能是连酒糟一起吃的。《诗经·周颂》里就有"万亿及秭，为酒为醴。"的句子。所谓醴，即是汁和渣相混的酒米。如《礼记·内则》郑注："醴，汁渣相将，如今恬酒也。"今江浙、上海一带的甜酒酿，还是汁渣一起吃的，不过做法、味道已大大改进。

6000年前人工谷物酒的出现，是人类酿酒史上第二个里程碑，也是人类高明于其它动物，能够深刻认识自然、能动改造自然的光辉成果。它的酿造，从原料、器具到技术，都完全脱离了天然果酒纯自然状态和猿酒、人工野生果酒的落后状态，全部凝聚的是人类的劳动、智慧和追求。由于"历史从哪里开始，思想进程也应从哪里开始。"（《马克思恩格斯选集》）第2卷第122页）因此，人工谷物酒作为物质文化产生的同时，与之相伴的精神文化也随之产生，它的出现，标志着真正意义上的"酒文化"在中国、进而在全世界应运而生。

二、猿酒、人工野生果酒和人工谷物酒的区别

在这里，有必要分清两对内涵显著不同的概念：一是酒的起源和人工谷物酒的起源。酒的起源，是指地球上最早的天然果酒的诞生，那是大约1亿年前的事。而人工谷物酒的起源，它标志着酒文化的诞生，那是大约6000年前的事。如前所述。从自然酒到人工谷物酒，中间还有猿酒和人工野生果酒两个长达千万年的极其漫长的阶段，这两个阶段决不能忽略；二是野生果酒和人工果酒。自然野生果酒也属于天然果酒的范围，因而应是大约1亿年前的事。人工野生果酒是人们用野生水果酿造的酒，它属于人类酿造的第一代酒精饮料，那应该是300万年前就有的事，也不具备酒文化的意义，如前所述。而人工果酒，是指使用人工栽培的水果所酿制的酒，那是大约5000年前，由古巴比伦（今伊拉克）的美索不达尼亚人首先从酿造葡萄酒开始的，它标志着葡萄酒文化的诞生。

第二章　中国酒的发展

第一节　用曲发酵

黄帝时期，随着农业的发展和粮食的增多，原始酒已经发展为度数较高、香味较浓的醪醴。医学名著《黄帝内经·素问·汤液醪醴论》中记载着一段黄帝与岐伯讨论酿酒的对话："黄帝至岐，见岐伯引载而归，访以治道：'为五谷汤液及醪醴奈何？'岐伯答道："必以稻米炊之稻薪，稻米则熟，稻薪则坚。"从这个对话中，可以确切地知道当时酿酒的原料是稻米，经过蒸煮酿成的酒称为"醪醴"。值得重视的是，当时已经采用蒸煮工艺，这表明那时已经采用繁殖霉菌的熟食原料作酒曲或直接酿酒，足见其工艺技术有了相当发展。

夏朝奴隶制国家的建立，无疑是历史的大飞跃，使酒文化得到了比原始社会更为快速的发展。经过商朝，至西周，中国的酒又发展到了一个崭新的阶段，初步奠定了后来发展的基本方向。

《汉书·食货志》中写道：西周自后稷"好稼穑，务本业，殖五谷"，"言农桑衣食之本甚备"。西周的礼乐文明对西周时期酿酒用酒产生了重大而深远的影响，从而促进了中国酒的大发展。发明了酒曲。有了酒曲，就可使糖化和发酵这两个过程结合为复式发酵法，使得酿酒工艺彻底脱离了原始阶段，使得酒的质量产生了一个飞跃。日本著名酿酒专家坂口谨一郎先生说："中国发明了酒曲，其影响之大，堪与中国四大发明相比。"至今，用曲发酵仍是中国的黄酒、白酒与用菌种发酵的洋酒生产工艺的根本区别。当时，总结的"五齐"（即泛齐、醴齐、盎齐、缇齐、沉齐）、"六必"（即秫稻必齐、曲蘖必时、湛炽必洁、水泉必香、陶器必良、火齐必得）的酿酒经验，是世界上最早的酿酒工艺规程，它构成了我国用曲酿酒独特工艺的基础，使得酿酒纳入了有章可循的科学轨道，当代中国白酒的酿造工艺实际上也是"五齐"、"六必"的继承和发展。

第二节　酒礼酒德

设官治酒，以法禁酒。西周王室已有相当规模的酒业管理机构领导酿制的"酒人"，负责科研及工艺技术的"大酋"，主持贮藏和勾兑的"醴人"，负责朝廷精美酒器和酒具总管的"郁人"，标志着酿酒已成为独立的手工业部门，对于规范酒业管理、制止酒祸蔓延、提高制酒质量具有重大意义。

周人以农为本，认为大量酿酒和酗酒会浪费很多粮食，是难以容忍的"罪恶"。为了节约粮食，积蓄国力，西周初年颁布了我国历史上第一部禁酒法典——《酒诰》，这是摄政王周公旦针对殷地饮酒成风的情况而颁布的禁酒令。它从"以正民德"（苏轼语）出发，收到了明显的效果。

西周设官治酒、以法禁酒的措施，对于几千年来中国的酒政产生了极其深远的影响。后世效仿西周酒正之职，汉设酒士，晋设酒丞，齐设酒吏，梁设酒库丞，隋有良酝署，唐宋因之。后世借鉴西周《酒诰》，出现了许多《酒戒》《酒警》《酒箴》《酒觞》《酒德》《酒政》之类的文章。

大力倡导"酒礼"、"酒德"。正是在礼治文化的直接影响下，西周产生了一系列的酒礼规范。所谓酒礼，就是饮酒、用酒场合的礼节，主要是体现君臣、尊卑、长幼关系以及各种不同饮酒场合的行为规范，防止出现"无以定其位之患"（《左传·昭公十六年》）。西周的酒礼主要记载在《三礼》之中，其中包括："士婚礼"、"乡饮酒礼"、"乡射礼"、"燕礼"、"大射（仪）"、"聘礼"、"公食大夫礼"等等。

"酒德"的含义是饮酒要有德行，不能象殷纣王那样"颠复厥德，荒湛于酒。"西周所大力倡导的酒德，就是《尚书·酒诰》中提出的"毋彝酒"，即不要滥饮酒。统治者倡导酒礼、酒德的目的，除了分尊卑之外，主要还是为了禁止滥饮酒。西周倡导的"酒礼"、"酒德"，后来同儒家的伦理道德思想相融合，成为中国酒文化区别于西方酒文化的最大特色。

在中国传统文化的影响下，西周酒业所出现的上述新特点，表明中国酒业经过数千年的发展，已经奠定了扎实的基础。正像西周礼乐文明基本奠定了中国传统思想文化的发展方向一样，西周酒业的发展状态也基本奠定了中国酒文化发展的两个方向：一是用曲发酵；二是把酿酒和饮酒都纳入法制化、礼仪化的轨道，大大增加了酒的精神文化价值，减少了酒的负面作用。

第三节　酒功民生

充分发挥酒的有利作用，为历代所重视。认为酒是用来祭祀、养生、养老和娱乐的。超出这个范围，就应该加以禁止了。但是，禁酒的效果为何人多不住呢？清人冯桂芬认为："人凡民间日用饮食起居贸易，一切细故，相沿已久，习以为故常者，一旦欲反之……亦终于不行。"禁酒表面上禁私酿，实际上，希望酒销售的越多越好，这样酒利才会丰厚。"群饮者唯恐其饮不多，而课不羡也。……州县刑狱与夫淫乱杀伤，皆因酒而致。甚至设法集妓女以诱其来，尤为害教。"（宋代周辉《清波杂志》）

第四节　新中国酒业的发展

建国初期，国家面对酒业发展中急需解决的质量和数量两个基本问题，在组建酿酒企业、发展工业化大生产的同时，在酒文化研究方面，重点抓了工艺改革和技术进步的关键问题。这一阶段的研究人员主要是酒类科研机构、有关院校和酒厂的科技人员。

一、白酒

建国后，从企业到政府各级主管部门，都将促进白酒行业的技术进步作为工作的重点。20世纪50年代，曾多次集中行业的技术骨干，针对白酒生产技术上需要解决的重要课题，进行试点和技术攻关，利用培训班、召开专业会议等形式抓突破、抓推广。20世纪50年代重点对普通酒糖化剂培养工艺和酿酒工艺进行改革，组织了逐县试点和烟台试点，总结出了一整套白酒操作的生产工艺规程——烟台操作法，对提高白酒行业的生产技术起到了重大的促进作用。同时对瓜干原料酿酒、野生原料橡子酿酒、永川小曲酒展开试点，推动了酿酒工业的发展。

20世纪60年代，由轻工业部和商业部分别组织了茅台酒、汾酒和浓香型酒试点，进行了名酒芳香成分的分析，开创了科学测试手段在白酒工业生产中应用的先例，明确了茅台酒、汾酒和浓香型白酒的主体香型，使得白酒行业以提高质量为中心的技术进步工作发生了质的变化。

20世纪70年代，重点研究了名优白酒提高质量、扩大产量的问题，议论了各类酒的香型及其特点。1979年，第三届全国评酒会，首次实施了按香型评比的方案，确定了酱香、浓香、清香、米香及其他香型共五大类。将发展液态白酒列入重要议事日程，逐步明确了去杂增香的基本工艺及其不同的工艺措施。

20世纪80年代以来，向低度化方向发展是白酒行业的重大变革，也是带方向性的重大技术进步，有力地促进了低度酒（40度以下）和降度酒（40～55度）产量的增长和质量的提高。

二、啤酒

啤酒工业是中国酿造工业中最年轻的行业。建国后，国家对啤酒进行了扶植，新建了一批啤酒厂，到1965年，啤酒年总产量达到10万吨。1964年，组织行业技术力量对当时全行业唯一的国家名酒——青岛啤酒进行了写实性的总结，编印了《青岛啤酒操作法》，并在全行业推广，促进了全国啤酒业特别是一些新建小啤酒厂产品质量的提高。

1981～1983年开展了啤酒新技术的推广工作，特别是1983年的哈尔滨会议，对照国际先进水平列出了啤酒行业采用新技术、开发新产品的十大赶超目标，分工各有关单位进行重点研究。1985年初，建设了70多个啤酒行业的重点骨干企业。为了提高啤酒工业的设计和设备制造水平，国家还用4000万美元的专用外汇进行引进技术的消化吸收，使得整个行业的技术素质有了较大的提高，为啤酒工业的进一步发展奠定了非常重要的基础。

三、黄酒

传统的黄酒主要是以低产作物——糯米为原料的南方黄酒，约占总数的90%左右，此外还有少量以黍米为原料的北方黄酒。从1957年起，各地黄酒厂通过工艺上的调整，试验成功用高产的粳米、籼米、玉米、薯干粉为原料生产大路黄酒，扩大了酿造原料的品种，大大提高了黄酒产量。

在黄酒生产机械化方面，20世纪60年代初，轻工业部发酵工业科学研究所针对黄酒压榨工艺劳动强度特别大的特点，设计并推广了气膜式黄酒压榨机，改革了传统以土灶直接火煮酒的煎酒工艺，推广了薄板式和列管式热交换器，实现了连续煎酒，提高了杀菌效率，保证了产品质量。20世纪70年代又陆续推出了大缸发酵、连续蒸馏、机械运输、冷冻降温等机械化连续化生产措施，并逐步使之成龙配套。

在运用生物技术改进传统工艺、提高出酒率方面，20世纪五、六十年代，结合调整原料结构，用纯种酒母和优良麦曲代替自然培养的生麦曲和淋饭酒母，到20世纪七十年代末，结合黄酒机械化的推行及酶制剂的发展，在无锡酒厂首先进行了在大缸发酵的江苏老酒中添加酶制剂的实验，并获得了圆满成功。

四、葡萄酒

葡萄酿酒在我国历史悠久，而工业生产则始于19世纪末。从五、六十年代开始，重点进行了葡萄栽培与酿酒实验，筛选了一些栽培性状好、加工品质优的品种进行推广。从保加利亚和法国引进了一批葡萄品种。同时，改进了葡萄酒的生产工艺、推广葡萄酒生产的先进经验。这对于改善葡萄酒的品质，开发优良葡萄酒新品种都有着非常重要的作用。特别在白葡萄酒酿制新技术方面，重点推广了防止氧化、密闭分离压榨、使用果胶酶提高果汁的质量与数量、皂土澄清过滤、快速离心净化、瞬间灭菌、纯种酵母低温发酵等工艺技术，对提高白葡萄酒的风味、确保白葡萄酒的质量发挥了十分重要的作用。

五、其它酒

建国后，特别是20世纪八十年代以后对其它酒（包括果酒、配制酒、保健酒、药酒、仿洋酒等）都进行了工艺技术改革，使其在产量、质量和品种方面有了很大发展。

通过前37年的工艺技术研究，以及国家大量的资金投入和政策扶持，整个酿酒工业的数量和质量都发生了翻天覆地的变化。饮料酒的总产量由1949年的16万吨，达到1986年的909吨，增长了55.8倍。特别值得注意的是，至1986年我国啤酒产量首次超过白酒产量，使得饮料酒的品种结构发生了重大变化。1952年第一届全国评酒会评出的国家级名酒共有 8种，而1984～1986年第四届全国评酒会(黄酒未参评)评出的国家级名酒共有18种，是1952年国家名酒的2.25倍；还评出了61种国家优质酒，这就足以看出全国酒类产品的质量水平提高之快。

物质生产的极大丰富，必然促使精神文化的飞跃发展。经过数千年的孕育，特别是解放后37年的催化，中国酒文化的高速发展已经是势所必然。

第五节　市场经济中的酒文化

1987年元月，中华酒文化研究会成立和首届中国酒文化学术研讨会召开，标志着酒文化作为一门独立的学科在中国正式诞生。从此，中国酒文化的研究范围从酿造工艺扩大到精神文化以至社会生活的方方面面，研究队伍也从酿酒科研人员扩大到历史、考古、生化、文学、艺术、民俗、医学、博物馆等众多领域。

一、酒文化活动欣欣向荣

1988年10月，中华酒文化研究会，在古城西安举办了声势浩大的首届中国酒文化节暨第二届中国酒文化学术研讨会，在全国范围内扩大了酒文化的影响，壮大了酒文化研究者的队伍。之后，各种类型的学术研讨活动便蓬蓬勃勃地开展起来，其中主要是中华酒文化学术研讨会相继举办了五次全国酒文化学术研讨会，由中日双方发起并共同在中国举办了四次国际酒文化学术研讨会，从而使得中国酒文化和地区酒文化的研究活动既广泛又深入地向前推进。

与这种浓厚的学术气氛相适应，一些专业性的报刊应运而生，如：《华夏酒报》《中国酒文化》（后改名为《古今酒坛》杂志）、《诗酒文化报》等报纸和《中国酒》《酿酒》《酿酒科技》《名酒世界》等杂志。

二、科技研究继续深入

1987年以来，白酒以质量为中心的技术进步工作取得了非常明显的进步，如浓香型白酒人工老窖培养工艺的改进，缩短新窖出好酒的周期，防止窖泥退化的技术；白酒勾兑技术的提高与普及，特别是采用气相色谱仪与微机勾兑，再用调味酒按补缺的办法进行补充调整的技术，既可保持批次酒之间质量的均一性，而且可用同样多的基础酒与调味酒勾兑出更多的优质酒。确立白酒香型的工作有了新的进展，到1989年第五届全国评酒会时，在其他香型酒中初步形成了凤型、药香、豉香、兼香、芝麻香、特型等六个类型。1992年，西凤酒的香型——凤香型正式成为中国白酒的一大独立香型。这些新的白酒香型的确立，对于规范生产工艺、提高产品质量起到了积极的促进作用。

1987年，贵阳会议提出了我国酒类生产要实现"四个转变"，即粮食酒向果露酒转变、蒸馏酒向酿造酒转变、高度酒向低度酒转变、普通酒向优质酒转变。之后，各白酒厂家纷纷研制降度酒和低度酒，进一步改进低度酒和降度酒的工艺以解决后味淡薄的问题，使得低度酒和降度酒的数量和质量有了迅速提高。

啤酒：通过消化吸收国外先进技术，生产技术取得了突破性进展，同时，麦芽生产打破原来每个啤酒厂自建一个小的麦芽车间的格局，商品性麦芽生产得到了一定的发展，在啤酒品种上不同麦汁浓度、不同发酵度和以小麦芽为原料的白啤酒、全麦啤酒、果味啤酒、保健啤酒、扎啤等得到了一定的开发，啤酒的总体质量水平有了较大提高，啤酒的包装（包括材质、规格、形态等）也有了一定的改进。从80年代末，特别是90年代初以后，啤酒工业进一步向大型化、集团化方向发展，出现了一批年产啤酒达到20万吨、30万吨的骨干企业和集团化企业，专业麦芽厂也由原来万吨左右发展到3万吨、6万吨，规模最大的广州麦芽集团总生产能力达到40万吨，成为亚洲最大、在世界也是名列前茅的特大型的麦芽生产集团。

葡萄酒：70年代以前，我国主要以红、甜葡萄酒为主，品种比较单一。80年代以来，国家重点抓了优质干白、半干白及干红葡萄酒的研制开发，特别是九十年代以后，干红、干白葡萄酒发展更为迅速，使得葡萄酒的品种结构发生了较大变化。同时，国家还研制开发了优质发酵香槟酒、桃红葡萄酒，以及国内外优良品种葡萄单品种酿制的优质葡萄酒，研制生产了以山葡萄及山葡萄杂交品种生产的干葡萄酒和半干葡萄酒，丰富了葡萄酒的消费市场。随着葡萄酒良种化基地的发展和加工技术的改进，葡萄酒行业的总体质量水平有了较大提高，葡萄酒的包装装潢也有很大改进。

黄酒：进入九十年代以后，随着高水平的专用酵母厂的建立及酒用活性干酵母的研制成功，在江浙一带部分黄酒厂推广了以活性干酵母替代纯粹培养酒母的先进技术，改善了黄酒的发酵条件，提高了原料的利用率。

果露酒：在这一阶段，各地研制开发了一大批以优质野生水果生产的各种果酒，其中不少酒品不仅风味好，而且营养丰富，荣获了国家级或部省级优质产品奖。对有些野生水果如猕猴桃、黑加仑、刺梨等成功地进行了人工培植，促进了优质果酒多品种的发展。

配制酒、保健酒、药酒：是其他酒类中的主导品种，特别是各种滋补酒、保健酒近十多年来发展非常迅猛，新开发的品种也特别多。

三、企业酒文化研究生机勃勃

1987年以来，企业由原来的计划经济逐步向有计划的商品经济——商品经济——市场经济转轨变型，越来越认识到文化的重要性，因而普遍重视了企业文化的研究。自1988年首届中国酒文化节以后，全国酿酒企业尤其重视了酒文化的研究。他们从本厂实际出发，以市场为导向，结合企业精神教育和企业管理工作，在酒文化研究中对自己产品的历史、工艺、香型、结构调整、包装装潢、广告宣传等问题进行深入探讨，使得酒文化的理论从专家、学者的书本里进入酿酒厂家，与企业的生产、经营、科研、管理等实践活动紧密结合，有力地促进了酿酒企业的"两个文明"建设。

此同时，许多酒厂发动本厂职工或者邀请社会名人，为自己的产品和企业著书立说、办报办刊、赋诗作画、书丹撰联、做形象代言人，建设酒文化博物馆，展开了声势浩大的宣传活动。特别是茅台酒厂斥巨资创建的"国酒文化城"，规模宏大，内容丰富，成为"世界上规模最大的酒文化博物馆"、"全国企业重点旅游景点"和"贵州省爱国主义教育基地"。

通过对饮酒文化的广泛研究，中国酒文化的理论有了全面、系统的提高，1997年和1998年相继出版了巨型典书《中华大酒典》（孙宝君、邹吉田、侯云章、王鸿宾主编）和《中国大酒典》（秦含章、张远芬主编），这标志着中国酒文化这一新兴学科的理论正在趋于成熟，是中国酒文化研究工作者十多年来智慧和心血的结晶，也是中国劳动人民几千年来在酿酒实践中精研积累的硕果。

在饮料酒的品种结构上，随着低度化方针的贯彻，进一步改变了长期形成的以高度酒(白酒)为主体的格局，建国初期白酒占饮料酒总量的70%，到1986年仍占39%，且70%以上为55度以上的高度白酒；而到1998年白酒产量已降到饮料酒总量的20%左右，而且90%以上是低度和降度白酒，啤酒所占比重则由建国初不到5%增加到71%以上。在产品包装上已基本消灭了散装零卖，包装材料由原来形态单一、质量较差的玻璃瓶装发展为多种材质、多种形态、组合包装、礼盒包装等符合卫生要求和保存性能良好的各种酒类包装，满足了不同消费者的需求。

第六节 文化酒

1999年5月，茅台酒厂集团公司总经理袁仁国在二十一世纪中国名优白酒质量与市场发展战略研讨会上发表了论文《迎接文化酒的春天》。该文从文化与产业结合的宏观角度对中国白酒的历史发展和未来的前途命运作了一番探讨后提出了一个创新观点：根据白酒不同历史阶段的生产经营特征，可以划分为三个阶段，即作坊酒阶段、工厂酒阶段、文化酒阶段。并且指出："品牌酒虽然是一种进步，但仅仅是一种新的社会经济形态到来之前的混沌阶段。今天，到知识经济到来时，文化对于酒业发展的重要意义也因此凸现，从而使得中国酒迎来了一个可能孕育着深刻质变的全新发展阶段，那就是'文化酒'时代。"

从自然发酵到蒸馏提纯，从满足生理需要到成为某种精神文化的寄托，在历经数千年的承传发展过程中，酒的物质属性、社会属性以及功能内涵在不断升华中得以极大丰富，最终形成博大精深、独具特色的中华酒文化，这是中国酒与传统文化融合发展的必然趋势。

21世纪，人类正在进入知识经济时代。在此全新的社会经济形态中，人类生活正面临着一场有史以来最深刻的变革：现代酒的"精神性"价值则大于其"物质性"价格，而以文化色彩和精神气质构筑而成的"高附加值"才真正体现了酒品的超一流品位。"文化酒"正是在这种大背景下出现的一种全新概念产品。

伴随白酒市场供求关系与消费结构的变化，伴随国家产业限制政策和产业引导措施的不断强化，酒类行业的竞争日趋白热化。经过这些年旷日持久的"广告大战"、"包装大战"、"价格大战"、"质量大战"，无论白酒产品的质量、风味、包装还是白酒企业的经营模式、市场战略、营销策略等等，其"同质化"现象日趋严重。要想在如此艰难的市场拼杀中取胜，以文化营销为重要手段的个性差异化竞争，无疑将成为白酒市场高层次终极竞争的制胜法宝。于是，以文化功能、情感功能、礼仪功能、审美功能、收藏功能为其价值核心的"文化酒现象"，开始成为业内外有识之士日趋关注的焦点。

毫无疑问，这种文化酒中的"文化"，既是对传统文化的批判性承继和升华，也是对现代文化的创造性融汇和提炼。对于中国酒业发展而言，这无疑具有划时代意义。

在这一阶段，全国的酒文化研究与酿酒企业的发展结合得更加紧密，广大酿酒企业在继续研究酒文化知识的同时，更加注重了运用文化来重塑产品、企业形象和提高人员素质，尤其是在市场激烈竞争的大潮中，他们自觉运用酒文化知识来开拓市场，促进产品销售，创造了一种新的营销方式——文化营销，使得酒文化知识直接转化为推动酿酒企业和全国酒业发展的现实力量。至2007年，全国饮料酒年产量达5203.51万吨，是1998年的1.86倍、1949年的325.22倍。其中白酒产量达493.93万吨，是1998年的0.84倍、1949年的49.39倍；啤酒产量达3931.37万吨，是1998年的1.98倍、1949年的5616.24倍；葡萄酒产量达66.51万吨，是1998年的3.03倍、1949年的3325.5倍；黄酒产量达75.70万吨，是1998年的0.63倍、1949年的30.28倍。2007年，全国酒类行业销售总额达2931.15亿元，其中白酒1241.96亿元、啤酒1040.23亿元、黄酒71.27亿元、葡萄酒146.81亿元、酒精357.92亿元、其它酒72.96亿元。

在上述4个酒种中，啤酒行业虽然从1992年开始已经连续6年居世界之首，但增速仍然达到两位数，啤酒人均年消费量达27.6公升，接近世界平均水平。葡萄酒的发展速度加快。白酒行业生产、流通准入机制基本建立，产业结构得到进一步调整，产品质量普遍提高，正向着健康有序方向发展。黄酒的主要品牌已从区域走向全国，品牌优势越来越明显，已从粗放型向集约型发展，呈现了前所未有的繁荣景象。

值得提及的是，自从1987年酒文化学科建立以后，酒类书籍犹如雨后春笋般涌现出来。这些书籍记录了各个阶段酒文化研究的丰硕成果，反映了中国酒业及酒文化研究事业蓬勃发展的繁荣景象。

第七节　中国酒文化的发展方向

建国近60年来中国酒文化取得的物质成果和精神成果都是巨大的，但是，酒文化这一学科在中国诞生时间毕竟很短，当今世界，文化与经济和政治互相交融，在综合国力竞争中的地位和作用越来越突出。文化的力量，深深熔铸在民族的生命力、创造力和凝聚力之中。特别对于文化日益成为最高竞争手段的中国酒业来说，文化更是企业决胜市场的制胜法宝，酒文化研究的作用将日渐突出。因而，在新的世纪，中国酒文化研究事业任重而道远，它要把历史文化水平和科技工艺水平全面推向新高度，要把中国酒文化和中国酒产品进一步推向全世界。为此，中国酒业发展及其文化研究今后要做到以下五个结合：

第一，要同国家的方针政策相结合。有关领导和研究人员首先要研究国家的产业政策、行业政策和各个酒种的发展方针，以此来确定自己的研究课题，从舆论、科技、文化、工艺等方面为贯彻落实国家方针政策而发挥其导向作用和服务作用，还要为国家制定正确的酒业政策和法规发挥其参谋作用和助手作用，促进酒类产品从"营养、健康、节粮"的角度出发，向着"优质、低度、多品种、高效益"的目标，沿着"蒸馏酒向酿造酒、高度酒向低度酒、粮食酒向果露酒、普通酒向优质酒"的方向转变，促进酿酒企业由粗放型管理向集约型管理、由计划经济模式向市场经济模式转变；使得酿酒用酒的数量、品种、度数、结构都与粮食生产、国民经济发展、人民生活改善等方面协调一致，使得酒业内部各个酒种之间的发展协调一致，防止酒业的盲目发展和比例失调。

第二，要同酿酒企业的实际相结合。以市场需要为导向，更加紧密地与酿酒企业的生产、经营、管理、科研和思想政治工作相结合，在市场调研、新品开发、产品结构调整、工艺技术改革、包装装潢设计、广告宣传创意和酒史研究、企业精神教育等方面真正为企业拿出实实在在的研究成果，为提高企业的技术素质、思想素质、文化素质和经济效益服务，以此来显示酒文化研究的重大意义，从而引起企业领导的重视、支持和资金投入，为自己的研究工作争取较好的条件。

第三，与建设社会主义精神文明相结合。提高饮酒的文化品位，在全社会倡导文明饮酒、健康饮酒、科学饮酒，提倡新的酒德酒风酒俗，讲究饮酒行为中的文明礼貌和舒心随意，发挥酒的增进友谊、和谐关系、调节情绪、振奋精神、激发灵感的正面作用，抑制酒的负面作用，移风易俗，提倡科学，反对封建迷信、强饮强灌和铺张浪费，使得饮酒用酒活动与弘扬优秀传统文化、加强精神文明建设相得益彰。特别是在讲述酒的作用时，既要宣传酒的正面作用，还要提醒饮酒过量而引起的负面作用，使得人们对酒的作用有一个全面的了解，对酒的饮用有一个正确的态度。

第四，同国际交流相结合。重视对国际酒文化和国际酒类市场的研究，引进国外先进的工艺、技术、设备、包装、管理、广告，促进中国酒业健康快速的发展和酒厂素质的全面提高。努力研制开发与国际通畅型酒相接轨的酒品，扩大酒类产品的出口，以满足国内、国际不同消费群体的需求。形成把中国优秀传统与现代文明相结合的品牌文化，将中国酒文化回归到中国传统文明的优势上来，尽快实现从工厂酒向文化酒的转变。向全世界传播中国酒文化和优秀传统文化，为中国酒和中国文化全面走向世界提供舆论先导、理论依据和科技服务；为中外名酒交易和文化交流牵线搭桥，为促进国际酒文化的相互交流和不断发展贡献力量。

第五，同组织建设相结合。应尽快建立一个全国性、权威性的酒文化研究机构，以便加强对全国酒文化研究活动的统一组织协调。全国性的酒文化研讨活动要整体规划，统一组织，精心筹办，要加强理论研究队伍的建设，在普遍研究的基础上要集中一批研究能力强、理论水平高的学者，撰写一批真正代表国家水平的文章和书籍，将其推向全国、推向世界，并将世界上有影响的酒文化文章和书籍介绍到国内，使得中外酒文化交流真正能提高层次，增强效果。

在面向21世纪的新的历史时期，不但要使传统的酒文化弘扬广大，增强民族自信心，更要取长补短，兼收并蓄，在适应世界酒文化的发展方面创出新路，使得古老传统与现代文明相结合，造就出具有现代中国特色的新型酒文化。中国各地名酒企业和酒文化学者尽快实行整体的共同研究的态势，形成中国酒的品种优势、工艺优势、风格优势和文化优势，使得古老的中国酒文化伴随着中国传统文化在未来世界大放异彩！

第三章　酒具史

　　首届中国文化节的节徽是一只青铜酒爵，这足以说明酒器作为中国文化代表的典型性。所以，研究酒文化史必须从酒具史开始。事实上，各个历史时期的酒器的用料、造型、种类和纹饰直接反映了当时的经济状况、社会思潮、科技水平和艺术风格，集中代表着传统文化的发展全貌，是酒与传统文化融合发展的典型的物质实证。中国的先民们很早就开始使用酒具了。中国最早的文字甲骨文和金文中就有酒这个字，写作"酉"。在西安半坡村遗址出土的文物中就有至今7000多年的造型如"酉"的陶器，而至今4000多年的山东大汶口遗址中则出土了大量的陶制酒具——尊、豆、杯等。说起古代酒具，人们一定提起夏商周传世的青铜酒具和陶质酒具，他们分别反映上层社会与平民阶层的使用和享受水平。青铜酒具在商代发展到鼎盛，它不仅形成了一个完整的系统，而且达到了登峰造极、举世无双的程度。商代使用青铜酒具讲究配套。最简单的青铜酒具组合是以爵、觚等组成。较大的酒具组合，则包括了尊、卣、壶和罍等饮具和容器，最高级的则有方彝、兕觥、牺尊等。爵是最早出现的青铜酒具之一。爵有三只足，最早是模仿陶爵的形状制成的，随着时代的变迁，其各个部分逐步有了不同的演化。如商代早期出现扁体分段平底爵，而到了殷墟时期就出现了杯形体的各种规格尺寸的爵，到西周时则出现了圈足杯形等。觚是装酒的容器。其形状为：口似喇叭、长颈、细腰高圈足。是灌酒的工具，其形状与爵相似，但形体要大得多，容量为6升。盉是调酒用具，古人用清水来稀释酒的浓度。其形体为敞口深腹，前部有管状流道，其下也有三只足。尊，现在写作樽。

　　如同书法讲究文房四宝，饮茶讲究茶具配套一样，我国会通和合的民族文化特点在酒文化中也打下了深深的印记。中国人历来讲究"美食不如美器"，人们饮酒时不仅讲究对象、环境、时令，而且讲究酒器的精美与否、适宜与否。因而，酿酒、饮酒、用酒器具的生产和发展几乎像酒一样源远流长、千姿百态，大体经历了五个历史时期。

第一节　炎帝初创期

　　炎帝时期的酒器，完全是陶制酒器。陶器的出现，具有划时代的意义。它使人类的物质文化向前大大推进了一步。陶器是用陶土即单一或多种混合的无机盐作原料，利用陶土的可塑性，塑造成适合生活的容器，经高温焙烧而成的各种器皿。根据陶器的颜色来分，泥制陶可以分成灰陶、红陶、黑陶或褐陶；以装饰来分，陶器又有素面陶、彩陶、彩绘陶和釉陶等品种。

　　陶器的使用在新石器早期已比较普遍，但并不是有了陶制品就出现了酒器。炎帝文化是中华文化的源头。如前所述，1983年，陕西眉县杨家村二组发掘的6000年炎帝时期的一套陶制饮酒器；1998年，浙江余姚县鲻山遗址中，发掘出6000年前河姆渡文化时期用于盛酒、调酒和温酒的专用器皿——陶盉；1999年，江苏新沂市小徐庄大汶口文化早期遗址中，发掘出的6000年前一组陶酒杯。这三处出土的酒器共同构成了原始先民酿酒、饮酒、用酒器具的完整体系，展现了中国酒器初创时期的古朴光华，进一步佐证了我国在6000年前就发明了人工谷物酒的史实，也进一步证实了中华文化及其中华酒文化多元一体发展的观点。

　　1979年，山东莒县陵阳河大汶口文化墓葬发掘时，在"墓17"发现的4800年前的一组成套的酿酒用具，有沥酒漏缸、接酒盆、盛酒瓮、盛发酵品的大口尊等等。这些都是我国酒器的初创时期。

　　这些酒器中，多绘有彩色图案，造型生动别致，不仅有使用价值，还有很高的艺术欣赏价值；不仅是酒文化诞生的标志，而且是中

水鸟啄鱼蒜头壶

中国文化遗产年鉴·酒文化卷

国文化艺术的开端。正如浙江美术学院熊寥博士所说："中华民族的文明史是从陶瓷文化开始的"（《中国陶瓷与中国文化》）。这种观点从酒文化的角度上说，也是很有说服力的。事实上，陶器作为酒文化最原始的载体，不仅是酒存在的最有力的历史物证，而且也很有可能是人们开始有选择地进行酿酒，从而使酒的自然属性发生质变的唯一标志。

在山东泰安大汶口发现了相当精致的带圆耳的小茶碗形的酒杯和带孔的高脚酒杯。这说明在当时已经能够酿酒，而且数量还相当可观。这种陶制品的酒器，都具有黑陶文化的特征。酒器的陶片很薄，像蛋壳那样的薄；颜色很黑，像墨一样的黑。制作的技术已经进入了轮制操作，制作出的产品相当精巧。黑色杯子与现代酒杯几乎可相与媲美，可见这种酒器已经注意到形象之美了。

现存具有代表性的黑陶制品有：

黑陶杯：大汶口文化，高7.8cm，口径7.5cm，细泥黑陶，侈口。由口沿至杯底反弧形收缩，平底。中间有一半环形小耳。光亮漆黑，不施纹饰，现藏中国历史博物馆。

黑陶壶：良渚文化，高15cm，陶壶宽把阔流，器身上细刻曲折纹和禽鸟纹，器表的陶衣乌黑发亮，具有金属般的光泽，制作规整，器壁薄而匀称、轻巧，是良渚文化陶器中的珍品，现藏上海博物馆。

黑足杯：龙山文化，细泥黑陶，轮制，磨光黑亮，制作极精，胎厚仅0.1~0.2cm，上部为敞口杯，高柄中空，喇叭足。柄上有弦和三角形镂孔，这是龙山文化的代表产品，现藏中国历史博物馆。

陶壶：商代，高22cm，口径7.4cm，黑皮陶，打磨光亮，形制精美，有盖、长颈、鼓腹、腹径最大处靠近底部，圈足，颈和腹部有弦纹数周，现藏河南省博物馆。

夏商时代中国社会已进入奴隶制时代，奴隶主酗酒作乐，酒器大量盛行，陶制酒器器型已相当丰富，饮器有觚、爵、杯，盛器有壶、尊、等。值得注意的是，当时还出现了白陶酒器，它用高岭土（瓷土）制坯，烧结温度达1000摄氏度。素洁可爱的造型与优美的纹饰相结合，逗人喜爱。在福建闽侯黄土岗曾出土过一批晚商至西周时期的白陶温酒器——盉，造型极为优美，而且还刻有精美的夔龙纹和几何纹。刻纹白陶酒器的烧结成功，是制陶工艺上一个重要的里程碑。

蛋壳黑陶高脚杯

第二节　商周形成期

殷商、西周时代，是闻名世界的中国青铜文化繁荣鼎盛的时期，也是我国酒器的形成期。青铜酒器是这两个时代最为流行的酒器，它以种类丰富、造型奇特、纹饰繁缛怪诞、制造技术精湛而引人注目，在中国酒器和中国文化发展的历史长河中，曾闪耀过灿烂的光辉。

商周时代，酒主要用于祭祀和供贵族们挥霍，酒具不是一般日用品，而是一种重要的礼器，既是奴隶社会礼仪典章的重要体现者，是礼治文化的象征，又是当时普遍盛行的宗教祭祀活动中的祭器。因此，商周时代的青铜器具种类繁多。据容庚《殷周青铜器通论》分类统计，在50类青铜器中，酒具占24类，其中有爵、斝、角、盉等温酒具；有尊、壶、卣、方彝、觥、罍、瓿、醽、瓽、尊缶、缶、蟾等盛酒具；有觚、觯、饮壶、杯等饮酒具；还有枓勺、瓒等挹酒器，以及承酒尊的禁。而且每类酒具均有多种式样，如盛酒具壶，就有弧壶、长颈圆壶、扁壶、长颈鼓腹壶、长颈椭方壶、方壶等60多种式样（马承源《中国青铜器》第210~224页）。不同的场合，不同的用途，不同等级的奴隶主贵族，要使用不同的酒具。其使用酒具种类的多少、轻重、大小，要根据等级的高低来决定。特别是西周时期，朝廷中还设置了专管精美酒器和酒具的官员——郁人。这些都说明，商周时期的酒器，不但象炎帝时期一样是一种日常生活用品，而且数量巨增，种类繁多，各有所用，而且直接参与了国家的政治生活，从而形成了它在社会生活中的独特地位。商周青铜酒具中弥漫的那种森严、神秘、恐怖的色彩，既是奴隶主巨大权威的体现，也是人们对现实社会所产生的恐惧心理在器物上的折射。青铜酒具那种凝重、雄伟、奇特的造型，既是神的崇高地位的象征，也是奴隶主贵族威严的象征。其中商代的"四羊方尊"酒器，重达34.5千克，造型雄建洒脱，十分优美。在尊的四棱铸有四只美丽的羊头，工艺达到十分高超的水平，是世界青铜器中的精品。

四羊方尊　商代青铜储酒器

商周青铜酒器是我国古代文明的重要的载体之一，它反映了商周时代不可逾越的尊卑贵贱的等级，其纹饰、造型、铭文，不仅体现了奴隶社会的礼制观念，也体现着当时人们对于美的执着追求，给后来的雕刻艺术、书法艺术带来了很大影响，是中国古代文化艺术史一个重要的组成部分。

商周青铜酒器中有代表性的酒器主要有：

1、盛酒器：①尊，如"牛首饕餮纹青铜尊"，商代前期，现藏河南省博物馆；"妇好青铜方尊"，商代后期，现藏中国历史博物馆；"青铜何尊"，西周早期，现藏陕西宝鸡博物馆；"青铜鼋尊"，西周早期，现藏中国历史博物馆，等等。②瓿，如"饕餮纹瓿"，商代前期，现藏安徽省博物馆；"妇好瓿"，商代后期，现藏中国历史博物馆；"鸟纹铜瓿"，西周早期，现藏陕西周原扶风文管所，等等。③彝，多产生于商与西周，春秋、战国便渐渐地没落了。④瓶，如1976年河南安阳殷墟妇好墓出土的瓶。⑤罍，如"饕餮纹青铜罍"，现藏陕西岐山县博物图书馆；"饕餮纹袋足青铜罍"现藏德国科伦东亚美术馆。⑥卣，如"饕餮纹铜卣"，现藏河南省文物研究所；"北单铜卣"，现藏中国历史博物馆；"鸟纹铜卣"，现藏美国波士顿美术馆；"太保铜鸟卣"，现藏日本白鹤美术馆。⑦壶，如

杏花村遗址出土的战国盛酒器－夔龙束带纹壶

"妇好青铜壶"，现藏中国历史博物馆；"单五父壶"，西周，现藏陕西宝鸡市青铜器博物馆；"鸟盖青铜壶"，现藏镇江市博物馆。

2、温酒器，主要有盉、爵等，如"迷盉"，西周，现藏陕西宝鸡市青铜器博物馆。

3、饮酒器：①爵，如"父辛爵"，现藏陕西宝鸡市博物馆青铜器；"青铜素爵"，现藏新郑县文化馆；"镂孔素爵"，现藏天津历史博物馆；"饕餮纹单柱爵"，现藏河南省博物馆；"康候爵"，现藏中国历史博物馆；"龙爵"，现藏上海博物馆；"伯丰爵"为西周典型爵，现藏洛阳市文物工作队，等等。②觥，如"鸟兽纹觥"，现藏于美国弗利尔美术馆；"后母辛青铜觥"，现藏中国历史博物馆；"龙纹青铜觥"，现藏山西省博物馆；"折觥"，现藏陕西周原扶风文管所；"鸟纹青铜觥"，现藏南京博物院。③觯，如"直纹觯"等等。④瓠，如"旅父乙瓠"，现藏陕西周原博物馆。

春秋战国时期，是陶质、青铜质酒器逐步向铁制酒器过渡的时期。这

父辛爵　西周青铜饮酒器

一时期，由于封建割据，天下大乱，"礼崩乐坏"，原来的"五天一奏乐，十日一庄典"所用的各种礼器，已无人筹集，也无人制作。"礼器"的需求不多，因而，春秋战国时期的酒具种类不多，主要是觯、羽觞、壶、钫，造型艺术也较为简陋，总的来说是"今不如昔"。值得注意的是，这时出现了铁制酒器，它以其造价低、硬度高、耐久性强的优点而逐步取代着青铜酒器。

第三节　秦汉发展期

秦汉时期是我国酒器的发展时期。至汉代，我国的酒具已经基本定型，主要分为饮酒器、取酒器、盛酒器和贮酒器四大类。汉代，我国的漆器制造业进入鼎盛时期，因而漆制酒器取代陶制酒器、青铜酒器和铁制酒器，发展成为汉代酒器的主流。

漆制酒具是在竹、木等制作的器胎上髹漆而成的酒器。汉代漆制酒器在造型上讲究简练、轻巧、实用，形体比商周青铜酒器大大减小，也不再以拥有漆制酒器的大小来区别社会等级，而以其拥有漆制酒器制作的精美程度来衡量贵族们社会地位的高低。就漆制酒器的品种来说，以耳杯、樽、卮、扁壶等实用酒具为主。大量涌现的圆桶形酒器，反映了汉代追求自由活泼的艺术风格。纹饰以写实的几何纹、动植物纹、云气纹、花草纹为主，描绘纤细，形象生动，具有清新活泼的艺术风格，富有浓厚的生活气息。装饰方法上非常讲究色彩的艳丽、贴切，一般是红、黑两色配合，给人一种明快的感觉，在朴素中显现华美。而且在装饰中开始使用了金属镶嵌的方法。这些装饰方法都是青铜酒器和铁制酒器所不曾有过的，并为以后瓷制酒具的装饰奠定了基础。

汉代是封建社会的上升时期，充满着朝气和活力，经济较前有了发展，出现了有名的"文景之治"。由于酿酒技术的改进和酿酒业的发展，酒的用途大为扩大，酒已经渗透到社会生活的各个方面，如祭祀、宴饮、医药、喜庆、丧葬等，饮酒也增加了许多欢娱的内容。处在地主阶级统治下的农民，比起奴隶主阶级驱使的奴隶来，束缚相对减轻，加上汉初实行黄老道教之术，使人们的精神获得了极大的解放。"因此，汉代人不再对现实生活感到恐惧，现实生活在人们的思想感情中普遍获得了肯定。只有对世间生活怀有热情和肯定，才会对现实生活中的一切怀有极大的兴趣去描绘、去欣赏、去表现，才会在日常生活器具中将现实生活中的一切真实地描绘出来。"（陈爱平《论青铜酒具到漆制酒具的演变》）漆制酒器的变化，正是汉代社会政治、经济、文化发展的缩影。

汉代漆器酒具

目前出土的漆器酒器，以建国后在湖北江陵发掘出土的战国时代的漆耳杯为最早，但数量极少。秦汉时期出土的漆耳杯数量大增，可见在当时已普遍使用于王宫贵族。主要有：河南泌阳发现的秦代"木制漆耳杯"；陕西茂陵、甘肃武威、湖北云梦出土的汉代"朱漆木制耳杯"；秦代"彩绘几何纹铜籍三蹄足漆"，现藏河南省驻马店市文管会；西汉"彩绘夹纻胎漆耳杯"，现藏甘肃省博物馆；特别是西汉马王堆一号墓出土的90件"君幸酒"漆耳杯，虽说距今两千余年不见天日，江南四季又多雨，地下潮湿厉害，但是，漆色仍然艳丽夺目，朱墨分明，不减原来面目，足见质量之高。

两汉是贵族使用漆器酒器最兴盛的时期，其后，随着漆器工艺的普及发展，漆器酒器渐次从权贵的酒席上消失，而成为普通人的用具。明洪武二十六年就曾明文规定：公侯一品二品酒注、酒器用金，余用银；三品至五品酒注用金；六品至九品酒注、酒盏用银，余皆用瓷、漆、木器，并不许用朱红及抹金、描金、雕琢龙凤文；庶民酒注用锡，酒盏用银，余用瓷、漆（《大明会典》）。

汉代酒具除漆制酒器外，还有陶器、青铜器、瓷器、玻璃杯、玉杯、海螺杯等。汉武帝时期，有侍臣向宫中进献"洪梁酒"，武帝即"酌以文螺之卮"（《拾异记》）。海文螺色彩鲜艳多样，有呈红、青、紫色的，有的色如翡翠，有的薄可透明，有着很高的审美价值。玻璃杯产生较晚，是中外文化交流的产物。据《汉书》记载，西罗马帝国的使臣曾于公元166年向汉桓帝进贡玻璃、珊瑚等物，玻璃酒器的生产当在此后。

中国玉器以其质坚、润泽、美观大方而久享盛名。西周及以前，玉器主要用于祭祀、礼仪、丧葬。玉杯的产生虽然很早，在距今3800多年的青莲岗文化遗址中就已经发现了大量的玉器，周穆王也曾使用过精致的玉质"夜光常满杯"，但由于造价昂贵，材料稀少，无法普及，所以只供少数统治者使用和欣赏。汉代玉器由于摆脱了礼制观念的束缚，发展到一个新的高峰。汉玉雄浑豪放，追求清逸脱俗的艺术品美，反映了汉代统一国家的雄风，这时的玉器已向艺术品转化。汉代玉制酒器也体现了这一时代风格，如"夔凤樽"。

汉以后，瓷制酒器渐多。瓷器是中国人民的独特创造，它以其独特的民族文化代表着这个悠久的中华文明。中国闻名于世界，瓷器在其中起了极其重要的作用。"中国"一词的英文china原意即瓷器。目前我国所见最早的瓷器，是在山西下冯遗址中发现的，距今约4000年左右。瓷器技术的成熟则是在东汉时期。这一时期，"酒器之精品突出表现在瓷器上。器物基本上承袭了前期的形制，花纹图案也吸收了前期的因素。"（方秀珍《酒器源流刍议》）这一时期已发明了蒸馏技术，因而，除贮酒器较大的瓮、缸、罐类瓷器外，盛酒器基本上是器身精巧、附小嘴细流的各式执壶，以及扁壶和瓶类瓷器。饮酒器则为各式各样的瓷质杯和盏。其代表作有：西晋"青瓷羊尊"，现藏南京博物馆；西晋"青瓷扁壶"现藏镇江博物馆；南北朝"青瓷熊尊"，现藏南京博物馆；南北朝"青瓷仰覆莲花尊"现藏中国历史博物馆。

至三国鼎立之时，瓷器虽是一种新兴产品，但也不乏上乘之作，如在浙江省上虞县凤凰山三国墓中出土的一件鸟型杯，南京板桥镇西晋墓中出土的一件鹰形壶等等，都是审美与实用相结合的艺术珍品（分别见中国硅酸学会主编《中国陶瓷史》《南京板桥镇石闸湖晋清理简报》）。

第四节　唐代成熟期

唐代是我国酒具发展的一个重要阶段。唐代富足的经济和繁荣的文化促进了酒业的大发展，酒已成为官民日常生活中不可缺少的物品。统治者也把百姓饮酒看成是政和民乐的表现，认为"时和民安，甚慰予心"。当时，围绕酒而辐辏了一系列娱乐游戏，汇成了熏染一代的饮酒风俗。人们不仅品评酒的质量好坏，而且还重视酒器的美观。因此，唐代的酒器有如百花齐放，争奇斗艳，更加趋于精巧，标志着我国酒器进入成熟时期。

唐代的饮酒器主要是杯和觞。李白诗中所写的"会须一饮三百杯"和"欲行不行各尽觞"，即说明杯和觞是当时常用的饮器。1975年，浙江长兴出土了唐代的银杯和银羽觞。不难看出，唐代的酒杯器形已有了很大的变化，银杯近似今天有的高足杯，口腹作五曲莲瓣形，圈足；银羽觞基本上还保留了汉代耳杯的形式，口腹作八曲莲瓣形，圈底，制作都十分精美。同时出土的还有瓷制的圆杯，铁制的带脚把杯、方杯、六角杯等。唐代最有名的酒杯是用玉琢成的"夜光杯"，它是用祁连山老玉琢成，玉本身虽然不会发光，但如对月斟酒，玉纹隐隐可见，故称"夜光杯"。更令人赞叹的是唐代有一种名曰"舞仙"的酒杯。杯有机关，斟满酒会有一小仙人出来舞蹈，还有瑞子落到杯外来。

唐代的取酒器称"杓"，多为木制。用杓取酒入杯的动作称"斟酒"。李白诗"鸬鹚杓，鹦鹉杯，百年三万六千日，一日须倾三百杯"中的鸬鹚杓，就是榴柄状如鸬鹚长颈的一种舀酒杓，舀酒时伸颈入樽，可增加席间饮酒时的乐趣。

唐代的盛酒器主要是樽。樽多用铜制，故又称"金樽"。樽即可盛酒，亦可温酒。唐时樽和杯是两种不同的酒器，这从李白的诗句中可以看出。在《将进酒》中，既有"莫使金樽空对月"，也有"会须一饮三百杯"句；在《行路难》中，即有

仿双童月玉杯

"金樽清酒斗十千"，也有"停杯投筋不能食"句；在《把酒问月》中即有"我今停杯一问之"，也有"月光长照金樽里"句，可见杯不同于樽。过去有人将樽当成杯，这是错误的。

唐代的酒壶由茶壶演变而来，多为执柄带流嘴壶，壶是用来贮酒的，用它取回酒来还得倒入樽中加温。陕西西安何家村唐代窖藏出土的"舞马衔杯仿皮囊银壶"和"高足银杯"等，造型精美，都是唐代酒壶中的珍品。

值得一提的是，唐代酒器中，出现了较过去为多的金、银制作的酒杯、酒壶。金银器作为一种贵重物品，历来代表着占有者的社会地位，即是在经济富足的唐代，金银酒器也仅限于宫廷和个别豪门贵族使用。唐代的金银器制作已广泛彩浇铸、焊接、切削、抛光、铆、镀、捶打、錾刻、镂孔等工艺，不但种类繁多，而且造型奇特，因而金银酒器制作的工艺水平也较过去有了很大的提高。金质酒器中的代表作如西安市出土的唐代"团花纹金杯"，现藏陕西省博物馆。

宋瓷酒具

宋代及其以后，蒸馏酒已在我国普遍饮用，一般不需要加温饮用，因而酒器更加简单。作为贮酒器的壶改用陶瓷做的瓮、坛，而樽、杓渐为带流嘴的酒壶代替。只有杯仍然是常用的饮酒器，所以，酒杯的制作更加奇巧。

第五节　明清提高期

明清两代是我国古代酒器的提高时期。这两个时期，具有与其它各封建王朝所不同的特点，一是国际环境正在迅速变化，当时正是欧洲的文艺复兴时期，封建制度走向崩溃，新兴资本主义已开始步入政治舞台，科技革命也随之而来；二是中国的封建主义正在走向末世，其统治阶级内部，也出现了保守和趋新改良的派别。这样，政治和经济的发展，相对而言有了较宽松的环境。资本主义萌芽在中国内部开始萌生了。

正因为明代的统一以及交通和商业的发达，才能使人们具有见多识广、集工艺科技之大成的条件，因而出现了像《天工开物》作者宋应星这样的人物，中国的酒器在明清时期也就有了较前代更为先进更为发达的条件。特别是江南一带，农业和商业都很发达，酒器在市场上发展得更为迅速。

明代常用的酒器，主要的也是尊、壶、瓶、钟、杯、盏等，但每一类按其大小、纹饰、颜色、绘画等，又有几十个甚至上百个品种。盛酒器尊、瓯，饮酒器钟、盏等，每类品种都在四、五十之多。如"透雕菏叶螳螂犀角杯"（现藏上海博物馆）和青玉制品"八仙执壶"即为明代传世文物。

瓷制品继续发展的明代，也是我国瓷制酒器发展的最高峰。特别是江西浮梁景德镇烧制的白釉及青花瓷器（包括酒器），不但畅销国内，同时也是国外贸易的主要商品。明瓷代表酒器如"万历款黄釉紫彩瓷瓠"，现藏北京市定陵博物馆；"千里款嵌螺钿锡胎黑漆执壶"，现藏中国历史博物馆；还有景德镇金彩绘瓷器中的典型作品"酱釉模金孔雀牡丹纹执壶"等等。

明代中叶，"景泰蓝"工艺问世。这种工艺美术品，十分美观，不仅用于餐具、酒器，还可作室内装饰陈列，尤得人们喜爱。建国后，我国仿制的"景泰蓝"，大量出口，蜚声中外，为祖国赢得了荣誉。如："掐丝珐琅瓠"现藏故宫博物院，等等。

"瓶"在明代酒器中极具特色，视场合、大小及形制而定，有时用于盛酒，有时用于斟酒。据《陶说》记载，明代瓶的饰纹和绘画，非常精美，有苍狮龙花、灵芝四季花、穿花龙凤、草兽衔、灵芝、锦、雉、牡丹、云鹤、八卦、麻叶西番莲、团龙、四季花、凤穿四季花、葡萄西瓜瓣、云龙、杏叶、芦雁、五彩龙穿四季花、香草花、甜白壶瓶等等，品种很多。瓶的功能不仅仅是酒器，特大和特小的已成为装饰、赐赠、珍玩的器物。

中国文化遗产年鉴·酒文化卷

清人阮葵的《茶余客话》中说，明代成化年间官办的窑厂生产的酒杯，有名为"高烧银烛照红妆"的，描绘了"折枝花果堆四面"；还有什么"秋千杯"、"龙舟杯"、"高士杯"等等，"皆描画精工，点色深浅，瓷色莹洁而坚"，其中又以"鸡缸"最为名贵。鸡缸杯上画牡丹，下有子母鸡跃跃欲动，据说其价值在宋瓷之上。

清代虽是我国封建王朝的末代，但在早中期，清王朝强盛，版图辽阔，城市较宋明时期更为繁荣，其工商科技等都得到了前所未有的发展。从时代的文化象征及精神生活来看，清代也算是愉悦怡情的高峰。譬如我们常说的秦文、汉赋、唐诗、宋词、元曲、明清小说，这些文化发展的轨迹，就像是涓涓溪流最后汇成江河一样，中国古代的各种文化、技艺等，最后在清代都以最直接的形式，面对世俗观众，面对大的社会舞台。中国的酒器，也是这样，从上古时期极其神秘的祭祖拜神的太庙逐步走向宫庭，走向官僚府邸，终于在清代又流入家庭，融入社会，成为商品。清代的手工业和商业在各主要城市都有组织严密的"行帮"、"会馆"、"公所"。这样的民间社团，既有垄断排外的局限性，又有正宗、派式、名家而讲求质量、保持优良传统和独具特色的积极因素。

清代的陶瓷酒器，在色彩上，较前代的三彩、五彩更有发展，可谓五光十色。如出土雍正年间的"对饮图"杯。清代在康熙年间，制造了一大批青铜仿古酒器。当时的金银玉质酒器，从工艺、制式和品种、数量上也超过了前代。特别是在玉制酒器上，几成空前绝后之势。

我国的珍玩古董，奇巧器物，有很多在清代被定为"贡品"而输入清廷。所以，各类酒器珍品，保存最全最多的还是清宫（当然，这是就"质"而言）。清代名医薛宝田在《北行日记》中记载，他有一次进宫观看三大殿，曾看到宫内分为六库，即金库、银库、铜库、皮库、瓷库等，几乎集中了全国酒器珍品。

青花瓷酒具

历史上比较有名的酒器还有："三雅"——刘表有三种酒器，大曰伯雅，受七升；次曰仲雅，受五升；三曰季雅，受三升；"铜鹤樽"——王元嘉有一铜鹤樽，背上注酒巴则一足倚，满则正，不满则倾倒；"北辰樽"——魏元忠诗："愿陪南岳寿，长奉北辰樽"；"凤凰樽"——梁元帝诗："杳浮郁金酒，烟绕凤凰樽"；"玉交杯"——李商隐诗："宝簟且眠金缕枕，琼筵不醉玉交杯"；"玻璃七宝杯"——杨贵妃曾持此杯酌李太白酒；"白金盂"——白居易诗：千首诗成青玉案，十分酒倾白金盂"；"酒船"——杜牧诗："夜漕压酒银船满"（朗廷极《胜饮偏》卷二十）。另外，唐宁王有暖玉杯，张易之有鸳鸯杯，文宗有神通盏，西京有香罗卮，黄庭坚有梨花盏（郑獬《觥记注》），等等。

第六节　现代转型期

现代以来，酒器发生了重大转变，即从表明身份地位和供人玩赏的文化价值向实用价值转变，就是更加注重了酒器的实用性，而其装饰性和欣赏性相对减弱，以后可能还会有所发展。就质料来看，基本上分为四大类三小类。四大类是玻璃类、陶瓷类、金属类、塑料类；三小类是木质类、皮革类和玉石类。从形状上看，除方、扁、圆外，就是动物及植物仿真形。色彩以淡、明、绿、暗色为主。现代酒器最突出的特点，就是从国外引进了铝合金制易拉罐。当然传统的、有特色的罐、坛、葫芦形状的酒器仍然很受欢迎。玻璃酒器真正占有一席之地，并成为最重要的成员之一，是近现代以来，随着西方玻璃烧造技术的输入，才发展起来的。当代的玻璃酒器琳琅满目，不论是造型，还是品种均达到相当精美的程度。

1、盛酒器。由于现代生产力高度发展，酒的生产量迅速扩大，过去的尊、觚、彝、瓿、卣、壶等盛酒之器，已经满足不了当今的需要，代之而起的有：①篓。它是用柳条或竹藤编织而成，用桐油纸加特种涂料内外裱糊好。在民国期间，颇为盛行现已被逐渐淘汰；②罐。有瓷制罐、搪瓷罐、金属罐、塑料罐和玻璃罐等；③桶。有木制桶、金属制桶、塑料制桶等；④瓶。有瓷瓶、玻璃瓶等。

2、温酒器。现代代替古代的温酒之器的是壶。壶有两种：一种是金属制品，如铜壶、锡壶等；一种是瓷制品，而多是小酒壶。现在人喝酒一般不用温热，只有少数老年人饮白酒喜欢温后而用。即使使用壶温酒，也是较多的用小瓷壶烫酒。因而，温酒之器皿发展的可能性越来越小了。

3、饮酒器有以下特点：①饮用白酒的小型酒杯、酒盅较为普及，主要是玻璃、瓷器等，近年也有用玉、不锈钢等材料制成；②饮用啤酒、葡萄酒的中型酒杯增加，以透明的玻璃杯为主；③有的酿酒企业将盛酒容器设计成酒杯，酒喝完后，盛酒器可以作为酒杯，一般以125ml为主。

义泉泳公司民国时使用的汾酒陶瓷罐

西方现在在选用饮酒杯时，很注意杯子与酒品配对的科学性。例如，郁金香形的白兰地杯，杯肚大而杯口小，能让饮用者充分闻到白兰地的香醇气味；阔口古典威士忌杯，杯体坚实厚重，适宜加入冰块，手持杯子亦显得稳重典雅；有柄的啤酒杯更能让饮用者便于持杯，手指的热量又不会影响啤酒的温度。因此，他们选择杯具时，一般遵循这样的原则：饮用葡萄酒用葡萄酒杯；香槟酒、起泡葡萄酒用香槟杯；白兰地或干邑用白兰地杯；威士忌加冰用古典杯；饮威士忌、中国白酒用烈性酒杯或利口酒杯；啤酒可采用容量较大的各种款式的啤酒杯；果酒可采用利口酒杯；饮用中国黄酒亦可采用陶瓷器皿或利口酒杯。另外，所有玻璃杯具应选用无色透明、质地良好、规格容量适宜的杯子，这样才能使品饮者饮得高兴。这些原则，对我们今后制作和选用酒杯都有重要的借鉴意义。

竹编酒具

通过以上对古今各个时期酒器的浏览，不难看出，中国酒器不仅有着广泛的自然属性，即单从科技角度而言，它涉及和促进了工艺、陶冶、医疗、文化、教育、艺术、纺织、建筑、考古等学科的进步和发展；而且有着深刻的社会属性，它往往从一个方面代表着一个时代的经济状况、政治制度、文化风貌、风俗习

啤酒杯

惯，而且是占有者、饮用者身份地位和欣赏水平的反映。正是这种广泛、深刻的自然和社会的双重属性就决定了它作为中国传统文化代表的典型性。古今千姿百态、争妍斗奇的酒器，为中国酒文化和中国传统文化增添了绚丽的光彩，也为饮用者和观赏者带来了艺术的享受。

第四章　酿酒作坊遗址

建国以来，我国多处发掘的古代酿酒遗址，进一步佐证了我国悠久的酿酒历史。这些历史遗迹和遗物，从不同侧面反映了当时的酿酒水平和当时社会的政治、经济、科技和文化状况，为我们研究古代酿酒史和社会发展史提供了丰富而重要的资料。

河北藁城台西村商代酿酒作坊遗址

1974年，在河北藁城台西商代遗址的发掘中，从T18，T19两个探方内发现了商代中期的制酒作坊。根据遗址复原，这是一座构筑在夯土台基上，由两室组成的一面坡顶厦子式的建筑物，室内面积约36平方米。作坊内出土可用以发酵或贮酒用的陶质瓮、大口罐、罍、尊、壶等盛器。其中一只大陶瓮内存有8.5千克灰白色锈状沉淀物，经著名酿造学家方心芳先生鉴定，系黄酒挥发后的残渣，其主要成分是已经死亡的酵母残壳，这是目前我国发现的最早酿酒实物资料。在另外4件大口罐内分别发现存有相当数量的李、枣、草木樨、大麻子和桃的果实及种仁。经中医研究院西苑医院耿鉴庭、中国科学院植物研究所刘亮等先生鉴定，认为都是用来酿酒的材料，其中大麻仁、桃仁具有药用作用。联系砭镰等医疗器具从这一遗址出土的情况，上述药用植物种仁在制酒坊中出现，可推断当时可能除酿造粮食酒、果酒外，还能酿造药用酒。作坊内还出土了"将军盔"，由烟熏和使用痕迹推断，是造酒和蒸煮谷物原料的蒸锅。伴出器物还有完整的陶质漏斗，经试用可断定酿好的酒浆就是用它来灌注到罍、壶等一类小口盛器中去的。

1985年，在T18的东壁又发现了一个开口与酿酒作坊处于同一层位的圆形灰坑，估计灰坑直径在1.2m以上，深1.5m，内尚积有厚达15cm左右的谷物，虽全部炭化变黑，但颗粒完整，鉴定为粟。另在探方T18北部扩方后，在与作坊相同的层位上也发现有房子，其中余有大量灰烬，出土了"将军盔"、瓮、罐等陶器。显然，这两处遗迹和原发现的制酒坊是一个整体，前者是酿酒原料的窖穴，后者是蒸煮醅料的地方。

台西商代制酒作坊的完整发现有三点价值：一是人工培植的酵母及酒渣粉末，可以使我们对商代中期造酒的发酵过程得到更具体的了解；二是确定了商代中期酿酒器具的一般配套组合，对于研究我国3000年前的酿酒工艺流程有着重要的参考作用；三是综合观察台西制酒作坊的生产状况，联系商代手工业中比酿酒要求更复杂漆器业、丝织业的技术和工艺，特别是青铜铸造业的高度发达状况来分析，可以认为商代中期已经初步形成了我国酿酒在世界酿酒业中的独立体系，即很可能触发了单独用曲酿酒的契机，进入曲酿的创始阶段。

四川绵竹剑南春集团南齐"天益号"酿酒作坊遗址

2003年4月，四川绵竹剑南春集团公司内发现了一处南齐时期的白酒作坊遗址，考古专家认为这是我国发现的又一处大型酒坊遗址，其生产规模之大、工艺要素之完备、保存之完整在全国十分罕见。

剑南春酒厂早些时候在翻修天益老号酒坊时，发现距地表1.4米深处有古代窖池残段，发掘出镌有"永明五年"（即公元487年的齐武帝萧赜时代）字样的南齐纪年砖、青釉盘口壶等文物。后经四川省及德阳市文物考古研究所的两次考古勘探发掘，确认天益老号作坊的旧址即是一座距今1500多年的南齐大型酿酒窖池。

通过进一步的考古发掘证实，天益老号酒坊遗址位于绵竹市棋盘街传统酒坊区，分布范围南北长260米，东西宽240米，面积约62,000平方米。目前已发掘面积800平方米，现场清理出土了大批与白酒酿造工艺有关的

剑南春"天益老号酒坊"遗址

遗迹、文物，仅酒窖就有7组26口，其中大的酒窖有2米深，窖底的土层因酒糟的常年浸泡而呈灰白色。遗址中水井、炉灶、晾堂、水沟、水池、蒸馏设施、粮仓、墙基等一应俱全，原料浸泡、蒸煮、发酵、原酒浸出等蒸馏酿酒的全过程清晰可见，古代街坊、酒肆的布局规模也展现在世人面前。

考古专家勘探后认为，6万多平方米的遗址有很多还深埋在剑南春公司现代化厂房下面，其历史价值将更加可观。即使目前的考古发现已经让专家们兴奋不已。

国家文物局和四川省考古研究院在绵竹市举行了"天益老号酒坊遗址考古发掘专家论证会"，专家们一致认为，绵竹天益老号酒坊遗址是我国继江西李渡烧酒作坊遗址之后发现的又一处大型古代酒坊遗址；天益老号遗址生产规模之大、工艺要素之完备、保存之完整在全国十分罕见；而且从1500多年前的南齐开始历代延承，一直延续到明清时期，一个酒坊在同一地点一脉相传，这在全国是独一无二的。中国考古学会理事长徐苹芳指出，剑南春"天益老号"酒坊遗址主要体现了两个重要特色：一是它展现了传统酿酒工艺的完整流程；二是遗址整条街"前店后厂"的格局完整清晰，全面反映了清末民初时期，绵竹这样一个独具特色的手工业城市的经济状况，这在以政治经济为特征的中国古代城市里是很罕见的，很有新意。该遗址被评为"2005年全国考古十大新发现之一"。

河北青龙县西山咀村金代遗址中出土青铜烧酒锅

1975年12月，河北省青龙县西山咀村南金代遗址的窖穴中出土了青铜烧酒锅。这套器具通高41.6厘米，由上下两个分体组合而成。上件为圆桶形冷却器，敞口底部为半球形，可不断注入冷却水，其下部有一排水流，用以冷热水的置换。下件为近似球形的铜锅，口径28厘米。它的口沿为双唇凹槽状，槽宽1.2厘米，深1厘米，专门汇聚酒精。在酒槽沿部有一出酒流，用以排出酒蒸汽冷凝后汇入酒槽的酒。上下两部分可紧密配合，蒸酒时，酒精蒸汽碰到冷却器的底部后温度降低，蒸汽又冷却成酒精，沿着半球形器底部流到凹槽，汇聚多了，自然从管状酒流流出，蒸馏烧酒便随之产生。这是目前发现我国最早的蒸酒制酒工具。

俗话说："生香靠发酵，提香靠蒸馏。"蒸馏工艺，可以将发酵生成的芳香物质和有益物质提取回收，并排除有害物质，因而是中国白酒增香提质的关键工艺。从用曲发酵到蒸馏出高酒度的白酒（俗称烧酒），这是我国制酒技术史上的又一次质的飞跃。青龙县西山咀村金代遗址的新发现有力地证实了我国最晚在金代就有了自制的蒸馏烧酒锅和蒸馏酒。

江西进贤县李渡元代白酒酿造作坊遗址

2002年6月，江西省进贤县李渡酒厂在厂区内进行厂房改造时，发现一个面积约15000平方米、距今约700年前的特大型元代烧酒作坊遗址。经过对该遗址原无形堂烧酒作坊350平方米面积的抢救性发掘，伴随着元、明、清不同时代的水井、炉灶、晾堂、酒窖、蒸馏设施、墙基、水沟、路面、灰坑等酿酒遗迹的出现和大批陶瓷酒具、食具、工具的出土，中国古代烧酒作坊生产从原料煮熟、拌曲发酵到蒸馏的三大工序完整地再现于今。

第一道工序包括稻谷破碎、井水润料、原料蒸煮三个步骤。本次发掘出土的石臼就是被用来碾制加工稻谷的，位于烧酒作坊遗址中心部位，始建于元代。近代废弃的水井是为酿酒过程中提供优质酿造用水和生产用水的重要场所。

第二道工序是发酵，可分为前期发酵和后期发酵两步，分别在晾堂和酒窖中完成。晾堂是酿酒过程中用于拌料、配料、堆积、扬冷酒醅、前期发酵的场地。本次发掘出的晾堂有两处，分别为明、清两代。酒窖是经摊晾下曲后的糟醅，进行主发酵（后期发酵）的场所。本次发掘出土的酒窖按平面形状可分为圆形、腰形和长方形三种。圆形酒窖共发现22个，其中明代9个（6个至今仍在使用），元代酒窖13个。解剖结果表明，圆形酒窖均先挖一个大坑，坑底再挖一个小圆坑放置陶缸，然后用青砖加土修建而成，是国内特有结构的砖砌圆形地缸发酵池，远远早于中国白酒第一坊——成都水井坊遗址发掘出的长方形窖池。腰形酒窖是把两个圆形酒窖的地缸封闭改造成的，出现在近代。长方形酒窖与江西特型酒窖所使用的红石条发酵池同属一个类型，为现代酒窖。从酒窖演变规律看，圆形酒窖从元代开始一直被用于生产小曲工艺白酒，20世纪20年代江西引入大曲酒生产工艺后，又被用来生产大曲工艺白酒，是在大曲白酒生产中腰形、长方形酒窖产生前的一种形式，是小曲白酒生产向大曲白酒生产转变过程中的一种过渡形态。这在全国尚属首例，同时也是李渡无形堂元代烧酒作坊遗址的特有魅力之所在。

第三道工序是蒸馏。蒸馏是白酒生产中最重要的环节。可以说，没有蒸馏就没有白酒。在传统的固态发酵法白酒生产中，经酒窖发酵成熟的酒醅采用甑桶间隙蒸馏而得白酒。一般是在炉灶上先放一口"地锅"，安置甑桶和"天锅"冷却器，再配以冷凝管道和盛接容器。通常在甑桶内装入发酵成熟的酒醅，用灶火加热进行蒸馏。同时，在"天锅"内注入冷水，并不断更换，使汽化的酒精遇冷凝结成液体，从而达到提升酒精浓度和形成白酒香味的目的。本次发掘的明、清两代蒸馏设施均圆桶形砖座，处在炉灶附近，是供蒸馏过程中盛放冷水或放"天锅"的地方。

发掘现场还出土了350件完整和可以恢复的遗物以及大量陶器随片，其中以酒具最为丰富，甚至有元代以前的如宋代青白釉高足杯等。另外，专家所提供的标本微生物活性检测报告显示，从遗址出土的酒窖泥、酒精中仍含有活性菌种。从考古角度讲，李渡无形堂元代烧酒作坊遗址所揭示的各种酿酒遗迹和遗物能如此完整地说明烧酒作坊生产的工艺流程，可把固态发酵的时间推到元代，甚至更远。

江西南昌李渡无形堂烧酒作坊遗址是目前我国发现的一处遗迹最全、遗物最多、延续时间最长且最具有鲜明地方特色的古代烧酒作坊遗址，被称为中国酒业难得的"国宝"。

四川泸州老窖集团明代"温永盛"酿酒窖池

泸州古称江阳，在四川盆地的南部边缘，长江、沱江合流之处。根据泸州出土文物考察，泸州酒史可以追溯到秦汉时期，兴于唐宋，盛于明清，在现存的泸州老窖池群中，持续使用百年以上的就达300多个，其中最古老的建造于明代万历年间，即公元1573年（"国窖1573"酒名由此而来），连续使用距今已有435年的历史。1996年泸州老窖池群被国务院命名为全国酒类行业中惟一的"全国重点文物保护单位"。因而被称为"国宝窖池"、"中国第一窖"。

据1958年查定，泸州温永盛老窖容积7.99立方米（口长2.45m，底长2.05m，口宽2.07m，底宽1.67m，深1.9m），数百年来，由于母糟、黄水、微生物的连续长期作用，以致离酒窖1m多远的泥土都是芳香扑鼻的。

经现代技术检测发现，国窖窖泥中已形成了庞大而神秘的微生物生态体系，现初步查明有益微生物有400多种，比一般窖泥微生物多出170多种，窖泥之谜还要继续研究。

1963年，中国科学院西南生物所、泸州曲酒厂等单位承担轻工业部十年规划科研项目"泸州老窖大曲酒微生物性状、生化活动及原有工艺的总结与提高"时，取得了大量科学数据，为泸州老窖大曲酒生产提供了科学理论依据。

四川成都全兴集团水井街明代"福升全"酿酒作坊遗址

1998年8月，四川省文物考古研究所等，对全兴酒厂水井街老生产车间进行考古发掘与研究，所发现的酒坊遗址经考古专家论证，其大曲酒生产年代起于元末明初，是迄今为止保存最完整、最古老、最全面的具有民族独创的酒坊，堪称中国酿造大曲酒工艺的一处重点文物保护单位。

水井街酒坊，于清乾隆五十一年（1786年）在明代烧坊、窖池的基础上，另换字号为"福升全"烧坊。道光四年（1824年）又在暑袜街建成"全兴成"新号。如今全兴大曲酒企业及其水井坊所构成的古博超逸风貌，堪称为"中国第一酿造大曲酒历史博物馆"。

本遗址面积约17000平方米，已发掘的面积约280平方米，采用"探方发掘法"考古。遗址地层堆积一般是10层，现代地面为第一层，往下发掘最深一层为第十层。第1～3层有晾堂3座、酒窖8口、炉灶坑5座、灰坑与泥址4个、烤酒灶基1座。第4～10层发现遗迹和遗物有灰坑、灰渣、瓷片、陶片、瓦片、井圈等。出土物以瓷片、陶片为主，瓷器和陶器也不少，其中以酒具最丰富。少数青花瓷器的内底或外底上有题款如"永乐年制"、"同治年制"、"永乐制造"等。专家们根据发掘遗迹、出土文物和各地层特征判定，全兴酿酒烧坊遗址可以上溯至明初，下至现在仍在酿造白酒的现场。

专家们一致认为，这一发现具有填补考古空白的价值，为我国白酒酿造技术、酿造设备发展演变的研究提供了珍贵的第一手资料。

四川宜宾五粮液集团明代"温德丰"酿酒作坊遗址

1956年，国家投资兴建五粮液酒厂时，发现古代老窖，经博物学和考古学专家鉴定，为明代酿造白酒的老窖，至今足有300多年的历史。现在这一重大考古发现已列为国家文物保护遗址。

据《宜宾方志》和《五粮液酒厂志》记载：明末清初（1644年）时，宜宾城已有陈氏的"温德丰"、"德盛福"、"长发升"等酒坊，用高粱、糯米、粳米、玉米、荞麦五谷杂粮酿造白酒，酒质优良，尤以"温德丰"所酿的"杂粮酒"最为出名。约到同治八年（1869年），经清代举人杨惠泉提议，"杂粮酒"命名为"五粮液"。在明末清初，已有多家酒坊采用五谷酿造白酒，如在马家巷有张万和酒坊，在城南有德盛福酒坊，在城东有长发升酒坊等。至1937年，宜宾城有白酒作坊14家、酒窖120多座。

四川射洪沱牌集团明代"泰安作坊"酿酒遗址

四川省文物考古研究院宣布，一处明清时期传统白酒工业作坊遗址在四川省遂宁市射洪县被发现，遗址中发现的品酒杯在我国酒类作坊遗址中属首次发现。

四川省文物考古研究院考古队副队长黄家祥2007年12月27日介绍说，这处位于射洪县柳树镇的"泰安作坊遗址"是继成都水井坊遗址、绵竹天益老号酒坊遗址后，四川乃至全国传统白酒工业作坊遗址的又一重大考古发现。黄家祥称，考古专家经过两个月的考古发掘，在300多平方米的"泰安作坊"遗址发掘面上，已经初步发掘出了6个窖池、1个接酒坑、3处晾床和3个灰坑，此外还包括白酒工业作坊地面建筑遗留下的踩踏面、排水沟等。目前，从"泰安作坊遗址"中出土的文物，主要包括各式酒壶、酒杯、酒缸等，还有碗、盘、灯盏、钵等生活用具。其中，两个明代的蓝色品酒杯，口径、杯高分别约3厘米，在我国酒类作坊遗址中是首次发现。

来自中国社科院、北京大学和国家博物馆的12位文物考古专家考察了发掘现场和出土遗物，并听取了四川省文物考古研究院的考古发掘汇报。

第五章　出土古酒

建国以来，我国多处古墓葬中出土的古酒，为我们研究古代酿酒史和社会发展史提供了又一组珍贵的实物资料。

河南信阳地区罗山县天湖村出土的3000年前商代古酒

1986年，河南省考古人员对本省信阳地区罗山县天湖村商周墓葬发掘时，在其中的8号墓中发现了一件封闭严密的铜卣，铜卣的盖口与器体严密封闭，并呈束颈状，不能开启。器体完整无损，没有任何锈孔。器内存有液体。当时，考古人员立即采取措施，用棉花和塑料布包裹，并装箱送到北京，经国家文物局文物保护科学技术研究所介绍到北京大学化学系。取样时，器底钻了一个绿豆大的小孔，液体仍然流不出来。说明封闭良好，器内压力小于大气压。后来，在器底又钻了一个小孔进气，才将液体慢慢抽出，盛入棕色瓶封存（约1公斤）。北京大学化学系进行乙醇测定，此液体是商代古酒无疑。因为铜提梁卣是商代奴隶主贵族专门在重大祭祖、宴飨场合用来盛放高级香酒的礼器，而且出土时封装良好。在11号墓中还陪葬了一件更加精美的鸱鸮铜卣，但封闭不良，器内干燥，说明酒已全部挥发完了。

罗山县天湖村商周墓葬共42座，其中商代晚期墓葬22座，出土商代青铜器219件、玉器75件、陶器31件、石器2件、木漆器10件、丝织品1件。3000年古酒出土于8号墓，与8号墓同属于殷墟文化第二期的11、12号墓出土的椁底板标本，经国家文物局文物保护科学技术研究所碳14实验测定结果：树轮校正年代距今3265±145年，所测年代与陈梦家先生《殷墟卜辞综述》一书中所推断的商王武丁年代接近。

这不仅成为目前我国已知最早的实物酒，也是世界上最古老的实物酒。而在此以前，德国维尔茨堡于1540年酿制的"宝石酒"被称为是世界最古老陈酒。

河北平山县三汲乡战国中山王墓出土的2300年前的古酒

1977年，在河北省平山县三汲乡战国中山王墓的发掘中，从两只锈封严密的铜壶内获得了两种不同颜色的液体，其一清澈透明，似现代竹叶清酒，另一种呈黛绿色。当发掘人员现场启封时，酒香扑鼻。经北京市发酵工业研究所初步鉴定，其中均含有乙醇、糖、脂肪、乳酸、丁酸、氮等10余种成分，因此确定是酒。从中山王埋葬的时间可知，此酒大约酿造于公元前310年。从其能够保存2300多年而不变质的情况来看，除储存条件良好外，酒质的优良也是一个重要条件，进而说明先秦时期的酿造工艺水平已经相当之高。

中山国酒的出土也成为当时发达的酿酒技术的实物例证。中山国的酒在历史上一度颇具盛名，在《周礼》一书中记有一种叫"中山冬酿"的名酒，它是一种发酵周期较长的清酒。据记载是冬天酿制，夏天酿成，在酿制过程中产生较多酯类，所以酒味醇厚。汉晋时期，人们更称赞这种酒可使人"沉湎千日"。

瓶内装青绿色的古酒

中国文化遗产年鉴·酒文化卷

河北满城西汉中山靖王刘胜夫妇墓出土的2100年前的大酒缸

1968年，河北省满城西汉中山靖王刘胜夫妇墓的发掘，获得33件陶质大酒缸。其出土时内壁仍有酒液干后留下的痕迹，大部分底部存有白色粉末渣子，似为酒的沉淀物。大多数酒缸肩部的朱书文字仍可辨认，分别为"黍上尊酒十五石"、"甘醪十五石"、"黍酒十一石"、"稻酒十一石"等题记。以十五石和十石的平均值来估计，总重量达400余石，以汉时一石合当今二斗计算，约合4吨重。

刘胜只是食税方国的诸侯，因而这还不能说是我国古代统治者随葬酒的最高数字。但是，在2100年前，一次随葬贮酒器和贮酒如此之多，并且有"黍酒"、"黍上尊酒"、"甘醪"、"稻酒"等不同种类、不同品位酒的区别，都显示出当时酿酒生产力和酿酒技术已经达到很高水平。

西汉是中国封建社会发展的第一个高峰，政治上空前统一，经济上非常繁荣，社会思想异常活跃，对外交往日益频繁，成为当时世界上最强盛的国家之一。从而为酒业的繁荣发展奠定了坚实基础，特别是汉代的制曲技术有了重大进步，大大促进了酒业的发展和酒质的提高。西汉时，马奶酒传入到中原地区，张骞出使西域也从大宛国（今中亚细亚地区）引进作酒的优良葡萄品种和葡萄酒酿造艺人，使酒的品种有了增加。汉代首创的榷酒制，在中国酒政史上甚至在中国财政史上都具有重大意义。中山靖王刘胜夫妇墓中发掘出的大量古酒就是对西汉繁荣酒业的真实反映。

江苏徐州市狮子山西汉楚王陵出土的2100年前的兰陵美酒

1995年9月26日，江苏徐州狮子山楚王陵发掘出土各类文物近200件，不仅数量之多，而且学术研究价值很高。其中3坛封装完好的尘封了2148年的兰陵美酒的出土，再现了西汉时期的社会盛况和酒业繁荣景象。

楚王陵是1984年冬发现的，1991年7月考古队最终确定墓室方位、构制，1994年12月动工发掘。

此陵墓凿山以葬，南北长117m，墓室面积850平方米，凿石达5100立方米，可谓规模庞大，气势宏伟，天井式结构更是独树一帜。出土文物有金、银、铜、铁、玉、石、漆等质地的各种器具、装饰品，其中雕龙玉璜、铜扁壶、弦纹玉环、璃虎纹玉饰、镶玉漆棺等均是国内考古的首次发现。

此陵属西汉第三代楚王刘戊，他是汉高祖刘邦的同胞小弟刘游的孙子。公元前173年继立楚王，辖今江苏、山东、安徽等省部分地区，包括现在的兰陵。后因勾结吴王造反，向西攻梁，汉景帝派大将周亚夫镇压，吴楚联军不战而败，吴王逃跑，楚王自杀，据考古医学家专家对地宫残余骨骼鉴定，确定刘戊卒年35～37岁。

楚王陵约在1000年前被盗，主墓室遭到严重破坏，而凿建于墓门外墓道两侧的庖厨间却被完好保存下来，兰陵美酒恰好被存庖厨间。同时出土的还有铜鼎、盆、勺等食器，铁釜、陶甗等炊煮器具。

兰陵美酒被放置东北角的陶质球形坛内，泥封有"兰陵丞印"戳记，完整无缺，清晰可辨，也是所有出土物中唯一完好的陶质器具。专家对残余酒液的感官鉴定认为，与今日山东兰陵集团生产的兰陵美酒同宗。现存放于江苏省博物馆。

西安北郊西汉墓出土的2000多年前的古酒

2003年6月20日下午，西安市文物保护考古所专家在一件刚刚出土的西汉早期凤首铜钟内，发现储存有25公斤多透明的青绿色液体。专家肯定，这是迄今为止发现保存最好、存量最多的西汉早期美酒。

同年3月，一家房地产公司在西安市北郊施工中发现了一座古墓葬，考古专家随之进行发掘清理，探明是一座西汉早期的大型积炭墓。在其保存较好的侧室，依次整齐地排放着2件锤、4件钫、4件鼎、2件也、2个勺、2件盆、1件鉴、共17件大型青铜器，5件茧形陶壶。此次发现的2件青铜钟高达78厘米，通体鎏金，顶盖密封，其上铸立着漂亮的朱雀，是目前发现的西汉时期最高大的铜器。令人惊异的是，其中一件储存有透明的青绿色液体，揭开顶盖后，一股浓烈的酒香扑鼻而来，显然是已经保存了2000多年的陈年老酒。

该酒样经中国食品工业研究院测定，酒精含量为0.1%，还含有酒类基本组成成分的正丙醇、异丁醇、异戊醇等微量香味成分。经专家多次实验后认为，西汉美酒呈翠绿色并不是铜离子的作用，而是一种叫"叶绿素铜钠盐"的元素在起作用。在水果中猕猴桃是罕见的成熟后含有叶绿素的水果，呈翠绿色，榨汁后色泽较为稳定。用传统工艺发酵后的猕猴桃酒与西汉美酒有着相同的深褐色沉淀，而且他们的酒精度也基本相同。全国野生猕猴桃的主产区就在太白山一带，这里距离西汉都城长安仅100公里。综合这些情况，专家们认为，这钟西汉美酒为猕猴桃酒。

专家们认定，从墓葬形制与出土器物推断，墓葬时代应为西汉早期偏晚，幕主人的身份应属高级贵族；考古发掘中出土的青铜器堪称珍品，尤其是酒的发现，是中国考古界、科技史界与酿酒界的一个重大发现，为研究西汉历史和风俗礼制，以及中国古代的酿酒技术与酒文化水平提供了重要的实物资料。

西安文物保护考古所所长孙福喜说："中国古代人一般用高粱、稻米等粮食作物酿酒，与现在多用勾兑方法造酒不同，讲究的人对酒的加工要求极其精细，往往要进行多重过滤。出土的这些青绿色米酒纯度很高，基本上呈透明状态。它可能体现着墓主人的高贵身份，也表明中国的酿酒技术在两千多年前的西汉时期就已十分成熟。"

专家说，先前考古界在河北、湖南等地也曾发现过西汉时期的酒，但是经过两千多年后，它们的味道都变得很淡，既没有这次发现的气味浓烈，也没有这次发现的纯度高。

辽宁锦州出土的清道光廿五年的古酒

1996年6月9日，建筑工人在辽宁锦州凌川酿酒总厂老厂区挖地基时挖出了4个大木箱，后经锦州市考古队鉴定，这些木制大箱为清代盛放酒的大木海。木海的木质为红松，八字原始铆，箱角加固为铁巴锔，铁炮钉，箱内为宣纸裱糊，并书汉、满两种文字，字迹依稀可见。从汉字上辩认，此木酒海是清代道光二十五年（即公元1845年）穴藏原酒，作坊号为"同盛金"，还有"封于大清道光乙己年"字样，距今已有160多年。四个大木海中，共有酒4吨多。每个木酒海为长方体木箱，规格为262×131×164立方厘米，内外夹层结构，夹层厚为10厘米。内藏原酒4吨多，保存完好。其酒清澈透明，稍带微黄色，香气浓郁，乃是稀世珍品。

该酒起源于清代嘉庆六年，即公元1801年的同盛金烧锅，距今已有200多年历史，是我国东北地区唯一的皇室酿酒作坊。1996年6月发掘道光廿五年贡酒，被吉尼斯总部认定为世界目前发现的窖贮时间最长的穴藏白酒。现在，道光二十五酒业集团生产的酒品已被批准为"国家原产地域保护产品"。

1996年12月8日，中国白酒专业协会、锦州市政府共同在锦州凌川酿酒总厂召开了"中国锦州凌川酿酒总厂发掘穴藏百年贡酒研讨会"。中国白酒协会名誉会长周恒刚、国家评酒会专家组组长高月明、中国考古专家组组长郭大顺等16位国内著名酿酒专家、品酒专家和考古专家对出土的酒进行了品评鉴定，认为此酒酒液呈微黄色，具有浓郁陈香、入口绵柔、后味悠长的特点。此酒是当时皇封作坊"同盛金"为皇家酿制的贡酒。经有关部门进行理化和卫生指标化验，符合国家食品卫生指标。专家们认为，该木酒海的制作工艺精湛，木材和涂料经久耐用，具有重要的考古研究价值。专家们说，此酒的出土证明，白酒在地表下穴藏和长期贮存可提高产品质量，为进一步研究白酒老熟机理提供了实物和科学依据。

第六章　文献记载的历代名酒

第一节　商周时代

一、商代

商朝是当时世界上的文明大国。农业、手工业和商业的发展使殷商酿酒业日益发达，酿酒科技也有了许多重要进步，能够酿制出"贞酒"、"日酒"、"温酒"等10多种不同风格的名酒，而且掌握了陈酿、增香及调味等难度较高的工艺技术。

二、西周

西周时，中国酒文化从物质和精神两个方面发生了全面、深刻的变化，基本奠定了后世发展的方向。据《周礼·天官冢宰》记载，周代王室设立了专门的酿酒作坊和掌管饮酒之礼的机构及其专职官吏，共计630余人。《诗经》中内容涉及到酒的达50多篇，其中提到西周时的酒名至少有8种：酒、醴、鬯、黄流、旨酒、春酒、清酒、酎。其中酎酒是一种最高档的重酿酒，即在正发酵的酒醪中加入成品酒，进一步发酵，得到的酒丰满、醇甜。鬯酒是采用黑黍和中药材郁金香酿制的药酒，为我国药酒之起源。

据《周礼》记载，帝王的饮品有"三酒四饮"。"三酒"是指事酒、昔酒、清酒；事酒是专门为祭祀或宴宾而新酿的酒，酿造时间较短；昔酒是经过较长时间酿造（如冬酿春熟）的酒；清酒是酿造时间最长而味道最醇美的高档酒。"四饮"是指清、医、浆、酏四种饮料。清是指过滤的醴酒，与之相对应的是未过滤而带糟的醴酒；医也是指一种饮料酒醴；浆是指带米粒的米汤；酏是指不带米粒的米汤。

我国最早的古典医学巨著之一《黄帝内经素问》中记载有两种药酒，一种叫"醪药"，就是带糟的药酒，医用酒之一；另一种叫"鸡矢醴"。据罗振玉《殷墟书契前编》卷四记载，商周时期，用古物酿造药酒的方法已经开始。据《周礼·春宫》和汉许慎《说文解字》记载，商周时期的"鬯"酒，是采用黑黍和中药材郁金酿制的药酒，其中包括两种成品，即用郁金和黑黍酿造及用郁金煮出液配制的鬯酒。

第二节　汉　代

相对于先秦时期来说，汉代的制曲、制酒技术有了重大进步，并对后世产生了重大影响。文献中提到的汉代名酒有：曹操呈献给汉献帝刘协的家酿《上九酝法奏》中提到的"九酝春酒"，贾思勰在《齐民要术》中提到的秦州春酒。

汉高祖时，曾在林潼东北新建新丰城，迁沛中酒匠于此，开坛酿酒。《三辅旧事》记载，"高祖徒丰沛屠儿、酤酒煮饼商人，立为新丰。"新丰从此成为关中地区的一个重要酒镇，而"新丰酒"也名扬海内。

西汉时期，我国北方匈奴、乌桓和鲜卑等游牧民族的主要酒品——马奶酒已传入到中原地区，成为长安官坊酿造的主要酒品之一。据《汉书·百官公卿表》记载：西汉太仆下设"家马令"，执掌酿造马奶酒。汉武帝太初元年（公元104年）将"家马令"改名为"桐马酒"，或简称"桐酒"。

公元前138年，张骞受命出使西域，引进大宛国（今中亚细亚地区）作酒的优良葡萄品种和葡萄酒酿造艺人，使汉代葡萄酒品种有了增加。

第三节　魏晋南北朝

在我国古籍中，能证明我国两晋时期，酿造黄酒工艺已达很高水平的文献资料仍然有不少流传至今。例如，在晋葛洪的《西京杂记》中，就有用黍米杂菊花酿造黄酒的记载。这种酒是专门作为九月九日饮用的重阳节日酒。在晋张华的《博物志》中，也记有一种用于姜、胡椒、安石榴汁配黄酒酿造"胡椒酒法"。胡椒与荜拨是同科不向种，胡椒酒与荜拨酒也会有些不同，故它们是同类不同种的酒。

到了南北朝时期，根据北魏贾思勰《齐民要术》中的制曲酿酒内容来看，当时的制曲酿酒工艺水平，是北魏以前各朝代都不能与之相比的。在该书中，有关制曲酿酒的内容非常丰富，酒名也非常多，仅黄酒酿造内容就有40余例，如果按书中固有章节分类，则有造神曲并酒、白醪酒、笨曲并酒、法酒、作女曲并酒；如果按酿酒采用主要原料分类，则有黍米酒、稷米酒、粟米酒、粱米酒、秫米酒、稻米酒（包括糯米酒、粳米酒）等。有的是酿造期长达半年以上的冬酒，有的是酿造期仅一个晚上的酒，类型较全，大多数是多次补料法酿成。典型的生产工艺有以下三种：河东神曲酒、白醪酒（酿造期一般为两、三天的酒）、酎酒（一般是冬酒，品种较多，酿造时间长达半年以上）。

两晋炼丹家葛洪一生著述甚多，其中记载着许多药酒配方，以《葛洪肘后备急方》为冠，举凡用于治疗突发急病，意外伤害等20多种，其中不少配方的内容相当珍贵。根据原文内容可知其部分名称有：雄黄酒、杏仁膏酒、漆叶酒、桂末干姜酒、牛蒡酒、吴茱萸生姜酒、莎草根酒、吴茱萸桂皮酒、半夏细辛酒、乌头蜜丸酒、桂心酒、当归酒、山楂子川乌酒等等。

第四节　隋　唐

隋朝宫廷已出多种秘酒，如今史籍留名者，仅有"玉薤酒"一品。《酒谱》记载："玉薤，隋炀帝酒名"。《渊鉴类函》亦云："隋炀帝酒名玉薤"。

我国封建社会的文化在唐代的经济鼎盛时期出现了十分繁荣的局面。从贞观到开元100多年间，唐帝国的经济达到了繁荣的顶点，成为当时世界上最强大的封建帝国，促进了酿酒业的大发展，使官方酒坊的酿酒和酒肆、家庭的私家酿酒都很兴旺。特别是官方酿酒规模很大，技术甚高，品种多样。

唐代的谷物酿酒，因用曲量和糖化的过程不同，大体分为醪酒和清酒两类。醪酒类用曲量较少，成酒后酒质稠浊而味甜，酒精度数较低。因其色重，所以人称为浊酒、浓酒、醴酒，又因未过滤而称之为醅。清酒类一般酿酒时间较长，酒液较清，酒精度数较高。清酒又称为渌酒、醇酒、酎酒。有些清酒经过高度酿制，也能接近于透明色。因唐代酿酒的糖化过程同现代不尽相同，所以唐代的酒多有甜味。

值得注意的是，作为世界六大蒸馏酒之一的中国白酒，在唐代已经诞生。关于中国出现蒸馏酒的历史年代，从最早的东汉到最晚的元代，各个朝代的说法都有，其中唐代说者较多。在《本草纲目》葡萄酒条目中，李时珍说："有如烧酒者，有大毒。烧者，取葡萄十斤，同大曲酿榨，取入甑蒸之，以器承滴露，红色可爱，古者西域造之，唐时破高昌所得。"这种酒，相当于现在的葡萄蒸馏酒白兰地。唐破高昌当在贞观14年（公元640年）。唐代我国不少地方已经出现了蒸馏酒，中国科学院学部委员方心芳先生在《曲蘖酿酒的起源与发展》一文中做出的关于"唐代可能出现了蒸馏酒"的判断是正确的。实际上，元时我国已有成熟的蒸馏设备和技术，蒸馏酒的酿造和饮用也已经普遍。

另外，唐时名人的诗句和文献资料，也是唐时我国已有蒸馏酒的佐证。白居易在他的四川忠州荔枝楼对酒诗里有："荔枝新熟鸡冠色，烧酒初开琥珀香。"雍陶有诗"自到成都烧酒熟，不思身更入长安。"李肇在《国史补》中写道："酒则有剑南之烧春。"赵希鹄在《调燮类编》中说："烧酒醉不醒者，急用绿豆粉切片将其撬开口，冷水送粉片下喉即安。"（卷二）"生姜不可与烧酒同用。饮白酒生韭令人增病。饮白酒忌诸甜物"（卷三）。在这里，烧酒、烧春、白酒指的都是蒸馏酒。

总之，世界六大蒸馏酒之一的中国白酒的诞生，是我国酿酒史上具有划时代意义的重大进步，它在我国封建经济最为强盛、酒业及其文化最为发达的唐代悄然问世，当是历史的必然。

唐太宗时，宫廷时开始酿之葡萄酒，其酒法传自新疆，但经过内廷的改造，所酿葡萄酒更胜同类一筹。《南部新书》有载："太宗破高昌，收马乳蒲桃种于苑，并得酒去。仍自损益之，造酒成绿色，芳香酷烈，味兼醍醐，长安始识其味也。"自兹以后，唐以后各朝，大都将葡萄酒列为宫廷秘制之一。

我国古代医学家孙思邈，在其70岁时撰写完成的《备急千金方》30卷和不久续撰的《千金翼方》30卷中，详述酿制过程和服用情况的药酒就达30多种，如石斛酒、钟乳酒、大金牙酒、松叶酒、术高酒、侧子酒、虎骨酒、枸杞菖蒲酒、牛漆酒、马灌酒、独活酒、丹参酒等等。

除孙思邈的著作外，唐朝王焘的《外台秘要》、孟诜的《食疗本草》、李肇的《国史补》、韩鄂的《四时纂要》等著作中也都有一些药酒方。人们利用这些药酒扶伤治病，收到了很好的效果，从而使中国药酒的理论研究和实际运用在唐朝进入了一个鼎盛时期。

第五节　宋　代

中国的酒业及其文化在宋代又有了长足的发展和进步，其中黄酒酿造达到封建社会的最辉煌时期，葡萄酒的工艺有了实质性的改进，药酒的研究和应用更加普及，酒的品种及有关酒的著作大量涌现，酒与诗词、酒与书画的杰作层出不穷。中国的酒业与文化在宋代又一次得到了长足的发展。

宋代酒类专著、名酒曲和名酒大量出现，这些都远远超过前代。这些著作主要有：朱翼中著《北山酒经》，苏轼著《东坡酒经》，田锡著《曲本草》，窦苹著《酒谱》，李保著《续北山酒经》，此外还有范成大的《桂海酒志》、林洪的《新丰酒经》、阿刺的《酒尔雅》等，也都很有名气。在宋代众多的医学书籍中，还记载着较多的药酒品种，如唐慎微的《重修政和经史证类备用本草》、许叔微的《普济本事方》、陈直的《养老奉亲书》、申甫和王希逸的《圣济总录》、沈括的《梦溪笔谈》、王怀隐的《太平圣惠方》等。据不安全统计得知，宋代文献中著录的名酒有数百种。例如：

朱翼中《北山酒经》　　　酒5种

西湖老人《繁胜录》　　　酒27种

周密《武林旧事》　　　　酒54种

张能臣《酒名记》　　　　酒约180种

其中陕西名酒仍有十品之多，凤翔橐泉酒、华州莲花酒、冰堂酒、上尊酒，芬州（今彬县）静照堂酒、玉泉酒，同州（大荔县）清洛酒、清心堂酒，金州（今安康）清虚堂酒等。

南宋时，北方的酿酒技师们随宋室南下，将北国的酿酒技术与江南的酿酒技术相结合，产生了许多独具风味的南宋名酒。据南宋人士周密所著《武林旧事》一书记载，据不完全的估计，当时光江浙两地有据可查的名酒，就有54种之多，其中有皇室御制的"流香"、"凤泉"、"蓝桥风月"、"万象皆春"等酒；扬州产的"琼花露"酒；苏州产的"双瑞"酒；湖州产的"六客堂"酒；嘉兴产的"清若空"酒；绍兴产的"蓬莱春"；温州产的"蒙泉"酒；兰溪产的"谷溪春"；梅城产的"萧洒泉"等等。

这些江浙名酒的制作，都十分精细考究，颇具特色：一是用麦曲发酵，用糯米制成，酒精含量较低，口味甘和，老少皆宜；二是大多味甜，甘美可口，妇幼喜爱；三是酿酒之水，大多选用当地名泉、佳水，故清冽润喉；四是由于酒度数低，夏季冰镇后还可以当避暑饮料（如椰子酒、雪泡梅花酒等）；五是花酒用自然花汁调制酒味，芬芳扑鼻，且色泽悦目；六是药酒一酒两用，开胃健身，继承了祖国医学的宝贵遗产。因而，南宋名酒，受到当时上至帝王、下到平民，以及远道而来的阿拉伯商人的喜爱和欢迎。

第六节　元　代

十三世纪初，住在我国北部的蒙古族在成吉思汗的领导下逐渐兴起，建立了蒙古汗国。在忽必烈时期建元朝，先灭金，后灭南宋，统一南北，并趁势向中亚、东欧发展，建立了自汉唐以来规模空前的统一国家。

忽必烈极力推行"汉化"，促进了民族文化的大融合。元朝的科技文化继续发展，国际交流进一步增多，为酒业及文化的发展奠定了基础。由于酿酒技术的提高，酒类品种除了原有的黄酒外，蒸馏酒和葡萄酒也成为主要的酒类品种，作为蒙古族的传统酒类饮料——马奶酒的酿制得到了很大发展。

元代的酿酒文献资料较多，主要有《饮膳正要》（忽思慧著）、《轧赖机酒赋》、《居家必用事类全集》（佚名）、《易牙遗意》《葡萄酒》（周权曾著）、《墨娥小录》等。其中《居家必用事类全集》中记载的元代名酒有东阳酒、红曲酒、天门冬酒、枸杞五加皮、天台红酒、鸡鸣酒、满殿香酒、密酿透瓶香酒、羊羔酒、菊花酒、白酒等。文献可考的元代名酒还有宫酒、西凉马奶酒、大宛葡萄酒、祁连和酪酒，以及松醪酒、鲁酢酒、椰瓢酒等。正式见于文献的蒸馏酒是"阿剌吉"酒（又作"阿剌基"、"轧赖机"，为蒙语的译音）和"南番烧酒"（又名"阿里乞"）。

元代统治者对葡萄酒非常喜爱，规定祭祀太庙必须用葡萄酒。元代由于地跨欧亚大陆，尤其是曾经在西域建有封地，故从元代以来，葡萄酒从西域再次传入内地，并在山西的太原、江苏的南京建有大片葡萄园，至元28年在宫中建造葡萄酒室。至元代初，我国酿造葡萄酒的技术开始有所突破。元人发现，将葡萄与大米混合再加一些酒曲进行酿酒，则酿成的"葡萄酒"风味反而很不好，他们学习阿拉伯人用自然发酵法酿造和陈酿的葡萄酒风味醇厚优美，这是一大进步。由于蒸馏技术的发展，元代已开始生产葡萄烧酒。从元代太医忽思慧《饮膳正要》里关于葡萄酒的叙述可知，元代已将葡萄酒按其品质分为若干等级，这也是酿造葡萄酒技术明显进步的一种标志。

我国蒙古族创制马奶酒的发明，至晚始于春秋战国时期。自汉代以来，酿制马奶酒的传统工艺大多采用"革囊"直接发酵法。自元以来，有关用"革囊"酿制马奶酒的史料明显增加，而且马奶酒分为两个品类，一种是我们今天所见的马奶酒，另一种叫做"黑马奶酒"，蒙语称"哈剌忽思迷"。

蒙古族营养学家忽思慧在其《饮膳正要》一书中曾简要记述了13种滋补酒的特点，表明了滋补酒在元代也得到较大发展。

第七节　明　代

明朝长达270多年，朝政相对稳定，人民安居乐业，科学技术有了长足进步，因而酒业得到了迅速发展。

蒸馏白酒在唐代产生，经宋、元代普及发展至明代，其酿造技术已趋于成熟。李时珍《本草纲目》载有小曲白酒和大曲白酒的酿造法。徐光启还在《甘薯疏·造酒法》一文中详述了明代用甘薯酿造烧酒的方法，从中可以证明我国明代两种酿造烧酒的类型——小曲白酒法和大曲白酒法都已经成熟。至迟在明代中期，制曲业从酿酒业中分离出来，成为一个独立的行业，因而可以形成规模，并通过钻研技术，提高质量，进而促进酒业特别是蒸馏酒的发展。

从文史资料角度考察，明代我国的蒸馏酒已分为两大流派：一类是北方烧酒，除了粮食原料酿造的蒸馏酒外，还有西北的葡萄烧酒，内蒙的马乳烧酒，至明代中期，烧酒在北方已基本上取代了黄酒，成为人们的主要饮用酒；二类是南方烧酒，又可分为以四川、贵州为中心的西南烧酒，以及广西、广东的中南、东南烧酒。我国风格多样的烧酒，主要是由于酿造原料的不同而自然形成的，其次是酿造工艺等因素。不同风格、不同流派烧酒的形成与发展，为后来白酒香型的形成奠定了基础。

从明代高濂《饮馔服食笺》、李星《食物本草》和李时珍《本草纲目》等著作中可知，明代既有用鲜葡萄酿制的酒，也有用葡萄干酿制的酒。若以盛产名酒地区而论，则有冀宁、平阳、太原、哈剌火葡萄酒，还有西番葡萄酒。酿制葡萄酒的方法已有三种：一是"葡萄元贮，亦自成酒"的原始方法；二是"酿者取汁同曲，如常酿糯米饭"的低酒精度的传统方法和"取入甑之，以器承其滴露"的高酒精度的"白兰地"酿造法；三是从西域传入的葡萄酒酿造法。

明代医学界名流辈出，许多医学家及其名著不断涌现，其中不少著作里记录着许多药酒配方或酿制方法，使药酒的应用在明朝前期和中期得到迅速普及。这些名著主要有：朱棣的《普济方》、姚广孝等两千余人编著的《永乐大曲》、薛已的《薛氏医案》、李时珍的《本草纲目》、徐春甫的《古今医统大全》、王肯堂的《证治准绳》、陈实功的《外科正宗》、张景岳的《景岳全书》、赵献可的《医贯》、吴医可的《瘟疫论》等。

第八节　清　代

清代的蒸馏酒品种比明代明显增多。仅以酿酒原料而论，汪曰桢《湖雅》书中所列的蒸馏酒已达五种，即用酒糟、碎米、麦为原料酿造之后蒸馏成的烧酒和用酸黄酒、用白酒脚蒸馏成的烧酒。

在世界各国以淀粉质为原料酿酒的各种方法中，至晚起源于明代的高粱烧酒法是中国人独创的。特别是糖化酒化同时进行和固态发酵法用水很少这两项技术，在酿酒工业进展中更具有深远的意义和很高的科研价值。清代的蒸馏烧酒法工艺有了不少新发展，而且高粱烧酒法已从北方发展到南方，逐渐成为蒸馏酒的主要原料。清代《浪迹丛谈续谈三谈》在评论各地的烧酒时提到了三种名酒："今各地皆有烧酒，而以高粱所酿为最正。北方之沛酒、潞酒、汾酒皆高粱所为。"全国的烧酒从北到南则形成了一个名酒带，还形成了几大流派，其中有以汾酒为代表的清蒸清烧二遍清的清香型酒，有以西凤酒为代表的土暗窖发酵续渣法的凤香型酒，有以泸州老窖为代表的混蒸混烧续糟法老窖发酵的浓香型酒，有以茅台为代表的数次发酵、数次蒸馏而得到的酱香型酒，有大小曲并用、采用独特的串香工艺酿造的董酒，有先培菌糖化后发酵、液态蒸馏的三花酒，有富有广东特色的玉冰烧，有用黄酒糟再次发酵蒸馏得到的糟烧酒，还有葡萄烧酒，马乳烧酒等。

光绪十八年（1892年），著名爱国华侨企业家张弼士先生先后在山东烟台投资购地近千亩，从欧洲及国内各地引进优良葡萄160多种，建成了中外闻名的葡萄种植基地和张裕葡萄酒公司。它标志着中国葡萄酒酿造繁荣昌盛的开始，也标志着中国的酿酒业经过了数千年农业经济时代的"作坊酒"以后，已经开始了工业经济时代的工厂生产。

1910年，法国在华传教士将香槟酒（我国又名起泡葡萄酒）传入我国，由北京葡萄酒厂继承发展。

1900年，俄国啤酒技师乌卢布列夫斯基在哈尔滨建立卢布列夫斯基啤酒厂，它标志着啤酒作为一个新的酒种在中国诞生。1903年，英、德商人创建日尔曼啤酒公司青岛股份公司（现青岛啤酒股份有限公司的前身）。1904年，我国在哈尔滨创建第一个啤酒厂——东三省啤酒厂。

1910年，清政府在南京举办过南洋劝业赛会，是世界上较著名的一次博览盛会，有不少酒品获奖。

由于药酒具有"汤药"的难饮性，又具有酒类的"刺激感"，所以药酒没有得到持续发展，至明末，特别是清朝以来大幅度衰落。

第九节　民　国

民国时期，中国酒品种丰富，质量提高，已经在世界上享有盛誉，并在世界大型博览会上频频获奖。尤以1915年在美国旧金山举行的"巴拿马"太平洋万国博览会更广为人知。因此我国有些食品厂家常常为自己的产品冠以荣获"巴拿马赛会"奖牌、奖状之类的文字，以说明产品历史悠久，享誉世界。但是，由于年代久远，加之这方面文献资料不多，留传甚少，使广大读者对"巴拿马赛会"不知其详。于是，社会上便出现了多种说法。为此，刘景元先生曾做过调查研究，并撰写文章，发表在《中国食品》杂志1988年第9期至第12期上，现摘录部分内容予以转载，仅供参考。

附：《巴拿马太平洋万国博览会概述》

徐少华根据老辈人的传说和《巴拿马太平洋万国博览会要览》《巴拿马赛会展品纪念册》《巴拿马博览会农业调查报告》《巴拿马赛会直隶观会丛编》《江苏省办理巴拿马赛会报告书》《工商部中华国货展览会实录》《贵州经济》《山西造产年鉴》《我国参与巴拿马太平洋博览会纪实》整理。该书是我国参加"巴拿马赛会"最权威的历史文献。此书是由前赴美赛会筹备局长兼监督陈琪主持编撰，封面为郑孝胥于丙辰冬日（1916年冬）题写的书名，系1917年2月出版，书中通过"筹备时期"、"赴赛时期"、"结束时期"三个方面，较系统、详细、真实地记录了参赛全过程。现将已知的有关"巴拿马赛会"历史资料，汇集一起，概括地从"巴拿马赛会概况"、"我国参赛过程"、"我国食品获奖展品"三个方面进行介绍，以飨读者。

博览会全称为"庆祝巴拿马运河开航太平洋万国博览会"，后人简称"巴拿马赛会"。

1915年2月20日上午8时博览会正式开幕。实际参赛国家为31个，展品的生产厂家和送样单位达20万家。

1915年5月份进入审查阶段，也就是选评时期。到8月份审查结束。

1915年12月4日闭会，博览会圆满结束。

我国赴美展品达10余万种，计1800余箱，重1500余吨；展品出自全国各地4172个出品人或单位。巴拿马赛会展品我国为最多。

巴拿马赛会获奖等第分为：（甲）大奖章、（乙）名誉奖章、（丁）金牌奖章、（戊）银牌奖章、（己）铜牌奖章、（丙）奖词（无牌）共6等。各种文献记载中，均把奖词列为丙级，排列在最后，而不是排列在（乙）和（丁）之间，不知何故。在《中国参加巴拿马太平洋博览会纪实》书中，"农业品（包括食品）的得奖物品等第单"是按"官厅"、"各农业实验场"及"各协会、商会、商号得奖姓名"记载的。现结合其他文献，将我国在此次博览会上获奖的食品（其他产品从略）按得奖等第顺序抄录如下：

（甲）大奖章

直隶省（官厅）　高粱酒

河南省（官厅）　高粱酒

山西省（官厅）　高粱汾酒（1936年编《山西造产年鉴》载："汾阳县杏花村义泉泳酿酒厂……迨民国元年，经将此厂酿制之酒，陈列美洲巴拿马万国博览会比赛，获得甲等金质大奖章。"）

山东张裕酿酒公司　各种酒

（乙）名誉奖章

上海真鼎阳观　各种酒

浙江仙居出品分所　酒

贵州公署　酒（据1939年编《贵州经济》载："民国四年世界物品展览会，荣和烧房送酒展览，得有二等奖状、奖章"）

（丁）金牌奖章

直隶北京Yung Fen　葡萄酒

直隶北京果酒公司　酒（据《巴拿马赛会直隶会丛编》载为"北京上谷果酒公司信洋酒五件一份"）

广东东莞农事试验场　棉酒

江苏上海聚康酒作　白橄榄活血酒

江苏泰兴县泰昌　药酒

江苏溧水卢洽淳　金波卫生酒（据《江苏省办理巴拿马赛会报告书》载为"灵洽淳溧水卫生酒"）

江苏丹徒上海万源　各种酒（据《江苏省办理巴拿马赛会报告书》载：无"上海"二字）

江苏吴县钱义兴　各种酒（据《江苏省办理巴拿马赛会报告书》载：无"钱"字）

江苏嘉定黄晖吉　白玫瑰酒

山东兰陵公司　　　　　　　兰陵美酒

山东孙敏卿玉堂号　　　　　万国春酒、宴喜宾酒、冰雪露酒、金波酒

山东张振勋　　　　　　　　红酒

浙江周清　　　　　　　　　酒

浙江杭州马卤侪　　　　　　酒

浙江杭州Maouchien　　　酒

浙江喜兴吴式之　　　　　　各种酒

浙江平湖夏念先　　　　　　五茄（加）皮酒

安徽安庆张立达　　　　　　红玫瑰酒

安徽胡广源　　　　　　　　白玫瑰酒

河南开封西会福　　　　　　各种酒

广西黄卓伦　　　　　　　　药果酒

广西百色县吴宝森　　　　　药果酒

（戊）银牌奖章

直隶北京上谷果酒公司　　　薄荷蜜酒

江苏Chahg　Kwea　Chuh　　白玫瑰酒

江苏上海同庆永酒作　　　　酒（据《江苏办理巴拿马赛会报告书》载："白玫瑰酒"）

江苏上海大庆永　　　　　　酒

江苏江阴柳致和　　　　　　茄（加）皮酒、玫瑰酒

江苏美利　　　　　　　　　酒

江苏无锡兹发祥酒作　　　　白玫瑰酒（据《江苏办理巴拿马赛会报告书》载为："并发祥白玫瑰酒"）

江苏泰兴泰昌号　　　　　　红玫瑰酒、桔酒、药酒

江苏泗阳三义　　　　　　　酒

江苏太仓万金裕号　　　　　桂花露、玫瑰露

江苏宝山县才盛号　　　　　白玫瑰酒

江苏吴县王济美　　　　　　玫瑰酒

江苏喜定黄晖吉　　　　　　白玫瑰酒

江苏上海茄（加）皮酒、白玫瑰酒等（据《江苏办理巴拿马赛会报告书》载为："上海王恒豫五茄皮酒"）

江苏青浦姚白厘　　　　　　白玫瑰酒

江苏Yee　Sin　Tai　　　　酒

江苏Chen　Kwa　Chien　　柠檬酒（据《江苏办理巴拿马赛会报告书》载为："上海同福昌柠檬酒"）

浙江绍兴谦裕萃　　　　　　陈绍兴酒

浙江绍兴方柏鹿　　　　　　酒

浙江Fu　Hen　Wau　　　　茄（加）皮酒

（己）铜牌奖章

江苏Fou　Ken　Ling　　　麻菇酒

江苏嘉定黄晖吉　　　　　　白玫瑰酒

直隶Yu　Hua　Wine　Co　　苹果酒

直隶涿鹿裕华公司　　　　　葡萄酒

第七章　酒文化建筑

第一节　酒文化博物馆

一、茅台国酒文化城

茅台国酒文化城是中国贵州茅台酒厂（集团）有限责任公司斥资上亿元，于1992年至1997年建成。1999年7月荣获上海大世界吉尼斯授予的世界上"规模最大的酒文化博物馆"的认证。现已成为"全国工业企业旅游示范点"、"中国文联创作基地"和"贵州省爱国主义教育基地"。

国酒文化城占地30000平方米，建筑面积8800平方米，位于茅台酒厂内。建有汉、唐、宋、元、明、清和现代共7个馆。每个馆均体现了各个时代建筑美学的典型风格：汉馆古朴巍峨，唐馆富丽堂皇，宋馆古典玲珑，元馆粗犷明快，明馆精巧别致，清馆华丽凝重，现代馆明晰流畅，洋溢着强烈的时代气息。

各馆主要通过展板的形式，分别详细介绍了各个历史时期的酒业政策、酿酒工艺、酒业概况、茅台酒的发展状况、文化成就、名人佚事、酒风酒俗等。既有中国历代皇室内部争权夺利的刀光剑影、王族宦官的权谋机变，又有拼杀疆场的铁马金戈、外交场合的唇枪舌剑；既有长亭阳关的离愁别恨、骚人墨客的慷慨高歌，又有科技工艺的精湛独到、饮酒作乐的市井百态，充分反映了酒与政治、经济、军事、文学、艺术、宗教、医学、民俗、科技等各个社会领域的亲密关系，显示出酒的巨大的社会文化功能，使人深深地领悟到中国人在酿酒、饮酒、用酒过程中表现出的思维方式、民族性格、社会心理、宗教信仰、伦理道德和精神情操等酒文化的核心内涵。

馆内收藏了匾、屏、书画、文物等作品5000多件。这些展品同大量的文字、绘画、照片、实物、群雕、浮雕结合一起，全面、系统地展示了中国酒文化的源远流长和博大精深，以及茅台酒的发展历史、独特工艺、超凡品质和茅台酒厂的巨大变迁、国酒人的创新精神，给人们绘制了一幅绚丽多彩的中国酒文化历史画卷。还简要介绍了国际酒文化的概况，使人们进一步看到了中国酒文化在国际酒文化中的特殊地位。

二、汾酒博物馆

汾酒博物馆始建于1984年，是我国最早的酒文化博物馆。2004年第一次扩建，2007年10月第二次扩建。现有建筑面积达8000平方米，分为10个展厅，全面、系统地展示了汾酒3000年的悠久历史和丰富内涵，以及汾酒集团的崭新面貌。10个主展厅内容如下：

1、千秋佳酿展厅。通过杏花村遗址出土文物和各历史朝代的出土酒具、文献资料和故事传说，以及汾酒集团的现代化新貌，展示了汾酒3000年前诞生、1500年前成名、唐代辉煌、民国享誉世界、新中国涅槃新生的辉煌历史。

2、晋商酒韵展厅。展示了称雄中国商界500余年的晋商编布全国、横跨欧亚的宏大事业和诚信商德；随着晋商会通天下的步履，杏花村酒商作为晋中商帮的龙首，把汾酒的独特技艺和清香文化传遍大江南北，奠定了杏花村白酒的显尊地位。

3、竹叶青展厅。展示了竹叶青酒在魏晋南北朝时成名、驰骋唐宋、叱咤明清、纵横酒坊1500年的辉煌历史。

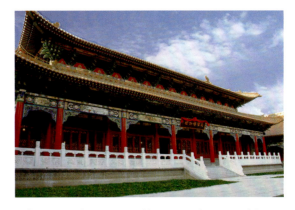

4、清香独帜展厅。"清香"是汾酒的香型，也是汾酒文化的个性特征，反映了汾酒品质、汾酒人品格和汾酒集团品位。

5、杏林墨缘展厅。展示了全国各地书画家畅饮汾酒之后的"醉书"、"醉画"作品。

6、酒都瑞爵展厅。展示了20世纪80年代，汾酒厂会同有关文物鉴定工作者收集的以汾阳地区为中心的各地出土的商代至民国3000年间的900多件酒具中的精品430多件。

7、天工妙手展厅。展示了汾酒酿造过程中制酒、制曲的工艺管理工序和所使用的工具，并配放了制曲工人现场操作的电视录象。

8、酒海沐歌展厅。展示了1951年杏花村汾酒厂成立以来的50多年间，汾酒员工传承汾酒工艺和汾酒文化，开拓进取，奋发向上，建成大型酒业集团的光辉历程。

9、异彩纷呈展厅。展示了近年来汾酒集团开发的异彩纷呈的汾酒系列产品。

10、品酒留香展厅。主要是观众留言的场所。

汾酒博物馆高度浓缩了汾酒文化辉煌灿烂的历史足迹，是公司旅游文化产业链的进一步延伸和发展。

三、剑南春酒史博物馆

剑南春酒史博物馆为仿唐宫殿式建筑，于2003年11月9日建成。整个馆区占地1000平方米，分序厅和主陈列厅两个部份，主要收藏和展示与中国名酒剑南春有关的文献资料和历史文物，展出文物四百余件，图片、资料近百件。

主陈列厅中，分"源远流长"、"剑南烧春"、"紫岩丰碑"、"清露大曲"、"春回剑南"五个展段，从夏、商、汉、唐、宋、明、清等几个重要时期，介绍剑南春的历史和发展。主要展示三星堆出土的陶盉、陶双耳杯等酒具，绵竹出土的战国提梁壶、铜钫、铜豆、东汉调酒陶俑、酿酒画像砖、南齐纪念砖、唐邛窑短嘴壶等历史文物，以及《唐国史补》《华阳国志》、台湾版《四川经济志》等记载有"剑南烧春"、"绵竹大曲"的历史资料和图片。同时以雕塑的形式，再现传统酿酒生产工艺和清代绵竹酒肆民俗民情，围绕"剑南溯酒魂、唐韵酿烧春"的主题，营造出壮阔恢弘的气势和浓厚凝重的历史氛围，表现了剑南春酒文化的博大精深。

四、中国黄酒博物馆

中国黄酒博物馆由绍兴酒集团公司斥资4.2亿元、历时两年时间建成，2007年10月正式开馆。中国黄酒城·期工程——中国黄酒博物馆项目位于目前国内最大的黄酒生产企业——古越龙山绍兴黄酒集团公司东北部环城河畔，地上总面积16522平方米，地下室面积11380平方米，总占地面积35387平方米。由序厅、酒史厅、酒业厅、酒艺厅、酒俗厅、酒窖、广场等组成，展示了源远流长的黄酒文化。

在序厅，有两幅面积共100平方米的锻铜浮雕壁画——"中国黄酒演义图"，记录了从原始社会到民国时期，上下五千年黄酒发展史上的50个故事；酒史厅可以看到黄酒历史的演变；酒艺厅用三维幻影展示黄酒从一粒米到成品酒的酿造过程；酒俗厅有酒道表演和花雕工艺演示；而地下的酒窖，是藏酒的地方。

近4000平方米的黄酒博物馆广场更是酒意浓浓：酒坛垒成的"城墙"古色古香，诗意盎然，它长36米，置满了936只会"淌"酒的陶瓷酒坛；旁边竖着高达7米的木榨，它比真实的木榨机大近3倍，上塑99个酒字；广场上还有高4.5米、重达27吨的青石做的"古越龙山"百年花雕酒器雕像。同时，结合绍兴特色和酒文化特色的"品"字型花岗岩石雕，屹立在广场前面，石雕上面还刻有浮雕，体现"壶酒兴国"、"酒成礼仪"及中国黄酒千年人文风采、酒史佳话，配以原始饮酒图及甲骨文饰等。中国黄酒博物馆已将成为绍兴旅游的新景点、中国黄酒文化的一个新载体。

五、青岛啤酒博物馆

青岛啤酒博物馆位于青岛市登州路56号青岛啤酒厂内。展出面积6000多平方米，共分为百年历史和文化、生产工艺、多功能区三个相连的参观游览区域。投资近4000万元，是一座世界一流、国内唯一的啤酒博物馆。

百年历史文化区——青岛啤酒博物馆中最具价值的核心区域。在这里，顺着时空的脉络，游客可以通过详尽的图文资料，了解啤酒的神秘起源、青啤的悠久历史、青啤数不胜数的荣誉、青岛国际啤酒节。

生产工艺流程区——展示的是百年老厂房、老设备与现代化的啤酒生产流水线，再生产过程中的每一个代表性部位都设置有影视播放设备，介绍青岛啤酒的生产流程及历史延革。

多功能娱乐区——多功能娱乐区的一层是可容纳200多名游客的品酒区和购物中心。游客在啤酒吧可以尽情地品尝多种不同质地的新鲜青岛啤酒。

青岛啤酒博物馆的建成，成为青岛啤酒企业文化的一个重要组成部分。同时，整个青岛啤酒博物馆的临街建筑外墙，进行了仿欧古典建筑风格的外观改造，又成为青岛市一道独特的建筑风景线。

六、贵州酒文化博物馆

贵州酒文化博物馆成立于1989年8月。1989年10月正式挂牌并对外开放。先后是红花岗区文化局、遵义市文化局的下属事业单位。建筑面积1000平方米。是全国文物博物馆系统唯一的酒文化专题博物馆，也是贵州10个民族民俗博物馆之一。它与众多酿酒企业办的企业文化范畴的酒文化陈列的区别在于：它通过对酒类文物历史、艺术、科学内涵的挖掘、研究，以文物为语言，展示酒的历史，酒的风俗，酒的传说，酒的趣话，酒的酿造，酒的器具……酒的文化。

贵州酒文化博物馆现藏有木、石、竹、陶、瓷、玉、金属等各种质地酿酒生产工具、酒器酒具文物上千件（套），馆藏宋白地黑牡丹纹梅瓶、茅台酒圆形鼓腹瓶（民国）、"赖茅"商标酒瓶(民国)、各个时期茅台酒瓶、清龙凤纹牛角杯等均具有很高的历史、艺术和科学价值。

建馆以来，通过"酒史"、"酒礼酒俗"、"贵州名酒"等陈列以及各种专题展览，以文物为语言，发挥博物馆直观形象的社会教育功能，成为遵义市政府、外事办、旅游、酒类贸易等部门对外宣传以及本地市民、外地游客了解贵州酒文化的重要窗口。曾接待江泽民夫人王怡平、文化部长孙家正、酿酒专家熊子书、新西兰大使、哈萨克斯坦大使、香港新闻代表团，以及各级领导、中外观众10多万人次。

贵州酒文化博物馆，是中国博物馆学会民族博物馆专业委员会常委单位、贵州文物博物馆学会团体会员。积极参加了国际国内酒文化学术活动，每年都有数篇论文在各级学术报刊上发表和获奖，随着西部大开发战略的推进和中国博物馆事业的发展，贵州酒文化博物馆将与时俱进，开拓创新，努力建设成酒文化物质和非物质文化遗产的展示和交流中心。

附： 贵州酒文化博物馆举办展览一览表

序号	举办时间	展览名称	展览地点	备 注
1	1989年	贵州酒文化陈列	本馆	基础陈列（酒史、酒俗酒礼、名酒）
2	1990年	贵州酒俗酒礼	北京	亚运会期间北京首届中国酒文化博览会
3	1991年	贵州酒文化图片展	北京	文化部主办"首届中国民族文化博览会"
4	1992年	酒厂名人名家题字词书画展	本馆	中国贵州首届酒文化节(遵义)期间
5	1992年	贵州名酒获奖奖品展	本馆	中国贵州首届酒文化节(遵义)期间
6	1993年	贵州酒文化陈列	贵阳	93中国黄果树山水风光游暨中国国际名酒节
7	1996年	明代古尸展	本馆	与四川大足县博物馆联办
8	1997年	97'中国遵义仿生恐龙科普展	遵义	与四川自贡恐龙博物馆联办
9	2004年	走进道真秘境	本馆	与市民宗局、道真民宗局联合举办
10	2004年	航天及陆海空军事科普教育展	本馆	引进，针对中小学生
11	2004年	海洋贝壳艺术展	本馆	引进，针对中小学生
12	2005年	"纪念中国人民抗日战争暨世界反法西斯战争胜利60周年"图片展	巡展	配合保持共产党员先进性教育活动
13	2005年	珍稀动物展	本馆	引进，针对中小学生
14	2006年	书画藏品征集成果展	本馆	2005~2006征集成果
15	2006年	纪念首个"文化遗产日"	巡展	配合2006年6月10日首个中国文化遗产日活动
16	2006年	仿真恐龙展	本馆	引进，针对中小学生
17	2006	机器人展	本馆	引进，针对中小学生
18	2007年	2007酒文化书画展	本馆	答谢捐赠书画作品的作者
19	2007年	酒文化遗产和抗战图片展	巡展	在全市十二个市区县巡回展出

七、内蒙古酒文化博物馆

位于杭锦后旗河套酒业工业园区内，属自治区级博物馆，是内蒙古自治区第一家企业博物馆。面积1150平方米，于2002年8月建成。馆内藏文物350余件，以"金樽美酒、骏马天骄—内蒙古酒文化"为主题，分五个单元概括了内蒙古酒文化上下五千年的历史，具有鲜明的草原民族性格豪迈的特色，成为宣传和展现内蒙古民族地区酒文化的专门场所。

第一单元 "草原酒艺、千秋传统"展示了 4500 年来内蒙古草原的酿酒技术和酿酒器具。主要文物有新石器时期的大罐、北魏大瓮、金代的石磨、蒙元烧酒锅等。

第二单元 "饮酒器具、容尽沧桑"展示各历史时期内蒙古民族的贮酒用具和盛酒器的变化。文物有新石器时代的陶壶、彩陶罐、黑陶樽及内蒙古民族历代盛酒和贮酒器物。

第三单元 "饮酒器皿、百代风华"展示从古至今的温酒、斟酒和饮酒器具，从中可以看出时代的发展和各民族不同的风俗习惯以及艺术审美观念。展示文物有：东胡族的红陶瓠、青铜杯等，匈奴族的青铀厄、青铜樽等，突厥族的胡人首银壶、樽特式银杯等，契丹族的内管注壶、白釉酒等，女真族的玉壶春瓶、钧窑碗等，党项族的纯金酒碗、白釉酒瓶等，蒙古族的高足金杯和银碗等各种酒具。

第四单元 "酒风酒俗、八表豪情"主要展示了几千年来内蒙古的酒宴、酒礼、酒祭、酒令、酒楼、酒诗文等。酒宴的文物有：阴山岩画宴乐图、元代蒙古族家宴图。

酒礼文物有：东胡族双联罐、蒙古族银碗、哈达一套。

酒祭文物：蒙古族铜头壶、古代铜象棋。

酒嬉文物：公道杯、转心壶等。

酒诗文物：北魏嘎仙洞祭文、北齐敕勒歌等。

第五单元　"佳酿清淳、九洲飘香"展示了河套酒业集团的基本情况及近30年来河套酒业集团的部分产品400多种。

2004年10月，河套酒文化博物馆被西北风情旅游联合会确定为定点旅游单位。

八、西域酒文化博物馆

由伊犁肖尔布拉克集团投资12000万元人民币建成的西域酒文化博物馆，2007年5月3日正式开馆迎客。这是目前中国国内唯一综合反映西域酒文化的博物馆，也是新疆最大规模的产业文化博物馆。

博物馆从以下几个方面展示，在"酒的起源"中重点向人们阐释了"人类不是发明了酒，而是发现了酒"和"谷物酿酒先于农耕时代"这一最新研究发现，也就是说人们最早种植粮食不是为了吃而是用来酿酒，酿酒用不完后来才开始食用。讲到了中国黄酒是人类最早酿造的三种酒之一，而且考古证实新石器时代中国酿酒已很盛行。实物展示了中国各地出土的新石器时代酒器酒具。在"中国酒的发展"中展览介绍了从远古时代一直到明清时代中国酒发展过程，展示了有关酒文化甲骨文、陶文、酒具、绘画、画像砖画等，其内容分九部分。

第一部分"穆王西巡闻酒香"，重点推出了西域诸国向周穆王赠献酒和酿造白酒的穈米等内容，而且展示了西王母酒宴周穆王的图文及浮雕。

第二部分"西域自古出美酒"之"稀世奇酒惊天下"，首先用史料形式展出了西域生产的各类酒名、文献记载及出土的盛有各种酒的酒器。

第三部分"西域雄鹰醉九霄"之"塞人、匈奴、乌孙、突厥人酒文化"，主要展示历史上生活在西域的各民族酒文化，在"萨满巫师的神幻之酒"中，重点展示了生活在西域的萨满先民们饮酒习俗。

第四部分"酒令酒诗奕酒海"展示了西域历代酒令文化及艺术，展览中展示大量有关西域酒令的蜡像、陶俑、乐器、绘画、游戏、乐舞资料等。

第五部分"瀚海遗珍话酒具"重点展示出土于新疆各地的酒具及用西域玉石雕刻的酒具。

第六部分"塞外江南飘酒香"重点展示了新疆伊犁纯净的自然环境，悠久的历史人文环境，以及新疆酒乡——肖尔布拉克独特的酿酒环境。

第七部分"白酒酿酒工艺及科技"重点展示了有关酒的分类、酿酒工艺的各个环节情况以及白酒科技方面的知识和成果。

第八部分"世界酒文化"重点展示了世界各种主要酒的历史发展情况，重点介绍了世界六大蒸馏酒的产地、名称、特点，以及有关世界酒文化发展各个环节的重点图文、酒具等。

第九部分"肖尔布拉克品酒厅"以古老、粗犷的装饰风格展示了肖尔布拉克各类原酒产品，为参观者提供了一个免费品尝肖尔布拉克不同年份原酒、西域古今36种奇酒和谈论酒文化的场所。

该博物馆室外展区占地39000平方米，在这里错落有致地摆放着近两千个盛满原酒的陶制大酒坛。每个酒坛的容量达1000千克，而且在每个酒坛身上都镌刻着与酒文化有关的各种格言、诗句。

九、杜康仙庄

"杜康仙庄"为周平王封赐，位于洛阳东南50公里杜康村。是全国少有的酒文化研究中心和旅游圣地。杜康仙庄有16个酒文化自然景观和22个酒文化人文景观，其中中国酒文化博览中心内设"中国酒类博物馆"、"中国酒类包装装潢馆"、"中国酒史工艺馆"、"中国酒类史料馆"。

杜康仙庄依山傍水，仿古设计，主体建筑为廊院式格局，高低错落，虚实对比，结构、造型、色彩集汉、唐、宋、明、清之萃，表现了显著的时代风尚。

杜康河横截杜康仙庄，分杜康河西岸和东岸。东岸香醇园是园中之园，也是仙庄大山门，环境优雅的观景台就坐落在龙岭之顶，登上此台，杜康仙庄的所有景观尽收眼底，出香醇园，过通云阁，展现在眼前的是一块三米见方的酒壁，往下就是一幢仿清重檐复屋天井式的中国酒文化博览中心，内藏10000多种名酒、700多种酒器，以及数千年的中国杜康酒文化和杜康酒厂的历史。

西岸主要建筑为杜康祠，它是按照东汉杜康祠的规模复原而成。祠中有象征中国杜康酒源远流长的古金爵、醉态可掬的饮中八仙，端坐着用汉白玉精心雕塑的3米高的酒祖杜康像的酒祖殿。杜康祠还有酒祖杜康墓、留下"何以解忧，唯有杜康"诗句的魏武居、酒功馆、酒过馆、龙吟亭、凤鸣亭、"竹林七贤"群雕、葫芦湖、贵妃沐浴的知恩亭，以及象征中日邦交友谊长存的樱花园。特别是规模宏大的群雕古酿斋，再现了杜康当年造酒的历史故事，形象逼真，栩栩如生。杜康祠左边为醉仙遗榻，右边为当年杜康"有饭不尽，委余空桑，郁积成味，久蓄气芳"发现酿酒秘方老态龙钟的古酒村。

十、张裕酒文化博物馆

张裕酒文化博物馆于1992年建馆，坐落于山东省烟台市芝罘区六马路56号——张裕公司旧址院内。张裕酒文化博物馆是中国第一家世界级葡萄酒专业博物馆。它以张裕110多年的历史为主线，通过大量文物、实物、老照片、名家墨宝等，运用高科技的表现手法向人们讲述以张裕为代表的中国民族工业发展史和酒文化知识。

张裕酒文化博物馆由清华大学设计，气势恢宏、构思新颖。馆内分上下两层，由综合大厅、历史厅、影视厅、现代厅、珍品厅及百年地下大酒窖等部分组成。百年地下大酒窖号称远东第一，窖内冬暖夏凉，拱洞交错，犹如迷宫，包括亚洲桶王在内的上千只橡木桶整齐排列，蔚为壮观。

博物馆淋漓尽致地展示了烟台这座亚洲唯一的国际葡萄酒城所具有的独特酒韵。大酒窖深七米，建于1894年，1903年完工，历时11年，为当时亚洲唯一地下大酒窖。展厅通过历史厅、酒文化厅、荣誉厅、书画厅四大部分，比较系统地展示了张裕酒文化的百年历史，展厅还陈列了许多名人墨迹及藏品。

十一、古井酒文化博物馆

古井酒文化博物馆于1996年底完工。走近一楼展厅，首先看到一副千年古井亭照片，这口井是公元532年的遗迹，距今有已有1476年的历史。迎面墙上橱窗内镶嵌着两块金牌，一块是古井贡酒1963年在第二届全国品酒会上被评为八大名酒的国家金质奖章，另一块是1988年古井贡酒获得的巴黎第十三届国际食品博览会金牌。

展厅内有1987年国庆招待会上的国宴用酒只摆了茅台和极品古井贡酒两种白酒的照片，杨得志将军手拿古井贡酒连连称许的照片。曹操的《上九酿酒法》现在放大放在橱窗内，它作为酿酒技术发展的一个飞跃，是近代霉菌深层培养法的雏形。曹操塑像后面有曹操的《短歌行》"何以解忧，唯有杜康。"展橱内"天然酒"的原始记载、原始人身披树叶在饮酒的画面、6000年前半坡时期的葫芦形红陶瓶和新石器时期的红陶单耳酒杯、出土的商代青铜酒器，以及其他时代不同、造型各异的精美酒器，记载着中国悠久的酒文化历史。

第二节　酒文化名人纪念馆

一、陶渊明纪念馆

陶渊明（公元365？～427年），一名潜，字元亮，浔阳柴桑（今江西九江）人，是东晋时代的大诗人。陶渊明有《饮酒》诗20首，都是酒后所题。陶渊明以"清琴横床，浊酒半壶"的洒落情怀，"采菊东篱下，悠然见南山"的优游风味，"俗言无予和，挥杯劝孤影"的清高气度，为后人树立了酒徒、诗人、隐士"三位一体"的风范。

陶渊明纪念馆位于江西省庐山西麓九江县城沙河街东北隅，占地1600平方米。1985年7月30日开馆。馆址原是陶靖节(渊明)祠。该祠原坐落在县南25公里面阳山靖节墓左前麓，明嘉靖十二至十七年(公元1533～1538年)重修，江南民居风格，面积约250平方米，1982年按原貌迁建于今址。祠的建筑面积约250平方米，砖木结构，明清祠堂式建筑风格，又像古书院的建筑形式，分正堂和前厅两重，中隔天井，两侧配有厢房，简朴大方。正堂塑立了2米多高陶渊明身像，相貌庄重，头部扎漉酒巾，手握着一卷《山海经》。两壁镌刻陶渊明41代孙、明邑庠生陶享所撰《陶靖节祠祀文》和清翰林刘延琛所题书的匾额："羲皇上人"、"望古遥集"。大门首有明嘉靖年间进士薛应旗题书的"陶靖节祠"石匾，两耳门分别通向菊圃和柳巷。

馆内辟有《陶渊明生平事略陈列》，收藏和展出有关陶渊明行踪的图表、照片、家谱和历代陶学专著、名人书画300多件。线装《陶渊明集》30多部，最早为清康熙十一年（1672）蒋薰本。该馆附有《九江县历史文物陈列》，展出陶渊明生活年代及其居地柴桑、浔阳城址出土的文物，从中可管窥陶渊明诗酒生活的概貌。

二、李白纪念馆

李白（公元701～762年），字太白，号青莲居士，是唐代著名的大诗人。祖籍陇西成纪（今甘肃秦安东），隋末，其先人流寓碎叶（今巴尔喀什湖南面的楚河流域），李白即生于此。5岁随父李客迁居绵州昌隆（今四川江油）青莲乡。李白纪念馆共有两处：一处位于四川省江油县城北中坝镇李白故里，另一处位于马鞍山李白纪念馆在安徽省马鞍山市采石矶风景名胜区内。

四川省江油李白纪念馆于1962年李白逝世1200周年时筹建，1981年建成。该馆为具有唐代风格的古典园林式馆榭，1982年10月正式开馆。藏品有元、明、清李白著述版本80部、700册。明清以及近代、当代书画珍品2738件。宋、明、清碑碣16座，其中一级品3件。《唐李先生彰明县旧宅碑并序》刻于宋淳化五年(公元994年)，碑高2.94米，宽1米，厚0.24米，文25行，每行54字。《中和大明寺住持记》碑，刻于宋熙宁元年(公元1068年)，碑高2.1米，宽0.97米，厚0.22米，碑文30行。另有北宋前刻制的石牛一座。还有清姜宸英书《早发白帝城》《闻王昌龄左迁龙标遥有此寄》册页。其他近代和现代有关李白的版本、图书资料3300册。

马鞍山李白纪念馆在安徽省马鞍山市采石矶风景名胜区内。成立于1959年。李白生前极爱采石矶山水，多有登临，写有《夜泊牛渚怀古》《横江词六首》等诸多诗作。据传李白系在采石江上泛舟赏月，酒醉落水而死。足见诗仙李白对酒的热爱以及因酒而终带给后人的遗憾。死后即有李白墓(衣冠冢)。北宋时建李白祠，明正统五年(公元1440年)建太白楼、清风亭，现在的太白楼系清光绪2年(公元1876年)重建，为安徽省重点文物保护单位。1986年，马鞍山市人民政府将太白楼旁一组清代建筑群改建为李白纪念馆陈列室，纪念馆包括太白楼、李白祠、清风亭、太白堂、同风阁、骑鲸轩、仙侣斋、松云居、叠翠楼、吟香馆等展厅和碑廊、沉香园等景点，占地面积1万多平方米。

纪念馆珍藏明清以来国内外各种版本李白集40多套，其中善本集7套，藏有明代以来各种书画作品700多幅，历代文物数百件；并设有李白研究资料室。李白祠陈列高2.2米的李白楠木雕像一尊。

三、杜甫纪念馆

杜甫（公元712～770年），字子美，唐代大诗人。他的先祖由原籍襄阳（今属湖北）迁居巩县（今属河南）。诗与李白齐名而被称为"诗圣"，性嗜酒。杜甫现存的1400多首诗文中，凡说到饮酒的有300余首，堪称中外酒诗数量之最。

较著名的杜甫纪念馆有以下4个：

1、杜甫故里纪念馆。位于河南巩义市站街镇南瑶湾村，背靠笔架山，前临界泗河，杜甫生于此，并在此度过少年时代。清雍正五年，河南府尹张汉重修并立"诗圣故里碑"一通，乾隆、同治及民国年间又多次立碑。杜甫故居坐东向西，现在宅院长20米，宽10米，院内有东西向瓦房3间，硬山式灰瓦顶，东侧有房2间，北侧有一窑洞，洞口为砖砌墙壁。洞高3米，宽2米，深20米。院内西墙上嵌清代张议草书"诗圣故里"碑一通，为"唐工部杜文贞公碑记"。1962年成立杜甫故里纪念馆，郭沫若亲书"杜甫诞生窑"和"杜甫故里纪念馆"。1963年，河南省人民政府公布为河南省文物保护单位，并拨专款多次进行修葺。

2、杜甫草堂。这是杜甫的故居，坐落在成都市西郊的浣花溪畔，占地面积24公顷。草堂总面积为300亩，其间檐廊结构布局紧凑，位于诗史堂中的铜色杜甫像，恢宏古朴，工部祠堂内供奉有杜甫的泥塑像。杜甫草堂主要建筑自前至后有大廨、诗史堂、柴门、工部祠、"少陵草堂"碑亭等。大廨里陈放着国画杜甫堂全景和杜甫生平介绍。诗史堂正中是杜甫行吟的雕塑之像，壁柱间悬挂着历代石刻杜甫像的拓片、木刻板和纪念诗人的对联；两侧陈列室展出近代书画家的"杜甫诗意画"和书法。工部祠内有杜甫彩塑像，明、清石刻像和两通"少陵草堂图"碑刻；后人把在四川当过地方官的宋代著名诗人黄庭坚和陆游，也塑像配祀祠内。"工部祠"左边的"草堂书屋"和右边的"恰爱航轩"，陈列着宋代以来各个时期的古版杜甫作品和各种外文译本。

3、湖南长沙杜甫纪念馆（杜甫江阁）。在西湖路与湘江大道相交的湘江风光带上，与天心阁、岳麓山道林二寺和岳麓书院形成一条文脉带。位于正中间的杜甫纪念馆，高约20米，为四层建筑，采用中国传统仿唐古建筑形式。杜甫江阁总平面布局按南北带状规划，形成一排纪念性建筑群。南北连廊为诗碑廊，柱两侧立石碑刻杜甫诗歌。杜甫江阁北向布置六角形碑亭，南向靠湘江大道人行通道路边建方亭与诗碑廊相连。杜甫江阁入口北向广场中将立杜甫与唐代名人李龟年塑像。方亭北向立石景，上刻"诗圣"二字。

4．三台杜甫纪念馆位于四川三台县城西门外牛头山梓州公园内，为纪念唐代大诗人杜甫流寓三台(古称梓州)一年零八个月、创作《闻官兵收河南河北》等百余首不朽诗篇，在明代"工部堂"遗址上重新修建而成。草堂由殿、廊、亭、阁、碑、像等组成。

草堂大门内屏风上镌刻着张爱萍将军录杜甫诗《上牛头寺》草书。诗圣堂高大宏伟，气势非凡，檐角凌空，脊上二龙戏珠火焰宝鼎与过厅脊上双凤朝阳火焰宝鼎相呼应，熠熠生辉。大堂正中上方"诗圣"二字金碧辉煌，一尊杜甫少陵胸像被鲜花簇拥，四壁陈列中外名家书画精品。殿堂两侧陈列着杜诗各种版本和研究杜诗的论文、专著。蹀过后院拱门，便望见荷沼中掩映于青青翠竹间的汉白玉杜甫雕像。

四、白居易纪念馆

白居易（公元772～846年），字乐天，号香山居士。所著《白氏文集》七十五卷，计3800余篇，数量位居唐代诗人之首，故有"诗王"之誉。

白居易纪念馆有两处：

1、洛阳市白居易故居纪念馆。占地80亩，整个布局按唐代东都的"田"字形里坊街道兴建，馆内有白居易故居、白居易纪念馆、乐天园、白居易学术中心、唐文化游乐园、仿唐商业街等建筑。白居易故居北半部为住宅区，南半部主要为园林和湖泊，整个布局力求再现原貌。白居易纪念馆是一座仿唐式建筑，馆内有诗人的塑像，并陈列他的生平事迹、文献资料及有关字画、壁画等，是凭吊诗人的主要场所。乐天园是根据白居易的《琵琶行》等名作之意建造的园林。白居易学术中心则是为国内外专家、学者提供研究和活动的场所。唐文化游乐园按照唐代的风俗设立了马球场、乘骑场等娱乐设施。仿唐商业街则为游人提供了购物方面的各种服务

2、苏州白居易纪念馆。位于江苏苏州市阊门外山塘街口，2006年9月建成。是一座五开间的仿唐古建筑，室内大厅安放白居易的大型汉白玉像，两侧展出白居易生平事迹及珍贵文物。

五、苏东坡纪念馆

苏轼（公元1036～1101年），字子瞻，号东坡居士，眉州眉山（今四川眉山县）人。苏轼的诗、书、画号称"三绝"，是北宋继欧阳修之后公认的文坛领袖。在现存的2700多首诗中，酒诗达100多篇，几乎所有的诗、词、文、赋都是在饮酒后写成。 苏轼不仅爱饮酒，还喜欢亲自动手酿酒，在各地任职时先后亲手酿制过7种酒，并撰写了《东坡酒经》，成为宋代继《齐民要术》之后又一篇论述酿酒技术的重要文献。林语堂在《苏东坡传》中就曾称他为"酒仙"、"造酒试验家"。

较著名的苏东坡纪念馆主要有两处：

1、杭州西湖苏东坡纪念馆。占地面积4200平方米，建筑面积550平方米，建成于1988年12月28日，2004年重整开放。馆区由主楼展厅、碑廊、百坡亭、醉月轩等组成。苏东坡纪念馆由庭院、两层楼展厅、东坡世苑三

部分组成。纪念馆主建筑为一幢翘角飞檐的二层仿清楼阁式建筑。红窗白墙，清凌方正。楼前广场玉兰树下屹立着苏东坡的全身塑像，高3米，用花岗岩雕刻而成。一楼展出了苏东坡家谱、年表和生平介绍，突出反映了苏东坡两次来杭担任地方官的政绩及其在杭的文学艺术成就。二楼展出了苏东坡的诗文著作、书画手迹复制品及当代书画名家以苏东坡诗为题材而创作的书画作品等。整座展厅融书画、楹联、像碑为一体、并配以古筝弹唱。后院的东坡艺苑内，陈列着苏东坡书画的拓片、复制品及诗意画等，可供游人参观与选购。

2、广东省惠州市苏东坡纪念馆。馆前有东坡居士像，收集与苏东坡有关的历史文物一百多件，供游人赏鉴。时人冠以"孤山苏迹"之景誉。馆旁有东坡妾朝云墓。

六、曹雪芹纪念馆

曹雪芹（公元1715～1764年），名霑，宁梦阮，号雪芹、芹圃、芹溪，为满洲正白旗包衣。中国清代小说家，代表作为《红楼梦》。性嗜酒，人称"高阳酒徒"《红楼梦》回回涉酒，篇篇洋溢着醉人的酒香。

曹雪芹纪念馆主要有两处：

1、北京香山小型乡村纪念馆。建于1984年，馆舍是一排坐北朝南的清式平房，占地面积约3000平方米，建筑面积300平方米。馆藏主要有与曹雪芹身世相关的文物，曹雪芹一家与正白旗村有关的文物，以及名著《红楼梦》所描述的实物仿制品等。

馆内分为五个展室，分别陈列有曹雪芹当年居住的地方、写作《红楼梦》的书斋、香山地区美丽的自然环境所给予文学家的灵感、二百年来有关曹雪芹身世的重大发现以及与故居有关的资料。此外还有一些碑刻陈列，反映了曹家与香山地区的关系。

2、辽宁辽阳吴公馆院内(即吴恩培宅第)的曹雪芹纪念馆。有房屋21间，四周高墙围绕，属小四合院。占地1 300平方米，建筑面积630平方米。1997年8月，为纪念曹雪芹祖籍在辽阳而设立，由著名红学家冯其庸题写馆名。它是继北京、南京等地纪念馆之后，在东北新建的唯一的一处纪念馆。

曹雪芹纪念馆陈列面积480平方米，设4个展室，陈列内容围绕在其祖籍辽阳发现的三块碑石题名为主线：一是在喇嘛园的后金天聪四年(公元1630年)六月《大金喇嘛法师宝记》碑上的"教官曹振彦"题名；二是在玉皇庙后金天聪四年九月"致政曹振彦"的题名；三是在新城弥陀寺清崇德六年(公元1641年)"曹世爵、曹得选、曹得先"三人的题名。前两块碑上的曹振彦是雪芹的高祖，后一块碑上3人是雪芹家族第三房人物。通过题名碑石拓片，结合《辽东曹氏宗谱》有关文献资料记载，再以沙盘形式做成展品。纪念馆中塑有曹雪芹坐像。

主要参考文献：

1．徐少华《中国酒与传统文化》北京：中国轻工业出版社，2003年

2．蒋英炬等，首届中国酒文化研讨会、深圳市博物馆编《水的外形 火的性格》广东人民出版社，1987年

3．傅金泉文《中国古代酿酒遗址及出土古酒文化》

4．洪光柱编《中国酿酒科技发展史》，北京：中国轻工业出版社，2001年

5．罗西章主编《西周酒文化与当今宝鸡名酒》，西安：陕西人民出版社，1992年

6．万国光《中国的酒》北京：人民出版社，1986年

第三篇 酒 政

酒政，或称酒法，就是国家对酒业实行的政策和制度。酒是一种特殊商品，也是人们日常生活中较为重要的消费品。酒类的生产和销售，涉及到国家财政收入、人们身体健康、社会治安以及节约粮食等各个方面，因此，古今中外任何政府都对酒类的产销政策十分重视，采取了一套特殊的政策，实行严格的管理。古代酒业政策，与盐铁政策一样，都是商业政策和财政政策的主要组成部分。而在各个时期，酒的政策与盐铁政策一样，也有很大的发展变化，这是由当时社会的政治经济条件所决定的。

第一章　酒政的分期与形式

第一节　酒政的分期

距今4000多年以前的大禹时期，"帝女令仪狄作酒而美，进之禹，禹饮而甘之，遂疏仪狄，绝旨酒。曰：'后世必有以酒亡其国者'。"（《孟子·梁惠王》）从此，中国人已经有意识地进行了禁酒。距今3000多年前的周朝，周公颁布了严厉的禁酒令——《尚书·周书·酒诰》，标志着中国酒政的开始。这3000年的酒政历史，大体划分为三个阶段：

第一阶段为周秦酒政(公元前11世纪～前207年)。这是中国酒政的创始阶段。这一阶段，周王朝鉴于前两代末主酗酒失国的教训，制订了严格的酒法，并设置了执法机构萍氏、司虣等，在酒类生产、消费各环节都苛以重刑，开我国酒禁之先河。秦代出现大一统的制度文明，强调国家的统一，为国家实行统一的酒业管理和酒政措施奠定了组织基础。

第二阶段为汉唐宋酒政(公元前206年～公元1279年)。这是中国酒政的发展阶段。这一阶段，随着秦代制度文明的建立，国家走向政治、经济、文化的统一，酒政发展突出地表现为三个特点，一是酒政制订从单纯的政治因素推演到政治、经济、军事、文化等多种因素；二是榷酒法使官家专酒利，这是酒类专卖的先河；三是酒税曲课的征收为封建王朝创造了大宗财政收入，并在一定程度上推动了社会政治、经济、文化的发展，成为酒类管理上的重要措施。

第三阶段为元明清酒政(公元1271～1911年)。中国酒政处于延续阶段，主要是征收越来越多的酒税曲课，作为国家重要的税赋收入和盘剥人民的一种手段，只于灾荒年月、饥馑之地暂行禁酒，权停烧坊。

第二节　酒政的形式

中国的酒政酒法，在漫长的历史时期中，总体上又表现出三个特点：一是实行酒类专卖政策时间长，二是酒类专卖形式多，三是禁酒、税酒、榷酒(酒专卖)三种政策更迭频繁。

一、禁酒

酒禁是中国古代国家对社会酒事行为或酒营活动进行强制干预的一种行政控制手段,其禁令内容既包括取缔社会酒类消费、中断一切酿酒、酤酒、饮酒等社会酒事行为。中国古代酒禁政策代有变迁,禁酒原因各有差异,不尽相同,但对犯禁行为实施重刑惩罚,却是历代酒禁立法的共性现象。作为国家权力干预酒文化或酒业经济的一项专制政策,酒禁的结果,使中国古代酒文化或酒业经济的发展,被打上了十分强烈的专制政治印记。

禁酒是官私皆禁，不是只禁私不禁官。旧史家有的把禁私酿不禁官酿的榷酒政策，也称之为禁酒——如"后世之禁酒惟恐民之不饮"，这个禁酒是榷酒之意，称之禁酒是概念的混淆。

禁酒的主要目的是减少粮食的消耗，节约民食，备战备荒。另外也是为了防止沉湎于酒，败德伤身，引来杀身之祸，这点主要针对统治者而言。

禁酒时，由朝廷发布禁酒令。禁酒也分为两种，一种是全面禁酒，即整个社会都不允许酒的生产和流通；二是局部地区禁酒，这在有些朝代较为普遍，主要原因是不同地区，粮食丰歉程度不一。历史上也曾实行过寓禁于征的政策，即先秦时期商鞅实行的对酒的重税高价政策，由于高价，限制了酒的消费量，从而限制了酒的消费量。

二、榷酒

榷酒，现在也称为酒的专卖。榷酒是国家垄断酒的生产和销售，不允许私人从事与酒有关的行业。但其内涵则不仅仅局限于此。在历史上，榷酒有许多种形式：

（一）垄断型。这种酒的专卖形式，是由官府负责全部过程，如造曲、酿酒、酒的运输、销售，税款附入售价之内。由于独此一家，别无分店，酒价可以定得很高，故往往可以获得丰厚的利润。收入全归官府。

榷酒时，国家对酒的生产和销售实行严格的管理和监督，采取各种措施，严禁私酿私卖，刑法极严，轻者罚款，没收酿酒器具，重者处以极刑。这样就可保证收入全部或大部分归中央政府，对国家有利。这种专卖也称为直接专卖或完全专卖。

（二）半垄断型。官府只垄断酒业生产销售的某一环节，其余环节则由民间负责。如官府只垄断酒曲的生产，实行酒曲的专卖，从中获取高额利润。民众从官府开办的制曲场所购买酒曲，自行酿酒，一般仅限于自酿自用。还有一种方法，曾在南宋时实行过，叫"隔槽法"，官府只提供场所、酿具、酒曲，酒户自备酿酒原料，向官府交纳一定的费用，酿酒数量不限，销售自负。这种专卖也称为间接专卖或称为局部专卖。

（三）特许制。官府不生产，不收购，不运销，而由特许的人或酒户在交纳一定的款项并接受管理的条件下自酿自销或经营购销事宜，非特许的商人则不允许从事酒业的经营。这种专卖也称为商业专卖或委托专卖。

榷酒又可分为扩大型和收缩型。扩大型是对酒的生产和消费不加限制，多酿多销，酒价较高，希望民众多饮，以增加国家的财政收入，如南宋的做法。收缩型则对酒的生产和销售加以限制，由于是国家专卖，不允许私人经营，故可以通过控制酒的生产来节制粮食的消耗。

榷酒之榷字应包括各种形式的专卖在内。旧史有的在狭义的范围上使用"榷"字——单指官酿官卖，这是使用者的习惯——因最初的专卖是官酿官卖。但事实是榷酤有狭义与广义之分，对专卖的理解就有"窄派"与"宽派"之别。从整个历史来研究榷酒政策，应从广义上来理解才是。而史料中榷酒的"榷"字用以指广义的专卖，也确比专指狭义的专卖用得多。

三、税酒

税酒是对酒征收专税。如果不设专税，混在商税（市税关税中）中一体征课，不能算是税酒政策，应该说是对酒尚未制定专门的政策。酒税与其他税相比，一般是比较重的。在汉代以前，对酒不实行专税，而只有普通的市税。在清代后期和民国时对卖酒的还有特许卖酒的牌照税等杂税。实行税酒政策时，酒的酿造和销售的自主权掌握在酒户和酒商手中，他们只要向官府交纳一笔专项的酒税（尽管比其他物品的税要高）就可从事酒业活动。一般情况下，他们都可获得丰厚的利润。在税酒时，主要是严禁偷税漏税，相对来说处罚较轻。税酒时，人人都有从事酒业的机会。

从周公发布《酒诰》到汉武帝的初榷酒之前，统治者并不把管理酒业看作是敛聚财赋的重要手段。从汉武帝起，酿酒像制盐、铸铁一样，受到国家的高度重视。从此，酒政的形式处于不断变化之中，酒政的具体实施形式和程度随各朝而有所不同，但基本上是在禁酒、榷酒和税酒之间变来变去。另外，由于政权更迭，酒政的连续性时有中断，尤其是酒政作为整个经济政策的一部分，其实施的内容和方式往往与国家整个经济政策有很大的关系。实行何种酒政，不仅仅是形式的变更，更重要的是经济利益的归属问题，酒利在官府和民间（实际上是有一定势力及财产的商人甚至官僚）之间的争夺，是酒政形式反复变化的最基本的原动力之一。

中国的税酒政策实行时间最长。究竟自何时始，现无法考证，但至先秦商鞅变法时，对酒实行的高价重税政策在历史上颇有名气。当时，酒价十倍于成本，用意是增加国家财政收入，限制消费，使"农不慢"，将精力集中到生产中去，这实际上是一种"寓禁于征"的酒政。在秦以后的两千多年历史中，各个朝代的统治者大部分都实行税酒政策。

中国古代的酒税主要采取以下四种形式进行征收：

一是直接从酒户征税。如唐代宗广德二年(公元764年)12月，由于平定安史之乱，军用浩繁，始征酒税，将全国酒户登记造册，按月征税，除此之外，不问官民，一律禁断。就是说，只要按月缴纳一定的税钱，即可开酿酤卖。清乾隆七年（公元1742年），通州酒铺征税，上户每月收银1钱5分，中户1钱，下户8分。其它地方烧锅须经官府登记，缴纳"票钱"，发给官帖，方可开酿，否则即属违法。所酿之酒则为私酒，私酒入城，须交关税。

二是以征曲税为主。如五代时后唐明宗天成三年(公元928年)七月，曲税在夏秋田苗税上每亩加收5文，长兴元年(公元930年)改为2文。京都及诸道州府县镇坊界内则榷曲，私曲5斤以上即处死。后汉乾裕（公元948年）时私曲不论斤两皆处死。

三是隔糟法。如宋高宗建炎三年(公元1129年) 成都府财赋总领赵开改革酒政，创隔糟法，由官家开设糟房，派专官管理，让民间"酿户各以米赴官场自酿"，缴纳一定的费用、头子钱及其他杂用。始行时每石米缴费30贯，头子钱22贯，次年稍减，即在南宋政权所辖四路推广执行。当时共设官糟400所。

四是民酿官卖。如元世祖至元二十二年(公元1285年)罢专卖，许民自具工本酿酒，由官司收卖，每石交税5两，设四品自提举司总领，这是民制官卖。

税酒的政策一般是在经济情况较好，粮食生产有余的时期实行。它既满足了人们对饮酒的需要，又能为官方聚集相当财力。如唐文宗大和八年（公元834年），仅中央政府每年就可收酒税156万缗。宋高宗建炎三年实行隔糟法的税制后，岁收酒税690余万缗，为偏安一隅的南宋政权创造了可观的收入，充实了南宋军费开支，使在金兵追赶之下惊魂未定的南宋政权稳定了下来。但是，税赋过重，又会侵占酿户利益，阻碍酒业发展。如清末，一方面承担一系列不平等条约的赔款，一方面要维持满清帝国庞大机器的运转，经费开支不断膨胀，于是就在烟酒税上大作文章，新税目不断开征，如麦曲税、酿造税、烧锅税、厘金、关税买货捐、门销捐、坐贾捐、行卖捐之类，各省税率不尽相同，征收机关没有一定，课税标准极不一致，税额一加再加。光绪中期，下令酒税在原额上加倍征收，光绪二十八年（公元1902年）又下令："烧酒一项，每户加抽16文"。税额无限制增加，破坏了酒类生产的正常发展。

四、榷酒、禁酒和税酒的区别与联系

禁酒是停止酿酒卖酒，节制酒的生产与消费。决不能认为在汉初禁酒的情况下就存在着酒的专卖；两者有先后之分——禁酒行之于前，榷酒是西汉中期才有。不能无视他们的区别。但也不能认为两者是完全对立的。旧史家的"榷酒兴而禁酒废"的说法并不全面。因为榷酒既可多酿酒多卖酒以增加收入，也可以少酿酒少卖酒以节约粮食，或用减酿增价的办法来保障收入，并非与禁酒绝不相容。在实行专卖的条件下，因年荒粮食不足，而同时行禁酒令（或局部地区禁酒），比之不实行专卖的条件下的禁酒更为方便、有效。

根据历史事实，可以认为榷酒有两种类型，一种是扩大型的，对酒的生产和消费不加限制的榷酤。为了增加财政收入，多酿多销。惟恐民之不饮，如南宋的做法。另一种是收缩型的，对酒的生产和消费有限制的榷酤。为了节约粮食、减轻"酒害"，有时减少酿酤；有时甚至以禁酒（公私皆禁），来缓和酿酒和民食的矛盾。如元时的做法有的就是榷酒与禁酒的一起使用。把禁酒之废归咎于榷酤之施行，说榷酤之弊在于多消耗民食，要对粮食的浪费负责，这是不妥的。

其实，禁酒并不是节约粮食的唯一方法。为了节约粮食，可以根据粮食供应的可能，适当压缩酿酒数量，

以求平衡，这就需要榷酤，由官府酿酒，控制酒的生产和消费，或在官府监督管理下，由特许酒户限额生产。收缩型榷酤的作用即在于此。这是平日开放私酿，临时实行禁酒所做不到的。历史上就有人（如明代的陈衍）提出过这样的主张；从现代来看，只有这样的做法才是对专卖政策的比较合理的运用。

榷酒与税酒的区别在于：

（一）榷酒的收入全部或大部分转入官府之手（通常以之作为中央收入、列国家财政），税酒则一般来说利益大部分归于私人，所以私营工商业者欢迎税酒政策而反对榷酒政策。

（二）榷酒有时也采取征课方式，但征课重，纳税的酒户是特许的，有时还有些特殊待遇（如免徭役）。而在税酒政策下，一般税额较轻，只要按章纳税，谁都可以开业，不必经过特许。

（三）榷酒要对酒的生产和销售进行严格的监督和管理。在税酒政策下，经营是自主的，生产数量和出售数量的多少官府在原则上并不加以干预。

（四）为保障官府和特许酒商的利益，国家制定法律禁止私酿私贩，违者重罚。而一般的征税制，纳税后可自由运销，虽也防止偷漏税款，但无严厉的禁私之法。

可以说：榷酒包括四点内涵：高税高价（或高利高价）、特许专营（或官府自办）、监督产销、禁私缉私。它与税酒政策不是无法划分的。

如果税额不重，酒户有经营自由，开业不必经过特许，官府也无缉私稽查章程，那就是典型的税酒，而非榷酒。两者不能混同。把税钱称为榷钱是不对的。当然，税酒也可以逐步向专卖过渡。如果不断加重税额，只让特许的商户经营，取缔非特许商的经营，并厉行缉私禁私的法令，则虽未宣布专卖（狭义专卖），事实上已在向专卖转换或很接近于专卖了。清末对烧户实行特许制度，核定烧锅户数，严禁私立烧锅，并实行重其税高其价的政策，就是一个例子，国民党时的土酒定额税和国产酒类税也是这样。

税酒与禁酒一般是对立的，税酒时必弛禁，禁酒时即无酒可税，但有时两者也可以有限度地结合。如唐代宗时始行税酒政策，限定酿酒数量，让酒户（已有的）分等第纳税，此外公私酿酒一律禁断，这就是税酒为主，辅之以一定范围的禁酒。早在先秦时商鞅对酒的重税高价政策，其实也就是税酒与禁酒的结合——寓禁于征。税酒一般税轻，并不排斥在特殊情况下也有重税，但这种重税政策，如再加酒户须经特许，私自经营有罪等内容，那就是向榷酒过渡了。

第二章　历代酒政

酒比茶更早成为人们的日常饮料，它虽不是人们的生活必需品，但与人们生活息息相关。酒作为人们日常生活中较为重要的消费品，因此，古今中外任何政府都对酒类的产销采取特殊管理政策。在我国，历代王朝为了巩固国家政权都非常重视对酒的生产与销售的管理。据史料《孟子·梁惠王》记载，距今4000年以前的大禹时期，"帝女令仪狄作酒而美，进之禹，禹饮而甘之，曰：'后世必有饮酒亡其国者'，遂疏仪狄而绝旨酒。"这就是我国最早的禁止酿酒令。西周初年，周王朝鉴于商纣王纵酒亡国的教训，颁布了我国第一部禁酒法典——《酒诰》，禁止聚众饮酒。这就是我国最早的禁止饮酒令；据《商君书·垦令》记载："贵酒、肉之价，重其租，令十倍其补。"先秦商鞅变法时，对酒实行高价重税政策，把酒的价格比其成本提高了十倍，以增加国家税收，限制消费，使"农不慢"，将精力集中到生产中去。这就是我国最早的税酒政策；《汉书》卷六《武帝本记》："（武帝）天汉三年（公元前98年）春二月，初榷酒酤。"这就是我国最早的榷酒政策。

我国酒政从西周开始设管理机构到现在，主要对酒的生产和销售实行"禁酒、税酒、榷酒"三种管理政策。大致分为四个阶段。

第一节　奴隶制酒政（周秦时期）

由于酒特有的引诱力，夏朝和商朝的一些贵族们沉湎于酒，造成了严重的社会问题，夏、商两代的末君都是因为沉湎于酒而引来杀身之祸导致亡国的。

西周统治者吸取其教训，发布了我国最早的禁酒令《酒诰》。《尚书·酒诰》中记载周公以成王（公元前1063年即位）命，诰康叔以禁酒之事：酒只能在祭祀时用之，不能常饮。官员们至所治众国，饮酒不要至醉。酗酒会丧德乱行、邦国因此而覆亡，周之代商就是因为不厚于酒。要禁止民众群饮，不听命令的收捕之，勿令失失，尽拘送京师，将择其罪重者杀之；商族诸臣众官蹈恶习日久，沈湎于酒，可姑先给以教育，勿用法杀之。要常听从教诫，慎而行之，勿使主民之吏沈湎于酒，叫他们正身，以为民表率。

为了有效地推行禁酒政策，西周统治者还创立了我国历史上最完善的酒官制度，酒官专职负责酒的事宜。据《周礼·天官冢宰》记载，王室有酒正、酒人、大酋、醯人、郁人、中士、下士、府、史、胥、徒、奚等官职和酒工，共达630余人。这些人各司其职，掌管着重大国事活动的用酒，以及王室酿酒和饮酒。

周代禁酒，并不是一概而禁，凡是符合礼的饮酒，如国祀、神事、乡射、宴宾客、奉老养亲等，都不在禁止之列，而那些"非时"饮者、沉湎饮者、聚众饮者，则是禁止的对象。禁酒政策实际上很难收效于长远，在王朝末期，统治者腐化日盛之时，上下酗酒成风，大概也是一种有规律的历史现象。

春秋战国时期，酒诰已不实行，统治者"嗜酒而甘之"，因而误事者史不绝书，酒政基本是放任自由的。民间饮酒也无顾忌，加之此时酒的商业化已很普遍，商品酒的销售量也大大增加，国家对酒未采取特别的管理措施。

商鞅辅政时的秦国，对酒采取重税政策。据《商君书·垦令篇》载："贵酒、肉之价，重其租，令十倍其朴"。（意思是加重酒税，让税额比成本高十倍）

秦王朝建立以后，继续了秦国商鞅变法以来的"禁酒"政策，实行酒业官营，抑制私营酤（买卖）酒业，《秦律·田律》规定："百姓居田舍者，毋敢酤酒，田啬部，佐禁御之，有不从令者有罪。"这条律令就是一条禁酒法令，比商鞅重其税又更进了一步，就是禁止住在农村中的人（指地主和富裕农民）以剩余粮食酿酒，沽卖取利；同时对农民饮酒也有限制之意。这是商鞅对酒的政策的延续，也是秦国一贯奉行的"重本抑末"基本国策的反映。其目的是用经济的手段和严厉的法律抑制酒的生产和消费，鼓励百姓多种粮食；另一方面，通过重税高价，国家也可以获得巨额的收入。

第二节 封建制酒政（西汉至清代）

公元前206年，刘邦建立了汉王朝。在"无为而治"的思想的指导下，农业生产有了很大发展，酒的生产技术比过去有了改进和提高，产量也有很大增加。在对酒的管理上经历了从禁酒、专卖到税酒的曲折发展。

西汉前期，统治者为杜绝反对势力聚众闹事实行禁酒政策。相国萧何制定的律令规定："三人以上无故群饮，罚金四两"（《史记·孝文帝本纪》文颖注。）文帝后元元年（公元前163年），下诏戒为酒醪以靡谷，断然提出禁酒。景帝中元三年（公元前147年）夏，因旱，景帝也下令"禁酤酒"。到景帝后元元年（公元前143年）夏，才"大酺五日，民得沽酒。"大酺者，大聚饮也。

一、汉武帝时期的"初榷酒"

在汉武帝末期，由于国家连年边关战争，耗资巨大，国家财政入不敷出。酒这种几乎像盐、铁那样普遍的物品，赢利丰厚，其经济价值终于第一次被体现出来了。天汉三年（公元前98年）春二月，"初榷酒酤"，开始实行酒类专卖。榷酒的首创，在中国酒政史上甚至在中国财政史上都是具有重要意义的大事。因为榷酒为国家扩大了财政收入的来源，从经济上加强了中央集权，也便于国家宏观上加强对酿酒的管理，容易控制酒的生产和销售，从而达到节约粮食的目的。

王莽篡权后，又恢复中断了近100年的榷酒。东汉建立后，又取消了酒类专卖，恢复了征税制，只在水旱灾荒粮食歉收年份禁止造酒、卖酒。这也是东汉豪强势力膨胀所导致的一个妥协结果。

二、魏晋南北朝时期的酒禁、酒税和酒专卖

魏晋南北朝是我国历史上长期处于分裂的时期，因此，各个封建政权对酒实行的政策都有所不同，有实行酒禁的，也有实行酒税和酒专卖的。

在北方，曹操当政时，因年饥兵兴曾下过禁酒令，禁令甚严，人们只能偷饮，讳言酒字。曹丕为帝后，为了增加财政收入，恢复了酒的专卖。蜀汉对酒从未实行专卖，但曾搞过酒禁。诸葛亮治蜀时，酒禁很严，以至"道无醉人"。托足江东的东吴政权，在孙权统治后期为了增加财政收入，也实行了酒的专卖。

两晋，由于封建统治者对豪强妥协，取消酒的专卖，容许私人经营，官府只向其征税。但有时也实行禁酒政策，只是时禁时开不定而已。

南北朝时期，南朝对酒类一般实行征税政策，酒的产销都可以私人经营，只有宋、陈在一段较短的时期内，为了弥补财政不足才实行过酒类专卖。北朝对酒的政策是允许私酿私销，但禁酒的次数很多，北齐、北周也曾实行过短期的酒类专卖。

三、隋唐五代时期的酒政

隋文帝开皇三年（公元583年）之前，仍按照北周末期的做法，实行酒的专卖，由官府置办酒坊。文帝入新宫之后，民众可以自由酿酒，买卖，但仍要交纳一定的市税。

唐朝(公元618~907年)的历史以安史之乱(公元755年)为界，分为前后两期。唐代前期对酒实行过开放政策，允许私人酿沽，不收专税。只因天灾粮缺，曾有过几次禁酒。

安史之乱使社会经济受到了极为严重的破坏，再加上藩镇割据，中央政府的权力范围相应缩小，能够直接税收或其他来源的钱财日趋减少，这必然造成中央财政紧张。乾元元年(公元758年)，肃宗令禁京城酤酒，唐朝的酒政发生了根本性的变化。

代宗广德元年(公元763年)，安史之乱终于结束，为确保国家的财政收入，将已搁置了180多年的税酒政策再次恢复。德宗建中三年(公元782年)，为了资助军用，首次宣布酒的专卖，禁止民间酿酒。德宗贞元二年(公元786年)又改前令，全国统一实行榷酒或榷曲。酿酒户只要向政府交纳每斗50% 的榷酒钱，就可免除徭役。宪

宗元和六年(公元811年)，除少量的正酒户(官方认定的大型酿酒户)仍实行榷酒，其余地区全部放开酿酒，自由经营。原来国家应收的榷酒钱则和青苗钱一样摊派到各家各户。官营国有的垄断性工商业经营，以国家财政作为出台实施的出发点和归宿。唐代禁榷制度突出反映了封建帝制政权对社会经济发展的强力干预和操控，既促成了国有经济的发展和国家财政结构的前后变化，也极大地摧残扼杀了民间工商业的正常发展，资本主义的生产方式和社会制度难以生长壮大。专卖制度由直接专卖向间接专卖转化。专卖制度下政府与商人达到了一种官商勾结的均衡状态，从而阻碍了商品经济的进一步发展。

由此可以看出，唐王朝对酒有四种政课办法：税沽酒户；官自置店沽酒；榷酿酒之曲；将酒税均配于青苗钱上。由于酒利优厚，唐王朝对私沽私曲禁罚很严厉，"一人违法，连累数家，闾里之间，不免咨怨。"（《旧唐书·食货志》）。唐朝后期在风雨飘摇之中仍然能够维持100多年，这与实行的榷酒和税酒制为国家积聚了大量钱财有重要关系。

五代时期，梁太祖开平三年（公元909年），曾下令诸州道府百姓自行造曲，官府不禁(《文献通考》卷17，《征榷号》四《榷酤》)。这是五代最为宽松的。到后唐庄宗时(公元923—925年)。又恢复了唐朝的榷曲与榷酤并行的方法，百姓必须购买官曲，不得私造，私造者受到比唐代时更为严酷的处置。

后晋灭后唐，晋高祖于天福元年(公元936年)下诏曰："曲每斤与减价钱30文"，即每斤仍为120文。后汉也是如此，犯私曲者与犯私盐者一样，不计斤两，并处极刑。不但官府卖曲，而且进而卖酒，并及于醋。

后周太祖广顺二年(公元952年)，将后汉的私曲不计斤两并处极刑改为私曲至五斤者死。周世宗时，才明令废除先时所置"都务"，官府不再卖酒、卖醋，依旧法卖曲。乡村只要买官曲使用，可以自造醋，并允许乡间酿酒，酒类专卖比以前放宽多了。

四、两宋时期的酒政

北宋的酒政主要有三种形式：酒的专卖、曲的专卖和税酒。《宋史·食货志》对宋代的酒政有过全面的总结："诸州城内皆置务酿酒，县镇乡间或许民自酿而定其岁课，若有遗利，所在多请官酤；三京官造曲，听民纳直以取。"即对不同的地方，分别实行了三种不同的政策：

（一）三京（东京汴州、西京洛阳、南京商丘）地区实行酒曲的专卖。北宋榷曲的做法主要有三点：一是官定曲价；二是划定范围；三是限额发卖。

（二）州城内实行酒的专卖。其特点是酒坊归官府所有，生产资料、生产费用和工钱也由官府解决，酿酒原料是酒户从官府租来的，酿成的酒基本由官府包销，酒价自然由官府来定。

（三）县以下的地方或实行纳税，或实行酒的专卖。纳税则实行募民掌榷的包税制，即由民间人士出钱，向官府购得掌榷的特权，未取得掌榷资格的人则不许从事酿酒及卖酒。经营的好坏如何，由掌榷者负责，官府坐收得利。

这种区别对待的政策确实考虑到不同地方的特点，有利于国家获取更大的酒利，也较容易实行。但在具体做法上还有许多类型。不仅官府参与酒曲的专卖，军队也可参与一些与酒有关的行业。

南宋的酒政是多样化的，酒的专卖仍是城市中的主要形式，通过酒库（官府控制管理下的酿酒和批发酒的场所）而体现。承包式的扑买制（即隔酿法）在乡村十分盛行。然而，在人烟稀少的地区仍然延续北宋的税酒政策。

隔酿法，是指由官方出面主持，在原有的酒坊(扑买制酒坊)基础上，吸收酒户前来酿酒，酒户各自所酿的酒分别置放，避免混淆。民众自带米酿酒，但必须交纳酿造费，每斗米300文。另外还要交纳头子钱(附加税)。酿酒用具和酒曲由酒坊提供(酒曲还得购买)。这种方法，官府无需采购原料，也不必承担酒的销售，只需出面管理一下，就坐收酒利。

五、元代多变的酒政

元朝的酒政主要也是在榷酒、税酒和禁酒三者之间变动，最显著的特点是酒政的变化频繁，反复无常。在

中国文化遗产年鉴·酒文化卷

元代，由于酒是人们日常饮食生活中不可或缺的消费品，其生产和销售也成为社会经济活动的重要组成部分。

在元朝建立以前，已经实行酒类专卖，并且按各地人口多少来分配课额。入元以后，在至元年间又进一步严格专卖制度。元朝酒类专卖税很重，早期每石米一贯，以后增至每石米十两（官制官卖），或每石米五两（民制官收官卖），增加了10倍或5倍。因此，酒价昂贵，收入甚厚。酒醋的课税皆著定额，成为国家财政收入的重要来源。为了确保酒利，法律严禁私造，"有私造者，财产、子女没官，犯人配役"（《续资治通鉴》卷186《元纪》）。仁宗祐六年（公元1319年）定私造酒曲依匿税科例，以严刑竣法禁断私造。

另外，元代在粮食不足的时候厉行禁酒政策，在禁酒期间，犯禁者按律处罚，甚至"酿酒犯死者"。元代中叶，哪里的年成不好，粮食不足，哪里就禁酒。但元代禁酒与过去不同的是，这种禁酒往往是与专卖并行的禁酒，而非过去不实行专卖条件下的单独禁酒。这从至元二十五年的"榷酒醋税，禁辽阳酒"、至元二十九年的"弛甘肃酒禁，榷其酤"、"弛太原酒禁，仍榷其酤"中可以得到证明。官府自用非商品酒生产由官府集中生产转变为官府管理下的分散酿造，体现了封建官府变相多样的求利手段以及国家宏观、有效控制酿酒业能力的不断完善。

六、明代的废专卖兴酒税政策

明王朝对酒的政策的一个最大的变化是取消专卖政策而实行真正的征税制，而且税赋亦较轻微。

明初，明太祖朱元璋因粮食不足，曾经禁过酒。不仅如此，连造曲所用的糯米，亦禁止种植。甚至连不用曲的葡萄酒，也有限制。但是，禁酒之令，很快就废止了。明王朝不实行酒专卖政策，而在据有江左之地时就开始实行税酒政策。据《续文献通考》卷21《征榷考》四《榷酤》记载，洪武十八年（公元1385年）有"酒醋课、诸色课，若有布、帛、米、谷等项，俱折收金、银、钱、钞"之令。民间开设酒肆时"报官纳课，肆罢则已"。与前代不同，明王朝并不设立专门的酒曲务，"惟摊其课于税务中"，由商务税一起征收。英宗时有令"各处酒课，收贮于州县，以备其用"，足以证明酒课完全征收为地方税了，这与前代中央政府之紧紧控制酒利也是有所不同的，反映了取消专卖制度后税酒政策的特点。

对于酒曲，明王朝按所经营的实物数量计算，或收货币或收曲。造曲出售前必须上税。卖酒家买入上过税的曲酿酒，则不再纳税，但须纳酒税，卖酒家自造曲，也须到税务交纳曲税。

当然，明代酒税虽说开初很轻，但后来也有加税之势。崇祯十一年（公元1638年）11月，"江南征酒税，官为给票，每酒一斤，纳钱一文，改糟坊为官店，违者依私盐律治罪"（清吴翌凤；《镫窗丛录》卷五，转引自谢国桢《明代社会经济史料选编》下）。

七、清代的酒税制

清代前期酒政的主流是税率较轻的税酒制。当时的酒税有多种内容，如曲税（专门对制造酒曲的制曲户征收）、市税（对零星卖酒的人户征收）、门关税（由酒所经过的各道关口征收）；从乾隆年间开始对从事酿酒、运酒和卖酒的人家发给"牙帖"（即营业执照），并限定其数额，由此收税，超过数额者则属私造、私运、私卖，给予禁止和处罚。酒税虽不时增加，但总的说来，还是很轻微的。所以私营的制酒、卖酒、造曲诸行业有很大发展，其结果必然导致粮食的大量消耗。面对着这个问题，清王朝便不时地有禁酒令的颁布。如康熙二十八年（公元1689年）、三十一年、六十一年，乾隆二年（公元1737年）、十四年的五次禁酒。

鸦片战争后，清王朝丧权辱国，赔款累增，财政陷入困窘。在这种入不敷出的情况下，只能增加赋税。因此，请后期的酒税不断加重：一是开设厘金，征收酒厘；二是加重征收酒的出产税；三是其他名目繁多的酒税。清末这种重税酒的政策，是把大部分酒利转归国家之手，以弥补财政亏空，也可以说是由税酒向专卖过渡的中间形式，为民国实行酒类公卖奠定了基础。

八、民国时期的酒类公卖制

民国分为北洋军阀的北京政府和国民党的南京政府两个阶段。

（一）北京政府的公卖制

北京政府执政初期，一方面沿袭清末旧制，保留了清末的一些税种，如酿造税、缸照捐、烧锅税、酒厘、常关税、行卖钱捐、买货捐、坐贾捐、落地税和曲税等。民国三年(公元1914年)，还实行了酒类特许牌照税。民国四年实行酒类的"公卖制"。

推行公卖制的行政管理机构是北京政府的烟酒公卖局和各省的烟酒公卖局。具体做法是，实行官督官销，酒类的买卖都须通过公卖分栈或支栈。酒的销售，由公卖局核计成本、利润及各种税率、根据产销情况，酌定公卖价格，每月公布，通告各栈执行。管内各店须将每月产销酒的数量和种类，先期估计，投栈报明。分栈、支栈接报告后，前往检查，加贴公卖局印照和戳记，填用局制四联凭单，并代征公卖费。公卖费率为酒值的10%～50%(酒值＋公卖费＝公卖价格)。这种公卖制，实际上仍是一种特许制。

民国十五年，颁发了《机制酒类贩卖税条例》。规定无论在华制造的或国外进口的机制酒，都应照例纳税，从价征收20%，从营销贩卖商店稽征。次年又规定出厂捐规则，向机制酒的制造商征税10%。初步建立了产销两税制。

北京政府的公卖制，只在国产土酒的产销上实行，而对于啤酒，则不受这一制度的限制。进口的酒，只交纳海关正子口税。民国十五年才开始对进口的和在中国仿制的洋酒从价征收20%的贩卖税。

（二）南京政府的公卖制

民国十六年(公元1927年)，南京政府成立，同年6月公布《烟酒公卖暂行条例》，规定以实行官督商销为宗旨。公卖费率以定价的20%征收，每年修订一次。民国十八年八月对公卖法复加修订，公布了《烟酒公卖暂行条例》。同时拟订了《烟酒公卖稽查规则》及《烟酒公卖罚金规则》。修订的公卖法与旧制有较大的变化。将原先的省级烟酒公卖局改称为烟酒事务局，公卖栈改为稽征所。废除了烟酒公卖支栈，规定烟酒制销商应向分局或稽征所申请登记，并按月将生产或销售烟酒的品种及数量列表呈报。价格由各省规定，公卖费率为酒价的20%，按照最近一年的平均市价征收，每年修订一次。

清末开始，洋酒和啤酒在国内开始机械化生产，在酒政上也引入了一些西方的机制，就厂征收制就是其中的一种。民国二十年，公布了《就厂征收洋酒类税章程》，实行了就厂征收办法：就厂一次征足，通行全国，不再重征；征税手续由烟酒税处派员驻厂办理，税率为值百征三十。就厂征收制和烟酒牌照税的征收奠定了现代酒税的基础。

民国三十年，公布了《国产烟酒税暂行条例》，规定烟酒类税为国家税，由财政部税务署所属的税务机关征收。烟酒类税均就产地一次征收，行销国内，地方政府一律不得重征任何税捐。这就是按照"统税"原则征税。统税就是一物一税，一税之后，通行无阻，其他各地不得以任何理由再行征税。统税是出产税，全国采取统一的税率，中外商人同等待遇。国产酒类税的实行，说明了公卖制的结束。

新中国成立之前，中国共产党和解放区政府对酒的产销管理就非常重视，在华北和东北解放区实行了酒类专酿专卖，为酒的专卖史揭开了崭新的一页。

第三节　新中国酒政

新中国的酒政分为计划经济时期（1949～1979年）和建立市场经济时期（1980年至今）两部分。

一、计划经济时期主要实行酒类专卖政策

建国后，国家对酒类管理十分重视，解放初延续了解放区的酒类专卖。由财务部门管理酒的专卖，生产与销售在一起，有专卖机构直接管辖。因酒类中央没设专卖机构，所以由华北酒类专卖公司代行中央的职权。

1951年，中共中央制定了酒类专卖方针。同年5月23日，财政部颁发了《专卖事业暂行条例》，并建立了各级专卖机构：专卖事业的行政管理由中央财政部税务总局负责，掌管专卖事业的行政管理、专卖企业的经营

和专卖收入及企业财务的经管事宜。为了实行企业管理，又组建了中国专卖事业总公司，以及大行政区、省、盟或中央直辖市、大行政区辖市等各级地方专卖事业机构。各大行政区，有必要设专卖局的，由专卖公司兼办行政事务，或由税务局兼办专卖局的工作。到1952年，除台湾和西藏外，在全国范围内都已实行酒类专卖。

1950年12月6日，财政部税务总局、华北酒业专卖总公司在《关于华北公营及赞许私营酒类征税管理加以修正的指示》中"决定对公营啤酒、黄酒、洋酒、仿洋酒、改造酒、果木酒等均按从价征税。前列酒类其所用之原料酒精、或白酒，应以规定分别征税。"酒精改为从价征收，白酒按规定税额，每斤酒征二斤半小米。从1951年8月16日起，又决定一律依照货物税暂行条例规定的酒类税率从价计征，除白酒和酒精仍在销地纳税外，其他酒类一律改为在产地纳税。

1953年，专卖局被取消。这样对酒业生产管理归到工业系统(当时包括轻工部系统和地方工业系统)，销售、储运归到商业系统，称为产销分家。生产出的酒由商业部门统购统销.统购统销跟专卖是两个概念.酒专卖是产销在一起，由全民所有制企业经营.在财务上设有专卖利润开支做为专卖机构的经费。统购统销则是酒的生产已变为全民所有制的工业企业生产，销售由全民所有制商业进行销售。

这时的所谓酒专卖实际上是国营商业对三类物资的包销形式。为了全面而正确地贯彻国家对专卖品的行政管理事宜，商业部拟制《各级专卖事业行政组织规程（草案）》；中国专卖事业公司先后制定了《商品验收责任制试行办法》《包装用品管理试行办法》《酒类、卷烟、烟叶、盘纸、铝纸仓库保管制度》《关于加强调拨运输工作的指示》和《为指示关于药酒的几项管理办法希遵照执行》，进一步加强了对酒类专卖事业的管理。

1963年8月22日，《国务院关于加强酒类专卖管理工作的通知》（国发[1963]589号），又重申了酒类的专卖政策，明确"酒类销售和酒类行政工作，由各级商业部门领导，具体日常工作由糖业烟酒公司负责"。

1978年4月，国务院批转了商业部、国家计委、财政部《关于加强酒类专卖管理工作的报告》（国发[1978]59号），再次重申酒类专卖政策，对整顿酒类的生产、销售、运输管理、酒厂的"来料加工"、家酿酒、专卖利润以及偷税漏税、欠缴专卖利润等违法情况，都做出了具体规定。

二、建立市场经济时期主要实行放开专卖又恢复白酒专卖和行政许可管理并存的管理政策

1980年以后，由于主、客观方面诸多因素的影响，国家放松了酒类专卖管理工作，致使出现小酒厂盲目上马、酿酒用粮大幅度上升、酒类生产严重失控、酒类市场产销混乱、假冒名优酒屡禁不止等现象，这不仅给国家财政收入带来了一定的损失，而且也严重地损害了消费者利益和名优酒厂家的产品声誉。1988年7月，国家放开名酒价格经营后，假冒名酒现象屡禁不止，严重搅乱了酒类市场。对此，1989年7月商业部下达《关于名酒市场管理的通知》，恢复了对白酒的专卖管理。

1989年12月22日，商业部又下达了《关于理顺名酒产销关系加强名酒计划管理的通知》，再一次强调名酒是计划商品，应由国家指定的商业批发公司，即各省、自治区、直辖市、计划单列市糖酒（副食品）公司归口经营。其他公司，未经主管部门批准，一律不得经营名酒批发业务。

1990年12月18日，田纪云副总理主持召开国务院第129次总理办公会议，决定将《中华人民共和国酒类管理条例》列入1991年一类立法计划。由国务院法制局牵头，会同轻工部、商业部等部门沟通研究起草《中华人民共和国酒类管理条例》。后因轻工部和商业部相继撤并，此项工作搁浅。但各省继续对酒类实行专卖和许可制度管理。1996年10月11日，国内贸易部发出《关于进一步加强酒类市场管理的通知》（内贸函消费字[1996]574号），要求继续做好酒类专卖管理工作。为适应市场经济发展的新形势，各省对原计划经济时期的酒类管理办法进行了重新修订，纷纷出台了22部酒类地方性法规和规章。2003年国家重新组建商务部后，酒类立法工作重新列入议事日程。2005年商务部颁发了《酒类流通管理办法》（商务部长令[2005]第25号），标志着全国有了统一对酒类流通市场实行监督管理的部委规章，为进一步推动国家出台酒类管理法规，奠定了坚实的基础。

第三章　当代酒业管理机构

第一节　中国酿酒工业协会

中国酿酒工业协会（英文缩写CADA），是由应用生物工程技术和有关技术的酿酒生产企业及为其服务的有关部门和相关单位自愿组成的全国性行业组织。经原中华人民共和国轻工业部审查同意，于1992年6月22日经中华人民共和国民政部登记注册成立。

一、协会工作职能：对行业改革和发展中的问题进行调查研究，向政府提出有关改革、发展、产业政策、经济和技术政策、立法等方面的意见和建议；

受政府部门授权或委托，参与制定行业规划，对本行业新办企业申报进行前期咨询调研，向有关部门提出决策建议；

加强行业的经济和技术信息网建设，经政府主管部门同意和授权开展行业统计工作，做好信息的收集和研究，发布行业信息，进行市场预测，创办刊物，开展信息指导服务，为政府制定产业政策提供依据；

受政府部门委托，参与制定国家标准、行业标准、组织贯彻实施并进行监督；

配合有关部门对本行业的产品质量开展行检、行评和产品认证以及质量管理、监督工作；发布行业产品质量信息，扩大优质名牌产品的宣传，向国内外用户推荐优质产品和新产品；

受政府部门委托，参与本行业生产许可证的发放和企业资质审查工作；

受政府有关部门委托，参与行业内重大投资和合资合作项目的前期论证、初步审查并提建议，为政府和用户项目招标提供推荐意见；

制定行业行规、行约等管理规定，建立行业自律机制，并组织实施，监督检查；

根据国家有关法律、法规，协调同行价格争议，做好价格自律工作，维护行业公平竞争，维护行业整体利益和消费者的合法权益；

举办或组织企业参加本行业的国内外展览会、订货会，为企业开拓国内外市场创造条件，参与建立和培育国内的相关产品专与市场；

组织和联合企业、科研单位、院校开展科技交流与开发、创新工作；受委托组织行业科技成果鉴定和推广应用，为企业提供技术咨询和各种形式的技术服务，促进行业整体科技水平的提高；

参与制定行业人才发展规划，组织行业技术培训、专业技能培训和人才交流工作，接受委托组织行业职工等级考核；

配合有关部门，指导、帮助企业改善经营管理，深化改革，建立现代企业制度；

开展国内外经济技术合作与学术交流，推动技术创新；

反映会员要求，协助政府解决和处理行业在改革与发展中遇到的困难和问题，维护其合法权益；

第三届理事会理事长、副理事长、秘书长名单：

理事长：王延才

副理事长：王　琦　　肖德润

中国食品发酵工业研究院、中国贵州茅台酒厂集团公司、四川宜宾五粮液集团有限公司、山西杏花村汾酒厂（集团）公司、黑龙江华润酒精有限公司、河南天冠酒精化工集团有限公司、青岛啤酒集团有限公司、北京燕京啤酒股份有限公司、华润啤酒（中国）有限公司、烟台张裕集团有限公司、天津王朝葡萄酿酒有限公司、中粮酒业有限公司、中国绍兴黄酒集团有限公司、上海金枫酿酒有限公司、北京红星股份有限公司、中国轻工业机械总公司

秘书长：王　琦（兼）

二、下设组织：科教装备专业委员会、白酒分会、啤酒分会、葡萄酒分会、黄酒分会、果露酒分会、酒精分会

第二节　中国酒类流通协会

中国酒类流通协会原名中国酒类商业协会。中国酒类商业协会于1995年经国家民政部批准正式成立。随着10多年的发展，中国酒类商业协会以繁荣中国酒类市场、促进酒类商品全国流通为己任，配合国家有关部门制定酒类流通产销政策，在为会员单位宣传贯彻酒类行业法律法规、交流市场信息等方面做了大量的工作。2006年7月，中国酒类商业协会换届更为现名。

中国酒类流通协会第四届会长、副会长名单如下：

会　　长：王新国　中国糖业酒类集团公司

常务副会长：赵公微　中国糖业酒类集团公司

副会长：（以姓氏笔画排名）

王庆云　王新力　王富强　宁凤莲　朱行胜　朱思旭　朱跃明　刘　员　刘中国　张德春　张素芬
李士强　李永刚　李富华　陈从秀　林建国　杨　强　杨景立　赵建新　赵凤琦　殷成明　海燕翔
袁运南　黄建勇　彭　阳

秘书长：刘　员

第三节　中国食品工业协会啤酒专业委员会

中国食品工业协会是经国务院批准于1981年成立的全国食品工业的行业管理组织。各省、自治区、直辖市和计划单列城市及地（市）、县两级政府也相继建立了食品工业协会，形成全国性的食品行业管理网络。为适应社会经济发展的专业化趋势，中国食品工业协会还成立了一批食品各行业的专业委员会或分会

中国食品工业协会啤酒专业委员会前身是中国食品工业协会啤酒专业协会，于1984年11月3日在武汉成立，1985年4月经国家经委批准成为全国性、跨行业、唯一的啤酒行业协会。2002年又经国家民政部批准登记，在2003年初更名为"中国食品工业协会啤酒专业委员会"。

（中国食品工业协会白酒专业委员会、葡萄酒专业委员会、黄酒专业委员会和果露酒专业委员会略）

主要参考资料：

1．徐少华　《中国酒与传统文化》，北京：中国轻工业出版社，2003年

2．薛军《中国酒政》，成都：四川人民出版社，1992年

3．商业部商业经济研究所、《中国的酒类专卖》编写组编著，《中国的酒类专卖》，北京：中国商业出版社，1982年

4．朱宝镛、章克昌主编《中国酒经》，上海：上海文化出版社，2002年

5．刘福善主编《辽宁酒管工作集》，2007年

第四篇 酒与文学艺术

中国酒文化的博大精深，酒与诗书画印融为一体所形成的中国文化的独特韵味，展示酒文化遗产与中国传统文化中的文学艺术的密切关系。骚人墨客有连篇累牍的颂酒诗词曲剧，琳琅满目妙趣横生的酒令、诗意浓郁的书法、篆刻，沁人心脾的绘画、音乐、舞蹈、杂技、曲艺、武术。上至皇室贵胄，下至黎民百姓无一不是见酒眼开、闻香下马、开怀畅饮、对酒当歌或吟诗作画、闻酒起舞，以酒壮行、以身许国，共同造就了中国民族文化的灿烂辉煌。我国古代文学与酒文化有着密切的关系。从最早的《诗经》开始，到举世瞩目的文坛巨著《红楼梦》，三千年的文学著作中，几乎离不开酒。源远流长的中国酒文化对于古代作家的精神世界，创作心态及作品的特殊风貌产生过强烈而深刻的影响。

第一章　　酒与传统文化的融合

第一节　酒与文艺水乳交融

文学艺术是中华民族传统文化的宝藏。酒与文艺水乳交融，密不可分。我国自古就有"酒文一家"、"酒文天地缘"之说。无论四书五经史记汉书，无论楚辞汉赋唐诗宋词元曲明清小说，无论散文、对联、成语、书画、戏剧，总有咏酒艺文，堪称中国之最。这一现象，在世界上也是独一无二的，超乎寻常的。

酒与文艺的这种联系有用文艺形式描写酒的酿造和酒的特性；饮酒行为（包括醉酒）；以酒作题来描写人们悲欢离合；人的思想、情绪、性情；处世态度；赠答抒怀之作等。

第二节　文人饮酒

酒与文学艺术是"心有灵犀一点通"。

首先，酒精的刺激作用能活跃人的思维，引发人的想象。一个在现实生活中十分严谨的人，在酒的作用下也能让想象的翅膀腾飞。

其次，酒能让人表现出赤子般的纯真。所谓"杯酒见人心"说的就是这层道理，正如苏轼诗云："我观人间世，无如醉中真。"（《饮酒》之一）元好问诗云："去古日已远，百伪无一真；独余醉乡地，中有羲皇淳。"（《饮酒之五》庄子早就强调："不精不诚，不能动人。故强哭者虽悲不哀；强怒者虽言不威，强亲者虽笑不和"《庄子·渔父》。

再次，饮酒使文人们在舒适兴奋之余，启动文思，激发创作灵感，进入妙语连珠、落笔生花的佳境。艺术史上，经常有"妙手偶得之"的佳话。最近，日本东和大学教授田中洁，从大脑生理学的角度，对酒能激起文人创作灵感的现象作了更加精辟的科学阐述。他认为人的大脑有新皮质和旧皮质的区别。新皮质掌握知识、思考等理性部分，旧皮质掌握本能和习惯，是旺盛的生命力中枢。为调动大脑新、旧皮质的功能，最简单快捷的办法是饮点酒。因为酒精的刺激作用使新皮质体系不侵害旧皮质，二者互相调和并用，则思路畅通、充沛、生气勃勃……此论已得到日本医学界的证实。

最后，在封建专制统治下，醉酒是有正义感的文艺家特殊的政治反抗手段和浇愁解闷的途径。李白借酒佯狂，醉赋《清平调》，公然戏侮红极一时的高力士；阮籍连醉六十日不醒，以拒绝司马氏的联姻等等，都是诗人将醉酒作为保护自己的政治烟幕。西方社会学家认为，"超然和介入的冲突"是历代知识分了难以解决的矛盾和痛苦的根源，中国诗人却找到了缓解、调和这种冲突的理想境界——醉乡。因而，醉酒成为诗人们浇愁解闷的唯一手段。柳永"浮名"无望，才"换了浅斟低唱（《鹤冲天》）；白朴自诩"无用人"，才"诗酒乐天真"（《阳春曲》）；郑谷"情多最恨花无语，愁破方知酒有权"。诗情酒兴，酒兴诗癖，汇合成中国古代诗人"苦闷"的象征。这也是中国封建士大夫独特方式的心理建构。

第三节　酒俗与文艺佳作

酒与中国古代文学艺术之所以密不可分，还与我国古代文人雅士的饮酒习俗有关。

在古代，饮酒不仅是人们的物质生活需求，更是一种精神享乐。古代文人雅士在饮酒时，很讲究饮人、饮地、饮候、饮趣、饮禁、饮阑。饮人，指的是相饮者应当是知书达礼，风度高雅，性情豪爽的知己故交。饮地，指饮酒场所，以花下、竹林、高阁、画舫、幽馆、平畴、荷亭等地为佳。饮候，指选择与饮地谐和的初春、清秋、新绿、雨霁、积雪、新月、晚凉等最富诗情画意之时饮酒。选择好饮人、饮地和饮候之后，可以清谈、联吟、焚香、传花、度曲、返棹（划船）、围炉等形式烘托气氛。提高兴致是为饮趣。饮禁主要包括"华诞"（过分铺张）、连宵、苦劝、争执、避酒、恶谑、呕吐、佯醉等，以避免饮酒时发生不愉快的事情。饮阑，是指酒之将尽，宴饮临终时，可出去散步，或"欹枕"（闭目养神）、"踞石"（蹲或坐于石上），或"分韵"（各人分拈韵字，依韵而赋），或垂钓，或"岸岸"（沿岸登高），还有"煮泉"、"投壶"等。这些高雅的饮酒方式，从某种程度上，已经使饮酒变成了一种文学创作活动，必然会产生许多文艺佳作。

另外，饮酒行令赋诗，把盏拟对酒联，持杯"狂"作书画，也都是我国古代饮酒风习中的重要内容。

其实，真正有助于文学艺术创作的饮酒佳境应为《菜根谭》所说："花看半开，酒饮微醺。"饮酒可以醉，但要醉得恰到好处。醉意微微，似醉非醉，那才是一种朦胧的美，是一种月下看花水中看月的美。微醉是精神的升华，是活跃的颠峰，是创造的境界，是一种神趣，是一种生机，是一种难以言传的奇妙。"李白斗酒诗百篇"，是微醉的丰硕成果；"长安市上酒家眠"，大醉无诗，唯有嗜睡，则是大醉的负面作用；李白"生于酒而死于酒"（郭沫若语）就成他"三百六十日，日日醉如泥"（《赠内》）的必然恶果。

台湾诗人洛夫饮酒时追求一种境界，一种情趣，用他的话说："不论冬饮或夜饮，都宜于大雪纷飞时围炉进行。如一个独酌，可以深思漫想，这是哲学式的饮酒；两人对酌，可以灯下清谈，这是散文式的饮酒。但超过三人以上的群饮，不免会形成闹酒，乃至酗酒，这样就演变为戏剧性的饮酒，热闹是够热闹，总觉得缺少那么一点情趣"。他的饮酒观，也许对文人们和所有饮者都能有点启示。

第二章　酒与诗词

第一节　诗酒文化放异彩

中国传统上原是一个诗的国度。"诗"居于"五经"之首，要了解中国传统文化，对诗的了解是必不可少的。而在中国传统文化中，诗酒文化大放异彩，形成了具有中国特色的文化景观。酒让人思维敏捷、情感飞扬，是从刺激人的感官与血液、神经系统中转化出来的诗。饮酒适量者都会蕴含诗情画意；而诗是语言的精魂，是社会实践、思想和情感提炼出来的酒。吟诗作画者都会感到酒的意味，诗酒交融，千古风流。当我们翻检中国诗词史的章章节节，随处都能闻到扑鼻的酒香。三千多年前的殷商《周易》中就有这样一首："鹤鸣在阴，其子和之；我有好爵，吾与尔靡之。"诗中"子"是匿称，"爵"是饮酒器，"靡"是干杯的意思。全诗用比兴的手法描绘了夫妻或恋人间真诚劝酒的情景，堪称我国诗歌史上最早的酒诗。《诗经》中内容涉及到酒的达50多篇。从此，它们就成了形影相随，难分难解的忠诚伴侣，经三千年悠悠岁月而情益笃、意益厚。自屈原以降、特别是魏晋以后，许多诗人都因酒赋诗，饮酒赋诗，留下了千古不灭的诗章。诗人中诸如酒仙、酒圣之类的雅号不绝于书，为中国酒文化增添了辉煌的篇章。我们不妨先欣赏一下诗神酒仙对酒与诗词关系的有代表性的妙语：

宽心应是酒，遣兴莫过诗。(杜甫《可惜》)

醉里从为客，诗成觉有神。(杜甫《独酌成诗》)

李白斗酒诗百篇。(杜甫《饮中八仙歌》)

每饮一撙酒，重和百篇诗。(戴叔伦《冬日有怀李贺长吉》)

醉后乐无极，弥胜未醉时。动容皆是舞，出语总是诗。(戴叔伦《醉中作》

温酒浇枯肠，戢戢生小诗。(唐庚《与舍弟饮》)

俯仰各有态，得酒诗自成。(苏轼《和陶渊明〈饮 酒〉》)

酒入诗肠风火发，月入诗肠冰雪泼。

一杯未尽诗已成，诵诗向天天亦惊。(杨万里《重九后二日登万花川谷月下传觞》)

看来表里俱清彻，酌酒因诗兴尽宽。(朱淑真《雪夜对月赋诗》)

饮如长鲸渴赴海，诗成放笔千觞空。(陆游《凌云醉中作》)

愁肠得酒生和风，也向毫端写春色。(邓肃《醉饮轩》)

明代冯时化在所编《酒史》中，有专门选录和描述当时名酒的"酒品"一篇，其中有诗词歌赋可徵者占去了56%。这充分说明，在我国，酒与诗自古以来就结缘很深的。

清朝，有个文人叫赵执信的，曾对向他学诗的李重华说过：有人曾说，意思犹五谷也，文则炊而为饭，诗则酿而为酒；饭不变形，酒形、质变尽。吃饭而饱，可以养生，可以尽年；饮酒而醉，忧者以乐，喜者以悲，有不知其所以然者。(李重华《贞一斋诗说.诗谈杂录》第九十六条)李重华听了这段话，极力称赞言者的"善喻"，并认为："以酒喻诗，善哉！"在当代，范曾在《题李俊琪长卷》中，也明确地点出这一点。他说："诗一如酒，广大无垠的生活若酒槽中的五谷、瓜果和乳酪，经过发酵，酿造成为如此透明、纯净、芳香浓烈的饮料。酒，以水为形，以火为性，望之柔而即之厉；诗对人类灵魂的震憾力量，对人性情的潜移默化，也同样强烈，……"(李俊琪《中国历代诗家图卷》)

从古至今，酒的酿成和诗的吟成，两者的过程都具有类似的性质。瓜果、乳汁和粮食通过曲的作用发生化学变化而成为酒；诗人的灵感和情感，加上生活的素材，通过诗人思想的酝酿而成为诗。而酒就是激发诗人思想的利器。

第二节　历代酒诗欣赏

《诗经》与酒有关的就达50篇之多。《豳（bin)风·七月》诗说：

　　八月剥枣，十月获稻，

　　为此春酒，以介眉寿。

表示收了稻以酿酒，并祝寿。又说：

　　九月肃霜，十月涤场；

　　朋酒斯飨，曰杀羔羊；

　　跻彼公堂，称彼兕觥，万寿无疆！

　　有酒湑(xu)我，无酒酤我，

　　坎坎鼓我，蹲蹲舞我，

　　迨我暇矣，饮此湑矣。

　　　　　　　　——《小雅·伐木》

这首诗描写周朝劳动人民在休息时，朋友们相约在一起，品茗美酒，轻歌曼舞，尽情享受生活的乐趣。

　　宾之初筵，左右秩序，

　　笾豆有楚。肴核维旅。

　　酒既和旨，饮酒孔偕。

　　钟鼓既没，……

　　宾既醉止，载号载呶，

　　乱我笾豆，……

　　是曰既醉，不知其邮。

　　……

　　彼醉不藏，不醉反耻。

　　式勿从谓，无俾大矣。

　　匪言勿言，匪由勿语。

　　　　　　　　——《小雅·宾之筵初》

《宾之初筵》是一首描写贵族饮酒醉酒行为的诗篇。前八句描写宴会开始时气氛热烈、宾主和谐的情景；中间八句描写酒过三巡之后，失去控制，哄饮醉酒的丑态；后八句针对醉酒失仪的行为，提出了纠正措施。全诗共五章70句，描写了先秦风俗、上层人物的宴会场面以及贵族生活的腐朽、仪礼条文的虚伪，是研究古代社会状况的珍贵史料。在咏酒诗史上，象这样正面抨击醉酒者的作品并不多。它与周公颁布的非常严厉的禁酒令——《酒诰》都是反对纵酒，以节粮备荒，稳定社会。《诗经》这种从物质角度批判纵酒者奢侈荒淫的现实主义态度，对后世诗人产生了深远的影响，也为后世抑制酗酒之风奠定了基础。

　　统观《诗经》五十多篇酒诗，可以看出，周代喝酒几乎遍及各个场合，祭祀天地鬼神，招待亲戚朋友，庆贺丰收战功，婚丧喜事，饯行朋友都要用酒，酒已经成了人们生活中不可缺少的乐趣。它同舞蹈、歌曲、音乐一起，成为当时人们生活的一大享受。当时酒的种类也比较多，有甜酒、清酒、黄酒、米酒。酿酒比较普遍，除官方酿酒外，一般家庭妇女都能作，"唯酒食是仪"，象平时做饭一样成了家庭女子不可缺少的家务。这些都是与当时农业的发展，"五齐"、"六必"酿酒经验的总结，酿酒业作为独立的手工业部门与农业相分离，专职酒业官史的出现等社会背景分不开的。所有这些，都为古人的诗酒生活提供了丰足的物质基础和浓厚的酒文化氛围。

　　伟大的爱国诗人屈原，在他抒发爱国情怀和描写楚国生活的诗篇中，也唱吟到酒：

　　蕙肴蒸兮兰藉，奠桂酒兮椒浆。

　　　　　　　　——《九歌·东皇太一》

操余弧兮反沦降，援北斗兮酌桂浆。

——《九歌·东君》

从屈原开始，中国诗坛出现了真正的诗人。他们以全力来写诗，以一生的思想感情来丰富诗，并且通过诗表现了自己整个的人格。这样，诗与诗人才结了不解缘，这就是屈原对诗坛的一大贡献。

秦汉魏晋南北朝时期的酒诗，多有忧郁激昂、悲凉慷慨的特点。曹氏父子、"竹林七贤"、陶渊明则是这一时期的酒诗名家。

魏武帝曹操，集政治家、军事家、诗人于一身。他那震撼千古的《短行歌》，曾引起后世的一致共鸣：

对酒当歌，人生几何？

譬如朝露，去日苦多。

慨当以慷，忧思难忘。

何以解忧？惟有杜康。

面对动荡不安的乱世和短促的人生，曹操采取了积极进取、及早成功的积极态度。与之相反，而曹植、"竹林七贤"、陶渊明则采取了纵情享乐、倜傥不群的消极态度。魏晋酒文化精神就是循着这两条路径而形成鲜明的对照。

曹植在其兄曹丕即位后，多受猜疑，他抑郁难伸，便以酒解忧。《箜篌行》便是其中的一首酒诗：

置酒高殿上，亲交从我游。

中厨办丰膳，烹羊宰肥牛……

乐饮过三爵，缓带倾庶羞。

主称千金寿，宾奉万年酬……

盛世不再来，百年忽我遒。

生存华屋处，零落归山丘。

先民谁不死，知命复何忧。

魏晋之际，社会黑暗，政局不稳，文人动辄得咎。为逃避祸患，他们沉湎曲蘖。'竹林七贤'之中，阮籍的狂醉、烂醉是出了名的。他把酒作为须臾难少的护身符和通灵宝玉。酒诗《咏怀》其十四就是其真实的写照。

在陶渊明之前，酒诗仍然只是作为创作素材之一而被吟入诗，所有诗作并没有对酒中情趣的真正体味。陶渊明对诗酒关系的划时代贡献，是他第一个有意识地将诗与酒"攀亲结缘"，在诗中赋予酒以独特的象征意义，真正体现出诗中有酒的境界、醉中见诗的情趣。萧统《陶渊明集序》云："有疑陶渊明诗篇篇有酒，吾观其意不在酒，亦寄酒为迹者也。"一语道破了陶渊明诗酒中的深心。所谓"寄酒为迹"，即借诗酒寄意遣怀，抗衡浊世，求得人格的自在自为。也就是说他的酒诗开创了酒诗的先河。

陶渊明面对乱世之俗，他既不肯适，又不能抗，只好放弃"济苍生"的理想，"独善其身"，遂过起隐居生活，于酒中忘我，与大自然融合无间。他把酒视为"佳人"、"情人"、朝夕相对，"举案齐眉"，日咏夜吟。咀嚼陶渊明的酒诗，的确能发现诗人执意追求和向往的是一种酒后所得的"意境"。正如他在《饮酒》诗第十四首中所写的那样：

故人赏我趣，挈壶相与至。

班荆坐松下，数斟已复醉。

父老杂乱言，觞酌失行次。

不觉知有我，安知物为贵。

悠悠迷所留，酒中有深味。

陶渊明以"清琴横床，浊酒半壶"的洒落情怀，"采菊东篱下，悠然见南山"的优游风味，"俗言无予和，挥杯劝孤影"的清高气度，为后人树立了酒徒、诗人、隐士"三位一体"的风范。他的酒诗影响深远，效之者，历代不绝。

实际上，陶渊明对饮酒是有克制的，只求"神醉"而已。他和"竹林七贤"的酒醉狂态不同，表现了主体意识的觉醒和对自由的企盼；面对乱世，他们没有消沉认命，而是为抗拒命运，追求现实人生而拼命相搏；他们但愿长醉，却十分清醒，对性灵的自由，对山水的体验，都达到了极高的境界。这正是中国酒文化精神的体现。嵇阮式的狂欢和陶渊明式的沉醉虽不可提倡，但也有其历史的原因。他们这种醉而有节、不走极端的饮酒风度，最终衍化为一种独特的审美体验——以醉为美。这种醉美，使人感到若即若离，似有似无，可直觉而不可阐释，可意会而不可言传，这种充满趣味性致而又朦胧隐约，空灵飘逸的审美境界，正是酒醺时懵懂痴迷、心骛神驰之感。"魏晋风度"便开始并集中表现了这种审美风范，再经历代文人的不断补充、阐扬，醉酒之美乃成为中国古典美学中一种鲜明的范式。

南北朝乐府诗中，以酒入诗的现象已普遍存在。与酒有关的乐府诗有《将进酒》、《独酌谣》、《饮酒乐》、《当置酒》等。著名诗人有谢灵运、颜延之、鲍照、谢朓、吴均、何逊、庾信等。

诗至唐代而大盛，酒至唐代亦大盛。唐诗因酒而增加了它的灵气，酒又为唐诗而平添了几分雅趣。酒诗名家之多，历代均不可比。据统计，在流传下来的唐诗中涉及到酒的作品就有1000余首，是我国文学史上最美丽动人的一章。李白、杜甫、白居易成为名留千古的世界级酒诗大家，他们同唐代的无数诗酒名家，以其开阔的胸怀，宏伟的气魄，借鉴、扬弃了前人的诗酒流韵，创造出一种唐人特有的诗酒浪漫情调，使酒在这座古代诗歌的巅峰上流溢出醉人的馨香。

盛唐时期，李白酣饮高歌，充满着异乎寻常的豪情，显示出卓尔不凡的个性。正如他在《赠内》诗中所写："三百六十日，日日醉如泥"。现存李白的1050首诗中说到酒的就有170多首，真是中外名气最大的"诗酒仙"。他在《月下独酌》中抒写了自己在政治理想破灭后解脱愁绪的情景。李白之所以如此爱酒，原来是因为酒可以帮助他抛却诸多恩恩怨怨烦烦恼恼而"逍遥游"于四海之外的"至乐"境界。他既渴慕建功立业，又希冀精神自由，这种矛盾的精神品格在那首千古传唱的《将进酒》中表现得最为突出：

> 人生得意须尽欢，莫使金樽空对月。
> 天生我材必有用，千金散尽会复来。
> 烹羊宰牛且为乐，会须一饮三百杯。
> 岑夫子，丹丘生，将尽酒，杯莫停。
> 与君歌一曲，　请君为我倾耳听。
> 钟鼓馔玉不足贵，但愿长醉不复醒。
> 古来圣贤皆寂寞，唯有饮者留其名。
> 陈王昔时宴平乐，斗酒十千恣欢谑。
> 主人何为言少钱，经取沽时对君酌。
> 五花马，千金裘，呼儿将出换美酒，
> 与尔同销万古愁。

这是李白在与好友岑勋、元丹丘登高饮宴时的"劝酒歌"。人生快事莫若置酒会友，作者又正值"抱用世之才而不遇合"之际，于是满腔不合时宜借酒兴诗情，来一番淋漓尽致的抒发。

李白这种痛饮高歌、狂傲不羁的性格，正是对封建桎梏的一种反抗，对功名利禄的一种否定，是追求个性解放的中国酒文化精神的典型代表。千百年来，人们之所以在李白身上赋予了"水中捉月，骑鲸仙去"等传奇色彩，正是因为酷爱李白"一醉累月轻王侯"、"三杯重言诺，五岳倒为轻"的醉仙形象和侠义精神。

诗与李白齐名而被称为"诗圣"的杜甫，虽酒名不如李白，但他的嗜酒却有过之而无不及，同时也是个"酒圣"。杜甫现存的1400多首诗文中，说到饮酒的有300余首，堪称中外酒诗数量之最。杜甫十四岁时酒量便大得惊人，世称"少年酒豪"。

李白醉酒图　汾酒博物馆藏

中国文化遗产年鉴·酒文化卷

他一生仕途坎坷，郁郁不得志，生活困苦，然而"得钱即相觅，沽酒不复疑"，"醉里从为客，诗成觉有神。"诗酒流连，终生相伴。

正是由于杜甫嗜酒如命，对自己醉酒的感受体验颇深，对别人醉酒的形态观察颇多、颇细，因而，他的著名的《饮中八仙歌》就格外独具特色：

竹林七贤

知章骑马似乘船，眼花落井水底眠。
汝阳三斗始朝天，道逢曲车口流涎，
恨不移封向酒泉。左相日兴费万钱，
饮如长鲸吸百川，衔杯乐圣称避闲。
宗之萧洒美少年，举觞白眼望青天，
皎如玉树临风前。苏晋长斋绣佛前，
醉中往往爱逃禅。李白一斗诗百篇，
长安市上酒家眠，天子呼来不上船，
自称臣是酒中仙。张旭三杯草圣传，
脱帽露顶王公前，挥毫落纸如云烟。
焦遂五斗方卓然，高谈雄辩惊四筵。

八位酒仙是同时代的人，又都在长安生活过，在嗜酒、豪放、旷达这些方面彼此相似。诗人以洗炼的语言，人物速写的笔法，将他们写进一首诗里，构成一幅栩栩如生的群像图。诗人在选取的角度上也表现出与众不同的地方。杜甫没有正面描写八仙如何善饮，也没有集中写八仙饮宴的场面，而是抓住八人形神各异，最能表现出各自性格特点的酒后醉态，精雕细刻，使八个人物"肖像"一个个活灵活现，跃然纸上，非饮酒之人所不能为之。全诗情调幽默谐谑，色彩明丽，旋律轻快，情绪欢乐。在音韵上，一韵到底，一气呵成，是一首严密完整的歌行。杜甫盛赞八位酒仙，反映了盛唐时期国泰民乐的现实生活和蓬勃向上的民族精神。

他的五言诗代表作《自京赴奉先县咏怀五百字》精华句"朱门酒肉臭，路有冻死骨。"则反映了安史之乱即刻暴发前的社会动荡情景，以及诗人忧国忧民的伟大胸怀。

有"诗魔"之誉的白居易，同时也是个"酒魔"。他几乎无一日无诗，无一日不饮，自号曰"醉吟先生"。他的酒诗也逾百首。白居易作为杜甫现实主义诗风的继承人，同样通过写酒的形式来批判现实，抨击黑暗。如《轻肥》诗：

意气骄满路，鞍马光照尘。
借问何为者，人称是内臣。
朱绂皆大夫，紫绶悉将军。
夸赴军中宴，走马去如云。
樽罍溢九酝，水陆罗八珍。
果擘洞庭橘，脍切天池鳞。
食饱心自若，酒酣气益振。
是岁江南旱，衢州人食人。

诗人运用对比的方法，把两种截然相反的社会现象并列在一起，表现他对挥霍无度的内臣们表示强烈的愤懑的遣责，而对于挣扎在"人吃人"惨景中的老百姓表示深深的同情。

宋代时，词已成为大众的艺术，因此，酒词不仅数量多，而且内容更加丰富。这一时期的酒诗、酒词名家有柳永、欧阳修、王安石、苏轼、苏辙、黄庭坚、陈师道、李清照、辛弃疾、陆游、杨万里、刘克庄等，其中北宋苏轼和南宋陆游的作品最有特色和代表性。

苏轼的诗、书、画号称"三绝"，是北宋继欧阳修之后公认的文坛领袖。在现存的2700多首诗中，咏酒诗达100多篇，几乎所有的诗、词、文、赋都是在饮酒后写成的，难怪他把酒称为"钓诗钩"。苏门四学士之一的黄庭坚曾说过：东坡饮酒不多即烂醉如泥，醒来"落笔如风雨，虽谑弄有意味，真神仙中人。"

苏轼26岁入仕途，任大理评书鉴书凤翔府判官时，曾向朝廷提出过一整套振兴凤翔酒业的措施，使凤翔成为全国著名的酒乡。在凤翔从政三年，对当地产的柳林酒（即今日西凤酒）产生了深深的感情，并写下10多首酒诗。思念亲人时，他"强欢虽有酒，冷酌不成席"；"花开美酒曷不醉，来看南山冷翠微。"过春节时，他惊喜"东邻酒初熟，西舍豘亦肥。"修成东湖后，他与友人"聊为湖上饮，一纵醉后谈"；"不辞日游再，行恐发满三"；甚至远行载着酒，平时也带着酒，虽寒食不许喝酒，他也"但挂酒壶那计盏，偶题诗句不须的风采不减。"

他在外放密州，政治失意，但一己的悲欢、个人的得失，并未使他沉沦，而是襟怀旷达，视野辽远，俯仰古今变迁，感慨宇宙流转，冷眼宦海沉浮，揭示人生哲理，将自然与社会高度契合，呈现出恢宏的气度。醉后词作《水调歌头》，便是一首可与李白《把酒问天》并称为千古绝唱：

明月几时有？把酒问青天。不知天上宫阙，今夕是何年？我欲乘风归去，又恐琼楼玉宇，高处不胜寒。起舞弄清影，何似在人间！

转朱阁，低绮户，照无眠。不应有恨，何事偏向别时圆？人有悲欢离合，月有阴晴圆缺，此事古难全。但愿人长久，千里共婵娟。

位于茅台集团国酒文化城中的苏轼塑像

苏轼不仅爱饮酒，还喜欢亲自动手酿酒，这在历代的诗酒名家中也堪称一绝。在黄州，他酿出密酒；在定州，他酿出松酒；在颖州，他酿出黄柑酒；在惠州，他酿出桂酒；在儋州时，他酿出真一酒、天门冬酒和罗浮春酒。他一生品尝过并在诗作中描述过的酒，还有竹叶酒、葛蒲酒、莲花酒、碧香酒、石榴酒、桑落酒、葡萄酒、福建红曲黄酒等。他根据自己多年品酒、酿酒、赏酒的切身体会，撰写的《东坡酒经》，虽不足400字，却对制饼、制曲以至出酒的全过程，作了扼要而清晰的介绍，成为宋代继《齐民要术》之后又一篇论述酿酒技术的重要文献。林语堂在《苏东坡传》中就曾称他为"酒仙"、"造酒试验家"。

苏轼的酒德、酒风也堪称历代文人之典范。他如此爱酒，却不豪饮、狂饮，比较节制，未成嗜瘾。他自己能够做到"惟将翰墨留染濡，终胜醉倒娥媚扶"。苏轼爱酒，但酒量不大。原来，东坡爱酒，不求沉醉酣饮，而为的是举杯把盏与知心朋友同欢共乐。难怪有人称赞苏轼是真正的"善饮者"，说他"虽不能多饮，而深识酒中之妙。"

在嗜酒的诗人中若找个"海量"的代表，那非陆游莫属。他也以善饮自命："披裘对酒难为客，长揖北辰相献酬，一饮五百年，一醉三千秋。"（《江楼吹笛饮酒大罪中作》)陆游十二岁能诗，八十五岁辞世，一生写诗万余首，其中酒诗数量之多，也居宋人之首。

诗人力主抗金的呼声震动朝野，因而引起投降派的嫉妒和憎恨，他因此而先后被调官、外放，最后被放逐还乡。在离开军旅的日子里，他心情异常悲愤，万万千千的感慨和忧愁，都被溶入那一杯苦酒之中。"狂吟烂醉君莫笑，十丈愁城要解围。"（《山围》)然而，国仇未报，河山未复，因而，酒不但无法破愁，反而添恨："把酒不能饮，苦泪滴酒觞。醉酒蜀江中，和泪下荆扬。"（《江上对酒作》)这时的诗人，与其说是需要一杯酒，毋宁说是渴盼手持三尺龙泉，驰骋疆场，消灭胡羌。

与陆游同时代，其词被后人评为"横绝六合，扫空万古"的豪放派词人辛弃疾，世称"词豪"，同时也是一位"酒豪"。试读他的酒词《破阵子·醉里挑灯看剑》便会感到那股扣人心弦的艺术力量：

醉里挑灯看剑，梦回吹角连营。八百里分麾下炙，五十弦翻塞外声。沙场秋点兵。马作的卢飞快，弓如霹雳弦惊。了却君王天下事，赢得生前身后名。可怜白发生！

陆游、辛弃疾和孟浩然的酒诗都表现了我们中华民族的英雄气概和高风亮节。

宋代的杰出女词人李清照的词作中也不乏咏酒之作。她抒写人生失落后的凄惶、凋零、憔悴和寂寞,还有那在孑然独处、辛苦艰难的悲痛中的寻觅和渴求。她用血泪和墨而草就的词《声声慢·寻寻觅觅》堪称借酒销愁的佳作。

李清照接受了男性作家的以酒抒情的表现形式,又以自己独特的女性视角加以改造、转化并形成自己特有的词酒文化意义。

清代的酒诗中有关止酒和节饮的篇幅显得很有特色。清以前的诗人止酒、节饮,或因为酒病缠身,已营卫不通,无奈而止之;或认为初醺未醉,乃最佳境界,有意而节之。清人则侧重从养生保体、培育酒德的角度阐发止酒或节饮的好处。如郭瑞龄在《止酒》诗中写道:

> 恍然自悟酒无功,愁不能销病来迫。
> 因之止酒保我躯,善酿何须说仪狄。
> 偶然宴赏来嘉宾,赌胜欢畅甘败北。
> 为我寄语王无功,醉乡可游不可溺。

被孙中山誉为"巾帼英雄"的秋瑾,是清末也是历史上的一位著名女诗人。她曾作过不少酒诗酒词,如《对酒》诗:

> 不惜千金买宝刀,貂裘换酒也堪豪。
> 一腔热血勤珍重,洒去犹能化碧涛!

秋瑾化腐朽为神奇,买刀、换酒为的是报国家仇、雪民族恨,表现的是一种为国捐躯何惜死的英雄主义气慨和爱国主义精神,因而给旧词注入了一种新意、一股活力,无巾帼味,无脂粉气,有丈夫情,有豪杰魂。

现代诗人的酒诗酒词也不少,如毛泽东的"问讯吴刚何所有,吴刚捧出桂花酒"(《蝶恋花.和柳亚子先生》)、朱德的"内忧外患澄清日,痛饮黄龙定约君"(《和郭沫若同志》)、董必武的"支持唯正义,举国数蓬莱"(《赠日本友人》)等。

著名诗人郭沫若从小就会饮酒,而且酒量颇大。年青时,他不但豪饮、善饮,而且把酒渗透到他的一系列作品中。如在他创作的壮丽恢宏的历史剧中,无论是《虎符》《南冠草》《武则天》《蔡文姬》《郑成功》,还是《棠棣之花》《高渐离》《屈原》等剧中都有举杯畅饮的场合,把酒写得都很贴切。而另一部历史剧《孔雀胆》更是以孔雀胆酒为中心道具,围绕它展开了一场波澜跌宕惊心动魄的戏剧情节,让观众看后,久久不能忘怀。1934年冬,他受周恩来总理之托,去医院探望住院的著名画家徐悲鸿先生。两位老朋友相见,兴奋激动不已,席间,两人举杯传觞,坦露胸怀。末了,郭沫若不禁诗兴大发,便借徐悲鸿的文房四宝,挥毫写下一首七绝诗,其中有两句:

> 豪情不让千盅酒,一骑能冲万仞关。

充分表达了郭沫若诗人酒仙合为一体的澎湃豪情,和对抗战必胜的坚强信念。

郭沫若的许多杰出文学作品是在饮酒豪情大发之后,奋笔疾书一挥而就的,如不朽的诗作《女神》《凤凰涅槃》《请看今日之蒋介石》《水调歌头·粉碎四人帮》。

现在,请看另一首现代咏酒诗的片断:

> 她是可爱的,具有火的性格,水的外形;
> 她是欢乐的精灵,哪儿有喜庆,就有她光临。
> 她真是会逗,能让你说真话,掏出你的心;
> 她会使你,忘掉痛苦,喜气盈盈。
> 喝吧,为了胜利!喝吧,为了友谊!喝吧。为了爱情!
> 你可要当心,在你高兴的时候,她会偷走你的理性。
> 不要以为她是水,能扑灭你的烦忧,她是倒在火上的油。
> 会使聪明的更聪明,会使愚蠢的更愚蠢。
> ——艾青《酒》

第三节　名优酒赞诗

一、赞茅台

咏茅台酒　清·陈熙晋

（道光时仁怀直隶厅同知）

（一）

茅台村酒合江柑，小阁疏帘兴易酣。
独有葫芦溪上笋，一冬风味舌头甘。

（二）

村店人声沸，茅台一宿过。
家唯储酒卖，船只载盐多。
蠹蠹青杠树，潺潺赤水河。
明朝具舟楫，孤梦已烟波。

无　题　　清·卢郁芷

（仁怀鲁班人，文痒生）

茅台香酿酽如油，三五呼朋买小舟。
醉倒绿波人不觉，老渔唤醒月斜钩。

无　题　　清·刘璜

（仁怀茅台人，清代秀才，留学日本，曾在东北从政）

国酒一族，国酒茅台，千年文脉，以卓著和尊贵跨越古今

飘零辽左无家客，地老天荒剩劫灰。

几度药言非玉屑，十千茅酒负金罍。

唯闻息壤茉抚遍，尚有阳和黍谷回。

难得相逢又相别，五云深处且衔杯。

茅台村　　清·郑珍

（清代西南大儒、经学家、诗人）

远游临群裔，古聚缀坡陀。

酒冠黔人国，盐登赤虺河。

迎秋巴雨暗，对岸蜀山多。

上水无舟到，羁愁两日过。

茅台村　　清·张国华

（兴义府城人，道光贡生）

一座茅台旧有村，糟邱无数结为邻。

使君休怨曲生醉，利锁名缰更醉人。

于今好酒在茅台，滇黔川湘客到来。

贩去千里市上卖，谁不稀奇亦罕哉！

赠友人　　刘海粟

（书画艺术大师，此诗乃于1985年8月在贵阳花溪有感而作）

漫言朋友已无多，乡里犹存旧日歌。

茅台芳醇擎在手，先人遗塚等归耐。

无　题　　胡绳

（原全国政协副主席）

赤水河中碧水流，行军南北用奇谋。

多缘战士忘生死，赢得酒香溢五洲。

茅台诗　　黄炎培

（原政务院副总理兼轻工业部部长）

相传有客过茅台，酿酒池中洗脚来。

是真是假吾不管，天寒且饮两三杯。

和黄炎培先生（茅台诗）　陈　毅

（原国务院副总理兼外交部长）

（一）

金陵重逢饮茅台，万里长征洗脚来。

深谢诗章传韵事，雪压江南饮一杯。

（二）

金陵重逢饮茅台，为有嘉宾冒雪来。

服务人民数十载，共祝胜利干一杯。

转和陈毅同志诗　黄炎培

万人血泪雨花台，沧海桑田客去来。

消灭江山龙虎气，为人服务共一杯。

无　题　张爱萍

（原国务院副总理兼国防部长）

当年渡赤水，人民热水沸。

醇酒劳红军，鱼水情意贵。

无　题　姚雪垠

（著名作家）

（一）

莫道扶桑隔海远，碧海如带绾芳邻。

缅怀深叹同文古，来往频增友谊新。

四座春风如意好，一堂喜气见情真。

何时乘兴君西去，自有茅台供洗尘。

（二）

著书倦后思美酒，小饮芳醪诗兴回。

梦想长篇完稿时，至交欢会醉茅台。

无　题　周林

（仁怀人，原贵州省省长、省委书记）

（一）

昔日茅台酒三家，路人闻香醉篱下。

美酒自有高人评，何许赛评第二名。

欣闻酒厂要修志，堪称国宝第一名。

若问总理评酒事，万国齐呼来茅台。

（二）

低度美酒新酿成，酱香不减色味醇。

借问酒乡何处是，赤水河畔茅台村。

无　题　苗子岚

（中国食品协会副会长、白酒专业协会会长）

（一）

自古佳酿各有殊，醇香浅度辟新途。

茅台酒帜扬天下，万里推行在一呼。

（二）

久慕茅台念未休，三临州境首成游。

为寻一醉五千里，更喜金魁誉环球。

无　题　秦含章

（中国酒界泰斗，原国家食协发酵研究所名誉所长）

中华酒事素兴盛，贵州茅台享大名。

降度声中进步快，品评会上醉京城。

无　题　周恒刚

（第四届全国评酒会专家组组长、高级工程师）

久别茅台倍感新，驰名国酒更逢春。

寄语南飞双燕子，归来珍重莫迷津。

调寄"浪淘沙"　辛海庭

黔山景无穷，云壑雾峰，曲韵幽雅透醑盈，调谐九酿色湟谱，

宇内闻名！对岸耸碧屏，赤水奔腾，长征四渡有碑铭，任重道远

展雄翅，春雷彩虹。

茅台题留　　　贺敬之

一饮茅台入仙境，四渡赤水话长征。

踏遍青山情未老，此行此景此杯中。

祝贺中国酒文化节茅台诗会（二首）　　　贺敬之　柯　岩

（一）

香漫九州溢四海，依然好酒数茅台。

新篇诗雄真国酒，酒魂诗魂两无猜。

（二）

酒节酒都会诗才，缘酒论诗各抒怀。

深采民心源泉水，酿出诗中茅台来。

国酒颂

（第二届茅台酒节祭文）

　　岁逢乙酉，时值重阳；酒属至尊，节序二届。赤水河畔，茅台镇恭祭杜康；鲜花雅乐，国酒人盛赞宗师。有祝曰：

　　酒史悠悠，溯源太古，难作金石之考；茅香习习，属世何年，复有枸酱为证。濮人之域，曾有蛮荒之贬；唐蒙使越，赚得习部之来。汉帝有幸，竟饮方外之醑；史家秉笔，遂成甘美之典。由是闻名遐迩，万方传其美声；次第经冬历夏，千载一脉相承。唐风宋雨，无非砺其筋骨；明史清典，不外写其精神。毕竟遍历沧桑，酒技渐臻胜境；终究尽取精粹，酱香已然独成。

　　及至巴拿马夺冠，茅台初彰国力；赤水河四渡，美酒再壮军威。神州既定，国酒定于一尊；金奖屡获，品牌不负盛名。酿造辉煌，得益于改革开放；见证历史，侘于外交疆场。师法自然，彰显国酒文化；源远流长，体现以人为本。力倡阴阳和谐，仁者爱人；笃信和生万物，万物和兴。地势和行，方有家国和睦。天道和运，乃致世界和平。

　　朱子曰："天运循环，无往不复。"继承创新，"三个茅台"标新领异；与时俱进，"和谐企业"震古烁今。神州飞天，茅台酒香环宇；万吨梦圆，东方文化神韵。拼搏进取，百亿集团指日可待，蹈苦赴辛，一流企业再上层楼。

　　岁月更替，醇香无改。赤河扬波，新声有再。抚今追昔，当思先辈之德；承前启后，应展鲲鹏之举。盖吾等众人，今日竭诚奉献，怀宏远之志，作蛟龙之腾，以慰列祖列宗在天之灵。

大礼既成，伏惟尚飨！

国酒茅台碑　　何开四

华夏多佳醇，国酒称茅台。黔北高原，风光险远；物华天宝，人杰地灵；清泉秀水，气候温润；稻麦如金，红粱万顷。天悬酒旗之帜，地涌美酒之河。

悠悠远古，濮人聚落，豪气醇成酒气。神水枸酱，汉宫倾倒，天下视为珍品。自唐迄宋，酒业鼎兴，"凤曲法酒"，酒史载名。明清以降，茅台风动天下。五方辐辏，商贾云集。酿酒烧房，声名鹊起；成义荣和，各擅胜场。"于今好酒在茅台，滇黔川湘客到来"；"酒冠黔人国，盐登赤虺河"，亦当时之传神写照。四海绝品，醇天地之精英；五洲珍奇，贯华夏之慧根。公元一九一五年，茅台荣膺巴拿马万国博览会金奖。举世佳醇，惊才绝艳，中华美酒，享誉天下。

国酒壮国魂，酒香润汗青。马鸣风萧萧，猎猎酒旗红。遵义会议，转危为安；四渡赤水，兵家绝唱。三军征衣染酒痕，万里长征酒飘香。开国大典，茅台称觞，豪气干云，国色天香。几多风流，春华秋实，国酒与新中国同行。五十载风雨沧桑，五十载开拓创新。中华名酒之冠，引领酒林风流。点点滴滴，融入共和国档案，堪称民强之魂，祖国之光。功庆天下，非国酒何以尽其兴；外交风云，有道是无酒不茅台。曾记否？湖光山色日内瓦，"两台"倾倒天下客！曾记否？中美谈判坚冰破，一杯茅台释前嫌！曾记否，铁帚起处四凶灭，绝世内乱一口干，伟人与酒，风华百代；民族品牌，功垂千秋！

改革开放，国运大昌；自强不息，戮力新猷。一夜东风来天地，马鞍山头万木春。国酒茅台，蒸蒸日上。招天下英才为我所用，集四方俊彦共襄盛举。以人为本，以质取胜。绿色饮品，健康神旺。科技为龙头，管理出效益。赤水清波，映照花园厂房；层楼复阁，弘扬国酒文化。一业为主，带动多元发展；资本营运，谱写改革华章。

今夕何夕，月涌江流；三杯茅台，把酒临风。一觞敬国魂，国魂照千秋；再饮宣神志，国酒壮中华；三觞通大道，寰宇庆祥和。世纪之会，紫气东来；千禧晋元，万象更新。皇皇茅台酒，泱泱大国风。巍巍昆仑，浩浩长江，中华国酒，万世流芳！

（何开四：中国著名文学评论家，美国中国作家诺贝尔奖推荐顾问、评审委员，四川省作家协会副主席，《当代文坛》主编）

国酒茅台赋　　徐　康

渺渺苍穹，朗朗乾坤。八万里华夏之邦，物华天宝；五千年文明古国，人杰地灵。夫贵州茅台酒者，产出于黔岭之北，脱颖于赤水之滨。昔有鳛地善醇，濮人尚饮。唐蒙拓夷道而取枸酱，汉帝"甘美之"而成贡品。公元一九一五，风云际会，巴拿马问鼎，美利坚夺金，万国博览力敌万国，千人品尝服膺千人。乃有国酒之誉哉！证诸四海而无出其右，名闻遐迩而世有定评。

惜乎时乖命蹇，战事频仍，国贫民弱，酒业凋零。幸有长征万里，拯救民于水火；赤水四渡，扬胜帜于黔境。赤河饮马，茅酒洗尘。酒史与军史同辉，佳醇与佳话共存。继有重庆谈判，润之把盏，铁肩担道义，诗酒寓经纶；京华立国，周公吐哺，觥筹论国是，儒雅会群伦。每逢国之华诞，茅台盈樽以宴升平；每迎国之佳宾，茅台酬酢而传友声。奇哉旨酒，担国筵之纲而独得风流，见证共和国光辉历程；幸哉旨酒，结万邦之好而不辱使命，辉映共和国外交风云！

斯酒也，八十年不坠青云之志，八十年不负国酒之名。看今日大娄山下，花园式工厂；赤水河畔，现代化酒城。锦鳞哺糟醨而追墙橹，苍鹭闻酒香而逐白云。滔滔盐津绕百丈之麓，巨型酒瓶高矗云天，览众山之小而凌绝顶；巍巍雄关拥十里之城，酒史文化展演辉煌，起汉唐之际以迄当今。览百代曲法、千年酿艺；荟佳宾雅士、尊长贤英。登斯城也，能不把酒临风，开怀畅饮，举杯邀月而仿太白，衔觞赋诗而效渊明，对酒当歌不逊魏武，曲水流觞直追书圣。慕苏东坡之风采，载酒时作凌云游；承欧阳修之雅兴，何处不是醉翁亭！

嗟夫！国祚之昌而有酒业之兴，仓廪之实而有酿事之盛。革新鼎故，俾能出类拔萃；开放引进，乃使技臻上乘。聚山川之灵气，荟日月之精华，开酱香之先河，集醪酿之大成。端午踩曲，重阳投料，三载陈酿，五年乃成。神奇微生物塑之以品，科学勾兑术赋之以形。工艺独特，质优雅而空杯留香；天然发酵，利健康而醇和宜饮。历史酿成盖世琼浆，文化铸就液体长城。蝉联金奖，功归四千国酒健儿；倍加关爱，情系三代领导核心。含英咀华，流光溢馨，内销九州万户尝，外运五洋亿众饮。佩荧荧金牌，破千年之晓；举灿灿金杯，迓世纪之晨！

皇皇太极，悠悠沧溟。国酒茅台兮，名酿之首，佳醪之珍！

浩浩长江，莽莽昆仑。国酒茅台兮，琼浆之冠，玉液之尊！

2000年岁暮世纪之交，于巴金文学院

（徐康：中国作家协会全国委员会委员，四川省作家协会副主席，巴金文学院副院长，《作家文汇报》总编辑，国家一级作家，享受国务院颁发的"政府特殊津贴"）

二、赞汾酒

汾酒世所珍　　　　吴　晗
汾酒世所珍，芳香扑鼻闻。
水纯工艺巧，争说杏花村。

杏花村十咏（节选）　　　王充闾
白酒祖庭
惯作天涯万里行，杏花开处最关情。
人间佳酿知多少，一盏汾清从祖庭。

杏花村
《清明》一咏总销魂，醉踏春泥访旧痕。
天与诗人留画本，千秋名重杏花村。

三杯竹叶驰名久　　　　　秦含章
万里银装缀早春，四方结队学汾珍。
三杯竹叶驰名久，五好杏花天下闻。

名诗名酒杏花村（二首）　　　　周恒刚
东风阵阵雨纷纷，古木千年亦惊魂。
路上行人君莫问，名诗名酒杏花村。
自古佳酿出汾阳，瓮头今日犹生香。
杏花嫁与东风去，留待深秋一树黄。

酒画诗书共绝伦　　　　苗志岚
滚滚汾水接远朋，五洲共慕杏花村。
牧童一指千秋后，酒画诗书共绝伦。

我今来此偶夸量　　　　乔　羽

劝君莫到杏花村， 此地有酒能醉人 。
我今来此偶夸量，入口三杯已销魂。

杏花村（四首）　　　　秦　磊

（一）
一心西去探春山，杏花二月汾水甜。
竹叶青青香满晋，紫气朝阳天下涎。
（二）
汾水悠悠爱悠悠，杏花竹叶香满头。
白帆东去载天落，溢散五洲四海流。
（三）
杏花双枝绝代香，汾酿竹叶醉断肠。
红日天光仙间路，弈对南极太白狂。
（四）
名花倾国看杏村，汾水晴烟竹叶云。
仙间一道瑶池出，醉倒天涯忘归人。

七绝八首·赞汾酒　　　　张广彦

（一）
太平盛世喜当今，汾酒集团共一心。
健步小康强国路，纯青炉火煮芬芳。
（二）
黄土高原汾水畔，辉煌灿烂一集团。
与时俱进书新史，继往开来勇向前。
（三）
桃花杏雨落纷纷，战鼓催春壮国魂。
酒也精英何处有？神州三晋杏花村。
（四）
万里神州舞劲风，宏开国运八方兴。
高原怀抱汾水畔，美酒飘香竹叶青。
（五）
汾浆清冽飘香远，竹叶浓醇味厚绵。
李白如能生吾世，杏花村里醉无眠。
（六）
竹叶香汾气味酣，深斟浅酌俱悠悠。
最宜指为庆功酒，一纵豪歌万万千。
（七）
从来好酒赖精艺，煮酿蒸藏俱有期。
如此神工谁杰秀？竹汾入口尔心知。
（八）
旧酒八尊名在前，新醅四起汝犹先。
宝刀不老妙何在？戮力同心溢涌泉。

三、赞西凤

咏凤凰四韵　　　　贺景智

（一）

西府有凤凰，栖居柳林乡。

青山春晖暖，绿水着意长。

嘉禾堪食用，桐荫巢华堂。

悠悠三千载，天地任翱翔。

（二）

凤鸣声悠远，凰舞气轩昂。

紫气自东来，彤云起穹苍。

众鸟争来朝，百花竞芬芳。

瑞凰兆富贵，灵凤布吉祥。

（三）

红凤千年艳，柳林酒弥香。

古窖万钱值，五甑育琼浆。

佳酿众口碑，美誉寰宇扬。

诚邀八方客，畅饮赋流觞。

（四）

西凤酒为尊，凤凰百鸟王。

神翼冲天日，西凤入八强。

涅槃真神奇，众志铸辉煌。

凯旋归来日，浩歌醉千场。

注：五甑，酿制西凤酒的特殊工艺。

　　　流觞，古时一种饮酒方式，书圣王王羲之之《兰亭序》中云："引以为流觞曲水"。

　　　浩歌，纵情高歌，语出鲁迅诗："所思美人不可见，归忆江天发浩歌"。

西凤酒颂　　　　甄双印

西凤酒是中国最具人文精神之历史名酒。她诞生在炎黄故里宝鸡市（古陈仓）之凤翔柳林镇；她承载着中华五千多年之人文积淀；她经过三千多个春秋之沥炼和嬗变。今天，她终于涅槃为世界至尊金牌名酒。盛事当歌，作诗以颂。

（一）
黄河渭水上，华夏共天长。
史载传邦里，宝鸡乃帝乡！
（二）
农耕炎帝部，火照古陈仓。
种黍常羊岭，作陶姜水旁。
（三）
岐阳姬水岸，黄帝诞斯乡。
醪醴如何酿，岐伯道密方。
（四）
陶器承先酒，自然果乳香。
青铜饮秦饮，庆捷宴公堂。
（五）
凤饮玉泉里，青丝垂水旁。
柳林代秦酒，千里逐风芳。
（六）
贞观开盛世，柳酒起辉煌。
立灶村村酿，　开坛十里香。
（七）
丝路通欧亚，万邦拜大唐。
柳林供御宴，使者竞先尝。
（八）
李白醉御宴，自谓酒中仙。
西饮凤翔府，南登秦岭巅！
（九）
杜甫西京谒，麻鞋仰帝颜。
举觞柳林酒，力主振唐天。
（十）
雅集喜雨亭，西望柳林春。
举酒生灵韵，苏词万古情。
（十一）
巴赛获金奖，香飘万里樽。
正名西凤酒，癸酉岁开春。
（十二）
精华在天地，智慧酿村坊。
沥炼三千载，柳林金凤翔。
（十三）
千里凤飞去，万邦饮誉扬。

巴黎又捧奖，琥珀映金光。

（十四）

西凤凤型酒，透明玉液光。

醇香典雅爽，回味更悠长。

（十五）

美酒遍天下，汝何总获金。

承传更创造，西凤涅槃生。

西凤杂记壹　　　　　马小乐

金凤来仪，醉倾秦人，

形遂水质，魄为火魂！

周公庆捷，始皇大甫，

柳林开坛，蜂醉蝶舞。

凤香流传，源起千年，

尊荣绝世，飞越万寰。

溪花溅落，玉杯空阔，

圣贤寂寞，饮者自乐！

品逐心境，贫达皆能，

红粉适性，佳酿怡情。

吾虽欲眠，君犹半醒，

乘风来去，任意西东。

天地有时，得育雄心，

新生涅磐，苦战晨昏，

百家兼长，其道明光，

凤兼浓酱，擢锋八方！

七言三首　　　　李沛生

（一）

关中物产世间名，西凤天成香味浓。

千年打造精良艺，一朝捧奖全球红。

酿成几多辉煌事，助就无数英雄人。

构筑和谐万民意，举杯高歌阔步行。

（二）

千山苍苍百草青，秦川历历景色新。

鼓鼎年久难识文，蜂蝶影新仍醉亭。

千年风雨增奇香，一坛陈酿惊巴城。

平生无志仅恋杯，西凤伴我渡余生。

（三）

大风起兮云飞扬，鸿蒙世界出炎黄。

开启文明五千载，天赋美酒源流长。

周秦圣地拳圣水，关中沃土献饫粮。

良方妙艺巧撮合，味美香浓任品尝。

千年精研成精品，一朝夺奖过大洋。
九旬华诞匆匆过，佳绩再创人人忙。
美酒增我英雄气，西风高飞谱新章。
改革良策引航向，敢将贫弱一扫光。
会当华夏全盛时，高举金杯唱辉煌。

四、赞绍兴黄酒

兰亭修禊诗 　　　　　　[晋] 谢安
相与欣嘉节，率尔同褰裳。
薄云罗物景，微风翼轻航。
醇醪陶丹府，兀若游羲唐。
万殊混一象，安复觉彭觞。

兰亭修禊诗 　　　　　　[晋] 徐丰之
清响拟丝竹，班荆对绮疏。
零觞飞曲津，欢然朱颜舒。

重　忆　　[唐] 李白
欲向江东去，定将谁举杯？
稽山无贺老，却掉酒船回。

酬乐天喜邻郡　　[唐] 元稹
蹇驴瘦马尘中伴，紫绶朱衣梦里身。
符竹偶因成对岸，文章虚被配为邻。
湖翻白浪常看雪，火照红妆不待春。
老大那能更争竞，任君投募醉乡人。

越中赠别　　　　[唐] 张乔
东越相逢几醉眼，满楼明月镜湖边。
别离吟断西陵渡，杨柳秋风两岸蝉。

送钱穆父出守越州绝句二首 　　　　[宋] 苏轼
若耶溪水云门寺，贺监荷花空自开。
我恨今犹在泥滓，劝君莫棹酒船回。

若耶溪归兴 　　　　[宋] 王安石
若耶溪上踏莓苔，兴罢张帆载酒回。
汀草岸花浑不见，青山无数逐人来。

和渔父词并序（十五首选四） 　　[宋] 赵构

中国文化遗产年鉴·酒文化卷

（绍兴元年七月十日，余至会稽，因览黄庭坚所书张志和《渔父词》十五首，戏同其韵，赐辛文宗。）

雪洒清江江上船，一钱何得买江天。
催短棹，泛长川，鱼蟹来倾酒舍烟。
青草开时已过船，锦鳞跃处浪痕圆。
竹叶酒，柳花毡，有意沙鸥伴我眠。
扁舟小缆荻花风，四合青山暝霭中。
明细火，倚孤松，但愿樽中酒不空。
侬家活计岂能名，万顷波心月影清。
倾绿酒，糁莼羹，保任衣中一物灵。

箪醪河　　[宋] 徐天祜

往事悠悠逝水知，习流尚想报吴时。
一壶解遣三军醉，不比商家酒作池。

鉴湖雨　　[元] 李孝光

越角鉴湖三百曲，雨余曲曲添新绿，
八月九月风已高，诗人夜借渔船宿。
渔翁城中沽酒来，筐底白鱼白胜玉。
当时贺老狂复狂，乞得鉴湖此生足。

初至绍兴　　　[明] 袁宏道

闻说山阴县，今来始一过。
船方尖履小，士比鲫鱼多。
聚集山如市，交光水似罗。
家家开老酒，只少唱吴歌。

醉　卧　　　　[明] 陈洪绶

小游仙唱说云溪，有酒如渑饮不辞。
醉倚阑干酣睡去，却如明月夜归时。

东浦酒　　　　[清] 吴寿昌

郡号黄封擅，流行遍域中。
地迁方不验，市倍榷逾充。
润得无灰妙，清关制曲工。
醉乡宁在远，占往浦西东。

《徐渭集》三首

（乙丑元日大雪，自饮至醉，遂呼王山人过尚志家痛饮，夜归复浮白于园中。）

元日独酌不成酡，穿林唤客雪中过。
三百六旬又过矣，四十五春如老何。
帻软渐知簪发少，兴豪那计酒筹多。
小园风景偏宜雪，缀柳妆梅有许窠。

竹

一斗醉来将落日，胸中奇突有千尺。
急索吴笺何太忙，兔起鹘落迟不得。

兰亭次韵

（相传萧翼窃《兰亭记》，掀阅，百花一时尽开。）
长堤高柳带平沙，无处春来不酒家。
野外光风偏拂马，市门残帖解开花。
新觞曲引诸溪水，旧寺岩垂几树茶。
回首永和如昨日，不堪怅望晚天霞。

以下是古越龙山绍兴酒股份有限公司董事长傅建伟先生的诗词6首：

渔家傲——写在黄酒城建设工地

（2006年10月11日晚）
仲秋昼短时愈逼。建设工地着春碧。团结一心万众力。
人人杰，挑灯夜战奔腾急。尔饰吾塑醋犹烈，此石彼木施
工密。欲早开游超常例。暮色寂，不见那边灯火熄。

鹧鸪天——写在黄酒城开游仪式之时

（2006年10月16日晚）
玉带环河盘城回。酒香氤氲北郊来①。坛墙巨瓶六礼卧，品石柞木群雕裁。
芳草地，广场围。仲秋艳阳照高台②。斯城开游了期待，醇芳绵绵醉人归。
①：黄酒城建于古越龙山一分厂旧址，此地处于绍兴古城北郊。
②：仪式之日，虽已仲秋，但此日阳光之艳之耀，较罕见。

鹧鸪天——站在黄酒城广场上

（2007年5月10日）
环城绿柳伴玉栏，春燕又带夕阳还。
粉墙黛瓦园第落，曲径通幽翠竹闲。
酒屋窄，醋天宽，品字悠悠醉龙山。
光相古桥存凭信，绍兴老酒香人间。

鹧鸪天·冬酿

（2006年10月26日）
古越龙山十里香，盘鸟闻醪惜飞翔。
新糯蒸就淋饭凉，添药加曲酵声响。
鉴湖水，开耙将①，前后二酵百日长②。
老酒应酿千天梦③，吩咐西风彻夜霜④。
①、开耙是绍兴黄酒酿制中最重要的技术工种，其位犹如将军之要。
②、传统手工绍兴酒发酵分前发酵、后发酵二大过程，合计约需近百天时间。

③、绍兴老酒，老乃陈也，陈者方醇。一般意义上古越龙山不出售当年之酒，须存放三年以上，以确保古越龙山之品质。

④、寒天酿绍酒最佳，卖更佳。

玉楼春·进古越龙山近九年感怀

（2006年10月27日）

岁月易逝天难老。悄然无声冬又到。

九年品酒不需嗟，热情讴歌心尚少。

殚精竭虑身苦槁。做强企业犹自笑。

休言汗水不成河，滴聚汇入沧海啸。

鹧鸪天·酒与天

（2007年9月26日）

丁亥秋分已过，气象报告却说，按气温情况，尚未入秋。作为有限人生的我，似乎闻所未闻过。天气与销酒关系甚大，多年来，黄酒一直受地域和时域的限制，老是长不大。这几年，以古越龙山为代表的黄酒企业，显身央视立足全国，唱响了黄酒的春天之歌，形势日见喜人，故作：

（一）

伏后南风照样留，索然独上飞翼楼。

都说老天亦瞌睡，其实不必错怨秋。

热稠稠，天悠悠，厄尔尼诺又回头。

鉴湖烟雨东湖月，凉热未分二处愁。

（二）

何惧南风水照流，创新更促销售走。

天未遂愿努力再，扫却无聊不怨秋。

心拳拳，神擞擞，不信努力无报酬。

地域突破时域裕，国酒脱销生产愁。

气势恢宏的古越龙山中央酒仓库

第三章　酒与小说

在酒文化氛围甚浓的中国，酒与政治军事、皇权社稷、世俗人情、悲欢离合、亲疏远近、喜怒哀乐、雅俗深浅、性情风度等有着密切联系，而且饮时甚多，饮者甚众。以真实反映人类社会生活为任务的小说，当然也就离不开酒。而且，由于小说具有篇幅长、容量大、叙述描写细腻、易于被广大民众所接受的特点，所以小说中不仅有大量的描绘与酒有关的场面，更重要的是借酒来刻划人物性格、揭示人物思想情趣、推动情节发展，使酒成为一种重要的为大众所喜闻乐见的艺术表现手段。

中国小说的发展经历了一个漫长的历史过程。它萌芽于先秦时期，发展于魏晋南北朝时期，成熟于明清时期。小说与酒的联系也经历了一个由浅入深、由偏到全的过程。

第一节　明以前的酒小说

先秦时期诸子著作中夹杂的寓言故事以及《山海经》《穆天子传》可以算作是小说的萌芽，这些作品已经反映了一些关于酒的故事。如《韩非子·外储说右上》中的一则寓言故事讲到，一户卖酒人家因为养的狗太凶，顾客不敢上门，致使酒卖不出去而变酸。再如《战国策·齐策》中"画蛇添足"的寓言故事。

西周时期的酿造技术和酒的质量、数量都有了飞跃发展，不仅王室贵族饮酒非常盛行，而且饮酒、卖酒在普通百姓中已经普遍。《穆天子传》中所描写的穆天子宴饮于西王母瑶池的故事，就是以浪漫主义的手法，曲折地反映了"酒天子"们的享乐生活。

到了魏晋南北朝时期，在酒的描写上，基本上是反映当时文人纵酒放诞的故事。

刘伶、阮籍等"竹林七贤"纵酒放诞，是有特定历史原因的。魏晋之际，社会黑暗，政局不稳，文人动辄得咎。为逃祸患，他们只好沉湎曲蘖，使酒成为他们韬晦远祸的工具，逃避现实的渊薮。

在志怪小说中，值得一提的是干宝的《搜神记》，其中有"千日酒"的故事：中山人狄希"能造千日酒，饮之千日醉"。有位姓刘名玄石的人求之，狄希由于酒还没有酿好，就没有给他，禁不住他求之再三，就给了他一杯。果然只此一杯就"醉死"，经三年以后，刘玄石才醒过来，而且大声说："快哉，醉我也。"不仅如此，被他的酒气"冲入鼻中"的人，"亦各醉卧三月"。酒是能够醉人的，而这里把酒的作用又写得何等神奇，不要说喝上一杯，就是闻上一闻竟然也要醉卧三月！他之所以这样描写，一方面是作者充分运用神话小说夸张的艺术手法；另一方面也由于当时的酒比先秦时期质量提高、酒精度也高，更加容易醉人了，因而此故事并非完全没有根据。

唐代统治者把百姓饮酒看成是政和民乐的表现，从宫廷到城乡饮酒之风盛行，酒已成为人们日常生活中不可缺少的饮品。这在牛僧孺的小说《玄怪录·古元之》关于饮酒的丰富想象中可略见一斑。此书描写了一个比陶渊明的《桃花源记》还要引人入胜的乌托邦式的和神国。后魏尚书令古弼族子元之，因饮酒而死去，本来已经盛殓起来，由于古弼思念他，三日后想开棺再看他一眼，没有料到元之竟然生还。古元之述说了他醉死之后在和神国的所见所闻。和神国恍若仙境，在这里"人得足食，不假耕种"。"每日午时一食，中间唯食酒浆果实耳"，且"十亩有一酒泉，味甘而香"，人们整日游览歌咏，饮酒尽欢，陶陶然却又未尝昏醉。在牛僧孺的笔下，描绘了一幅多么令人向往的和平、安祥、富足而又悠闲的极乐世界。这篇小说虽然仍然有着某些魏晋志怪小说的余绪，情节曲折，文笔流畅，引人入胜。而酒在这篇小说中，是贯穿全文的唯一线索，给整个小说蒙上了一层扑朔迷离的浪漫色彩。如果没有唐代饮酒的盛况，作者也难以想象出如此浪漫的"酒国"景象。

值得注意的是，在唐代由于处在封建社会中的繁荣上升时期，文学艺术也随着社会经济的繁荣气象而发展和繁荣起来。唐代人饮酒多是为作乐，饮酒时咏唱诗词成为时尚雅事，与魏晋时期酒徒们纵酒躲灾的态度大异其趣。薛用弱的《集异记·王涣之》中，生动地描写了唐代文人诗酒宴乐的风尚。歌妓们很有修养，他们不仅非常熟悉这些知名诗人的诗作，而且颇有欣赏水平。诗人们彼此融洽，就是和这些萍水相逢、偶然邂逅于酒楼的歌妓们之间，也显得那么和谐自然。而这也正是盛唐社会的一个生动侧面。

宋以词、元以曲名，小说仍不普遍，其中涉酒的也不多。

总之，在明以前，中国的小说一直处在缓慢发展时期，酒在小说中也只是一种道具，基本上是因事涉酒，而非因酒说情。

第二节　明代的酒小说

我国古典小说四大名著中的三部《三国演义》《水浒传》《西游记》以及《金瓶梅》都出自明代，足见明代小说之辉煌成就。

值得注意的是，明代小说中酒的篇幅大大增加，而且小说家往往借酒来推动情节的发展，刻划人物的性格，渲染艺术气氛，一句话，把酒作为艺术表现的一个不可或缺的手段，而不是一种简单的道具。下面，我们就按照这四部名著的问世时间顺序，对其中的饮酒描写摘其要者，予以赏析。

明初的鸿篇巨著《三国演义》，写酒的场面比比皆是，每回必有，它主要体现的是酒与政治斗争和军事斗争的重要关系。第一回开宗明义的"宴桃园豪杰三结义"中，刘备、关羽、张飞三人就是以酒祭拜天地，宣誓结义，开始了轰轰烈烈的事业。

"青梅煮酒论英雄"的一段描写，把曹操、刘备这两个人物的性格刻划得入木三分。这段描写的确精彩至极，借青梅煮酒，生动地刻划了这两位善于权变的政治人物的性格和心理变化。曹操对刘备是不放心的，他知道这位刘玄德必非久居人下之人，总有一天，他可能成为自己在政治和军事上的强大对手。因而企图借着青梅煮酒的机会对他进行试探，摸清他的底。所以先谈龙的变化，继论天下英雄。刘备当然十分清楚曹操的意图，所以只好装作胸无大志、目光短浅的庸碌之辈而加以掩饰。最后刘备终于在这场斗争中占了上风，使得"操遂不疑玄德"。在这篇文字中，酒在营造气氛和深化人物性格方面起到了不可代替的作用。

其他涉及饮酒的重大事件还有：赤壁鏖战时，周瑜佯醉巧使反间计，除掉曹操的两员水军都督蔡瑁、张允；猛张飞佯醉智取瓦口隘；曹操大宴铜雀台；关羽单刀赴宴会；关羽温酒斩华雄；张飞醉酒打曹豹失掉徐州城；刘备醉酒后失言险遭杀害，给关兴、张苞二将庆功时酒后失言，激得黄忠赶到前线中箭身亡；孙权在刘备偕孙夫人省亲时，因贪杯醉酒而错过了杀刘的机会，等等。总之，酒在三国许多重大的政治斗争和军事斗争场合中，都担当了重要的角色。

《水浒》中关于酒的描写，生动细腻犹在《三国演义》之上，可以说是北宋酒文化的浓缩。书中关于酒文化的内容，所占据的篇幅之多，对人物的渗透之广，故事的构成与衔接，推动情节的发展与展开，激化矛盾的方法与手段，都是其它作品无法比拟的。

《水浒》中提到的酒，既有好名称，又有好味道。书中提到的酒具，大的有桶、瓮，中等的有瓢、角、旋、壶、瓶、葫芦，小的有杯、盏、盅、樽等。《水浒》中描写的村舍小酒店很多。《水浒》中的人物个个与酒有缘分，无一不以饮酒为快，嗜酒如命。无酒不勇者大有人在，象鲁智深、武松，就连扈三娘、孙二娘等这些女中豪杰，摆起酒宴都能开怀畅饮。从《水浒》的开头到七十一回，回回都有饮酒和酒宴的描写，宴请宾客、迎新送旧、求人相助、答谢回访、亲人相会、骨肉相分、借宿还乡、出征誓师、喜庆胜利、论功行赏、大计决策、阴谋暗算、报仇杀人、偷鸡摸狗、勾搭成奸等等，都离不开酒，这说明宋代的酒文化已渗透到社会的各个角落，弥漫到社会的各个空间。

《水浒》中用精雕细刻的手法，多次无比生动地描写了众英雄饮酒醉酒的场面，他们各不相同的性格，无不栩栩如生，鲜明生动。

《水浒》作者着力刻划的第一个人物是鲁智深。写鲁智深大闹五台山，作者更是浓墨重彩地描绘了他的醉酒。鲁智深既粗鲁莽撞，又正直不阿，同时还不失机警精明，他是一个天不怕地不怕、敢作敢为的好汉子。鲁智深大闹五台山，闹的就是酒。这一闹真是闹得情节引人入胜，闹得人物性格鲜明生动，闹得思想内容丰富深刻，当然也把个佛门净地闹得乌烟瘴气。他的这一闹，真是闹出了一篇千古绝唱的锦绣文章。

《水浒》作者着力刻画的第二个人物是林冲。林冲身为八十万禁军教头，但在邪恶势力的压迫下全家处境悲惨。随着故事的发展，林冲的性格、思想、感情，经历了极其复杂深刻的变化。有趣的是，小说作者总是经过饮酒描写作为契机！这样的转折，大约有16次。不但说明了酒在古代人民生活中的重要作用，不可须臾离之；更要紧的是，它象一条绳索，串联起各个段落生动描写的珍珠。

关于武松，多次写喝酒都十分精彩。武松性格刚烈，欺硬不欺软，"平行只要打天下硬汉，不明道德的人"，而他做事沉着果断，既能当机立断，而又极有分寸。因此，他的喝酒与鲁智深大不相同。关于武松打虎一回的描写，极力渲染了他的勇力，而这种勇力，也是在醉与非醉之间才能发挥得淋漓尽致。

纵观全书，梁山泊一百零八条好汉，有几个不喝酒！的确是自古英雄爱美酒，酒助英雄扬威名。《水浒》里的酒气酒风，虽说有时也透出鲁莽和粗野，但是，通过艺术夸张，它不时透出一种豪壮之美，醉态之美。正可谓豪杰气概英雄酒。

《西游记》，则以神话故事的形式，反映了封建社会的人民的反抗，它所创造的孙悟空形象是一个光辉的叛逆英雄形象。小说的前七回，主要写孙悟空大闹天宫。从孙悟空大闹蟠桃会，到再次偷仙酒，写得有声有色，想象得极为大胆，这个叛逆者的形象被塑造得光彩夺目。在这些关键的时刻，自然少不了酒的参与。也正是对醉酒、偷酒场面的描写，才使得这一部分成为全书最引人入胜的篇章，"孙悟空大闹天宫"成为又一个老幼皆知的千古美谈。

明朝是人文主义思潮兴起的市民文化期。这一时代出现的小说《金瓶梅》《三言》《二拍》《绣榻野史》《闲情别传》《浪史》《板桥杂记》《卖油郎独占花魁女》，饮酒是其中的重要组成部分，袁宏道在《觞政》中曾把《金瓶梅》列为饮酒掌故的外典。

第三节　清代以来的酒小说

《聊斋志异》是一部精炼、生动、内容十分丰富的短篇小说集。其中就有不少关于酒的篇章，而且带着一种夸张和幻想。《酒狂》中，缪永定恶习不改，就是在阴间也照旧耍酒疯。他在阴间遇见了有多年文字交的翁生，因为"又逢故知，倾怀尽爵"，大醉，"顿忘其死，旧态复作"。气得他舅舅说他："死犹弗悟，不足复为人。"蒲松龄在这篇作品中深刻揭示了这样一个死时贪命，生又贪财，酒后无德，虽死不悟的酒鬼。这里写的虽是酒鬼，而笔锋所指，实际上却讽刺了世人贪梦无度的丑恶的人性。

《儒林外史》是中国文学史上最杰出的长篇讽刺文学作品。作者吴敬梓在书中深刻地揭露了一大批儒者的穷酸迂腐、贪婪鄙吝、不学无术、厚颜无耻，他们当中有秀才、举人、进士、翰林、官吏、乡绅……书中的许多讽刺，都是同饮酒紧密交织在一起的。如在范进中举这一情节中，作者描写范进的丈人胡屠户，平时看不起他的这位"现世宝穷鬼"的女婿，可在范进中举之后，却又一反常态，"手里拿着一副大肠和一瓶酒"走来相贺。这时的胡屠户借着酒劲儿，摆起了当丈人的架子，边喝边教训范进全是昏话、醉话。就这样，这位屠户老丈人一直吃吃喝喝到"日西时分"，才醉醺醺的"横披了衣服，腆着肚子去了"。这里对胡屠户这种市侩的嘴脸勾划得栩栩如生。

《红楼梦》为读者描绘了令人神往的酒文化活动，为中国酒文化史册添写了一页璀璨动人的篇章。《红楼梦》回回涉酒，篇篇洋溢着醉人的酒香。书中提到的酒名就有八种，如黄酒、惠泉酒、屠苏酒、果子酒、御酒、桂花酒、合欢花浸的烧酒、西洋葡萄酒等。这些酒名，表面看来是随文而出，作家信手拈来，不一定有什么深意。但是，我们结合小说的故事情节、小说产生的时代和作家生平家世来分析，就会发现在这些普普通通

中国文化遗产年鉴·酒文化卷

的酒名背后，隐含着许多文化内涵：有的表达作者的偏爱（如黄酒），有的显示地位与身份（如贾府喝的惠泉酒和西洋葡萄酒、皇帝赐给贾府的御酒、贾芹在水月庵里与尼姑们厮混时喝的果子酒），有的表达一种思想感情（如贾宝玉祭奠晴雯的桂花酒），有的则反映民间风俗（如除夕饮的屠苏酒）或介绍一些知识（如合欢花浸的烧酒）。正可谓醉翁之意不在酒，在乎"文化"之间也。

"美人醉酒"这个题目，可以有各种各样的写法，曹雪芹在第六十二回《憨湘云醉眠芍药茵，呆香菱情解石榴裙》中短短二百多个字，就活画出一幅新颖别致的"芍药丛中醉酒美人春睡图"。写湘云不仅是外形美、环境美，而且浮雕式地衬托其性格美！这是雪芹异彩纷呈的文笔的一种表现，是《红楼梦》中的范文段落之一。

《红楼梦》还是巧制酒令入书的典范。全书不仅酒令的描写多达10余处，而且所行之令文武齐全。文为吟诗唱曲、笑话猜谜、花名说啐。如二十八回宝玉兴的"悲愁喜乐"女儿令——嵌字诗句联吟附带唱曲；五十四回贾母、凤姐的说笑话，十九回贾珍、贾琏、薛蟠等人的猜谜行令等均属文兴雅谑。武有划拳猜点、击鼓传花、掷骰制签。如第五十四、第六十二、第六十三等回中的酒令，皆为武战俗趣。还有五十四回中的"春喜上眉梢"令，击鼓传花和笑语兼而有之，则算是文武令相结合了。

《红楼梦》中的酒令均写得有声有色，精彩传神，不仅形象地反映了典型环境中的贵族生活，而且具有强烈的艺术效果，体现了中国酒文化的精神所在。并通过详尽描写他们饮酒行令的经过和内容，表现了浓郁的酒文化氛围，同时也刻划了各个艺术形象的独特性格。

由此可见，《红楼梦》中的酒令的描写并非无关紧要，只为点缀的游戏文字，而乃与全书线索密切相关的隐言射语。言在令中，意在言外。曹雪芹用心可谓良苦，手笔委实高妙。惟其如此，《红楼梦》中的酒令才得以沿用于后世，而且由此衍生出许多红楼新令来，诸如红楼人名令、红楼酒筹、好了令、女儿令等等，令人玩赏不已。

《红楼梦》中的酒文化之所以如此精深，这与作者的嗜酒不无关系。曹雪芹出生于名门望族，一生到世上就过着"锦衣玉食"的贵公子生活。但被抄家以后，生活渐趋贫困。一腔不平之气无处发泄，只能将悲怆感、失落感寄托于酒，借酒浇愁。因此，曹雪芹自江南移居北京后，更是"酒渴如狂"，过着"举家食粥酒常赊"的生活，有时只能"卖画钱来付酒钱"，人称"高阳酒徒"。郭敏在《题芹圃画石诗》中说："傲骨如君世已奇，嶙峋更见此支离。醉余奋扫如椽笔，写出胸中块垒时。"酒激发了曹雪芹著书的热情和灵感，没有酒，曹雪芹写不出《红楼梦》，但也正因为纵酒，才使他过早地离开了人间。郭诚《挽曹雪芹》诗中"牛鬼遗文悲李贺，鹿车荷锸葬刘伶"二句，可说是对曹雪芹一生的真实写照。酒对于曹雪芹的功过，实在令人难以评说啊！

在鲁迅小说《孔乙己》中关于酒的描写，具有了更加丰富的文化内涵。

首先，鲁迅为孔乙己的悲剧提供了一个典型环境－－鲁镇的咸亨酒店。这个酒店的格局是地道的中国式的：曲尺形的柜台，柜台后面温酒的热水，下酒的盐煮笋和茴香豆，以及站着喝酒的"短衣帮"等，这一切构成了一幅中国式的具有浓郁乡土气息的风俗画。

孔乙己是唯一穿长衫而又站着喝酒的人。正是通过孔乙己喝酒时的描写，深刻揭示了这个悲剧式的人物的内心世界。孔乙己自认为高人一等，却又不得不站着喝酒，"温两碗酒，要一碟茴香豆"，在喝酒时，大家把他当作笑料，这是一个封建科举制度下至死不悟的牺牲品！这个牺牲品的形象正是在咸亨酒店喝酒中被塑造出来的。

以上所说，仅为小说中围绕美酒的描写中的一小部分。只就所举的例子而言，亦足可以看出，酒在小说中占有一个多么重要的作突出的地位。而这也正是酒文化中的一个不容忽视的部分。

第四章　酒与散文

第一节　历代酒散文

我国历史上，从已发现的甲骨卜辞到周代酒散文来看，酒最初的基本用法，却统统是一个"祭"字。酒是圣物，酒是祭礼，酒是祭文。《尚书·酒诰》第一点是教戒群臣以殷纣为戒，不应沉缅于酒，导致亡国，云："天降威我民，用大乱丧德，亦罔非酒惟行。越大小邦用丧，亦罔非酒惟辜。"第二点则是宣传酒文化，一是祭神祀祖，依礼饮酒："越庶国，饮惟祀，德将无醉"；二是"其艺黍稷，奔走事厥考(老)厥长，可以饮酒；三是"远服贾，用孝养厥父母，厥父母庆，自洗腆(新鲜丰盛)饮用酒。"四是士大夫服从教令，有功于君长，"尔乃饮食醉饱"。当时享祭或庆祝饮酒，是可以载歌载舞的。

在《礼记》中有一处写道，孔子在年终蜡祭中见人们狂饮醴酒，烂醉不醒，很高兴。有人不以为然而提出批评。可是，孔子却说，人们劳作了一年，很辛苦，让他们在年终以酒尽兴，符合文武之道，一张一弛。劳动时人们不得生命之自由，休息时就让人们借酒行乐，好好体会一下生命的自由吧！

《孟子》是先秦诸子散文中最具个人风格、个性色彩的，也是对后世"纯文学"作品影响最大的"陈年老酒"。世谓孟子是一个"醇儒"，也就是酒浸过的人。

《庄子》中有一篇写酒的千古妙文，其中"壶子"的话，充分代表了老庄哲学的主旨：追求生命的本质即自由的实现，也代表了先秦诸子散文的基本特征：自由自在，不为物役。

两汉之酒文，关联的不是哲学，而是政治；不是人心，而是社会。

邹阳《酒赋》描写了西汉盛期梁孝王与群下饮宴欢乐场面，云："哲王临国，绰矣多暇，召蜷蜷之臣，聚肃肃之宾"。"缔席既设"之后，则"曳长裙，飞广袖，奋长缕，英伟之士，莞尔而即之。"于是纵酒作倡："右以宫申，旁以征扬。乐只之深，不吴(娱)不狂。"这是一篇写饮宴快乐而又有礼节的文章。

王粲是建安七子中最有"风骨"的个性化人物。他的《酒赋》也大写酒之于人之"正面"作用，为历代传颂之妙文。

曹操的诗中有"对酒当歌""何以解忧，惟有杜康"，以及"郑康成(玄)行酒伏地气绝"的话；他又写有《上九酝酒法表》，说明他有造酒的经验。他喝酒却又禁酒，建安七子中名气最高的孔融就用讥嘲口气写了《难曹公表制禁酒书》《又书》两篇有趣的文章。

汉末政治败坏，一是士大夫沉缅酒色，一是文人追求个性解放，不遵礼法。王粲《酒赋》云："暨我中叶，酒流(饭酒的人)犹(当作尤)多，群庶崇饮，日富月奢。"曹丕《典论·酒诲》中说："孝灵之末，朝政堕坏，群臣首司，并缅于酒，贵戚尤甚，斗酒至千钱。"曹丕自己属于文人饮酒，在他的诏书中则说："千钟百觚，尧舜之饮;惟酒无量，仲尼之能。"曹植《酒赋》云："穰生以踵而兴霸，侯嬴感爵而轻身。惊千钟之可慕，何百佩之足云。"他并叙述了王孙、游侠的"献酬交错，宴笑无方"，和"扬袂屡舞""扣剑清歌"等等宴乐情况。曹魏时代充满文人借酒发抒豪情的文化生活。建安时代关于酒的散文中，也可见"文以气为主"和通脱特征。

到魏末由于司马氏当政，严刑峻法，文人们畏祸，　便产生了一种服药、饮酒、清谈的风气。酒对文化人影响更大，便出现了"竹林七贤"这样的许多反抗旧礼法而嗜饮的人。以刘伶为反礼法代表的《酒德颂》，就是写他幕天席地饮酒，对陈说礼法的贵介公子置之不理的狂行与心态的。稽康写的文章却公开反对司马氏的暴政，他在《与山巨源绝交书》中，写他饮酒和不守礼法的五不可、七不堪。寄寓着反对司马氏的激情。

在东晋末，刘宋王朝建立，政治、社会风气有了改变。鲁迅先生说："风气变了，社会思想平静得多，各处都夹入了佛教的思想"。如陶渊明性嗜酒，他也处在和稽康、阮籍相同的易代时期，但态度就和平得多。他学《酒德颂》的自传式写法，写有《五柳先生传》。

两晋及其后，散文出现了对酒德、酒功赞颂的文章。晋隐士戴遥有《酒赞》，文云："醇醒之兴，与理不乖。古人既陶，至乐乃开。"袁山松《酒赋》、刘恢《酒箴》也都写了酒的作用。

晋代起，文人又把饮酒和欣赏山水联系起来。如石崇《金谷诗序》，写他的金谷涧清泉茂林、果、竹、水礁、鱼池之属。当他送人还长安时，在金谷园昼夜宴饮，有时登上高地，有时下坐水滨。来往的车中载有乐人，沿路作乐。由此文开始，写的就多了，东晋有更著名的王羲之《兰亭集序》，他写与友人修禊于兰亭，地有崇山峻岭，茂林修竹。又有清流激端，列坐其次，便为曲流筋来饮酒。但东晋文人不同于西晋初年，他写他的"所之既倦，情随事迁，感慨系之"的幽怀，并叹息"一死生为虚诞，齐彭殇为妄作"，大有感叹一生功业不立之意。

韩愈的酒文《送进士王含秀才序》写得深富哲理，妙蕴禅机，从"私怪隐居者，无所累于世"起首，到"吾文以及悲醉乡之徒不遇也。"一纵一檎，一放一收，一承一转，一叙一结，将"悲醉乡之辞"与"喜良臣之烈"天衣无缝地统一起来。

柳宗元的《序饮》是通过他邀集在永州的友人，列坐小丘溪石上，进行有趣味的曲水流筋游戏，看每个人所投水上的一尺长的竹筹三次，是否"洄于伏""止于坻"、"沉于底"，还是顺利流下，来决定投者是再饮酒，或饮酒是一饮再饮还是三饮，以为笑乐。他认为这样可用以"合山水之乐，成君子之心"。在这里他完全摆脱了他被无辜远谪的幽黯心情。

王绩的《醉乡记》则幻想有一个绝思虑，不知天下有仁义厚薄的醉乡，尧舜曾至其近鄙，导致终身太平，禹汤与醉乡绝，天下遂不宁，他追想古华胥氏之国的朴厚。

白居易《酒功赞》把自己比之于刘伶了。而且还不无嘲谑与揶揄孔圣人。认为思也罢，学也罢，"不如且饮"，令人忍俊不禁。

李白难得一见的酒文《春夜陪从弟宴挑李园序》，写诗不成就罚酒，饮酒之间恰吟诗。诗为文中酒，酒是文之诗。太白之文，足以证之。

殴阳修位居宋六之首，是当之无愧的文苑领袖。他的酒文也写得绝佳，他在《醉翁亭记》中写山水之乐，得之心而寓之酒；写琅琊山山间朝暮与四时景色之不同；写游人的游乐和宾客相从之乐。全文系于一个"乐"字，最后他依庄子与惠施濠上观鱼的写法，写禽鸟和山林之乐，而不知游人之乐，人知从太守游而乐，而不知太守之乐自己之乐，文章是意味无穷的。

苏轼的酒文也写得十分洒脱飘逸，他的前后《赤壁赋》其实是两篇绝妙的酒文，是传颂千古的文苑奇葩。

元人陶宗仪，撰信史笔记体散文集《辍耕录》中对元朝饮酒之盛进行了记载。元好问乃元代文宗，其酒文《蒲桃酒赋·有序》该文以"安得纯白之士，而与之同此味哉"作结，耐人寻味，对元人不知饮酒之道给以无声的诘质。

吴澄是元初文章大家，其《酒赋》可谓酒文名篇。从中可以看出，吴之于酒，会饮、会思、会研，从天文地理、名人掌故，纵笔挥洒，对酒之大用，作了极高的评价："礼成宴配，名称圣贤。湛酒泉而在地，瞻酒旗之丽天。"

明人饮酒，在野史与文人闲记中多有记载。《金銮密记》中这样说：臣下竟然在酒宴上抓住皇帝的衣领，拿着大杯子给皇帝强行灌酒。可见朝廷饮酒之风何等嚣焰。至于民间饮酒，《集仙传》上有如下记载，道士满身疥癣，钻到酒瓮中去洗澡，可见酒瓮之大，储酒之丰。主人刚一回家，就直奔酒瓮，开怀畅饮，留下笑柄。有明一代，君臣庶民，皆沉醉酒乡。

明代公安派袁中郎的《饮酒说》，他把不同环境中所经历的饮酒生活娓娓道出，文章以喜居船中，夜饮几杯，调适脾胃，大不同于在城市中饮酒应酬，导致丛生欲念的苦况作结。这种文章写饮酒情趣，渐近自然。

明代后期，人们很注意饮酒的意趣。所以竟陵钟惺写了《题〈酒则〉后四条》一文，提出了"饮酒之神"、"饮酒之气"、"饮酒之趣'、"饮酒之节"四条要求。

戴名世面临着的是极可悲的亡国悲剧。他的《醉乡记》与隋唐之间的王绩的《醉乡记》不同，他痛心明末君臣上下沉缅于酒，他所写的醉乡，则是既无可乐，又不能解忧的昏冥世界。他更明确地批判说："入醉乡者，皆非真有忧，醉乡有人，天下无人矣。" 在不同的时代，其观点如此分歧，也是合情合理的。

清代的文章，更富于人情味。写不受理学拘束而写来幽默的饮酒文，则可推曹寅的《二杯铭》和蒲松龄的《酒人赋》。前者写方南董数杯而饮的乐趣，后者写尽酒趣，而酗酒者则以枝击其臀。

曹寅，大文学家曹雪芹之祖父。其人善饮，与酒情有独钟，尝作《二杯铭》，只言酒乐，不言性理政务，好一官僚形象，为避文祸耳，文气谦谦，拘拘如也。无批判，无激情，无揶揄。清人酒文，大抵都是如此。

蒲松龄所作《酒人赋》，清脱可赏，是为醇酒之人也。

嘉庆道光年间，著名文人张溺写有《酒壶赋》，由于他为人正直，官位不进，他便为用了三十年的酒壶作赋，他赞美饮酒能"以浇垒块，以慰孤拘"，特别是能使"为儒不腐，作吏能仙"。文章最后却是意在讽刺，讲道："我不汝弃，胜它独醒。上帝醉梦，锡尔遐龄。"实际上是说：自己原是独醒的，而上帝则是在醉梦中的。同治间的张文虎，在避难上海时，写了一篇《师琴友酒图记》，文中批评了当时的士大夫饮宴："朝优伶而夕狎邪。"

酒文化关于经济方面的散文，则见思想的开放，有近代刘心源写的《〈酒课考〉按语》，他主张收酒税有利，而无累于民。近代思想家冯桂芬的《重酒酤议》，更比刘文进了一大步，文章不但反驳了明朝王应麟禁酒主张的"不考古事，不采近闻，不达人情物理"，而且主张重酤，即特别提高酒的税收，而量减五谷布匹的税。一方面仍可宣传戒酒，禁止酗酒，并罢免嗜酒的官吏，这样既能富国又能适应政理人情。这篇文章也是我们当代人值得一读的。

鲁迅的散文《魏晋文章与药及酒之关系》借古讽今，借酒说人。密切结合魏晋政治与社会风习，考察曹操父子及"建安七子"、"竹林七贤"的诗文风格和人生态度，大胆地为历世所认为的"奸雄"曹操"评反"，这对毛泽东影响很大。对于蔑视礼教宗法却唯酒是务的嵇康、阮籍、刘伶、陶渊明这些人，提出了中肯的评价。肯定吃酒，肯定反礼教。对于何晏等只知吃五石散之药的空谈家，予以揶揄嘲弄。由此可见，鲁迅被人称为嵇康，信为不虚。对于"七贤"之被迫害，甚至杀害，鲁迅进行了控拆。大家知道，鲁迅以民国之比魏晋，以各地军阀之比"八王"之乱。他认为"四周黑洞洞"的"铁屋"，他自己"未敢翻身已碰头。"所以，这篇为古人"平反"的文章何尝不是自况？是在铁屋中的"呐喊"？通篇谈酒人、说酒事的绝妙散文，何尝不是借古讽今、反抗专制的战斗檄文？因为一切礼教宗法政治全是假人说假话、不足训也。"建安七子"与"竹林七贤"，天天吃酒，才有"魏晋风骨"和"正始之音"，魏晋文章与魏晋时代的生命密码，全在一个"酒"字中。延至当代，"《菜根谭》所谓'花看半开，酒饮微醺的趣味，才是最令人低徊的境界。"（《雅舍小品·三集》）丰子恺的《酒令》一文，介绍的是两种酒令，着眼的却是家庭饮酒时欢乐的情绪和气氛。在《缘缘堂随笔集》中描述的家庭中的饮酒方式，也是西方所没有的。这样的散文更贴近于生活，充满情趣。

自古至今，写酒和酒文化的散文层出不穷。它们仅内容深广，镌刻下鲜明的时代印记，而且使散文的写作愈加恣肆清新，意味益然，给后人留下了许多有独特风格的名篇佳作。

第二节　赞美名优酒散文

一、赞茅台酒

《酒香茅台镇》　肖复兴

车子开出遵义市一百二十公里，到了仁怀市，再走十几公里，就是世界闻名的茅台镇了。还没到茅台镇，迎风先闻到一阵阵浓郁的酒香。这大概就是茅台镇的特点了。正是夏季三伏最热的时候，茅台镇又处于比仁怀市低四百米的低谷地，便是热中加热，犹如桑拿一般，那股酒香更是香得能淋出汗来一样，有一种发酵后的醉人味道。心里想，这真是一个酿酒的好地方，整个茅台镇就是一个天然的酿酒厂。

进入茅台镇，茅台人告诉我们，茅台镇这地方实在是一块宝地，赤水河在镇前蜿蜒而过，清亮透底，没有一点污染，是酿酒的最佳水源。镇子四周环山而抱，山都是由一种紫砂页岩构成，土是由紫色土质铺就，它们中的沙质和砾石含量最高，还具有良好的渗水性，溶解其中许多对人体有益的微量元素，是别处不具备的，又由于这里地处低谷，气温比别处都高，特别是夏季，炎热无比，形成了一个小的特殊地理环境，得天独厚，将特殊的微生物群体笼络在谷地之中，难以风流云散，在这样天然的大酒缸里往复循坏，自然就成为了茅台酒独一无二的酵母。据研究分析出来的准确数据显示，确实有一百八十七种微生物参与了茅台酒的酿造过程。当然，酿造茅台酒还需要二次投料、八次下窖、九次蒸馏、再有八次摊晾和七次取酒以及至少五年的存放等多种精致而独到的程序。但是，酒同一般器物制造不同的是，就在于它不仅是人工的力量，更在于自然的造化。那茅台酒中所蕴涵的一百八十七种微生物，正是茅台镇如此一派天籁般的赐予，犹如神助，独此一家，别无分店。没有了它们，茅台酒断然成不了茅台酒，茅台镇也就成不了多少年来如此独步天下的茅台镇。

所以，有人这样说：造茅台酒比造原子弹还神秘，原子弹在什么地方都能够造出来，可茅台酒就是不行，必须得在茅台镇才能造出来。

还真有人不甘心，做过这样的实验，将制作茅台酒所有的原料，连同酿酒的大缸，统统从茅台镇搬到遵义城，造酒的工人和技术人员也全是茅台酒厂的原班人马。怪了，造出的酒就是没有了原来茅台酒的味儿。没有办法，只好又搬回了茅台镇。

也许，这就是茅台镇的神奇。如果没有茅台酒，这样类似盆地一样的小镇，这样依山傍水的小镇，这样穷乡僻壤的小镇，这样拥挤喧嚣的小镇，在中国可以随处可见，并不新奇，不会引人注目而停车坐爱一街景色。是茅台酒让这样一个平凡得如同随风到处在飘的茅草一样的小镇不同凡响，小镇虽小，在世界的地图上很是醒目。别看道路还不宽，而且起起伏伏，斗曲蛇弯，但不知有多少来自中国和世界各地的人们，足迹曾经踏在它的上面。

红军四渡赤水中三渡赤水的时候，就是在这里强渡过河的，受伤的红军战士用茅台酒洗伤，至今传为佳话，增添了茅台酒的传奇色彩。

年头再往前数，石达开败走途中也曾经到过这里，豪饮茅台而留下这样的诗句："万顷明珠一瓮收，君王到此也低头。"

年头再后数，美国著名作家年过八十的索尔兹伯里一九八四年重返长征路，也来到了茅台，早闻茅台酒的大名，希望参观一下酒厂，一见茅台酒的真传和奥妙。阴差阳错，却未能如愿，只好踏在小镇的小街，过赤水河而去。茅台酒留给他无限的怅惘和无穷的想像。

眼前的茅台小镇，早已经不是石达开和红军时代的小镇了，也不是索尔兹伯里来时的小镇了。飞速的发展，小镇变化得让历史成了只可以迎风遐想的回忆。惟一没有变化的，大概就是满镇飘散的酒香了，上百年来积淀下来的那醇厚的香味，像是一叠叠累积起来的苍山上的岩石，像是一圈圈刻进古树里的年轮，矗立在小镇的处处地方，在每一个街角的拐弯处，或每一棵黄桷树每一棵构皮树下，和你不期而遇，让你芬芳满怀，醉倒在它的怀中。

《国酒的尊严》 邓 刚

谁能将中国与黄河分得开？谁能将中国与陶瓷分得开？谁能将中国与茅台分得开？国酒茅台，名震中外，千秋万代。

茅台之高，之贵，之冠，是有着极其辉煌的历史。从第一滴茅台酒飘香之时，就创造出无数人间奇迹和美丽的神话传说——荣获巴拿马国际金奖，使中国二字骄傲于世界；红军畅饮茅台酒，四渡赤水神勇无敌；招待世界各国元首的国宴上，茅台酒缕缕飘香；历史的长河七绕八弯，国际舞台风云变幻，国酒茅台真可谓战功累累，她以香醇的品质，溶合着纯洁的友谊，融化着历史的坚冰。

还在孩童时代，我就知道茅台的权威茅台的力度和茅台的厉害，父辈们谈起茅台酒，那种敬仰口气和感觉几乎就深入骨髓。倘若大家参加什么活动，吃完酒席回来，只要说喝了茅台，人们立即就无比倾慕，好像是刚刚参加国宴回来似的。否则你无论是吃什么高级的山珍海味，只要缺茅台，绝对就没了面子。如果办事送礼，亲友之间要是谁能拿出一瓶茅台来，登天的难事也会迎刃而解。

几十年过去了，我们国家所有传统的名牌产品都曾黯然失色，甚至从此消亡。可是茅台却在这漫长而扭曲的岁月里始终保持着自己高贵的品格。特别是在近些年来，经济大潮猛烈冲击之时，她依然闪烁着灿烂夺目的光辉。惊涛骇浪的商海中，人们发红的眼球放射着闪闪的金光，浑水摸鱼者，滥竽充数者，投机取巧者，都在施展浑身的解数，一刹时，各种名牌一夜暴出，而且还不断地变脸。鱼目混球，真假难辨，急功近利者大大获益。令消费者眼花缭乱，甚而大喝工业酒精。

茅台之所以在汹涌的经济大潮中能稳操舵轮，是大自然造就了茅台镇独特的山水，能在海拔400米高原上生产出优质的高粱和小麦；人们说，毫无污染的赤水河酸碱适度，含多种有益的微量元素，这是茅台酒纯净的生命本质；人们说，茅台镇空气中活跃着大量的微生物群，在茅台酒开放式的发酵过程中被充分网罗到曲酪里，经自然调伴，最终成纯天然发酵饮品……是的，人们说得有道理，正因为如此，茅台酒是不可复制的艺术。然而，当你踏上国酒之乡，当你来到茅台酒厂，尽管四周是大自然纯净的青山绿水，尽管空气中飘溢着奇异的酒香，尽管有高超的造酒工艺，你却渐渐悟出，比这些还重要的却是人，正是勤劳智慧的茅台人，才创有名震天下的茅台酒。面对茅台酒厂的领导班子，你觉得你是在面对智慧的结晶，从他们谈笑风生的话语，从他们从容不迫的神态中，你看到的是现代企业家的风范。正是他们具有卧薪尝胆的坚毅，高瞻远瞩的战略，才使国酒茅台在商海的风浪中保持着灯塔般的光辉和尊严。

当你看到年岁已近高龄，却动作干练、沉稳老道的董事长季克良；看到精力充沛，神采飞扬的总经理袁仁国，看到其他温文尔雅，却又精神抖擞的各位领导成员，你简直就无法分别年龄的差别，只感到眼前一片明亮的年轻。当听到他们深思熟虑，语重心长的述说后，你更为感触颇深，你听到的不仅是对酒厂的生产，不仅是对经济的发展，而且还是对人生真谛的领悟和学习。为了国酒的尊严，面对诱惑、面对竞争的不公平，茅台人承受着巨大的压力，一步一个脚印，踏踏实实地走向未来。茅台人心中充满骄傲和责任感。在这些优秀的茅台人面前，我们这些自以为深刻的作家们完全是小学生，不仅为之感动。我们甚至从国酒的尊严联想到文化的尊严，联想到文坛的尊严，联想到面对丰富多彩、复杂多变的世界，我们作家该怎样保持人格和创作的尊严。

国酒之乡的空气太纯净了，茅台酒的香味太诱人了，这使我惊异地发现，所有我见到的茅台人，无论是领导或员工，他们个个面色红润，神采奕奕，而且思路机敏，谈吐不俗。我被茅台人的优秀所折服，令我这个从来滴酒不沾的人也深感国酒确是灵丹妙药。于是我也频频举杯，同去的作家们也放弃了往日酒桌前的谨慎，全都开怀畅饮，最后竟然喝得兴高采烈，妙语连珠，倘若此时挥毫写作，绝对会写出精彩来。

二、赞古越龙山

《绍兴酒·坊单·商道》　　　　傅建伟

走进浙江古越龙山绍兴酒股份有限公司的黄酒博物馆，有一个历史的见证者，以它的阅历，平和、恬静的坐落在馆的一角，它就是当今中国乃至全世界黄酒界年纪最大的长者，中国历史最久的黄酒企业沈永和酒厂1928年生产的黄酒（一坛约45公斤重）。由于此酒极稀罕，是绝品，故其文物的价值早已远远超过了它本身的价值。2003年，浙江古越龙山绍兴酒股份有限公司将此酒在上海城隍庙展出，其保险值就超过了二百万元。

在绍兴酒生产过程中，有一个亘古不变的传统：那就是在每坛酒泥封前，要将此酒的配方、生产时间、酿坊历史、品种、酿法、坊主姓名、酿坊牌号、盖印后的注册商标等物品用桃花纸包好，放置酒坛的灯盏头上，并覆上荷叶，再用泥头封住，以供届时甄别真伪，此即绍兴酒坊单。其间的商标意识、防伪意识、商道等等就不喻而明了。

我们可以详细阅读一下沈永和酒厂1928年的坊单，全文如下：

浙江绍兴自汤、马（即兴建绍兴水利工程三江闸的汤绍恩和建造鉴湖的马臻）二先贤续大禹未竟之功，建堤、塘、堰、坝，壅海水在三江大闸之外，导青甸、鉴湖于五湖三经以内，用斯水而酿黄酒，世称独步，实赖水利之功。近今酒税，绍兴独重，比较别区，数逾五倍。有避重税之酿商，迁酿坊于苏属，仿造绍酒，充盈于市。质式与绍酿无异，惟饮后常渴，由于水利非宜。更有唯利是图之售商，仿绍则利重，售绍酿则利轻，每使陶、李（陶即陶渊明，李即李白）之雅士有难购真货之势。本坊章鸿记，在绍兴阮社，自清初创始坊址（即清康熙三年，1664年）逐渐扩充酿缸，随时增设陈酒，按年贮存。世业于世，未便更易。明知利薄，欲罢不能。幸承京津各埠大商，暨东西各国侨商，不计重税，委为定酿，预订远年，直觉争先恐后。本主人惟有自加勉励，将向售之远年花雕、真陈善酿、加料京装、竹青陈酒精益求精，以副雅望。恐被仿冒不明，坛外特盖用月泉小印泥盖，内并封入此单，务请大雅君子购时认明，庶不致误。本坊章鸿记主人谨述。

每每复读此单，总会被先人的诚实、信义利之商道所感动，也会被他们超前的广告、商标意识所折服。我们不妨稍加分析，便知一二。

1. 诚实。如实告知消费者（"大雅君子"），我酒之好缘于鉴湖之水，此即应了清代大文人梁章钜先生在《浪迹续谈》之语："盖山阴、会稽之间，水最宜酒，易地则不能为良，故他府皆有绍兴人如法制酿，而水即不同，味即远逊。"

2. 忠告。绍兴本地酿制的与仿绍酒，"质式与绍酿无异，惟饮后常渴"（提供了简易的鉴别之法），本质是不同的。

3. 褒奖。尽管有不少不公正、不公平的、无序的市场竞争，但正直之商、正义之人，识货之主，还是大有人在。

4. 广告。正因为有上述之况，故"恐被仿冒不明，坛外特盖月泉小印（即商标也！）泥盖，广而告之。明告之举，精明致实。

5. 商标。不光将有关该说、该告、该劝、该褒、该贬的事都说明了，"内并封此单"。还"坛外特盖用月泉小印泥盖"，将商标名为月泉。印盖何处，道得如此之明，酒坛泥封开启时，取坊单一对照，真伪便明，可谓一绝！

咬文嚼字，细细品味绍兴酒中坊单之含义，愈觉先人之聪明、精明和高明，能成此者，自忖惟有绍兴酒之故可介，不知对否，敬请读者斧正！

《黄酒·儒家文化》 　　傅建伟

一、"中庸"：黄酒之格

中庸之道即中正不偏、经常可行之道。中庸既是一种伦理原则，也是一种人与人之间互动的方式方法，中庸之道无处不在，深深地影响着国人的生活。黄酒以"柔和温润"著称，恰与中庸调和的儒家思想相吻合。黄酒集甜、酸、苦、辛、鲜、涩六味于一体，自然融合形成不同寻常之"格"，独树一帜，令人叹为观止。"六味"中，任何稍稍偏侼某一味，往往腻口发渴，或辛辣粗糙，或淡口无味或体中满闷……留给人们美中不足之憾。而黄酒"中和"得恰到好处，走而不守，酸甜苦辣犹如品味人生，妙不可言！黄酒何以融"六味"于一体而中正不偏、天衣无缝，是自然造化，还是仅凭"酒头脑"那炉火纯青的酿酒技巧，抑或两者兼而有之，我们无需寻根问底。事实上，黄酒"中和"而蕴含的刚柔相济之品格，的确是其他酒种没有的。白酒少鲜，辛辣冲口，温和欠缺；啤酒多苦，爽口有余，厚重不足；葡萄酒偏涩，涩而挂味，刚劲不够，而黄酒兼备协调、醇正、柔和、幽雅、爽口的综合风格，恰如国人"中庸"之秉性，深得人们青睐，被誉为"国粹"也就为之不过了。

二、"仁义"：黄酒之礼

"仁"是儒家思想的中心范畴和最高道德准则。子曰："仁者，爱人。""克己复礼为仁"。黄酒是一种物质，它自古与人们结下了不解之缘。"酒，就也，所以就人性之善恶。"酒是作用于人的精神的东西，可使人为善，也可使人为恶。酒虽有利有弊，但适度把握，裨益颇多。酒的功能有三，一可解除疲劳，恢复体力，二可药用治病，滋补健身，三可成礼。黄酒承载着释放人们精神、惠泽健康、表达情感、体现爱心的作用，这与儒家崇尚"仁义"，主张"天地人合一"的精神境界，提倡友善、爱护是息息相通的。自古以来，酒是情感的"催化剂"。书圣王羲之以酒会友，与谢安、孙绰等文人雅士在兰亭修禊，曲水流觞，畅叙友情，留下千古之作《兰亭集序》；唐王维以酒送友，"劝君更尽一杯酒，西出阳关无故人"；苏轼送穆父出守越州，"我恨今犹在泥滓，劝君莫棹酒船回"，挚爱之情溢于言表；鲁迅先生以酒悼友，深深怀念知友范爱农，"把酒论当世，先生小酒人。大圜犹茗艼，微醉自沉沦。"陆游以酒寄情，"红酥手，黄滕酒，满城春色宫墙柳……错、错、错……"经过千百年的洗礼、沉淀，酒礼约定俗成，自觉不自觉地成为一种行为规范，渗透到政治制度、伦理道德、风俗习惯等各个方面，扎根形成了古朴厚重、生生不息的酒俗文化。

三、"忠孝"：黄酒之德

子曰："己欲立而立人，己欲达而达人。"儒家这些"忠孝"思想体现的是中国古代传统文明，也是中华美德的一部分。黄酒生性温和、醇厚绵长，在漫漫中国酒文化长河中，黄酒以其独有的"温和"受国人称道，黄酒的文化习俗始终以"敬老爱幼、古朴厚道"为主题，这与儒家所追求的"忠孝"精神一脉相承。其一，黄酒本身性温，饮黄酒忌狂饮滥喝，"唯酒无量，不及乱"，唯慢慢地一口一口地咪，方可品味出所以然来。其二，黄酒特别是绍兴黄酒千年不衰，闻名遐迩，与绍兴当地酿酒人忠诚经营，世代相传，无一怠慢息息相关。其三，酒乡习俗，古雅厚朴，敬老爱幼之风盛行。在黄酒之乡绍兴，孩子满月要喝"剃头酒"；孩子长到一周岁时，父母要为其办酒席，称"得周酒"。寿酒更是风行。绍兴人认为，人生逢十为寿，均要办寿酒，另外，人归西要办"白事酒"，死者的生日和死日还要设酒致祭，俗称"做祭日"，以示对逝者的怀念。

四、"治国"：黄酒之魂

"君子以自强不息"，儒家思想探求者砥砺奋发、努力进取的人生态度和价值观念，从黄酒得以见证，借黄酒得以升华。2500年前，越王勾践卧薪尝胆，十年生聚，十年教训，投醪劳师，一举灭吴，报仇雪耻。在称霸中原后，勾践置酒文台，举酒庆功。"鉴湖女侠"秋瑾把酒拔剑，"吾辈爱自由，勉励自由一杯酒"，与黑暗势力决斗，不愧为一代女中豪杰。徐渭才华横溢，倔强不驯，不畏权贵，杯不离手，醉中作画，留下不朽之作。与徐渭一样，当时绍兴一大批文人进入官府，担当了幕吏（师爷）角色，他们作为儒生这样一个特定的知识群体，"学而优则仕"，抱负"治国平天下"的理想。把黄酒比作廉吏，不仅是对黄酒的由衷赞叹，更是对黄酒之魂的精辟提炼。

三、赞会稽山

《黄酒之源——会稽山》　　　　杨国军

天下黄酒源绍兴，绍兴黄酒会稽山。

说起绍兴的黄酒，就不能不令人想到鉴湖水，不能不想到东汉马臻太守在豪强极力反对的情形下，以浩浩正气修筑起一个改变绍兴人生存环境的天下名湖——鉴湖。

如果说鉴湖水是"绍兴酒之血"的话，那么会稽山则是"造血的干细胞"。巍然耸立的古代九大名山之首——会稽山三十六源清澈泉水在经历了九曲十八转之后，汇聚鉴湖，经过数十代人的艰辛酝酿，终于在1915年的某一天，绍兴东浦云集酒坊一个叫周清的大学教授把绍兴酒这一极品醇酿推向了世界酒会，获得了世界上一流品酒师的认可。于是，会稽山美酒扬名天下。

从春秋越国发展到今天，绍兴酒在和绍兴人民建立深厚渊源关系的同时，也赢得了历代名士贤人以及党和国家领导人对其的钟情和关爱，勾践杯酒兴国，羲之曲水流觞，徐渭醉绘丹青，秋瑾貂裘换酒，鲁迅把酒论世，周恩来、邓小平、江泽民等共和国三代领导人共同关爱绍兴酒。历史在成就会稽山等绍兴黄酒知名品牌的同时，也给温柔斯文的绍兴人注入了活生生的黄酒"基因"。

还是让我们循着岁月的足迹，一同走进稽山的昨天和今天，共同展望会稽山辉煌的明天。

一、云集初创　诚实守信传美名

1743年，清乾隆时期，一位叫周佳木的酿酒师召集了当时绍兴酿酒业水平最高的酿酒高手，创立了"云集酒坊"。酒坊名取"云集"，就是酿酒高手云集的意思。

周佳木，不仅仅是会稽山黄酒的创始人，也是今天绍兴黄酒的创始人之一。

云集酒坊传到第四代周玉山手里时，已是当时绍兴最大的酒坊之一，它的开业宗旨是诚实守信，童叟无欺。酒坊不但酒酿得好，而且当家人周玉山对他的四个儿子管教极严，要求他们恪守商德，诚信为本，用心酿好每一缸酒。因此，乡民们都认为云集世代忠厚，与人为善，老酒买卖非常兴隆。据周玉山玄孙，现住嘉兴的周我云老人讲，周玉山的为人极好，也很有人缘，至今还传颂着一个有趣的故事。

"话说某日早晨，一贼爬墙进云集酒坊的屋子想偷点东西。正碰上玉山公在墙下烧水给工友洗脸泡茶。贼见有人，就要逃跑。玉山公急忙喊道：不要跑，不要跑，我拿梯子接你下来，不然跌下来要受伤的。贼被玉山公的话真心感动，就下来了。他回去后，就对贼们说：这家酒坊是大善人开的，大家今后都再不要去骚乱他们了。自此以后，再无贼光顾云集了。"

云集酒坊传到第五代时，酒坊便由周玉山的四个儿子接管，其时，绍兴民间的小酒坊已有很多，但是由于酿造技术良莠不齐，基本上还没有形成统一的产品风格，周家非常有远见和眼光，他们通过不断组织酿酒高手参加酿酒比武大会，不断提升绍兴黄酒的酿造技术，为今天会稽山绍兴酒的品质奠定了技术基础。如今绍兴黄酒中四大品种之一的"香雪酒"即为云集酒坊首创。

"1912年，云集酒坊的吴阿惠师傅和他的同事们，用糯米饭、酒药和糟烧，试酿了一缸绍兴酒，最后得到12坛酒，试酿成功后，工人师傅们认为这种酒由于加用了糟烧，味道特别香浓，又因为当时酿制是没有加促使酒色变深的麦曲，只用了白色的小曲酒药，酒糟色白如雪，所以叫做香雪酒。"以前，香雪酒只用于盖在刚灌坛的绍兴元红酒上面，以增加酒的香气和风味，所以又叫做"盖面"。

二、赴美参展　"云集"名扬巴拿马

1915年，绍兴黄酒的历史上绝对应该大书一笔。

这一年，作为云集酒坊第五代传人的周清（周玉山第四个儿子），不但让世界见识了绍兴黄酒，也让世界记住了绍兴黄酒。周清是把绍兴黄酒推向全球的第一人，是周清让绍兴黄酒走向世界的梦想变成了现实。

据史料记载，其时周清的酒坊已有八百大缸（七石缸）的存酒，规模约占全县二分之一强，成为云集开创以来的鼎盛时期。

周清，是我国著名农学家、农业经济学家、社会活动家，曾任农业部副部长，是我国现代茶业的奠基人吴觉农先生的老师。1915年，周清作为一名教授和绍兴酒业传人，一直在关注着世界局势的变迁，而巴拿马运河开通的消息让他兴奋异常。

因为此前他一直在思考，如何让世界认可祖先传下来的美酒。如果绍兴酒能在巴拿马国际博览会上获得认可，那就意味着绍兴酒获得了世界的认可。

别说实践，在当时即使是有这样的想法也是一件非常超前的事情。但是，周清并非空想家，他一方面亲自撑耙酿酒，一方面通过各种途径关注这一事件，最后，在鲁迅先生的帮助下，云集周清酒终于成功登上了开往巴拿马的轮船。

而巴拿马国际博览会也没有辜负周清的不懈努力和万里迢迢，"绍兴周清酒"勇夺金奖，成为绍兴酒历史上第一枚国际金奖。据说有一个日本商人，十分好奇地买了几坛老酒带回日本，日本人喝了后大批前来采购，一边刺探技术情报。现在日本人看到绍兴酒很有前途，就决心仿制。他们派了一人接近云集酒坊并想方设法参加作业。不久，他就遇到难题了。因为绍兴酒配制，全靠一位酿酒开耙师凭经验决定每缸酒发酵的好坏。而这位师父又十分保守，技术丝毫不肯外传。听说他们自己每代只传授一人。日本人正感到无计可施时，在杭州他发现了周清著的《绍兴酒酿造法之研究》一书，购得后如获至宝，反复研读。回国后依样画葫芦，制作出来的酒液与绍兴酒也确有相象之处，于是大贺成功，并计谋在一定时期内挤垮云集。殊不料仿制产品储存不久即出现了问题，而正宗的绍兴酒却越陈越香。日本人还不死心，于是再请教周清先生。周清先生一语道破说，这是水质问题。绍兴酒用的是鉴湖之水，它集会稽山三十六源神水之灵气，含有特殊矿物质，非他之水可以代替。于是，日本人不得不放弃努力以失败告终。

"1915年的周清，已经做成了一个世纪以后很多人都无法做到的事情，将绍兴黄酒推广到全球，让全世界为绍兴黄酒喝彩。应该说，周清创造的成绩，前无古人，后无来者。"会稽山绍兴酒有限公司现任总经理傅祖康如是说。

三、精酿细作　喝酒要喝"云集酒"

1951年12月12日，云集酒坊由绍兴公股公产清理小组接收，更名为"绍兴县公营云集酒厂（会稽山绍兴酒有限公司前身）"，成为绍兴县第一家国营酒厂，并由陈德昌（现会稽山绍兴酒有限公司副总经理陈培民之父）担任云集酒厂第一任厂长。

1956年，国家决定发展绍兴酒，经周恩来总理和陈毅副总理批准，《绍兴酒整顿、总结与提高发展目标》项目列入了国家十二年科技发展规划，就在这一年，云集酒厂投资70万元，征地70亩扩建厂房，增购设备，扩大生产，取得了显著成效。1957年，国务院总理周恩来再次批示拨款，在云集酒厂兴建绍兴酒陈贮中央仓库，并得到苏联专家的帮助和指导。现在，会稽山公司还保存着中央政府当年投资的进帐单。

1956年3月29日《地方国营绍兴县云集酒厂历史概况、生产情况简报及今后远景规划》一文记载："本厂1951年底由政府接收，转为'地方国营云集酒厂'"。接收时，"仅有流动资金（新币）70000余元，固定资产2000余元及职工18人，年产黄酒亦只800余缸，自国家接收后，生产任务骤然扩大，至52年四月即达到年产6000缸，因此原东浦厂址感到不敷使用，即于52年底租赁湖塘新厂，旧厂生产，后因湖塘地区偏僻，交通运输不便，又在53年底续租阮社东江及詹家湾三处民房为厂房，并择定东江为总厂，湖塘及詹家湾为二个分厂，同时进行生产，经过54年基本建设，买绝东江民房进行进行改建，自此初步奠定了工厂基础"。又载：

"本厂所产黄酒，一直来为绍酒中最负盛誉之名牌货，除遍销国内各大城市外，更畅销香港、南洋群岛、日本等广大国外市场，总之'云集'之酒自创设迄今百余年中，根据一贯之论，曾全盛不衰，此酒之所以较一般绍酒更为出名，是有以下特点：

（1）厂址地处鉴湖，水源清澈且含矿物质，此水最宜酿造醇厚美酒。

（2）选料讲究，必用精白无杂质之糯米，促成糖化发酵均匀完全。

（3）技工技术高，操作方法独具心得，质量有保证，同时曾在每缸酒中放香雪15斤，故香味较其它酒独特。

（4）产品规格多，如加饭酒即花雕，酒放酒的'善酿'，烧酒放的'香雪'，同时，色、香、味酒配制得法，迎合消费者口味。

中国文化遗产年鉴·酒文化卷

（5）不卖当年新酒，最短销售三年陈，一般储五年，年代长的竟有十、二十年，本厂现有4年陈香雪、10年陈善酿、20年陈大花雕。所以销售之酒类均能达到'酿得好'、'储得陈'，所谓'越陈越香'，'越名贵'。"

四、百年历练 "东风"扬帆启征程

为发展绍兴酿酒业，加强行业管理，1959年，绍兴县委将六家酒厂和一家坛厂，联合组建绍兴鉴湖长春酒厂。刘金柱任党委书记，亓辛任厂长，沈锡荣、陈德昌、王阿牛任副厂长。云集酒厂改为"绍兴鉴湖长春酒厂二车间"。由王阿牛兼任车间党支部书记。1960年又改为绍兴县鉴湖酿酒公司，车间撤消，仍恢复云集酒厂，实行经济独立核算。1959年王阿牛被评为全国轻工业先进生产工作者。

1969年4月，受文革浪潮影响，云集酒厂更名为"东风酒厂"。1973年再次组建"绍兴酿酒总厂"，下设绍酒直属车间和东风、东方红（即沈永和）两分厂，总厂党委书记沈锡荣任东风分厂支部书记，王阿牛常任支部副书记。

1978年，党的十一届三中全会召开，绍兴酿酒业迎来了新的生机。1979年，时任东风酒厂党支部书记、县委委员、市县人大常委、省政协委员的王阿牛以高超的酿酒技艺和超常的品酒技巧，被轻工业部聘为第三、四届部级评酒委员，1983年王阿牛又被国家经委聘为国家级评酒委员。被同行业誉为黄酒行业中的权威人士。

现在，会稽山很多高级酿酒师当年都做过王阿牛的徒弟，或得到过王阿牛的指教，他们称，王阿牛对待徒弟非常严格，不要说王阿牛教训徒弟时，即使是看见王阿牛时，他们都非常害怕。会稽山在中国黄酒界有今天的地位和品质，有王阿牛的一份贡献。

1983年，时任东风酒厂副书记兼工会主席的任中华走到了台前，担任会稽山新一任厂长。

在王阿牛等前辈的传承带动下，其时，东风酒厂已形成了一支实力雄厚的传统酿酒骨干队伍，生产绍兴酒系列产品，也屡次在行业质量检评活动中名列前茅。

1987年7月，公司放弃文革前使用的"鉴湖"商标，注册"会稽山"，注册号182200号，会稽山的品牌创建工作从此开始。

经过几代人的努力，到20世纪80年代末，会稽山黄酒的品质地位已得到全面确立。1987年"全省最佳冬令商品评选"中，会稽山黄酒被省消费者协会、省质量管理协会、省标准计量局、钱江晚报授予金奖杯。1988年，在全国首届食品博览会上，"会稽山牌"（外销"塔牌"）花雕酒、加饭酒、元红酒又再度荣获金质奖。1989年，在全省大型民意调查"消费者评说产品优劣"活动中，会稽山以同行业产品质量总分第一名的好成绩，被省消费者协会、省城市农村社会经济调查队、中国质协用户委员会杭州质量跟踪站授予"很满意产品"，成为绍兴全市同行业中唯一实行"产品质量保险"的单位。

1989年8月，国家中标项目—绍兴东风酒厂扩建年产万吨的机械化黄酒车间工程顺利通过竣工验收，该扩建项目总投资2160万元，建筑面积28911平方米，是继1983年绍兴酿酒总厂扩建同类项目后，在全国同行业中，建筑规模最大，总图颁布最合理、工艺设备最先进、生产、办公、生活公用设施最为配套的一项工程。该项目的顺利投产为今后会稽山的进一步发展打下了扎实的基础。

1993年，东风酒厂又大胆引进港资，再次投资1998万美元合资组建"东风绍兴酒有限公司"，中方控股51%，建立"中国绍兴酒城"，成为中国黄酒业中首家中外合资的企业，也为以后会稽山实现跨越式发展积累了一笔巨大的财富。一年后，酒厂以突出的经营业绩进入全省"最大经营规模"、"最佳经济效益"工业企业评价序列。

与此同时，酒厂产品大量出口到日本等东南亚及欧美国际市场。1990年，瓶酒车间内装组，更是以"4073万瓶优质酒"的卓越成绩获"全国五一劳动奖杯"，成为在全国黄酒行业和绍兴市、县中唯一获奖的先进班组，这也是目前唯一一家获得过"五一"劳动奖章的黄酒企业。1997年，东风酒厂又在全国黄酒同行业中首家通过了ISO9002国际质量体系认证，成为"中国黄酒第一证"。

1998年10月10日，"东风酒厂"与"中国轻纺城集团股份有限公司"实行强强联合，东风酒厂国有资产全额置换给中国轻纺城集团股份有限公司，轻纺城成为"东风绍兴酒有限公司"控股股东，并由原柯桥开发委副主任冯张法出任公司总经理。

1998年以后，公司先后组织召开首届会稽山黄酒营养保健研讨会，会稽山酒文化学术研讨会，会稽山营销战略研讨会，组织召开会稽山"共和国同龄酒"产品拍卖会，开绍兴酒拍卖先河，在绍兴酒同行中首家推出会稽山酒文化珍藏卡。1999年，公司又投资200多万元打造了浓缩会稽山百年历史精华的"会稽山黄酒博物馆"，很好地宣传了绍兴酒文化以及会稽山的历史渊源，每年吸引上万人前来博物馆参观旅游，对会稽山品牌及文化内涵作了全面系统地阐释。

1999年，"会稽山"商标被认定为"国家首批重点保护商标"。2000年，东风酒厂入选中华人民共和国首批原产地域产品保护企业，瓶酒生产部被评为"全国模范职工之家"。2001年，公司被授予全国食品行业质量效益型先进企业，同时，经"中国绿色食品发展中心"认定批准，会稽山绍兴酒成为绍兴黄酒中第一只绿色食品，12月通过ISO14001环保体系认证，成为绍兴县首家通过环境管理认证的企业。2002年，"灵芝精雕酒"获得保健食品批准证书，成为国内同行业中第一只保健酒产品。

五、实力作证　黄酒之源会稽山

2002年9月，"中国精功集团"入驻轻纺城，成为轻纺城最大股东，会稽山随之加入"精功"集团旗下。

2003年11月，时任中国轻纺城集团股份有限公司董事、副总经理、财务总监的傅祖康走马上任会稽山绍兴酒有限公司（原绍兴东风酒厂）董事长兼总经理，开始执掌会稽山这艘黄酒百年巨轮。

来到会稽山后，傅祖康一方面深入调研，了解企业运转情况；一方面招贤纳仕，将业内多名高级营销、管理人才招于麾下，重构组织框架。同时积极实施人本管理，加强企业文化建设，打造核心竞争力，在企业内营造了一种透明、公正、平和的管理氛围。

经过二年的准备，2005年11月18日，傅祖康开始正式实施他的品牌提升和资本扩张计划。这一天，傅祖康亲自举牌，以每股3.13元，总价8920.50万元竞得浙江嘉善黄酒2850万股国有股权。同一天，会稽山又以7000万高价中标央视黄金广告标段。一天投入1.6亿元，巨大的天价投资引起了业界震撼，业内同行、各级媒体同时聚焦会稽山。一时间，会稽山成为中国酒界的焦点。时隔一月，为配合会稽山商标荣获"中国驰名商标"，傅祖康将延续了30多年的东风厂名更改为"会稽山绍兴酒有限公司"。

2006年，会稽山再次以大形象现身春、秋糖酒会，联手央视、牵手凤凰、控股嘉善三记重拳令行业内外人士瞩目。同时，公司重构企业文化框架，总结、归纳、提炼会稽山企业精神和核心价值观，继续挖掘会稽山百年历史文化内涵，组建中国黄酒业首支铜管乐队，创办《会稽山报》，不断致力于会稽山黄酒文化的弘扬光大。

对于文化营销，傅祖康有其独特的见解。"我们推广绍兴黄酒，其实就是在推广一种生活方式和一种饮酒文化，绍兴酒是典型的儒家文化代表，是一种中庸之道，你看这酒中，酸、甜、苦、辣、鲜、涩六味调和融洽，浑然一体，世界上有哪一种酒有这么好的意境，又有哪一种酒有如此深的底蕴。绍兴酒要走向市场，在某种程度上就是要把我们绍兴越文化广为发扬，要让我们的越文化具备生根发芽的土壤。因此，必须全面的宣传和推广，这是不容置疑的"。

傅祖康接着说，绍兴酒是一种和合文化，也可以说是一种大同文化，体现了一种中庸之道，这和绍兴地方的风俗有很大的关联，就象绍兴酒有一道大菜，叫做"阿龙"，把风种菜烧在一起，味道特别的好。"和"是中国儒家文化的内核，和能容忍一切，包容一切，和能海纳百川。

在傅祖康的精心策划并运作下，三年多来，会稽山在品牌建设、质量管理、技术创新等方面都取得了卓越的荣誉，公司先后取得"中国驰名商标"、"国家免检产品"、"中华老字号"、"浙江省质量管理奖"等众多荣誉称号，是目前中国黄酒业中唯一一集"中国驰名商标"、"国家免检产品"、"中华老字号"、"国家地理标志保护产品"四项荣誉于一身的企业。傅祖康个人也先后荣获"全国酿酒行业百名企业先进个人"、"全国食品工业先进科技管理工作者"，2005年岁末，傅祖康与蒙牛集团董事长牛根生、中粮集团董事长兼总经理宁高宁、青啤集团总经理金志国等一起入选由《新食品》杂志社2005年度十大新闻人物名单。2006年3月，傅祖康入选"谁改变了中国酒业10年·50人"名单。10月，再次入选"中国葡果酒、黄酒及保健酒十大品牌领袖"。并入选由香港国际名酒文化研究会和中国酒业著名记者联盟联合编著的《谁改变了中国酒业》一书。

与此同时，会稽山在继续确保ISO9001、ISO14001等管理体系有效运行的基础上，又相继通过了食品安全QS和HACCP认证，企业技术中心成为国内仅有的二家省级企业技术中心之一，会稽山"绍兴黄酒酿制技艺"列入国家级非物质文化遗产保护项目，并作为主要传承基地。

四、赞西凤酒

《西凤酒琐忆》　鲁永利

从刚懂事时候就听家乡人讲西凤酒的故事。我的爷爷也不知念过什么书，但却能识文断字，学问渊博。茶前饭后常常爱讲《列国志》《三国演义》《水浒》。而讲的更多的则是西凤酒的故事。什么盗马野人饥食秦穆公战马，秦穆公不杀，赐酒解毒；盗马野人知恩图报，帮助秦穆公韩原大战取得胜利，秦穆公投酒于河劳军，三军皆醉；裴侍郎即兴吟诗等等。后来爷爷年龄大了，须发全白，不能正常劳动，便几乎天天到铺上去(那时人们把上柳林叫上铺)，抿两口西凤酒品品味，讲说酒的故事解解闷，直至去世。

1971年秋的一天下午，天气阴森森的，我被派去拉土，由于跑的快，吸了冷风，一下子肚子疼的厉害。老队长把我领到酒库，给管库的师傅说："这娃吸了凉风了，肚子疼，你给喝一口酒。"管库的师傅给我端来半搪瓷缸子好酒，我不知其厉害，一饮而尽。拉着架子车，摇摇晃晃回到家里，躺在炕上，只觉得天旋地转，双手乱抓，撕扯了贴在炕头墙上的林彪画像，家里人吓得出了冷汗，慌忙用一张报纸补上。一觉醒来，听说此事，吓得目瞪口呆，全家人都把心提到了嗓子眼。第二天，中央人民广播电台播发了林彪仓皇出逃，叛党叛国，摔死在温都尔汗的消息，一家人都高兴得不知说什么才好。

第五章　酒与对联

　　中国是世界上独一无二的对联王国和酒文化王国。酒联作为中国酒文化的一个重要组成部分，包括了丰富多彩的酒文化知识，为中国酒文化增添了颗颗明珠。酒入对联，联溢酒味，芳香醉人，流光溢彩。它使得中国酒文化知识和对联艺术交相辉映，相得益彰。

　　所谓酒联，顾名思义，就是与酿酒、饮酒、用酒、酒名、酒具直接相关的对联。它既包括酿酒、赞酒等直接涉酒的对联，也包括在各种不同场合间接涉酒、借酒寄情的许多酒联。

第一节　赞酒类

　　酒美在于香。人们所称赞酒香，因而，赞酒的对联多用"香"字，如：

　　　　香浮郁金酒；烟绕凤凰樽。
　　　　酒香十里春无价；醉买三杯梦也甜。
　　　　仙醴酿成天上露；香风占到世间春。
　　　　琼浆玉液名天下，闻香不禁口流涎。
　　　　一杯香露落入口，千粒珍珠滚下喉。
　　　　三杯入腹浑身爽；一滴沾唇满口香。
　　　　酒气冲天，飞鸟闻香成凤；
　　　　糟粕落地，游鱼得味成龙。

　　对于同一种酒来说，酒度越高，香气就越浓，也越容易醉人，因而，在赞酒的联句中还常用"醉"字，如：

　　　　铁汉三杯软脚；金刚一盏摇头。
　　　　猛虎一杯山中醉；蛟龙两盏海底眠。
　　　　入座三杯醉者也；出门一拱歪之乎。

　　使"猛虎"、"蛟龙"、"醉"、"眠"，让"铁汉""软脚"、"金刚""摇头"，此酒竟有如此神力！真乃好酒！好酒！夸张手法在这两幅对联中得到妙用。而第三幅联尾巧用文言虚词，增加了幽默感。同时，语带夸张，用词形象生动。"出门一拱歪之乎"，如见其人，如观其状，使观见者忍俊不禁。

　　如果说饮了能醉人是好酒，那么，还未饮用，仅闻到风中的香气就能"醉"人，此酒岂不更好，请看以下四联：

　　　　风来隔壁三家醉；雨过开瓶十里香。
　　　　陈酿美酒迎风醉；琼浆玉液透瓶香。
　　　　沽酒客来风亦醉；欢宴人去路还香。
　　　　远客来沽，只因开坛香十里；近邻不饮，原为隔壁醉三家。

第二节　酒厂类

　　酿酒行业也有与自己行业相适应的专用对联。其内容或者显示本行业的独特性质，或者表现本行业的意义与宗旨，或者反映劳动者的自豪情怀和高尚技艺，还有一些记录了社会的道德、风貌以及某一阶段的某些特征或重大事件。其中心是围绕一个"酒"字，赞自己所酿之酒、所事之业，抒自己所蓄之志。其中：

一心敬三杯酒五谷丰登；

二喜到四季财六业兴旺。

高粱大麦豌豆酿成世界名牌酒；

深情技术干劲创出企业新局面。

四角饱满六面光滑块块好；五味俱全三绝绵长滴滴香。　　　（制曲）

色香味俱佳精心调勾美酒；年月日分存细尝慢品佳酿。　　　（勾兑）

量杯不大精心兑就万人口味；

天平虽小巧手称出百家食性。　　　　　　　　　　　　　　（勾兑）

第三节　店馆类

　　一副好的酒联比一个酒广告、酒介绍书更具有吸引力。它是诗化的广告，又是一种雅致的陈设，其古朴纯厚与店号匾额、门面修嵌，室内摆设相配合，能收到珠联璧合、相映生辉之效。它更是一种文学的样式、艺术的殿堂，给人以丰富的知识和美的愉悦享受。千百年来，酒家店堂十分讲究酒联的撰拟和装潢，许多文人学士也以撰书酒联为逞才斗智之所。

　　一般店馆的对联可分为以下五种：

一、赞美酒菜，吸引顾客

　　　　开坛千君醉；上桌十里香。

　　　　陈酿美酒迎风醉；精烹珍馐透腹香。

二、劝客饮酒　助兴佐餐

　　　　座上客常满；杯中酒不空。

　　　　此处有家乡风月；举杯是故土人情。

三、描写环境

　　　　地偏山水秀；酒香河桥春。

　　　　短墙坡藤隔闹市；小桥流水连酒家。

　　　　美酒一杯，千载难逢一知己；

　　　　草舍几间，两耳尽闻天下事。

　　　　华屋杂茅芦，于西子湖边别开胜境；

　　　　停桡来把盏，在刘伶庄畔应集酒仙。

　　　　一笑大江，横看樽前帆影东西，好趁晚霞归粤海；

　　　　几人诗句，喜问襟上美痕多少，未输明月醉扬州。

四、表达热情　诚恳待客

　　　　佳肴美酒志莫醉；真情实意客常来。

　　　　山好好，水好好，开门一笑无烦恼；

　　　　来匆匆，去匆匆，饮酒几杯各西东。

五、巧用典故　增添雅兴

　　　　处处通途，何去何从？求两餐，分清邪正；

　　　　头头是道，谁宾谁主？饮一杯，各自东西。

第四节　节俗类

中国的节俗，从一开始就与酒结下了不解之缘，并且随着酒的大量生产，形成了更多更繁杂的与酒有关的风俗习惯，　使得中国酒文化才是地地道道的社会文化，大众文化，进一步促进了中华民族文化（其中包括对联艺术）的发展。这些节俗、酒俗、酒联主要包括五个方面：

一、春节

春催千山秀；酒溢万里香。

红梅枝头春意浓；翠柳丛里酒气香

梅花带雪飞琴上；柳色和烟入酒中。

美酒千盅辞旧岁；梅花万朵迎新春。

柏酒生香樽冷碧；桃符换岁帖书红。

四海归心歌一统；万家春酒乐团圆。

把酒高吟庆功赋；扬鞭又唱丰收谣。

凤凰金樽辞旧岁；梅花瑞雪报丰年。

团圆宴更念手足兄弟；新春酒难忘骨肉同胞。

辞旧岁大海喜酿千盅酒；迎新春高山笑挥万树花。

好山好水，又迎春风一度；丰景丰年，再饮美酒三杯。

爆竹声声，举杯畅饮团圆酒；灯光灿灿，放眼遥看锦绣图。

二、元宵节

天空明月三千界；人醉良辰十二楼。

雪月梅柳开春景；灯鼓酒花闹元宵。

元夕万家酒宴乐；宵月千里山川明。

街头灯影逐花影；村中梅香伴酒香。

春夜灯花几处笙歌腾朗月；良宵美景万家酒席庆丰年。

三、端午节

榴花彩绚朱明节；蒲叶香浮绿醑樽。

榴裙萱黛增颜色；艾酒蒲浆忆年华。

绿艾悬阶添藻彩；青蒲注酒溢芬芳。

艾酒驱瘴千门福；碧水竞舟十里欢。

四、中秋节

喜得天开清旷域；宛然饮得桂花酒。

中庭饮月三人醉；秋圃吟花一卷诗。

叶脱疏桐秋正半；花开丛桂酒亦香。

几处笙歌留朗月；万家酒果乐中秋。

琼宇高寒捧出一轮月影；玉液冰壶平分五夜天香。

五、重阳节

菊花辟恶酒；汤饼茱萸香。

临风乌帽落；送酒白衣香。

黄菊绮风村酒熟；紫门临水稻花香。

双庆临门家庆欣逢国庆日；三阳插彩小阳喜叠重阳酒。

身健在，且加餐，把酒再三嘱；人已老，欢犹昨，为寿百千春。

第五节　婚喜类

婚酒联内容大体可分以下三个方面：

一、恭贺。如：

> 盈耳笙歌交玉液；满堂花烛引香车。
>
> 合卺题诗飞觞醉月；挥毫作颂剪彩为花。
>
> 举酒贺新婚人共河山同寿；纵情歌盛世春临大地多娇。

二、祝福。如：

> 花开连理描新样；酒饮交杯醉太平。
>
> 杯交玉液飞鹦鹉；乐奏瑶笙引凤凰。
>
> 花好月圆，岭上梅花双喜字；
>
> 情深爱永，莛前酒醉合欢杯。
>
> 此日喜成婚海誓山盟期百岁；
>
> 今朝劳玉驾谈今论古饮千觞。

三、勉励。如：

> 新婚莛前共饮交心酒；劳模会上合唱致富歌。
>
> 今日新婚礼三杯喜酒谢亲友；
>
> 来年颁奖台两朵红花赞英雄。

第六节　祝寿类

　　数千年来，酒一直以其养生延寿的功能，成为敬老、养老的佳品。在给老年人祝寿时，一定要敬酒，许多寿联中也就自然而然地带上"酒味儿"，给好饮的老人作寿联，更应以酒相祝，愿其长寿。

男寿联如：

> 酒介南山寿；觞开北海樽。
>
> 倾祝遐龄椿作纪；莛开寿宴海为樽。
>
> 文移北斗成天缘；酒近南山作寿杯。
>
> 北海樽开倾寿酒；南薰曲奏理琼琴。
>
> 酒冽花香幸有丰功酬壮志；
>
> 时和人瑞喜从盛世祝遐令。

女寿酒联如：

> 莛进延龄酒；簪添益寿花。
>
> 一星悬宝婺；九醖湛金觞。
>
> 王母敬桃开绮席；素娥分桂酿琼浆。
>
> 麻姑酒满杯中缘；王母桃分天上红。
>
> 麻姑赐得长生酒；天女散来益寿花。

男女双寿酒联如：

> 天上人间齐焕彩；椿庭萱舍共称觞。
>
> 并蒂花开瑶岛树；合欢酒进碧筒杯。
>
> 举案齐眉桃莛献实；奉觞上寿梅龄传喜。

其他祝寿酒联如：

堂北萱荣馆婿舞彩；池西桃熟王母称觞。　　　　　　　　　　（祝岳母寿）

何以慰慈怀，只将菽水承欢，莱衣对舞；

哪堪酬客意，聊把柏酒频斟，桃觞共酌。　　　　　　　　　（祝父寿）

时逢盛世荆妻欣酌蟠桃酒；岁遇丰年拙夫喜作鹤寿诗。　　　（祝妻寿）

学檀陶朱南山献寿；才同管子北海倾樽。　　　　　　　（祝商界友人寿联）

第七节　遣兴类

酒，以水为形，以火为性，是五谷之精，瓜果之灵魂，乳酪之神髓，望之柔而即之厉。它清冽的仪容，纯净的色泽，醇厚的芳馨，使所有的人为之心荡神驰。饮酒的快乐，真不可一言尽之。难怪诗仙李白说："今日醉饱，乐过千春。""我醉君复乐，陶然共忘饥。"陶潜说："挥兹一斛，陶然自乐。"我们在一些对联中同样能看到酒的这种遣兴功能：

宽心应是酒；遣兴莫过诗。　　　　　　　　　　　　　　（唐·杜甫）

心悬千里外；兴在一杯中。

酒外乾坤大；壶中日月长。

每因一杯酒；重和两首诗。

赏花品茶心常乐；饮酒赋诗兴更高。

在古代文人骚客的诗句中，也不乏解愁的酒联，如：

沉饮聊自慰；放歌破愁绝。　　　　　　　　　　　　　（唐·杜甫）

禅伏诗魔归净域；酒冲愁阵出奇兵。　　　　　　　　　（唐·杜甫）

情多最恨花无语；愁破方知酒有权。　　　　　　　　　（唐·郑谷）

一杯能变愁山色；三盏全回冷谷春。　　　　　　　　　（宋·朱敦儒）

另外，还有一些借酒浇愁的酒联值得玩味：

酒能祛百虑；菊为制颓龄。　　　　　　　　　　　（见《聊斋志异》）

两杯美酒顺喉过；一肚苦衷随即流。

把酒涤烦襟，任天涯草绿，世界尘红，此心澄似双江山；

凭栏舒画眼，看远浦帆墙，夕阳城廓，胜概多于六鳌寿。

第八节　名优酒赞联

一、"国酒茅台海内外大征联"终评：

一等奖（2名）

煮酒论英雄，数赤水当年，四渡奇兵摧腐恶；

蜚声凭绩效，看茅台此日，一流佳酿铸辉煌。　　　　　（湖北　黄雍国）

汲名泉冽水，摄五谷精魂，酿成极品浮醪，好教豪俊尝真味；

临盛宴金瓯，盈万家瓦盏，历尽波峰浪底，且把荣忧看等闲。　（湖南　吴福忠）

二等奖（5名）

融两千年风雨，滴露回沙，春光巧酿；
共九万里河山，迎来送往，美谊长传。 （河北　董汝河）

与酒无缘，每逢宴会辞千次；
闻香透肺，愿饮茅台醉一回。 （湖南　方郡雄）

赤水酿甘醇，隔海闻香，中外驰名唯一处；
茅台享盛誉，争光历久，汉唐垂史两千年。 （安徽　苏自宽）

茅檐得月，对影为三，花下一壶倾尽兴；
台阁吟诗，飞觞而再，笔间百韵涌如泉。 （安徽　胡之锦）

甘受煮蒸，长历酵馏，厚性不移，出窖始成正果；
任由勾兑，久经存贮，真魂未散，论芳终点魁元。 （山西　薛启发）

三等奖（20名）

汉时枸酱，唐代蒸馏，岂无奥秘传真谛；
世界名牌，中华国酒，更有申田铸核心。 （四川　李进维）

国酒流芳，韵蔚三春妙景；
茅台醉月，诗含一脉天香。 （山西　闫维军）

汉武御封，历唐宋明清，千秋人醉茅台酒；
中华国礼，赠亚非欧美，四海香飘友谊花。 （河南　胡吉祥）

叹杜康、仪狄无缘，酌水斟山，只未见人间圣品；
喜太白、东坡有量，垂虹吸海，更重题酒国名篇。 （福建　曾清严）

看新纪茅台，笑步人生新领域；
喜大河赤水，酿成酒业大文章。 （湖南　文干良）

赤水映三光，瓶装月色；
茅台馏五谷，篓纳天香。 （新疆　钟声旦）

企业乘龙，一品茅台登国宴；
环球逐鹿，三分鼎足柱壶天。 （广西　郭君禧）

靠科技创新，酿绿色茅台，国酒琼林花万树；
重人才培养，抓红粮基地，符阳大地誉千秋。 （贵州　葛大庆　刘远旺）

香透两千年，杯借茅台生绿色；
名传十万里，酒登极品壮人文。 （甘肃　刘志刚）

汉帝开坛，香飘唐宋明清，千载茅台天上露；
国人办宴，席设东南西北，一杯美酒世间春。 （广东　黎明豪）

仰风云人物，献智施才，喜绘茅台新画卷；
仗龙马精神，抒情展志，欣呈国酒大文章。 （广东　廖莲香）

绿岭衬丹霞 仙宴茅台云欲醉；
金风吹玉浪 龙斟海宇水流香。 （福建　黄文彬）

不能国泰民安，韵赋秋风，茅屋为琼楼所替；
酒醇镇焕，图敷春景，台阶朝昊宇而伸。 （江苏　毛国迁）

情倾赤水，逸兴怡神，满眼浴春光，欲剪彩云镶画卷；
心醉茅台，回肠荡气，全身添雅趣，好邀明月入诗囊。 （湖南　张文武）

盛宴飞觞，底事最销魂，倾倒茅台金盏露；

华笺泼墨，几杯堪润笔，歌吟赤水玉壶春。 （湖南　吕可夫）

举杯赤水，影里浮诗，情飞碧野三春地；
斟醴茅台，魂中载韵，醉染红腮一色天。 （河北　李海清）

茅台冠五洲，邀太白重来，直欲飞觞醉月；
玉液香千里，引东坡高咏，何妨把酒问天。 （湖南　刘良新）

赤水漂香，迷路无劳牧童指；
摩崖耸翠，举杯何必杏花村。 （山西　段惠民）

百族大家庭，不论平民，还是高朋，惟爱茅台，得意春风欣共醉；
五洲新世界，绝非幻境，更凭实力，屡题金榜，开心事业喜同歌。 （山西　李轩才）

美酒数茅台，拥万国衣冠，春色十分彰绿色；
金杯催大雅，共千秋礼乐，诗文百绝簇人文。 （湖北　方六军）

二、赞西凤酒对联

千秋美酒；四海飘香。 （符　浩）

凤凰起舞；柳林飘香。 （夏湘平）

醇溢三秦；香飘四海。 （崔振宽）

饮西凤酒；思东坡诗。 （魏传统）

香飘中外；名贯古今。 （孙伯翔）

知味停车；闻香下马。 （张道兴）

凤翔五洲，香溢四海。 （全国企业管理报刊联合会）

一醉千秋；万古飘香。 （梅墨生）

论诗李太白；知酒裴行俭。 （张化洲）

柳林有西凤；醪香醉神州。 （魏明中）

清醇溢天外；瑞凤栖柳林。 （茹　桂）

西府文苑盛；凤鸣酒香浓。 （茹　桂）

柳林飞彩凤；古道卧醉客。 （茹　桂）

红日照柳林；清泉绕西凤。 （任哲中）

古法传新馥；豪客醉忘归。 （胡松华）

西凤酒闻香；东湖柳知暖。 （王德仁）

柳林千家醉；西凤万里香。 （候正荣）

月圆西凤酒；诗言故人楼。 （马世晓）

挥毫思造化；把酒庆升平。 （尉天池）

地编山水秀；酒绿河桥春。 （徐东一）

西岐飞彩凤；斗酒壮秦川。 （欧阳中石）

古法融新酿；清香溢盛筵。 （欧阳中石）

开坛万里香；醉到五大洲。 （王景芬）

夜饮西凤酒；朝吹秦川云。 （王友谊）

杯酒留诗客；高天供凤翔。 （刘文华）

融山水气质；酿古今风流。 （张旭光）

人游西府胜地；心醉柳林酒乡。 （石宪章）

佳酿首推西凤；醇醪独出柳林。 （石宽争）

美酒一杯精神奋；洞箫三曲彩凤飞。 （许　挺）

三杯能壮英雄胆；两盏便成锦绣文。 　　　　　（欧阳中石）

贫嘴和尚访西安；西凤酒香传东瀛。 　　　　　（日本·石　知）

柳林西凤千杯少；名酒好花四季香。 　　　　　（刘云泉）

春风桃李一杯酒；江湖夜雨十年灯。 　　　　　（李百忍）

青云翔处鸣无极；绿蚁香时动有光。 　　　　　（林　岫）

花雨润时沾翰墨；竹风清处歆琴声。 　　　　　（王朝瑞）

一杯西凤当酣饮；万里溪山豁醉眸。 　　　　　（王　澄）

开元盛世飘酒香；醇醴斯时出凤翔。 　　　　　（刘　艺）

李白仙才凭籍力；诗书佳酿共辉煌。 　　　　　（刘　艺）

凤飞四海云天丽；酒满千家意气高。 　　　　　（张铁英）

凤鸣一声传千里；酒涌万吨醉亿人。 　　　　　（陶家驰）

东湖雨润三春柳；西凤香薰五丈原。 　　　　　（周恒刚）

西凤酒添豪士兴；东湖柳带美人凤。 　　　　　（周恒刚）

西凤佳酿凤型冠；中国名酒独一帜。 　　　　　（杜子端）

美哉一杯西凤酒；悠然万世东方魂。 　　　　　（赵　熙）

品高屡获金杯奖；味雅独标风采香。 　　　　　（张诚英）

四海名酒美西凤；中华神箭送月宫。 　　　　　（任维修）

柳林镇外红友万里；
杏花都里风月一帘。 　　　　　　　　　　　　　（文景明）

长空飞雁闻凤酒香而落地。
池中游鱼食大曲味而沉底。 　　　　　　　　　（信　韬）

周文王访太公知味停车；
汉萧何追韩信闻香下马。 　　　　　　　　　　（佚　名）

蜂卧蝶扑亭子头，传旧佳话；
壶倒香倾柳林镇，唱新凤歌。 　　　　　　　　（王宝贵）

三、赞燕京啤酒（选自《胡德艳楹联选》）

　　　燕山飞泉流画意；长城风雪涌诗情。

　　　游佳景更觉首都好；品美酒方知燕京香。

第六章　酒与成语

任何一种文化，都必然对人类的语言发生作用。酒文化亦然。成语是汉语中固定词组的一种，具有很强的表现力，犹如中国传统语言文化的颗颗明珠。其中不少成语含有醉人的酒气，我们不妨分类品味。

第一节　与酒名、酒器有关的成语

匕鬯不惊

"鬯"，是以黑黍和郁金草为原料酿造而成的一种香酒。"匕"是进食器，可以用来舀酒。它们都是祭神的物品。这句卦辞的意思是：虽然巨雷震动百里，但手中的祭器、祭酒未因受惊而掉在地上。

成语"匕鬯不惊"就是由这句卦辞中产生的，用来形容军纪严明，所到之处百姓安居，宗庙祭祀照常进行。

青梅煮酒

煮酒，是以酿造方式而得名的一种酒。《三国演义》中有这样的故事：刘备蛰居于曹操之处时，为"防曹操谋害，就下到后园种菜，亲自浇灌，以为韬晦之计。"一天，曹操看见枝头梅子青青，又值煮酒正熟，就叫人请来刘备，"盘置青梅，一樽煮酒。二人对坐，开怀畅饮"。饮酒间，曹操问，谁是当世英雄？刘备提出袁术、袁绍……等很多人的名字。曹操却说，"今天下英雄，惟君与操耳！"刘备没想到，曹操竟然说了自己的志向与计谋，大吃一惊，竟将手中的筷子掉在地上。这时正好雷声大作，刘备以畏惧惊雷为借口，才把自己的失态掩饰过去。

成语"青梅煮酒"指臧否人物，纵论天下。

醴酒不设

醴酒是一种甜酒，味道甘美而不易醉人。《汉书·楚元王传》中记载：楚元王刘交很敬重自己少年时的同窗，给予很高的礼遇。对其中不善饮的穆生，每逢酒宴时都特地为他设了醴酒。而其子刘戊为楚王后，起初也设，后来便忘记了。穆生见此情景就决定离开刘戊。他说："可以逝矣！醴酒不设，王之意怠，不去，楚人将钳我于市。"后来刘戊失去王位，对此事追悔莫及，曾对人说："我因少备一杯甜酒，得罪了一位高士！"

"醴酒不设"成为成语，指对人的敬意与礼遇减退。

觥筹交错

宋代的欧阳修，在他的《醉翁亭记》中描写了喝酒行乐的场面："射者中，弈者胜，觥筹交错，起坐而喧哗者，众宾欢也。"觥筹交错之"觥"为盛酒器，"筹"为行酒令的筹码。这句话的意思是：酒器与筹码互相交错。后人用这条成语来形容宴饮尽欢的情景。

瓶罄罍耻

罍是商周时的贮酒器，有圆形和方形两种。瓶是盛酒器，体积比罍小，与罍相辅而用。由于瓶中之酒，来自罍中，因而《诗经·小雅·蓼莪》中就有："瓶之罄矣，维罍之耻"的诗句。意思是：瓶里没有酒了，这是罍的耻辱。这句成语的原意是说自己不能奉养父母而感到羞愧。

后来这两句诗演化为成语"瓶罄罍耻"，用来形容亲人之间生活相依，关系密切。

中国文化遗产年鉴·酒文化卷

玉卮无当

"卮"，是古代的一种酒器。刘邦的侍卫樊哙，就以饮卮酒、食生彘肩（没煮熟的猪腿）而博得了项羽的夸赞。《韩非子·外诸说·右上》有："为人主而漏其君之语，譬犹玉卮之无当"的话。

成语"玉卮无当"　就是从这句话中来的。意思是说，玉制的大酒杯却没有底，比喻器物虽然华丽却没有什么实用价值。

瓮里醯鸡

"瓮"，是陶制的大坛子，用来酿酒或盛酒。古时，酒保存不好时会长白霉，还会招来一些小蠓虫。古人称这些小蠓虫为"醯鸡"。在科学不发达的古代，人们误以为这些小蠓虫是酒霉变的。它们一生一世生活在酒瓮里，没有见过世面。

由此产生了成语"瓮里醯鸡"，用来比喻见闻狭隘的人。

瓮尽杯干

酒瓮空了，酒杯也干了。这条成语原指酒已经喝光，后比喻钱已经用完。

移樽就教

端着酒杯到别人跟前共饮，以便求教。泛指主动前去向别人请教。

第二节　与酒香、菜肴有关的成语

金波玉液、玉液琼浆

古人很看重金玉，凡认为尊贵无比的，就以金玉为喻。皇帝说的话被称为"金口玉言"，皇家的后裔被称为"金枝玉叶"，由于酒的香醇迷人，金玉之喻也就被用于酒，出现了"金波玉液"、"玉液琼（美玉）浆"作为美酒的代称。

浆酒藿肉

古代视肉为佐酒佳肴。这是说把酒当成不值钱的水，把肉当成不值钱的豆叶，用来形容饮食的奢侈。

残杯冷炙

残杯，指喝剩下的酒；冷炙，指吃剩下的酒肴。"残杯冷炙"指权贵的施舍。

第三节　与酒兴、酒量有关的成语

浅斟低唱

在古代的文人墨客中，有不少清高之士。他们不愿意混迹官场，往往寄情于酒。宋代的柳永就是一例。他说："忍把浮名，都换了浅斟低唱"。这就是说他不要富贵浮名，而喜欢在杯中浅浅地倒上一点儿酒，一边慢慢地缀饮，一边低声吟唱。这种斯斯文文的饮酒方式，与唐代大诗人李白的"会须一饮三百杯"和"将进酒，杯莫停，与君歌一曲，请君为我倾耳听"的豪饮放歌行为不同，别有一番情趣。

柳永所称道的"浅斟低唱"便成了形容消闲享乐情状的成语。

头没杯案　酒酣耳热

三国时的曹氏父子，不讲究斯文儒雅的饮态，性格豪爽、开朗、与人谈论常常"戏弄言涌、尽无所隐"；饮酒之时，更是常常伏案大笑，"至以头没杯案中，肴膳皆沾污巾帻。"这是何等放浪形骸、无拘无束！"头没杯案"一语，后来被用来表达尽情欢乐、不拘形迹之词。

曹操的儿子曹丕，也是一个好酒的人。他在《善哉行》中写道："朝日乐相乐，酣饮不知醉。"曹丕当时曾与颇有名气的文学家吴质一起纵情畅饮。后来，曹丕给吴质写的信中，描绘了他们赏乐赋诗的情状："殇酌流行、丝竹并奏，酒酣耳热，仰而赋诗。""酒酣耳热"很生动地表达了畅饮之时的感受。

醉翁之意

宋代大文学家欧阳修，自号"醉翁"，经常与朋友们一起欢宴畅饮。但他不是滥饮买醉的酒鬼，也不是为饮而饮的酒徒。他与朋友结伴而饮的目的，在于更好地领略和欣赏山光水色之美。他在《醉翁亭记》一文里明确指出："醉翁之意不在酒，在乎山水之间也。"

"醉翁之意"用来表示本意不在此而在彼，也用来比喻别有用心。

醉酒饱德

《诗·大雅·既醉》中有这样的诗句："既醉以酒，既饱以德。"意思是美酒喝得醉醺醺的，饱偿了主人的恩情。成语"醉酒饱德"就是由这两句诗浓缩而成的，常用来作为感谢主人宴请的客套话。

东汉的蔡邕，因善饮而以"醉龙"闻名。魏晋"竹林七贤"之一的刘伶，妻子劝他戒酒，他却对鬼神跪祝道："天生刘伶，以酒为名。一饮一斤，五斗解酲。妇儿之言，慎不可听！"刘伶说自己一次能喝十斗酒，不喝酒就要生病，喝五斗酒只能缓解一下病态。这里说的"斗"为挹酒器，形似勺而柄曲。

酒有别肠

《十国春秋·闽·景帝纪》记载：身量矮小的周维岳，酒量十分惊人。景帝奇怪地问："维岳身量小，何饮酒之多？"左右的人回答："酒有别肠，不必长大。"意思是：酒走了另一副肠道，不见得身材高大的人才能豪饮。后来，成语"酒有别肠"是说酒量大小与身材高矮无关。

器小易盈

三国时曹丕很赏识吴质的文才，曹丕请他宴饮，吴质不善饮，喝醉了。后来，他在《在元城与魏太子笺》中说自己："器小易盈。"意思是：小容器很容易盛酒。后人用它比喻人的器量狭小，容易自满。

第四节　与酒功、酒过有关的成语

载酒问字

汉朝有个叫刘棻的人，曾跟着大学者扬雄"作奇字"，很有学问。扬雄家境贫寒，却非常爱喝酒，有些人就"载酒肴"上门求教。这就是成语"载酒问字"的出处。现在，这条成语用来指人有学问，经常有人登门求教；也用来比喻人勤学好问。

移樽就教

"樽"为盛酒器。把酒杯拿到别人那里去，请他喝酒，以便向他求教。这就是"移樽就教"的字面意思，它与载酒问字的原意相近。现在，这条成语则用来表示为了某种原因而屈己就人。

酒入舌出

酒的主要成分是乙醇。当它作用于高级神经系统的时候，会使人呈现"假兴奋"的现象。研究表明，当血液中的酒精浓度达到千分之二时，不论意志多麽坚强的人，也会"兴奋"起来，话多了，动作也多了，注意力不易集中，辨别能力差了，往往会失言、失礼。

酒入舌出，指酒后的失言、多话。

酒色财气

过量饮酒对人体健康十分有害。宋代朱肱在《酒经》中指出："酒可忘状，复能作疾。"古今中外，因贪杯而造成的疾病、早衰乃至"暴卒"的例子很多。由于过量饮酒摧残人的健康，古人就把嗜酒、好色、贪财、斗气并列起来，作为人生四戒。成语"酒色财气"就是指这四戒而言。

恶醉强酒

有些人虽然知道滥饮不好，却偏偏不能节制饮量。对此，古代一些德高望重的人向来持批评的态度。孔子就曾宣布过："不为酒困。"孟子则更进了一步："今恶死之而乐不仁，是犹恶醉而强酒"。将"醉酒"与"死亡"联系起来，把"强酒"与"不仁"类比。

成语"恶醉强酒"，是指那些既怕醉却又猛喝狂饮之人，比喻明知故犯。

酒食地狱

中国人讲究应酬。但经常性的聚饮，对一些正直之人，有志之士，有时会成为沉重的负担。

宋代大文豪苏东坡很讲究吃喝，但对经常性的聚饮却非常厌恶。他出任杭州通判时，当地的文人、名士们"钦望其才"，经常请他赴宴，使他"疲于应接"。对于这段生活，苏东坡称之为"酒食地狱"。表明他对吃喝风气的厌恶。

花天酒地

以花为天，以酒为地。形容荒淫腐化，吃喝嫖赌的生活。

酒肉朋友

朋友之间的酒食往来，古人称为"酬酢"。这里"酬"指劝酒，"酢"指以酒回敬。这本是一种礼节。《淮南子·主未训》里就说过"觞酌俎豆酬酢之礼，所以效善也。"

可是，如果朋友们在一起只是一味地吃喝玩乐，不干正经事，就被称为"酒肉朋友"了，这是一种非常低级、庸俗的人际关系。

酒食征逐

"征"指召集，"逐"指追赶。用酒食来召集人，因酒食而追赶人，指酒肉朋友之间的吃喝交往。这条成语出自韩愈的《柳子厚墓志铭》："今夫平居里巷相慕悦，酒食游戏相征逐。"

饮鸩止渴　宴安鸩毒

《后汉书·霍光传》说："疗饥于附子，止渴于鸩毒，未入肠胃，已绝咽喉。"意思是：用附子（一种有毒的草药）来充饥，用鸩酒（一种毒酒）来解渴，还没有等他们进入肠胃，刚刚咽下去，人就死了。成语"饮鸩止渴"就是由这段话产生的，用来比喻只图解除眼前的困难而不考虑严重的后果。

成语"宴安鸩毒"则出自《左传·闵公元年》，意思是贪图享乐等于喝鸩酒自杀。

第五节　与酒色有关的成语

中国古代的色酒，有黄色的，有浅红的，不过，以绿色酒最为名贵。唐代大诗人李白在《襄阳歌》中说："遥看汉水鸭头绿，恰似葡萄初发醅"。"发醅"是没有过滤的重酿酒。李白指出，用葡萄酿的发醅呈"鸭头绿"色。白居易曾写诗问自己的朋友："绿蚁新醅酒，红泥小火炉。晚来天欲雪，能饮一杯无？""醅酒"是未过滤的酒，"绿蚁"是酒面上的绿色泡沫。泡沫是绿色的，酒当然也是绿色的了。北宋黄庭坚在《醇碧颂序》中说："荆州士大夫家绿豆曲酒，多碧色可爱。"指出绿豆曲酒呈现悦目的碧绿色。

灯红酒绿

成语"灯红酒绿"却以红色的灯火、绿色的酒，描绘了另一个意境，用来形容寻饮作乐的生活。

饮醇自醉

三国时吴国的都督周瑜，是个智勇双全的人，老将程普却对他十分不服气，多次有意地冲撞他，侮辱他。周瑜待人很宽厚，始终不与之计较。程普终于被感动了，对人说："与周公谨交，若饮醇醪，不觉自醉。"程普这句话的意思是：与周公谨交往是很愉快的，象喝了美酒一样使人心醉。

饮馄亦醉

唐代有个叫苏五奴的人，是个非常贪财的家伙。为了钱财，他全然不顾脸面。他的妻子张四娘能歌善舞，常被人请去为酒宴歌舞助兴。每逢有人请张四娘，苏五奴都要跟去吃喝。主人很厌恶他，为了能使他早些离席，就频频劝酒，想把他灌醉。苏五奴却说："但多与我钱，吃馄子亦醉，不烦酒也。"馄，古时的一种蒸饼。

成语"饮馄亦醉"用来比喻只贪钱财而不知羞耻。

大醇小疵

"醇"指酒质浓厚。好酒的古人常以"醇"喻称美好的事物。荀况是战国时期著名的思想家。韩愈对他的文章颇为推崇，曾说："荀与杨，大醇而小疵。"意思是说：荀况与杨朱（战国初期哲学家）的文章，从大体上看可以喻之为"醇"，只在细小之处略有些毛病。

成语"大醇小疵"指事物大体很好，但稍许有些缺点。

黄垆之痛

"垆"是古代酒店里安置酒瓮的土墩子。魏晋时期著名的"竹林七贤"中阮籍和嵇康最有名气，王戎年龄最小。后来阮籍早夭，嵇康被杀后，王戎十分痛心。一天，他"着公服、乘轺车"，从黄公酒垆前经过，睹物伤情，对同行的人说："从前我曾与嵇康、阮籍一起在这个酒垆里畅饮、在竹林寺里游宴。自从阮籍和嵇康死后，我便被时务牵累，再也没到过这里。如今这酒垆看起来离我很近，却犹如远隔高山大河！"

"黄垆之痛"这句成语便被人们用来表示对亡友的痛惜、悼念之情。

痛饮黄龙

中国文化遗产年鉴·酒文化卷

南宋抗金名将岳飞，平时禁止部下饮酒。但是，他与部下约定：打到金都黄龙府时，他将与大家一起痛饮美酒。

成语"痛饮黄龙"就是由岳飞的这句话产生的，用来比喻直捣敌人老巢。

今朝有酒今朝醉

唐代的罗隐，才华横溢，却十举进士不第，感慨万千，只能"得即高歌失即休，多愁多恨亦悠悠，今朝有酒今朝醉，今日愁来明日愁。"

罗隐所说的"今朝有酒今朝醉"后来常为人所用，比喻过一天算一天，只顾眼前而没有长远打算。

酒囊饭袋

五代时期，十国之一的楚国都城在长沙，是马殷建立的政权。据载，马殷在楚地建立自己的势力以后，极尽奢华，僭越本分，其子弟、仆从都享有很大的名声和势力，而对"文修武治"等却"未尝留意。"因此，当时的人把马殷叫做酒囊饭袋，是说他只会吃喝而不会做事。

以后，就用成语"酒囊饭袋"比喻那些只会吃喝而不会做事的人。

旧瓶装新酒

这条成语产生的比较晚，是一条经过改造的"舶来品"。基督教的《新约金书·马太福音》第九章里说："没有人把新酒装在旧皮袋里；若是这样，皮袋就裂开，酒漏出来，连皮袋也坏了。惟独把新酒装在新皮袋里，两样就都保全了"。"五四"新文化运动兴起以后，提倡白话文学的人认为，文言这种旧形式不能表现新内容，就把耶稣基督这段话借过来做比喻。

由于华夏民族多用瓶、壶盛酒而不常使用皮袋，白话文学的倡导者们就用"瓶"字代替"皮袋"二字，形成了成语"旧瓶装新酒"，用来比喻以旧形式表现新内容。

杯弓蛇影

亦作"蛇影杯弓"。《晋书·乐广传》载："常有亲客，久阔不复来，广问其故，答曰：'前在坐，蒙赐酒，方欲饮，见杯中有蛇，意其恶之，既饮而疾。'于时河南听事壁上有角弓，漆画作蛇，广意杯中蛇即角影也，复置酒于前处，谓客曰：'酒中复有所见不？'答曰：'所见如初。'广乃告其所以，客豁然意解，沈疴顿愈。"按《风俗通·怪神》记应彬请杜宣饮酒，杯中有形如蛇，宣得疾，后于故处设酒，蛇乃弩影。其事相同。

后来常用成语"杯弓蛇影"来比喻因疑虑而引起恐惧。

第七章　典故传说

第一节　茅台酒的传说

一、天降宝珠生灵泉

很早很早的时候，有一年，蟠桃园中的蟠桃结得特别多，个头特别大，肉质特别的香甜。王母娘娘大发慈悲，决定在寿辰之日，热热闹闹地邀请各路神仙前来聚会，犒劳他们一年内来对玉帝和她的忠诚。

且说理发匠出身的吕洞宾自幼练习，使得一手好刀法。以后成了道人神仙，便来个宝剑换剃刀，舞起剑来比原来那剃刀更为熟练自如，他的剑上天入地，看的玉帝老倌击掌称妙，看的众神仙掌声雷动，看得飞鸟挺翅，走兽却步，游鱼住水。王母大喜，当即赐御酒一坛，又赐"玉液宝珠"一颗。吕洞宾中了头彩，出尽了风头，好不得意。

王母念其忠心，所以特将这玉液宝珠赐给。这宝珠价值连城，还有一大妙用：就是不管任何低劣难咽的酒，只要用宝珠放进去浸泡一下，这酒立刻就会变得幽雅细腻，回味悠长，如同多年陈酿，香气四溢。

吕洞宾驾雾归去。行至茅台镇上空，按下云头，用惺忪醉眼一望，洞宾伸手去袖中取宝珠。说时迟，那时快，只见一道金光闪闪，宝珠顿时从他们手上飞了出去，落在两颗杨柳树下，霎时不见踪影。洞宾刚离开，杨柳树脚立刻就有一股清冽甘甜的泉水冒了出来。蜂飞蝶舞，飞禽走兽川流不息，气候宜人，百花盛开，异卉繁茂，鸟语花香，泉水终年不断，滋润着这片土地。

二、蝶指佳泉酿美酒

很久很久以前，茅台还是一个荒凉的山村。村子东头有一间简陋茅屋，里面住着一个姓陈的年轻的生意人。他性格粗旷，为人正直，心胸坦荡，乐善好施，经常用小本生意赚的钱来周济穷人。

一次，陈大哥外出归来，途遇暴雨。在村口儿，他看见一只奇怪的蝴蝶被暴雨冲陷在泥浆里，已经奄奄一息。陈大哥顿起恻隐之心，上前将蝴蝶轻轻捧起，为它拂去身上的泥浆后，小心翼翼地放在一个雨水冲刷不到的树洞里。

几天后，陈大哥外出收账，刚出村口儿，只见一对美丽的蝴蝶翩翩飞来，围着他起舞。陈大哥十分诧异，但他发现其中一只很像前几天救过的那只一样。刹那间，两只蝴蝶分开了，其中一只在他的面前起落盘旋，轻盈地飞舞，另一只却离开他缓缓向前飞去。一会儿，飞去的那只蝴蝶又飞回来绕着他上下翻飞，而身边的那只却又离开他慢慢向前飞去，如此循环不已，使陈大哥更加惊奇和纳闷：这蝴蝶莫不是要告诉我什么？

"蝴蝶啊，如果你是要告诉我什么，那你们就一起向前飞去，我跟着你们前去！如果你是来谢我救过你，我也知道了，你们就向天上飞去吧。"陈大哥话音刚落，两只蝴蝶就展翅轻摇，向前飞去。

"真的是要告诉我什么？"陈大哥想看个究竟！两只蝴蝶嬉戏向前，引着陈大哥走向人迹罕至的小道，渐渐地就像走进花丛，忽儿一丝淡淡的幽香随风飘来。紧接着，石洞中也冒出了一股清泉，那泉水清澈透明，滋味甘甜，馨香入脾，使人心旷神怡。石洞口泉水淙淙，洞中溢出的颗颗水花，就像是无数珠玉映着翡翠在流动，溪流边，野草青青，山花烂漫，鸟语莺歌，依山傍水，多么优美的茅台早春，如诗如画。真是"旧苑荒台杨柳新"啊！真美呀！陈大哥被眼前的景色迷住了。他慢慢蹲下身子，掏出手帕将手擦了又擦，捧起一股清泉嗅了又嗅，顿时一股喷香扑鼻，沁人心脾，他用舌尖微微一舔，醇得润喉，只觉得经络皆通。

"真香，真醇！"他贪婪地饮着清泉，高兴地喊着。

陈大哥是个好酒的人，酒是生意人的交际品，人们常说佳泉酿美酒，这样纯净、香甜的水酿造出来的酒，一定是无上的珍品，莫不如做小本生意，利用这水酿酒，事业将会兴隆昌盛。这时，他才明白了蝴蝶引他来这里的真正含义。

不久，陈大哥就在这泉边开始了酿酒。果然用泉水酿出来的酒非常香醇，过往客商喝了以后，无不交口称赞。

茅台村出好酒的消息传开了，很多不经过茅台的客商，为了喝这浓郁芳香，味美甘醇的美酒，不惜绕道几十里也要来茅台村品尝。以后慕名来喝酒购酒的人多了，茅台村也随之繁荣起来了。

为了满足越来越多的客商的需求，陈大哥紧挨佳泉新建了一个烧房，烧房两边的山墙上，特意叫工匠塑造了栩栩如生的两只蝴蝶，这新建的烧房又紧靠佳泉旁边的几棵大垂柳，所以人们都把这个地方称做"杨柳湾"。

三、黄龙醉饮毁佳泉

自从蝶指佳泉，陈大哥在杨柳湾建立起烧房，酿造美酒，使茅台这一荒凉的小山村变得繁荣起来以后，一晃又是很多年过去了。

这一年夏天，茅台村下了一场百年未遇的大暴雨。一连三天三夜的大暴雨以后，从远远的上游驶来一叶扁舟。当时，只见舟上船家轻挥桡，稳掌舵，架小舟于万马奔腾的洪水中，追波逐浪如履平地。茅台河两岸观赏水势的游人，都为这船家娴熟的船技和惊人的胆魄暗暗叫好。然而，小船在茅台河东岸靠了岸，那脸呈黄色、身着黄色衣衫的船家，将小舟系在岸边的黄　树下后，向村子走去。

"大哥，小可在河中行舟，闻见了岸上飘出的一股股扑鼻、醉人的芳香。请问此地可有什么奇花异草，香气如此沁人心脾？"那船家在村口向一位村名问道。

"客官，此地哪有奇花异草，你所说的沁人心脾的芳香，乃是来自本地陈老板所酿制的美酒。此佳酿雨过开瓶十里芳香。客官如有兴致，何不顺路前往杨柳湾酒店品尝品尝？"

"多谢大哥。"黄脸船家向村民拱手作揖后，顺着路向杨柳湾走去。

"美酒，美酒，真赛得过天上的玉液琼浆。掌柜的，快给我再打几碗来！"在杨柳湾酒店，黄连船家一连喝了九碗后，还在叫酒店掌柜再打酒来。

陈掌柜则劝说道："客官，不是在下不卖给你喝，本店所产之酒，虽系选用佳泉所酿，味美纯净，但喝多了，人还是受不了。平常酒量大者，最多不过三五碗就已酩醉如泥，而今，尊驾之豪饮已大大超过常人，更不待说客官酒后还要在洪水中弄潮行舟。"

"掌柜的，喝这点酒算啥！不说你这小小的溪内，就是那波浪滔天的东洋大海，在下也要乘风破浪，戏耍其间。你莫不是怕小可开不起你的酒钱怎的，只管打酒来便是，少操闲心！"黄脸船家拿出一把白花花的银子说道。

"既然客官执意如此，"陈掌柜说："那就悉听尊便啰！"黄脸船家在柜台外一口气喝了九缸又九碗杨柳湾美酒。只见他两眼朦胧，站立不稳，一张黄脸红如朱砂，飘飘然，已大有醉意。"喝，喝，喝。"只见他嘴里叫着，脚步踉跄，窜出了酒店。

刹那间，平地起了一阵狂风，吹得人睁不开眼，狂风过后，酒店外已不见黄脸船家，只是一条硕大的红龙，横卧在地，龙头伸向石洞口，正痛饮佳泉水。少时，又见那大红龙将巨尾一甩，一躬身，腾起身子，挟着一股巨石流沙，向河边飞去。紧接着杨柳湾响起了一阵震天动地的声音。响声过后，只见杨柳湾山崖裂塌，芳草枯萎，柳折花残，美美佳泉，从此断流。那红龙飞到河边，似是醉意正浓，只见他横卧河边，酣然入梦。

几天过后，洪水消退，那红龙却还在熟睡中。随着时光的流逝，那沉睡中的巨龙的骨肉，逐渐化成了红色的泥土，逶迤在茅台河畔。而剩余的龙血却化为条条小溪，挟着红的泥沙，流进了河里，清澈透明的茅台河，从此变成了赤水河。

自从那黄龙醉饮杨柳湾，山崖倒塌水断流后，杨柳湾已失去了它那迷人的风采，变成了荒芜的土地，而陈掌柜的烧房也因佳泉断流而酿不出美酒琼浆，生意萧条竟至倒闭。茅台村不产美酒，来往客商也就日渐减少，茅台村又回到那荒凉冷落车马稀的年代了。

四、仙女临河赐酒

在黄龙醉饮毁佳泉许多年之后，因河水浑浊，杨柳湾泉水断流，酿酒不成，茅台村人只好以农耕为生。

有一年的除夕，气候宜人的茅台村破例下了一场鹅毛大雪。一时间，北风呼啸，气温骤降，冷得出奇，村里村外，见不到一个行人，人们都躲到家里围着火炉取暖去了。傍晚，一个白发苍苍的老妪，步履蹒跚地走进村口。这老妪衣衫褴褛，面容憔悴，提着一只破竹篮，一看就知是行乞的。这老妪进得村后，朝着紧挨街口的一户农家走去，伸出颤抖的右手敲门。开门的是一个憨厚的后生。小伙子见这陌生的老人气息奄奄地靠在门框，便急忙将她扶进屋里，让她在火炉边取暖，又立即转到厨房忙起来。等到那老妪暖和过来时，主人家已为她端上香喷喷的白米饭，还有一杯佳酿的甜米酒。那老妪毫不客气地吃喝起来……

晚上年轻的主人将家里仅有的一张床铺收拾停当，服侍老人睡下，自己则守着炉子过夜。夜深了，屋外寒风怒号不停，雪落得越来越大。听着老人均匀的鼾声，年轻人宽慰地笑了。渐渐地，倦意袭来，他也进入了梦乡。

在梦中，他看见一位美丽的姑娘，身穿五彩羽衣，乘风飘飘而来，端庄地站在他面前。姑娘手中举着一只银光闪闪的三脚酒杯，引导他来到赤水河边。姑娘将酒杯高高举起，手腕一抖，只见一杯晶莹的酒液洒入河里。接着又轻舒彩袖，往河里一划。此时小伙子闻到阵阵浓郁的醇香，直入心脾。姑娘此时才盈盈地告诉他："好心人，要记住：年年九月九，下河挑水酿美酒，饮用洗浴，健康长寿；灌溉田地，五谷丰收。"说完，踏着彩云冉冉升空而去。

小伙子惊醒，天已大亮，户外的风声已停息，阳光耀眼，他出门一看，积雪尽消，放眼一看，往年浊浪翻滚的赤水河，已变得清澈透明，缓缓向前流。他惊喜地回到屋里，想把老人叫醒，告诉她眼前发生的变化。但此时床上已空，老妪已不知去向，被子叠得整整齐齐，只有阵阵浓郁的醇香向他袭来，一如梦中。小伙子顿时明白，他迫不及待地将遇仙女之事，遍告乡亲们。从此以后，乡亲们奋力劳作，粮食连年丰收，大家的生活越过越好。而更奇怪的是，到每年的九月初九，浑浊的赤水河马上变得清澈纯净。乡民按照仙女的嘱咐，从河里挑水酿酒，终于酿出了芳香的茅台酒。从此，前来喝酒和趸酒的人越来越多，茅台村又繁荣起来了。

对于这个仙女赐酒的故事，有位叫杜永红的诗人在他的《闻茅台传说有感》中写道：

闻道神仙赐酒香，只缘世事多奸险。劝君且慢笑荒唐，才教人心记善良。

是的，茅台人是善良的。他们不但继承和发扬了祖先淳朴、善良的品质，也继承了祖辈独特的酿酒工艺。对于那些曾经给他们的生活带来幸福往事，即使是无从稽考的传说，他们永远不会忘记的。所以，1957年，在设计茅台酒外销装潢商标时，人们便根据这个茅台镇代代相传的美丽故事，特地选用了"飞仙"图案。

第二节　西凤酒的传说

一、凤凰的传说

西凤酒的商标图案是一只腾飞的凤凰，它蕴含着许多美丽的传说。

唐安史之乱之时，唐明皇李隆基被迫出逃蜀地，长安邻近诸郡告危。雍城因年久失修，城墙坍塌，守城太守心急如焚，动员全城百姓以新城进行防御，无奈新城筑起就塌，无法筑成。

这一夜，天降瑞雪，一片皑皑。一只凤凰驾着祥云悄然落在雍城，在城西北角的三眼清泉边，引颈品饮清冽甘爽的清泉水，过后，踏雪饶城行走数里，一声长鸣，振翅而去。

清晨，有人将此事禀报太守。太守忙率人前往察看，果然有凤足印迹饶城一周，太守大喜，认为这才是新城理想的选址，忙组织人力筑之。新筑之城果然一劳永固，不再倒塌。安史之乱平定之后，唐肃宗继位，为纪念凤凰栖落之地，遂将雍城改名凤翔，沿用至今。后人用凤凰品饮过的三眼清泉之水酿造的西凤酒更是香醇味美，饮誉中外。

二、蜂醉蝶痴

唐代仪凤年间的一个阳春三月，吏部侍郎裴行俭护送波斯国（今伊朗）王子沿丝绸之路回国，途径凤翔县城西。当行至亭子头时，突然发现路旁蜂蝶纷纷坠地而卧，顿感奇怪，即令郡守查看究竟。郡守沿途查询，一直到5里以外的柳林镇，才发现有一酿酒作坊正从窖里提取陈年老酒。清风送酒香，使得蜂醉蝶不舞。郡守旋即向裴公禀报了实情，并将陈酒送与裴公。裴公闻到醇香的酒味，顿感倦意全无，精神焕发，即兴吟诗道："送客亭子头，蜂醉蝶不舞，三阳开国泰，美哉柳林酒。"诗中所说的柳林酒，就是当今凤翔县柳林镇出产的西凤酒。再说裴公回朝时，命郡守将此酒运回朝中，献给唐高宗李治皇帝。高宗皇帝仔细端详，其酒液清亮透明，品尝之香气清芬，醇厚清冽，久而弥芳，不禁赞道："真乃不可多得的好酒！好酒！"遂被列为朝廷贡品。从此，西凤酒声名大振，不但远销中原，还沿丝绸之路销往西域诸国。

三、秦皇大莆

秦王嬴政二十五年五月，秦军攻破燕国，嬴政下令"天下大莆"（即举行全国性的饮酒盛会），秦王和文武百官开怀畅饮秦酒（即今西凤酒，因产于秦地雍城而得名），以示庆贺。同年7月秦王攻破齐国，至此秦国灭六国，统一了天下，秦王又以秦酒举行了隆重的开国登基称帝大典，再次下令"天下大莆"。举国同庆，从此秦酒便成了秦王朝的宫廷御酒。

四、赐酒解毒

春秋时期雍（即当今陕西凤翔）附近300余饥饿百姓偷食秦穆公的几匹良马，被当地的官吏抓获，押往都城以盗治罪，秦穆公制止并赦免了他们所犯之罪，且将军中秦酒赐予他们饮用，以防"食马肉不饮酒而伤身"。后来秦晋韩原大战爆发，秦穆公被晋惠公率军围攻在龙门山下不得突围，正在危机关头，突然有一队"野人"杀入重围，一阵大杀大砍，晋军大败，晋惠公被擒。这正是300余偷食穆公良马的百姓拼杀以报秦穆公昔日"盗马不罪，更虑伤身，反赐美酒"之恩。

五、苏轼咏酒

北宋文学家苏东坡任职凤翔签书判官时，在今凤翔东湖喜雨亭落成之日邀朋欢盏，"举酒于亭上"，畅饮柳林美酒（即今西凤酒），酒后留下了惊世名篇《喜雨亭记》，并用"花开美酒曷不醉，来看南山冷翠微"的佳句盛赞柳林酒，至今在凤翔东湖尚有墨迹遗存。他还在凤翔学会了酿酒技艺，"近日秋雨足，公馀试新筝"。在粮食丰收的秋天，用新制的漉酒器酿酒品尝。之后，他上书朝廷，提出了一整套振兴凤翔酒业的措施，获准实施后，使柳林酒和整个凤翔酒业得以蓬勃发展，凤翔成为全国闻名的酒乡。

六、以酒行礼

汉代，秦酒更名为柳林酒，名传遐迩。公元前139年张骞出使西域时，柳林酒遂作为朝廷馈赠友邦礼品，随丝绸之路的商贾驼队传至中亚、西亚和欧亚各国。公元前121年，汉武帝在长安曾以柳林酒为霍去病将军率领的征西将士饯行壮色，遂士气大振，多次击败匈奴。据《凤翔县志》载：从汉高祖至文景帝年间，祭五畤活动曾19次在雍城举行，朝廷文武百官、骚士墨客日夜畅饮柳林美酒。

第八章　酒与书法

文人与酒，难分难解，这是文坛自古以来的佳话，书画非但如此，或者说更甚。唐代"张旭三杯草圣传"（杜甫《饮中八仙歌》）成为千古美谈。探讨其中的缘由，可进一步了解酒与中国书画的微妙姻缘。

其一，书画艺术是寄情的艺术、心态的艺术，心态、情感、品格是书画的内涵。艺术创作本身是一种情感活动。实际上，艺术家进入一种高度集中的艺术创作时刻时，除了身体仍然存在这宇宙空间之外，他已把这宇宙的一切都忘记了，他只在一种由他自己所设计并一步步踏入其中的艺术境界中。这时，他会变得身不由己，只有到了这种时刻，艺术家才真正地投入了艺术创造，而且也才有可能创造出真正的艺术作品来。古代书论中就强调书是"心画"，人的喜怒哀乐的内心情感，通过中国书法能够表现出来，这是其他民族的文字不可企及的。在调动书画家的情感方面，酒起到了激发和催化作用。饮酒能促进人的血液循环，使人热血沸腾，兴奋不已，激发人本能的冲动，从而强化书画家潜在的创作意识，使书画家更好地进入编织艺术图象的过程，在创作中发挥超常水平。书画家借助酒力，创作激情可以喷薄而出，笔力更加雄健，构思更奇特达到"神与物游"、"物我两忘"的境界，笔墨任意挥洒，书则龙飞凤舞，画则栩栩如生，其内心世界在书画艺术天地里得以淋漓尽致地发挥。

其二，书画家在创作中所追求的气韵生动、虚幻空灵的艺术效果，正与酒后所造成的飘渺、迷离的精神状态相吻合。"气韵生动"，这是书画创作追求的最高境界。书法并不是汉字外形的机械摹写，而是要注入书法家的精神和个性。著名美学家宗白华先生论书曰："行草艺术全系一片神机，无法而有法，全在于下笔时点画自如，一点一拂皆有情趣，从头至尾，一气呵成，如天马行空、游行自在。"因而，书法、绘画非常强调顿悟、灵感的作用。书画家们饮酒适度，处于似梦非梦、似醒非醒之中，这就可能突破醒的局限。这对于灵感的爆发，对于虚实相生、空灵飘逸的效果的表达，无疑是一种神助的力量。书画家们或因酒得力，妙笔生花，增添了作品的神韵；或借酒为题，巧构妙思，丰富了作品的气韵；或在酒中觅到了柳暗花明的崭新境界；或在酒中抓住了稍纵即逝的灵感的火花。正如唐晏的《饮酒》诗所写："昌黎新饮酒，为文俟其醺。张侯籍酒力，草圣卓不穷。古人所以饮，为屏世虑纷。酒为翰墨胆，力可夺三军。夫岂乐为此，故违沫诰文。"

其三，生活在封建时代的文人乃至书画家，常有独到的政治见解，出于爱国忧民之志，敢于直言朝廷的政治弊端，而不受重用，或受到打击迫害，他们的伟大抱负往往不能实现，成为我国古代普遍而奇特的一种社会现象。由于政治上的失意，思想上的消沉，壮志难酬的忧愤，使他们不得不把对政治的兴趣转移到诗、文、书、画和酒上来，因而造就了一大批诗人、文学家、书画家。而诗词文学又容易接近政治，常受文字狱的打击，唯书画与酒可以不受任何约束，所以成为古人解忧消愁的最好选择，成为落魄文人的唯一精神寄托，朱敦儒的"一杯能变愁山色，三盏全回冷谷春"等诗句，更是明明白白地道出了古代文人包括书画家的苦闷心声。

第一节　先秦至汉的酒与书法

中国是酒的大国，也是书法艺术的大国。在我国丰富多采的艺术宝库中，书法艺术的形式最为独特。它借助汉字的书写，充分发挥毛笔的特殊性能，通过点线的变化运动，以表达作者的审美观念、学问修养、思想感情、性格气质等精神因素的美的艺术。酒与书法的结缘，从三千多年前的殷商时期就已经开始。考古出土的殷商甲骨文中就有酒字，从水，从酉。酉也读酒，象酒尊之形，其本义也即饮酒。

商周青铜器上的铭文也多记酒事，如商代晚期有一宰甫卣（现藏山东荷泽市文化馆），有铭文23字，就是一件有关酒的青铜器。而西周康王时制作、现藏中国历史博物馆的大盂鼎器铭，刻文达291字，其中两次提到酒不敢多饮、殷以酗酒亡国。这些书法在结构上已经臻于完美的地步，在用笔上也有了粗细变化，因而产生了笔法美。捺笔的出现为隶书产生奠定了基础，尤其在章法布局上出现了中国书法史上的最早的高峰。

汉代铜镜为实用品，造型千变万化，且装饰纹样显示着汉代人博大的艺术气魄和高超的工艺水平，其文字结构、审美情趣都达到空前的高度。

汉·四乳草叶纹镜，其篆原文："长富贵，乐无事，……常得所喜，宜酒食。"汉人乐富贵且爱美，酒食如镜，天天喜人照人，日日取吉祥之意。

我国西北则有《居延汉简》《武威汉简》《敦煌汉简》等，其数量大，绝妙的艺术性和记载文字远远超过碑刻文字、金文及砖、陶瓦当文字，并为今人提供了汉代人的政治、历史、经济、军事、文化、商贸、生产诸多记录。酒也是这个时期生活中必不可少的饮品，酒的故事记载颇多。如汉武帝后期的《敦煌汉简》养老诏书即是：

目存视具最，赐肉卅斤，酒二石，长尊宠。

郡太守，诸侯相，内史所明智也，不奉诏当以不敬论。不智□

《长沙马王堆一号汉墓》还出土了二合漆画饮酒耳杯九十多件，小的四十件，自题书是"君幸酒"。另有大型者五十件，自题书是"君幸食"。可见同是耳杯既有盛酒专用，也有盛食物专用。

"君幸酒"，"君幸食"。李贤注：幸，希也。这里解释为希望进食进酒的意思。《后汉书·鲍水传》："诚渐以其众幸富贵"。

汉隶书："君幸酒"耳杯漆书

从上述提到的大量出土文物，可以看出秦汉时期就有饮酒、造酒的文字记载。

至东汉后期，中国书法终于发展成为一门有着很高审美价值的艺术，出现了一批书法艺术家和专论书法艺术的美学著作。其中，以隶书见长、被誉为"骨气洞达、爽爽有神"的蔡邕，就是一位大名鼎鼎的"醉龙"。虽然由于年代的久远、材料的匮乏，我们已无从知晓这位大书法家醉眼朦胧中、下笔如有神的生动景象，但从这"醉龙"的雅号中完全可以猜想他的书法与酒有着不解之缘。他的《篆势》一文是现存最早的专论书法的文章之一，从欣赏感受的角度对篆书的美作了生动形象的描述。文中用一连串的自然形象——龟文、龙鳞、黍稷、虫蛇、鹰鸟等来比喻篆书之美，同时又指出了书法形象具有不同自然形象的微妙特征，带有很强的主观性、自由性、模糊性、不确定性。这种"跟着感觉走"的特征正与酒酣兴浓、醉意朦胧的境界有着某种奇妙的关联。

第二节　魏晋至唐的酒与书法

魏晋是人的觉醒和文化的自觉时期，也是书法艺术硕果累累、大放异彩的时期。西晋的卫夫人，东晋的王羲之都是书法史上的大家，尤以王羲之最为杰出。王羲之旷达好饮，素有"书圣"之誉，其最为后人称道的作品是他酒酣之后书写的《兰亭集序》。据何延之《兰亭记》载，公元353年农历三月三日，王羲之与当时名士孙统、孙绰、王彬之、王蕴、谢安等四十一人到山阴（今浙江绍兴）之兰亭修禊（一种被除疾病和不祥的活动）。大家修禊完毕，曲水流觞，饮酒赋诗。此作系当时众人唱和诗集的序言。王羲之酒酣之后"挥毫制序，兴乐而书，……遒媚劲健，绝代所无"。王羲之酒醒后也大吃一惊，甚至怀疑不是自己所作，"更书数十百本，终不及之"。《兰亭序》整帖充满着酒后一任自然的个性心理，以及王羲之对待人生那种悠闲与散漫，即文中"放浪形骸"的气质。酒作用于王羲之，使其情绪进入了一种极高的境界，信手挥毫，随机万变，创造出后世书法家所难以企及的艺术珍品。这是酒与书法最完美的一次结合。

王羲之七子王献之，与其父一样，也是喜饮酒服药的，后世认为其书过父，尊称"二王"。献之淡泊人生，追求一种超然之气，表现出一种艺术家渲泻感情，激荡胸怀，超然浊世的气质，所以书法豪健，具有开创性，饮酒后作书的心态情驰神纵，超逸优游，风行雨散，润色开花，开姿独秀。他的代表作《鸭头丸帖》创一种倾泻意味的风格，章法之新颖，节奏之韵味，气势之连贯，对后代人产生了深远的影响。

唐代的书法也出现过辉煌百世的荣耀的贺知章与李白、张旭为酒友、诗友、书友。他狂放善饮，风流倜傥，落笔精绝，善隶草，传世有"孝经"一卷。宋·施宿《会稽志》载："贺知章常与张旭游于人间，凡见人家厅馆女墙壁及屏障，忽忘机兴发，落笔数行，如虫篆鸟飞，虽古之张、索不如也。"《孝经》书风二王派，基本上字字独立，有草字隶意，法求高古，酣畅而愈写愈狂，有一种渲泄的快感发自笔底。他的另一位酒友、诗友、书友比他还奇还狂，那就是张旭。

位于茅台集团国酒文化城的张旭塑像

张旭号称"草圣"，是我国书法史上开狂草艺术先河的大师。与李白、贺知章、李适之、李琎、崔宗之、苏晋、焦遂同为"酒中八仙"。能诗，长于七绝。工书，精晓楷法，最为知名者为草书，后世称为"草圣"。

唐文宗李昂把李白诗歌、裴旻剑舞和张旭的草书并称"三绝"。张旭生性嗜酒，得意之作多写于酒酣之后。《新唐书·张旭传》载："每大醉，呼叫狂走，乃下笔，或以头濡墨而书，即醒自视以为神，不可复得也，世呼张颠。"书学二王，传世草书有《肚痛帖》《古诗四帖》等。他的狂草堪称盛唐时期最具代表性的艺术品，在当时即产生了广泛影响，享有极高的声誉。杜甫在《饮中八仙歌》中说他："张旭三杯草圣传，脱帽露顶王公前，挥毫落纸如云烟。"李颀《赠张旭》写道："张公性嗜酒，豁达无所营。皓首穷草隶，时称太湖精。露顶据胡床，长叫三五声。兴来洒素壁，挥笔如流星。下舍风萧条，寒草满

户庭。问家何所有？生事如浮萍。左手持蟹螯，右手执丹经。瞪目视霄汉，不知醉与醒。诸宾且方坐，旭日临东城。"他以酒引发为"草圣"的狂放性格归功于自然，遒逸的笔线一如放歌豪情，宛如高山流水激湍奔腾顺泻谷底，有强烈的动与静的对比，以表现大艺术家开阔的浩荡胸怀。张旭嗜酒，张旭更嗜书。酒与书法构成了张旭生命意义的全部内容，酒与书法在张旭身上得到了最完美的表现。酒能使张旭完全进入到书法艺术的玄妙境界中，使他能把汉字书写艺术升华到用抽象的点线去表现书法家思想感情的高深境界，成为书法史上的一代天骄，亦成为中国酒文化史上的一颗璀璨明星。

唐僧人怀素，是玄奘三藏法师的门人。尤喜草书，且豪饮狂放显其才，是个酒肉和尚，一日九醉，被时人戏称为"醉僧"，酒酣兴发，寺壁庙墙、衣裳器皿无不书写，自言"饮酒以养性，草书以畅志。"项元汴中也说他"平日得酒兴发，要欲字，字飞动，圆转之妙，宛若有神"。著名的《自叙帖》长

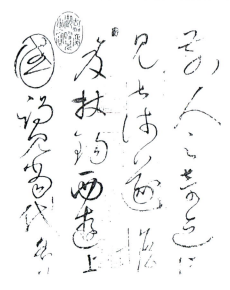

怀素《自叙帖》及释文

达698字、162行，首尾贯通，体势飞动，显示了作者精湛的功力和创造性的品格。其实，"醉僧"并不醉，他有更深层次的追求。他以如椽之笔讴歌了生命的节奏，醇酒使其狂放以高不可攀之势雄视古今。怀素追求的是全新的奔放的自我面目，以一种特定的完美形式表达人生，表达对深层生命形象的全部构思，而成为一种反映生命的艺术，这就是他的书法。正是酒活化了这位艺术家的才情。

名家们借酒力之助而锦上添花，一些原非名家的人们也能在酒酣兴浓之际超水平发挥，创造出让人叹为观止的奇迹，成为书法史上的佳话。据《明皇杂录》记载，风流天子唐玄宗李隆基甚爱书法，其隶书《石台孝经》丰腴爽利，颇有盛唐气概。一天，他兴致忽来，问大臣苏环："草书难其人，谁可？"苏环之子苏廷聪颖过人，书文俱佳，有"燕大手笔"之誉。苏环举贤不避亲，回答玄宗说："臣不知其他，臣男廷为文甚速，可备使令，然性嗜酒，幸免沉醉，足以了事。"他知道儿子非酒助难有佳书，然酒过头了烂醉如泥也不行。玄宗宣苏廷进宫，适逢他沉醉未醒，被人糊里糊涂地扶上金殿，不管三七二十一吐了个一塌糊涂，吓得侍臣们出了一身冷汗，以为苏廷定要大祸临头。谁知玄宗爱才心切，表现得相当宽容大度，并不计较，而且让中贵人扶他在自己的御榻前休息，还亲自给他盖上被子。苏廷酒醒后果然不负厚望，"援笔立就"，写得颇有气势。玄宗看了十分高兴，抚摸着他的背说："知子莫若父"！

第三节　宋元的酒与书法

北宋文坛领袖、政治家欧阳修，号醉翁，博览群书，于书法则纵手而成，神完气足。欧阳修喜酒，乐山乐水的文人气质跃然纸上。欧阳修好酒成癖，以醉翁自居，书法超拔流俗，自成一家。他的传世名著《集古录》的跋文用楷书，行气流畅，活泼洒脱，开创了中国金石学先河。欧阳修可谓这一学科的祖师，是一位彪炳千秋的拓荒人、集古金石之大成者。是酒使其艺术品位更为升华，益臻精绝。他是一位有"海量"（东坡语）的醉翁，嗜酒如命，常常酒不离口。他又有过人之处，虽醉酒而文思更清楚，思路更敏捷，书法更传神。他在传世名作《醉翁亭记》中说自己"醉能同其乐，醒能述其文。"其中的"醉翁之意不在酒，在乎山水之间矣"早已成为千古名句。

一代宗师苏轼博学多才，爱砚好酒，能书善画，诗词豪放。他的书法为苏、黄（庭坚）、米（芾）、蔡（襄）"宋四家"之首。他的诗文书法多涉及饮酒，其小楷"予喜渊明归去来辞集字为十诗"一篇，所集十首诗中七首皆涉及酒。

东坡成名很早，一生与酒结下了不解之缘，特别到了晚年，嗜酒如命。他一生与诗文书画为伴，一生与酒为伴，造酒，饮酒，写酒，画酒，歌酒，著名的《水调歌头·明月几时有》，就是公元1076年中秋苏轼与亲友门生"欢饮达旦"，酒大醉后所作。酒使东坡诗文成为千古绝唱、词赋开豪放派之先河，成为一代文学大师。他的传世名作《洞庭春色赋》等既有古礁怪石之形，又有大海风涛之气，这种艺术风格的形成多得力于酒之神力。他的诗朋书友黄庭坚就很中肯地说过："东坡道人少时学《兰亭》，故其书姿媚似徐浩，至于酒酣放浪，意忘工拙时，字特瘦劲似柳诚悬。中岁喜学颜鲁公、杨风子书，其处不减李北海。至于笔圆而韵胜，挟以文章妙天下，忠义贯日月之气，本朝善书自当推为第一。"苏轼自己说："吾酒后乘兴作数十字，觉气拂拂从十指出。"他是凭着自己高深的文学素养，开创了圆劲浑厚、结体典雅的苏体书风。号称"天下第三行书"的《黄州寒食诗帖》为其行书的最高成就。苏轼的另一名作前后《赤壁赋》中更以酒引发旷达胸襟，是一种静穆深邃的意境。《前赤壁赋》与王羲之的《兰亭序》有十分相象的地方。明董其昌曾赞此卷是"坡公之

鲜于枢　《苏轼海棠诗》

《兰亭》也"。苏轼自己曾把新建的堂房取名"醉墨",可见他的书法与酒结缘之深。

北宋仁宗赵祯是个多才多艺的皇帝,虽然书法水平不算太高,但兴趣很浓且始终不减。一天,他心血来潮,饮了几杯酒之后,精神亢奋,书兴大发,带着八分醉意写了"四民安乐"四个大字,确实颇有气势,飞白尤其精妙,完全不象仁宗平时的手笔。

放翁陆游,才气超逸,诗冠南宋,嗜酒可比李白、杜甫,其书法"笔札精妙,意致高远。"(朱熹《朱子文集》)"书迹飘逸,其自书诗一卷,字画遒劲可爱。"(明张云)尤以草书小札负有盛名,被誉为"草书横绝一时"。他尤喜醉后作书,其《题醉中所作草书卷后》云:"胸中磊落藏五兵,欲试无路空峥嵘,酒为旗鼓笔刀槊,势从天落银河倾。端溪石池浓作墨,烛光相射飞纵横,须臾收卷复把酒,如见万里烟尘清……"。酒成为催发陆游胸中峥嵘的旗鼓,书法是他激越感所寄托的媒介物,一吐胸中块垒,再以酒相庆,豪情慷慨之状如在眼前。他的《草书歌》更是惊心动魄:"倾家酿酒三千石,闲愁万斛酒不敌;今朝醉眼烂若电,提笔四顾天地窄。忽然挥扫不自如,风云入怀天借力;神龙战野昏雾腥,奇鬼摧山太阴黑。此时驱尽胸中愁,捶床大叫狂堕帻;吴笺蜀素不快人,付与高堂三尺壁。"醉酒创作书法,居然连空间都感到太窄小了,天地自然之力顿时拥入笔端,一般的纸张已不足以容纳书法创作所需的艺术空间,只得借用"高堂三尺壁"。还有《醉中草书因戏作此诗》一首,道出了陆游喜爱醉中草书的真谛,"醉中草书颇入微,卷翻狂墨瘦蚊飞。……稚子问翁新悟处,欲言直恐泄天机。"

据马宗霍《书林藻鉴·书林记事》载:元代鲜于枢,字伯机,"每酒酣傲放,吟诗作字,奇态横生,书名与赵文敏相埒。"

第四节　明清至当代的酒与书法

书法家有深厚的学术修养,作品兼有文采美和书法美,明代大学问家杨慎就是这样的书家。杨慎,号升庵,四川新都人。一生坎坷,著作百余种,为明代第一。他获罪谪戍云南,酒后为诗,作书也必酒后,所书含蓄圆转,轻松而自然,秀丽而优雅,洋溢着平和温润的书卷气。文精书美实难得也。作品内涵博大,这也远远地超过其作品本身。酒使人豪放,酒使人缠绵,酒使人发泄,酒使人解脱。酒使书法家毫无顾忌地投入到艺术创作中去,使书法艺术在中国艺苑中大放光彩。

明代祝允明(公元1460~1526年),字希哲,因右手六指,自号枝山。嗜酒无拘束,玩世自放,下笔即天真纵逸,不可端倪。与书画家唐寅、文征明、诗人徐祯卿并称"吴中四才子"。祝允明狂草学怀素、黄庭坚。在临书的功夫上,他的同代人没有谁能和他较量。他是一位全能的书家,能以多种面目创作,能写小楷、篆隶、大草,也能写古雅的行书和巨帙长卷。祝允明被认为是天资卓越,腕与心应,神采飞动,情生笔端的大家。对于允明来说,酒是他生活中的一大乐趣,不可须臾失之,他的作品既有放浪不羁痛快淋漓之作,也有遒丽温润天真烂漫之美感,给人以神韵天成的强烈印象。他有一帧书信邀友文贵饮酒为一代表性佳作。

释文:登高落帽皆为风师雨伯阻之,虽病齿少饮,安能郁郁抱膝坐屋子下对淋淫乎?驼蹄已熟,请午前来,呼卢浮白共销之也,一笑。允明顿首,文贵史足下。

祝允明"狂放盖世,千金立尽,面无吝色",既年老后深刻体悟了人生,淡泊了功名,加重了对现实世界的冷漠。他开拓性艺术创造的精神却对后代是有大贡献的,这远远地超过了其作品本身。

书、画、酒俱佳的天才,堪称怪杰的人物,还有一个八大山人朱耷,他为明代遗臣。在南昌建"青云谱"道院,为开山祖。

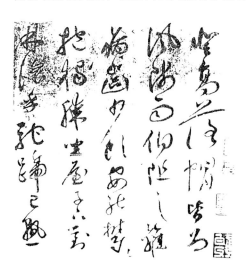

明·祝允明致文贵书

他更是把酒当作不可或缺的忠诚伴侣，佳作每出于醉酒之后。人们知道他有此习惯，不得他的墨宝往往"置酒招之"，待他酒酣之后，便拿出事先准备好的笔、墨、纸、砚让他挥毫，常常是"洋洋洒洒，数十幅立就"。倘不如此，"欲觅其片纸只字不可得，虽陈黄金百镒于前勿顾也"。他的书作《刘伶酒德颂卷》，是一篇行书，共192字，以山谷的瘦硬精神用笔，但却有八大山人个性的疏朗意趣，没有山谷过多的"长枪大戟"的笔意。是酒消除了他自己60年中的强烈悲愤，又是酒使他由消极而趋于积极的人生，创造了八大山人完美的书画精神。

酒激活了二千余年不少书法艺术家的灵感，为后人留下数以千万的艺术精品。他们酒后兴奋地引发绝妙的柔毫，于不经意处倾泻胸中真臆，令后学击节赞叹，甚至顶礼膜拜。这种异常亢奋是支持艺术不断求索的宝库，使无绪而趋于缜密，经纬天成；使平淡而奇崛，邈若神助，笔下生花；越是激昂腾奋，则笔走龙蛇，异趣横生，线条旋舞，恨墨短砚浅，非纸尽墨干不止。

当代著名书法家启功先生终生与酒为伴，正如他在诗中所写："三十不自立，狂妄近旨酒。""平生称大幸，衣食不断有。可耻尚多贪，朝夕两杯酒。"酒为启功先生的书法增添了不少灵气。

诗人、书法家与酒从一开始就结下了不结之缘，因而产生了特有的诗书酒文化现象。

第九章　酒与篆刻

在丰富广博的中国艺术史上，记载着许多在诗、书、画、印方面全面发展、具有很高艺术成就的大师，他们的作品被一代代地承传了下来，成为中华民族宝贵的艺术财富。

篆刻的起源是由古代的盛酒器刻画符号肇始的，所以和酒有相当的亲缘关系。在我国出土的距今约6000年的半坡陶器中，已有酒器，印章的胚胎——刻画符号，便是刻画在半坡的酒器上的。

篆刻的起源晚于酒的出现，晚于文字的起源，是随着文字的发展而发展的。在新石器时代后期，人们发明了用陶泥制作器皿，形状可随心所欲，可大量制作，因之发展很快。为了区分大量制作的陶器的制作者或拥有者，以查其数量，工匠们在制陶时就在器皿上刻制自己的符号，这便是《礼记·月令篇》所记的"物勒工名"。后来，工匠们使用硬质材料刻制成印范，直接印制于陶器泥坯上，加以烧制，类似封泥。正如康殷先生在《古图形印汇》前言中说的："古图形印的来源，我以为它是由古代制陶器时所用以拍花纹的印模以及制作铸铜器范的印模发展转化而来的。"河南安阳出土的"M"字印陶符号(图一)和商代"亚"字形印（图二），便能很好地证明这一点，同时也证明印章的起源与酒有密切的关系。

印章发展的第一个高峰是秦汉时期，这一时期的印章是以官印和私印为主的。在新莽时期的官印中，发现了当时的文化教育界最高长官——"祭酒"的官印——"新城左祭酒"（图三），这是已知出现在篆刻中最早的"酒"字。

图一　商代"M"形印陶符号　　图二　商代亚形印　　图三　新莽官印（新成左祭酒）

在我国古代，人们把饮酒视为文雅之事，故文人骚客嗜酒者极多，篆刻家也毫不例外，他们嗜酒，在印章中刻酒，在印章中表现他们的思想。由于酒与文化人介入印章（元以前印章是由书法家写篆，工匠刻制），印章的发展和印人的涌现在明清时代都走出了划时代的一步，进入第二个黄金时代，涌现出大量的优秀作品和印人。明清流派印中关于酒的印章，成为我国篆刻艺术中最富有特点的精品，在印坛闪现出耀眼的光芒。

乔大壮（公元1892～1948年）喜饮酒，印中有"狂篇醉句"、"昔之狂篇醉句"二印。他恪守汉印，古意盎然，不愧为近代篆刻大家。

明清文人印的兴起，给印章文字内容拓宽了天地。明清篆刻家中一大批嗜酒者，便在自己的印章里，表现了对酒的喜爱和对酒的寄托。著名的有何震的"沽酒听渔歌"、黄土陵的"酒国功名淡书城岁月闲"等。这些印章丰富了篆刻艺术的表现内容，也丰富了酒文化的内涵，使原本实用的印章艺术与诗情、画意、酒香融为一体，放射出更加灿烂的光芒。

【沽酒听渔歌】(图四)何震，生年不详，卒于明万历三十三年（公元1605年）前后，，安徽新安（今江西婺源）人。明代中叶成就卓著的篆刻家，为黄山印派创始人（亦称皖派、徽派）。著有《学古篇》、《印选》等。《沽酒听渔歌》取汉印之法，而不拘成法，尤以歌字的大片留红给人以舒展、透气的感觉，使此印十分生动。此印当为何震中晚期作品，早期的刀痕显露、不假修饰之风一扫而光，用刀生动，有所本而复能标韵于刀笔之外，为何震作品中之精品。其印文字也极富诗情画意，沽酒荡舟，听渔舟唱晚，风清月皎，碧水涟漪，一帆江南风情。

【深得酒仙三昧】（图五）苏宣，字尔宣，安徽歙县人，印坛"泗水派"创始人。著有《苏氏印略》四卷。

《深得酒仙三昧》印，采用钟鼎文字入印，章法虚实呼应，颇为精心，切刀碎刻，深得金石韵味，不蕴不火，又不失典雅古朴之意。该印为苏宣自刻自用印，酒仙取自唐杜甫《饮中八仙歌》。杜甫诗中精彩地描绘了贺知章、汝阳王李琎、左相李适之、崔宗之、苏晋、李白、张旭、焦遂八位酒仙的各自醉态和豪放不拘的性格，勾勒出一个个栩栩如生的酒仙神态。苏宣好酒，此印表达了他对酒仙们的神往，并以得其三昧真传而自足。

【少壮三好音律书酒】（图六）程邃，字穆青，安徽歙县人，清初最为出色的篆刻家。他的篆刻力变"文彭何震旧习"，博采众长，异军突起，富有创造性，以崭新的面貌奠定了"皖派"的基石。《少壮三好音律书酒》印为程邃自刻自用印，取古玺之法，以钟鼎文字入印，章法新颖，刀法以切为主，气韵苍浑古朴，沉着端庄，错落有致，于平稳中见流动，既有秦玺印遗韵，又有当时的时代精神，不失为开宗立派之作。程邃嗜酒，好音律，富收藏。

图四　何震"沽酒听渔歌"　　图五　苏宣"深得酒仙三昧"　　图六　程邃"少壮三好音律书酒"

【双柑斗酒】（图七）宣重光，字在辛，号君宜，又号蟾光、江上外史江苏丹徒人。擅长书法、绘画、书论。由于其书法功力至深，书论功底深厚，使篆刻作品相得益彰。重光刻印极少，存世更不多见。著《书筏》二十九则。《双柑斗酒》印取小篆圆朱文入印，章法揖让有礼，布局匀称，用刀爽快，线条如高柳垂丝，毫不拖泥带水，开后世流派印圆朱文之先。印文"双柑斗酒"语出冯贽《云仙杂记》卷二，《高隐外书》："戴颙春携双柑斗酒，人问何之，曰：往听黄鹂声。此俗耳针砭，诗肠鼓吹，汝知之乎？"后封建文人因以"双柑斗酒"作为春日胜游的典故。重光刻此印，当为怀念往日春游之胜也。

【同诗酒平章事】（图八）周官，字经文，明末浙江钱塘（今杭州）人。篆刻受明中叶何震影响极大，作品一洗当时矫揉造作风尚，章法平稳自然，生趣天成，所著《问奇亭印章》由其太宗师朱之蕃审阅定稿。《同诗酒平章事》用古玺印之定式，加有界栏，文字使用汉篆，古拙秀丽，沉稳庄重。"同平章事"为唐代官制，君主在大臣中选任数人，给以同中书、门下平章事的名义，即为事实上的宰相，简称同平章事。中书、门下二省本即政务中枢，同中书、门下平章事即与中书、门下协商处理政务之意。宋初犹沿用为宰相的官衔，一直到明初均设有此职。是印的同诗酒平章事，查唐以来均无诗酒之官，当是周官戏为之，意诗酒如文人雅士之宰相，自己同诗酒同事，反映出周官嗜酒之雅兴。

【案有黄庭尊有酒】（图九）林皋，字鹤田，一字鹤颠，祖籍福建莆田，居常熟。精篆刻，章法繁简相

图七　宣重光"双柑斗酒"　　图八　周官"同诗酒平章事"　　图九　林皋"案有黄庭尊有酒"

参，疏密得当，刀法遒劲，功力深厚，作品为时人所重，当时画坛名家用印多出其手，被称为"林派"，也有将他和汪关、沈世和合称为扬州派。著有《宝砚斋印谱》。《案有黄庭尊有酒》印个性明显，精工华丽，雍容秀雅，刀法工致挺拔，绝无矫揉造作之气，既有浑厚的传统功力，又不为古玺印所囿，不失为明清流派印中的上乘之作。林皋好酒，又好书，因刻是印以自用，案有黄庭，尊有美酒，画堂高烛，诗书画印，活化出古代一位文人雅士之风韵。

【寄情诗酒】陆时化（公元1714～1779年），字润之，号听松老人，江苏太仓人，擅篆刻，精鉴别。陆时化书史无载，篆刻作品偶有所见。是印章法取之汉印，介于铸凿之间，用刀酣畅淋漓，不假修饰，变化多端，印虽小，却从小中见大，足见其篆刻功力之深。

【春衣沾酒沉醉在山家】袁枚（公元1716～1797年），字子才，号简斋，又号随园老人等，浙江钱塘人。善书、画、诗、文、篆刻。其篆刻取秦小玺印之法，又受时代印风影响，多做朱文小印，方寸之间从容不迫，功力深厚。《春衣沾酒沉醉在山家》印，结篆合理，用刀沉稳老到，表现出一种静穆祥和、纯朴甜美的乡土气息，令人沉醉，令人向往。

【文学祭酒】桂馥（公元1736～1805年），一名复，字未谷，山东曲阜人。擅画墨竹、山水，精书法篆刻，藏书甚富，好考订文学流派，所交之友多考证知名之士。篆刻取法秦汉玺印，刀法挺拔，不求时尚，非至好不能得其篆刻。由于有较高的篆刻理论修养，其印作境界也很高。《文学祭酒》印取汉铸印法，平稳深沉，含蓄隽永，方圆兼用，以疏密圆转、笔画变化求其呼应，深得汉印神髓。印文"文学祭酒"当为文学博士解。

【袖中诗本衿上酒痕】程庭鹭（公元1796～1858年），初名振鹭，字序伯、问初，上海嘉定人。擅画山水，笔法清润而显苍浑，篆刻宗浙派，章法多变，用刀率意，节奏明显。著有《练水画征录》《小松园阁书画跋》《箬庵画尘》《小松园阁印存》《红蕙馆印谱》等。《袖中诗本衿上酒痕》是典型的浙派印，全印以切刀刻就，追求汉凿印古意，印面虽小而不失纵姿英迈的刀法，看似信手凿来，却笔笔劲爽利，虽与汉急就印有一定差距，但也反映出浙派印人胆敢独造的精神追求。全印章法、刀法都很成熟，浑然一体，有使刀如笔的感觉。

【读异书饮美酒赏名花对丽人】（图十）何绍基（公元1799～1873年），字子贞，湖南道县人，擅书法，书名甚重，印名为书名所掩也，其印谨见朱旭初编《中国古代闲章拾萃》一书，收朱白印两方。《读异书饮美酒赏名花对丽人》印，风格近碑额文字，以小篆入印，章法自然平稳，用刀随意舒展，无造作之气，线条流畅俏丽，和印文表现内容极相符合，异书、美酒、名花、丽人，反映出封建社会上层的奢侈生活。何绍基篆刻作品不多，但从谨见的两方印看，却也一派大家气概。

【白下酒徒汤粥翁】（图十一）汤贻汾（公元1778～1853年），字岩仪、雨生，江苏常熟人。岩仪善画山水、花卉，工书法。有《琴隐园诗词集》《画鉴析览》等作品问世。《白下酒徒汤粥翁》为雨生自刻自用印，取汉铸印之法，古朴浑厚，肥而不臃，章法排列匀停，用刀变化多端，虽属满白印，仍能给人以潇洒清朗之气息，呈现出一种狂傲而冰清玉洁的风韵。汤翁好酒，其性烈如酒，其忠亦如酒，实印如其人也。

图十 何绍基"读异书饮美酒赏名花对丽人"   图十一　汤贻汾"白下酒徒汤粥翁"

【多情怀酒伴余事作诗人】（图十二）吴先声，字实存，古郢（今湖北江陵）人。长篆刻，与同时的沈世和相近，而另有一种秀逸气韵。康熙二十六年著有《敦好堂论印》一卷，三十四年成《印证》一卷，论印崇尚秦汉而不泥于秦汉，要求追求意理，通其规律。实存篆刻作品沉稳恬静，饶有秀韵。《多情怀酒伴余事作诗人》取汉印之法，用日字形界栏，章法布局和谐协调，不急不促，字法虽少变化，但用刀精到爽快，表现出极高的艺术素养，是印给人以清新明快、气息流通的感觉，可读性极强，给人以味，使人百看不厌。由于实存对篆刻理论有十分精到的研究和独特的见解，使其篆刻作品守法而不拘泥古法，清新而不失古趣。他在《敦好堂论印》中论情趣对篆刻的影响有精到的见解，他说："印章小技，实本性情。学汉印者须得其精意所在，取其神，不必肖其貌，斯为善学古人矣。"

【有花有酒且开眉】（图十三）周芬，生卒年不详，字子芳，浙江杭州人。幼时即好篆刻，及客飞鸿堂数年，纵观名家印谱百余种，临摹揣习，技乃大进，仿制古印，毫发不爽。印钮颇具巧思，又善镌砚铭。《有花有酒且开眉》取法汉印，章法平稳，布局规正，用刀在汉铸凿印之间，看似貌不惊人，却正应了印章"既能险绝，复归平正"的道理，达到了一种较高的境界。

【有诗千首有酒一升有田百亩有丁廿口行年七十三日事牛马走】（图十四）吴让之（公元1799～1870年）原名廷飏，以字行，亦作攘之，别署让翁、晚学居士、方竹丈人等，江苏仪征人。吴让之是清代大书法家包世臣的弟子，善作四体书与写意花卉，功力深厚，清超深沉。吴让之宗法邓石如，但他成熟以后的篆刻，驱刀如笔，使转自如，强烈地表现出篆书的意韵，已经跳出了邓石如的范畴，有一种不同于邓石如的轻松隽永，一种不经意的自家独特的篆书风貌，这于石如外独树一帜，以汉篆治印，刀法使转自然，坚实得势，能充分表达笔意，行草边款与其书相通，信手刻凿，一蹴而就，生动舒畅，晚年作品更入化境，是晚清最有成就的艺术家之一。此印，载1984年《书法》杂志第二期，按吴让之实际活七十一岁看，此印当是为别人作。印章采用稳健的小篆结体，非常注意虚实呼应，二十六字置方寸之间，不拥不挤，舒展大方，不作怪异状惊人，在平稳中求奇，运刀轻浅取势，一任自然，该印最能体现让翁治大印、多字印之功力，章法得当，运刀如行云流水，线条变化多端，无一画相似，无一字雷同，潇洒自如，浑朴沉稳，信手落刀，境界全出。该印文词朴实，极富诗情画意，包容至大，仅26字，就活化出一个人丁兴旺的小康人家静穆祥和的气氛和老主人恬静满足的心态，以及73岁高龄仍日事农耕的强健体魄，展示出一幅有诗有酒有田有丁的中国农村田园诗般美丽的画卷，实为文字内容与篆刻形式高度和谐统一的、进入最高艺术境界的传世艺术佳作。

图十二　吴先声"多情怀酒伴余事作诗人"　　　图十三　周芬"有花有酒且开眉"　　　图十四　吴让之"有诗千首有酒一升有田百亩有丁廿口行年七十三日事牛马走"

【深村有酒隔烟渚共乘小艇穿芦花】项道玮，字鲁青，安徽歙县人，精书法、绘画、篆刻。与同里项怀述、项根松、项绶德共研书画篆刻，且都有较高造诣，被誉为"南河四项"。项道玮作品不多见，其传记书史无载，但从《深村有酒……》印看，其篆刻功力极深，造诣甚高。该印细边小篆圆朱文十四字排列，不急不促，宽松和谐，匀称大方，用刀冲切随意，不事修饰，章法清新活泼，自然流美，虽明清流派印未收，其艺术成就绝不亚于流派中人。该印表现的文字内容淡雅，意境幽深，深村有好酒，炊烟正袅袅，夕阳西下，细雨黄昏，几好友乘小艇穿芦花荡，沽酒慢酌，悠然自得，也正应了"酒好不怕巷子深"的俗语，展现出一派水乡风情，令人神往。

【醉经阁】（图十五）张辛（公元1809～1848年），原名有辛，字受之，浙江海盐金石家张燕昌之侄。性好治石，且善墨拓，他的篆刻为嘉兴收藏家张廷济（叔未）所赏识。受之治印宗法秦汉，章法工稳，白文印庄重肃穆，朱文印停匀饱满，仿秦小玺印形神兼备，均显示出深厚功力。《醉经阁》印为著名篆刻家赵次闲和张辛合作印，次闲篆字，张辛刻治，珠玉合璧。次闲名之深，浙江钱塘人，师事陈豫钟，篆刻造诣甚高，为西泠八家之一。是印二人合作默契，天衣无缝，章法具浙派面目，刀法犀利劲挺，金石味十足，为合作印之上品。

【谈间飞白酒半潮红】（图十六）陈渭，清人，字桐野、同野，浙江平湖人。精研六书、声律，篆刻宗何震、苏宣，古健苍秀，自成风格，工隶书，豪于饮，醉酒兴发时顷刻能作百幅书，故当时嘉兴一带屏幛多出其手。《谈间飞白酒半潮红》仿汉玉印法，边栏残缺，以圆朱文小篆布局，章法散而不乱，线条圆转流动，在稳定的基调中富于变化，深得汉玉印神髓。

【虎帐红灯鸳帐酒】（图十七）钱松（公元1818～1860年），初名松如，字叔盖，浙江杭州人。擅画山水、花卉，精书法、篆刻，为时所重。其篆刻得力于汉印，为西泠八家之一，尝手摹汉印二千钮。叔盖见闻广博，章法与众不同，时出新意，刀法博采众长，创造出一种切中带削的新刀法，立体感很强，韵味无穷，是当时颇有影响的一支篆刻流派，为后来吴昌硕所取法。作品集有《未虚室印谱》《铁庐印谱》《钱胡印谱》（和胡震合编）。《虎帐红灯鸳帐酒》取法汉凿印，看似信手组合，却调配合度，极为得当，如量体裁衣，处处得体，用刀变化多端，神出鬼没，无一刀不精到，无一画不生动，全印浑然一体，无懈可击。叔盖虽为西泠八家之一，却无浙派用刀过碎之弊，使浙派面目一新，实为开宗立派之一代宗师。

图十五　张辛"藏经阁"　　　图十六　陈渭"谈间飞白酒半潮红"　　图十七　钱松"虎帐红灯鸳帐酒"

【酒国功名淡书城岁月闲】（图十八）黄士陵（公元1849～1908年），安徽歙县人，字牧甫，一作穆甫，为晚清以来很有成就的书画篆刻艺术大师。治印刀法刚键雄奇，不事修饰，力能扛鼎，章法匠心独运，前无古人，能在极险中得平衡，又能在平实中追取超逸。一生都在实践着自己的艺术主张，大半生都在对篆刻艺术的理解中不懈追求，形成清末一支异军突起的篆刻流派——黟山派，对篆刻艺术的发展做出了重大贡献。《酒国功名淡书城岁月闲》作于1894年，法印铸印，布白均匀，疏密有致，于平稳中见流动，挺劲中寓秀雅，无妄怪之失，无板滞之嫌，看似貌不惊人，实则极富情味。该印为牧甫中后期客居广州时期的作品，款为"施翁旧句属士陵篆刻甲午夏日"，是士陵遵嘱为施庵张诗翁所治，虽为他人作，却也刻出了牧甫淡泊功名，厌恶官场险恶的心境。

【饮少辄醉】（图十九）王福庵（公元1880～1960年），字维季，号福厂，浙江杭州人。出身书香门弟，早年善绘事，中年后专工书法篆刻，毕生致力于金石文字之学，工篆隶、治印，造诣精深，为现代著名书法篆刻家，西泠印社创始人之一。篆刻作品风格工稳，蕴籍典雅，驰誉海内外，影响深广。著有《麋砚斋印存》二十卷、《福庵藏印》十六卷。《饮少辄醉》取汉印法，而功力在汉铸凿印之间，章法顾盼有情，揖让有礼，笔画生动，用刀灵活，无一笔不巧，无一画不拙，疏可走马，密不容针，沉稳庄重，朴茂雄浑，气度不凡。

图十八　黄士陵"酒国功名淡书城岁月闲"　　　图十九　王福庵"饮少辄醉"

【醉翁】【醉翁之意】（图二十）唐源邺（公元1886～1967年），字李侯，号醉龙，别号醉石、醉石山农，晚年又号醉翁，湖南善化人，西泠印社社员。源邺一生嗜酒，名号全与酒有关，工隶书、篆刻，为现代著名浙派篆刻家，有《醉石山农印稿》行世。其篆刻受明清浙派影响较大，又能去弃浙派用刀琐碎、刀痕显露之弊，中后期吸收汉铸印法，于浙派外独树一帜，为近代篆刻大家之一。《醉翁之意》印为醉石自刻自用印，章法讲究，线条流畅，满而不肥，足见其篆刻功力之深。

【沽酒生涯】【醉乡侯】（图二十一）翟树宜（公元1895～1962年），别署墨庵，上海嘉定人。所刻印能于秀雅中得浑朴之致，生动流美而古趣盎然，为同道所推重。其印作《墨庵印存》四卷行世。《沽酒生涯》印，章法平稳，得古泥之法，用刀沉着，又不失其生动，无浮躁之感，在朴实中求其用笔之变化。《醉乡侯》取汉铸印法，沉稳端庄，章法刀法得宜，"密不容针"用得恰到好处，在极小的天地里表现出大气派，于古朴中得其静，不失为上乘之作。

【狂篇醉句】【狂篇醉句】【昔之狂篇醉句】（图二十二）乔大壮（公元1892～1948年），名增劬，字大壮，四川华阳人，出身书香世胄，精通诸子百家，有奇才，善诗词，以书法、篆刻、诗词、骈文名世。篆刻出自黄牧甫，融合两周，喜以大篆、金文入印，独辟蹊径，不泥古，不随今，刀法工整稳健，超然出牧甫之外。大壮治印，一如其诗词、文章，在不拘一格中显示出极高的艺术造诣。三方印内容一样，表现各异，章法严谨，疏密停匀，使形式与内在的意境美高度融合，意趣无穷。这几方印大壮反复刻治，表现出对旧中国的强烈不满。大壮嗜酒，悲酒醉而不能解忧国忧民之愁，因刻治《悲酒亭》一印，以自嘲无救国救民之策，"良无活国计，往往肝胆热。"大壮在短暂的五十六个春秋中，以其文学艺术方面的卓越贡献和热爱国家、热爱人民的高风亮节为后学做出了榜样，在中国艺坛闪耀着光辉。

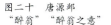

图二十　唐源邺
"醉翁""醉翁之意"

图二十一　翟树宜
"沽酒生涯""醉乡侯"

图二十二　乔大壮"狂篇醉句""狂篇醉句""昔之狂篇醉句"

王石平　"我书意造本无方"

王壮为（台湾）"酒狂"

第十章 酒与绘画

不了解中国绘画，也就不可能全面了解中国优秀传统文化。

绘画艺术同中华民族的历史一样源远流长。1978年河南省临汝县阎村出土的《鹳鱼石斧图》表明，早在五千年前的新石器时代，中国的绘画就已经有了很高的水平。此画由白、黑、土红色与土黄色的陶衣共同构成了一个强烈、单纯、质朴的彩色画面。画面上用不同的处理方法塑造了白鹳、大鱼和石斧三个形象，体现了作者匠心独具的构思，包含了中华民族远古时代的造型特征和祖先崇拜意识。而出土于青海孙家寨的马家窑文化马家窑类型的舞蹈纹形彩陶盆，其内壁绘有三组舞蹈人物。它的主题突出，形象生动，用笔简练，不仅是彩陶中的珍品，也是我国最早的人物画杰作。经过史前文化和整个中国传统文化的熏陶，中国的绘画艺术得到迅速发展，并在世界美术领域中自成独立体系。可以毫不夸张地说，绘画艺术集中表现了中华民族的智慧和创造，并在某种意义上标志着华夏文明在古典文化艺术领域的最高水准。

明人顾凝远云："六法中第一气韵生动，有气韵则有生动矣。气韵或在境中，亦或在境外，取之于四时寒暑、晴雨晦明，非徒积墨也"。显然，酒文化意识或饮酒微醺时所达到的境界，有助于领略这种"神"和"气韵"，也有助于获取超越功名尘俗的品格。因而，在绘画这朵灿烂的艺术之花中，酒的作用功不可没。名家们"雅好山泽嗜杯酒"，或以名山大川陶冶性情，或花前酌酒对月高歌，往往就是在"醉时吐出胸中墨"。酒酣之后，酒成了他们创作时提高艺术水平的重要条件。酒可品可饮，可歌可颂，亦可直入画图中。纵观历代中国画杰出作品，有不少有关于酒文化的题材。

一、醉时吐出胸中墨

很早以前酒与绘画就有了斩不断的缘份。有"画圣"之称的盛唐杰出画家吴道子（道玄）不到二十岁已穷尽丹青之妙，所画道释人物（这是他最熟悉也最擅长的）气势雄峻生动，线条遒劲圆润如莼菜条，衣服飘举，世称"吴带当风。"着色轻拂微染，自然超出缣素，后人谓之"吴装"。兼善山水，写蜀道怪石崩滩，若可扪酌，自为一家。而他无论画人物、画山水均须仰仗酒力，"每欲挥毫，必须酣饮。"（《宣和画谱》）唐明皇命他画嘉陵江三百里山水的风景，他能一日而就，表明了他酒后思绪活跃的程度，这就是酒刺激的结果。吴道之在学画之前先学书于草圣张旭，其豪饮之习与乃师不无关系。吴道子长期浪迹于长安、洛阳两地的道观寺院，绘制三百余间宗教壁画，奇纵异状无有雷同者。相传他曾在长安崇仁场资圣寺净土院门外墙壁上"秉烛醉画"，神妙非常。一位寺僧想得他一幅真迹，特意准备了百石美酒摆在寺院两廊下，请他看了以后说："你若愿为我画幅画，这百石美酒全归你"。吴道子本不轻易将画送人，现在见酒大喜，非常爽快地答应了寺僧的要求。

盛唐著名山水田园诗人王维，同时也是个著名山水画家。张彦远《历代名画家》说他的破墨山水"笔迹劲爽"，荆浩的《笔法记》说他"笔墨宛丽，气韵高清。巧写象真，亦动真思"。《旧唐书》本传说他的画作"笔纵潜思，参于造化"，诗画兼擅的苏轼更从诗情画意相得益彰的角度说："味摩诘之诗，诗中有画；观摩诘之画，画中有诗"（苏轼《书摩诘蓝田烟雨图》）。他将诗与画融合为一，开文人画之先河。当他隐居故乡、啸傲山水时，常从酒店赊帐买酒。蓝田人韩干贫困潦倒，在酒店打短工，常到王维家送酒取钱。一次，他去王维家讨酒帐，适逢王维外出未归，便一边等候一边在地上随手画了许多人与马。王维回来后一见称奇，认为他天赋其高，很有培养前途，便慷慨解囊，每年出资二万钱，供他学画。韩干不负重望，潜心学习，终于成了自具风采的画马大师。杜甫偏爱骨瘦多神之马（这种审美情趣与他的坎坷经历有关），说韩马有肉无神，还引起了一场不大不小的笔墨官司。韩干得成名家，酒起了媒介的作用。

唐代另一位诗画皆擅的艺术家郑虔，以山水画见长，常在画上自题诗，诗、书、画皆妙。曾向玄宗进献诗篇及书画，玄宗御笔亲提"郑虔三绝"。他与李白、杜甫是诗朋酒友，每次作画，都要先饮酒至酣，醉眼朦胧中往往精神亢奋，运笔如神。杜甫说他"酒后常称老画师"，宋人郑刚中说他"酒酣意放，搜罗表象，驱入毫端，窥造化而见天性；虽片纸点墨，自然可喜"（《论郑虔阎立本优劣》）。在他的艺术成就里，溶铸着酒的功勋。

长期陷逸于江湖之间，自称烟波钓徒，音乐、书画俱佳的张志和，对酒有着天然的喜好，"常在酣醉后，或击鼓吹笛，舐行成画"。以善画泼墨山水被人称为王墨的王洽，疯颠酒狂，放纵江湖之间，每欲作画，也须先喝个酒酣兴浓，然后"以墨泼图障上，脚踏手扪，随其形象为山石、林泉、云霞，卷舒随意，倏若造化，不见墨污之迹"，且能"自成一种意度"（潘天寿《中国绘画史》）。

五代时期的励归真，被人们称之为异人，其乡里籍贯不为人所知。平时身穿一袭布裳，入酒肆如同出入自己的家门。有人问他为什么如此好喝酒，励归真回答："我衣裳单薄，所以爱酒，以酒御寒，用我的画偿还酒钱。除此之外，我别无所长。"励归真嗜酒却不疯颠狂妄，难得如此自谦。其实励归真善画牛虎鹰雀，造型能力极强，他笔下的一鸟一兽，都非常生动传神。传说南昌果信观的塑像是唐明皇时期所作，常有鸟雀栖止，人们常为鸟粪污秽塑像而犯愁。励归真知道后，在墙壁上画了一支鹞子，从此雀鸽绝迹，塑像得到了妥善的保护。

活动在五代至宋初的郭忠恕是著名的画界大师，他所作的楼台殿阁完全依照建筑物的规矩按比例缩小描绘，评者谓：他画的殿堂给人以可跷足而入之感，门窗好像可以开合。他的绘画作品倍受人们欢迎。郭忠恕从不轻易动笔作画，谁要拿着绘绢求他作画，他必然大怒而去。可是酒后兴发，就要自己动笔。一次，安陆郡守求他作画，被郭忠恕毫不客气地顶撞回去。这位郡守并不甘心，又让一位和郭忠恕熟悉的和尚拿上绘绢，乘郭酒酣之后赚得一幅佳作。大将郭从义就要比这位郡守聪明了，他镇守岐地时，常宴请郭忠恕，宴会厅里就摆放着笔墨。郭从义也从不开口索画。如此数月。一日，郭忠恕乘醉画了一幅作品，被郭从义视为珍宝。

宋代以降，嗜酒的画家更是代有其人，画境酒意，相得益彰。宋李成本系唐宗室，入宋后家运衰微，才命不遇，纵意于诗酒风月、琴奕书画之间。人若向他索画，必须先备酒席。他"饮酒至酣后才落笔，往往烟云万状，栩栩如生。"（潘天寿《中国绘画史》）包贵、包鼎父子都是画虎名家，包鼎每次画虎前，都要先"洒扫一室，屏人声，塞门涂牖，穴屋取明，一饮斗酒"，然后再"脱衣，据地卧、起、行、顾"，模仿老虎的各种动作，体会老虎的神态特点，等感觉到悟出了老虎的特性时，又"复饮一斗"，乘着酒兴"取笔一扫尽意而去"。（《后山丛谈》）这样，他所画之虎较之其父之作更逼肖真虎，力透纸背。陈容以画龙见长。中华民族虽号称是龙的传人，有着源远流长的龙崇拜意识，但龙本系传说之物，并无人知晓它到底是何模样。因此，画家画龙不象画虎那样可到现实生活中去观察模仿，只能借自己的神思妙想。陈容动笔前总是要先饮酒至醉，让大脑高度兴奋起来，手之舞之足之蹈之，大喊大叫一通，再"脱巾、濡墨、信手涂抹，然后以笔成之"。所画之龙，"或全体，或一臂、一首，隐约不可名状，曾不经意而皆入神妙"。这种高超水平，显然得力于酒所引发的丰富想象和幻想。

宋代的苏轼是一位集诗人、书画家于一身的艺术大师，尤其是他的绘画作品往往是乘酒醉发兴而作，黄山谷题苏轼竹厂石诗说："东坡老人翰林公，醉时吐出胸中墨。"他还说：苏东坡"恢诡谲怪，滑稽于秋毫之颖，尤以酒为神，故其觞次滴沥，醉余频呻，取诸造化以炉钟，尽用文章之斧斤。"看来，酒对苏东坡的艺术创作起着巨大的作用，连他自己也承认："枯肠得酒芒角出，肺肝槎牙生竹石，森然欲作不可留，写向君家雪色壁。"苏东坡酒后所画的正是其胸中蟠郁和心灵的写照。宋时的赵孟坚等山水画家也都系

东坡居士抒怀图

"高阳酒徒"。赵孟坚还"以酒晞发，箕踞歌《离骚》，旁若无人"（潘天寿《中国绘画史》），其狂放不羁、任达率真的个性，让人依稀想起了魏晋时期的阮籍、刘伶。

元朝画家中喜欢饮酒的人很多，著名的"元四家"（黄公望、吴镇、王蒙、倪瓒）个个善饮。黄公望研究过"九流之学"，精通音律，五十岁以后专攻山水画，逐成名家。黄公望晚年愈来愈嗜酒，客居虞山（今江苏省常熟县西北）二十年间，留下了许多饮酒作画的佳话趣闻，这些传说迄今仍在当地流传（潘天寿《中国绘画史》）。倪瓒一生隐居不仕，常与友人诗酒留连，"云林遁世士，诗酒日陶情"；"露浮箬叶熟春酒，水落桃花炊鳜鱼"；"且须快意饮美酒，醉拂石坛秋月明"；"百壶千日酝，双桨五湖船"。这些诗句就是倪瓒避俗就隐生活的写照。吴镇，善画山水、竹石，为人抗简孤洁，以卖卜鬻画为生。作画多在酒后挥洒，但云林称赞他和他的作品时说："道人家住梅花村，窗下松醪满石尊。醉后挥毫写山色，岚霏云气淡无痕。"王蒙，元末隐居杭县黄鹤山，"结巢读书长醉眼"，善画山水，酒酣之后往往"醉拈秃笔扫秋光，割截匡山云一幅"。王蒙的画名于时，饮酒也颇出名，向他索画，往往许他以美酒佳酿，袁凯《海叟诗集》中的一首诗，就向王蒙提出，"王郎王郎莫爱惜，我卖私酒润君笔"。

元初的著名画家高克恭(1248～1310年)是维吾尔族人，字严敬，号房山老人。官至刑部尚书。他既善画山水、竹石，又能饮酒，"我识房山紫髯叟，雅好山泽嗜杯酒"。醉后之作，"神施鬼役，不可端倪"。他的画学米氏父子，但不肯轻易动笔，遇有好友在前或酒酣兴发之际，信手挥毫，被誉为元代山水画第一高手。虞集《道园学古录》中说："不见湖州(文同)三百年，高公尚书生古燕，西湖醉归写古木，吴兴(赵孟頫)为补幽篁妍。国朝名笔谁第一，尚书醉后妙无敌。"这首诗告诉我们高克恭酒后作画精妙绝伦，无可匹敌。马琬(字文壁)作画更是离不开酒。他的山水、书法和诗文在当时被誉为"三绝"。贝琼《清江诗集》里描写马文壁作画的情景说："长忆秦溪马文壁，能诗能画最风流。酒酣落笔皆成趣，剪断巴山万里秋。"看来，他只有在酒酣时才能产生创作欲望和激情。另一位元朝画家商琦也是"酒酣时把墨濡头"，"呼酒尽扫溪藤纸"的著名画家，他的山水画被称誉为"天下无双比"，因此"累蒙天子知"。马祖常在《南田文集》中说商琦把酒酣后的激情全部倾注在笔墨之中，"曹南商君儒家子，身登集贤非画史，酒酣气豪不敢使，挥洒山水立一纸"。

元朝有不少画家以酒量大而驰誉古今画坛。书画家郭畀酒量大得惊人，"有鲸吸之量"，醉后信笔挥洒，墨渖淋漓，尺缣片楮，得之者如获至宝。郭畀还善画，杨铁崖在他画的一幅《春山图》上题了一首诗，写道："不见朱方老郭髯，大江秋色满疏帘。醉倾一斗金壶汁，貌得江心两玉尖。"这首诗把郭畀其人其画及醉态都形象地为我们勾画了出来。山水画家曹知白的酒量也不甚了得。他家豪富，喜交游，尤好修饰池馆，常招邀文人雅士，在他那座幽雅的园林里论文赋诗，觞咏无虚日。"醉即漫歌江左诸贤诗词，或放笔作画图"。杨仲弘总结他的人生态度是："消磨岁月收千卷，傲睨乾坤酒一缸"。上述那位山水画家商琦则能"一饮一石酒"。称他们海量都当之无愧。

明画家吴伟，工人物、山水。早年比较工细，中年后变为苍劲豪放、泼墨淋漓，成了"江夏派"的创导者。他好"剧饮"，欲得其画者必先送酒。他一生中曾两次奉召入京。成化年间，明宪宗在宫中召见他，适逢他酩酊大醉，只得被抬进宫中。宪宗命他以《松风图》为题作画，他乍醒未醒，醉眼朦胧中不慎跪翻了墨汁，只好将错就错，信手涂抹，片刻，就画完了一幅笔简意赅，水墨淋漓的《松风图》，在场的人都看呆了。宪宗折服于他的奇才，由衷地赞叹道："真仙笔也。"皇帝第二次召见他是在孝宗弘治初年，被孝宗授"锦衣百户"，并赐"画状元印"及宅第一所（姜绍书《无声诗史》）。据周晖《金陵琐事》记载：有一次，吴伟到朋友家去做客，酒阑而雅兴大发，将吃过的莲蓬，蘸上墨在纸上大涂大抹，主人莫名其妙，不知他在干什么，吴伟对着自己的杰作思索片刻，抄起笔来又舞弄一番，画成一幅精美的《捕蟹图》，赢得在场人们的齐声喝采。

汪肇也是浙派名家，画人物、山水学戴进、工花鸟学吴伟，善饮。《徽州府志》记载他"遇酒能象饮数升"，真可称得上是饮酒的绝技表演了。《无声诗史》和《金陵琐事》都记叙了一则关于汪肇饮酒的故事：有一次，他误上贼船，为了博取贼首的好感而免难，他自称善画，愿为每人画一扇。扇画好之后，众贼高兴，叫他一起饮酒，汪肇用鼻吸饮，众贼见了纷纷称奇，个个手舞足蹈，喝得过了量沉睡过去，汪肇才得以脱险。汪肇常自负的炫耀自己："作画不用朽，饮酒不用口。"

中国文化遗产年鉴·酒文化卷

江南第一风流才子唐伯虎，才气过人，举凡山水、人物、花卉、翎毛等无一不能，无一不精。他筑室桃花坞，日与人把盏对饮，饮到酣时便挥毫作画，皆入神品。唐伯虎总是把自己同李白相比，其中包括饮酒的本领，他在《把酒对月歌》中唱出"李白能诗复能酒，我今百杯复千首"。看来，他也是位喝酒的高手。民间还流传着许许多多唐伯虎醉酒的故事：他经常与好友祝允明、张灵等人扮成乞丐，在雨雪中击节唱着莲花落向人乞讨，讨得银两后，他们就沽酒买肉到荒郊野寺去痛饮，而且自视这是人间一大乐事。还有一天，唐伯虎与朋友外出吃酒，酒尽而兴未阑，大家都没多带银两，于是，典当了衣服权当酒资，继续毫饮一通，竟夕未归。唐伯虎乘醉涂抹山水画数幅，晨起换钱若干，才赎回衣服而未丢乖现丑。晚年倦于人情世俗，轻易不肯答应别人索画之求。那些极想得到他的墨宝又十分了解他的秉性的人，往往携酒来访，与他"酒酣竟日后"再提要求，便十有八九可以如原以偿（《四友斋丛话》卷十五）。

著名书画家、戏剧家、诗人徐渭也以纵酒狂饮著称。徐渭(公元1521～1593年)字文长，号青藤，曾被总督胡宗宪召入幕府，为胡出奇谋夺取抗倭战争的胜利，并起草《献白鹿表》，受到文学界及明世宗的赏识。徐渭经常与一些文人雅士到酒肆聚饮狂欢。一次，胡宗宪找他商议军情，他却不在，夜深了，仍开着戟门等他归来。一个知道他下落的人告诉胡宗宪："徐秀才方大醉嚎嚣，不可致也。"胡并没有责怪徐渭。后来，胡宗宪被逮，徐渭也因此精神失常，以酒代饮，真称得上嗜酒如命了。《青在堂画说》记载着徐渭醉后作画的情景，文长醉后拈写过字的败笔，作拭桐美人，即以笔染两颊，而丰姿绝代。这正如清代著名学者、诗人朱彝尊评论徐渭画时说的那样，"小涂大抹"都具有一种潇洒高古的气势。行草奔放宕荡，蕴含着一股狂傲澎湃的激情。

明代画家中另一位以酒出名的就是陈洪绶。陈洪绶(公元1597～1652年)字章候，号老莲，画人物"高古奇赅"。周亮工《读画录》说他"性诞僻，好游于酒。人所致金银，随手尽，尤喜为贫不得志的人作画，周其乏，凡贫士藉其生者，数十百家。若毫贵有势力者索之，虽千金不为搦笔也"。陈洪绶醉酒的故事很多，他醉后作画的姿态更特殊，周亮工说："急命绢素，或拈黄叶菜佐绍兴深黑酿，或令萧数青倚槛歌，然不数声，辄令止。或以一手爬头垢，或以双手指搔脚，或瞪目不语，或手持不聿口戏顽童，率无片刻定静，……凡十又一日计，为予作大小横直幅四十有二。"陈洪绶酒后的举止正是他思绪骚动、狂热和活力喷薄欲出的反映。其神其态大概也是别人闻所未闻吧！

自号"酒仙"的陈子和同元代的钱选一样片刻不能没有杯中之物，无酒根本无法作画，酒酣后的作品，无论是人物、山岩，还是花草、翎毛等都能不落俗套，别出机杼。

"扬州八怪"是清代画坛上的重要流派，其代表人物郑板桥是清代为数不多的全才艺术家之一，诗、书、画俱佳，尤以画竹兰著称，在当时享有很高的声誉，慕名求画者络绎不绝。郑板桥一生与酒结缘，曾在白使性的《七歌》中说自己："郑生三十无一营，学书学剑皆不成，市楼饮酒拉年少，终日击鼓吹竽笙。"说明他从青年时期就有饮酒的嗜好。郑板桥为官刚正不阿，关心人民疾苦，性格孤傲倔强，不喜与达官巨富打交道，其字画"富商大贾虽饵以千金而不可得"。扬州一位盐商附庸风雅，极想得到他的真迹，但屡遭拒绝，颇为失望。后来打听到郑板桥有爱吃狗肉饮酒的习惯，就精心策划，选择他出游必过的一片竹林中间的大院子里，事先煮好一锅狗肉，备下一桌宴席相候。郑板桥一见而喜形于色，兴高采烈地大吃大喝一通之后，问盐商院中诸多房舍何以无字画作装饰。盐商故意答道："这一代好象没有什么有名气的字画值得我挂，只听说郑板桥水平很高，但我从未见过他的作品，未敢轻信他人之传言，不知他盛名之下其实相符否？"郑板桥一顿饱餐痛饮本已心花怒放，经他这么一激，再也按捺不住争强好胜的本性，豪兴顿生，研墨挥毫，把盐商事先准备好的纸张"一一挥毫竟尽"。这位盐商用一锅狗肉、一桌宴席换来了好几张价值连城的板桥字画，可谓用心良苦。当时有许多的人走此捷径，郑板桥明知其意，但敌不过酒肉的诱惑，甘心情愿地一次又一次地"上当受骗"。他在《自遣》诗中自嘲道："啬彼丰兹信不移，我于困顿已无辞。束狂入世犹嫌放，学拙论文尚厌奇。看月不妨人去尽，对花只恨酒来迟。笑他缣素求书辈，又要先生烂醉时。""八怪"中还有好几位画家好饮。高凤翰就"跌宕文酒，薄游四方"。黄慎，善画人物、山水、花卉，草书亦精，"性嗜酒，求画者举良酿款之""纵谈古今旁若无人。酒酣捉笔，挥洒迅速如风。"（清凉道人《听雨轩笔记》）其实，黄慎爱饮酒但酒量却小得可怜，许齐卓在《瘿瓢山小人使》中说他"一瓯辄醉，醉则兴发，濡发舐墨，顷刻，飒飒可数十幅。"马荣租在《蛟湖诗抄》序中说：黄慎 "酒酣兴致，奋袖迅扫，至不知其所以然。"那位以画《鬼趣图》出名的罗聘也是 "三升酒后，十丈缣横"。他死后，人们写诗悼念他，还提到了他生前的嗜好，"酒杯抛昨口"，足见他饮酒的知名度了。罗聘的老师金农是一位朝夕离不开酒的人，他曾自嘲地写道："醉来荒唐嗤梦醒，伴我眠者空酒瓶。"他与朋友的诗酒往来中也说："缘蒲节近晚酒香，先开酒库招客忙，酒名记清细可数，觚 潋滟同品尝。"金农不但喜欢痛饮，而且擅品酒，他自己曾自豪地说："我与飞花都解酒"。

当代漫画家钟灵素有酒神之誉，漫画家方成为他画过一幅画像，画的是他正在挥笔作画，裤子后面的口袋里装着一瓶标明65度的烈性白酒，为了喝起来方便，瓶颈上还倒扣着一只酒杯。谈及酒与创作的关系，这位"酒神"曾说："特别是画兴一起，左手擎杯，时而小啜，右腕挥毫，'下笔有神'。神者，酒神也。她常常为你助兴，帮你创造出意外的神韵。'举杯常无忌'是我杜撰的上联，意思是进入微熏状态，就会平添许多勇气，敢于突破成法，或者说由法升华为无法，不再受什么清规戒律的束缚，更能把自己的真情意境抒发出来。"

近代国画大师吴昌硕与酒结缘甚深，爱酒但不嗜酒，他的画作中随处可闻酒香，常有酒瓮、酒杯等酒具，以及"和酒画梅"、"醉后写桂"等落款，表明很多画作是他酒后挥就的。

当代画家中好饮者也不少，第一位以书画义卖形式赈灾的人就是喜欢杯中之物的金继先生。他尤善画兰花。据郑逸梅先生在《逸梅杂记》中介绍：金继生活中是离不开酒的，"每晚必备绍酒两壶，佐以少许菜肴，浅斟低酌，自得其乐，又复置雪茄烟二枝，停樽则吸烟，吞吐之余，则又浮白者再，烟尽壶罄，颓然偃息，晚餐为废，如是者凡二十年。"

二、真堪画入醉僧图

酒文化还是画家创作的重要题材，诸如文会、雅集、夜宴、月下把杯、蕉林独酌、醉眠、醉写……无一不与酒有关，无一不在中国画里反反复复地出现过。把饮酒的场景绘入画中的作品，最早可追溯到秦汉时代的《宴饮图》。1957年在洛阳老城发掘了一座重要的西汉壁画墓，《宴饮图》画在主室后壁上方。画面是这样的：正中有二人踞坐，手持角杯，正面有一獠牙外露、眼如铜铃的长毛怪兽，也手持角杯。左右各有三人侍立，左侧一人挥剑成舞，右侧二人在火炉前烤肉，背后挂钩上悬挂着牛肉、牛头。郭沫若先生经过考释，认为此画应取材于历史故事鸿门宴。根据画面内容及成画时间(公元前48年左右)此说应可成立。

仅《宣和画谱》上记载的名作就有：黄荃《醉仙图》，张长寿《醉僧图》《醉道图》，韩滉《醉学士图》，顾闳中《韩熙载夜宴图》，顾大中《韩熙载纵乐图》等等。传说南北朝时期南朝梁武帝时的名画家张僧繇就画过《醉僧图》壁画，唐朝的怀素曾写诗赞曰"人人送酒不曾沽，终日松间系一壶。草圣欲成狂先发，真堪画入醉僧图。"后来，僧道不合，道士每每用《醉僧图》讥讽和嘲笑和尚。和尚们气恼万分，于是凑钱数十万，请阎立本画《醉道图》来回敬道士。阎与其兄立德俱以善画名于时，阎立本擅画道释人物、写真及鞍马，师法张僧繇。据说阎立本把《醉道图》画得十分生动，道士们酒醉之后，洋相百出，滑稽之态，令人捧腹。

《踏歌图》为"南宋四大家"之一的马远所作。马远出身画门世家，擅长山水，画山石用笔直扫，水墨俱下，见棱见角。《踏歌图》从侧面反映了宋金对峙时期浙江山区农民健康的精神状态和奇丽的春光山色。田埂小桥上，四个酒后回家的农民一路唱着山歌，头一个持杖老翁回头与后面的三个对唱，最后一个挑着酒葫芦醉意正浓，农夫们边唱边用脚打拍子，画名由此而来。巨石后面躲着两个偷看的儿童，见状大笑。近处一角山石突兀，竹柳丛树掩映；远处高峰削耸，宫观隐现，朝霞一抹。整个气氛欢快、清旷。作品的上部有南宋宁宗赵扩御题的诗句："宿雨清畿甸，朝阳丽帝城。丰年人乐业，垅上踏歌行。"右下角署马远二字，是一件流传千古的杰作。马远的此类作品还有《月下把杯图》《华灯侍宴图》等。

《文会图》虽然描绘的也是文人雅集，但作者赵佶是宋朝的徽宗皇帝，所以，他的作品所表现的人物性格及恢宏的场面，都有别于普通的文人雅集。《文会图》宴饮的地方面临一泓清池，三面竹丛生，环境幽雅。 中间设一巨榻，榻上菜肴丰盛，还摆放着插花，给人以富贵华丽之感。他们使用的执壶、耳杯、盖碗等也都是当时的高级工艺品，再次显示了与会者的身份。在座的文人雅士神形各异，或持重，或潇洒，或举杯欲饮，或高谈阔论，侍者往来端杯捧盏，为我们展示了宋代 贵族们宴饮的豪华场面。

明代唐伯虎的《陶毂赠词图》，取材于南唐《拾遗记》所记述的一则历史故事：宋太祖派大臣陶毂出使国力弱小的南唐，意在向南唐施加压力，让其早日归顺。陶毂自恃权势，在南唐后主李煜面前出言不逊，态度十分倨傲。大臣们不堪忍受这种耻辱，派国色天香的宫妓秦若兰扮作驿吏之女来到陶毂下榻的馆驿。这位人前盛气凌人、一本正经的全权大使一见秦若兰，立即为其绝世的美貌所倾倒，露出了好色的本性，曲意奉迎，赠词讨好，放弃了行前反复默记的慎独之戒。过了一天，后主设宴款待陶毂，陶毂在宴席上依旧是一副软硬不吃、拒人于千里之外的正经模样。后主举起酒杯，令秦若兰出来唱歌劝酒。秦若兰轻启樱桃小口，微张丝玉之声，所唱歌词正是陶毂前日所赠，把他弄了个面红耳赤，十分尴尬。画中描绘了赠词前后的情景，右上角有题诗一首："一宿姻缘逆旅中，短词聊以识泥鸿。当时我作陶承旨，何必尊前面发红。"尖刻嘲讽了陶毂这类达官表面上道貌岸然、实质上男盗女娼的虚伪本质。

　　明人仇英的《春夜晏桃李园图》取材于唐诗人李白的《春夜晏桃李园序》，描绘了在百花争妍、百鸟争喧的春日，李白与诸兄弟相会于桃李园中的盛事。院中的桃李盛开，春风拂面，烛火高挑。石几四周坐着四位文人，个个仪态潇洒，风度翩翩，使人感到他们谈吐不俗，情趣高雅。案几上除了摆设着酒具之外，还有书画文物等，以备玩赏，暗示出这是一次文人的雅聚。此画描绘了文人的优雅生活，表现了有闲阶级秉烛夜游，"开琼筵以坐花，飞羽觞而醉月"的情趣。改琦的《太白醉酒图》取材于杜甫"李白斗酒诗百篇，长安市上酒家眠。天子呼来不上船，自称臣是酒中仙"的诗句。全画略去背景，突出了四个人物。李白由两个宦官扶架，衣领敞开，袍带松垂，脚步踉跄，两眼稍稍向上斜视，虽是醉态而不失飘逸的神采。左边年龄大的宦官恼怒地注着李白，表明了他平时的横行霸道和今日的无可奈何，那紧闭的嘴巴和拉长了的脸颊都流露出掩饰不住的懊恼。这一形象不仅表现了专权宦官的丑恶，而且衬托了李白茂视权贵和不受羁绊的个性。右边的小宦官奴性十足，背后的小书童天真淳朴，对突出主题都起着很重要的作用。

　　《蕉林酌酒图》是陈洪绶人物画中的代表作。此图描绘一个隐居的高士摘完菊花之后，在蕉林独自饮酒的情景。图中，主人正在举杯欲饮，一个童子兜着满满一衣襟的落花，正向一个盛落花的盘子里倒去，另一书童正高捧着酒壶款款而行，这情景描绘的不正是孤傲的文人雅士们所向往的"和露摘黄花，煮酒烧红叶"的隐逸生活吗！

　　《卓歇图》是辽代画家胡瑰的作品。胡瑰擅画北方契丹族人民牧马驰骋的生活。卓歇指牧人搭立帐篷休息而言，此图描绘契丹部落酋长狩猎过程中休息的一个场面：主人席地用餐，捧杯酣饮，其身后侍立四个身佩雕弓和豹皮箭的随从，席前有人举盘跪进，有人执壶斟酒，还有一男子作歌舞状，作品对研究契丹贵族的狩猎生活和饮食情况颇有参考价值。

中国文化遗产年鉴·酒文化卷

　　杜甫写过一首题为《饮中八仙》的诗。此后，《饮中八仙》也就成了画家们百画不厌的题材了。此图作者杜堇，原姓陆，字惧男，号古狂，善画山水、界画、人物、花鸟，尤精白描画法，他画有《饮中八仙》《东园载酒图》等与酒文化有关的作品。此图描绘众多人物吃酒的场面，人们都渐入醉境，但表现又各不相同：或在举杯酣饮；或烂醉如泥倒在地上；或神情凝滞，将醉欲醉；或丢帽跣足，狂态百出，从而体现了人物的不同性格，堪称是一幅描绘醉态的佳作。

饮中八仙图

　　与酒有关可入画的内容还很多，如以酒喻寿。所谓寿酒就是以酒作为礼品向人表示祝寿。中国画就常以石、桃、酒来表示祝寿。八仙中的李铁拐、吕洞宾也以善饮著称，他们也常常在中国画里出现，扬州八怪之一的黄慎就喜欢画李铁拐。《醉眠图》是黄慎写意人物中的代表作：李铁拐背倚酒坛，香甜地伏在一个大葫芦上，作醉眠态。葫芦的口里冒着白烟，与淡墨烘染的天地交织在一起，给人以茫茫仙境之感，把李铁拐这个无拘无束、四海为家的神仙的醉态刻划得独具特色。画面上部草书题："谁道铁拐，形跛长年，芒鞋何处，醉倒华颠"十六个字，再一次突出了作品的主题。齐白石画过一幅吕纯阳像，并题了一首诗："两袖清风不卖钱，缸酒常作枕头眠。神仙也有难平事，醉负青蛇(指剑)到老年。"这类作品常以飘逸之气给欣赏者以特殊的审美感受。

三、身手调和为最佳

饮酒可以给艺术家带来灵感，为艺林增添不少珍品，特别是嗜酒的书画家能用酒为自己营造一个良好的创作氛围，酒酣的人精神兴奋，头脑里一切理性化和规范化的藩篱统统被置之度外，心理上的各种压力都被抛到九霄云外，创作欲望和信心增加了，创作能力得到了升华，自己掌握的技法不再受意识的束缚，作起画来，得心应手，挥洒自如，水平得到了超常的发挥，这时，往往会有上乘的佳作产生。但是，酗酒却会误事甚至酿成伤身大祸，这在画家中也不乏教训。

北宋三大山水画家之一的范宽就是因为"嗜酒落魂"的。郭忠恕的画深受宋太宗的喜爱，于是被召入宫廷，并当上了国子监主簿。但是他益发纵酒，酒后又大肆抨击时政。宋太宗听到郭忠恕的所作所为后，非常气愤，给他定了罪发配到登州去，可怜一代名画家竟死在流放的路上。明代浙派名画家吴伟就因为平时饮酒过量，最后中酒死的。正德三年五月，吴伟正在南京，皇帝派人召他去北京，使者向他传达了皇帝的旨意之后，还没等上路，他就中酒死去。

近代海派画家蒲华得真是喝酒喝过量死去的。蒲华善草书、墨竹及山水。住嘉城隍庙内，常与乡邻举杯酒肆，兴致来了就挥笔洒墨，酣畅淋漓，色墨沾污襟袖亦不顾。家贫以鬻画自给，过着赏花游山、醉酒吟诗，超然物外，寄情翰墨的生活。曾自作诗一首："朝霞一抹明城头，大好青山策马游。桂板鞭梢看露拂，命侪同醉酒家楼。"有一天蒲华喝得大醉不能动，人们都以为他死了，第二天，蒲华酒醒之后，"又赴市廛间小酒肆，倚鬼脸青酒瓮倾觞者再"。看来，他是不汲取纵酒伤身教训的。1911年夏天的一个晚上，他竟真的醉眠于上海登瀛里寓所，留下的只是一批不朽的书画作品和几束诗稿。天津当代著名油画家李昆祥先生平时并不善饮酒，却中酒而亡。1976年，打倒"四人帮"，万民欢腾，艺术家们更是欢欣鼓舞，集会庆贺，昆祥先生饮酒过量，送医院抢救无效死亡。

所以，讲"酒酣兴发"，一定要讲酒"酣"到什么程度。在这一点上，元朝画家钱选饮酒时最能把握创作的最佳时刻。钱选字舜举，号玉潭，活动在宋末元初。宋亡后不肯应征去做元朝的官，甘心"隐于绘事以终其身"。钱选于山水、人物、花鸟、鞍马无不擅长。戴表元《剡源文集》总结钱的最佳创作状态时说："吴兴钱选能画嗜酒，酒不醉不能画，然绝醉不可画矣。惟将醉醺醺然，手心调和时，是其画趣。"其实，"心手调和"应该是每位嗜酒画家最理想的创作时刻。另外，嗜酒如命并不是谁请都去喝，而是要看看对方的品格和为人，这一点宋末元初的温日观最令人钦佩。温子观字仲言，号日观，在杭州玛瑙寺出家。酷嗜酒，"醒涂醉抹不可测，其言皆足警懦夫"（郑天佑《侨吴集》），被人们称之为狂僧。温日观善画葡萄，"夜于月下视葡萄影，有悟，出新意，以飞白书体为之。酒酣兴发，以手泼墨，然后挥墨，迅于行草，收拾散落，顷刻而就"。所以，人们评他的葡萄"书法悟入葡萄宫，醉里葡萄墨为骨"，能自成一格。温日观为人正直，心地善良，得钱出户即散施贫者。元初，元世祖忽必烈的亲信、江南释教总统杨琏真伽曾把南宋历朝皇帝的坟墓全部挖掘。为了附庸风雅，他也多次请温日观喝酒，温日观"终不一濡唇"，在路上见了杨琏真伽，就骂他是掘坟贼，杨琏真伽对他施以残酷的刑罚，温日观照样不屈服，许多人都对他表示深深的同情和赞赏："杨伽棰死曾不畏，故老言之泪尚潸"。

数千年来，酒激励着一代又一代的书画家，在书画的海洋中遨游着、创造着，乐此不疲。真不敢想象，倘若没有了酒神之助，书画艺术要少去几多空灵，几多潇洒，几多千古不磨的神品，几多脍炙人口的佳话。

第十一章　酒与戏曲

第一节　酒在中国戏曲中是不可缺少的构成因素

饮酒在戏曲中，与吃饭几乎是同义词。在戏曲舞台上，吃饭的器皿不是饭碗、菜盘(除去极少的例外，如《鸿鸾禧》、《朱痕记》、《铁莲花》等剧，因剧情的特殊需要才使用饭碗)，而是用酒壶、酒杯来代替。请客吃饭，不说请用饭，而是说"酒宴摆下"。不管多么隆重盛大的场面，例如《鸿门宴》、《群臣宴》、《功臣宴》等剧，在舞台上表示丰盛筵席的道具，也只有几个酒壶和酒杯。

有许多戏，是以酒或醉酒构成全剧的主要情节的。例如《薛刚大闹花灯》，是说薛刚酒醉以后，失去理智，闯下滔天大祸，把当朝太师张泰的门牙打掉，打伤国舅张天佐、张天佑，打坏太庙的神像，打落太子的金冠，引起皇帝的震怒，将对唐朝有汗马功劳的薛家一家三百多人，满门抄斩。这虽然是由于张泰衔恨，在皇帝面前进谗，才引发一场曲折激烈、忠奸斗争的悲剧，但起祸根源，却是由于薛刚酗酒，疯狂乱来的结果，后部《薛家将》的戏，主要是从这个情节引发而来，如《阳和摘印》《法场换子》《铁丘坟》《双狮图》(《举鼎观画》)、《徐策跑城》，直至《薛刚反唐》等都是。

《水浒》戏有许多是以醉酒为主要情节构成的，如《醉打山门》，是说鲁达在五台山削发为僧，改名智深，狂饮大醉，回寺大闹。长老遂荐往东京大相国寺。还有《黄泥岗》(《生辰纲》)、《武松打虎》《十字坡》《快活林》(《醉打蒋门神》)、《鸳鸯楼》《飞云浦》《蜈蚣岭》《浔阳楼》。

以醉酒构成戏的主要内容的剧目很多，较有代表性的有《贵妃醉酒》《太白醉写》《醉皂》《红梨记》《醉度刘伶》《刘伶醉酒》《酒丐》《醉县令》《醉战》。

有些戏虽然不是以饮酒、醉酒作为贯穿全剧的主要情节，但却是剧中某一片断中的一个关键性的细节，用这一细节塑造或深化人物性格，使之更加鲜明突出。如《温酒斩华雄》《群英会》《青梅煮酒论英雄》《草船借箭》《西厢记》《杨门女将》《十五贯》《捉放曹》《独占花魁》《白蛇传》《盗银壶》《九龙杯》《问樵闹府》《红灯记》《智取威虎山》《梅龙镇》。

一方面说酒是构成戏剧情节的重要因素，另一方面由于酒(具体地说是"醉酒")又常常是造成灾祸、悲剧、苦难、仇恨等"恶德"的重要因素，因此酒在戏曲中所起的作用，更多的是对于生活的负面效应。

第二节　戏曲中有关酒的表演程式及其他舞台表现形式

为了表现醉酒的形象和神态，戏曲演员创造了许多生动逼真的表演程式。最常用的是形容酒醉时步履跟跄的"醉步"。醉步分为男女两式。男式醉步的表演方法是：双臂微蜷，手松握拳，两腿稍蹲，大八字步。起步时，左脚向右脚前捯步，落地后，右脚向右前方上一步。左腿稍拖起，身体稍向右倾，顺势左脚向左前方迈半步仍成大八字步。随即右脚向左脚前方捯步，姿态同前。两脚交换不停前行。女式醉步的表演方法是：双手下垂，起步时，左脚向右脚右方斜跨一步，同时双臂向左侧斜摆动。顺势右脚向右方迈出一步，同时双臂从左侧稍向右摆动。随即左脚向前跟上一步，趁势右脚向左方迈出一步，同时双臂从右侧稍向左摆动，就势右脚向前跟上一步。依此两脚不停跟跄行走。走醉步时，须两眼微饧无神，身上松弛，摆动自然。

表现醉酒神态最重要的是眼神，因为喝醉酒的人，首先是从眼睛上反映出来。酒醉者在舞台上的眼睛称为"醉眼"。"醉眼"的特征是半睁半闭，半明半昏，看人看物都是迷离惝恍，很少正面直视对方，如果注视，常是似见未见，熟视无睹；而真正注视对方时，却又是眼珠乜斜，用斜视的余光打量对方。

中国文化遗产年鉴·酒文化卷

戏曲舞台上描写醉鬼或有酗酒恶习的的人，在化妆的相貌上，常在其原有脸谱底色(如黑色、灰色等)上再用红色略涂双颊；有的则在鼻头上抹红色，象征"酒糟鼻子"。

还有的演员在武打表演中，根据剧情，增加一些"醉打"的成分。例如厉慧良在《艳阳楼》中饰演高登，最后一场与花逢春等开打，表现酒醉尚未全醒，一面开打，一面时作呕吐状，脚步踉跄，挥舞兵器不快不稳，随着开打趋向激烈，才逐渐清醒，恢复常态。这种"醉打"的表演，也逐渐成为一种新创的程式，被人们认同。

有许多"醉打"(即酒醉后进行战斗)的表演程式，除去《艳阳楼》以外，最常见的是十八罗汉中有一位醉罗汉，在《十八罗汉斗悟空》与《十八罗汉斗大鹏》中，都有这位醉罗汉与孙悟空或金翅大鹏的别具特色的开打。不管打得多么紧张、惊险、火爆，在开打中都不能失去"醉"的特色。凡是醉打的戏，除去必须有的醉态，如醉眼迷离，醉步踉跄，身体摇晃，持物不稳等外，还常须配有甩发功、罗帽功、翎子功、髯口功、水袖功、鸾带功等特殊的高难技巧。这样就使醉打增强了技巧性、舞蹈性和优美化的审美成分。

在《闹天宫》中，孙悟空喝醉以后，不仅要表现出醉态，还要表现出与人不同的猴子的醉态。

在《八仙过海》中，李铁拐不仅要表现出醉态，还要表现出一个跛足人所特有的动作和舞姿。

在舞台上表现醉酒的形态，有许多不同的手法，有的是醉酒者的个人表演，有的则是采用其他人对于醉酒者的照料、扶持，或是对于醉酒者的感觉、反应，用以营造醉酒后的氛围，或是启示、增强观众对于醉酒的艺术感受。例如：皇帝、亲王酒醉后由太监、内侍搀扶上场，凡是有这样的情状，就表现角色是处于酒醉的状态了。后妃、公主由宫娥、侍女搀扶；豪绅、恶霸(如《武文华》的武文华、《艳阳楼》的高登)则由奴仆搀扶。而《群英会》中的周瑜和蒋干(其实都是佯醉)，则由军卒搀扶上场。由在场的群众角色做陪衬动作，以表现主要角色的酣醉。最典型的是《贵妃醉酒》，在场的全体宫女，分别挽在杨贵妃的两侧，随着杨贵妃的跪拜和东倒西歪，而互相依傍牵扯着分别向两面节奏鲜明地做着倾侧斜倚的动作，其实这已经是一种配合醉酒的伴舞或群舞的形式了。

一般个人表现饮酒的程式是用右手端起酒杯，置于口部，然后用左手扬起水袖，遮住口部和酒杯，脖子一仰，表示将酒饮尽，最后亮出杯底，并说一声："干！"用水袖掩住口部，是避免把张嘴露齿的不雅形状暴露给观众，这是戏曲审美原则在舞台上的具体体现。美化醉酒、饮酒、酗酒的形象和神态是体现戏曲审美原则的重要组要部分。

在戏曲中，酒保(即酒店卖酒的伙计)是一种独具特色的角色，大都由丑角扮演。面部化妆大都在鼻梁上涂抹一块白粉。服装基本上是头戴蓝色尖毡帽(偶有白色尖毡帽)，身穿蓝色茶衣，腰围白色短裙(腰包)。连上场念的台词，大多是带有浓郁行业性的程式化的两句对子："客来千家醉，开坛十里香。"也有念："应时珍馐味，开坛十里香。"

蓬莱八仙李铁拐

在《武松打虎》《骆马湖》(《落马湖》)等剧中，酒保都有一些戏剧性很强的表演动作。例如酒保抱住酒瓮，直接向酒碗中注酒时，一面嘴里就做出"咚咚咚咚"的声音效果，象征着注酒的声音。再如《武松打虎》，当武松豪饮，用碗喝酒不能尽兴，抱起酒瓮狂饮的时候，酒保舍不得从瓮口溢出的美酒流失，就蹲下身子，以手扶案，仰面张口，用嘴去接饮武松喝酒时从瓮口漏溢的余沥，而且咂嘴喷舌，以示过瘾。这一细节把武松豪饮，美酒味醇，以及酒保卖酒平时却很难喝酒尽兴的市井性格，表现得淋漓尽致。这是戏曲所具有的独特的艺术夸张手法，是其他艺术形式(如话剧、影视等)所没有的。

戏曲舞台上所用的传统酒器道具，有这样几种：

一、酒盘，有两种。一为铜质镀白翻边的酒盘，为剧中贵族角色所用。一为木制漆红、方形立沿的酒盘，为剧中平民角色所用。

二、酒壶，亦分为旋木提把(贴锡)和高脚端把(贴金)两种样式，分别为剧中平民角色和贵族角色所用。

三、酒斗，纸胎刷漆，长方形，左右各一方耳与口齐平，贴金镂龙。剧中贵族人物所用。

四、酒盅，一色贴锡，图形带座。剧中平民所用的一般酒具。

五、酒坛，竹条编织成小口大肚的坛形，外塑纸浆，漆成黑青釉色，多有酒字，剧中表示盛酒的酒瓮。

近来年，受话剧、影视写实道具的影响，戏曲舞台上也出现了写实风格的酒具，如按照古代酒器实物制作的道具：樽、爵、斝之类。

第三节　绍兴酒戏赏析

绍兴，我国江南著名水乡和酿酒之乡，这里不但风景怡人，美酒醉人，还能听到抒情优美、唱腔委婉的越剧，高亢激越的绍剧，古老的新昌调腔以及极具地方特色的曲艺莲花落等。戏曲之乡与酿酒之乡看似风马牛不相及，但两者却有着内在的联系。不少剧作家都通过酒来反映人民的生活，或以酒为纽带，作为全剧的主线，或制造矛盾冲突，因此酒戏成了绍兴地方戏曲的一个重要内容。

绍剧马酒

绍剧成于酒乡绍兴，绍剧唱腔又特别适合表达酒后的豪兴，因此酒不但给绍剧的剧目和表演艺术增加了很多内容，而且通过将酒融入剧中，为绍兴酒的宣传起到了锦上添花的作用。综观绍剧的传统剧目，以酒为内容的很多。虽然不少戏剧故事不发生在绍兴，剧中的酒也不可能都是绍兴酒，但是，这些剧目用绍剧曲调演唱，绍兴方言说白，加上典型的绍兴地方动作作为表演手段，因此具有浓厚的绍兴乡土特色。

如绍剧《寿堂》中的包拯，打破了其他剧种中包拯撩袍端带、硬顶硬撞的架式和举动，而成了寓庄于谐、藏锋不露、笑谈风趣的辩士，颇有绍兴师爷的味道，因此成了一个绍兴酒乡中的艺术形象。而冷如春等人的说白，一副绍兴腔调，更增添了乡土情趣和韵味，成了一出地道的绍兴酒戏。尤其值得一提地是，绍剧表演喝酒的动作除了与一般剧种相同的程式，即举杯、遮袖、仰饮、亮杯外，有的剧目中还有自己特定的姿式。绍兴人饮酒喜浅斟慢饮，用水乡土产佐饮，而不用大鱼大肉，山珍海味。如用豆类下酒，则还往往以手代筷，缓呷细尝，啧啧有声，让旁观者亦涎垂眼羡，酒欲大振。

越剧与酒

越剧中表现酒的戏，特别是表现绍兴酒的戏很多。不管是《祥林嫂》，还是电影《祝福》，都有不少表现绍兴过年祝福的场面。越剧中借助酒来编撰故事、展开戏剧冲突的则更多。如传统戏《白蛇传》中的"雄黄酒"（绍兴人习惯端午节喝雄黄酒）就是其中的一个重要关节。还有借酒来表现人物性格、倾诉人物内心的。而《醉公主》则更是一出反映绍兴酒的好戏。这是一出以绍兴酒为题材，以绍兴的酒俗乡情为背景的大型神话剧。剧情从"饮酒——卖酒——酿酒"最后发展到酒结良缘、酒融父女情、祝酒大团圆，环环紧扣，悬念跌起，险象频生，一气呵成。

附录：涉酒剧情选目（按故事发生年代排列）

一、商

《封神榜》

为连台本戏。早期有田际云编演之三十四本。其后流行的为周信芳编演的十六本。内容为武王伐纣的故事，主要情节采自《封神演义》。

《妲己进宫》（《进妲己》、《献妲己》、《反冀州》）
纣王令诸侯献美女，妖狐吞食妲己而幻化其形。纣王纳之，终日酗酒荒淫。

《朝歌恨》
文王被囚于羑里七年。长子伯邑考，代父赎罪。

《炮烙柱》
妲己使纣王铸铜炮烙柱。

《斩妲己》
诸侯伐纣，纣王在摘星楼自焚。

二、周、秦
《伐子都》
子都用冷箭射死考叔，饮酒后，良心激发，疯愧而死。

《醉遣重耳》
齐姜与赵衰等将重耳灌醉，载出齐城。

《刺王僚》
刺客专诸从鱼腹中抽出利剑，将王僚刺死。

《要离刺庆忌》
要离与庆忌同舟，乘其酒醉杀之。此剧为马连良编演，自饰要离，有大段唱工和繁难精采之表演身段。

《西施》
夫差纳西施后，不理国政。最后被越国覆灭。此剧为梅兰芳代表作。

三、两汉
《鸿门宴》
项羽于鸿门设宴约刘邦赴会，欲杀刘邦。以马连良编演本最精彩。马饰范增，有大段唱、念及细腻表演。

《霸王别姬》
虞姬自刎，项羽突围至乌江，亦力尽自刎。此剧为杨小楼、梅兰芳之代表剧目。

《监酒令》
刘章请以军法行酒，吕氏家族有人逃席，刘章拔剑斩之。此剧为小生重头戏，有大段唱工。

《卓文君》（《文君当垆》《当垆艳》《凤求凰》）
此剧为尚小云等的京剧演出本。《凤求凰》为吴祖光新编京剧本。

《打金砖》《上天台》（《草桥关》《姚期》《汉宫惊魂》）

姚刚打死郭荣。此剧为李少春代表作，唱、做并重，大段唱工后，紧接翻扑；摔跌后立即起唱。

《渔家乐》（《金针刺梁冀》《相梁刺梁》）
渔家女灌醉梁冀，用金针将梁刺死。

四、三国
《温酒斩华雄》
关羽置酒，立斩华雄，回营交令，杯酒尚温。

《吕布与貂蝉》（《连环计》《凤仪亭》《小宴》）
貂蝉言激吕布，吕布将董卓杀死。

《捉放曹》
曹操大疑，遂杀吕全家。

《青梅煮酒论英雄》
曹操约刘备饮宴，刘备托词因雷声而失措。此剧为马连良、郝寿臣、李盛藻等之代表作。

《赤壁鏖兵》（《群英会》《草船借箭》《横槊赋诗》《借东风》）
周瑜以反间计使曹操杀死蔡瑁、张允。

《黄鹤楼》
周瑜诓刘备过江。

《造白袍》
关羽遇害，张飞备伐吴报仇。

《别宫祭江》（《祭长江》）
孙尚香闻刘备死，祭罢投江而死。

五、两晋、南北朝
《醉度刘伶》
刘伶大醉，疑将死，嘱其妻将尸体浸酒缸中。杜康前往索取酒值，其妻欲告官。杜康见尸体后，化清风而去，刘伶魂魄随之，同见王母，复归仙班。此为京剧本。

六、唐
《御果园》（《尉迟恭救驾》）
尉迟恭得李靖之助，将欲加害李世民之黄壮打死。故事亦见元代尚仲贤之《三夺槊》传奇。

《闹花灯》（《薛刚反唐》）
薛刚回都省亲，醉后出府观灯，与奸相张泰等争斗，大闹花灯节。

《太白醉写》（《进蛮诗》）
　李白乘酒醉，请旨命杨国忠磨墨，高力士脱靴。为俞振飞代表作。

《金马门》（《骂安禄山》）
李白与贺知章同游金马门，遇杨贵妃义儿安禄山，乃佯醉加以痛骂，安避道而行。

《贵妃醉酒》（《百花亭》）
　一日唐玄宗负约，杨玉环在百花亭独饮，不觉沉醉。此剧京剧为梅兰芳代表作。汉剧为陈伯华代表作。

《打金枝》（《满床笏》）
　郭暧怒殴公主。

七、宋
《斩黄袍》（《斩郑恩》）
陶三春刀斩黄袍泄忿。此剧有大段唱工，为刘鸿升、高庆奎之代表作。

《奇冤报》（《乌盆记》）
　包拯传赵大审清抵命。

《罢宴》
刘媪见寇准，劳苦勤俭教子事陈述。寇准为之感动，遂令罢宴。

《青霜剑》
申雪贞将方世一灌醉，手刃方世一及姚氏，割二人头至董昌坟前哭祭，后自刎。为程砚秋编演之代表作。

《醉打山门》
　《水浒传》故事。鲁达醉打山门。

《武松打虎》
　《水浒传》故事。盖叫天、侯永奎等均擅演此剧。

《十字坡》（《武松打店》）
张青结识武松。盖叫天、李万春均擅演此剧。

《快活林》（《醉打蒋门神》）
　武松醉打蒋门神。盖叫天、李万春等均擅演此剧。

《独占花魁》
卖油郎秦钟与美娘终成眷属。

《牛皋招亲》（《藕塘关》《飞虎梦》）
藕塘关牛皋大醉，杀死金将魔里支。金节以小姨戚赛玉许婚牛皋。此剧为郝寿臣演出，传袁世海。

《白蛇传》
端阳节日，法海唆使许仙强劝白素贞饮雄黄酒，许仙惊吓而死。白潜入昆仑山，救活许仙。

《望江亭》
谭记儿盗去诏书。此剧源出元代关汉卿《望江亭中秋绘旦》杂剧。张君秋演出。

八、明
《遇龙酒馆》（《遇龙封官》、《玉龙酒馆》）
朱棣微服私访贤臣。此剧为《胭脂宝褶》中之一折。

《游龙戏凤》（《梅龙镇》、《美龙镇》）
明武宗私游大同，过李龙酒店，见李妹凤姐美，乃加调戏。后实告以自己是皇帝，封凤姐为妃。

《四进士》（《节义廉明》）
田氏谋产，毒死夫弟姚廷美，又将弟妇素贞转卖他人为妻。宋土杰作证，田、顾、刘均以违法失职问罪。

《十五贯》
况钟乔装卜者，借测字探知娄为凶犯，乃为之昭雪。此剧为昆曲，

《一捧雪》（《审头刺汤》）
雪艳将汤勤用酒灌醉刺死。马连良、周信芳、雷喜福等均擅演此剧。

《酒丐》
义丐范大杯好酒，后戒酒并代其寻访文魁。此剧为叶盛章编演。

《贞娥刺虎》
李过大醉，为费氏刺杀。此剧为昆曲。梅兰芳、韩世昌等曾演出。程砚秋曾编演全部《费宫人》。

《醉战》（《让雍州》）
君益好酒贪杯，醉后与洪交战，不能胜。其女穆秀英助战，与洪相爱，订婚约，君益遂降。

九、清
《九龙杯》
康熙九龙杯被盗，为王伯燕盗去，献与金翅大鹏邹应龙。

《醉眠芍药》
史湘云醉后卧倒山石上。众见状，始扶之归屋。湘云口中犹喃喃诵诗不已。

《宝蟾送酒》
薛蟠之妻夏金桂调戏薛蝌。

第十二章　酒与舞蹈

在中国文化发展史上，酒与舞从诞生之日起，就结下了不解之缘，历代宫廷豪门的饮宴，更将两者牢牢地揉合在一起。1973年秋，在青海大通县上孙家寨发现的新石器时代遗址的一座墓葬中，有一件绘有舞蹈图案的彩陶盆，上面共有三组舞蹈图案，每组有五个舞者。他们手拉着手，面向右前方，右腿向左前方跨出，踏着节拍，翩翩起舞；五人动作协调，舞姿轻松自然，情绪欢快热烈，场面也很壮阔。这一大考古发现表明，至迟在距今五千多年前，我国就出现"乐舞"这一艺术活动。

在考古发掘中，也经常发现"饮酒"与"乐舞"同时登台亮相的实物资料，但是其内容和形式不尽相同，其中以汉代画像石砖资料最为丰富，有酒席乐舞图、饮酒乐舞杂技图等。在出土的一些酒具上也有雕绘乐舞图案的，如舞马衔杯银壶、范粹胡腾舞扁壶、乐舞酒注子等，也都反映了酒与乐舞之间的密切关系。

第一节　祭祀中的燕乐

自古以来，宴享和乐舞就是祭祀典礼中的重要组成部分，古人常合称宴享和乐舞为"燕乐"。"燕乐"即"宴乐"。"燕乐"之名由来已久，据《周礼·春官·大宗伯》记载："凡祭祀飨食奏燕乐"，它具有严格的礼仪性。燕是指举行大型宴饮的祭祀活动，这一活动是和酒分不开的。

在人类社会发展的图腾崇拜和整个原始宗教泛灵崇拜时期，酒与舞蹈是先民们敬神、通神、娱神的礼品和手段，是人与神相沟通的中间桥梁。在现存的、鲜为人见的巫舞形式如"东巴舞"和纳西族东巴祭祀活动中，我们仍然不难发现酒与舞蹈是同时并重的祭祀内容。在我国现存的、唯一还活着的古象形文字—纳西族"东巴舞谱"和"东巴经"中，随处可见酒与舞蹈在祭祀活动过程中相互融合的内容和形式。如纳西族在举行"求长寿"和"成丁礼"（儿童年满十三即被认为长大成人，届时要聘请东巴主持仪礼举行祭祀活动）法仪结束后，大家一同回到祭坛前，老人、中年、青年分别围坐在一起品尝巴巴日（献给树神的美酒）。这时年长的人唱起祝寿和祝颂成长的颂歌，年轻人则吹起了瓢笙。他们以笙歌祝酒，以美酒助兴，边吹边舞，酒至客前，"以笙推壶劝醉"。如此奇特美妙的乐舞敬神形式怎能不让人开怀畅饮，即兴起舞，一醉方休！同时我们在《东巴舞谱》中看到，纳西族人民在"求长寿法仪"中要由祭司按照《跳神舞蹈规程》中的规定来跳"汝种布"，其中包括"丁巴什罗舞"、"萨利伍德舞"、"金孔雀舞"、"花舞"等十余种舞蹈。也正是因此习俗，养成了纳西族人民"喜饮酒歌舞"的民族性格。

战国时期，最具代表性的巫祭活动，莫过于楚国的祭神歌舞。诗人屈原根据楚国巫觋祭祀歌舞时的祝辞和盛况，创作了流传千古的诗篇《九歌》，为我们留下了酒舞娱神的有力佐证："瑶席兮玉　，盍将把兮琼芳。蕙肴蒸兮兰藉，奠桂酒兮椒浆。五音纷纷兮繁会，君欣欣兮乐康。"（《九歌·东皇太一》）这是多么富丽堂皇的景况：神坛上铺着椒、兰等香料，散发着阵阵的幽香；镇国的宝器中盛着满满的桂花美酒；巫觋们身穿缀满饰物的华丽服装，他们轻拊鼓面，含竽弹瑟，将"神尸"——"东皇太一"拥簇在中间，拉开了神前祭祀、欢乐歌舞的序幕。

正是因为酒与舞在原始人类社会生活中的重要作用和地位，才有了美酒、舞蹈敬于神祖的社会行为。随着社会的发展，巫教渐趋没落，但是做为一种民族文化和信仰的长期积淀形式，巫祭形式在民间依然长存不绝。唐代王维《渔山神女祠歌》记下了山东东阿迎神、送神时献舞祭酒的巫祭场面："……女巫进，纷屡舞。陈瑶席，湛清酤，……纷进舞兮堂前，目眷眷兮琼筵。……"这里的仪式似乎仍然承袭着屈原在《九歌》中所描绘的那种楚国酒舞祭的遗风。此外，唐代王建有一首《赛神曲》诗，则让人感到巫觋们的神事活动与民俗的结合，别有一番清鲜的泥土气息："男抱琵琶女作舞，主人再拜听神语。新妇上酒莫辞勤，使而姑舅无所苦。椒浆湛湛桂座新，一双长箭系红巾。但愿牛羊满家宅，十月报赛南山神。青天无风水复碧，龙马上鞍牛服轭。纷纷醉舞踏衣裳，把酒路旁劝行客。"在这里酒舞祭带给人的是一派轻松、欢乐与祥和。也正是基于此种原因，作为祭祀神祖的传统形式——奠酒和献舞，至今还影响着一部分人的生活。

第二节　宫廷豪门中的宴舞

夏是中国历史上的第一个朝代，在记述夏朝历代君主生活的文字中经常看到的是"启喜饮酒、打猎、歌舞"；"启上六嫔于天，得九韶之舞"；"夏桀，即弃礼义，淫于妇人，求四方美人积于后宫"，"女乐三万，日夜饮宴，晨噪于端门，乐闻三街"。到了殷商末期，商纣更是须臾不离酒色。《史记·殷本纪》载："（帝纣）好酒淫乐……使师涓作新淫声，北里之舞，靡靡之乐。……大聚乐戏于沙丘，以酒为池，悬肉为林，使男女倮，相逐其间，为长夜饮。"从以上传说和记载中可以清楚地看到，在整个奴隶制社会时期，奴隶主们是如何神魂颠倒于酒海舞浪中醉生梦死的。

随着社会发展的历史进程，乐舞受到历代帝王的普遍重视，乐舞的教育机构和管理机构日臻完善，乐舞的表演水平日益提高。为统治集团服务的乐舞活动，除一部分继续保留其宗教性质的乐舞特点而应用于祭祖祝庙、祭祀天地的仪式中，更多的则成为各种庆典活动和宴享宾客时表演的乐舞形式，它包括雅乐、散乐、夷乐等等。

从东周到秦统一这五百余年间，上至周天子下至诸候王，因沉湎酒舞而误国的例子举不胜举。难怪维护礼制的孔子当年曾因此仰天长叹"礼崩乐坏"，而大声疾呼"是可忍孰不可忍"了。

秦汉是我国歌舞艺术大发展时期，一大批优秀的歌舞艺人脱颖而出，更出现了一批贵至妃嫔的舞蹈表演艺术家，如戚夫人、赵飞燕、李夫人、翁须等。这一方面是因为封建帝王为了满足个人私欲和粉饰太平的需要，另一方面也说明当时优秀的歌舞奴隶和歌舞艺人在舞蹈艺技水平、艺术修养等主面确已达到相当境界。

汉成帝刘骜，微服出宫，突然出现在公主府。汉成帝放开酒量，开怀畅饮。此时早已准备停当的乐舞队随着阳阿公主一声令下，钟鼓齐鸣，舞袖翩翩。舞女们和着音乐的节奏和旋律，一会儿表演健鼓舞，一会儿表演鞠舞，一会儿表演假面舞，一会儿表演盘鼓。突然乐韵一变，赵飞燕似彩云一朵飘然而落，她身材窈窕，体态轻盈，身轻如燕，腰肢纤柔，禹步楚楚，若人手持花枝，微然摇颤，直看得刘骜目瞪口呆，恍入仙境，忘情之际，连手中的酒杯倾覆，滴酒袍襟也竟然毫无觉察。他象是发现了奇珍异宝一般欣喜万分，心花怒放。阳阿公主见状忙令飞燕为汉成帝敬酒，并向他邀舞。汉成帝得意忘形，迈着氂脚的舞步随赵飞燕起舞，兴趣倍增。到后来，汉成帝宣赵飞燕入宫先封为婕妤，不久又废掉许皇后，加封赵飞燕为皇后。

在汉代，除赵飞燕的"掌中舞"，还有戚夫人的"翘袖折腰舞"也曾名噪一时。汉代酒宴上常见的舞蹈还有"巾舞"、"袖舞"等。由于西汉疆域扩张，对外交流的需要，一些少数民族的舞蹈如"巴渝舞"、"绎舞"、"革舞"、"革扇舞"等也经常在宴会上出现。同时"角抵百戏"如"跳丸"、"走索"等也常为酒宴佐兴。

宫廷常有宴舞，豪门斗富同样花天酒地，乐舞翩翩。西晋大文学家左思在其名作《三国赋·蜀都》中曾描述了豪门巨富家庭饮宴歌舞的情景："侈侈隆富，卓、郑坪名。公擅山川，货殖私庭。……三蜀之豪，时来时往。养交都邑，结俦附党。……终冬始春，吉日良辰，置酒高堂，以御嘉宾。金罍中坐，肴鬲四陈。觞以清票，鲜以紫鳞。羽爵执竞，丝竹乃发。巴姬弹弦，汉女击节。……纤长袖而屡舞，翩跹跹以裔裔。合樽促席，引满相罚。乐饮今夕，一醉累月。"蜀地的大地主卓氏和郑氏，强占山川为己有，结土豪为党羽，一年到头家中宾客云集。他们用很大的金银酒具盛上清冽的美酒，互相邀敬对饮。这时管弦鸣奏，歌声清悠，舞女婀娜，彩袖拂面。宾客们再也不安分了，端着满满的酒杯你灌我，我罚你地滚作一团，今宵痛饮，竟有几个月沉醉不醒。

隋唐宴乐在我国文化发展史上占有相当的地位。唐朝统治者为了满足政治上大发展、经济上大交流的需要，在继承传统文化形式上的基础上广泛吸收各民族和外域乐舞，故使隋唐宴乐歌舞中的诗歌、乐舞、艺技名流辈出，繁若群星。这里仅就"醉舞"述其一二，做窥斑之见。

唐代醉舞名目较多，一些常见的唐代著名舞蹈，大多也可见到前边挂上一个"醉"字的。例如"醉浑脱"、"醉舞绿腰"、"醉舞白 "、"醉舞柘枝"等等。另外民间也还有反映醉汉殴妻的歌舞节目《踏摇娘》等。"醉胡腾舞"是传入唐朝的少数民族舞蹈中较著名的作品。据传跳醉胡腾舞的演员舞前必先饮酒，独具三分醉，寄情酒成酣。唐刘言史有一首《王中丞宅夜观舞"胡腾"》诗，将该舞的声、情、色、艺、貌描述贻尽："石国胡儿人少见，蹲舞樽前急如鸟。织成蕃帽虚顶头，细叠胡衫双袖小。手中抛下葡萄盏，西顾忽思乡路远。跳身转毂宝带鸣，弄脚缤纷锦靴软。……"肌肤如玉鼻如锥的石国胡儿，在酒席宴前手中执着盛满美酒的精致酒杯，蹲屈着双腿，弹、踢、点、荡，似小鸟跳跃那样灵巧，只见他举杯祝酒，一饮而尽。他脚步踉跄，东倒西歪，醺醺似醉。忽然他又似思念起遥远的家乡，狠狠地抛下酒杯，腾跃旋转，情绪更加激昂，似再也难以控制那时时涌动着的思乡之情。如此看来，舞者绝不仅仅是在那里卖弄舞技，而是于高超的舞技中寄托着一片真情，他于微醺中跳着家乡的舞蹈，同时感受着恍若重归故里的幸福。

宋代宫廷宴乐歌舞的规模虽不及唐代，但在继承中也有所创新，特别是"队舞"、"字舞"等集体舞蹈形式更加丰富多彩。例如"柘枝队"、"剑器队"、"波罗门队"、"醉胡腾队"、"儿童感圣队"、"菩萨蛮队"、"佳人剪牡丹队"等等。宋代宫廷宴乐中的一大特点，是将酒与舞蹈更有机地结合在一起，祝酒、敬酒、行酒，都成为节目内容的一部分。那种带有礼仪性的酒舞风尚，被少数民族视为泱泱大邦之礼仪风范而竭力效仿。辽、金、西夏乃至高丽诸国尽随中原礼数。

随着社会生产力的提高，特别是商业的发展，出现了繁华的集镇和都市。为了适应与满足士大夫阶层和巨贾豪富享乐消遣，乃至市民阶层的文化娱乐需要，出现了不少的酒楼、勾栏、瓦舍、妓馆、茶馆。在那些地方往往集中着大批的歌舞艺人，每有客人宴饮必唤歌舞助兴、劝酒、以示风雅。艺伎和酒客拥坐在一起，行酒无数，这时舞女支撑起绵柔的身躯，摇曳腰肢，舒展歌喉，且唱且舞，令人神迷魂荡。宋代词人晏几道《鹧鸪天》词："彩袖殷勤捧玉钟，当年拼却醉颜红。舞低杨柳楼心月，歌尽桃花扇底风。"更可让人领略那种通宵饮酒听歌观舞的情景。又有张先的《江城子》词："镂牙歌板齿入犀，串珠齐，画桥西。杂花池院，风幕卷金泥。酒入四肢波入鬓，娇不尽，翠眉低。"则写不尽歌舞艺伎的娇媚醉态。

除此之外，在那些达官显贵和文人学士的家庭宴饮和适情小酌时，也大多要有歌舞演出或小伎曼舞相陪，这就是私养"家伎"。从战国到秦汉、魏晋、南北朝，此风日长。西晋巨富石崇以三斛宝珠得名舞伎绿珠。他家中还豢养着大批艺伎，实际是歌舞奴隶，每当石崇宴请宾客或与他人恃财斗富、斗酒时，先命众家伎舞蹈献艺，继之让舞女为客人敬酒，如遇某位斗酒之人拒绝舞女所敬之酒，石崇即命人当着客人的面将舞女的双手砍掉。私养家伎之风一直延续到明朝，其间尤以唐朝较为兴盛普遍，成为一时风尚。盛唐之时，大凡文人聚会，友人迎送，或举行家宴，均要有歌舞佐兴，且大都由家伎表演。

统观古代宫廷宴乐歌舞，豪门家宴狂欢，或是家伎曼舞陪酒的历史，可以看到从纵酒狂饮、舞色迷乱的无序无度，发展到以酒助兴、畅舞宣情、仪礼有序的进化过程。

第三节 少数民族的酒舞

中国是一个多民族的国家，各少数民族大都保留着本民族的酒礼习俗和歌舞文化。在一些少数民族的日常生活中，酒与舞蹈被看作宝物一般的珍贵，成为人们生活必不可少的一部分。在各民族自发的礼仪交往中，酒与舞往往被视作最隆重的仪式和最热诚的接待。而酒与舞蹈的不同的结合形式，恰恰最能体现出各民族的生活习性和民族性格。

苗族人民居住在山寨，往往被人称作"歌山"或"花山"，这正是苗族人家喜爱歌舞的形象的比喻。苗家有一句俗语"苗家无酒不唱歌"。因此，酒歌在苗族的日常生活中就占有很重要的地位，而酒歌优美的旋律和节奏，正是苗家丰富多彩的舞蹈的伴奏。酒、歌、舞的结合构成了苗族豪爽、开朗的民族性格，和他们好客、

《献酒舞》　汾酒博物馆藏画

敬客的个性。从苗家婚礼酒歌中的"楼板舞"中，即可体会到这种民族的性格及其淳朴、憨厚的民族风尚。

当某家的儿子通过自由恋爱的形式，娶到了一位称心如意的媳妇时，村寨里的青年男女就要汇集到新郎家中讨喜酒吃。新人将朋友们邀请到小楼上，打圈围坐在一起，这时朋友们唱起酒礼歌，新人赶紧捧出美酒，供大家品尝。当酒酣歌兴之际，姑娘们走进圈内，小伙子们围在四周，拍手跺脚，旋转跳跃，掌声啪啪，楼板咚咚，歌声琅琅，跳起了"楼板舞"。狂欢之际，那新搭起的木板小楼似乎承受不住这么多的欢乐和幸福，嘎嘎作响，颤颤悠悠，整幢小楼似摇摇欲坠，这时家人们要赶快扛来大圆木在楼下支撑"抢险"。歌声、笑声、掌声、喧闹声、小楼板的咚咚声响彻山寨，传播着一片浓情蜜意。

彝族是能歌善舞的民族，彝族姑娘出嫁时的"酒礼歌舞"把彝族人民古朴、庄重、粗犷、豪放的性格刻画得十分鲜明。

天黑了，在主人家门前院坝场子中，篱笆园内，天井溪旁，到处燃起一堆堆的篝火。人们围在火边，由"酒礼婆"唱"勺果车"（酒礼舞的开头歌）后，宾客们开始跳起"酒礼舞"。

酒礼舞有两种形式。一种是由女性跳，以歌为主，舞蹈为辅。舞蹈者列成长龙阵，逆时针方向边舞边歌，缓缓踏步而行。歌词内容丰富，有赞美父母养育之恩的，有表现姑娘与父母难舍难分的，有祝愿姑娘生活幸福的……

人们唱一排歌，跳一阵舞，饮几杯酒，辗转轮回，时起时伏，歌、舞、酒深深地融合在一起，场面十分隆重、热烈。直至通宵达旦，酒礼婆唱"鼠果者"（收尾歌），酒礼方始告终。

另一种是男性青年跳的酒礼舞。歌声伴舞起，舞随歌势行，是这一酒礼舞的特色。首先唱祝酒歌："自家砍来的柴烧起才旺，从自家田里摘来的谷米煮饭才香。满桌的酒肉佳餐，是彝族的礼信，……先民留给后生的古老习惯，饭吃得饱，酒喝得憨，声声敬谢主人的盛情款待。"舞蹈有基本动作是模拟"锄土劳动"的姿态，即以腰为轴心，上步弯腰、踏地、回步、端腿直立，手足上下合拍，一起一伏，自然舞动。

接着是男女双方的总管对唱，众宾客手挽手，以"摆手舞"相伴。总管甲双手分执一酒壶、酒杯，总管乙只拿一只小酒杯。甲为乙斟满一杯酒，举杯开唱，乙接对唱：

甲：主人家的这杯酒辣又辣，

乙：象"德珠阿博"的辣椒一样。（同时哑一口酒）

甲：主人家的这杯酒苦又苦，

乙：象树上"阿林"的苦胆一样。

甲：主人家的这杯酒甜又甜，

乙：象红岩上的蜂蜜糖一样。

甲乙合：三杯酒有三种味，不知客人喜欢哪一杯？

众宾客回答：主人家的美酒，杯杯象蜂蜜一样甜。

对唱歌一止，酒礼场上群情激奋，同跳"阿左娥"。边舞边唱："山中绿叶处，有金竹子一双，砍下背回来，做对哑酒杆，往酒坛中插，叫一声'阿祖'（先民）速来把酒哑，父饮心爽快，子饮情更欢，大家乐呵呵。"两总管手执酒壶、酒杯在前引导，从坝院跳到堂屋，再由堂屋跳到各个房间。舞蹈动作有"甩手步"、"抬腿步"、"一甩一拐踏脚步"、"吸腿向间踏地步"等。舞蹈古朴庄重，节奏单一。

领舞者还往往根据自己的感情变化，即兴编舞表演，群舞众人不断吼叫，使舞蹈气氛更加热烈，场面也随之更壮观。

最后，总管事请众人到坝院中坐好，新郎手执酒壶向每位来宾敬上一杯美酒。然后新娘舞出，围着插着哑杆的甜酒坛绕舞三圈，表示请宾客们"吃哑酒"。于是众宾客拥至酒坛，轮流用哑杆吃哑酒。小伙子和姑娘们则对唱酒礼歌，同跳酒礼舞，欢畅通宵，天明方散。

生活在我国北方大草原的游牧民族的生活中更是离不开酒和舞蹈。无论是狩猎归来，还是放牧休息，牧民们燃起熊熊篝火，烧烤猎来的兽肉，此时和着悠扬的马头琴声，歌声此起彼伏。牧民们举杯对饮，翩翩起舞。这一习俗由来已久。元朝诗人乃贤在《塞上》一诗中曾生动形象地描绘过这一图景："踏歌尽醉营盘晚，鞭鼓声中按海清。"

另外象傣族的"醉酒舞"，汉族的"把酒舞"，藏族的"酒歌卓舞"，都是非常有特色的中国民族民间舞蹈和民间酒舞礼仪习俗。在这些活动中，人们体验了亲情厚谊和幸福欢乐。在一些带有竞赛性质的民间盛会中，例如蒙古族的"那达慕"，藏族的"跑马节"、"转山会"等更是离不开美酒和舞蹈。一边是烈马奔腾，一边是歌声荡漾；一边是英雄畅饮，一边是舞袖飘扬；美酒敬壮士，艳舞舒芳心。酒舞融情，更是一种豪放，一脉柔情，总之都是美。

我国古代舞蹈极重视舞器。《礼记·文王世子》篇有"不舞不授器"的话。如刀枪剑戟，旗鼓伞扇，灯花车船，在我国民族民间舞蹈中使用相当普遍。在使用舞器的舞蹈中，也有许多是手执酒器（碗、盅、杯、瓶、壶）的舞蹈形式。这在少数民族酒舞中表现得尤为突出。

朝鲜族民间舞蹈《瓶舞》，是女子在祝寿酒宴上，头顶酒瓶，即兴而舞的表演形式。当老人寿诞之时，其子女、亲友、邻里都赶来参加贺寿酒宴。当寿星酒兴正浓时，例由其女儿、儿媳、孙女头顶一瓶最好的酒，在席前翩翩起舞。宾客们唱着歌，敲击着杯碟为她们伴奏，舞至精彩处，众人鼓掌欢呼，舞者捧下头上的酒瓶向寿星敬酒。人们一起欢舞，通宵达旦。

新疆维吾乐族民间的舞蹈《乞兰乌苏里》，是一女子的抒情舞蹈。表演者不但手中持杯，头部还顶着一个大盘子，上放酒壶，周围放置酒碗，翩翩起舞，壶碗不惊，舞态婀娜多姿，优美动人。壮族的民间《碗舞》是由一男子领舞，五男五女伴舞。舞者手执竹筷、瓷碗，相互碰击，发出节奏均匀的"咔咔声"，舞者时而转体，时而屈伸，时而对击，时而互碰，碗筷之声犹如一曲悦耳动听的打击乐。《打盅盘》是黎族的民间舞蹈。舞者手持盅和盘相击起舞。随着乐曲节奏，敲击出阵阵清脆悦耳的响声，边歌边舞，情绪盎然。《盅碗舞》是蒙古族民间舞蹈，也多是在宴席之上酒酣兴浓之际由舞者即兴表演的。舞者双手各捏一对酒盅，甩腕挥臂，时而耸肩、抖背，时而碎步，时而旋转，动作刚柔相济，舒展流畅。

总之，从古至今围绕着酒宴生活，人们创造出了无数的娱乐形式（也是文化形式），酒舞就是其中之一。它们从初始的即兴、随意、有感而发，到不断地充实、修改、提炼、加工，而最终成为一种固定的模式，成为一种艺术。这种艺术形式为人们的宴乐活动和日常生活增加了浓烈的喜庆气氛和高层次的艺术享受，使人类的物质生活更文明，精神生活更丰富。

第四节　名酒舞剧选段——国魂酒魂

周正义　李发模　曾健雄

第一章　序幕（略）

第二章　酒艺

（报幕词）　赤水河岸，美酒星罗棋布，茅台就像那众星捧出的一轮明月。它是醇酒之神以神奇的智慧，提高粱之精，取小麦之魂，捕捉不可代替的独有的泥土和气候的情思，发酵、糅合、升华而耸起的一座液体的金字塔。神奇深奥，朴实无华。古往今来，是它与众多美酒的争奇斗艳，华夏大地才一直散发着酒的芳香，酒文化的芳香——第二章："酒艺"。

一．《踩曲舞》

〔踩曲舞前奏音乐声中，幕启：舞台上空悬挂着以大大小小的撮箕、筛子、刷把、木瓢、酒筒等制酒工具和酒具组合成的富有现代意识的造型图案，展现了酿酒的流程。

〔以深棕色土陶酒 、酒坛、酒罐、酒碗、酒杯等酒具为乐器组成的"打击乐队"的演奏员扮成山民群众，分坐在舞台中心表演区四周（地上）。既是表演者，也是观众。

〔歌声起……（女声领唱、合唱）

（歌词）

竹篾撮箕手中扬，天女散花酒芬芳。

岁岁重阳九月九，姑娘踩曲十里香。

踩个鲤鱼跳龙门，踩个猛虎下山岗。

踩得八仙来过海，踩得玉皇下天堂。

一天不踩脚板痒，一边踩来一边唱。

七蒸八煮久陈酿，酿得琼浆世无双。

（少女舞蹈下场）。

二、《勾兑舞》

音乐不断，"踩曲歌"转换成"勾兑谣"。

（歌词）

勾兑天，勾兑地，勾兑南北与东西

勾兑金秋与腊梅，勾兑春红与夏绿。

新酿老窖同勾兑，古往今来融一体。

勾兑我，勾兑你，勾兑四海皆兄弟。

勾兑青山映绿水，勾兑龙虎两相宜。

酸甜苦辣齐勾兑，人生百味在酒里。

〔音乐声中， 在少女下场的同时，八名赤背的壮汉抱着八个酒坛（酒坛上用红纸注有标号）来到舞台中央。大汗淋漓的壮汉们把八坛酒摆成一个圆。

〔歌声中，他们舞弄着手中的木瓢，东一瓢，西一瓢，在酒坛中勾兑美酒。时而聚到圆内……时而舞到圆外……时而在坛口嗅闻……时而轻拍酒坛，侧耳倾听……随歌而舞，舞姿优美、逗趣，充满生活气息。最后，将勾兑好的酒于台中一字摆开（标号对着观众）。

〔壮汉们有跪有坐，在酒坛两侧形成两组造型，等候品酒师的裁定。

三、《品酒舞》

〔在酒具组成的"打击乐"的伴奏下，六名服饰各异的品酒师，一人拿一个小酒杯舞蹈上场……

〔品酒师中，有两位"高级"品酒师，形象似土地公、土地婆（由男舞演员扮演），表演诙谐，更加引人注目。

〔众品酒师在酒坛后面，以不同的方式品酒时而抿上一口，用舌尖抵着上腭，发出轻脆的响声，细细品尝……

〔时而对着光线杯视，然后用手沾酒细细品尝……

〔时而持杯用鼻深深呼吸，然后将酒蘸在掌心，握成虚，反复嗅闻……

〔时而交换眼色，相互耳语，切磋，取得共识，进行裁定。其神态诙谐，动作夸张，与勾兑壮汉此时紧张，在情绪上形成了明的对比。

〔品酒分三轮进行，第一轮：四坛顺利通过，四名壮汉，高高兴兴地把自己勾兑的酒抬到斜坡前………

〔第二轮：两坛未能过关，两名壮汉无可奈何，只得抱坛下场……

〔第三轮：最后两坛裁定合格，八名品酒师一同伸出大拇指；两名壮汉高兴地跳起；山民鼓掌祝贺。

（切光，暗转）

四、《祭酒歌》

〔凝重的音乐声中，灯光复明……（重点光区转移至平台）

〔高平台上有一巨大的土陶酒坛（软景绘制）；酒坛两侧端坐着土地公、土地婆；斜坡前放着六坛美酒。

〔虔诚叩祭的山民，背身排列在舞台上。

〔祭师手捧三脚古杯，从高平台下的坛形洞中走出，口中念念有词——祭酒歌（男中音领唱、合唱）

（歌词）

面对苍天兮——举杯，四海沧桑兮——茫茫。

遥望山河兮——举杯，赐我阳刚兮——杜康。

祭神祭先兮叩拜上苍，五谷丰登兮平安吉祥。

风调雨顺兮六畜兴旺，酒醇飘香兮地久天长。

〔祭歌声中：头带地戏面具，身穿绘有傩面脸谱大袍的六名群舞演员，从斜坡平台的两端舞蹈上场……

〔祭师时而蘸酒弹向青天，时而倾杯酒向大地：“傩面舞”变化着不同的造型；山民们频频叩拜。歌与舞相互推动，达到高潮。

（落幕）

第三章 酒韵

一、《枸酱献武帝》

（报幕词）第三章：“酒韵——据史载，公元前135年，汉武帝使臣唐蒙出使南越，经夜郎携枸酱献于汉武帝，武帝饮后赞曰：‘甘美之！’也许，正是这茅台美酒的前身——枸酱酒，给那开疆拓域，雄才大略的汉武帝以阳刚之气。是酒，跃起了他那驰骋疆场的得得马蹄！—第一节：“枸酱献武帝”。

〔在铜鼓的敲击、牛角的长鸣声中大幕徐徐拉开，追光照射着舞台上空悬挂着的不同朝代、不同形状、放大了的酒樽、酒斛、酒杯等组合造型，预示着历史的变迁和时空的浓缩。

〔音乐声中，唐蒙及随行宫女由假台口正中逐级而上。夜郎国王及众大臣以礼相迎。

〔手捧珠宝、绸缎的宫女翩翩起舞……一段“献礼舞”，使夜郎王及众大臣兴高采烈。

〔夜郎王击掌示意，夜郎武士在数面大鼓和铜鼓的敲击声中，怀抱枸酱酒坛，舞蹈上场，一段充满原始、野性的“献礼舞”使唐蒙激动异常。

〔夜郎王亲自开坛……伴歌（合唱）声起……

（歌词）

夜郎美酒名在外，汉使唐蒙慕名来。

心赤意诚献枸酱，武帝饮后乐开怀。

〔伴歌声中，夜郎王用竹酒杯取酒请唐蒙品尝……二人共饮，众人欢呼。

〔伴歌声中，夜郎王挥手，武士们将贡献给武帝的枸酱酒坛（分两堆）高高举起。夜郎王与唐蒙携手于两堆酒坛之间快步向前……（高举的酒坛并成一堆）夜郎王示意“以此献给武帝”，众臣躬手以礼；“一定将枸酱带回京城献给武帝。”

第四章 酒魂

二、《魂惊巴拿马》

（报幕词）黑暗的旧中国，灾难深重的中华民族始终没有忘记要找回自尊，找回自强。从“枸酱”到茅台烧，从“茅台烧”到“茅台”，直至越云山，渡大洋，一举夺得“巴拿马万国博览会”金奖，是一条千锤百炼的路。无数先贤以民族荣誉为己任，在这条路上勇往直前，用灵魂之光托举起茅台太阳般的辉煌。——第二节

"魂惊巴拿马"。

〔庄重、典雅的西方音乐，把人们带到美利坚合众国1915年的"巴拿马万国博览会"。

〔大幕拉开：舞台上空悬挂着世界各国造型各异的（放大的）酒瓶和五光十色的万国旗。

〔斜坡平台上的两根圆柱，两柱之间，悬吊着一幅装饰精美的屏幕。屏幕上，放大了的金奖奖牌耀眼夺目。奖牌的两边用英文书写着"美国旧金山巴拿马万国博览会"。

〔台上，四名待者如雕塑般站立在舞台的四角；评委、绅士、名流、贵雪们随着迎宾音乐，舞得正欢……

〔一曲舞毕。官员（即该会主持人）上场，请五名评委入席。评委们走上平台，隐身于屏幕之后。

〔官员一挥手，台侧响起法兰西三孔笛和皮鼓之声。众人闪开，着装讲究的法国代表，带领身穿本国民族服装的鼓手及手托白兰地酒的待从上场，跳起法兰西"献酒舞"……

〔官员接过"白兰地"，转呈评委席（屏后）。

〔在富有特色的阿拉伯音乐声中，一群阿拉伯少女，身着民族服饰，头顶酒瓶，在阿拉伯代表的带领下，舞蹈上场……一段"献酒舞"，使观者如痴如醉。

〔官员接过酒瓶，转呈评委席……

〔苏格兰的风笛声中，英国代表携酒，带领风笛小乐队演奏上场，风度翩翩地将酒瓶呈上。

〔官员照例将酒瓶转呈评委席。

〔日本代表带领身穿和服的少女，手捧日本清酒，在三味弦的音乐声中上场，跳起具有浓烈东方色彩的日本"献酒舞"。

〔官员接酒，照例转呈。

〔非洲鼓突然响起，一位非洲黑人酋长带领脸上画有图腾的非洲青年，携带土酒舞蹈上场，他们的到来引起了部分西方人的不悦。

〔官员犹豫片刻，勉强接下土酒。

〔在中国民间吹打乐的音乐声中，身着长衫马褂的中国代表，带领着一名茅台酒乡的老酒师和一名随从，携"棕釉酒瓶茅台酒"上场……三人名执酒瓶，向在场的人展示……大部分西方人士露出了瞧不起的神色。

〔官员见状，赶紧上前制止，示意中国代表立即退出会场……中国代表站立台中，巍然不动。

〔官员一挥手，四名一直未动的待从由舞台的四角奔向台中……（意欲将中国代表一行轰出去）。

〔就在这千钧一发之际，中国代表（拿出了事先设计好的最后一招）愤然将酒瓶甩破在地。

〔一声巨响，音乐突止。在场的人一个个瞠目结舌，全被惊住。

〔与此同时，舞台两侧和剧场观众席两边同时喷洒出带有浓浓茅台酒香的香雾。（香气蔓延整个剧场，使观众仿佛身临其境。）

〔静场瞬间之后，合唱声骤起……

（歌词）

啊……

那重重一摔——摔得何等气概！

那重重一响——响起万国喝彩！

茅台，中国酒的光彩，茅台，中国酒的气派，

八十多年已经过去，那一声炸响仍激荡情怀。

〔歌气起，人们这才从震惊中清醒过来，他们围着摔碎的茅台酒瓶，有的跪，有的弯腰，有的拾起酒瓶碎片用鼻子深深地吸，有的用手指沾着碎瓶里的酒品尝……

〔歌声中：听到了响声，闻到了香气的五名评委慌忙从屏幕后绕出，赶到台中……他们朝地上东寻西望……然而，碎瓶全无，一块未剩。

〔中国代表见状，由随从手中拿过另一瓶茅台酒，当着首席评委的面，果断地将瓶盖掀开……

〔首席评委接过酒瓶，另四名评委赶忙聚拢，五人一起，认真品尝……

〔官员未拾到碎瓶，正在空气中深嗅……老酒师微笑着将手中的茅台酒递上……官员接过酒，若获至宝。

〔歌声中：形成了统一意见的五名评委一起转身，快步登上平台，又一起转身……首席评委右手高举茅台酒瓶，左手拿着奖状；其余四名评委分列两旁，一齐指向屏幕上那放大了的金牌。（定格造型）

〔热烈的掌声中，中国代表奔向平台准备接奖；（定格）各国来宾有的继续鼓掌，有的分别拉住老酒师与"随从"表示祝贺（定格造型）；官员抱着茅台酒瓶，爱不释手。（定格）——（随着合唱的结束、切光）

尾声

——《这山，这水，这人，这酒》

（报幕词）时空浩浩，星移斗转。岁月沧桑，换了人间。茅台美酒作为国酒，滴滴浓香，谱写了共和国多少动人的华章，架起了多少通往世界的友谊桥梁。在迎来中华大地改革腾飞之际，在夺取金牌八十年之后，1995年，同样在美利坚合众国"纪念巴拿马万国博览会八十周年"的评比会上，茅台美酒荣获特别金奖第一名，在世界上又一次刮起强劲的"茅台旋风"。

朋友，让我们举起酒杯，为祖国的繁荣富强，为这山、这水、这人、这酒，尽情地喝吧！唱吧！跳吧！

（歌词）

一杯汨罗，一杯易水，

杯杯盏盏，壮我中华正气之歌。

我们酿酒，我们酿人，

是酒壮我长城，壮我五岳。

啊！茅台——东方第一壶，

这山，这水，这人，这酒，

壮了我中华，壮了我民族魂魄。

一壶长江，一壶黄河，

世世代代，酒伴人类奋力拼搏。

我们举杯，我们祝福，

是酒美我青史，美我生活。

啊！茅台——东方第一壶，

这山，这水，这人，这酒，

壮了我中华，壮了我民族魂魄。

〔合唱声中大幕拉开：高平台的后面是一幅绘有世界各国名胜的巨幅油画（天幕），画中精美的茅台酒瓶耀眼夺目。

〔演员们身穿着我国各民族绚丽盛装和世界各国色彩斑斓的服装，手执各式各样的酒杯，站立在斜坡平台上和舞台的两侧。是表演者，也是舞蹈的观众。

〔舞台上，青年男女正在节日庆典的气氛中舞蹈。该舞蹈舞者有四名手捧芦笙的苗族男青年；四名手执"咂酒吸管"的仡佬族男青年；八名汉族少女，上身罩着竹篾编成的酒坛，肚子上绘着孩童的笑脸，一双假手装饰在腰的两侧。形象活泼可爱，动作颇有童趣。

〔舞蹈中，仡佬族青年时而于坛中咂酒，时而表现出咂酒后的陶醉；苗族青年手捧芦笙忽进忽出，转来转去。实际上这是一个黔北"矮人舞"、苗族"芦笙舞"、仡佬族"咂酒舞"综合在一起的舞蹈。

〔随歌而舞，载歌载舞，歌与舞相映生辉，气氛热烈，场面壮观。

〔舞到最后，八名少女一齐摘下"酒坛"，露出长发少女的本来面目。十六名舞蹈演员一齐跑向斜坡平台……全台所有演员，组成"奔向二十一世纪"的画面，在雄伟的音乐声中定格造型。

（大幕落）

（1993年3月第五稿于遵义）

第十三章　酒与曲艺

　　中国的酒文化，历史悠久，中华民族的文化精华——各类文学艺术形式，莫不浸润其中，散发着美酒的浓郁醇香；而我国特有的曲艺艺术，自然也会令人陶醉。

　　曲艺是一种说唱艺术，历史也相当久远，它萌芽于先秦，形成于唐，兴盛于宋，而后历经元、明、清几代，完成了由古代曲艺向现代曲艺的转化，一些曲种最终正式定名，如评书、时调、道情、莲花落、牌子曲、弹词、大鼓、相声等等。在曲艺艺术中，有一个较大的曲种，就是评书——北方称评书，南方称评话。在各类传统评书中，关于酒的描述比比皆是。它在评书中的功能，不只是一种单纯的饮品，酒对人物的刻划，气氛的烘托，情节的推动，都起到了相当关键的作用。如果没有酒，那么一些传统评书中的精彩片断，如《三国演义》里的"温酒斩华雄"、"青梅煮酒论英雄"；《水浒传》里的"智取生辰纲"、"武松打虎"、"醉打蒋门神"等等，也就不复存在了。

　　在曲艺艺术中，酒被写进演唱脚本，屡见不鲜。例如一部《呼家将》，写酒就有四十余处。

　　关于"武松打虎"的故事，几乎妇孺皆知，"武松打虎"一折，在评书《水浒传》里颇为精彩。另外，其它的一些曲种，如山东快书、快板书、二人转等也有《武松打虎》这个曲目。在这里武松打虎的动力是酒，倘若没有武松的豪饮，或许就不会出现打虎的故事了，历史上擅说评书《水浒》的演员众多，出类拔萃者当推二人，即前人柳敬亭和今人王少堂。

　　柳敬亭(1587～1670年)是明末说书艺人。在民间，也曾在军中说书。因其演技高超，本人身世又有传奇色彩，当时就有许多文人为其作传。如吴伟业作《柳敬亭传》，沈龙翔作《柳敬亭传》，周容作《杂忆七传柳敬亭》，黄宗羲作《柳敬亭传》等。关于柳的表演'，记述颇多。柳说《武松打虎》一回的情形，张岱的《陶庵梦忆》中记载："余听其说《景阳岗武松打虎》白文，与本传大异。其描写刻画，微入毫发，然又找截干净，并不唠叨。勃尖声如巨钟，说至筋节处，叱咤叫喊，汹汹崩屋。武松到店沽酒，店内无人，蓦地一吼，店中空缸空甓皆瓮瓮有声。闲中着色，细微至此。"这一记载中的"与本传大异"，说明柳在表演中加以很大的发挥了。如"武松到店沽酒，店内无人"，就"与本传大异"。小说《水浒传》中写："武松入到里边坐下，把梢棒倚了，叫道：'主人家，快把酒来吃。'只见店主人把三只碗，一双箸，一碟热菜，放在武松面前，满满筛一碗酒来。"而柳说"店内无人"，这一发挥看似无甚，却极妙，因为店中无人，武松才吼，而吼声如洪钟，震得酒缸瓮瓮有声，同时也震得酒家胆战心惊，才破了"三碗不过岗"的规矩，一连送上十八碗酒(小说中写十五碗酒)，为武松醉上景阳岗做了充分而又细微的铺垫。另有传说柳在表演"武松打虎"时，真喝一点酒，使自己带有些微朦胧醉意，人物刻画就更栩栩如生了。尽管这只是一个传说，但足以说明听众对这位大说书家推崇备至。

　　当代评话名家王少堂，更以演说《水浒》著称。尤擅说《水浒》中的四个十回，即：武(松)十回、宋(江)十回、石(秀)十回、卢(俊义)十回。根据他表演记录整理的评话《武松》一书，计八十三万字。他在《武松》中表演武松饮酒多处，如在景阳岗，在十字坡，在兄长武大郎家……，其中的"武松打虎"、"武松醉打孔亮"等格外精彩。"武松打虎"一节，其它曲种表演也极为出色。"高派"山东快书创始人高元钧、快板书创始人李润杰及其弟子张志宽都表演过《武松打虎》。其中"饮酒"一折叙说非常生动。可以说这段对话把武松这个人物表演得活灵活现。应该说此时的武松已有醉意，却又说自己"上身不摇"，"下身不晃"，这完全符合醉人的性格。所以酒家告知景阳岗上有虎，他就不相信了。直到进了山口看到县衙的告示，方知山上真有猛虎，但已夸下海口，无颜返回，才有了"打虎"的故事。

　　特别值得一提的是，相声大师侯宝林也表演过相声《武松打虎》。但完全不同于其它曲种的《武松打虎》，而是说扮演虎形的演员因喝酒过量，武松几次将他打倒，他又几次站起。这段妙趣横生，令人捧腹的相声，告诫各行各业的人们，职业道德是如何重要。

　　《三国》也是一部长篇评书。擅演《三国》的演员不计其数，清·李斗在《扬州画舫录》中说，"郡中称绝技者，吴天绪《三国志》……皆独步一时。"可知吴天绪表演《三国》堪称一绝。而早期《三国》说家已有流派，如蓝玉春的"蓝派"，李国辉的"李派"。李国辉传人康国华又创立"康派"，并且传延至今。其它诸如连阔如、李鑫荃、姜存瑞等人表演《三国》也各有特色。评书《三国》有"温酒斩华雄"一回，讲董卓手下上将华雄，一连斩了十八路诸侯的八员大将。当时只任马弓手的关羽请缨出战华雄，曹操斟三杯热酒为其壮行。关羽不饮，言"斩华雄归来再饮不迟"。待关羽斩华雄回来之后，摸那三杯酒，还很热。这里所出现的酒，更有独到之处，以酒温衬托出了关羽的英勇善战，对人物的刻画起到了一言九鼎的作用。

关于评书表演，有七种技巧，其中之一为"赞"。经常使用的有英雄赞、美人赞、兵器赞、马赞、山景赞等。其中也有酒赞。

酒是杜康造，能解万人愁。成败利害皆因酒，宋王酒斩汝南侯，太白贪杯江中丧，刘伶大醉卧荒丘。劝君贪杯莫多饮，莫迷真性早回头。

曲艺大家骆玉笙，古稀之年演唱了京韵大鼓《文人与酒》，这篇鼓词出自作家王蒙之手，通过骆玉笙声情并茂的演唱，文人与酒之关系阐述得就更淋漓尽致了。传统曲目《刘伶醉酒》（又名《杜康造酒》，梨花大鼓、太平歌词、河南坠子、西河大鼓等曲种均演唱此篇，词略有不同），则通过杜康"讨帐"唱出了刘伶、杜康两位酒仙的诙谐性格以及美酒的无穷魅力。

中国古代不仅有酒仙，而且还有爱喝酒的诗仙，那就是唐朝的著名诗人李太白。西河大鼓中有《太白醉写》，铁片大鼓中有《李白醉草吓蛮书》。

在较早的唱词刻本中，曾经有《十杯酒》的唱段。当时苏州、扬州、湖北、云南、山东和北平都有刻本流行。济南刻本上还标有"南词"二字，估计是从南方流唱到北方的。这是一曲从劝君饮美酒的角度，以一位少女的口吻描述的爱情唱词。她从一杯酒开始，一直唱到十杯酒，叙述了与才郎由相识到相知，由相爱到相亲的全过程。唱出了少女细腻的感情色彩，富于浓厚的生活气息。

天津时调中，也有这种类似的唱段。例如天津时调表演艺术家王毓宝演唱的《盼情郎》，就以欢快浓郁的感情色彩，唱出了一位女子以愉快的心情备好了富于天津特色的美酒佳肴，盼望着情郎赴约的情景。这段唱词演唱数十年，至今仍受到了观众的普遍欢迎。

绍兴的曲艺很多，有绍兴平湖调、绍兴词调、绍兴宣卷，但目前流传最广、最受人欢迎的是绍兴莲花落。

由于绍兴莲花落反映的是老百姓身边的事，故反映酒的内容很多，如写酒故事、酒人、酒典、酒趣等，且常用夸张、排比等多种修辞手法，使演唱气氛热烈，观众如置身其中，享受到绍兴酒的醉美与馥香。由著名莲花落曲词作者扬乃浚编撰、胡兆海演唱的唱段《酒香歌》，可见此种曲艺之特色。这一《酒香歌》，首段演绎出一篇绍兴酒史，次段表现出酒功酒效，末段反映今日新貌。全曲一片欢乐、自豪，加之越州方言生动悦耳，在时空的交叉点上尽情演绎了酒乡特色。

在曲艺作品中，"贬"酒的也不少。我们之所以用一个"贬"字，是相对"褒"字而言。其实对美酒本身并无"贬"意，而是从善意角度规劝人们要饮酒适量，不可过度，更不可酗酒，否则会闹出许多笑话，甚至会酿成祸灾。

过去，有一种说法，叫"酒色财气"。无疑，把酒与色，财、气并列，并且排在首位，就视酒为害了。显然这种说法有待于重新认识和评价。在传统相声中，有一段《四字联音》，以吟诗的方式，谈论了对"酒色财气"的几种认识。其中有赞美的，也有贬低的，也有规劝的，比较全面地反映了流行在社会中对于"酒色财气"的观点。这是著名相声表演艺术家张寿臣等演出的脚本。

无论是过去，还是现在，的确有一些人不仅仅是爱喝酒，而且是嗜酒如命。且不称这些人为"酒鬼"，而称其为"酒迷"。刘宝瑞表演的单口相声《酒迷》中就讲了一个酒迷，他整天酒瓶子不离手，逮哪儿哪喝，一天三醉。他兄长规劝他，他就是不听，一气之下就让他进酒缸，酒迷二话没说，就跳进了一个大酒缸里，大哥盖上了一扇磨。他媳妇以为他被酒淹死了，在酒缸旁边就哭了。她粗通文墨，随口说了一首诗："哥哥言语你不听，把你扔在酒缸中。若得夫妻重相见，除非做梦在三更！"没想到，酒迷在大缸中喝酒更得劲了，冲着磨眼儿喊上啦，也说了四句诗："贤妻不必恸悲哀，我在缸里挺自在。你若念咱夫妻义，赶紧送点儿酒菜来！"

这段相声虽"荒诞"却无"不经"之嫌，成功地塑造了一个酒迷的形象。寓教于乐，可算一个成功之作。

社会上的人物是千姿百态，有酒迷也就有财迷。张寿臣表演的单口相声《喝酒》，则是从饮酒的角度刻画了一位财迷的形象。别人喝酒都是用酒盅喝，而相声中的财迷王掌柜则是用特殊的"酒盅"——猪鬃蘸酒喝，令人捧腹。

相声《醉酒》侯宝林、郭仅

关于规劝人少喝酒，否则就会丑态百出，这样精彩的相声段子，首屈一指的作品当属相声大师侯宝林表演的《醉酒》了。在这段相声中，侯宝林先生把喝醉酒以后的几种形态表演得维妙维肖，尤其是真正醉了的两个人，互相吹牛，各不服气，神态各异，简直演得活灵活现。最后，一位掏出了手电筒，立在桌子上往上空一打电门，一道光柱直冲天际，让另一位顺着光柱爬上去。另一个也不含糊："这算得了什么呀?那不是就爬这个柱子呀?你别来这套，我懂。我爬上去?"这简直是没有喝醉人的十分明白的话语。根本就不能爬。但是醉态中的人却有醉想法："我爬到半道儿，你一关电门，我掉下来了!"人们在听了这段相声以后，对酒后失态有了更深刻的印象，也会有更理性的认识。同时，任何一位嗜酒如命的人听了这段相声，大概也会笑后自省吧!

相声笑星马季在一段相声中说一位司机酒后驾车，把车开得摇摇晃晃。这时，马季说"这辆车大概烧的不是汽油，是酒。"也对酒后驾车的危害进行了善意规劝。

另一位相声笑星师胜杰表演过醉汉酒后失态的相声，一位惧内的醉汉在妻子面前反复声称自己没喝多酒，实在忍不住吐了，就用自己的帽子接住，而后忘记倒出去，竟然又戴在头上，其狼狈相可想而知。这也是一种带有讽刺性的规劝。

酒迷是应该规劝的，但是做起来是相当不容易的。单口相声《九月九》就描写了这种难度。过去有夫妻二人，男的好喝酒，女的好打牌。日子愈来愈穷。于是，男的戒酒，女的戒牌。但是有一条规矩，男的不准说"牌"字，女的不能说"酒"字，说了就受罚。如果男的说了"牌"字，就罚男的站在旁边看女的打四圈麻将；女的说出一个"酒"字，就罚女的站在旁边看男的喝一斤酒。他没想到自己的妻子竟然七八天没有说出一个酒字来，可把酒迷给憋坏了。他就请来两位酒友相助，到他家串门，留下的每一句话里都带酒字。酒迷回家以后，妻子将事情相告，但没有一个酒字，甚至没讲一个酒的同音字。于是把酒迷气晕过去了。妻子以为他被气死了，哭诉中带出了日子"九月九"，酒迷一听，马上还阳了，嚷着要喝二斤酒!可见如果上了酒瘾是多么样的难改。酒迷不仅自己酷爱喝酒，他还要影响别人。

他影响同龄人还情有可原，如果影响了孩子，则便是过分了。刘虎臣创作的单口相声《划拳》中的赵大哥就是这样一位酒迷。四十八岁的赵大哥不仅爱喝酒，而且爱划拳，被人称为"划拳圣手"、"划拳大王"。只要有人跟他喝酒就得划，你要是不会他包教。他认为划拳可以锻炼人的脑子，于是把上小学的儿子小三儿也教会了划拳。老师知道了，家访找到赵大哥，要求家长配合学校教育孩子不要划拳。

从这个段子中，我们可以悟到，究竟应该给后代留下什么样的印象和认识，留下什么样的作风和影响?这也正是中国酒文化所应该达到的一个最终的目的。中国酿酒的历史源远流长，而我们的酒文化也景观恢宏。中国曲艺是民族的瑰宝。酒在大量的曲艺作品中出现，既扩大了酒文化的影响，也丰富了曲艺艺术的创作题材，使两种文化都得以弘扬。我们相信，随着中华民族善良勤劳美德的继承和发扬，会酿造出更加芬芳醇和的美酒，同时，中国的酒文化也将放射出更加绚丽夺目的光彩，永照人间。

第十四章 酒与武术

武术是中华民族独特的人体文化，被视为国粹。因此，在二十世纪三十年代曾直呼为"国术"。至今在港、台和海外部分华人中，仍名之曰"国术"。数千年来，随着社会经济文化的发展，武术也在不断地发展变化，成为我们民族最独特的人体文化的瑰宝。

武术不只是格斗技术，健身体育，而且影响到民族文化的方方面面，诸如医药、保健、戏剧、文学、方术、宗教等等。酒，作为人类的产物，同样深入到民族生活的方方面面，自然与武术有着紧密的联系。

第一节 醉拳的美学投入

酒文化和武术皆是中国几千年流传下来的传统民俗文化，它们在特定的环境下结合产生出独特风格的醉拳，经历了漫长的历史发展过程形成今天具有多种功能价值、运动形式别致、颇有趣味的醉拳系列。醉拳寓拳法于醉形，藏机关于跌扑，具有极强的技击价值。其观赏、艺用价值给人一种美的享受。

酒与武术的结晶———醉拳、醉剑、醉棍的形成与发展

不可否认，醉酒是一种不正常的体态，一种世俗化的东西，但醉境却是一种审美心境。在醉中，生命从形体到心灵都获得了解放 "在酒神状态中，却是整个情绪系统激动亢奋，于是情绪系统一下子调动了它的全部表现手段和扮演、模仿、变容、变化的能力，所有各种表情和做戏本领一齐动员。"酒醉激发了人体的肉体活力，武林中人在醉中施展拳脚之功，化丑为美，模拟醉态编定醉拳、醉剑、醉棍等等，不仅不丑，反而矫健、优美、健康、活泼。

由于以上特点，形成了中华武术与一般体育活动完全不同的文化品格，从而具有独特的美学追求，强调悟性，强调灵感，强调入魔般如痴如醉的投入，也正在这一点上与酒有着密切的联系。

第二节 中华武术与酒的结合

人们常说自古诗人皆好酒，其实自古武人也同样好酒，上古的夏育、孟贲、传说中黄帝的大将力牧，以及春秋时代薛炽、养由基等都是好酒的武士。西楚霸王项羽的大将樊哙的海量，更是尽人皆知的。

武人的好酒，是因酒而表现出他们的豪爽气概和尚武精神，借酒寄托他们的情怀。然而，更重要的是酒还成为他们创造超绝武功的"灵浆"。清代有名的傅家拳的创始人傅青主就是在醉中造拳的。

傅青杰（公元1607～1684年），名山，字青主，别号侨黄。山西阳曲人。他是明末、清初著名的思想家、诗人、学者、画家和爱国志士，同时他还精于武功。据《石膏山志》载：清顺治四年（公元1647年）春，他偕子傅眉到天竺寺与寺内主持道成法师演示打坐和五禽戏，并传授给当地名士吴成光，接着又传授绘寺内和尚。康熙二十一年（公元1682年）父子隐居期间，被何世基请至义塾讲学传武，遗留"傅拳"。其拳式动作名称与太极拳相似，又别于太极拳。1985年在武术挖掘整理中，由蔡承烈献出《傅拳谱》手抄本。1988年出版了《傅山拳法》一书，丰富了我国武术宝库。

傅山留下的拳法，已经成为一个流派。而他的武功更是和他的绘画结合在一起。据传：他作画时总在酒酣之后，独处一室，舞练一番，这才乘兴作画。

傅青主在醉中舞拳，进入一种物我两忘、神与物游的境地，然后又将这种人体文化的感悟，形诸笔墨，因

而他的画具有一种山雨欲来的肃杀之气和灵动飞扬的韵味，而他的拳法又具有了一种醉态。酒、画和武术，在他身上融为一体，形成一种独特的风格。傅青主在醉中造拳，以醉态入武术，在现代和古代武术中，都有先例可循，"醉八仙"和"醉拳"、"醉剑"就是极重要的武术套路。

第三节　醉拳、醉剑

"醉拳"是现代表演性武术的重要拳种，又称"醉酒拳"、"醉八仙拳"，其拳术招式和步态如醉者形姿，故名。考其醉意醉形曾借鉴于古代之"醉舞"（见《今壁事类》卷十二）。其醉打技法则吸收了各种拳法的攻打捷要，以柔中有刚、声东击西、顿挫多变为特色。作为成熟的套路传承，大约在明清时代。张孔昭《拳经拳法备要》即载《醉八仙歌》。醉拳由于模拟醉者形态，把地趟拳中的滚翻技法溶于拳法和腿法。至今其流行地区极广，四川、陕西、山东、河北、北京、上海和江淮一带均有流传。

作为一个独特的富于表演性的拳种，以其不同的风格特色分有三大类：一类重形，多以模拟滑稽可笑的醉态为主；一类重技，在"醉"中发展攻击性技巧，即是三指象杯的动作，亦藏扼喉取睛的杀着；再一类是技、形并重，既有醉态的酷肖，又有技法的凌厉。不管那一类，都要掌握形醉意不醉，步醉心不醉。醉中有拳，拳法似醉，拳法的核心在于一个"醉"字，以醉取势，以醉惑人，以醉进招。其手法有刁、拿、采、扣、劈、点、搂、插等，以刁、点、搂、扣为主，腿法有蹬、弹、勾、挂、缠、踹、撩、踢等，以勾、挂、缠、踢为主；步法有提、落、进、撤、碎、击、碾、盖等，以跟跄步为主；身法有挨、撞、挤、靠等。这四种身法要浑成用力。跌法分佯跌、硬跌、化险跌三类，练法要求神传意发，心动形随，步碎身活，形神合一。要练到周身"无一处惧打，亦无一处不打人"，挨上就着力，出手就制敌；用法讲究眼捷手快，形醉意清，随机就势，避实就虚，闪摆进身，跌撞发招。

关于醉拳，有一个歌诀："颠倾吞吐浮不倒，跟跄跌撞翻滚巧。滚进为高滚出妙，随势跌扑人难逃。"

醉拳

这个歌诀对醉拳的特点进行了准确而生动的概括。醉拳中的关健在一个"醉"字，而这种"醉"仅是一种醉态而非真醉，在攻防中，跟跟跄跄，似乎醉得站都站不稳，然而在跌撞翻滚之中，随势进招，使人防不胜防。这就是醉拳的精妙之处。

正因为醉拳在形态动作中一副醉态，所以就把地趟拳法一些技巧很自然地溶合进来，以跌扑滚翻动作的运用较多，主要动作有扑虎、栽碑、扑地蹦、金绞剪、盘腿跌、乌龙绞柱、鹞子翻身、鲤鱼打挺、剪腿跌、拔浪子、折腰提、跌叉、窜毛、磕子、小翻、单提等。

醉拳套路有多种："醉八仙"，以模拟吕洞宾、铁拐李、张果老、韩湘子、汉钟离、曹国舅、何仙姑和蓝采和等八仙道家神化的形势和武艺为特色，动作名称多以这些人物动作特点创编。如"吕洞宾剑斩黄龙"、"韩湘子横笛"、"张果老倒骑驴"等。"太白醉酒"的套路则是以模拟唐代诗人李白的形姿为主；"武松醉酒"、"燕青醉酒"、"鲁智深醉打山门"等套路，则以《水浒传》英雄命名，自然更显示了醉拳深厚的内涵，使其不同于一般武术拳种。

"武松醉酒"一套，来源于《水浒传》中两段描写武松的文字，一是"景阳岗武松打虎"，一是"快活林武松醉打蒋门神"。前者武松是真醉，后者则是似醉而实醒。就文学家而言，是就《水浒传》的艺术性而加以研究评述，而作为武林人士，却从中受到启发，为丰富拳术套路进行创造。

中国武术是独特的东方人体文化之一种，东方人体文化的核心是身心一元论，要求内外五关俱要相合，外五关即"手、眼、身、步、劲"；内五关即"精、气、神、力、功"。扶醉上岗打虎的武松，在这一场人兽搏斗中，充分显示了他内外五关的功夫。

武松打虎可以分为三个阶段：

第一阶段是老虎逞凶，醉者武松防御。吊睛白额猛虎首先施出了它一扑、二掀、三剪的看家招数，醉者武松面对老虎的凌厉攻势，连续躲闪，以武学"让其锋锐，攻其疲怠"的战术先求自保，之后再伺机而攻。

第二阶段是人虎搏斗相持。武松逢闪必进，守中有攻。他拿棒在手，双手抡起，劈打老虎，不想误中枯树，梢棒折断。武松只能徒手与猛虎相斗，更显示其拳法、腿法的功夫。

第三段是武松反攻取胜，徒手力毙猛虎。这一段充分显示了武松的神威武勇，他一见老虎显出疲相，立刻迎上掀虎、捺虎、踢虎、打虎、毙虎！明代学者李卓吾曾在《水浒》眉批写道："一副打虎图，活虎活人，俱在眼前。"

"快活林醉打蒋门神"中的武松，虽然也喝了不少酒，但他却没有醉，只身迎强敌，而且知道蒋门神武艺了得，"三年上泰岳争跤，不曾有对"，"那厮不说长大，原来有一身好本事，使得好棍棒，搊拳飞脚，相扑为最。"不知他的门道路数的武松，自然要谨慎小心。武松佯醉动拳，用的完全是醉拳的招法，特别发挥的是醉拳的跌法与腿法。武松发以醉拳出手，就可以摸清蒋的路数，以便击败他。他以醉态，大用醉拳三跌法、身法，都是为了战胜强敌。醉拳外形特点是"身范儿，如狂似颠，步趋儿，东扯西牵"（《醉八仙歌》）。其跌法则有"挨、傍、挤、靠"、"乘虚而势"的技击特长。正如拳谚所谓："乘虚而入好用机，见势随之跌更奇，一跌连踹何处去，千斤重体似蝶飞。"武松前颠后偃，东倒西歪，形态醉极，但神意不醉，以醉诈敌，以跌迷敌，使蒋难辩真假，一时摸不着武松的路数。这一趟"醉跌"为后面的玉环鸳鸯腿的巧踢妙用作了充分铺垫。

"醉拳"的腿法极重，中国武术素有"南拳北腿"之说，以勾、挂、缠、踢为妙用的醉拳腿法，在武松醉打快活林中显示了神威。《水浒传》第二十九回中，武松与蒋忠大斗，武松佯醉诈败，掉头便走时，"突然转身，却先飞起左腿，踢中了，便转过身来，再飞起右腿，直飞在蒋门神额角上，踢着正中，望后便倒。"

在关键时刻，"玉环鸳鸯腿"发挥了威力，这威力显示醉拳形醉神不醉、身醉腿不醉的特色。双腿连环，左右开弓，显示了腿法的平稳。武松起腿时，重心掌握变换自如，根底坚实才能左中，右旋随之又中，同时显示了腿法的刁钻：武松的第一腿是后挑腿（左腿），醉败中，不转身而突然后挑一腿，自然令追者防不胜防，而正在蒋门神招架之际，武松紧跟着已踢出第二腿（右腿），这是难度极大的"飞转身回旋腿"，左脚沾地身子即立旋右转，借飞转身腾跃力，右腿循弧旋腿，快速而角度多变，神妙而出人意料，腿腿相连如环，前后相伴似鸳鸯，怎不让蒋门神中腿！没有高超的弹跳、平衡能力和扎实的腰腿功夫是发不出玉环鸳鸯腿的：这一腿踢中蒋门神额角，亦即祖窍穴位，而且是凌空急速拧转中踢出的，力猛异常，全身之力量、重量皆集中在腿上，而又恰中额角，怎能不使高马大的蒋门神"望而便倒"，"在地上告饶"呢。

对于武林人士来说，这些具体而生动的描写，也为丰富醉拳的套路、技法提供了非常有价值的参考。

除了醉拳之外，还有醉剑。剑术在中国有着悠久的历史，而且附丽着丰富的文化内涵。它被奉为百兵之君，它曾经被尊为帝王的权威象征、神佛仙家修练的法器，更成为文人墨客抒情明志的寄托，也是艺术家在舞台上表现人物、以舞动人的舞具。直到今天，剑更成为各阶层中国老百姓健身的最富民族色彩的体育器材。一种在新石器时代生产的古老兵器，至今在大众手中舞练，在全世界恐怕也只有剑器吧。正因如此，有人说中国有一个内涵极为丰富而悠久的剑文化体系，而酒文化同样浸润其间。

醉剑：这是酒文化浸润的剑术，它的风格独特，深受人们欢迎，尤其适于表演，多为戏曲、舞蹈艺术吸引。它的运动特点是：奔放如醉，乍徐还疾，往复奇变，忽纵忽收，形如醉酒毫无规律可循，但招招势势却讲究东倒西歪中暗藏杀着，扑跌滚翻中透出狠手。剑器作为一种武器早已从战场上消失了，现在剑器主要是一种健身器械，而剑术已经纯粹是一种和舞蹈结合起来的表演项目。而醉剑由于它那如醉如痴、往复多变和动作极强的特点，在舞剑中更占据着一个特殊重要的地位，如电影《少林寺》中的醉剑就是。在1980年第一届全国舞蹈比赛中获得创作二等奖、表演一等奖的独舞《剑》，就是利用醉剑的动作素材创作的。该剑舞通过借酒消愁、醉后舞剑，表现了剧中人物空怀绝技、报国无门的悲愤心情。表演者张玉照运用醉剑的"摆浪"技巧，以及结束时空中转体的一剑砍掉灯台的表演，扬剑直指去霄的静止造型等，显示了醉剑艺术独特的感染力和创作者的巧妙构思，以及表演者的高超技艺。

除醉拳与醉剑之外，还有醉棍。醉棍是棍术的一种，它是把醉拳的佯攻巧跌与棍术的弓、马、仆、虚、歇、旋的步法与劈、崩、抢、扫、戳、绕、点、撩、拨、提、云、挑、醉舞花、醉踢、醉蹬连棍法相结合，而形成的一种极为实用的套路，传统醉棍流传于江苏、河南的《少林醉棍》，每套36式。

醉拳醉剑以及醉棍，作为极富表演性的拳种，它产生的机制，鲜明地表现了东方人体象形取意的包容性和化腐朽为神奇的特点。象形取意本是人类在取法自然中的自强手段，中国武术的象形取意有四种表现：一是模拟一种传统文化背景下深藏民心的精神，如对龙的模拟是此种，另如武技和舞姿动作中的"单凤展翅"、"仙人指路"、"韦陀献杵"都是此类；二是对禽兽体能的象形取意，如戏曲武功的"虎跳"、"旋子"、"鹞子翻身"等；三是根据武术攻防规律，选取摹仿具有攻防功能的动作和形态编制的套路或招法，"螳螂拳"、"蛇拳"都是此类；醉拳的产生则是第四类象形取意。不可否认，醉酒是一种不正常的体态，然而东方人体文化却能化丑为美。醉拳不只有特殊的攻防价值，而其观赏性尤为人喜爱，"醉拳"、"醉剑"、"醉者戏猴"、"醉棍"不只是武术中的表演项目，根据这些素材创作的电影《大醉拳》和舞蹈《醉剑》都曾经是深受欢迎的节目。

第四节　醉打描写的艺术魅力

历史上有许多描写酒与武术的诗句"酒泉太守能剑舞,高腾置酒夜击鼓"、"剑书少折断,看剑饮杯长"、"把臂开搏饮我酒,酒干击剑蛟龙吼"等等。《资治通鉴》曾记载："习手搏于晋府。汉主闻而悦之。丙戌,与诸王宴于长春宫,观手搏,至夕罢宴,汉主大醉。"《晋书》载："因闲宴,请剑舞为欢,棱从之。如于是舞刀为戏,渐渐来前。"

酒与武术技击关系之密切，也可以从艺术描写中得到进一步印证。例如《水浒传》，几乎是无打不写酒，有酒必写打。为什么？是闲笔么？是点缀么？不是。那么，道理何在呢？在武打中，他们的生命不能不活跃地显示出力量；不能不需要激动，甚至冲动；不能不需要冒失，甚至冒险；不能不需要强烈的动作，强烈的烘托，强烈的渲染，强烈的冲突。于是乎，为了生动地写好这类打斗，施耐庵从"杏花村"请来了这一令人感奋激发的物质材料——酒。以武松、鲁智深这样的血性男儿，以武松、鲁智深那样惊心动魄的打，非有酒以壮声色不可！《水浒传》第四回有几句话单说那酒："常言酒能成事，酒能败事。便是小胆的吃了，也胡乱做了大胆，何况性高的人？"酒能添壮士英雄胆，端的是道破了施公为什么请"酒"的良苦用心。

施耐庵以酒托打，以打写人，提供了读者的心理效应、审美趣味和欣赏习惯的准备。这类在武打中出现的酒，已不是生活琐事了，而是获得了生命，获得了动作性、形象性与幽默性，成了戏剧冲突和好汉们斗争生活的高度艺术概括。从艺术欣赏角度看，醉打之美，美于单纯的打。因为它更加趣味盎然地感性地显示了人的本质力量。上年纪的人也许还记得，旧日酒肆门口常有一副对联，其上联曰"醉里乾坤大"；我说，《水浒》的醉打里面"乾坤"更大。这乾坤，是艺术的乾坤，深入其中，虽不饮那琼涂流霞，已使人有悠悠然的醉醺之感了。

首先，有一种勇气感。景阳岗一节不从打虎落笔，偏从喝酒开篇。十五碗酒使人感到武松非凡的气质和英雄的气概，为找虎作了充分的铺垫。所以他在山神庙前看到虎害印信告示时，想到身为好汉，难以转去，乘着酒兴，一只手把胸膛前祖开，踉踉跄跄直奔岗上，醉打老虎！这就把武松赤手空拳打虎的勇气烘托出来，引起读者明知山有虎，偏向虎山行的心理震荡。"林教头风雪山神庙"是在"长空飘絮飞绵"的大雪之天，施耐庵大匠运斤，举重若轻，选三、两件道具："花枪挑了酒葫芦"，来表现"打与醉"。这实在是"力加诗"的境界。这场打美极了，浪漫极了，雅极了，也激烈极了。一支花枪，一葫芦酒，一场大火，一挺枪，一把刀，三条仇人性命！虽然，他认请了他脚下的路，他再也不彷徨、犹豫、幻想了，他只有一条路：逼上梁山了！当读者似乎看到他肩头挑着酒葫芦的花枪，把纷扬大雪、严凝雾气逐渐溶化了时候，不由得不去探索、追求人生价值的深邃哲理。

其次，有一种豪气感。鲁提辖自上五台山净了头发，本来也应"净"了"凡"心，入了空门，本来也应"空"了嫉恶如仇的念头。可是他偏不安稳，第一次喝了酒，入寺院醉打山门。第二次，"吃得口滑"之后，又喝了一桶，一膀子扇了山亭，又打得"那尊金刚从台基上倒撞下来"！是的，面对那黑暗的社会，一串梵珠怎能使他安心，一部佛经怎会让他平静？他"指定天宫，叫骂天蓬元帅，踏开地府，要拿催命判官"！他宁可做"裸形赤体醉魔君，放火杀人花和尚"（见书第四回），也不要放下屠刀，立地成佛。而是让他"笑挥禅杖"、"怒掣戒刀"、"砍世上逆子谗臣"去了！在花和尚的豪饮豪打面前，任何自身的渺小和平庸，难道还不应该摆脱、克服和净化么？

以上，便是醉打的一处美的形态，是现实肯定实践的重要形式。当然也还有另一种形态，则是一种比较轻松的形式。武松大闹快活林，施公于一路之上，把十二、三家酒店串成一根线，让英雄一路饮去，悉心造成了一个引人入胜、大快人心的妙境。在快活林酒店，武松围绕着打酒、尝酒、换酒、闹酒、酒、将蒋妾和两个酒保捺入酒缸等一系列恶作剧行为，辛辣地嘲弄了与官府沆瀣一气、不可一世的恶霸势力！最后闹而成打，武松醉拳出手，迫使"打遍天下无敌手"的蒋门神在地上连叫"好汉饶我！休说三件，便是三百件，我也依得"！更大胆的，作家还把神圣不可侵犯的圣旨御酒作为好汉们的醉打时可以任意揶揄、摆弄的对象，"活阎罗倒船偷御酒"写陈太尉赍十瓶御酒，"赦罪"丹诏到梁山招安，阮小七与水手们把御酒一饮而尽，换上十瓶水酒，还放水差点淹死太尉！表现了好汉们对投降的否定，间接地显示出对好汉们起义到底的肯定。至于周通醉入销金帐，被喝得八分醉的鲁提辖骑在地上痛打一顿，武松大醉如泥，酒后无德，砍狗入水，醉卧雪塘，被白虎山的孔氏弟兄吊打一顿，则构成了否定型的滑稽，表现了好汉们将愉快地和自己的过去诀别。

综合地看施公写醉打最大的艺术特色，乃是拳形合一。这点在"醉打蒋门神"中表现尤为突出。宋·欧阳修曾说过："醉翁之意不在酒，在乎山水之间也。"武松醉酒之意亦不在醉，在乎打也！表面上看，他"前颠后偃，东倒西歪"，但实际是形醉意不醉，步醉心不醉。这一场打以醉为形，武松着实地动了脑筋，施公也频费了一番心思：其一，他与蒋忠素不相识，他以醉试蒋忠实力虚实，"武人一伸手，便知有没有"，这样可以胜不露色，败不慌神，进退自如，避免给施恩带来恶果；其二，他与蒋忠素无冤仇，只有以醉闹事，以佯醉来激化矛盾，把醉当作打的引爆线；其三，打的地点是快活林酒店，以醉为由，便于发挥；其四，从书中描写看，武松擅长醉拳。醉系障眼法，用以迷惑对手，实际他只是"带着五七分酒，却装做十分醉的"，跌跌撞撞，飘飘忽忽之中，藏机关杀手，寓攻防技击。果然蒋门神上当了，"先欺他醉，只顾赶将入来"，在难以逆料之中，顷刻之间已被制于未防。

《水浒传》高超的醉打描写，使酒文化与武术文化水乳交融，形成一种影响深远的民族风格，它不只是现实世界的严肃或轻松的反映，拳形合一的艺术表现，而成为表现故事、塑造人物、显示武功的巧妙载体。

第十五章　酒与杂技

中国杂技艺术保留着历史最悠久的传统节目，其中有些就与酒和酒器有着密切的关系，可以说散发着酒文化的醇香美韵。

原始杂技与酒器的结合

杂技艺术作为一种古老的原始艺术，与舞蹈一样，它产生的文化机制是多方面的。劳动技能的艺术化，自然是杂技产生的重要源泉之一。中国传统杂技中，有不少节目就是直接来源于劳动或生产、生活用具的耍弄，例如有许多不同形状的酒器、酒具，被历代民间艺人，以其高超的技艺和智慧成功地运用到人们喜闻乐见的表演节目中。"耍酒坛"这个节目就极其古老，一直流传到今天。中国自古有用陶制"瓦钟"酿酒和保存谷物的传统，美酒酿成或谷物丰收之后，先民们情不自禁地将这些陶制的坛子、盆等抛在空中，再以手承接，进而头顶肩传，形成一种高难技巧，变为"耍坛子"的杂技艺术节目。

明、清时代绍兴黄酒驰名全国，而盛酒的瓷坛也彩绘各种龙凤花纹，成为极有欣赏价值的工艺品，也成为一些杂技节目的艺术道具。

《清稗类钞》中记载了一位清代"耍酒坛"的杂技艺人，那高超的技艺，前代未有，那五彩金龙瓷酒坛在艺人手里像活了一般。这段笔记叙事也极生动，不只描绘艺人精湛神妙的技艺，而且写出他安详、准确、镇静自如的风度，不失为一篇绘情绘景的杂技艺评：

"光绪庚子春正月，京师杂耍馆有王某献技，运酒坛如气球，其名为坛子王。家居麻线胡同，身伟露顶，衣短衣。以一大绍兴酒坛厚寸许者置台上，刮磨光润，画以金龙五色云。以铁器扣其四周，声琅琅然，盖恐人疑其非陶器也。手提而弄之，中铮铮作响，盖置铜铁等丝于内。始则两手互掷互承，如辘轳转于两臂两肩及两手；继则或作骑马势，而掷坛出胯上，摩背跃过顶，承以额，然有声。人咸虑其脑袋，而彼恬然也。坛立于额，不以手扶，屡点其首，则坛盘旋转于额，或正立，或倒立，或竖转，或横转。坛中铜铁丝声，与坛额相击撞，铮铮硅硅，应弦合节。俄以首努力一点，则坛上击屋梁，听其下坠于地，地为震动，而坛不少损，则又取弄如前。复上出，仍承之以额，而或承坛口之边，或承坛底之边，如刀下砍其首，而不知痛。手叉腰，坛欹附于额，绕场行数十周，且揖且踮，且稽首且起立，且下卧且辗转反侧，而坛如有所系，虽作摇摇欲坠状，而仍不坠也。复努之上及屋，或承以一指，或衔以口，如是者数四往复，则坐而少休，气不喘色不变也。乃复运之以一臂，绕臂转如风轮，见坛不见臂也。继复运以两臂，左右齐转，则有如两坛分绕两臂者，而不击撞，亦仍一坛也。次运以指亦如之。次则且运且劈之，闻空中作裂瓦破甄声，视坛忽若左右分成两半者，忽若上下分作两截者，忽张手揸坛腹而擎之，若坛有柄者，忽握坛口而起，若坛有胶者，诚不可测也。又径以坛置于顶，而袖其两手，如束缚状，以头努坛起，承以肩，左右努之，则左右跳掷。次承以腰以尻，左右努之，则左右跳掷。次承以膝，亦如之。次承以足背，左右踢之，次承以大指，亦左右踢之，复上出之，而次第下之，继乃上下飞腾，四面盘辟，不辨其是肩是背是腰是尻是膝是足，第见满身皆坛，满台皆坛。始则犹见一人袖手转侧于坛阵中，继则观者满眼，不复见人，观者靡不咄咄称奇。方迷乱间，其人忽歘然仆地仰卧，坛自屋梁下击其鼻，举座大惊，而坛且兀立鼻尖，复努立而起，忽倒竖以两足捧坛而立，以两手覆地，绕场而行，两足复分，顶其左右坛，承掷如手弄。良久，忽作虎跳，横转如车轮，而坛随之，忽翻筋斗，起落如蚱蜢跃，而坛亦随之，复两足踢坛上击屋空中，坛与人俱如败叶转，坛复着地，而兀立其上，向众揖云：'坛子王献丑'。"

轻重并举，通灵入化、软硬功夫的相辅相成，是中国杂技的重要艺术特点，而表现最典型的节目就是"蹬技"。蹬技多数是女演员表演，演员躺在特制的台上，以双足来蹬。至于蹬何物体，可以说包罗万象，但最多的是绍兴酒坛和酒缸。宋代的"踢弄"杂技中，就有"踢酒缸"的节目。明代的蹬技形式多样，风俗画中有双足蹬酒缸，双手敲钹，边唱边蹬，两边二人，一持流量，一舞大刀的形象。明《宪宗行乐图》中，也画有三组蹬技，极为精彩。

"蹬技"既可蹬酒坛、酒缸甚至桌子、木柱、梯子、木板和喧腾带响的锣鼓等等重物，甚至重到百十斤的大活人；也可以蹬轻物，如绢制的花伞等。被蹬物体，飞速旋转，腾跃自如，从光滑的瓷制彩缸，到笨重的八仙桌子，都可以蹬得飞旋如轮，只见影子不见物形。过去蹬技以重为胜，近世发展到轻重并举，轻薄如纸的花伞、彩毯，演员亦能蹬得飘逸非凡。"蹬伞"不只要有蹬技硬功夫，还要掌握空气的浮力、阻力，才能完成优雅而抒情的表演。许多技艺都是以软硬功夫并重的基本功为基础的。

清人褚联《明斋小识》中描绘了一位民间女艺人蹬酒瓮的精彩表演："……遂仰卧于地，伸足弄瓮，旋转如丸。少焉左足掷瓮，高约二丈，将坠，以右足接交；右足掷，左足接之。更置一瓮，两足运两瓮，往来替换，若梭之投，若球之滚，若鸟之飞翔，忽倚忽侧，而不离于足。"

《抖空竹》中的抖酒葫芦，也是令观众惊奇叫绝的杂技表演项目。《抖空竹》是中国传统杂技中，以简单小巧，信手可得的物件，练出高超技艺的代表节目。它原是一项十分有趣的民间游戏，在中国北方，每逢年节，人们，特别是孩子们，都喜欢抖空竹，并能耍出许多花样。

抖酒葫芦

第十六章　酒令概谈

酒令，顾名思义，是饮酒时的一种规矩。通常情况是推一人为令官，余者听令，按一定的规则，或猜拳，或猜枚，或巧编文句，或进行其它游艺活动，负者、违令者、或不能完成者，均罚饮(遇同喜可庆之事项时，则贺之，谓之劝饮，含奖勉之意)。实际上，酒令是饮酒时所进行的一种风流文雅、睿智隽永的娱乐活动，它是劝酒行为的文明化和艺术化。特别在宴席上更是一种佐酒助兴、活跃气氛的主要手段，是文化入于酒，是酒中的社会文化、大众文化。酒令的许多形式和令辞直接体现着中国传统文化的内容。今天，我们掌握酒令的有关知识，并把它适当地应用到饮酒活动中，可以调节气氛，增添乐趣，陶情冶性，增进智力，提高饮酒的文明程度。

第一节　悠久历史

酒令在中国有着悠久的历史。写于汉初的《韩诗外使传》记载："齐桓公置酒令曰：'后者罚一经程（经程是一饮酒器）！'管仲后，当饮一经程，而弃其半，曰：'与其弃身，不宁弃酒乎'"。齐桓公和管仲为东周初年人，这表明距今2600多年前已有了酒令的名称。

最初，酒令的本意是有关节制人们饮酒的律令。在西周时期，它体现为森严的饮酒礼仪制度。那时候，除设有专门"掌酒之政令"的酒官以外，在酒宴上还没有专门监视人们饮酒的"监"、"史"，不管敬酒、罚酒，都要受到"监"、"史"的节制，不准饮酒过度，不准有失礼仪，违者予以惩处。这种以强制性手段确立的酒法，是以法行酒礼的开始，也是酒令萌发中的一次飞跃，或可以定为准酒令的产生。由此可见，因酒为礼，以礼为令，以法行礼，是周代早期酒令的突出特点。当时，贵族席间以射箭助酒兴，输者饮酒的节目，首开饮宴时竞技比赛的先河，已有赌酒苗头。

到了春秋战国时期，随着西周奴隶制度的礼崩乐坏，"监"、"史"则被"觞政"所取代。觞政是在宴会上执行罚酒使命的人。西汉刘向《说苑》一书载："魏文候与大夫饮酒，公乘不仁举白浮君，君视而不应。侍者曰：'不仁退！君亦醉矣。'不仁曰：'……为人臣者不易，为君亦不易。今君已设令，令不行可乎？'君曰：'善！'举白而饮。"故事反映出酒的主人所关心的已不再是礼仪问题，而是客人必须开怀畅饮，以尽酒兴。而执行使命的觞政，态度严肃认真，连国君也不得违令逃罚。这除了显示出酒令的权威性外，更明显地表明酒令的内涵已由原来的节制饮酒转变为劝酒的性质，"礼"的内容也逐渐淡漠。当时，在贵族宴席上，以壶代靶、以短矢代替长箭的投壶游戏，取代了西周时的"燕射"，在先秦时期也流行了起来。

到了汉代，汉武帝与群臣在柏梁台上饮酒作诗，每人依次作一句，都有相同的平声韵脚，联成了一组诗，酒喝得很尽兴，诗也联出来了，被称为"柏梁体"诗。从此以后，宴会上就产生了即席联句这种助兴取乐的方式。不久，又由众人联句发展为各人单独作诗即当筵赋诗的方式。当时，投壶游戏十分盛行，并渐渐退去礼的内容，变成纯游戏化的竞争，且被作为一种罚酒手段。

到了晋代，石崇在他的金谷园别墅中宴客，不但令客人即席赋诗，而且规定："或不能解者，罚酒三斗。"产生了正式的以诗为令进行罚酒的酒令。曲水流觞令和藏钩令是魏晋南北朝人从民俗中发掘出来的别有风情的酒令。它们的出现，再一次体现了魏晋南北朝人渴求随意，追求潇洒、快乐的总体倾向。至此，原本是为维护"礼"的、专门为贵族所制定的酒令，在民间汲取了大量养分之后，又以洒脱、新鲜的面貌流行于世间。

唐代是中国封建社会的鼎盛时期，国富民强，粮食充裕，酒业振兴，官酿官宴、私酿私宴大量涌现，使酒由贵族、士大夫们独享的奢侈品变为万民同乐的饮料，无疑又为酒令提供了生长的沃土，使唐代酒令的发展如脱缰野马，迅猛异常。最常见的有掷骰、射覆、酒筹、酒牌、文字令，此外还有击鼓传花、手势令、旗幡令、小酒令、杂法等等，其花样之新，门类之多都达到了空前水平。这些酒令有四个特点：一是起用了多种用具，如骰子，筹子，叶子及射覆时的所覆之物；二是风格浪漫。唐诗中"醉翻新袖……"、"笑掷骰盘……"、"崔娥浅笑……"、"醉折花枝做酒筹"等诗句已体现得淋漓尽致；三是一宴多令。为尽兴，中途可以换令，行令不拘一格；四是文学性强。所制酒筹、酒牌之群令，大多为文史典故，而文字令又被当代诗人、学者们用来逞才斗智，始终保持着高雅的身份。由于以上特点，故唐代酒令在文人、雅士中十分流行。

宋代酒令和唐代差不多，只是更加丰富多采了，但宋代酒令有一个突出的特点，就是由雅趋俗，以俗为雅，俗中见雅，比唐代酒令有了更广泛的群众基础，从而为酒令的进一步发展拓宽了道路。

元朝以后，由于通俗文学的发展，普通的市井庶民、普通商业者也往往能用活泼俚俗的语言作些顺口溜，唱些小曲，所以酒令已不限于士大夫、文人雅士及富豪之家的酒宴之间，正如《红楼梦》第四十回中刘姥姥所说："庄稼人闲了，也常会几个人弄这个。"其应用范围就更广泛了。

"射覆"类似猜字谜：取两个字分别去其组合的部分，将未去者再组合成另一字，让对方猜出所去掉的部分。而"行令"最普遍的是由第一人吟出一句诗，第二第三人……各依次接着联缀一句，但订有某些规则(如用典、限韵、或用前人句，等等)。借一例说明：清代袁枚一次出席某宴会，饮酒时"行令"，规定每人须吟一句前人诗作，句末须有"红"字。座上有一被人鄙视的暴富盐商，假充斯文胡诌出："落絮飞来一片红"。众皆讪笑，落絮自应白茫茫一片，怎么"红"了？惟袁枚谎称此是元人旧句，杜撰其上句："夕阳斜照桃花岸"，飞絮飘忽于红光中岂不映红？此盐商感谢他解窘，事后赠以重金。袁枚虽贪鄙却也有急智，而"行令"是需急智和能锻炼急智的。

酒令发展到明清时代，进入了巅峰状态，其品种之多，内容之丰富，都是前代酒令所不能相比的。凡人间事物、花草虫鱼、经史典故、风俗习惯、时令节气、唐诗宋词元曲、小说、俗语……无一不可入令。而且这时期的酒令向系统化、理论化方向发展，日臻完善，专著颇丰，如：《楚骚品令》、《饮中八仙令》、《水浒叶子令》、《集西厢酒筹》、《聊斋酒令》、《唐诗酒令》、《钟馗嫁妹令》、《改字诗酒令》、《红楼梦筹令》、《元明戏曲叶子》、《六十四卦令》、《七十二候令》、《二十四风花令》……其内容包罗万象。特别是文学令，动用了对偶、夸张、比喻、双关、顶针、回文等几乎所有的修辞手段，雅令在娴熟中见经纶，俗令在随意中显风采。明清时期行使酒令的气氛也很宽松，不行苛令，行令只为劝酒，喝酒只为行乐，只要达到这个目的，令官往往显得宽宏大量。

总览漫长的中国古代酒令发展史，我们可以看到：酒令萌发在西周，诞生在东周，变化于秦汉，成熟于魏晋，繁荣于唐宋，至明清时已达到巅峰状态。

酒令是我国酒文化中夏夏独造的一朵别有风姿的奇葩，它是劝酒行为的文明化和艺术化。今天，我们掌握酒令的有关知识，并把它适当地应用到饮酒活动中，可以调节气氛，增添乐趣，陶情冶性，增进智力，提高饮酒的文明程度。

何叔衡等编著的《古今酒令大观》把酒令分为字词令、诗语令、花鸟鱼虫令、骰令、拳令、通令、筹令等七类。为了论述的方便，王守国在《酒文化中的中国人》一书中的见解，把酒令分为大众酒令和文人酒令两大类。前者实用性强，后者艺术性高。

第二节　大众酒令

大众酒令以通俗易懂、简单易学为特色，不管文化水平高低都能很快地操作运用，在古今宴席上都占有压倒性的优势。

一、骰令。骰(亦称"色子")令是古人常用的酒令之一。有时用一枚骰子，有时用多枚骰子，最多可达六枚，依令限数，因人、因时而定。主要有：

猜点令：令官用两个骰子摇，全席人猜点数，不中自饮，皆中则令官饮。

卖酒令：令官斟一杯，愿饮者即接任令官；无人接则酒令官自饮后改换花样。

二、猜物。把某物藏起来，使在席之人猜其所藏之处。猜中者胜，猜错者饮。

三、指掌令。凡此类酒令，皆以指为戏，因称指掌令。主要有以下形式：

（一）　五行生克令：大指为金，食指为木，中指为水，无名指为火，小指为土。则金克木，木克土，土克水，水克火，火克金。"这就是说，二人同时出指，如果甲出大指，乙出食指，则"金克木"甲胜，乙饮酒；如果甲出大指，乙出无名指，则"火克金"乙胜，甲饮酒。如甲出大指，乙出中指则"金"、"水"互不相连，不分胜负，再重新出指。其他情况，依此类推。

（二）　抬桥令：三家出指而不作声，两手相同为抬桥。其不同者饮酒。

（三）　石头剪子布令(此为日本拳)：此令在时下民间流行。二人相对同时出手，或喊"石头"(出拳)，或喊"剪子"(伸食指和中指)，或喊"布"(亮掌心)，论胜负，则石头磕剪子，剪子剪布，布裹石头。

（四）葫芦令：若甲说："大葫芦"，则双手同时作小葫芦状。乙须接说："小葫芦"而双手作大葫芦状。丙又接着说"大葫芦"，双手要作小葫芦状。余者依次往复回环，说错或作错者罚饮。

（五）拇战(又叫划拳、猜拳、猜枚)：行令者二人各出一拳，且同时各呼一数，猜中二人所伸指数之和者为胜家，由负家饮酒。如皆猜对，或皆末猜对，则重新开拳。

每次每人最多出五指，最多呼十数。拇指是"好"的手势语，除空拳外均需出拇指，表示对对方的尊敬。如出一指时单出一小指，则含轻蔑之意，是不礼貌的。

拳令的花样很多，最常见的是两人对猜或依次"打通关"，此外还有："五官搬家令"、"葫芦令"、"摆擂台令"、"过桥拳"、"空拳"、"七星赶月令"、"上下楼令"、"走马拳"等等。猜拳的令辞因时代、地域的不同，略有区别，综合起来是：

1：一心敬、一定中、一点点、一枝梅；

2：两家好、两相好、哥俩好、二红喜、二喜到；

3：三点、三星照、三桃园、三结义、三指头、连升三级；

4：四季(发)财、四敬财、四季平安、四红四喜；

5：五魁首、五经魁首；

6：六围、六顺风、六六顺；

7：七个巧、七巧巧、七仙女；

8：八大仙、八(匹)马；

9：快、快喝酒、九长寿、九连环、九连灯；

10：满、全来到、十全(十美)。

四、击鼓传花令：令官拿花枝在手，使人于屏后击鼓，座客依次传递花枝，鼓声止而花枝在手者饮。

五、虎棒鸡虫令：二人相对，以筷子相击，同时或喊虎、喊棒、喊鸡、喊虫，以棒打虎、虎吃鸡、鸡吃虫、虫嗑棒论胜负，负者饮。若棒与鸡同时出现，虫与虎同时出现，亦不论胜负。

六、汤匙令：着一汤匙于盘中心，用于拨动匙柄使其转动，转动停止，匙柄所指之人饮酒。

七、拍七令：从一数起，下数不限。明七(如七、十七、二十七等)拍桌上，暗七(即七倍数，如十四、二十一、二十八等)拍桌下，误拍者罚饮。

八、投壶：设特制之壶，宾主依次投矢其中，中多者胜，负者饮。

九、揭彩令：令官将一张写有数字的纸条用杯子扣在桌子上。合席之人除令官外均不知此数字，但要求这个数字必须在6～36之间。令官饮完令酒，口中说出"6"字后空杯送给席间的任何一人，该人随意加上一个数字后再送给另外一个人，依次类推。如果所加数字之和刚好与杯子所扣之数字相等，叫做"得彩"，则该人饮一杯酒。倘若又轮到令官而数字又末超过杯中数，则令官只许加"1"再送给他人。如果累计已超过杯中数，那么该人即接者猜拳，过几个数猜几拳，输者饮酒。如：纸条上的数字是"7"令官说"6"送给甲，甲说了个"1"，恰好得彩，甲饮一杯；如甲说了个"3"，那么令官和甲猜两拳，输者饮。

第三节 文人酒令

文人酒令比较文雅，需要有相当高的文化水准方可操作使用。如果说重实用的大众酒令属于"下里巴人"的话，那么文人酒令则带有"阳春白雪"的味道。

一、字词类。主要有拆析离合、移字换形、交易增损、音义异同、象形指事、双声选韵、名物连类、倒顺交错、异言异物等名目：

（一）八字令：要求每个人说出一个带有八字的词，此词必须是八个同类的总称。说不出者罚饮。例如：八仙（铁拐李、钟汉离、张果老、何仙姑、蓝采和、吕洞宾、韩湘子、曹国舅），八卦（乾、坤、震、巽、坎、离、艮、兑）……

（二）拆字对令：令官取一拆字对联的上联，要求在座者将下联对出，必须合乎词性平仄的对仗要求，对不出者饮一杯，对得好的不喝。例如："踏破磊桥三块石，分开出路两重山"……

（三）词牌合字令：此令要求每人说出三种曲牌名，三个曲牌的第一个字合起来成另一个汉字。不成者饮酒一杯。例如：木兰花，卜算子，早梅芳（棹）；月下笛，西地锦，女冠子（腰）；金缕曲，小秦王，月中行（销）。

（四）离合字贯诗文成句。《归田琐记》载："前明陈询忤权贵，被谪，同僚送行，因钱席说令。陈循曰：轰字三个车，余斗字成斜，车、车、车，'远上寒山石径斜。'高谷曰：品字三个口，水酉字成酒，口、口、口，'劝君更尽一杯酒。'询自言曰：蠹字三个直，黑出字成黜，直、直、直，'焉往而不三黜？'"

（五）同色离合字贯俗语如：同色茶与酒，吕字两个口，饮茶小口，饮酒大口；同色梅与雪，朋字两个月，赏梅邀月，赏雪邀月；同色云与烟，出字两个山，云也在山，烟也在山。

（六）析字贯诗句或俗语如：户方为房，二人坐床，一人吃酒，一人吃汤，"薄薄酒，胜茶汤"；尸至为屋，二人借宿，一人有丝，一人有谷，"二月卖新丝，五月粜新谷"；一卜为下，二人说话，一人争上，一人争下，"青山在屋上，流水在屋下"。

（七）离合字贯俗语如：门口问信，人言不久便来；八刀分肉，内人私议不均；双手拿花，竹化为萤飞起。

（八）离合同音贯俗语如：有卜姓者令曰："两火为炎，此非盐酱之盐；既非盐酱之盐，如何添水便淡？"一人曰："两日为昌，此非娼女之昌；既非娼女之娼，如何开口便唱？"一人还令曰："两土为圭，此非龟鳖之龟；既非龟鳖之龟，如何来卜成卦？"

古人占卦以火烧龟之纹，占卜吉凶。令官姓卜，"卜"字加"圭"字为"卦"字，故最后一人所说之词，暗寓对令官的嘲骂调侃之意。

（九）推字换形如：木在口内为困，推木在上成杏；十在口内为田，推十往右成叶；禾在口内为困，推禾往左成和。

此外还有一字化为三字并贯谚语令、增减成字令、大人小人令、双声选韵令、迭字并令、山水令等，因难度较大，就不赘述。

二、诗语令。借诗语为令是古代文人酒令的重要形式。

（一）诗中含令：背诵古诗一句，四言、五言、七言不拘，句中须含令官所指定的字样。

1、诗令数目字。各诵古诗，以数目字飞觞，多者为佳，仅有一数目字者罚：花面丫头十三四；南朝四百八十寺；一二三四五六七。古诗句中含两个以上数字者其多；例如：人生七十古来稀（杜甫）；汉家离宫三十六（骆宾王）；二十五弦弹夜月（钱起）；十三学得琵琶成（白居易）；二十四桥明月夜（杜牧）；会须一饮三百杯（李白），等等。

2、诗含乐器名。如：黄鹤楼中吹玉笛（李白）；更吹羌笛关山月（王昌龄）；羌笛何须怨杨柳（王之涣）；笛里谁知壮士心（陆游），等等。

3、诗含五色字。依青、黄、赤、白、黑五色飞觚，假如令官飞青字，接者飞黄字，下接赤字错乱者饮一杯，不成者饮两杯。如：两山排闼送青来；几时涂额藉蜂黄；海东驭还赤虬来。 此令今可放宽界限，凡所诵诗句，中有颜色字即可，不必排定其次序，但不准重复别人已引过的句子。如：两个黄鹂鸣翠柳(杜甫)；一行白鹭上青天(杜甫)；风掣红旗冻不翻(岑参)；黑云压城城欲摧(李贺)；日照香庐生紫烟(李白)；春来江水碧如蓝(白居易)。

4、诗含花名字。各诵诗一句，要飞花名， 又不得犯"花"字，误者饮。如：红珠斗艳樱桃熟；秦女金炉兰麝香；芙蓉如面柳如眉；只教桃李占年芳；一枝红杏出墙来。

5、诗含药名。各诵诗一句，要飞药名，须不觉为药，亦不得犯药字，误者饮。如：计程应说到常山；卧看牵牛织女星；卢家少妇郁金香。

此外，还有诗含干支字、诗含某字字、诗含"春"字令，等等。

（二）作诗令。此令有两种，第一种是要求在席者每人作诗一首，五言、七言古律、律诗、绝句不限，顺口溜亦可；第二种是由在席之人联句，共同组成一篇诗，可以依次轮流联，也可以不以次序抢联。前者以联不为上者为负，后者以联少者为负。

（三）诗分真假令。如：门泊东吴万里船(真船)； 花开十丈藕如船(假船)。葡萄美酒夜光杯(真酒)；寒夜客来茶当酒(假酒)。经雨不随山鸟散(真雨)；休将云雨下山来 (假雨)。

（四）女儿令：此令有数种行法，如"女儿愁， 悔教夫婿觅封候"之类，一法也。凡女儿之性情、言动、举止、执事、皆可言之。下七字用成句更妙。《红楼梦》第二十八回写宝玉在冯紫英家和薛潘、蒋玉菡饮酒时行的"女儿"令，与本令相似。宝玉规定行令之法："如今要说'悲'、'愁'、'喜'、'乐'四字，都要说出'女儿'来，还要注明这四字的缘故。"宝玉是这样说的："女儿悲，青春已大守空闺。女儿愁，悔教夫婿觅封候。女儿喜，对镜晨妆颜色美。女儿乐，秋千架上春衫薄。"

（五）改字诗令：将古诗读错一字，另引一句诗解之。不工者饮一杯，不成者饮双倍。如：

少小离家老二回。（明是老大，何云老二？）
只因"老大嫁作商人妇"。
菜花依旧笑春风。（明是桃花，何云菜花？）
只因"桃花净尽菜花开"。
旧时王谢堂前花。（明是燕，何云花？）
只因"红燕自归花自开"。

三、回环令：凡诗句中首尾二字相联或回文反复者，都属这一类。

（一）粘头续尾令。 粘头续尾，修辞学谓之"顶真格"。此令今时用之最宜，内容可不拘一格，说成语、谚语、诗句、文句、词句、曲句、戏剧名、电影名皆可。最宽的限度，则凡联成单词、单句皆可，如一时无恰当字，亦可用同音字代替可谓雅俗共赏，少长咸宜。

今试举几例（均以四人为例）：

1、说成语。如：甲："一马当先"；乙："先睹为快"；丙："快人快语"；丁："语无伦次"。甲："赤地千里"(以"赤"字谐"次"音)。

2、混说诗、词、曲、俗语等皆可， 一般都限于四字以上。如：

甲："酒不醉人人自醉"(俗语)；乙："醉里挑灯看剑"(辛弃疾词)；丙："剑外忽传收蓟北"(杜甫诗)；丁："北雁南飞"(《西厢记》词)；甲："飞鸟各投林"

（二）回文反复令

所谓回文反复，是指诗句或对联等，正反读来都能上口，且完整表达一定的意义。

1、正反读来，表达意义一样，或基本相同的如：上海自来水来自海上。山东落花生花落东山；香山碧云寺云碧山香；黄山落叶松叶落山黄。以上为昔人成句，其它如：饮酒把愁消；消愁把酒饮。

2、反正读来，表达意义不一样的如：人过大佛寺；寺佛大过人(昔人成句)。人醉花城春；春城花醉人。走马拂柳枝；枝柳拂马走。屏画远山青；青山远画屏。

　　四、筹令。旧时筹令名目繁多，均在竹制之筹上刻饮、罚之令。临席摇抽，对上即饮。一般酒筹多镌刻唐诗、宋词、元曲名句及文学名著之人或名贤故事，每筹下注明饮酒对象及数量，诙谐幽默，每每令人捧腹。如"唐诗酒筹令"：

> 人面不知何处去（须多者饮）。
> 独看松上雪纷纷（须白者饮）。
> 此时相望不相闻（耳聋者饮）。
> 相逢应觉声音近（近视者饮）。
> 玉颜不及寒鸦色（面黑者饮）。
> 人面桃花相映红（面赤者饮）。
> 养在深闺人未识（初会者饮）。
> 情多最恨花无语（不言者饮）。
> 不许流莺声乱啼（问者即饮）。
> 词中有誓两心知（耳语者各饮一杯）。
> 千呼万唤始出来（后到者饮三杯）。
> 天生旧物不如新（续弦者饮）。
> 西楼望月几时圆（将婚者饮）。
> 树头树底觅残红（新婚者饮）。
> 中原得鹿不由人（拳胜者饮）。
> 无人不道看花回（合席公举妻美者饮）。
> 时时闻唤状元声（参加考试者饮）。
> 颠狂柳絮随风舞（起坐无常者饮）。
> 一片冰心在玉壶（座中公举量大者饮）。

　　此外，还有名贤故事令、酒牌令、故事令、混合令（即是综合以上各类内容的酒令，很难单一划类，故名之为"混合令"）等等。

第四节　酒令与传统文化

　　古往今来，中国饮酒习俗的一个显著特点就是劝酒，名目繁多的酒令都是直接或间接劝酒的艺术手段。透过酒令的表象，我们仍能看到中国人的传统心理，这主要表现在以下三个方面：

一、"礼"与"好客"的传统习惯

　　顾炎武在《日知录·酒禁》中说：早在几千年前的周代，饮酒方式就有了许多讲究，"一献之礼，宾主百拜。"这显然是当时的奴隶主和自由民，按照周代人仪度化酒礼的要求而采用的饮酒方式。于是，在酒宴上，主人谦恭待客人，宾客谦恭谢主人，"宾主百拜，"饮酒只不过是一种礼仪形式罢了。无怪乎他们能"终日饮酒，不得醉"。

　　周代这种强调礼的仪度化的饮酒文化，在以后历代国宴一类的大型酒宴上得以延续，也对我国历代社交宴会和民间酒宴产生了深远的影响，并由此而形成主人不劝酒，客人不便多饮的酒宴习俗。这种由礼仪的积淀而演变形成的社会心理，支配着好客的主人总要千方百计地悬劝客人饮酒，于是，各种名目的劝酒方式便应用而生，酒令也正是在人们这样的传统心理驱动下一步步发展起来的。

二、适意快乐的人生追求

中国人生哲学着眼点更多地放在实实在在的今日，而非虚无缥缈的来世；更多地放在具体的事物，而非抽象的信念。林语堂先生说中国人特别会享受人生，而且方法多样。在众多的方法中，饮酒大概是最雅俗共赏、老少咸宜、古今皆盛的。文人雅士、骚人墨客之饮虽然比较文雅，他们既强调饮酒的时令、地点和饮酒的对象、氛围，又讲究酒令的文韵、逸响、清峻，但文雅的背后依旧隐藏着世俗的目的：享受人生。凡夫俗子、市井细民之饮虽然比较粗俗，他们大碗饮酒，大声说笑，常常弄得杯盘狼藉，秽气熏天，他们的酒令通俗易懂，行令时吆三喝五，但粗俗的背后依旧隐藏着高雅的目的（尽管他们未必有这种自觉）：享受人生。酒和酒令所显现的适意快乐的人生追求还可以在饮酒和行令的过程中体现出来。文人之饮强调月明星稀、清风拂面之夕，酒一壶，菜两碟，朋友三四，把盏对饮，不知东方既白；村夫之饮往往菜不佳，酒不美，饮者却兴致勃勃，通宵达旦。在这里，酒菜的好坏本身已无多少意义，关键是饮酒者在饮酒过程中所体验到的情绪如何。而酒令正是活跃气氛、助兴作乐、激发情绪的极好手段。行令过程中，既有语言智慧的艺术，又有令人捧腹的欢笑；既有委婉动情的苦劝，又有争胜好强的激情；既有迭宕起伏的情节，又有惊心动魄的场面，凡此种种，都能大大增加人的饮酒兴趣和酒量。在这里，酒令的输赢本身也无多少意义，人们所追求的就是这种热闹的场面和快乐的体验。

常有人对酒席上没完没了的行令和伸拳头、挽袖子的举止表示不可理解，并为如此耗费光阴而惋惜。其实，有所失必有所得，他能在行令过程中兴致勃勃地坐上大半天，说明他从中获得了莫大的享受；倘若他得到的只是痛苦，那无论如何也不会心甘情愿地在那里陪坐，至少也会吃一暂长一智，做到"下不为例"。当代心理学强调人生的价值往往存在于过程之中，从酒文化的角度来看，饮酒的欢娱与价值又何尝不可以在行令的过程中得到实现呢？

三、艺术化的人生态度

中国人（尤其是文人）艺术化的人生态度能将一切技术变成艺术，将一切无关紧要的生活琐事变得意趣盎然（这种人生态度的得失评价另当别论），这种人生态度在酒文化中当然有着更突出的表现，兴起之初本为实用的酒令，在发展过程中越来越有了艺术的功能，文人酒令甚至彻头彻尾的艺术化了，把一项至多算是一门技巧的酒令发展成了这么一种显现着智慧的光辉、表现着多彩形式的艺术。不但风格多样，而且才华横溢，让人叹为观止，为中国酒文化和传统文化增添了一簇艳丽的文化艺术之花。

酒席上行令的宗旨在"兴"、在"趣"、在"智"，所以，行令要文明，罚酒要适当，劝酒也要有分寸。主人劝客饮，客人敬主人，客人互相劝，不能没完没了地劝酒、敬酒、罚酒、赌酒、斗酒，直到皆饮得酩酊大醉时才告罢休。不一醉方休，好象不领主人的情；反之，主人不把客人灌醉，似乎不够意思。于是乎，"厌厌夜饮，不夜无归"，乐极生悲，大煞风景，走向了行令本意的反面。既然行令为助兴，那就应该"感情好，能喝多少喝多少"，切忌行苛令。负令者端杯沾唇，随意而饮，服输意到则可，不要强为其难地"干杯"、"饮两杯"、"饮巨杯"。令辞也要力求知识性、趣味性、艺术性，使大家在饮酒的欢乐中得到知识的丰富和艺术的享受。

第五节　中国酒令类别与令名

一、中国酒令类别

流觞传花类	手势类	骰子类	猜枚类	筹类
诗语类	回环类	明贤故事类	骨牌类	游艺类
谜语类	文戏类	阄类	混合类	字词类

二、中国酒令令名

流觞曲水	流杯曲水	浮波流泉	流杯	流觞	浮杯
卷白波令	骰盘令	莫走鞍马令	鞍马令	旗幡令	闪厍令
抛打令	手打令	钓鳌竿令	采珠局令	捉卧瓮人格令	酒胡子令
酒胡令	捕醉仙令	劝酒胡令	指巡胡令	指摇摊令	哑乐令
无声乐令	五官搬家令	错里错令	六根清净令	放炮仗令	规矩令
飞禽择木令	泥塑令	点戏令	迷藏令	独行令	羯鼓催花令
击鼓传花令	催花击鼓令	春喜上梅梢令	红旗报捷令	戴装翅令	手把银壶令
打更放炮令	九射格令	巴拉人酒令	鞋杯令	妓鞋行酒令	双凫杯令
金莲杯令	贯月查令	摘星贯月令	拈月不如令	射覆	藏钩
两覆一射	射雕覆	猜枚	猜拳	搏拳	藏阄
猜诗令	猜朵令	猜子令	五子三猜两手不空令		猜花令
藏阄仪	藏花令	掘藏令	打擂令	渔翁下网令	打鱼令
钓鱼令	揭彩令	贴翠令	武揭彩令	手势令	招手令
花名谜令	蜂蝶寻花令	火里花谜令	划拳	豁拳	豁指头
搭拳	拇战	拇阵	持擂台令	五行生克令	五毒拳
哑拳	添减正拳	内拳	空拳	走马拳	抢三筹令
抢两令	抢两筹令	抬轿令	过桥令	七星赶月令	流星赶月令
通关拳	打通关令	通关令	赢通关拳	输通关拳	无胜负通关拳
竹节通关拳	脱卸竹节关拳	鹅毛扇拳通关令	霸王拳	小霸王拳	新霸王拳
状元游街拳	联袂登瀛令	喜相逢拳	走盘珠拳	连环拳	锯子拳
编篱笆拳	一字清不倒旗拳	一矢双雕拳	一月三捷令	三二一拳	三拳两胜令
满蒙汉拳	对座猜拳	开当铺令	水中捞月令	扛仙人拳	平升三级拳
宝塔拳	东洋拳	刀剪石拳	打雷拳	虎棒鸡虫令	左右射令
春风得意走马令	口令	平素看精令	"酒"字令	字体象形兼筋斗令	

字体抽梁换柱令	字体四柱册令	一字化为三字令	一字化为三贯谚语令
一字换半合成语成字令	花样翻新令	一字藏六字令	一字中有反义词令
一体反对令	一字五行偏旁皆成字令	五行俱配令	一字藏郡县名令
一字药名令	一字藏山名令	一字藏古人名令	一字合成语令
合锦令	一字藏三姓令	一字象形令	象形令
改一字令	一音无二字令	二字两半同音令	二字音同字异令
似是而非令	二字俱非本音令	三奇令	三合五行令
横竖均等之字令	叠词字同音异令	写字令	动不动字令
叠并字令	反切令	拆字令	拆字贯成句令
拆字对令	推字换形令	增损重叠字令	离合字俗语令
离合同音令	并头离合字令	前后离合字令	葩经离合字令
同色离合令	双声叠韵令		
"天"字头古诗令	"日"字诗令	"月"字诗令	"雷"字诗令　"云"字诗令　"雨"字诗令
"风"字诗令	"春"字诗令	"秋"字诗令	"二月"诗令
"三月"诗令	"五月"诗令	"游"字诗令	"赏"字诗令
"花""酒"诗令	"花""月"诗令	"船"字诗令	"寿"字诗令

"福""寿"诗令　　"一"字诗令　　　　　三"一"诗令　　　　"四"字诗顶针令

"十"字诗令　　　"梅""雨"诗令　　　　"龙"字诗令　　　　"桔"字诗令

有"口"诗令　　　无"口"诗令　　　　　花花令　　　　　　花名诗令

药名诗令　　　　数目诗令　　　玉人诗令

干支诗令　　　　车马诗令　　　乐器诗令　　　五色诗令　　　　错读正解诗句令

重叠飞声令　　　不犯五行诗令　　诗句干例禁令　诗切官名令　　　诗分真假令

七平七仄令　　　改字诗令　　　冷香令　　　　觅句如求白璧双令　分别令

奇偶令　　　　　二物同名令　　戏名对令　　　《饮中八仙歌》令　织锦令

绩麻令　　　　　粘头续尾令　　顶针续麻令　　花非花令　　　　花木脱胎令

花间两姓令　　　花鸟同名令　　花鸟同春讼　　及时花令　　　　花名暗令

酒厄中有好花枝令　禅房花木令　花名人事令　　餐花令　　　　　葩经花名令

毛诗酒令　　　　并头花令　　　并蒂花令　　　连理花令　　　　含蕊花令

交加花令　　　　参差花令　　　叶底花令　　　解语花令　　　　草木春秋令

斗草令　　　　　属对令　　　　觅偶令　　　　颠倒令　　　　　体物令

大小对令　　　　无情对令　　　落地无声令　　诗里藏阄令　　　成语回环令

倒卷珠帘令　　　所对非所问令　拖油瓶令　　　四声令　　　　　两歧令

卦名证故事令　　犯盗事对令　　国名叠塔令　　异言异服令　　　别有天地令

空中楼阁令　　　作人令　　　　利器虚声令　　衣甲令　　　　　同体令

单传名句令　　　加倍令　　　　钟声令　　　　说笑话令　　　　急口令

过年令　　　　　度曲令　　　　斋路头令　　　摇船令　　　　　回环令

筷落饮酒令　　　快乐饮酒令　　有名无实令　　有无问答令　　　夺锦标令

拍七令　　　　　数梅花令　　　数干支令　　　数节气令数钱令　卜金钱令

遍洒金钱令　　　数元宝令　　　支更令　　　　奇货可居令　　　云淡风清令

节节高令　　　　女儿令　　　　一物双说令　　二物相似令　　　烟村花树令

一去二三里令　　马无形令　　　鱼无形令　　　鸟兽无形令　　　江山万年国令

水以山名令　　　山以水名令　　无税良田令　　坐拥百城令　　　中庭数花令

闲忙令　　　　　大麦行令　　　"安乐""团圆"双全令　　　说快乐事含饮食字令

说快乐事含花木字令　说快乐事含鸟兽字令　说快乐事含宫室字令　说快乐事含器用字令

说快乐事含时令字令　说快乐事含天文字令　说快乐事含地理字令　快乐事合"好快乐也"令

　二字有"乐"令　　　三字有"乐"令　　　四字有"乐"令　　　五字句有"乐"令

六字句有"乐"令　　　七字句有"乐"令　　　曲牌名暗藏"乐"字令　诗句暗藏"乐"字令

曲牌名有"乐"字令　　《四书》句有"乐"字令

物名颠倒呼令　　珍禽异兽令　　虫鱼偕隐令　　鸟兽拟物期望令　鸟兽举止相类令

隐姓藏身令　　　人名巧语令　　姓名职业字令　姓名相戏令　　　姓名相类令

姓名同音令　　　两姓欢令　　　人名皆姓令　　以古人名为名令　古人名颠倒亦古人名令

四字姓名令　　　古人昆名令　　古人名是姓之半令　　　　　　　古人姓名音同字别令

古人姓名回环令　以名为字令　　古人无字令　　一字之字令　　　男子双名令

女子双名令　　　　　　男子女名令　　　女子男名令　　　　男女同名令

美人花名令　　　　　　集美人名令　　　集古人名令　　　　古文贯串令

一品令　　　　　　　　《论语》句顶针令　　《论语》句颠倒相同令　鸟名贯串令

鸽名、药名贯《西厢》曲令　　《西厢》曲贯衙门令　　月令贯《西厢》令　　《牡丹亭》曲贯戏名令

骨牌名贯诗令　　骨牌名贯串令　　骨牌巧语令　　词牌令

词牌合字令　　词牌贯词令　　《诗经》贯曲牌、古诗令

虫贯曲牌名令　　彩色贯曲牌名令　　药名贯曲牌名、律例令　　月令虫贯曲牌名令

诗句贯曲牌名令　　人名贯曲牌诗令　　古人事贯曲牌诗令　　曲句贯曲牌名令

一物三色贯曲牌令　　无骨动物贯候名、曲牌名令　　果名、药名令

古人名、药名贯曲牌名令　　飞禽、走兽贯古人、曲牌令　　"天地三阳泰"贯曲牌令

曲牌问答贯名物令　　曲牌暗寓令　　曲牌名贯药名令　　曲牌合字令

曲牌贯《四书》令　　曲牌贯骨牌令　　曲牌贯果名令　　风雅令

《四书》连理令　　读《大学》令

曲牌名破《千家诗》句令　　曲牌贯串令　　曲牌贯鸟名令

曲牌贯果名、鸟名令　　退醒庐曲牌、剧名贯串令　　曲文贯戏名令

鸟名贯《四书》、曲文令　　诗句贯《四书》令　　四喜诗贯《四书》令

并头、并蒂《四书》令　　围中字贯《四书》令　　《四书》联句令

《四书》贯人名令　　《四书》贯卦名令　　《四书》贯《千字文》令

《四书》贯《西厢记》令　　《四书》贯戏名令　　《四书》贯《水浒传》人名令

《四书》数目令　　《四书》隐药名令　　《四书》隐古人名令

《四书》隐花名令　　拍《大学》令　　药名、曲牌贯《千字文》令

《千家诗》贯《西厢》曲令　　《千家诗》贯《千字文》令　　《千家诗》贯曲牌、古诗令

骨牌名破《千家诗》句令　　官名破《千家诗》句令　　古人名贯《千家诗》令

"小春"贯《千家诗》令　　一物贯亲戚称谓、官衔令　　二物交情贯"爱人真爱人"令

"四季长青"贯"消愁解闷"令　　"叶尖尖"贯"根绵绵"令　　合字贯古人、古事令

物贯人名令　　"生、熟、仰、合"贯兽头令　　药名成巧语令

女人名贯物令　　落地无声物贯诗句令　　席上生风令

并蒂连环令　　飞觞　　飞"×"字飞觞

飞"×"字令　　拈字流觞　　"×"字流觞

"花"字流觞　　"密"字流觞　　"声"字飞觞

飞诗令　　春城无处不飞花令　　唐诗数目字飞觞

首尾令　　喜相逢令　　骰子令

"雪"字掷骰令　　飞禽、果名贯骨牌、官名令　　花名贯《四书》顶针令

戒本色令

燕雁齐飞令　　正月掷骰令　　二月掷骰令　　三月掷骰令　　立夏掷骰令

五月掷骰令　　六月掷骰令　　七月掷骰令　　七夕掷骰令　　中秋掷骰令

九月掷骰令　　重阳掷骰令　　十月掷骰令　　十一月掷骰令　　十二月掷骰令

杂诗掷骰令　　子孝双亲令　　乌龙令　　十二红令　　叠百红令

掷鸟令　　公领孙令　　江湖令　　早朝令　　僧家令

道家令　　织染令　　藏头令　　一路功名到白头令　　一路荣华令

一品当朝令　　一色令　　三骰令　　长命富贵令　　富贵寿考令

福禄寿令　　福禄延年令　　事事如意令　　色色如意令　　事事如意取十六令

并头莲令　　赶羊令　　锦团圆令　　卖酒令　　猜点令

点将令	赏花令	赏花灯令	赏雪令	赏月令
中秋赏月令	玩月令	梅月令	七夕乞巧令	七子八婿令
六顺令	六合同春令	五日延龄令	三多五福令	三星拱照令
探花令	遇缺即升令	连中三元令	状元及第令	骰点取象集曲文令
占风令	掷红绿令	催花令	歌风令	双骰象形令
飞花令	不施脂粉令	三十六宫都是春令		抢红令
阑干令	金门射策令	登坛拜将令	伯仲联欢令	酒逢知己令
古人令	禁说杯壶喝酒四字令	双成谱令	合欢谱令	豹子令
聚六令	兼三图令	朱窝令	骰子朱窝令	除红令
醉绿图令	西湖图酒令	揽胜图令	懒园觞政	日怡怡斋觞政
月夜钟声令	采莲船令	渡江令	颠倒鸳鸯令	分香卖履令
赏花钓鱼令	九转金丹令	误入天台令	鱼雁传书令	女娲炼石令
伯喈赏荷令	西子浣纱令	荷叶纳凉令	绘芳园酒令	兄弟姐妹令
红豆相思令	凤求凰令	投琼令	会真令	风月令
问心令	三起三眠令	折柳令	柳弹花娇令	赌拳令
一顾倾城令	趣马令	酒牌	叶子酒牌	叶子格
纸帖子	汉法酒	安雅堂觥律	醋醋斋酒牌	元明戏曲叶子
《水浒》叶子	博古叶子	列仙酒牌	《九歌》叶子	《离骚》叶子
妓女叶子	庚词令	揭牌令	拈数牙牌令	牙牌二十四景
骨牌拳	骨牌离合令	鸳鸯令	美女寻夫令	考试令
喜报登科令	八卦令	神仙过海令	摸海令	同心令
嘉宾心令	蜀将寻曹令	蜀相寻曹令	状元游街令	满堂金玉令
桃李争先令	择木令	寻梦令	诗牌酒令三十注	《论语》酒筹令
觥筹交错令	二十四花风令	花风令	散花令	寻花令
玉壶春令	占花名令	金带围令	司花令	江花品藻令
访西施令	访莺莺令	访黛玉令	寻唐僧令	拿妖令
捉曹操令	名贤故事令	名士美人令	合欢令筹	合纵伐秦令
秦灭六国令	兖州八伯令	唐诗酒筹令	唐诗牙牌筹令	唐人五言诗句酒令
唐人七言诗句酒令	七言成句酒令	杂句酒令	词句酒令	闺阁酒令
百美捧觞筹令	六十四卦令	七十二候令	楚骚品令	饮中八仙筹令
酒国长春令	《西厢记》酒筹令	《西厢》酒令百注		新选《西厢记》词酒令
艺云轩《西厢》新令	集《西厢》酒筹令	拜月西厢令		无双酒筹令
棋子酒令	《水浒》酒筹令	水泊人镜酒令		《红楼》人镜令
谭铁箫《红楼梦》筹令	曲禅氏删订《红楼》人镜令			十二金钗令
《红楼梦》觥史令	春满《红楼》令	《红楼》芳会令		花名贯人名筹令
玉连环令	八座同升令	《聊斋》酒令		《聊斋》酒令百注
锦标连夺令	舞筵花落令	元夕张灯令		闹元宵令
上巳宵令	钟馗嫁妹令	醉端阳令		七夕渡河令
唐明皇游月宫公	赏中秋令	重九登高令		

第十七章　酒名的文化性

从古到今，我国的酒名多达几十万种，其数量之多、文化内涵之丰富，是没有任何一种工业产品的品名可以比拟的。正象人的名字表达了父母和本人的愿望和志向一样，各种酒的名称也代表了酿者的希冀和追求，与所处时代的社会思潮密切相关，因而是中国传统文化和当代时尚文化的反映，是中国文化遗产、特别是酒文化遗产的重要组成部分。

第一节　酒名是酒品文化的最重要选择

在商品文化的表现形态中，品名是最重要的选择，因为它是最直接、最有效的信息传播工具，往往能迅速准确地表达出商品的中心内涵和关键联想。一个好的酒名确实可以让人感受到一种文化、一种韵味、一种享受、一种回忆、一种亲和力。世界著名营销大师艾·里斯说过："实际灌输到顾客心目中的根本不是产品，而只是产品名称，它成了潜在顾客亲近产品的挂钩。"

质量固然是产品的生命，但高质量的产品只有加上出色的名字才最容易激活生命，形成名牌效应。而同等质量的产品，如果名字起不好，则往往影响销售。例如，威士忌和白兰地这两种世界名酒大家都知道，在世界各地同样受青睐，但在香港就大不一样，白兰地很受欢迎，而威士忌就不受欢迎，为什么？就是因为酒名问题，白兰地使港人联想到美丽郁香的白兰花，自然若人喜爱；而威士忌这个译名则让港人想到，这酒连"威武的壮士"都忌怕，我怎么敢喝呢？因而在香港曾发生过的这两种酒的销售大战中，在同一时间里白兰地卖出了400万瓶，而威士忌的销售量只是白兰地的四分之一，即100万瓶，可以说一败涂地。这就很典型地说明了商品名称对于商品销售的重要性。所以，现在世界各国的企业都非常重视给自己的产品起名。日本人给产品起名字一般要在一千多个名称中精心挑选，台湾的"波密"是在一万多个名称中脱颖而出的，而法国的SICK（塞欧克）啤酒的名称更是在十万人之中拔了头筹。总的来说，现在大家都感到给新产品起个名字，比给自己孩子起名字要重要得多，也困难得多。

那么，给商品起名有没有规律可循呢，也有，综合商品大师们的观点，品牌命名有六大原则：一是取阅目标消费群，就是说让人一听就能引起美好的联想，感觉舒服；二是含义空阔抽象，就是说要有很大的想象空间，不要太具体化；三是民族性，就是说要具有本民族的特点，"越是民族的，就越是世界的"；四是大品牌感，就是说要大气一点；五是现代感，就是说要适合现代人的精神需要；六是音韵和谐朗朗上口，就是说读起来顺口，听起来顺耳。这些都很有参考价值。

第二节　古代酒的别称

在中国文化史上，也许再也找不到任何一种事物能象酒那样起过数不清的雅号。不仅如此，在全世界，大概再也没有一个国家给酒拥有这么多的别称了。

我们先看"酉"字，这是个象形文字，颇象一个装酒的坛子，在古代实际就是酒字。朱骏声在《说文通训定声》中说："酉，即酒字，像醇器形，中有实，《说文》酉部六十七文皆从酒也。"以酉作形旁再加上其它部分构成的新字，多与酒有关。例如，造酒叫作酿，又称酝；酴是酒母；一宿酿成的酒叫醴；经过三次酿制而成的酒叫酎；薄酒叫醨；美酒叫醑；卖酒的叫酤；酿两次的酒叫酘；滤酒叫醨；清酒叫醑；白酒叫醠；厚酒叫醹；过白的酒叫醥；两人对饮叫酌；饮尽酒叫醽；饮酒使性叫酗；饮酒上脸变红叫酡；饮酒如病叫酲；主人向客人进酒叫酬；客人向主人斟酒叫酢；朝廷赐给百姓酒共饮叫酺。从上面的例子，不难看出酒家族的派生词实在不少，也从一个侧面说明汉语词汇非常丰富，中华酒文化的内涵博大精深。

古代的酒名无计其数，暂且不论，仅仅酒的别称，据不完全统计，就有70多种。这些酒的别称，有的出自古代诗人的佳句，有的出之古代典籍，有的出之故事传说，来源广泛，其内涵也很丰富：或联系酿酒名家，或表达饮者情感，或描述酒的形态，或评价酒的质量，或说明酒的作用等等，可以为我们创新酒名提供借鉴。下面请我们一一欣赏：

杜康。杜康原为夏代善酿酒之人，世称"酒神"。《世本》云："仪狄始作酒醪，变五味。杜康作秫酒。"后引申为美酒佳酿的代名词。

白堕。即刘白堕，晋河东人，善于酿酒。北魏郦道元《水经注》曰："河东郡民有姓刘名堕者，宿善工酿，采挹河流，酿成芳酎，排于桑落之辰，故酒得其名矣。"可知桑落酒为刘白堕始酿。后引申为美酒佳酿的代名词，如苏辙《次韵子瞻病中大雪》诗"殷勤赋黄竹，自劝饮白堕。"

红友。指薄酒。罗大经《鹤林玉露》云："常州宜兴县黄土村，东坡南迁北归，尝与单秀才步田至其地。地主携酒来饷，曰：'此红友也。'古人评酒以红为恶、以白为美，酒红则浊、酒白则清，故称薄酒为红友。"

绿蚁、绿醅。原指酒面上浮绿色泡沫或颜色，演变为酒的代名词。白居易《问刘十九》诗云："绿蚁新醅酒，红泥小火炉。"白居易《自宾客迁太子少傅分司》诗云："何言家尚贫，银 提绿醅。"

玉液琼浆：用美玉制成的浆液，古代传说饮了它可以成仙。后指甘美的浆汁或美酒。亦作琼浆玉液、玉液、琼浆。

金波、金波玉液。因黄酒为金黄色，在杯中浮动如波，故名酒为金波。典出张养浩《普天乐·大明湖泛舟》："杯斟的金波滟滟，康狄所营。"《三国演义》第三十六回："今闻老母被囚，虽金波玉液，不能下咽矣。"

般若汤。和尚称酒的隐语。佛教严格戒酒，故讳称之为"般若汤"。《东坡志林》云："僧谓酒为般若汤。"

青州从事、平原督邮。出自《世说新语》：桓温的手下有一个主簿，善于品酒，因此，凡有酒就叫他尝。主簿把好酒称之为"青州从事"，不好的酒，则称之为"平原督邮"。这是因为青州境内的齐郡（"齐"、"脐"同音，凡是好酒，酒力下沉到脐部），而从事也是美差，所以把好酒戏称之为"青州从事"。平原有鬲县，"鬲"、"膈"同音，不好的白酒，酒力止达于膈膜。此外，"督邮"又是一个低下的职务，所以戏称劣酒为"平原督邮"。于是，后来就把"青州从事"作为好酒的别名，把"平原督邮"作为劣酒的别号了。李汝珍在《镜花缘》中就说过："尽是青州从事，那有平原督邮。"苏东坡贬到惠州时，章质夫写信给他，说是送给六瓶酒，可是，信到了酒却没有来。苏东坡就写了一首诗开玩笑说："岂意青州六从事，化为乌有一先生。"

圣人、贤人。此别名也有一段故事：曹操属下的尚书郎徐邈非常喜欢喝酒。曹操下令禁酒之后，徐邈不敢公开喝，就私下里偷偷喝酒。有一次有一位官员赵达去向他询问公事，正赶上他喝得醉醺醺的，他回答说："中圣人。"意思是喝醉了。赵达报告了曹操，曹操大怒，但却不明白"中圣人"是何意。鲜于辅解释说：爱好喝酒的人，把清酒叫"圣人"，把浊酒叫做"贤人"。并且为徐邈说了好话。曹操念他平时品行端正，也就没有追究。杜甫在《饮中八仙歌》中所说的"衔杯乐圣称避贤"，其中"圣"和"贤"用的就是这个典故。

杯中物。陶潜《责子》诗："天运苟如此，且进杯中物。"

春缸、春壶、春、春醅、春酝，皆指春酒。苏轼《送杨孟容》诗："何以待或归，寒醅发春缸。"杜甫《寄刘峡州华使君》诗："宴饮春壶酒，恩分夏簟冰。"温庭筠《夜宴谣》："裂管萦弦共繁曲，芳樽细浪倾春。"苏东坡诗："朱颜发过如春醅"。《文先·王僧达<答颜延年诗>》："寒荣共偃曝，春酝时献斟。"

醇、醨。酒味厚者谓之醇，酒味薄者谓之醨。王禹诗："樽中有官醨，倾酌任醇醨。"

醇碧。指以绿豆曲酿造成碧色之酒。陆游诗："半瓶野店沽醇碧，一奋邻园饷矮黄。"

醇酎。指上等酒。《西京杂记》："汉制，宗庙八月饮酎用九酝太牢，皇帝待祠。以正月旦造酒，八月成，名曰九酝，一名醇酎。"《文选·左思<魏都赋>》："醇酎中山，流酒千日。"张载《酃酒赋》："中山冬启，醇酎秋发。"

醇醪。指浓烈之美酒。《汉书·袁盎传》："乃急以其装斋实二石醇酒，孔融：《酒德颂》："袁盎非醇醪之力，无以服其命。"白居易《负冬日诗》："初似饮醇醪"。

白酒。《玉篇》："醙、白酒。"《本草纲目》："酒，红曰醍，绿曰醽，白曰醙。"《文选·张华<轻薄篇>》："苍语竹叶青，宜城九酝醙。"又作酾。《周礼·天官·酒正》："盎齐"。郑玄注："盎犹翁也。成也翁翁然葱白色，如今酾白矣。"陆德明释文："宜作醙。作酾，假借也。"

杜酝。指自家酿制的薄酒。《警世通言》十四："桃花发，杜酝又熟，我们又去哪里吃三杯。"

芳醪、芳醴、芳酥、芳醑、芳蚁、芳樽，皆指美酒。袁峤之《兰亭诗》："激水流芳醪"；《洛阳伽蓝记》"芳醴盈罍，佳客满席。"王融《修望六报篇颂》："倾都丽佳，绕梁之曲，肥马轻裘，惠肴芳 。"《文选·谢杰运<拟太子邺中集>》阮瑀诗："倾酤系芳醑，酌言岂终始。"李峤诗："行庆传芳蚁，开高缀彩人。"《颍州客舍诗》："素琴孤剑尚闲游，谁共芳樽话唱酬。"

肥酿。指美味之浓酒。《文选·枚乘<七发>》："甘晚肥酿，命曰腐肠之药。"

福水。《通俗篇·饮食·福水》："按《晋书地理志》，有福禄县属酒泉郡。《水经注》所谓福禄水，由是县出也，俗称酒为福水，当因乎此。"

甘液。指《事物异名录·饮食·酒》："秦少游《清和先生传》：姓甘，名液，字子美。按，谓酒也。"

寒醅。指冬季所酿之浊酒。欧阳修《秋晚凝翠亭诗》："嘉宾日可携，寒醅美新酢。"

辅。《字汇》："辅，法酒也。"

红醍。呈红色之酒。《饮膳标题》："酒有红绿白之别，红者曰醍，绿者曰醽，白者曰醙。"

壶中物。张祜《题上饶亭诗》："唯理壶中物，忧来且自斟。"

欢伯。《易林·坎之兑》："酒为欢伯，除忧来乐。"元好问《留月轩》诗："三人成邂逅，又复得欢伯；欢伯属我歌，蟾兔为动色。"

黄娇。《辍耕录》："段继昌能诗好饮，家甚贫，以钱遗之者，尽送酒家，名酒曰黄娇，盖关中以儿女为阿娇，帮以此说之。"

黄汤。即黄酒。《水浒传》第十四回："畜生！你却不径来见我，且在路上贪这口黄汤，我家中没得与你吃？辱没杀人！"

嘉酝。指美酒。《元史·百官志》："嘉酝，局铁五品。"

椒浆。又称椒酒，以椒浸制之酒。李嘉佑《夜闻江南人家赛神》诗："雨过风清洲渚闲，椒浆醉尽迎神还。"

金醴。制美酒。皮日休《晓次神景宫诗》："金醴可酳畅，玉缸堪咀嚼。"

菊醴、菊醑，皆即菊酒。于经野《奉和九日幸临亭登高应制诗》："桂筵罗玉俎，菊醴溢芳樽。"《福惠全书·筮仁郎·四六小启式》："酌菊醑而来敬。"

狂药。李群玉《索曲送酒》："帘外春风正落梅，须求狂药解愁回。"

兰醴。指美酒。汤显祖《豫章揽秀楼赋》："回秀色于干族，邑惠氛于兰醴。"

兰醑。指香酒。唐高宗《太子纳妃太平公主出降诗》："华冠列绮筵，兰醑申芳宴。"

醴酝。指厚酒，《开天传信记》："道士叶法善精于符箓之术，乃盈瓶醴酝出。咸大笑饮之，其味甚嘉。"

流霞。原为神话中之仙酒，后指各种佳酿。王充《论衡》："仙人辄饮我以流霞一杯。"李白诗："狐裘兽炭酌流霞，壮士悲吟宁见嗟。"

醁、绿醪、绿醽，皆指美酒。《聊斋志异》："一夕，夜酌，偶思山东苦 。"卢真《九老会诗》："但把绿醽常斟满，烟霞万里会应通。"

美醪、美禄、美酝，皆指美酒。苏延《命姚崇等北伐制》："美醪以信之，芳饵以赏之。"《汉书·食货志》："酒者天下之美禄，帝王所以颐养天年。"权德舆《醉后诗》："美禄与贤人，相逢自可亲。"白居易《宿张云攀院诗》："美酝香醪懒，时新异果鲜。"

清酎。味清而质纯之酒，即醇酒。韩愈《祭李彬州文》："逞英心于纵博，沃烦肠以清酎。"

清酌。祭奠时所用之酒。《礼记·曲礼下》："凡祭宗庙之礼……酒曰清酌。"

秋清、秋酎，皆指秋季所酿造之酒。《唐书·百官志》："良酝署令丞，掌供五齐三酒，享太庙则供郁，进御则供春暴、秋清、酴醾桑洛之酒。"徐陵《和简文帝赛汉高帝庙诗》："玉碗无秋酎，金灯灭夜烟。"

曲道士。陆游《初夏幽居诗》："瓶竭重招曲道士，床空新聘竹夫人。"

曲君。陈师道诗："风味发曲君。"

曲生、曲秀才、曲先生。据郑启《开天传信记》载，唐代道士叶法善，居云真观。有客十余人来访，解带滞留，满座思酒。突有一少年傲倪直入，自称曲秀才，高声谈论，一座皆惊。良久暂起，如风旋转。法善以为是妖魅，俟曲生复至，密以小剑击之，随手坠于阶下，化为瓶榼，美酒盈瓶。坐客大笑饮之，其味甚佳。后因之以"曲生"、"曲秀才"、"曲先生"为酒的别称。《聊斋志异·八大王》："故曲生频来，则骚客之金兰友。"《事物异名录·饮食·酒》："张安国椰子酒 诗：'道傍曲先生，风味固定佳'。"

若下春。《海录·饮食·酒》："刘禹锡去：'鹦鹉杯中若下春'，谓酒也。"

三酉。《留青日札》："今称酒曰三酉，皆言三点水加酉也，然当做三友。"

忘忧物。《陶潜·饮酒诗》："汎此忘忧物，远我遗世情。"

养生主、齐物论。《东齐记事》："唐子西名酒之和者，曰养生主，劲者曰齐物论。"

第三节　当代酒名的文化意义

我国现在注册的酒名约有四十多万种，其文化意义大体可分为六大类：

一、以产地命名

这类酒名在历史文化名酒中居多。譬如茅台，本来是一个地名，历来以盛产美酒而著名，所以，这里的典型代表酒便以此地而命名为茅台酒。建国后，茅台酒成为国酒以后，"茅台"二字在特定场合又有了新的含义。上世纪90年代，贵州省委书记到美国考察时，走在大街上，有的美国人指着他喊："茅台，茅台。"在这里，茅台已成为"中国"或者"中国人"的代名词。这就是酒因地而得名，地因酒而著名。诸如此类还有剑南春、泸州老窖、汾酒（汾阳之酒）、古井贡、洋河大曲酒、双钩大曲、衡水老白干、仰韶酒、泰山特曲、京酒、浏洋河酒、桂林浓酒、杏花村酒、唐古拉酒、美人泉酒、趵突泉酒、赤峰陈曲酒、全州曲酒、叙府大曲酒、青岛啤酒、沈阳雪花啤酒、沙城白葡萄酒通化葡萄酒、民权红葡萄酒、绍兴黄酒、即墨老酒，等等。这些酒名都是依托地域情结，强调地域文化。

二、以古今名人命名

譬如陕西太白牌太白酒，就与唐代的诗仙、酒仙李白（字太白）直接有关，所以从古到今，太白酒很有名气。现在全国还有五、六种酒也叫太白，日本还有一个李白酒厂，也是因中国的李白而得名，同陕西太白酒厂结成了友好单位。诸如此类还有刘伶醉、孔府家酒、曹操酒、宋太祖酒、百年诸葛酒、武媚娘酒、华佗酒、诸葛酿义酒、钟旭酒、秦始皇酒、沛公酒、汉武帝酒、唐太宗酒、康熙贡酒、成吉思汗酒、乾隆天子下江南酒、高祖大曲酒、屈原大曲酒、张飞酒、文君酒、曹雪卿酒、孔乙己黄酒、邓府酒、米卢啤酒、刀郎酒，等等。这些酒名都是抓住历史亮点，制造名人效应。

三、以产品主要成分或工艺特点命名

例如五粮液酒，表明此酒是以五种粮食精心酿造而成，汲取了五谷之精华，质量上乘。诸如此类还有五加皮酒、苹果酒、人参酒、红豆酒、头曲酒、二锅头酒、三鞭酒、高粱酒、合肥薯干白酒、沧州薯干白酒、宋河粮液酒、红高粱酒、丰谷酒、三粮液酒、六曲香酒、六粮液酒、粗粮王金尊酒、稻花香酒、五粮春酒、小高粱酒、葡萄酒、百花酒，等等。根据"药食同源"的原理，这类酒直述其主要成分或工艺特点，使人对其功能一目了然，就可以按照自己的健康需要和个人嗜好选用。

四、以民间传说或民间习俗命名

譬如西凤酒，就是"西府凤翔之酒"，而凤翔则以民间传说中的神鸟凤凰"飞鸣过雍"而得名。所以说，这个名字就为这个酒赋予了独特的文化个性和亲和力。诸如此类还有板城烧锅酒、斗龙酒、绘图春酒、梅兰春酒、屠苏酒、雄黄酒、菖薄酒、柏酒等等，都是抓住当地的美丽传说或中国传统节俗的饮酒需要应运而生。

五、以历史年代命名

这类酒一般都是历史非常悠久的名酒，通过深度挖掘历史，深度发展品牌资产和品牌故事，以迎合中国人"酒是陈的香"的文化心理，从而达到提升品牌知名度和美誉度的目的。如泸州老窖集团的"国窖1573"酒，就是表明酿造该酒的窖池诞生于公元1573年。因为浓香型白酒讲究"千年的老窖万年的糟"。再如"道光二十五贡酒"酒则表明该酒是清道光二十五年间为皇家酿造的贡酒，非常名贵。诸如此类还有1915酒、百年老店酒、百年香江酒、八百岁酒、百年迎驾酒、百年皖酒、皖家百年酒、六百岁酒、1952晋原酒、清宫酒、永隆弦酒、千秋汾酒、百年经典酒等等。

六、以情感需要命名

这类酒主要产生于上世纪90年代以后，它直接表达文化个性，刻意迎合消费者的心理需要，大都适合于在喜庆、节日、聚会等不同场合使用，具有很强的亲和力。如五粮液旗下的"金六福"酒围绕中国人历来追求的一个"福"字，把握不同时机，不断变换角度、手法和载体来诠释"福文化"，使"金六福"的品牌形象不断得到提升，品牌文化定位不断得到强化和巩固。

此类酒名还可细分为四类情感：

一是祝福情感，如福酒、禄酒、寿酒、喜年喜酒、红双喜酒、喜上眉梢酒、顺百年酒、千家福酒、锦上添花酒、金满人间酒等；

二是情缘情感，如今世缘酒、国缘酒、情缘酒、同心结酒、塞北情酒、乔郎情酒、黄河情酒、一饮相思酒、和酒、回归情酒等；

三是区域情感，如醉香江酒、红都王酒、东北小烧酒、西部风情酒、黑土地酒、北大荒酒、北大仓酒、宿迁人酒、刘老根酒等；

四是民俗情感，如神奇九寨酒、藏羚羊酒、野人狼酒、王朝奶酒、赛福丽玛奶酒、冬不拉酒、金骆驼酒、唐古拉酒、隐者醉酒、天寨村酒等等。

七、以时代特征命名

这种命名具有强烈的现代文化理念，既有庄严感，又有新鲜感、熟悉感。如：人民大会堂酒、国宴酒、国典酒、红都王酒、国藏汾酒、国宾酒、国壮酒、中华鼎酒、国粹酒、红太阳酒、元帅酒、中南海酒、钓鱼台酒、东方之珠酒、蓝色经典酒、神舟酒、世纪金酒、剑南娇子酒、六和春酒、九香春酒、五粮春酒，等等。

八、以动、植物命名

如小狮子酒、小豹子酒、醉猿酒、真龙酒、小贵龙酒、剑南龙酒、锦花龙酒、一马当先、熊猫酒、金狮子酒、红骏马酒、竹叶青、桂花酒、古鹤松酒、红衫树酒、牡丹酒、等等。

另外，还有以诗词歌赋命名，如：瀚秦阁酒、秦汉古酒、吴韵酒、汉风酒等；以宗教神怪命名，如八褂元酒、八褂神酒、八褂丹酒、八褂鸳鸯酒、老子酒、庄子酒、中国道酒、五路神酒、小酒仙酒、小糊涂仙酒、酒妖酒、酒鬼酒、神王酒、不倒神酒、不倒翁酒、蜀神酒，等等。

第十八章　古今酒文献书目及内容简介

　　中国是一个有文字记载达三千余年且从不间断的国家，在那浩如烟海的经、史、子、集、说部、类书、文献汇编中，对酒文化的记载十分丰富，这在世界各国酒文献中也是首屈一指。文献是中国文化的重要载体之一，"得知千载事，正赖古人书"，欲进行文化研究，少不了对文献进行研究。酒文献是酒文化的重要组成部分，它是研究酒文化不可或缺的资料。中国酒文化研究虽然起步较晚，但酒文献作为中国古典文献的一部分却早就存在于世。从先秦的编年史《春秋》到汉代司马迁的《史记》起，中国历代有正史的编撰，在记录政治、经济、文化、风俗等的变化沿革中，保存了不少有关酒的典章制度史；各种笔记、著述里，对酒人酒事的搜集整理，尤为繁富；历代歌咏酒的诗词曲赋，多格调高雅，精美异常；延及戏剧、小说、绘画等文学艺术品类中，对酒人酒事的描绘，亦是琳琅满目。总之，我国古籍中涉及酒及酒文化的篇章著述品类繁多，数量庞大。如果想将其搜罗、整理完备，那是完全不可能的。

　　但是，为了继承、发扬中国酒及其文化的优良传统，许多古人曾从事过这方面的辛劳工作，并留下了不少著作。自改革开放以来，许多专家学者又积极工作，出版了许多科学地、系统地全面介绍和探讨的文章和著作，对弘扬中国酒文化做出了极其可贵的贡献。

　　下面仅选择一些对中国酒文化的发展有重要影响的文献和著作，按出版发行的年代先后，编列一个简明目录，并对部分文献的内容作以简要介绍，供读者参阅。

第一节　唐以前

《酒诰》

　　这是我国最早的一篇禁酒文告。周时，康叔封于殷商故地，殷民素嗜酒，故周公用成王的命令予以告戒。载《尚书·周书》。

《酒赋》　汉·邹阳作

　　梁孝王与群臣饮宴，乃命邹阳作赋，描写当时饮酒作乐的场面。后来，魏时的王粲、曹植都写作了赋，亦名《酒赋》。文章都极力宣扬酒的好处，词采华丽，构思巧妙。

《九酝酒法》　汉·曹操撰

　　曹操，字孟德，沛国谯（今安徽亳县）人，汉魏之际著名政治家、军事家和文学家。好饮酒，有"对酒当歌，人生几何……何以解忧，唯有杜康"的著名诗名及《对酒》诗，诗文中多写到酒。《魏武集》中收有《奏上九酝酒法》1篇。建安元年（公元196年）曹操迎献帝建都许昌，曹操敬献各种器物及此酿酒法。记述南阳郭芝"九酝春酒"的酿造方法。"九酝春酒"即酿九次的酒。汉张衡《南都赋》："酒则九酝甘醴，十旬兼清。"其味甘美，饮之余味无穷。内容包括用料、酿造季节、酿造时间。是研究汉代酿酒的重要资料。今《全三国文》卷1，《曹操集》（中华书局1974年出版）收入。

《酒令》　汉·贾逵撰

　　贾逵，字景伯，扶风平陵人。东汉时傅这左中郎将、侍中等官。博通经史，据《后汉书》卷36载，贾逵"所著《经传义诂》及《论难》百余万言，又作诗、颂、书、连珠、酒令凡9篇，学者宗之，后世称为通儒。"这是"酒令"首次见著于史书。宋人赵与时《宾退录》卷四亦称"后汉贾逵亦尝作《酒令》",然无引述,似宋时已佚,无以观两汉酒令形式特色。

《酒箴》 汉·扬雄撰

用四言体铭文咏颂酒器,以嘲讽世态。

《难曹公表制禁酒书》 汉·孔融撰

汉末,曹操因"年饥兵兴","表制禁酒"。孔融即作书加以反对,认为禁酒不得人心。书中"多侮慢之辞",导致了孔融后来被曹操杀害。

《酒德颂》 晋·刘伶撰

通篇歌颂酒的"功德",用以反对当时的旧礼法,并避免险恶政治环境的迫害。

《酒戒》 晋·葛洪撰

文章从养生的角度,全面地论述了印酒的害处。见《抱朴子》卷之四。

《酒训》 北魏·高允撰

是书不见载于任何官私书目。《北史·高允传》载:"高允被敕,论集往世酒之败德,以为酒训,孝文览而悦之,常置左右。"知有此书,卷数不可考知。收集前代饮酒败德的事例,论说酗酒的教训,以劝戒后人。

《齐民要术》 北魏·贾思勰撰

贾思勰,山东寿光人,曾任高阳太守。博学广识,重视农业。约成书于公元533~544年间,凡10卷92篇。这是一部中国最早、最系统的农业科学著作,"凡是当时农业和手工业所已经获得的知识和技术,都叙述在书中,可谓集西周至北魏生产知识之大成"(范文澜语)。在《造神曲并酒》部,记述了北魏及以前造酒曲的各种经验,粮药的配方,各种性味不同、功效不同的酒曲制作过程;不同时节不同的酿酒法、米、曲的比例,以及选米、蒸饭、投曲、候熟、下水、压液、封缸等整个工序。造曲法有八种,分神曲、笨曲、白醪曲等;酿酒法有"作颐酒法"、"落桑酒法"、"梁米酒法"、"白醪酒法"等多种。反映了北魏时期酿酒技术的发展水平,是研究北魏前我国酿酒制曲技术的重要资料。今有《四库全书》本,《四部丛刊》本,中华书局1956年本。

《仙人玉酒经》 一卷

《食法杂酒食要方白酒并作物法》 一十二卷

《四时酒要方》 一卷

《白酒方》 一卷

《七日面酒法》 一卷

《杂酒食要法》 一卷

《杂藏酿法》 一卷

《酒并饮食法》 一卷

《杂药酒方》一十五卷

以上9书,均载《隋书》卷三四《经籍志》子部医方类,注为梁时著作。唐时已佚,撰者、内容皆不得知,似为饮食或食疗之属,然从书名亦可推知梁时饮酒酿酒情况。

《酒律》　隋·侯白撰

侯白，隋时人，生平不详。宋叶梦德《石林燕语》卷八云："唐人言蓝尾多不同，蓝字多作啉，云出于侯白《酒律》。"知有《酒律》一书。然《新唐书·艺文志》载侯白有《启颜录》10卷，《杂语》五卷，未有《酒律》。宋洪迈《容斋五笔》亦称"不闻有《酒律》之书也，苏鹗《演义》亦引其说。"似宋时已佚，但多被前人征引。

第二节　唐　代

《醉乡记》　唐·王绩撰

文章以虚构的笔法，张扬酒德。作者还有《五斗先生传》《祭杜康新庙文》传世，主旨仍系颂扬酒德。作者又曾追述当时著名制酒家焦革的制酒法，名《酒经》；采集古代善饮酒著的事迹，名《酒谱》，惜两书都已失传。见《新唐书》卷196本传。

《北堂书抄》　唐·虞世南等撰

虞世南任隋秘书郎时开始作此书，隋秘书省后堂称北堂，因有此名。成书于隋大业年间，分19部，每部再分细目，共852目。内容极其广泛，卷142至148为酒食部，卷148为酒。目下将所引录的原文摘成一个标题，按序排列，注明引书名称或原文出处。汇集酒的典故、诗文、所引原书，均为隋以前典籍，今大部分已佚，因而此书有极高的文献价值。

《酒经》　唐·王绩撰

王绩，字无功，绛州龙门人。尝躬耕于东皋，故时人号东皋子。性简散，以琴酒自乐，"或经过酒肆，动经数日"（《旧唐书》卷192本传）。吕才《东皋子集序》云："饮酒至数斗不醉，常云恨不逢刘伶与闭户轰饮，因著《醉乡记》及《五斗先生传》，以类《酒德颂》。"又云"时太乐有府史焦革，家喜酝酒，冠绝当时。君苦求为太乐丞"，王绩"追述焦革酒法，为《酒经》一卷，术甚精悉。"此书总结、记录焦革酿酒的各种方法，是为隋唐时酿酒法，惜已亡佚，今无从得以观之。

《酒谱》　唐·王绩撰

王绩撰《酒经》时，又"兼采杜康、仪狄以来善为酒人，为《酒谱》一卷"（吕才语）。《酒谱》记载从杜康、仪狄到唐初的酿酒名师。《酒经》《酒谱》均不见著于《旧唐书·经籍志》《新唐书·艺文志》，似在唐末宋初即已佚。

《续酒谱》　唐·郑邀撰

郑邀，字云叟，五代后唐人。此书《旧唐书·经籍志》《新唐书·艺文志》《崇文总目》均不载，新旧《五代史》本传亦不载。最早著录者为袁本《郡斋读书志》前志卷3上农家类第16，晁氏云"纂集古今酒事，以续王绩之书"。焦竑《国史经籍志》卷3史类食货种亦记有"郑邀《酒谱》十卷。"然《国史经籍志》"丛钞书目，无所考核；不论存亡，率尔滥载"（《四库提要》语）。又不见其他明清官私书目记载，似宋以后即已亡佚。

《艺文类聚》　唐·欧阳询撰

此书成于唐武德7年，分46部。每都又分细目，分类按目编次。卷70食物部有酒，先录经史之言，后附诗文，依时代先后排列，条理清晰。收唐以前酒事、酒典等。所引古籍大多已佚，故价值较高。

中国文化遗产年鉴·酒文化卷

《甘露经》　唐·李琎撰

李琎，唐汝阳王。《酒仙图记》载："取云梦 秋泛春渠以蓄酒，作金龟浮沉其中，为酌酒具，自称酿王兼曲部尚书。"《河东记》载李琎家有酒法，名《甘露经》，早佚。

《投壶经》　唐·郝冲、虞潭撰

《旧唐书·经籍志》子部杂艺类著录1卷，《新唐书·艺文志》子部杂艺术类亦著录。以后再未见著录，亦未见收录，似早佚，属行令之属。

《投壶经》　唐·上官仪撰

《宋史·艺文志》子部杂艺术类著录一卷。再未见著录或收取，似早佚。

《酒孝经》　唐·刘炫撰

《旧唐书·经籍志》著录"《酒孝经》一卷"。《新唐书·艺文志》亦著录。早佚，内容不详。《国史经籍志》卷三亦记有"《酒孝经》1卷，刘炫"，似从前人书目中抄入。

《醉乡日月》　唐·皇甫松撰

皇甫松，两唐书无传。只《新唐书·艺文志》三子部小说家类著录"皇甫松《醉乡日月》三卷"。四集部别集类著录"皇甫松《大隐赋》一卷"。《醉乡日月》已亡佚，宋曾慥《类说》及明陶宗仪《说郛》载有部分佚文。原文分30门：饮论、谋饮、为宾、为主、明府、律录事、觥律事、选徒、改令、令误、骰子令、详乐、旗幡令、下次据令、闪击令、并著词令、按门人、手势、拒拨、逃席、使酒、勒学、乐规、小酒令、杂法、进户、酿酒、风俗、自序等，集饮酒、酿酒、觞政为一体。主要论述酒宴上的规则、行令、罚酒等内容。书已残缺，《说郛》卷94收有，只存一小部分。是研究唐及以前酒文化的重要资料。

《酉阳杂俎》　唐·段成式撰

段成式，字柯古，临淄人。曾任秘书省校书郎，官至太常少卿。此书涉及传说、神话、轶闻、野史、民俗、物产等。卷7为酒食，记述南北朝及唐代的饮酒习俗、酒名、酒业生产地及有关酒文化掌故，史料价值较高。今有《四库全书》本、《丛书集成》本、中华书局校点本。

《醉吟先生传》　唐·白居易撰

这是作者的自况文。认为从酒醉中"得以梦身世，云富贵，幕天席地，瞬息百年。陶陶然，昏昏然，不知老之将至，古所谓得全于酒者"，达到精神自由自在的境地。作者另写有《酒功赞》、《对酒》等名篇。

此外，唐代记载大量药酒方的医学名著有：孙思邈的《备急千金方》和《千金翼方》、王焘的《外台秘要》、孟诜的《食疗本草》、李肇的《国史补》、韩鄂的《四时纂要》等。

第三节　宋　代

《太平御览》　宋·李昉等撰

李昉，字明运，饶阳人。仕后汉、后周归宋，三入翰林。此书是北宋前期官修"四大书"之一。全书分50门，每门下又分若干子目，共4558子目，子目下按时代先后排列资料，先具书名，次录原文。卷843至867饮食部，有酒、嗜酒、使酒等。酒、食文字较多，各分上、中、下3篇。类目全、资料多，对研究唐及唐前酒，往往一检即得。

《太平广记》 宋·李昉等撰

此书和《册府元龟》《文苑英华》《太平御览》合称北宋初官修的四大书。书分55部，所采书有500种左右。唐以及前的轶闻琐事、僻籍遗文、笔记小说都收入此书。卷233为《酒部》，附有酒量、嗜酒，收"千日酒、若下酒、昆仑觞、碧筒酒、九酝酒、消肠酒、青田酒、黏雨酒、酒名、南方酒、李景让、夏侯孜、孙尝宗、陆房、山涛、裴弘泰、王源中、徐邈、刘伶、酒臭等有关酿酒、酒名、酒事、善饮名人的资料，每条都记有文献出处。其他条目中还有酒筵的描写，及宾主劝酒、送酒、相互酬答等风俗画面，把汉以来的祝酒、送酒歌和和劝酒"属舞"结合在一起，资料极为丰富详备，是研究唐以前中国酒文化的重要文献资料。今有中华书局排印本。

《酒经》 宋·苏轼撰

苏轼，字子瞻，号东坡居士，眉山人。仁宗嘉祐二年进士，曾知密州、杭州。北宋著名文学家。散文与欧阳修并称"欧苏"；诗与黄庭坚并称"苏黄"，开有宋一代诗歌新风；词与辛弃疾并称"苏辛"，为豪放派词创始人。

此书不见任何书目著录，洪迈《容斋五笔》卷八"醉翁亭记酒经"条云"至乎《酒经》，知之者盖无几……今尽载于此，以示后生辈"。全文375字，详术南方人酿酒方法、造曲、兼用酒药与曲、选料、投料喂饮、重复发酵、时间、出酒量等，虽寥寥几百字，但由大文学家写来，清楚、详尽，诚如洪迈所言："而读之者不觉其激昂渊妙，残非世间闲笔墨所能形容。"此酿酒法与今南方米酒酿法相似，由此可见宋代米酒酿造工艺已很成熟。此书成书早于《北山酒经》。《重订饮赏编》《说郛》卷94收，作《酒经》1卷。《旧小说》丁集收，作《东坡酒经》。

《北山酒经》 宋·朱肱撰

朱肱，字翼中，自号大隐翁，湖州人，善医。李保《续北山酒经序》称"大隐先生朱翼中壮年勇退，著书酿酒，侨居西湖上而老焉，朝廷大兴医学，求深于道术者为之官师，乃起公为博士"。据《宋会要辑稿》卷68职官34载，政和5年7月贬达州，卒年不详。

《直斋书录解题》卷14杂艺类著录："《北山酒经》三卷，大隐翁撰。"《郡斋读书志》卷12载"《酒经》3卷，右皇朝朱肱撰。记酿酒诸法并曲法。"又《宋史·艺文志》子部农家类著录"大隐翁《酒经》1卷"，均为朱肱所著《北山酒经》。又《宋史·艺文志》子部农家类有"无求子《酒经》1卷，不知姓名"者，据《南阳活人书》张藏序知，无求子即朱肱。作1卷者，当为传刻之误。

《北山酒经》是宋代制曲酿酒工艺理论的代表作。上卷总论，叙撰作酒经之缘由和概述前人成果。中卷叙述制曲理论，既有一般理论，又有制曲的具体方法，还分别记述了宋代13种曲的制作方法。下卷叙述酿酒工艺、理论，也包括一般技术理论和具体制作方法。材料丰富，有较高的学术价值。从《北山酒经》可以看出宋代已出现了制干酵的方法，人工选育菌种、使用酒母、制曲酿酒工艺较前均有了很大的发展。《说郛》卷94收有。

《续北山酒经》 宋·李保撰

李保，江西庐陵人。宣和5年解试，政和中为医学博士。与朱翼中同时，政和7年曾为《北山酒经》作序，并撰作《续北山酒经》。分《经》和《酝酒法》，所列酿酒法共46种，以续补朱翼中《北山酒经》。今《说郛》卷94仅存序及各酿法篇目，近人胡山源编《古今酒事》（上海书店印行）亦收，惜无原文。

《酒谱》 宋·窦苹撰

全书分为12个部分：《酒之源》《酒之名》《酒之事》《酒之功》《温克》《乱德》《戒失》《神异》

《神域》《性味》《饮器》《酒令》，殿以总论。详见《说郛》及《四库全书》本（不全）。

《四时酒要》 撰者不详

见《宋史·艺文志》。

《酒赋》 宋·吴淑撰

收集历代酒人酒事，对饮酒的利弊作了比较客观的评价。

《新丰酒法》 宋·林洪撰

新丰市酒是唐代名酒，诗人笔下多有描述。林洪，字龙发，号可山，泉州人，自称林逋七世孙。所撰《山家清供》，详细总结了新丰酒的用料、配方、酿制过程及配料等酿制方法。防止酒酸，唐代长安酿酒已懂得加灰工艺，而新丰美酒数日不酸；《新丰酒法》认为"取酵相接续，不必灰"。可见所酿酒质量之高。《说郛》卷94、《丛书集成》本《山家清供》收有。

《熙宁酒课》 宋·赵询撰

此书是宋代酒税的第一手资料。记录了北宋神宗熙宁（1068～1077）年间全国各路、府的酒政管理机构、酒税数额。对研究宋代酿酒业地理分布、宋代酒产量及宋代酿酒业的发展颇有参考价值。今《说郛》卷94收有。

《曲洧旧闻》 宋·朱弁撰

朱弁，字少章，婺源人。朱熹的叔父。此书《文献通考》误为1卷、《四库提要》卷120子部杂家类4著录10卷。所记皆北宋遗事，故曰旧闻。记录了近200种酒，最有名的是宫廷酒，以及黄河长江一带的酒。还记有宋时各种宴筵情况及行令的场面。是考查宋代酒业的参考资料。有《四库全书》本。

《酒谱》 宋·窦苹撰

窦苹，字子野，山江汶上人。曾任详断官、衡阳县监当、大理司直等。别本有作窦革者，然详其名字，应取于《诗经·小雅·鹿鸣》"呦呦鹿鸣，食野之苹"。《直斋书录解题》卷14云："《酒谱》一卷，汶上窦苹子野撰，其人即著《唐书音训》者。"《郡斋读书志》卷七云："《唐书音训》四卷，皇朝窦苹撰。"两书出自1人，亦为明据，故作"苹"字是。《宋史·艺文志》农家类亦著录"窦苹酒谱一卷。"

是书杂叙酒之故事。自跋云："因管库余闲，记忆旧闻，以为此谱……甲子六月在衡阳。"知是书成于元丰7年。管库，监当官的别称，如监粮料院、监仓、监酒、监茶之类。《酒谱》包括酒之源、酒之名、酒之事、酒之功、温克、乱德、诫失、神异、异域、性味、饮器、酒令、总论等13篇。文字多从各书中采摘，内容涉及酒史、酒名、酒的作用、性味、酒令等多方面，只未述及酿酒方法。可供研治酒史及酒文化者参考。有《四库全书》本。《说郛》卷94收有。

《酒名记》 宋·张能臣撰

此书不见著录，《说郛》卷94收有《酒名记》一卷，记宋代内府、王公贵族家及各地名酒，涉及各种酒名200余种。是研究宋代酒类品种及酿酒业地理分布的重要资料。近人胡山源《古今酒事》收有。

《酒尔雅》 宋·何剡撰

何剡，字楫臣，江宁人。淳熙8年进士，历秘书郎、将作监等官。此书不见著录，惟《说郛》卷94收录1卷。《尔雅》是我国第一部字典，古代解释字义的书。《酒尔雅》汇集训释有关酒的文字、语词，实为解释有关酒的字书。然亦记有大量酒事，可资参考。近人胡山源《古今酒事》收有。

《曲本草》　宋·田锡撰

田锡，字表圣，京兆人，后徙四川洪雅。太平兴国3年进士，历任谏议大夫、史馆修撰。《说郛》卷94收录《曲本草》1卷，不见书目著录。叙述各种药酒的原料、制法及功能，并指明其功用和禁忌，文字甚简约。"本草"原指"神农本草经"，记载草药，曲本划即药酒。

《酒小史》　宋·宋伯仁撰

宋伯仁，字器之，号雪严，广平人，一作湖州人。举宏词科，工诗，善画梅。是书未见公私书目记载，只《说郛》卷94收录1卷。记载历代与酒有关的名家及各地出产的名酒，也涉及域外佳品，共计名酒106种。是研究宋以前名酒品种及酒产地的资料。今存者只有酒名，不知史已佚，亦或本即以酒名组成之"酒小史"。近人胡山源《古今酒事》亦收录。

《觞政述》　宋·赵与时撰

此书不见各家书目著录。《说郛》卷94收《觞政述》1卷，称宋赵与时撰。今人何满子《醉乡日月》中《酒乘》章亦称。实并非独立一书。赵与时，字行之，南宋末人，是赵匡胤的七世孙，宝庆年间进士，官丽水丞。著有《宾退录》，今辑本共10卷，考订经史，记前朝掌故。前人称此书："包罗古今，抉隐发微，有耆儒硕生所末及"，甚至是"宋人杂论之最佳者。"《觞政述》所载内容实为《宾退录》卷4中1条考证。后人摘出别成一书。内容多记宴会行令事，并考述各种酒令来源及行令方法，也著录有酒令著作。可见古代酒令风气。是研究历代酒令的资料。《说郛》卷94收有。

《罚爵典故》　宋·李廌撰

李廌，字方叔，号济南。有《济南集》《师友谈记》等书传世。《说郛》卷94收录《罚爵典故》1卷，采集先秦到唐有文献记载的历代罚酒数量及酒器，皆注明所引出处，惜今存文字太简略。

《劝酒玉烛诗》　撰者不详

《直斋书录解题》卷14杂艺类著录："《劝酒玉烛诗》1卷，无名氏。"杂收各种可做酒令的诗，汇集成册，属酒令之书。早佚。

《捉卧瓮人事数》　宋·李庭中撰

《直斋书录解题》卷14著录1卷。赵与时《宾退录》卷4云："有《捉卧瓮人格》，皇朝李建中撰，以毕卓、嵇康、刘伶、阮孚、山简、阮籍、仪狄、颜回、屈原、陶潜、孔融、陶侃、张翰、李白、白乐天为目。"作者李建中别本作李廷中、庭中，即指此书。元时已佚。

《直斋书录解题》云："以上四种皆酒边雅戏。"均列在杂艺类。

《饮戏助欢》　宋·窦苹撰

《宋史·艺文志》子部杂艺术类著录3卷。赵与时《宾退录》卷四载："《饮戏助欢》3卷，元丰中安阳窦苹撰。"酒令之书，南宋末后佚。

《小酒令》　宋·赵景撰

《宋史·艺文志》子部杂艺术类著录1卷。赵与时《宾退录》云："今馆阁有《小酒令》1卷，庆历中锦江赵景撰。"《说郛》卷94收目，文缺，似元末已佚。

《投壶礼格》 宋·王趯撰

《宋史·艺文志》子部杂艺术类著录2卷，酒令之书，早佚。

《投壶新格》 宋·司马光撰

《宋史·艺文志》子部杂艺术类著录1卷，赵与时《宾退录》引《郡斋读书志》语云："《投壶经》，唐上官仪尝奉敕删定，史玄道续注，盖取周顗、郝同、梁简文数学之书为之，司马文正公更以新格，旧书为之尽废。"亦酒令之书，已佚。

《觥记注》 宋·郑獬撰

郑獬，字毅夫，安陆人，历翰林学士，知开封府、杭州，熙宁五年卒，有《郧溪集》传世。此书未见著录，只《说郛》卷94收录1卷，记上古至宋的正史、笔记、诗文中所载的历代名贵酒器，包括各种珍奇器皿的形制、容量，并概述其来历掌故。

《清异录》 宋·陶谷撰

陶谷，字秀实，新平（今山西彬县）人。五代时任后周翰林学士、兵部侍郎。宋时历任礼、刑、户部尚书。敏学强记，博通经史。辑本《直斋书录解题》卷一一小说家类著录曰："凡天文、地理、花木、饮食、器物、每事皆制为异名新书。"《四库全书总目提要》卷142子部小说家类三称："是书皆采撷唐及五代新颖之语，分37门。各为标题，而注事缘起于其下。"酒浆门收文16则，虽属小说家言而非酒籍专著，但对于研究唐、五代酿酒、饮酒习俗等颇有参考价值。有《说郛》本、《四库全书》书。

《武林旧事》 宋·周密撰

周密，字公谨，号草窗等，山东济南人。曾官义乌令，宋亡不仕，终于家。著名文学家，长于诗词，亦善书画，有《草窗词》《齐乐野语》等书。《四库全书总目提要》卷70史部地理类三著录云"是书记宋南渡都城杂事。盖密虽居弁山，实流寓杭州之癸辛街。故目睹耳闻最为真确。"举凡朝廷典礼、山川风俗，市肆节物，教坊乐部都的所涉及。卷1有"茶酒班"等，卷二、三中节日饮食中有酒俗，卷六酒楼条、歌馆条、货物条、凉水条，诸名酒中有酒肆、酒具、酒名等，对宋代酒业、酒俗研究有参考价值。有《四库全书》本、《笔记小说大观》本、1982年3月中国商业出版社本。

《都城记胜》 宋·赵口（耐得翁）撰

《四库全书总目提要》卷70史部地理类三云："不著撰人名氏，但自署耐得翁。其书成于端平二年，皆纪杭州琐事，分14门……叙述颇详，可以见南渡以后土俗民风之大略。"书中有市井、诸行、酒肆、食店、茶坊四司六局等，对酒行业的经营情况有客观描述。有《说郛》本、《四库全书》本、1982年中国商业出版社《东京梦华录》本。

《东京梦华录》 宋·孟元老撰

十卷。叙述北宋时汴京（今开封）的城市风情、风土习俗。其中，保存了不少酒楼、酒名等资料。今有单行本行世。

《梦梁录》 宋·吴自牧撰

吴自牧，钱塘（今浙江杭州）人，仕履不详。《四库提要》卷70史部地理类著录。此书仿《东京梦华录》的体例，对南宋都城临安（杭州）的岁时习俗、商业店肆、饮食品种、街巷建筑等都有详细记述。卷10有点检所酒库条、安抚司酒库条；卷10有酒肆、分茶酒店等条。此外卷1到卷6岁时节令中，卷十94司6局、筵会假赁，卷20嫁娶中也有许多饮酒习俗、名酒名等资料。多为研治宋代酒业者采择。有《四库全书》本、《丛书集成》本、1982年中国商业出版社《东京梦华录》本。

《酒名记》　宋·张能臣撰

一卷。记述宋代宫廷及民间酒名一百余种。载《说郛》卷九十四。

《酒尔雅》书名。宋·何剡作。对与酒有关的词作文字训释。载《说郛》卷九十四。

《武林旧事》　宋·周密撰

十卷。此系作者入元后追叙南宋都城临安（今杭州）的繁华景象、山川物产及手工业情况的笔记，记载颇为详细。

宋代酒类专著大量出现，除上述著作以外，还有：李保的《续北山酒经》、范成大的《桂海酒志》、林洪的《新丰酒经》等；记载大量药酒品种的如唐慎微的《重修政和经史证类备用本草》、许叔微的《普济本事方》、陈直的《养老奉亲书》、申甫和王希逸的《圣济总录》、沈括的《梦溪笔谈》、王怀隐的《太平圣惠方》、西湖老人的《繁胜录》等。

第四节　元　代

《酒乘》　元·韦孟撰

一卷。著录元以前有关酒的文献二十六种，系目录学著作。其中所记作品，许多已经亡佚，但不失稽考的价值。载《说郛》卷九十四。

《安雅堂觥律》　元·曹绍撰

曹绍字继善，故又题曹继善撰，一卷。与《觥律》大同小异，共有酒令叶子100张，列孔融、刘伶等名人，以五言诗形式，汇集古来著名饮酒掌故。下注各种行令方法，依注行令。且有近一半需要表演，有杂剧化的痕迹。如第3注为："与对席之人作儒者，高歌漫词、古乐府之类，各饮一杯。"第6注为："对席者作雷声，左邻作蜂声，右邻作螽蟊状"等。《说郛》卷56收有，近人胡山源《古今酒事》亦收有。

《酒乘》　元·韦孟撰

此书见《说郛》卷94。著录自《尚书·酒诰》以来有关酒的文献著作，只记作者、书名、卷数，没有提要。其中很多书籍为久已失传者，可供文献学者及酒文化史学者参考。

《饮膳正要》　元·忽思慧撰

忽思慧，又作和斯辉，蒙古族人。元延祐年间任饮膳太医。此书成于天历3年，虞集为书作序。卷一有饮酒诸忌，卷3有曲、酒，并简述其制作方法及疗效。对研究蒙古族饮酒习俗及酿酒有参考价值。有《四部丛刊》续编本。

《云林堂饮食制度集》　元·倪瓒撰

倪瓒，字元镇，号云林，无锡人。元代名画家，与黄公望、吴镇、王蒙并称"元四家"，长于山水，亦工书法。此书反映元代无锡地方饮食风格，述及酒及酒的酿制方法。有《碧琳琅馆丛书》丙部本、《芋园丛书》子部本。

《居家必用事类全集》　元·佚名撰

此书作者已不可考知。是一部家庭日用大全式的类书。其中已集有酒曲类，计有酒醴总叙、造曲法、东阳酒曲方、造红曲法、造曲母、造红曲、东阳酝法、长春法酒、神仙酒奇方、天门冬酒、枸杞五加皮三骰酒、天台红酒方、鸡鸣酒、满殿香酒曲方、密酿透瓶香、羊羔酒法、菊花酒法、治酸薄酒作好酒法、南番烧酒法、白酒曲方等，有黄酒、药酒、白酒、涉及用料及制作方法。是研究元代酿酒的重要资料。有中国商业出版社1987年本。

元代的酿酒文献资料较多，还有《轵赖机酒赋》《易牙遗意》《葡萄酒》（周权曾著）《墨娥小录》等。

第五节　明　代

《小酒令》　明·田艺蘅撰

此书不见书目著录，唯《说郛续》卷38收录。田氏有《醉乡律令》，《小酒令》序云："古有《令圃芝兰》一卷、《庭萱谱》一卷、《小酒令》一卷，纪集所载，咸极精妙，未易枚举。余尝与骚墨清酣，颇穷雅令，偶记数种，因笔左右，聊供笑谈。"记各地文人的诗词雅令，惜今存文字太少。

《遵生八笺·酿造类》　明·高濂撰

记述了17种甜酒及滋补药酒的酿制法，并说明其养生的功能。

《酒颠补》　明·陈继儒撰

陈继儒，明代茸城人。与夏树芳为友，尝为夏著《酒颠》作序。感夏著所记诸事均不注出处，又补其不足，著成此书。凡3卷，均注明出处。下卷辑陶渊明以下著名咏酒诗。有《海山仙馆丛书》本。

《酒史》　明·冯时化撰

冯时化，字应龙，号与川，晚号无怀山人，籍里不详。焦竑《国史经籍志》卷3载"《酒史》二卷，冯时化"。《述古堂藏书目》卷四载"无怀山人《酒史》二卷"。《四库提要》卷116子部谱录类存目著录此书。全书2卷，分酒系、酒品、酒献、酒述、酒馀、酒考，大都汇集有关酒的诗文与故实。以历史为线索论述酒，不涉及酿造技术，虽收资料较为丰富，"然舛漏殊堪"（《四库提要》语）。《中国丛书综绿》载"《酒史》二卷，（明无怀山人撰）宝颜堂秘笈（万历本、民国石印本），（明）冯时化撰，丛书集成初编本。"是为一人之作。今有《丛书集成初编》本。

《本草纲目》　明·李时珍撰

此为我国医药学的重要著作。在记"酒"的部份中，不但论述了中国近代白酒的起源，并从药物学的角度，探讨了酒的性味，各种药酒的配方、酿造方法和主治病症。

《青莲觞咏》　明·周履清撰

辑录李白所写的酒诗，凡古乐府七首，五古14首，七古一首，散体歌行22首，五律10首，五绝9首，七绝3首。每首下均附有周氏本人的和作，但都质量不高。作者又用同样体例，辑白居易酒诗为《香山酒颂》。均载明刻本《夷门广牍》。

《酒概》　明·沈沈撰

中国文化遗产年鉴·酒文化卷

作者生平事迹不详，亦未见诸各家书目，仅《四库提要》卷116子部谱录类存目著录。此书仿陆羽《茶经》体例，分类叙述酒事。卷一为酒、名、器；卷二为释、法、造、出、称、量、饮；卷三为评、僻、寄、缘、事、异；卷四为功、德、戒、乱、令、文。所述皆杂各书。书今未见。

《觞政》　明·袁宏道撰

袁宏道，字中郎，号石安（今湖北公安）人。万历20年进士，官至吏部郎中。与其兄宗道、弟中道是晚明反复古主义运动的"公安派"代表人物。《述古堂藏书目》卷四载"袁宏道《觞政》一卷"。《四库提要》卷116子部谱录类存目著录云："是书纪觞政凡16则。" 首有小序，末附酒评。内容涉及宴饮的时间、地点、人物，以及饮酒方式、行令规则、风俗掌故、礼仪、传说等方面。作者为散文大家，文字隽雅风趣，影响甚大。记述适于等。载《袁中郎全集》，《说郛续》卷38收录。

《嘉宾心令》　明·巢玉庵撰

此书为根据八卦学说创制的酒令体系。遵循太极生两仪、两仪生四象的易学原理，每根酒筹上，不只绘有卦象，而且酒令辞也与《周易》暗合。"叙"是此令肇始，象征太极。筹令为两部分：一是18名嗜酒令如命的才子，另一是侑酒的才妓，象征阴阳二仪。才子中设主令、监令各1人；才妓中设知令、令尾各1人，象征四象等。属筹令一类，是占卜酒令的代表。可资研治酒令文化者参考。《说郛续》卷39收有。

《饮酒说》　明·袁中道撰

作者以身说法，叙小饮之乐。娓娓道来，亲切自然。载《珂雪斋近集》卷3。

《酒颠》　明·夏树芳撰

上下两卷。辑录古代酒人酒事掌故，凡175则。载《古今说部丛书》第九集。

《农政全书》　明·徐光启撰

徐光启，字子先，上海人，万历年间进士。一生关心农业和科技，是最早从西方传教士学习西方近代科学，并介绍到中国的学者。全书分11门，在制造门的食物部中有造曲、酿酒的方法、过程与保存。有《万有文库》本、中华书局1956年本。

《酒颠》　明·夏树芳撰

夏树芳，字茂卿，号冰莲道人。延陵人。《国立中央图书馆善本书目初稿》著录2卷2册，"民国邹幼耕抄本"。书分上下卷，记载历代酒人、酒事及各种掌故。又王重民《中国善本书提要》子部谱录类载"《茶董》二卷，《酒颠》二卷，明刻本，四册"。藏北京图书馆。有董其昌序，冯时可序，陈继儒序，自序。有《古今说部丛书》9集本。

《酒谱》　明·徐炬撰

《四库提要》卷116子部谱录类存目著录此书，云："旧本题临安徐炬撰，不著时代。所载赐 条中有洪武南市十四楼及顾佐奏禁挟妓事，是明人也。其自序云'采自唐汝阳王等13家书而成'。"采集前人书中关于酒的论述成书，多有舛误。台湾《中央研究院历史语言研究所善本书目》子部谱录类著录："《山居杂志》23种6册，明汪士贤校辑，明万历间新安汪氏刊本。"

《本草纲目》　明·李时珍撰

李时珍，字东璧，号濒湖，蕲州人。此书成于明万历6年，是一部药物学巨著。其中有酒的释名，米酒、东阳酒、烧酒、葡萄酒等资料，分集解、气味、主治、发明、附方等几方面，内容详备。有人民卫生出版社1957年本，近人胡山源《古今酒事》收有关酒的部分。

《天工开物》　明·宋应星撰

此书为工业、科技书，其中酒母篇叙述了当时制作的各种酒曲，包括麦曲、面曲、配药大曲等，并有酒曲的制造法，可见明代制曲工艺技术。近人胡山源《古今酒事》收有此篇。

《竹屿山房杂部》　明·宋诩撰

宋诩，字久夫，松江华亭（今上海松江）人。此书最早见著于《千顷堂书目》。《四库提要》卷122子部杂家类著录云：“是书凡养生部六卷，燕闲部二卷，树畜部四卷，皆明华亭宋诩撰。种植部10卷，尊生部10卷，诩子公望撰。”养生部首列茶制、酱制、醋制目，酒制目下分条叙述，可供研治明代酿酒技术的参考。有《四库全书》本。

《遵生作笺·酝造类》　明·高谦撰

高谦，字深甫，号瑞南道人，钱塘（今杭州）人。曾任鸿胪寺官。《酝造类》分述酿造桃源酒、香雪酒、碧香酒、建昌红酒、五香烧酒、山芋酒、葡萄酒、黄精酒、白术酒、地黄酒、菖蒲酒、羊羔酒、天门冬酒、松花酒、菊花酒、五加皮酒等多种民间药补酒的酿造方法及用料剂量等。文后附有《曲类》，高谦称“造酒美恶，全在曲精水洁”。所列曲有白曲、内府秘传曲、莲花曲、金茎露曲、红白酒药、东阳酒曲、蓼曲等。为研究明代酒曲发展及药补酒提供了宝贵的资料。有明嘉靖本。近人胡山源《古今酒事》收有此篇。

《酒颠补》　明·陈继儒撰

三卷。作者为《酒颠》作叙，又为之补叙不足，并注明出处。有《海山仙馆丛书》及《丛书集成》本。

《醉乡律令》　明·田艺蘅撰

此书不见书目著录，唯《说郛续》卷38收录。其自序云：“取皇甫氏（松）之意，而芟繁撮要，易其未然而补其未备，著为《醉乡律令》一篇。”分“醉乡之宜十有一，酒徒之选十有二，酒所欢之候十有四”。实为告诫人们饮酒的时间、地点、情绪、同饮者的选择等，属觞政之书。是研究酒令的资料。

《投壶仪节》　明·汪禔撰

叙古代投壶之礼甚详。载《丛书集成新编》。

《五杂俎》　明·谢肇淛撰

其中“物部、酒”部分，记录了不少关于酒的杂谈。

明代载有药酒方的的医学名著还有朱棣的《普济方》、姚广孝等2000余人编著的《永乐大曲》、薛已的《薛氏医案》、徐春甫的《古今医统大全》、王肯堂的《证治准绳》、陈实功的《外科正宗》、张景岳的《景岳全书》、赵献可的《医贯》、吴医可的《瘟疫论》等。

第六节　清及民国

《日知录》　清·顾炎武

撰书中的“禁酒篇，回顾了我国自周代以来的禁酒史，明确指出：“酒害”或“酒祸”是人自己造成的，不应归因于酒。

《仿园酒评》　张苎撰

书凡3篇：一、酒德，二、酒戒，俱叙饮酒的规则和注意事项；三、饮酒八味，谈八种性味不同的酒在饮中的不同境界，字学简约。载《古今说部丛书》一集。

《酒部汇考》　撰者不祥

约为清初人。书凡18卷，分为汇考6卷，纪事5卷，艺文四卷，总论、杂录、外编各一卷。辑录经史子集中有关酒的资料，征采颇为繁富。"然编次错杂，殊乏体裁"（《四库提要》卷116）。

《揽胜图》　清·吴陈琰绘制

酒令图记之书。共罗列我国古迹和人文景点六十八处。时人王　评论说："以游山行酒，极尽人才之致，且位置各有妙理，可以为豪饮之助，可以为卧游之资，咄咄奇妙。"

《酒部汇考》　清·陈布雷撰

此书今未见，亦不见各家书目著录，仅《四库提要》卷116子部谱录类存目著录云："18卷，江苏巡抚采进本，不著撰人姓氏。卷3末载国朝康熙30年禁止直隶所属地方以蒸酒糜米上谕1条，当为近人所著矣。"所录自经史以及稗乘诗词凡涉于酒者，征采颇富。分为汇考6卷、总论1卷、纪事5卷、杂录外编各1卷。清俞敦培撰《酒令丛抄》，凡列中称"国朝人有《酒部汇考》18卷，不着名氏，未见其书"。修于清康熙年间，刊刻于雍正四年的《古今图书集成》，在经济汇编、食货典、酒部中有"酒部汇考"的名称。今据此各卷名称与其相对，竟毫无差别。卷3酒部汇考3末有："皇清康熙30年10月26日，上谕内阁闻畿辅谷价翔贵，遣户部笔帖一员往谕直隶巡抚，令其于所属地方以蒸酒糜米谷者，其加意严禁之。"一条，与《提要》所云一致。陈书今本酒部15卷，实为杂录，外编合为一卷、总论与艺文一合为一卷、艺文四与纪事一合为一卷，亦应为18卷，据此知此书即为《古今图书集成·食货典》中的酒部。似有人从《古今图书集成》中拆出，别行于世，流传不广，以至清人都未见其书。有《古今图书集成》在，此书今不传，亦无憾矣。

《胜饮编》　清·郎廷极撰

郎廷极，字紫衡，广宁人。曾任江西总督，撰有《文庙从祀先贤先儒考》。《四库提要》卷133子部杂家类存目著录"《胜饮编》1卷，编修程晋芳家藏术"，云"是书杂　经史中以酒为喻之语，汇辑成编。自序谓不饮而胜于饮，故名之曰胜饮。然所录仅数十条，简略太甚"。今所见《笔记小说大观》本作18卷，前有杨颙顺序、自序，查升、查嗣　题辞。分良时、胜地、名人、韵事、德量、功效、著撰、政令、制造、出产、名号、器具、箴规、疵累、雅言、杂记、正喻、借喻等。每卷各条从历代笔记小说杂记中抄出，史料详备，然亦有舛误，实为酒文化大全。

《酒令丛抄》　清·俞敦培撰

此书凡4卷，是古代酒令的集大成之作。汇集有《乐记》以来，历朝见诸于文献的酒令，加以分类整理，作者有观点者，加按注明。古令注明出处、雅令、通令，还采有稗说、巷语，不详出处者，未注出处。全书包括《古令》《雅令》《通令》《筹令》4卷，辑录古今酒令322则，搜集历代酒令最为丰富，是研究古代酒令的重要资料。今《笔记小说大观》第30册收有。

《列仙酒牌》　清·任熊绘

《贩书偶记》卷10子部艺术类载《列仙酒牌》卷，云："山阴任熊绘，咸丰间刊"。酒牌是旧时文人雅士饮酒行令时的用具，也称"叶子"、"叶子格"，类似今天的扑克牌。用历代名仙绘成酒令牌，配上诗词，图文并茂，上面写清行酒之法，组成一套，48叶，由座中宾主一一拈取，然后按牌上所注行酒。如"壶公，壶中日月长，投壶不中者饮。"兼取筹令、钓螯之法。可供研究古今酒令者参考。

《酒律》　清·张潮撰

张潮，字峤，号心斋，安徽人。生卒年不详。好为酒事，尝为《酒社刍言》《嫩园觞政》作序跋，作《饮中八仙令》等。《酒律》参考《刑法志》，以古代法律中的五刑和赎刑论酒刑。将饮酒者在席上所犯过失，分情况轻重，处以"笞、杖、徒、流、罚（俸）"五等刑罚。《酒律》中有罪例50条，为酒令中的律令类。颇受法律文化的影响，在酒令中独具一格。《檀几丛书》第1集第5帙中收有。

《嫩园觞政》　清·蔡祖庚撰

此书亦为酒令，有张潮《小引》。将行令与升降官职联系起来，有"条例"、"升降考"，用掷骰行令，宛如一幅升官图。用骰子点数行图，按照图谱的说明升降官职和饮酒。可资观赏当时酒场风习。《昭代丛书》甲集第5帙收有，近人胡山源《古今酒事》亦收有。

《酒社刍言》　清·黄周星撰

张潮《小引》云："此篇于寻常觞政中，特设三戒。"即一戒苛令，二戒拳哄，三戒说酒底字。亦为酒令规约，近人胡山源《古今酒事》收有。

《胜饮编》　清·郎廷极撰

18卷。依次为"良时"、"胜地"、"名人"、"韵事"、"德量"、"功效"、"著撰"、"政令"、"制造"、"出产"、"名号"、"器具"、"箴规"、"疵累"、"雅言"、"杂记"、"正喻"、"借喻"等。每卷内各有子目。全书搜罗整理了历代与酒有关的人物、故事、物品、习俗、著作等，内容颇为丰富。见《粤雅堂丛书》及《笔记小说大观》本。

《杯史》　清·陈留撰

系记叙历代酒器之专著。其中陈述了自汉至清的酒杯325件，补正55件，合计380件。

《酒令丛钞》　清·俞敦信撰

书分古令、雅令、通令、筹令四卷，广收古来各式酒令。采集繁富而选择未精。见《笔记小说大观》本。

《魏晋风度及文章与药及酒之关系》　鲁迅著

这是作者于1927年在广州所做的一篇学术报告。论述了从汉末建安至东晋的文学风格由通脱而华丽、而激愤、而冲淡的演变过程，以及形成这种态势的时代背景。精辟地分析了"竹林七贤"之所以沉湎于酒，"不独由于他们的思想，大半倒在环境。"这不仅是一篇文学史研究中的重要著作，亦是一篇研究魏晋时酒文化现象的专论。载《鲁迅全集》第3卷。

《古今酒事》　胡山源编

1939年世界书局出版，1980年上海书局影印出版。全书分为3辑：第一辑专著，辑录古代关于酒的著作10多种；第二辑艺文，分类辑录古代酒文化的文学作品；第三辑故事，辑录酒人酒事的掌故和传说。此书搜集的材料颇为丰富。然以一人之力仓促成篇，故疏漏颇多。

第七节　建国后综合类

《中国名食百科》杜福新、谢帼明主编

太原，山西人民出版社，1988年6月。

本书第三篇为"酒类篇"，介绍了全国各省市区626种酒品的名称、厂地、厂家、原料、工艺、香味特点、历史渊源、特殊功能、获奖情况等。

《中华酒典——酒与酒文化》　侯云章、王鸿宾主编

哈尔滨，黑龙江人民出版社，1990年。

全书共19章，包括酒之功过、酒之传奇、酒事千古传、酒之价值、美酒与名人、酒之情、酒之礼仪风俗、酒之诗、酒之词、酒之歌、酒之赋、酒之令、酒类种种、中国名酒、酒之器皿、酒之菜肴、饮酒之境界、饮酒之忌，解酒之法等，分别记叙了自古至今的酒文化现象。多以各种故事来介绍酒的典故及基本知识，文史结合，夹叙夹议，浅显生动，有较强的知识性、趣味性、系统性。

《中国酒文化辞典》　朱世英、季家宏主编

合肥，黄山书社，1990年。

全书选收中国酒文化方面的词目共48552条。分为酒名、酿造、酤买、饮宴、器具、品评、人物、著作、制度、礼俗、文艺、掌故、神话传说、其他共14类。前有序言，并有词目表、汉语拼音索引及分类索引。全书搜罗宏富，印证精当，而且翻检便易，是研究中国酒文化的重要工具书。

《中国酒典》　张远芬主编

贵阳，贵州人民出版社，1991年。

本书将中国酒文化遗产作了一次集大成式的汇辑。全书分酒史料、酒文艺、酒轶事、酒辞语、名酒录等部份，为生产厂家提供古代的技术生产资料，为研究历史文化及文化史的工作者提供丰富的史实，也为读者及作家、诗人提供了大量可供阅读及参考的文学作品。

《世界葡萄酒和蒸馏酒知识》　孙方勋编著

北京，中国轻工业出版社，1993年。

本书较为详细的对世界各地葡萄酒及六大蒸馏酒中著名产品的产地、历史、酿造工艺、质量等级、标签、饮用方法及趣闻轶事等向读者作了较为详细的介绍。同时，还涉及到了酒的品尝艺术、侍酒的礼仪、酒与肴的配置等内容，融知识性和趣味性于一体。

《西方名酒》　王先秀　侯开宗编

北京，中国轻工业出版社，1993年。

本书着重介绍了各种西方名酒的选料及酿制过程、标签及质量的识别方法；酒的陈年与储藏、估酒待客之道，酒与食物的搭配、鸡尾酒的配制等鲜为我国消费者所知的洋酒鉴赏知识，实为中西方文化交流的重要内容。

《新编酒经》　秦含章著

北京，人民日报出版社，1997年。

本书集作者50余年学术研究之成果，并总结各著名酒厂的经验，从理论到实践，系统地说明了中华美酒的过去、现在和未来。在第一部分"过去"篇中，论述了黄酒、葡萄酒、白酒、药酒等各种酒类的起源和发展，并且介绍了丰富的传说、故事，末后以历代著名诗人诗作映衬，充分说明了中华美酒的源远流长。第二部份"现在"篇，介绍了酿酒工业规模的壮大发展的概况。第三部份"未来"篇，论证了促使酒类品种逐渐向多样化、特殊化、国际化方向发展的途径。这确是近年来关于酒文化及酿酒工业的一部大型的、经典性的著作。

《中华大酒典》　孙宝君、邹吉田、侯云章、王鸿宾主编

北京，中国商业出版社，1997年。

该书分为四卷四册：第一卷综合篇，第二卷工艺篇（上），第三篇工艺篇（下），第四卷文化篇，共17章93节。该书贯通中国酒文化几千年历史，涵盖了酿酒工艺和酒的起源、发展、酒文学、酒艺术、酒传说、饮酒和用酒知识、名酒、名厂、名人等各方面内容，并附有近300幅彩色和黑白照片插图，具有重要存史价值和研究价值。

《中国大酒典》　秦含章、张远芬主编

北京，红旗出版社，1998年。

全书分为六编23章，包括酒史料、酒艺文、酒轶事、酒词语、酒原料、酒曲药、酒厂、酒科技、酒人才、名酒录等，具有较高的文史研究价值和科技实用价值。

《中国酒经》　朱宝镛、章克昌主编

上海，上海文化出版社，2000年。

全书分为七篇23章，全面系统地介绍了酒的起源、酒的种类、酒类生产技术、酒的性质和功用、饮酒的礼仪习俗、酒的品评、酒类包装和酒的各种文化现象，具有一定的文史研究价值和科技实用价值。

第八节　建国后科技工艺类

《葡萄酒工艺学》　郭其昌、朱梅、李文庵合著

北京，中国轻工业出版社，1965年。

本书为新中国第一部系统讲述葡萄酒的著作。对葡萄酒酿造基本原理和葡萄酒再加工酒的生产工艺以及设备等均作了较为详细而系统的介绍。此外对于葡萄酒的成份及其营养、葡萄酒感官检验和副产品利用也分别作了阐述。

《中国酒》黑龙江商学院，北京市糖业烟酒公司合编

北京，中国财经出版社，1980年。

全书分上、下两编，上编系统地介绍了各种酒类的原料、酿造方法、品种分类等知识；下编则介绍了全国各地的优质酒1000余种。书末附有"地方好酒表"。

《中国名酒志》　曾纵野著

北京，中国旅游出版社，1980年。

本书按白酒、黄酒、葡萄酒、果露酒、啤酒分类，又按"全国名酒"、"全国优质酒"两部分介绍了各类品牌酒的特点。

《白酒生产问答》　晋久工编著

太原，山西人民出版社，1981年8月。

《中国美酒》中国轻工业出版社、食品工业局合编

北京，轻工业出版社，1985年。

此书介绍了1984年轻工业部酒类质量大赛中获金、银、铜杯奖的名优酒250种，并附有1953、1963、1979年全国第一、二、三届评酒会获奖产品一览表。

《中国啤酒》　朱梅、徐志道等编

合肥，安徽科技出版社，1988年。

本书介绍了中国啤酒工业的发展简史、成就及评奖方式等。

《中国药酒》　梁颂名、徐怀玉编

广州，科学普及出版社广州分社。

本书介绍了中国药酒的一般知识和内服、外用、中成药三大类药酒，并著录验方311个、中成药酒方69种。

《啤酒酿造》　唐明官、唐是雯编著

北京，中国轻工业出版社，1990年。

本书比较系统、全面地论述了啤酒的原辅料、啤酒酵母、麦芽制备、酿造过程的原理、工艺操作，以及成品酒的分析方法和品评等。

《中外鸡尾酒》　郁华、李伟天编著

广州，广东科技出版社，1991年。

本书较详细地介绍了中国和外国鸡尾酒的起源、特点以及通行的调制程序和方法，对如何正确选用不同类型的基酒、配酒和调酒器皿、载杯、副材料、装饰材料，如何组织鸡尾酒会、设置酒吧等，图文并茂地作了阐述。

《中国果酒》　奚惠萍编著

北京，中国轻工业出版社，1991年。

本书主要介绍了水果酿酒的基本方法及工艺要求；果酒、葡萄酒常见病害及其防治；果酒、葡萄酒的营养成分及主要技术经济指标的计算方法，品评及理化检测，包装与标志，运输与保管；以及果酒、葡萄酒厂如何开展推行全面质量管理等；同时，还汇集了果酒、葡萄酒历年来部分获奖情况。

《白酒工业手册》　康明官编著

北京，中国轻工业出版社，1991年。

全书共23章，内容包括白酒生产的原料、微生物、设备、工艺及其原理、勾兑、品评、综合利用、生产计算、产品标准和检验、各种白酒生产实例，以及提高各种白酒质量的措施等。书中还介绍了配制型白酒的工艺。

《家庭药酒》　郝爱真，王发渭编著

北京，金盾出版社，1992年5月。

本书精选了适合家庭制作与使用的药酒600种，并按防治疾病征候分为26类。

《国际饮料分析方法》　张利奋编译

北京，中国轻工业出版社，1992年。

本书介绍了国际果汁协会（IFFJP）、联合国欧洲经济委员会ECE分析和取样方法法规委员会的有关分析方法。这些方法是国际上饮料行业普遍采用的，具有较高的权威性、国际性和法定效力。每个分析方法都包括了一般概念、原理、分析仪器和试剂、测定步骤、计算方法、结果报告单和方法的灵敏度等。通过分析和测定结果的比较，可为改进生产工艺、提高管理水平、控制产品质量提供可靠的依据。

《白酒生产工艺》 劳动部教材办公室组织编写

北京，中国劳动出版社，1995年3月。

《中国药酒谱》 卢祥之主编

北京，科学技术文献出版社，1995年。

本书分温肾壮阳、滋阴填精、补益气血、健脾和胃、止咳化痰、强筋壮骨、祛风散寒除湿、外科伤科瘿瘤、妇科杂症及其它共10大类，详细介绍了药酒的配方、作用和适应症。

《大曲酒生产问答》 李大和编著

北京，中国轻工业出版社，1997年9月。

《白酒生产技术全书》 沈怡方主编

北京，中国轻工业出版社，1998年10月。

《国产白酒的工艺技术和实验方法》 秦含章著

北京，学苑出版社，2000年。

本书分析了我国白酒行业的现状和发展趋势；详细具体地介绍了白酒企业选址、建厂投产过程，全面系统地阐述了白酒制曲、发酵、蒸馏、储存、降度、分析等工艺技术和各种微生物的检查、选育方法，以及包装、检测、品鉴、评比、管理等知识

《科学饮酒知识问答》 康明官编著

北京，化学工业出版社，2000年。

本书以问答的形式较详尽、准确地解答了与科学饮酒有关的各类知识；如各类中外酒的历史、种类、成品酒特点、生产方法、著名品牌及饮用方法；如何识酒、选酒、存酒、品酒知识，尤其是"酒道"、"酒德"、"酒礼"的常识。

《中国酒曲》 黄平主编

北京，中国轻工业出版社，2000年7月。

《中国酿酒科技发展史》 洪光柱编著

北京，中国轻工业出版社，2001年。

全书分为九篇31章，全面、详实地介绍了酿造黄酒、制红曲和酿红酒、酿造白酒、酿造葡萄酒、酿制药酒、酿造啤酒、酿制马奶酒的科技发展史，以及中国部分典型名酒企业志，具有较高的科技实用价值。

《药酒生产实用技术》 张英编著

北京，中国轻工业出版社，2001年1月。

本书是根据药酒工业生产所需要的基本知识和技术，结合药酒生产实践经验编写，内容共分四章：第一章药酒概论，介绍了药酒的渊源、药酒的种类、药酒的特征和应用；二、三章分别为保健美容药酒和治疗性药酒的生产处方；第四章为药酒的工业化生产，内容包括药材加工、浸泡与精制原理、浸泡精制过程、药酒的调味、卫生管理与包装、药酒生产的控制分析等。

《药酒ABC》 杨 明、原永贵主编

北京，中国轻工业出版社，2003年6月。

本书向消费者介绍了药酒的治疗和滋补保健作用、品评、酿造等基本常识，药酒的历史及家庭制作，指导人们正确选酒、健康饮酒、科学用酒和艺术劝酒，讲究饮酒行为中的文明礼貌和舒心随意，树立正确的消费观念；张扬酒的增进友谊、和谐关系、调节情绪、激发灵感的正面作用，提倡新的酒德、酒风、酒俗。

《首届张弓杯中国低度白酒生产技术论文集》 孙西玉主编

内部资料，2007年8月印制。

本书收集了在全国白酒行业开展的"张弓杯"中国低度白酒生产技术有奖征文活动的论文74篇。征文活动于2006年——2007年5月举行，由中国酿酒工业协会主办，河南省酒业协会、河南张弓酒业有限公司承办。论文来自于全国众多名优酒厂家、科研院所及相关产业，提出了许多新的观点和方法，具有科学性、实用性，对促进中国白酒技术进步具有重要的指导作用。

建国以后出版发行的酒类科技工艺著作还有：《绍兴酒酿造》（浙江省工业厅）、《黄酒酿造》（徐洪顺执笔）《黄酒生产问答》（徐洪顺编）《白酒生产问答》（晋久工编著）、《黄酒生产基本知识》（范剑雄编著）、《饮料酒的配制》（颜毓池著）、《酒史》（冯时化编）、《酿造酒工艺学》（大连轻工学院等编著）、《酿造工艺学》（高年发等编写）、《杯中乾坤——饮酒》（杨永瑞等编著）、《白酒生产分析检验》（王福荣编著）、《酒精与白酒工艺学》（华南工学院等编著）、《液体发酵法白酒生产》（沈怡芳编著）、《白酒的尝评勾兑与调味》（郭宗武、汇传编著）、《四川名优曲酒勾兑技术》（赖高淮编著）、《泸型酒酿酒技工必读》（四川泸州酒厂职工校编著）、《小香槟与汽酒生产》（黄书声编著）、《优良酿酒葡萄品种》（中国科学院植物研究所北京植物园葡萄组、轻工业部食品发酵工业研究所果酒组同著）、《果酒酿造》（潘厚根编著）、《果酒与汽酒生产技术》（谭中辉编著）、《果酒和配制酒生产问答》（康明官、唐是雯编著）、《黄酒生产问答》（唐明官编著）、《黄酒生产分析检验》（赵光熬著）、《葡萄酒生产工艺》（编写组）、《低度白酒工艺》（赵元森编著）、《酒的勾兑与调味》（梁雅轩、廖鸿生编著）、《大曲酒生产问答》（李大和著）、《黄酒生产工艺》（周家骐主编）、《白酒工业手册》（康明官编著）、《大曲麸曲产脂酵母》（周恒刚、邢晓晰、宋玉华、吴鸣著）、《啤酒有关标准法规统计手册》（袁惠民、张一慧、钱景立主编）、《酿造科学技术译文集》（吕兴海、杨成绪、张志祥编译）、《白酒品评与勾兑》（周恒刚、邢明月、金凤兰著）、《中国药酒谱》（卢祥之主编）、《啤酒分析手册》（严加伟主编）、《啤酒工业手册》（管敦仪编著）、《黄酒品评与勾兑》（李家寿、成淑芝等编）、《中国黄酒》（李家寿主编）、《白酒生产技术全书》（沈怡方主编）、《酶制剂生产和在食品工业中的应用》（江西食品发酵工业研究所编）、《饮料行业技术与管理》（赵连春编著）、《中外酒水知识》（黄尚建等编著）、《中外名酒知识及生产工艺手册》（康明官编著）、《饮酒识酒趣谈》（徐维恭、徐杰编著）、《陇南春酒话》（刘应修、韩晓云）、《宋代酒的生产和征榷》（李华瑞编著）、《白酒生产微生物》（河北省廊坊地区轻工业局编著）、《酒曲生产实用技术》（景泉等编）、《嗜杀酵母在酒类酿造中的应用》（杜连祥、王昌禄编著）、《蜂蜜酿酒》（黄文诚编）、《酒精与蒸馏酒工艺学》（辛克昌主编）、《酒水知识与鸡尾酒的调剂》（贾丽娟编著）、《美酒佳肴》（王圣果、桑凝选编 工化等撰文）、《白酒气相色谱分析》（沈尧绅、曾祖训编著）、《白酒生产工艺和设备》（《白酒生产和设备》编写组编）、《白酒精要》（高景炎等编）、《白酒生产工艺》（劳动部教材办公室组织编写）、《白酒气相色谱分析疑难问答》（陈功、王福林编著）、《白酒工艺学》（陆寿鹏主编）、《实

用白酒分析》（蔡定域编著）、《白酒技术文萃》（沈怡芳等主编）、《中国白酒的嗅觉味觉科学与实践》（陈益钊著）、《白酒勾兑技术问答》（李大和编著）、《汽酒生产》（金其荣等编著）、《啤酒百科》（严加伟编著）、《啤酒工艺控制指标及检测手册》（张学群、张柏青编著）、《啤酒酿造技术概要》（张志强编著）、《啤酒趣话》（颜坤琰、桑志樵编著）、《现代葡萄酿造技术》（刘玉田等编著）、《新中国葡萄酒五十年》（郭其昌著）、《葡萄酒酿造技术概论》（彭德华著）、《现代葡萄酒工艺学》（李华著）、《葡萄酒生产工艺》（劳动部教材办公室组织编写）、《葡萄酒工业手册》（朱宝镛主编）、《自制配制酒》（刘鲁生、汤金森编）、《滋补酒配方与生产技术》（谭真编著）、《家用药酒》（金戈编著）、《大众药酒》（晓野等编著）、《药酒神功》（张丹红、李应编）、《中国历代媚酒补药》（余木编著）、《不老回春药酒妙方300首》（杨磊、赵东升主编）、《长寿补酒》（卢祥之编著）、《鸡尾酒调制1000例》、《家常鸡尾酒和和冷饮》（张建强、翁健峰编著）、《新潮调酒技术》（王文君编著）、《调酒师手册》（陈浩编著）、《酒水调制法鉴赏：鸡尾酒·红茶·咖啡》（剑鹰等编著）、《家庭自制鸡尾酒》（陈晓峰编著）、《鸡尾酒调制》（孙双权、孟令玺编著）、《鸡尾酒中西调制668》（沈睿等编）、《鸡尾酒的鉴赏与调制》（黄晓军、谢建华编著）、《鸡尾酒调制图谱》（张宁主编、王文孝摄影　锦江集团教育培训中心编）。

第九节　建国后历史文化类

《中国的酒》　万国光著

北京，人民出版社，1986年。

这是一本简明通俗的知识性读本，主要介绍中国酒的起源、历史、主要名酒及饮酒习俗等。

《酒趣》　尹桂茂、马玉涵、戴蓟深著

天津，天津科学技术出版社，1988年。

本书分酒史篇、酒论篇、酒事篇，主要介绍了酒文化及制酒工业的基本情况。

《酒谱》　郭其昌、郭松源、郭松泉合著

北京，中国轻工业出版社，1989年。

本书对国内外名酒、酒具、饮酒时间和方法、酒与食谱的合理搭配等知识作了科学的趣味性的介绍。并以大量的篇幅提供了各种鸡尾酒、调配饮料的配方和图片。

《中国酒令》　续之编著

西安，陕西旅游出版社，1989年。

本书介绍了中国酒令的起源发展和变革历史，并摘引了前人辑录的各种酒令。

《醉乡日月》　何满子著

上海，上海古籍出版社，1991年。

本书内分酒史、酒效、酒典、酒政、酒祸、酒禁、酒剩等七部分，介绍了中国酒文化的概况。

《酒》　黄岩柏、肇恒海、佟佳禾著

沈阳，辽宁人民出版社，1993年，为该社所编"涉世谈丛书"之一。

本书以"酒诫、酒史、酒人、酒事、酒文"分类，把其中的一些故事作为殷鉴，帮助青年读者树立正确的

人生观、价值观。

《中国古代酒令》　刘初棠著

上海，上海人民出版社，1993年。

本书分为六章：中国酒令概况、历代酒令风貌、贯通于博史中的酒令、酒令与古卜、酒令与歌舞、酒令与杂局，考证并介绍了中国酒令这种酒文化现象，还有较为精当的例证解说。

《中国酒令大观》　麻国钧、麻淑云编著

北京，北京出版社，1993年。

本书共收历代酒令700余种，分为射覆猜拳类、口头文字类、骰子类、牌类、筹子类、杂类六大部分，前面又有总论，收录有关酒令的专用词汇。还收录一些插图，更增加了知识性和趣味性。

《酒典集萃》　刘景源主编

北京，中国商业出版社，1996年。

本书简明扼要地摘取、汇集了我国酿酒、饮酒知识中的精华，以及习俗中的酒文化知识。

《中华酒文化》画册　吴士余主编

上海，上海人民美术出版社，1997年4月。

本画册收集了600多副图片和绘画，从中国的酿造文化、酒器文化和饮酒文化入手，再加上建国以来中国酒文化新的概貌情况介绍，形象地反映和诠释了中国酒文化的内容形式，展现了中国酒文化璀璨壮丽的历史画卷。

《中华酒文化大观》　于行前主编

北京，当代中国出版社，1997年。

全书分为四编，通过揭示酒与典章、制度、酒器、文学、艺术、景观等方面的联系，从而展显中国酒文化的悠久历史和博大内涵。

《新中国葡萄酒业五十年》　郭其昌著

天津，天津人民出版社，1998年。

本书较详细地总结了建国五十年来葡萄酒界发生的重大事件和发展历程，简略地回顾了我国古代葡萄酒史和建国前夕葡萄酒业的情况，还简谈了自己从事葡萄酒业的体会。

《国际葡萄酿酒法规》　国际葡萄和葡萄酒组织、郭氏葡萄酒技术中心郭松泉、张春娅、郭松源、郭其昌汇编译

天津，天津大学出版社，1998年。

本书包括国际各类葡萄酒标准，各工艺的定义、目的、规定和O.I.V.（国际葡萄和葡萄酒组织）的建议，以作为葡萄酒厂酿造工艺遵循的依据，是提高酿造技术的手册，也是进出口贸易协议及商务条约的参照。

《葡萄美酒夜光杯》　应一名著

西安，陕西人民出版社，1999年。

本书包含相对独立的三卷：左页卷；右页卷；插图。左页卷由100多个内容既相关又独立的短篇组成，主要记叙了中国历史上许多名人与葡萄酒的故事或论述；右页卷是本书的正文，内容涉及葡萄酒的历史、传说、

文化、葡萄酒与健康以及葡萄酒的品尝等；另有100多副彩色与黑白插图。通书还勾勒出了中国两千多年葡萄酒业和葡萄酒文化的发展和变化，并首次提出了我国历史上曾有过五次葡萄酒业和葡萄酒文化的发展与繁荣。

《酒文化研究文集》李永鑫主编

杭州，中华书局出版，2001年5月。

本书主要揭示了绍兴酒文化的内涵，它包括酒史、酒技、酒功、酒俗、酒具和酒文等。

《中国酒与传统文化》 徐少华著

北京，中国轻工业出版社，2003年8月。

该书借鉴诸多学科的理论，以中西文化比较为背景，紧紧抓住中国酒与传统文化的结合点（其中包括儒、道、佛、酒政、酒器、礼俗、诗词、小说、楹联、成语、书画、酒令、少数民族酒俗等），着重论述二者同生同长、融合互动、共同发展的辨证关系及其历史脉络，总结了建国以来中国酒业及其文化发展的三个阶段，从而全面、系统、深刻地挖掘了中国酒文化的悠久历史、丰富内涵和广泛影响；也反思了中国酒相对于当今世界名酒的不足之处，展现了中国酒的辉煌前景和努力方向。

《中国酒器文化》 黎福清著

长沙，百花文艺出版社，2003年。

该书首先概要地介绍了中国酒器的发展简史、艺术特色和收藏价值，然后，分门别类、图文并茂地详细分析了近200种各类酒瓶的材质、造型、图案的文化蕴涵和艺术特色。

《中国酒业百年名人传（上卷）》张天杰、康世仲编著

北京，中国轻工业出版社，2005年1月。

本书以人物传记为体裁，记录了新中国建立前50年和建立后50年的中国酒业38位名人的突出事迹，其中包括酒业专家、企业家和收藏家。

《辉煌50年糖酒会——全国糖酒商品交易会五十周年纪念画册》全国糖酒商品交易会办公室、华糖广告公司合编

北京，内部资料，2005年编印。

该书以图文并茂的形式，真实地记录了全国糖酒商品交易会从1955年创办，到2005年共计50年的历程。第一部分介绍了糖酒会的发展过程、改革措施、政府支持、交易场面、展场效果、广告氛围和各种活动；第二部分介绍了承办城市、参展企业、杰出人物、联络人员、社会名流、报刊媒体对糖酒会的大力支持。

《谁改变了中国酒业》香港国际名酒文化研究会、中国酒业著名记者联盟联合编著

广州，广东经济出版社，2006年3月。

本书记录了1995年——2005年，中国酒业发展变革中有突出成就和特殊影响的50名酒界企业家、科技专家、行业领导和著名记者的精彩传奇。

建国以后出版发行的有关论述酒的历史文化的著作还有：《水的外形 火的性格》（首届中国酒文化研讨会秘书处编）、《酒话》（万国光著）、《酒海大观》（蒋荣荣编）、《中国酒文化与中国名酒》（黎莹主编）、《中国酒令》（续之编）、《酒文化中的中国人》（王守国著）、《贵州酒文化文集》（王玉柱主编）、《中国名酒典故大成》（王金秋主编）、《中华绍兴酒文化》（吴国群主编）、《中原酒文化大观》（王炜光主编）、《诗酒乐天真》（王守国、刘海鹰编）、《西周酒文化与当今宝鸡名酒》（罗西章主编）、《中国酒文化》（画册，吴士余主编），还有1991年、1994年、1997年、2000年、2006年在中国举办的共五届国际酒文

化学术研讨会的《论文集》和《酒都宜宾国际酒文化学术研讨会论文集》、《醉与醒：中国酒文化研究》（徐建新著）、《醉乡日月——中国酒文化》（何满子著）、《中原酒文化大观》（王炜光编）、《醉乡日月——饮酒艺术经典》（吴龙辉译注）、《中华酒文化》（张鹏志撰）、《酒文化》（向春阶等编著），等等。

第十节　建国后企业类

一、茅台集团

《在神秘的茅台》　何士光著

贵阳，贵州人民出版社，1988年7月。

本书作者站在历史的高度，回顾了茅台人世代的生活和劳作，着重记叙当代国酒酿造者们的劳动、生活，揭示了他们的道德观、价值观。

《国酒茅台的辉煌》　杨忠明、卢启伦编著

北京，中国轻工业出版社，1999年8月。

本书从历史、工艺、自然地理、企业建设等不同侧面、不同角度再现了国酒茅台的风采，记录了国酒企业不同时期的辉煌业绩，谱写了国酒人无私奉献、艰苦创业、为国争光的时代凯歌。

《茅台的儿子》　唐流得著

北京，作家出版社，2000年8月。

本书记叙了邹开良从一个山里娃子，成长为茅台酒厂集团首任党委书记、全国优秀企业家的非凡过程。

《酿酒大师》　唐流得著

北京，作家出版社，2000年8月。

本书主要记叙了季克良大学毕业后扎根茅台35年，继承和创新茅台酒工艺，捍卫和提高国酒质量，成长为茅台酒厂集团公司董事长、国际评酒大师、全国优秀企业家的奋斗历程。

《酒神诗神》　中国贵州茅台酒有限责任公司编

贵阳，贵州人民出版社，2001年6月。

本书共分为三辑：一、"饮国酒茅台，扬中华正气"，本辑收编了贺敬之、柯岩等20多位诗人的诗歌，赞美了国酒茅台；二、"诗歌不亡，国酒万岁"，用七篇散文歌咏茅台酒；三、"酒魂国魄"以酒文化艺术片、大型民族舞剧的形式抒发了人们对国酒茅台的喜爱之情，给人以耳目一新的感觉。

《国酒的脊梁》　杨少平主编

北京，中国档案出版社，2001年7月。

本书收编了茅台集团主要领导的51篇文章，着重介绍了茅台集团自党的十一届三中全会以来，在企业建设中，狠抓企业精神培养、产品质量提高、领导班子建设和国内外市场开拓等方面的经验。

《中国茅台酒的故事》　陈博深编著

贵阳，贵州人民出版社，2002年2月。

本书从六个方面写了茅台酒的故事。一是"伟人与茅台酒";二是名人与茅台酒;三是国际友人与茅台酒;四是历史人物与茅台酒;五是茅台酒诗文;六是茅台酒背后的故事,讴歌了在改革开放的大潮中茅台酒人锐意进取的探索、创新精神,以及茅台酒厂在短短十年内从一个小厂一跃而成为国家一级企业、特大型企业的辉煌业绩。

《周恩来与国酒茅台》　季克良、郭坤亮著

北京,世界知识出版社,2005年10月。

本书从六个方面介绍了茅台酒与伟人周恩来之间发生的75则动人故事,说明了茅台酒在国内、国际的政治、外交和文化舞台上扮演了重要的角色,深深地引发了人们对共和国伟人的缅怀和敬仰。

《国酒茅台誉满全球——老外交官话茅台》　汤铭新主编

北京,南海出版公司,2006年1月。

本书收入老外交官们的文稿86篇,主要介绍了茅台酒与老外交官们之间发生的许多趣闻轶事。这些作品都是老外交官们本人所见所闻的真实历史情况,文章主题是酒,谈的却是外交,表现了"茅台香飘五大洲"、"驰誉环球耀邦家"的"政治酒"、"外交酒"特色。

《国酒当歌》　邓友梅等主编

北京,作家出版社,2006年6月。

本书是人民文学杂志和贵州茅台集团三年合作成果展示,共分三个部分:一、人民文学杂志从2003年起,每年组织作家们及新闻界的朋友们前往茅台酒厂参观、采风的14篇关于茅台酒厂、茅台人和茅台酒的华章佳构;二、季克良和袁仁国两位茅台领导阐发本企业经营理念、文化建设和茅台品牌文化遗产地位的3篇文章;三是选登了3篇热情讴歌茅台集团近几年来辉煌进取历程的报告文学。

《茅台玉液传友谊》　时延春主编

北京,世界知识出版社,2006年7月。

本书作者以第一手资料讲述了茅台与外交的生动而真实的故事,在我国外交、外事工作中演绎出了许多奇闻轶事。读者在阅读过程中既能领略到茅台酒的文化内涵,也能享受到茅台酒带来的芬芳。

《贵州商业古镇——茅台》　周山荣、龙先绪撰文,周山荣摄影

贵阳,贵州人民出版社,2006年7月。

本书介绍了茅台镇的地理位置、历史上的商业发展状况及酒与镇相得益彰的密切关系。

《征程万里过茅台——红军长征与国酒茅台》　吴德坤、胡静诗主编

北京,中央文献出版社,2006年12月。

本书通过回顾历史,贵州茅台酒为红军长征的胜利立过功,而贵州茅台酒正是因为红军长征的壮举才铸就了今天的辉煌。成为新中国接待外宾、赠送贵宾、出师壮行、庆祝胜利的政治酒、外交酒、文化酒、军事酒、礼品酒。国酒人决心把长征精神薪火相传,让国酒茅台为共和国再做出新贡献。

《联苑国花——国酒茅台征联作品集锦》　袁仁国、徐少华编著

北京,中国楹联出版社,2008年1月。

本书收集了"国酒茅台海内外大征联"活动的应征对联3000余副,以茅台酒文化的丰富内涵为依据,共分为12大类,全面、系统地赞美了茅台酒工艺、香型、质量和政治酒、外交酒、健康酒的独特魅力,以及不可克隆的

自然、地理环境；赞美了国酒人开拓进取、锐意创新、为国争光的崇高精神和茅台集团独具特色的企业文化。

二、汾酒集团

《杏花村里酒如泉》　刘集贤、文景明编著

太原，山西人民出版社，1978年9月。

《汾酒的传说》连环画册　文景明编文、王捷山绘画

太原，山西人民出版社，1982年2月。

该画册以连环画的形式记叙了汾酒的传说故事。该画册1985年12月由山西人民出版社再版发行。

《杏花村酒歌》　文景明、刘瑞祥编注

太原，山西人民出版社，1985年12月。

书号：7088 1402，定价3.10元。本书共收集了赞美杏花村汾酒的诗词241首。

《酒都杏花村》画册（第一集）　文景明等主编

北京，北京美术摄影出版社，1988年10月。

《白酒行业考评工人技师培训教材》　郭双威等编写

1991年编印。

该书共分7编15章、29万字，是全国轻工白酒行业考评工人技师和考评高级工培训的专业技术教材。

《酒都杏花村》画册（第三集）　文景明等主编

北京，北京美术摄影出版社，1991年8月。

《杏花村酒文化专集》　汾酒集团与山西省《研究与辅导》杂志编辑部联合主编

太原，山西省《研究与辅导》杂志社出版发行，1992年2月。

该集由企业领导和宣传人员，以及专家学者撰文，从文献资料、考古资料、酒器酒具、酒风酒俗等方面，深刻阐述了汾酒的悠久历史和灿烂文化。

《杏花村传说》　文景明、刘瑞祥编著

北京，北京出版社，1992年7月。

该书详细记叙了汾酒的传说故事。

《杏花村文集》　文景明、柳静安编

北京，北京出版社，1992年9月。

本书搜集、整理了1933～1992年间，山西杏花村汾酒厂公开发表于报刊杂志的312篇各类文章资料汇编。

《我与汾酒》　常贵明编著

北京，北京出版社出版发行，1995年6月。

《杏花村与酒文化》　文景明、柳静安主编

内部资料，1996年元月。

《文景明书法集》　文景明著

北京，北京美术摄影出版社，1997年5月。

《中华汾酒——正气浩然》　山西杏花村汾酒（集团）公司山西杏花村汾酒厂编印

该书第一集于1998年9月编印，主要内容是就1998年初发生的"1.26毒酒案"发生以来至当年9月份，发表在全国各地报刊上的替汾酒集团公司鸣不平'打假保真的文章进行了搜集、编辑和整理。

该书续集于2000年12月编印，主要内容是搜集、整理了1998年9月至2000年10月期间汾酒集团公司发表在各类报刊上的文章382篇，其中消息类108篇、通讯类89篇、专题专访类68篇、酒文化类32篇、有奖征文类63篇、咏酒诗丛9篇、其他13篇。

《汾酒50年》大型画册　高文玉主编

1999年9月。该画册以图文并茂的形式记载了汾酒建厂50年来在党和人民政府的正确领导下，艰苦奋斗，开拓进取，飞速发展的光辉历程。

《杏花村汾酒对联赏析》　郭双威、徐少华编著

西安，陕西人民出版社，2004年8月。

本书主要搜集了赞美汾酒的酒联1200余副，以酒联的不同用途为依据，共分为14大类。将对联艺术与酒文化知识融为一体，提供了各类酒联的具体内容和创作思路。既揭示了对联艺术与酒的色、香、味、格等"酒内文化"的关系，体现了汾酒无比丰厚的物质文化价值；又揭示了对联艺术与世俗人情、喜怒哀乐、悲欢离合、文学艺术等"酒外文化"的关系，并将诗词、书法、绘画、摄影等艺术融入其中，全面、系统地表现了汾酒丰富的精神文化价值。

《杏花村笔记》　郭双威著

北京，中国经济出版社，2007年9月。

本书是作者近20年所写文字的汇集，有随笔感悟，也有学习体会，有调研报告，也有发言摘要，但多数是围绕经济方面的话题展开的。文中还有一部分是围绕管理来说的，反映了企业管理者在创新实践和政策理论间寻找通向理想之路的思索和探寻轨迹。

三、剑南春集团

《剑南春史话》　段文桂主编

成都，巴蜀书社出版，1987年9月。

本书用史话形式介绍了剑南春酒的历史渊源、传统工艺、风格特征、现状与未来。

《名酒新论》　徐占成著

成都，四川科学技术出版社，1997年5月。

本书以酿造科技为指导，徐占成同志以他对酿酒工艺的刻苦钻研，积累了近30年的生产实践经验，和对现代酿酒科技的认识，从理论上经过总结提高，很多方面都有自己独到的见解，他首先突破了提高浓香型名优酒的关键技术，曾在全国白酒行业引起了极大的反响，该观点已为同行所接受。

《剑南春历史真迹》 赵志应英、郭宗俊主编

成都，成都科技大学出版社，1999年9月。

本书共分四部分。第一部分为题词档案篇，第二部分为照片档案篇，第三部分为荣誉档案篇。第四部分是剑南春的历史起沿档案编研资料，重在记述剑南春发展沿革。

《白酒生产指南》 周恒刚、徐占成编著

北京，中国轻工业出版社，2000年。

本书全面的介绍了各类白酒的生产工艺，内容包括白酒工业的原料和糖化发酵剂、发酵、蒸馏、贮存、除浊、勾调工艺，以及白酒的品评与体验，最后还精录了与白酒生产有关的古籍中的技术要点，并作了注释。

《四川酒文化与社会经济研究》 四川省民俗学会、剑南春集团公司编

成都，四川大学出版社，2000年4月。

本书收集了四川民俗学会1998年9月15日至17日在剑南春集团公司召开的酒文化研究会论文32篇。

《中国酒令》 乔天明、何天正、赵志英编著

成都，四川人民出版社，2001年1月。

本书记述了酒令与帝王、与官场、与世态、与名人、与佳人的密切关系，记录了古今酒令故事、并附录：中国酒令源流、中国酒令类别与令名。

《酒体风味设计学》 徐占成著

北京，新华出版社，2003年4月。

本书对酒体风味设计学的目的和内容、研究与学习的方法，中国白酒酒体设计的原则，酒体风味特征与曲药、原料、设备、生产工艺模式的关系，酒体风味特征的确认，成品酒酒体风味的形成，实现设计的酒体风味特征的关键技术，酒体风味设计的实例等，分别作了科学的探讨与总结。

《白酒品评与勾兑》 周恒刚、徐占成编著

北京，中国轻工业出版社，2004年3月。

本书是老一辈白酒战线工作者精心编写的，主要介绍了他们50多年不断摸索、实践，所总结出的白酒品评理论、技术、方法。

《酿酒工艺学——剑南春职工技能培训内部材料》徐占成、张新兰编著

2004年3月。

本书详细介绍了剑南春酒的生产工艺，并简要介绍了全国白酒的工艺学基础知识和评酒知识。第一篇，酿酒生产工艺；第二篇，白酒生产微生物及制曲工艺；第三篇，制曲工艺；第四篇，有机化学基础知识；第五篇，全面质量管理。

四、西凤酒股份公司

《西凤酒文化》徐少华著

西安，陕西人民出版社，1993年8月。

本书全面系统地阐述了西凤酒的历史文化、工艺特点、香型质量、包装装潢、市场营销，并从整体上阐述了中国酒文化的特点、酒的社会功能，以及各种实用对联。

《酒——来自西凤酒厂的报告》 王智信、蒋金彦、赵晓辉主编

北京，中国文联出版公司，1993年11月。

本书有报告文学11篇，热情讴歌了西凤酒产品、普通职工和企业家。

《西凤酒的传说》袁银波、徐少华主编

陕西澄城县，陕西摄影出版社，1994年5月。

本书从万万千千的西凤酒传说中精选了20篇最为精彩的故事，编成了这套（全书共分四集）连环画册，旨在使西凤酒文化更加发扬广大，使这些优美、动人和清香典雅、五味俱全的西凤酒，能给广大读者留下十分美好的记忆和无穷的回味。

《酒与楹联》 徐少华编著

西安，陕西科学技术出版社，1994年6月。

楹联是我国独有的一种文化现象。本书则专行搜集与酒有关的楹联2500余副，分为16大类，以源远流长、博大精深的中国酒文化知识为主线，将其贯穿一起，并对其中的精彩楹联加了必要的注释和点评。其中，既有古今联界的精妙之作，亦有作者自己的部分创作。

《酒海文絮》 张保乾主编

内部资料，2006年6月。

本书收集了庆祝"西凤酒荣获巴拿马赛会金质奖90周年暨厂庆50华诞"诗文大赛活动的获奖作品。该活动由陕西西凤酒股份有限公司主办。共收到国内，300多人次、上千件参赛作品。

《五千年中华文明——西凤酒文化》 张锁祥主编

北京，中国戏剧出版社，2007年3月。

本书介绍了西凤酒的历史文化和西凤酒文化的诸多特点：诚信、礼敬、包容、尊贵、仁爱、吉庆、刚正、朴实等，也是伟大的中华文明在西凤酒文化中的完美体现。

五、古越龙山绍兴酒集团

《沉醉绍兴酒》 傅建伟著

香港，香港新闻出版社，2006年6月。

本书以诗歌和散文的形式，歌咏了黄酒的历史、文化和工艺技术。还附有记者对傅建伟先生的专访，以及作者到黄酒集团的所见、所问、所感。

《岁月留痕》　傅建伟著

北京，五洲出版社，2007年1月。

本书收集了作者关于企业经营中的心得体会53则，分为3部分：一、悟道篇；二、谋略篇；三、修身篇。后附记者专访作者的文章3篇。

六、会稽山绍兴酒集团

《绍兴酒鉴赏》　杨国军主编

杭州，浙江摄影出版社，2006年6月。

本书以地理标志产品保护为背景，图文并貌地介绍了绍兴酒的历史渊源、人文内涵、地理特征、酿造工艺、贮存包装、分类品种、品尝鉴评、饮用配菜、营养功效，以及酒典佳话、酒缘文化等。。

七、燕京啤酒集团

《北京燕京啤酒集团——志兴国啤》　叶天放、佟玉兰、杨家新主编

北京，经济日报出版社，1997年10月。

该书将普遍的管理科学理论与燕京丰富生动的、卓有成效的管理实践相结合，对燕京啤酒宝贵的管理经验进行了客观、系统、科学简练地总结。该书完整地再现了燕京人16年的足迹风貌。

《酒业骄子——北京燕京啤酒集团公司市场形象与内应力》　龙新民主编

北京，北京出版社，2000年6月。

本书介绍了北京燕京啤酒集团公司在从无名小厂到酒业骄子的快速发展中，企业精神、用人机制、员工素质等内应力对塑造企业形象的作用。

《燕京啤酒新闻纪实》　李福成主编

北京，中国轻工业出版社，2004年3月。

此书收集了新闻工作者深入燕京进行采访、考察、报道的文章，100多万字的新闻纪实从不同的侧面真实地记录了燕京啤酒的成长过程，表达了新闻工作者对燕京的关心和关注。

《燕京啤酒与我征文》　北京燕京啤酒集团公司编印

内部资料，2004年5月。

本书是燕京啤酒集团公司为庆祝本公司第十二届啤酒节而面向全国的一次征文活动的获奖作品集。其中一等奖3篇，二等奖7篇，三等奖10篇，特别奖3篇。

《燕京·天下——中国式基业长青》　韦三水著

北京，当代中国出版社，2006年1月。

本书以燕京啤酒为坐标，以行业大历史为背景，真实再现燕京25年的发展历程和中国式基业常青的本土化企业经验，从而阐述了这样一个事实：当中国改变世界的时候，燕京啤酒也在改变着整个中国啤酒的天下。

《燕京放歌》 胡德艳著

北京，中国文联出版社，2007年9月。

本书是作者为本企业写的一本诗集。虽然看上去有些浅显，却透着深厚的生活底蕴，散发着浓厚的生活气息，谱写着劳动者的赞歌。

上述所有著作，荟萃了建国以来酒业物质建设和文化建设的主要成果，记录了中国酒文化研究全面发展、步步深入的辉煌足迹，也从一个侧面反映了中国酒业飞速发展的客观现实，是中国酒文化理论宝库和实践经验的重要资料。

第十九章 当代重要文摘

第一节 迎接文化酒时代的春天（节录）

袁 仁 国

当前，随着消费者饮酒习惯的变化等客观因素的影响，我国酒业生产正进入一个前所未有的结构大调整时期，其中一个重要特征，是继80年代啤酒大规模发展之后，90年代再次"西风东渐"，以葡萄酒为主的果酒生产迅猛发展，至今锋头甚劲，不断有各地争上此类项目的消息传出，给传统的白酒生产带来越来越严峻的挑战。

国内外无数产业发展的成功范例表明，在具体的产业运作中，挑战常常也可能潜伏着极大的机遇，挑战越大，机遇也越大，关键是对两者如何辩证地加以把握。站在新世纪的门槛，中国白酒何去何从？中国白酒还有没有"戏"可"唱"？这个"戏"能唱到多大程度？如此等等，都是业内外人士广泛关注的话题。

本文拟从文化与产业结合的宏观角度对中国白酒未来的前途和命运作一番探讨。

一、民族酒文化遗产具有强大生命力

中国是世界公认的酒故乡，早在6000多年前，在古老的东亚大陆，我们的祖先就将清泉的甘醇、丰收的喜悦，火热的激情，以及对上天的诚敬，揉和酿造在一起，捧出一种甘美的玉液，这就是酒。从酒问世的那一天起，它就摆脱了纯粹具象的"物"的状态，而与人类的政治、经济、军事、文化艺术等紧密相连，逐步积淀升华成一种精神范畴的"文化"、成为伟大祖国传统文化宝库中一颗灿烂的明珠。

斗转星移，风雨沧桑。千百年来，在国家盛典、友好盟誓、年节欢庆、祭祀神灵、消灾祛病、婚嫁寿诞、亲朋宴请、洗尘饯行等等活动中，酒无所不在、无不成为上品。所谓"无酒不成席"，很多时候，酒就如友谊的使者，增进着人们的联系、寄托着人们的情思。多少文人骚客，因酒吟出华章丽彩，流芳千古；多少书家、画者借酒恣意泼墨，墨香酒香共融，勾画出超凡脱世之作；多少哲人大师在酒中顿悟玄机，一壶浊酒观古论今，品味人生；多少政治家更因酒增添无穷胆识，干出惊天伟业；酒，还被历代中医尊称为百药之长，使多少人延年益寿、尽享天年。

融诗词歌赋、绘画书法、歌舞戏剧等艺术灵气于一身，集政治经济、宗教哲学、民俗礼仪、医学健身、饮食文化于一体，美酒飘香，可以毫不夸张地说，中华民族5000年的历史、5000年的文化，就是一部酒文化史。所以，难怪诗人会尽情抒怀——如果没有酒，人类将失去激情；如果没有酒，生活将失去色彩的光环，就没有滋味；如果没有酒，人类文化将失去灵性……这如歌的语言，并非完全的艺术夸张，它显示出的是中华民族酒文化遗产强大的生命力。

别的不说，仅仅翻开一部茅台酒的发展史，就可以感受得到这种"酒文化"的生命力的强大。

众所周知，中国民族工商业率先走向世界

国酒茅台在国宴上

的代表，从1915年茅台酒一举夺得巴拿马万国博览会金奖和世界名酒第二名开始。茅台酒之所以能一路挺进，创下"外运五洲万人尝"的辉煌，除了由于她超凡脱俗的品质外，最根本之处，还因为其拥有悠久的历史，深厚的文化内涵。某种意义上，茅台酒能够当之无愧地登上"国酒"的顶峰，跻身世界三大蒸馏名酒行列，正是因为过去和现在，她都在中国酒文化"大厦"中占有重要地位和作出了特殊贡献。显然，如果没有一种文化的"背景"，所有的辉煌都是不可想象的。茅台酒在走向世界的同时，也把中华酒文化的独特魅力尽情地展现给了世界。

眼下，有一种说法，认为白酒等传统产业是"夕阳产业"，已经没有什么太大的发展空间。这种观点，无疑是不全面的。实际上，高科技产业的发展和传统产业的改革、升级是紧密联系、互相促进的。一方面，高科技产业可以与传统产业的改造有机的结合起来，其引入有利于传统产品的创新设计，另一方面，传统产业的技术进步为高科技产业的发展提供了广阔的市场。如果我们站在一个更宏观的高度予以观察，白酒产业甚至同样可以列入高科技产业的范畴。因为，通常意义的高科技涵括信息、生物、新材料等科技领域，而白酒产业，正是生物产业的一个门类。

因此，我们没有任何理由对白酒产业的前途感到悲观。事在人为，在珍视民族白酒文化遗产的基础上，只

中国国家博物馆典藏的十大茅台青铜器，即是一部茅台文化编年史，典藏着传奇和尊贵。

中国文化遗产年鉴·酒文化卷

要我们能够以科学客观的态度，准确把握新的社会经济条件下白酒产业发展的趋势、规律和定位，这份遗产就一定会更加发扬光大、"老树绽新花"。

二、文化酒时代的来临是社会经济发展的必然趋势

要找准当前白酒产业的规律和定位，首先对该产业诞生、成长与发展的历史轨迹进行全方位的考察是必要的。根据不同的生产经营特征，我们似乎可以把这种轨迹划分为三个阶段：

第一，作坊酒阶段。经历数千年劳动人民的不断创造、归纳总结，到明清时代，我国白酒的发酵工艺基本得以确定，由此到新中国建立时的几百年间，是典型的作坊酒阶段，主要特征是：工艺传统、手工操作、生产能力落后，传播方式多为文人咏颂、帝王钦点或民间的口碑相传，经营思想是"酒好不怕巷子深"，因而市场狭小，只局限在十里八乡，流通范围狭窄。这时候白酒的质量、口感等，并无太大差别。只不过因酒师高明而个别作坊的酒稍好而已，较出名的诸如"风来隔壁三家醉，雨过开瓶十里香"的茅台酒等。

第二，工业酒阶段。建国后，随着工业化程度的深入，白酒生产逐渐由作坊变成工厂，白酒工艺进一步健全完善，使用机械化生产，生产能力取得进步，质量体系建立，酒质稳定提高。这个时期的白酒依赖于计划的包揽，产销分离，厂家不必为销售担心，工作重心只是抓生产，市场由政府去划分和控制，其结果是经营思想比较僵化，仍未摆脱"酒好不怕巷子深"的束缚，产生了官商和坐商作风。

第三，品牌酒阶段，由于市场经济的初步导入和建立，品牌消费深入人心，获得共识，产品离开了计划包揽的母体后，生产厂家的坐商式经营已无法生存，不得不纷纷树起品牌大旗，揭开了市场竞争的序幕。这一时期又划分为两个阶段：第一，"广告酒"阶段，企业用广告作先锋，打响品牌声誉，塑造品牌形象，用广告炸出广阔的市场，一夜之间，开创了白酒空前超常规发展的先河；第二，"名牌酒"阶段，当广告大战的尘埃落定之后，消费者多了一份理智，使得企业纷纷重新溯本求源，在质量上下功夫，对品牌塑造做出更深思考，开始了中国白酒业真正的"名牌战略"之路。

人类社会经济的发展，可以简单的将其归纳为农牧经济、工业经济及今天的知识经济三种历史形态。在上述几个白酒的发展阶段中，中国酒业几经沉浮沧桑，但从总体上来讲，仍然折射了相应的社会经济历史形态对称的演变轨迹：作坊酒体现了农牧经济的原始，工业酒反映了工业经济的局限，品牌酒虽然是一种进步，但仅仅只是一种新的社会经济形态到来之前的混沌阶段。今天，当知识已成为社会经济发展的根本动力时，文化对于酒业发展的重要意义也因此凸现，从而使中国白酒迎来了一个可能孕育着深刻质变的全新发展阶段，那就是"文化酒"时代。

从某种意义上说，所谓"文化酒"，就是中华民族数千年文明史的一种缩影，是人类社会历史发展过程中精神财富和物质财富的总和，是人类文明的结晶，既具有形而下的属性，又具有形而上的品质，是综合反映人类政治、经济、文学艺术、社会生活等以液态形式出现的一种特殊食品。

纵观当今酒业市场格局，有如下特点：

一是金字塔结构形成，著名品牌高居塔尖，占有绝大部分高档市场份额，其系列产品稳居塔中，其他新品牌和后继品牌居于塔底，有向上攀升的强烈愿望。

二是行业整体滑坡的同时，名优酒份额继续扩大与上升，白酒行业处于内部的调整和升级阶段。

三是地区性品牌与国家级品牌抗衡，割据一方。

四是区域市场出现短暂的白酒消费热点，"各领风骚一两年"，消费者仍有追风的特点。

五是大型酒业集团从产品经营走向品牌经营和资本营运。

从等市场到找市场，再到做市场，中国改革开放20年的酒业争霸，就是一幅市场经济大潮的生动写照，在白酒进入品牌经营后，以市场为中心的一系列举措扭转了中国白酒面对洋酒竞争的不利局面，然而，在找市场的过程中，低价倾销、高额回扣、侵权制假等现象，以及厂家在对经销商的争夺和在产品开发的争夺中展开的激烈的市场肉博战如酒店促销、开瓶抽奖、置放现金等浅表性、低层次竞争现象扭曲了市场竞争的本来面目，给酒类生产和流通带来了不小的负面影响。长此下去，势必影响整个白酒行业的利润水平，导致白酒良莠难分。事实上，就"量"的角度而言，白酒市场已趋于饱和、过剩，找市场的空间越来越小，但从"质"的角度来说，市场常常依然可以在创造中出现。有时候，一个新策略、一个新品牌可以培育和启动一块新的市场空间，使看似饱和与恒量的市场立即活跃起来。在这样的实践指导下，"名牌背后是文化"已经成为越来越多的企业家的共识，从卖酒到卖文化也就成为大势所趋，必将成为未来白酒市场的独特景观。

（作者时任贵州茅台酒厂有限责任公司党委书记、总经理、茅台酒厂股份有限公司董事长）

第二节　统治酒类销售的是文化（节录）

袁秀平

这些年来，中国白酒业的市场真可谓潮起潮落，一波三折。其市场运作，经历了从"买金牌打天下"到"做广告打天下"，再到"织网络做天下"这样一个过程。这期间还容纳了白酒企业"量"的扩张、质的角逐、资产重组、资本扩张、结构调整等等。在这段快速变迁过程中，演绎着一个又一个品牌故事，令人深思，发人深省。在这场风起云涌的白酒竞争大潮中，绝大多数品牌只能回忆短暂的成功，更多地是体味被潮水淹没的苦涩。于是，便有了"一年喝倒一个牌子"、"你方唱罢我登场，各领风骚三两年"之类的说法。有的品牌殚精竭虑，苦心经营，才勉强维持生计；有的品牌风火一时，"巨人"般起来，又"巨人"般倒下……只是为数不多的强势品牌一直傲立潮头浪尖。究竟是什么力量在主宰酒类市场？未来白酒营销的生命力又在哪里？这是我一直在思索和探讨的问题。

一、改革开放后白酒市场营销的回顾与思考

改革开放，使中国经济进入一个新时期。白酒企业在步入市场经济初级阶段以来，其发展过程中曾先后出现了四个个性鲜明的主题。第一个主题是主张"量"的增长。那时，人们刚刚脱贫，怀着丰衣足食的激情——"要喝了"！所以，对酒没有太多的讲究。当时，在"保障供给"的思维中，谁做出了"量"，谁就能占得市场先手。在这一时期，"金牌"和"广告"都曾对白酒的消费市场起了推波助澜的作用。刚开始，企业都在量上做文章的同时，谁持有产品"金牌"便可轻松地占领、扩充、赢得市场，一时间很多企业纷纷去"淘金"。为了给自己的产品弄块"金牌"，有的企业花钱到国际上去买；有的企业参加名目繁多，花样翻新的评比，在权钱交易中得到了"金奖"。随着时间流逝，消费者逐渐感悟到了这些"金牌"缺乏甚至没有含金量。于是，国家有关部门及时制止了这种滥发、滥评"金牌"、"金奖"的做法。这之后，靠"广告"打天下、催市场又热闹了一阵子。刚"开喝"不久的消费者，在缺乏具体商品知识和消费经验的情况下，只能跟着"感觉"走。跟了一会儿满天飞的金牌，发现上当后。又简单地跟着媒体走。这期间，某酒厂借助媒体造势，运作了一个空前浩大的品牌广告，一下子就发了横财。好在历史是公正的。这个靠广告一炮"走红"的品牌，很快便是昙花一现了。消费者经历了这样一个阶段后，逐渐重视"质"的分辨了，开始"以质为本"去选择白酒，主张要喝"好"了。洞察到消费者已经是以"质"为购买前提的企业，便一方面控制"量"的适度增长，一方面强化"质"的提高。这便是以"求质"为主的第二个主题。客观地说，"求质"为主的第二主题提高了中国白酒品

中国文化遗产年鉴·酒文化卷

牌过多、总量过剩，其市场竞争越来越激烈。在这种情况下，许多白酒企业明显感到，仅仅依靠商品力（质量）优势进行市场竞争，已经远远不行了，除了商品力（质量）优势之外，还需将各种企业力形成一定的规模化。于是，出现了以"变"（资产重组、资本扩张、结构调整、品牌扩展和品牌延伸）为内容的第三个主题：一大批工厂"变"成了企业集团；一个品牌、几种产品"变"成了一个品牌体系、上百种产品；还有新的品牌和产品不断地被孵化出壳……第四个主题是以主张强化销售力，以构建市场网络，做终端销售为特征的。这一时期，白酒企业都花力气、下功夫构筑销售通路，甚至不少企业在舞厅、酒楼促销产品。一时间，市场大战愈演愈烈。

以上这四个主题的变迁时期，可称为中国白酒企业的"初级市场阶段"。这段发展历程分化了产品、分化了品牌、也分化了企业。如今，有些"名酒"举步维艰，有的甚至苟延残喘，但也有为数不多的强势品牌应运而生，如"五粮液"、"泸州老窖"、"剑南春"、"全兴"、"古井"等。强势品牌群体分化的出现，导致白酒市场竞争格局发生了深刻的变化。粗犷型的管理和营销将会被淘汰出局，而科学化的企业管理，特别是新的产品营销理念的确立及其运作方式的成功，将是白酒市场竞争和推动中国白酒业发展的主旋律。

二、文化价值将是白酒消费的主宰

从社会总体消费发展趋势上看，总体消费也将从低层次向高层次发展。我国城市居民的消费统计数据就显示，改革开放后，用于表示食物在消费中所占比率的恩格尔系数逐年下降，这表明，我国人民越来越向需求的更高层消费迈进。当代一些社会学家研究现代消费方式的变化时认为，新中国发展至今可分为三个阶段：第一阶段是"生存时代"，指改革开放前，那时生活就是为了衣食、为了生存而努力；第二阶段是"生活时代"，是指改革开放后，经济的高速增长期，耐久性消费品大量涌现，这是一个有了各种生活设施（如电视机、冰箱、音响等）就能活得更好的时代；第三阶段是"生感时代"，也就是经济进入平稳的发展时期，由于产品的过剩供给，人们开始追求"感性生活"——追求更能满足自己归属与相爱、尊重与地位乃至自我实现需要的感性商品消费。

对酒类商品而言，从表面上看，酒是一种食品，但就其社会化意义而言，人们消费白酒的本质需要，绝大多数人绝不是生理上的食物性需要。白酒，一是营养价值不高，二是保健功能不强，在营养过剩和身体健康的主力消费群体中，很少人去追求这种他们已过剩的边际价值。应该说，消费白酒是一种文化上的需要，这种消费是在文化的支配下发生的行为，如进行亲情、友情等情感交流时，为表示理解与尊重，表达热情与精神，呈现价值与威望……这是社会中人性的一种高层次需要，它涵盖了马斯诺学说所分出的第三个层次以上所有需要的一个方面。因此，酒的确是人们以精神价值享受和文化价值享受为基础而需要的一种"感性商品"。

目前，一方面我国经济有了很大发展，人民生活水平有了明显提高；另一方面，我们的社会发展又步入了高科技时代，人们的生活节奏加快，工作多变动、高竞争、过度紧张。人们在快节奏的生活环境中学习、工作、生活，易导致心理压力增大、情感失衡，精神生活相对缺乏，甚至有些人会出现精神空虚状态。因此，人们对精神生活、情感需要日趋强烈。这种强烈的渴望出现在消费领域中，直接反映出的是文化消费倾向。具有这种消费倾向的消费群体，在现实消费中往往是借助购买和消费感性化商品来实现情感寄托，实现情爱和实现自我价值等层次的需要。所以，我们"酿酒"，就应该"学会把物质技术上的奇迹和人性的需要平衡起来"（约翰·耐斯比特语），让我们的"酒"有性格、有情感、有品位、有精神价值、有文化感染力……以满足人们日益发展的高层次需要。这正是中国白酒业所面对的一个"卖文化"的时代焦点课题。

中国酿酒历史悠久，中国酒文化源远流长。现今社会和未来时代，人们追求消费的高层次，消费品味不断提高的趋势，都为中国白酒，特别是中国白酒强化品牌的发展提供了新的广阔的空间。

一个以人性原则为基础，以人本精神作规划，以文化资源为素材，为品牌扩充文化价值和魅力的艺术化的文化营销工程，应该是我们新时代的管理理念。

（本文作者为泸州老窖集团有限责任公司董事局主席、总裁）

第三节 其他文摘与书目

(按时间倒序排列)

1. 仁青卓玛 《浅析苗族酒文化》酿酒，2008年02期

如今，在苗族人民的生活中，酒已是一种不可缺少的东西。从家中的每日三餐到办喜事、丧事，乃至大型的民族节日活动，喝酒是人们要做的第一件事。随着酒在苗族人民生活中扮演的角色越来越重要，苗族的酿酒技艺、酒的类别及苗族的酒礼、酒歌已成为大家广为关注的对象。

2．朱晓梅 《品味中国古代的酒德和酒礼》烹调知识 2007年12期

历史上，儒家的学说被奉为治国安邦的正统思想，酒的习俗同样也受儒家酒文化观念的影响。儒家讲究"酒德"两字。酒德两字，最早见于《尚书》和《诗经》，其含义是说饮酒者要做到执行酒礼，讲究酒德。不能像商纣王那样，"颠覆厥德，荒湛于酒"，《尚书·酒诰》中集中体现了儒家的酒德。

3．李兵宜《<说文解字>酉部字和古代酿酒文化》大众科学(科学研究与实践)，2007年19期

东汉许慎的《说文解字》共分540个部首，其中酉部收字75个，多与"酒"有关系，都体现了古代的酒文化。文章包括两个方面的内容：一，《说文解字》酉部部首字"酉"与"酒"的关系；二，从《说文》中酉部与"酿酒"有关的若干汉字看古代酒的酿造文化。

4．陈捷 《羌族的"咂酒"文化》酿酒科技，2007年10期

羌族的咂酒在现今不仅没有衰退的迹象，而且还呈现出不断深化提高的趋势。羌族咂酒的发展趋势，既保留了古代羌人继承和发扬的古代羌文明成分，又引进了不少先进的现代文明文化。醇香的咂酒文化将和其他文化一样，在现代羌人独具匠心的创作中将会闪现更加绚丽的光彩，羌族的咂酒文化也将使中华民族的酒文化更加五彩缤纷。

5.《中国的酒德和酒礼》现代语文(文学研究版) 2007年 10期

6． 袁湘龙 《论少数民族产业的策略行为与体验式开发——以内蒙古奶酒文化及其发展为例》民族论坛，2007年 08期

当前我国正在组织实施的民族事业发展规划，是坚持以富民兴边为宗旨，重在加快少数民族和民族地区经济社会发展。少数民族酒文化是一项开发潜力较高的民族文化资源财富，以内蒙古奶酒文化及其发展为例，可以分析研究得出少数民族产业应该根据企业和市场的基本条件，结合文化产业的特性，做好产业发展的策略行为的选择，制定好产业开发规划，对少数民族产业深度参与，打造体验市场具有现实指导意义。

7．唐文龙《构建有"中国印记"的葡萄酒文化》酿酒科技，2007年 04期

通过介绍葡萄酒文化的范畴，分析了中国传统酒文化对于葡萄酒文化的影响，提出了葡萄酒文化在中国的发展与成熟必将带有"中国印记"，同时也是行业所应该努力的方向。

8．刘秋根、杨小敏《从黑城文书看元代官营酒业的变化》宁夏社会科学，2007年 01期

本文通过对黑水城出土汉文文书中出现的一件有关元代亦集乃路官府管理酿酒业的资料进行分析，发现元代官府造酒生产中人的要素和物的要素逐渐发生了变化；并初步揭示了元代亦集乃路官府自用非商品酒生产由官府集中生产转变为官府管理下的分散酿造，体现了封建官府变相多样的求利手段以及国家宏观、有效控制酿

酒业能力的不断完善。

9. 张薇《官商合谋与经济发展——基于唐宋专卖制度的研究》江苏商论，2007年 01期

本文主要阐述了中国古代专卖制度的演变，尤其是唐宋以后，专卖制度由直接专卖向间接专卖转化。就这一转变，本文结合经济史的史料和数据证明了采取间接专卖制度后政府的收益成效。此外，就专卖制度在宋代经济发展过程中所起的作用，本文运用了博弈论的分析工具探讨了在间接专卖制度下政府与商人达到了一种官商勾结的均衡状态，从而阻碍了商品经济的进一步发展。

10. 柯媛媛《字中窥酒——从语言学角度浅析中国酒文化》福建轻纺，2006年 09期

中国古老文字蕴涵着浓浓酒香，先民造"酒"字伊始，就溶入了浓重的酒文化色彩，本文试从字与酿酒术、古代文化活动、酒的种类的关系，初步阐述中国酒文化。

11. 王莘《乔伊斯和鲁迅小说中的酒文化审美》解放军外国语学院学报2006年 03期

酒是乔伊斯和鲁迅小说中不可或缺的因素，其作用在渲染气氛、分析人物、深化主题中得以体现。酒作为特定文化的化身，具有强烈的民俗色彩，而饮酒行为背后所体现的酒神、日神哲理，可以帮助读者体验生命的全部历程。通过对两位作家笔下三类酒客形象的分析，为乔学和鲁学的比较研究提供新的角度。

12. 朱英雄《王宝和的蟹文化与酒文化：上海食文化论文集萃（1996年~2006年）》中国食文化研究会，2006年

今天的蟹文化研讨会对我来讲是个讨教会，学到了许多以前未听到或还未联想到的关于蟹的文化内容，进一步增长了蟹文化与酒文化的知识，对今后蟹筵的包装可以起不少作用。

13. 毛照显《振兴民族酿酒工业 弘扬中华酒文化：上海食文化论文集萃（1996年~2006年）》中国食文化研究会，2006年

酒是一种非常奇特而又富有魅力的饮品，是食文化中内涵最丰富、历史最悠久的一种。酒的起源，在有记载中，如《吕氏春秋》里有"仪狄作酒"；《战国策》中"昔者，帝女令仪狄作酒而美，进之禹"；《世本》说"少康作秫酒"。少康即杜康也，是夏朝第五代帝，当时因后羿乱政，被其亲信寒浞追杀，逃至舜的后裔处。

14. 盛崇鼎 《景颇族的"酒文化"》东方食疗与保健2005年 09期

景颇人喝的酒是家家户户都会自制的水酒，它度数不高，近于啤酒，其味醇香。清凉可口，既可解渴，多亦醉人。云南的景颇族，是一勤劳淳朴，待客热情的民族，几十万景颇族同胞主要聚居于滇西南一带。景颇人，男女老少都爱喝酒，酒与景颇人可谓相伴终生，这种嗜酒之习世代相沿，从而形成了一道绚丽的人文景观——景颇人独具特色的"酒文化"。景颇人水酒的制造工艺简单，只须把大米淘洗干净、用甑蒸熟后再晾凉，然后拌上酒药。用芭蕉叶包好后放上几天，待闻到有浓烈的酒香味后，再把它放入土罐中密封保存，过上十来天后，再加上凉开水，就成水酒了。水酒也就世代相传，与景颇人结下了不解之缘，像乳汁一样哺育着景颇人。景颇人，无论上街赶集、串亲访友、还是婚丧节庆，人人的"筒怕"(挎包)里总是放着一个小巧精致的竹制"特勒"(酒筒)，凡知己相逢、熟人见面、客人来访，都会拿出来招待。

15. 迅儿 《品味酒文化》中国健康月刊2005年 08期

中国人很看重饮食文化，酒文化与其相得益彰，美酒、佳肴向来是一对鸳鸯眷侣。高兴的时候、不开心的时候、过节的时候、平常的日子，没有酒的陪伴生活就像白水一样淡无滋味，我们需要美酒的刺激和熏陶。在各种各样的日子里，与家人、与好友，斟一小杯酒，在轻摇慢啜中交谈相叙，情趣盎然，这个时候我们有一个共同的话

题——聊聊酒文化。

15．杨利 《酒文化及酒的精神文化价值探微》邵阳学院学报(社会科学版)，2005年 02期

酒对中国历史文化、文学艺术、绘画艺术、宗教文化、民风民俗、科学技术、社会心理、军事研究等各个领域产生了巨大的影响。中国酒文化以其悠久的历史、博大精深的蕴涵而在世界酒文化之林中独领风骚，人们逐步认识到中国酒文化的精神文化价值:中国酒文化是一种社会文化，也是一种政治文化，更是一种艺术文化。

17．吴晓煜《中国酒文化谈丛》(一) 当代矿工2005年 01期

从曹孟德的"对酒当歌,人生几何",到苏东坡的"明月几时有,把酒问青天";从诗仙太白的"斗酒诗百篇",到革命先驱秋瑾的"貂裘换酒也堪豪"。我们可以看出,对于国人来说,酒已不仅仅是一种饮品,而是一种积淀,一种寄托,一种悠久的文化。中国有着五千年的悠久历史,是东方传统文化的发祥地,文明历史源远流长,文化类别异常丰富,而真正将酒作为文化进行专门研究和表述的著作却凤毛麟角,并不多见。

18．刘正刚、刘强 《清代台湾少数民族酒文化探析》贵州民族研究，2005年 01期

清代台湾少数民族特有的酒文化现象,不仅彰显了其浓厚的文化习俗特色,显示出其社会经济发展水平的相对低下,同时也反映了移民与少数民族经济文化交流的频繁,从一个侧面印证了汉番共同开发台湾的历史业绩。

19．寒冰 《香袭千年的少数民族酒文化》民族论坛，2004年 02期

六千年前或者更早的时候,在那片古老、神奇的土地上,当中华民族的先民们将清泉的甘冽、禾黍的芬芳、收获的喜悦、生存的热望以及对于大地和上苍的诚敬,糅合酝酿在一起,捧出了馥郁芳醇的琼浆玉液时,酒,作为一种独特的文化,从此便融入到人类文明的历史长河中了——它浸润在先民祀天祭地、叩首膜拜的庄严中,浸润在百姓五谷丰登、欢歌宴客的喜悦里,浸润在人们婚丧嫁娶、凡俗生活的方方面面——数千年的民族文化也正是因了这份浸染和滋润而变得越加丰厚与甘醇。

20．刘玉峰 《唐代禁榷制度的发展变化》学术研究，2004年 02期

唐代中后期的禁榷制度包括榷盐、榷酒、榷茶和榷铁制度,均是官营国有的垄断性工商业经营,以国家财政作为出台实施的出发点和归宿。唐代禁榷制度突出反映了封建帝制政权对社会经济发展的强力干预和操控,既促成了国有经济的发展和国家财政结构的前后变化,也极大地摧残扼杀了民间工商业的正常发展,资本主义的生产方式和社会制度难以生长壮大。

21．杜莉 《中西酒文化比较》扬州大学烹饪学报2004年 01期

中国和西方的酒文化有较明显的差异:在酒的用料与品类上,中国最具特色、最著名的是用粮食酿造的粮食酒;西方则是用葡萄酿的葡萄酒。在酿造工艺上,中国讲究料、水、曲三者统一,采用固态、复式发酵法;西方以料为核心,采用液态、单式发酵法。在酒文化的核心上,中国视酒为工具,意不在酒;西方视酒为艺术品,意就在酒。造成这些差异的原因在于地理环境、物产、原料和生产方式、文化传统等的不同。

22．黎莹 《举世无双的中国酒文化(一)》 食品与健康，2004年 01期

酿酒,饮酒,用酒,以及由此而产生或衍生的行为和观念,是一种文化现象,人们称之为"酒文化"。这是世界共同的现象。中国是世界上发明酒类最早的国家之一又是酒类生产和消费最多的国家之一。因而,中国酒文化对我们是非常重要的。

23．龙美光《酒品·酒礼》创造，2003年 12期

我的民族尚酒如流，且传有民谚云："彝族不喝酒，枉在世上走"。我却始终未沾一滴美酒，全副模样只似一介书生。只好把卷略论酒，权当品它一回美酒吧! 酒有它自己的身世，自己的祖宗。明人冯时化著《酒史》，曰："酒自仪狄、杜康始"。主要旨明了酒在传说中的创制功臣，拿仪、杜两位古人奉为酒的始祖。酒的生产应该很早，早在汉代就有了"酒榷"之说。

24. 郭万军、许秀峰、赵旭东、朱康、张云《嗜酒：文化变迁中不应忽视的问题——对少数民族地区饮酒状况的调查》今日民族，2003年 11期

　　传统上，少数民族"善饮酒"的刻板印象在我国比较流行，而一些研究结果似乎也在证实这一点，如上世纪八十年代末、九十年代初的酒依赖患病率调查资料显示：广东畲族为50.72‰，黑龙江鄂伦春族为40.09‰，延边朝鲜族为23.80‰，内蒙古蒙古族为55‰，四川彝族为9.60‰……而一般对少数民族嗜酒现象的解释，大多认为与其文化传统有关。

25. 刘文《中国酒文化中的礼：饮酒有节制》中国消费者报，2003/11/10　B02版食苑天地 栏目

26. 段世琳、杨宝康、刘青《佤族酒文化的价值与开发的思考》云南师范大学学报(哲学社会科学版)，2003年 06期　作者单位：临沧教育学院民族文化研究中心 云南临沧

　　酒文化是古今中外最大众而又最神秘的文化之一。然而，人类酒的起源和酒的功能及其饮用价值至今仍众说纷纭。本文从人类酒起源说到酿酒、饮酒发展形成的酒文化的展现与佤族水酒文化发展历史的纵横对比，用大量资料进行了论证，对人类数千年来酒起源之谜和酒的功能价值与酒礼、酒德等文化进行了有据探索与揭示，指出佤族创造的水酒文化是人类最古朴、最典雅、最健身、最优秀的酒文化之一，是一种很有开发价值的酒文化。

27. 胡展源《中华酒文化特点——白酒文化与竞争力之》酿酒科技2003年 03期

　　中国酒文化博大精深，其核心内容体现在：酒文化是人的主观能动性和酒的客观能动性的辩证统一；酒文化是社会文化的一部分，传达各种社会文化与民族文化精华；精英文化传颂酒文化中的酒礼和酒德，增添了酒文化强烈的精英文化色彩；酒文化的矛盾性客观揭示了白酒文化的许多现象，合理解释了许多客观存在的问题。

28. 杨印民《元代酒俗、酒业和酒政》河北师范大学2003年中国古代史硕士论文 导师：孟繁清

　　元人尚饮，熏风酷烈，上至皇室贵族，下至平民百姓，饮酒的社会群体十分庞大。但由于元代社会民族关系和阶级关系的复杂性，不同社会阶层的饮用酒风俗也不尽相同，宫廷酒"奢"；文人士大夫酒"雅"；民间酒"朴"；寺观酒"逸"，由此呈现出元代社会文化的多样性和兼容性。在元代，由于酒是人们日常饮食生活中不可或缺的消费品，其生产和销售也成为社会经济活动的重要组成部分，各家酒肆为了招徕顾客，兴隆生意，经营方式花样迭出，除了司空见惯的钱币买卖，实物对换、赊贷之外，还有酒牌代钞、张贴酒榜或酒疏、及用酒妓佐酒等等，手段之高明，可谓无所不用其极。在此基础上，元代酒业有了长足发展，生产技术和产品质量不断提高，酿酒区域不断扩大，酒的品种不断增多，并形成几大地域特色：中原及南方广大地区主要以粮食酒为主；西域和中亚地区主酿葡萄酒；北方草原则尚马奶子酒。

29. 黄修明《中国古代酒禁论》重庆大学学报(社会科学版) 2003年 01期

　　酒禁是中国古代国家权力机制对社会酒事行为或酒营活动进行强制干预的一种行政控制手段，　其禁令内容既包括取缔社会酒类消费、中断一切酿酒、酤酒、饮酒等社会酒事行为，同时也包括国家实施榷酒政策垄断酒业经营，专禁民间私酿私酤的酒政限制。中国古代酒禁政策代有变迁，禁酒原因各有差异，不尽相同，但对犯禁行为实施重刑惩罚，却是历代酒禁立法的共性现象。作为国家权力干预酒文化或酒业经济的一项专制政策，酒禁

的结果,使中国古代酒文化或酒业经济的发展,被打上了十分强烈的专制政治印记。

30. 申学莉、刘玉、解彦军《酒与中国古代文学》社会科学论坛,2000年 12期

倘若没有酒,中国的古代文学将如何?是否能写出流传千古的诗句,是否会有那个性的张扬、飘逸的风采?从《诗经》到《红楼梦》,三千年的文学长河中几乎处处洋溢着酒香,酒文化与中国的文学有着密切的关系。酒的起源与文学起源几乎同步。关于酒这种饮食文化的出现,最早见于《春秋·赵整传》"地列酒泉,天垂酒池,杜康妙识,仪狄先知"。事实上,早在杜康之先,酒就已经存在了。

31. 陈少华《独领风骚的中国酒文化》科学中国人 1999年 02期

酒不仅是一种香味浓郁的食物饮料,而且是一种内涵丰富的文化用品。饮酒不仅是一种饮食行为,而且是一种文化活动。在人类文明史上,酒文化是各民族不同传统文化中的重要组成部分。这种酒文化,是指围绕着酒这个中心所产生的一系列物质的、技艺的、精神的、习俗的、心理的、行为的现象的总和。它既包括了酒的起源、生产、流通和消费,也包括了酒的各种社会文化功能以及酒所带来的社会问题等方面所形成的一切现象。

32. 董希文《唐代酒业政策探析》齐鲁学刊,1998年 04期

唐代酒业政策既有对传统酒业政策的继承,又有发展和创新,各项政策的实施和转化主要以财政需要和各地具体情况而演变,没有形成一贯之制,但其奠基和先驱作用不容抹煞。

33. 李柳芳《唐代诗歌与中国的酒文化》广西广播电视大学学报1998年 04期

中国传统文学最显著的特征是抒情诗的发达。这些即兴式的抒情短章的创作,多在饮酒的环境中进行,它们记录了作者平日积累于心底,经酒精刺激徒然爆发出来的悲欢离合的人生感受。本文从文学史中有关的生动的作品和史料中,具体描写了这一段千古诗酒风流,寻绎不同时代不同个人诗酒因缘的不同特征,从而在一定程度上呈现中国酒文化的脉络。

34. 徐少华《严厉的禁酒——我国历史上的酒政》中国食品,1997年 10期

我国有着悠久的酿酒历史,作为酒文化的重要内容之一,历代王朝为了维持社会稳定,维护统治需要,实施了适应当时社会经济发展水平的酒政,在漫长的历史长河中,禁酒、税酒、榷酒(专卖)三种政策频繁更迭。通过历代酒政的演变,可以从一个侧面了解当时的社会政治、经济、军事、文化的发展,并从中汲取一些值得借鉴的经验教训。本刊拟分三期刊登徐少华同志的文章,分别介绍有关禁酒、税酒与榷酒的历史演变。

35. 田渝生、赵梅《我国古代文学与酒文化》华夏文化,1997年 03期

我国古代文学与酒文化有着密切的关系。从最早的文学著作《诗经》开始,到震惊世界的文坛巨著《红楼梦》,三千年的文学著作中,几乎离不开酒。源远流长的中国酒文化对于古代作家的精神世界、创作心态及作品的特殊风貌产生过强烈而深刻的影响。

36. 张天杰 《酒盲炒酒文化之谜》中国酒,1997年 01期

大约在八十年末,在中华大地上突然间冒出那么多酒文化研究会,从北京到全国各地,均在挂牌营业。正是:"忽如一夜春风来,千树万树梨花开。"细观之,这些研究会,确有研究酒文化的,他们著书立说,为宏扬中华古老的酒文化,推动酒业发展,起到了应用的作用。然而,一些根本不懂酒、货真价实的酒盲,也把酒文化炒得纷纷扬扬,一时间什"酒文化"成了最时髦的词。

37. 颜吾芟《魏晋南北朝时期的酒政》商业文化,1996年 04期

从东汉末年到公元589年隋统一之前，中国历史经历了自秦统一以后的第一个大分裂时期—魏晋南北朝时期。这一时期，封建政权更替频繁，一些北方少数民族也进入中原地区建立政权。由于战乱，政治不稳，各个封建政权对酒的政策基本上延续了东汉的政策。

38．颜吾芟《秦汉时期的酒政》商业文化，1996年 03期

公元前221年，秦始皇平灭六国，统一中国，建立起专制主义中央集权制的封建国家。秦王朝建立以后，继续了秦国商鞅变法以来的"禁酒"政策，实行酒业官营，抑制私营酤（买卖）酒业，严禁居住在农村的人从事酿酒、沽卖等营生，并把这一政策推行到城市。

39．颜吾芟《先秦时期的酒政》商业文化，1995年 03期

酒在中国起源很早，相传发明酒的人是夏代的仪狄和少康（杜康）。《说文》："古者，仪狄作酒醪，禹尝而美……杜康作秫酒。"实际上时间当更早些。酒是随农业产生而发明的，因为中国的酒向来是用粮食酿造而成，所以说"清盎之美，始于来耜。

40．思羽《中国酒文化》北京物价，1995年 01期

长期以来，人们一直以为杜康(传说中夏的国王，距今约4100多年)是我国最早酿酒的人。古雍城地区6000年前仰韶酒器的出土，又把我国的酒文化推朔到远古社会。中华民族饮酒与文化的联系源远流长，饮酒的历史与华夏文明史几乎一样长。在初始阶段，酒和祭祀分不开。先民们祭天地神灵，宗庙社稷、冤魂厉鬼，是为了求得渔猎充盈、五谷丰登。后来，凡节目庆典，出师祝捷、升迁婚育、尊长待友，往往以酒助兴，以显隆重、热烈喜庆。

41．《第二届国际酒文化研讨会在杭州举行》酿酒1995年 01期

第二届国际酒文化研讨会在杭州举行由中华酒文化研究会、中华酒文化研究所、日本酿造协会和浙江工业大学发起；浙江工业大学等单位主办的"94'国际酒文化研讨会"，于1994年10月17日～23日在杭州举行。这次会议是继1991年成都会议之后的第二届国际酒文化研讨会。

42．《酒文化与尚酒之风》承德民族职业技术学院学报1995年 01期

近年来，一些专家学者把我国酒的生产和消费作为一种文化范畴提出，称之为"酒文化"。酒文化是中国古老文明的组成部分，我国自古就有大禹令夷狄造酒的传说。

43．浩渐、冰客《酒啊！酒——中国当代"酒文化"透视》人民检察1994年 04期

众里寻酒千百度，华夏"酒文化"发达惊人，中国的酒文化源远流长。"李白斗酒诗百篇"，"因醉，入水中捉月而死"，"醉诗人"中他算一举夺魁了。宋代大文学家苏东坡"明月几时有，把酒问青天"，其间"酒中多少诗，酒中多少"。

44．杨乃济 《中西酒文化比较》北京联合大学学报1994年 04期

本文从中国、西方不同的饮酒方式入手，揭示中西酒文化差异的几个重要方面——浅斟低唱与牛饮；微醺与醉昏；人造酒说与神造酒说，以及缘此而来的种种不同的文化引伸；尝试着以触类旁通、穷本及源的思辩模式，就中西酒文化的许多具体现象，进行某些形而上的哲学思考；同时也对中国酒文化特有的"酒的社会功能与政治功能"、"天人合一与酒"、"酒桌上的游戏——酒令"，作了较为全面的介绍。

45．史永进《酒文化漫谈：酒的追溯》临沂师专学报1994年 02期

酒，在中国的历史上，可谓源远流长。有文字记载的，便可追溯到四、五千年以前。汉代许慎《说文解

字》对"酒"的解释是:"古者仪狄作酒醪. 禹尝之而美. 遂疏仪狄杜康作秫酒"。李时珍在《本草纲目》中也有记载。

46. 吴传梅《饮酒与酒文化——酒文化杂谈》企业文化1994年 01期

酒,在人际交往中有着重要的作用,它在人类生活中搭起了一座沟通、交往、理解的桥梁。人只要在社会上生活,就离不开交往,而酒在交往中(包括国家关系)的特殊作用和神奇魔力,恐怕是任何一种东西都望尘莫及的。酒,伴随着人类文明的发展,已渗透到人类文化的各个方面,从饮酒到赏酒,经近万年的进化,逐步形成了自身独特的特色。

47. 伊永文《宋代酒文化掠影》中国食品,1993年 10期

门边朱红华表柱上,两面白粉牌,各有五个大字,写道:"世间无比酒,天下有名楼"。又见:"雕檐映日,画栋飞云,碧阑干低接轩窗,翠帘幕高悬户牖。"与之齐名的是那浔阳江畔的琵琶亭酒馆,亦是"四周空阔,八面玲珑,栏杆影浸玻璃,窗外光浮玉壁"。(见《水浒传》)

48. 李华瑞 《论宋代酒业产销的管理体制》河北大学学报(哲学社会科学版) 1993年 03期

酒类专卖在宋代的专卖制度中,与茶盐专卖同样占有很重要的地位。但是在产销管理上却较茶盐复杂,因为一般地说,茶盐有比较固定的产区,而酒类则不同,它根据市场需要,可以随处生产,所以将酒类产销纳诸封建国家专卖制度的管理体制上,也就呈现出因时而变的复杂特点。迄今为止有关茶盐产销的管理体制,已取得了较多的研究成果,而对酒类产销的管理体制问津者甚少,这对全面了解宋代专卖制度来说不能不是一个缺撼。

49. 黎世英 《宋代的酒政》南昌大学学报(人文社会科学版),1992年 03期

据史料记载,很久以前,我国人民就掌握了酿酒的技术。《战国策》说:"昔者,帝女令仪狄作酒而美,进之禹,禹饮而甘之"。也认为仪狄最先作酒。当时酿造的酒,虽然也饮能至醉,但毕竟处于低级阶段。到战国时期,随着社会生产力的提高和技术的进步,酒的酿造也发生了重大变革。在汉代已经能酿造种类繁多,质量较高的酒。宋代的酿酒业就是在这个基础上发展起来的。

50. 吴永章、吴萍《"鼻饮"考释》

据说,百越民族系统曾存在着一种奇特的饮水、饮汤、饮酒之法,名曰鼻饮。前辈学者,对此意见纷纭。有的信其有,芮逸夫、江应梁、戴裔煊诸先生即持是说;有的断其无;更多的人,似持姑妄听之的态度,无所适从。持反对态度者,以田曙岚先生的意见为最烈。

51. 雷学华《高山族的酿酒术和饮酒风俗》《中南民族大学学报(人文社会科学版)》1990年04期

饮食文化是人类物质文化的一个重要的组成部分。酒,是人类社会生活中的主要饮用品之一。对于高山族人民来说,最好的饮料莫过于酒。清人郁永河在《稗海纪游》中说,高山族"秋成纳稼,计终岁所食;有余,则尽付曲蘖;来年新禾既植,又尽以所余酿酒。番人无男女皆嗜酒。酒熟,各携所酿,聚男女酣饮;歌呼如沸,累三日夜不辍。余粟既罄,虽饥不悔。"足见其好酒的程度。探讨高山族与酒的关系,不仅有助于对高山族生活文化特点的了解,而且对于研究海峡两岸民族间的经济文化交流也具有一定的意义。

52. 陈衍德《唐代的酒类专卖》中国社会经济史研究,1986年 01期

唐代诸项专卖收入中,盐居首位,酒类次之。然而,就专卖形式的多样及其演变的复杂而言,酒类又在其他专卖品之上。唐代的盐专卖前人已颇有研究,相比之下,酒类专卖的研究还很不够。笔者不揣学力浅薄,拟就这方面的诸问题,包括酒类专卖的演变和发展、酒类专卖的机构及其收入等,作一些初步的探讨。 酒类专卖始于西

汉武帝天汉三年的"初榷酒酤",那次实行的时间虽然只有十八年,但对唐代的唐代的酒类专卖有很大影响。

主要参考资料:

1. 徐少华著《中国酒与传统文化》北京,中国轻工业出版社,2003年8月
2. 乔天明、何天正、赵志英编著《中国酒令》成都,四川人民出版社,2001年1月
3. 吴同宾《壶中日月　粉墨春秋》
4. 冯德、高惠君《酒酣情浓舞翩跹》
5. 刘骏骧《中华武术与酒文化》载于行前主编《中国酒文化大观》中,北京,当代中国出版社,1997年
6. 刘骏骧《百戏添酒趣 技艺更出神》载于行前主编《中国酒文化大观》北京,当代中国出版社,1997年
7. 中华五千年网 (www.zh5000.com)
8. 郭治凤《酒名拾趣》,原载《中华酒文化大观》,当代中国出版社,1997年版
9. 毅民文《酒与典籍》,原载《中国酒文化大观》,北京,当代中国出版社,1997年
10. 朱宝镛、章克昌主编《中国酒经》,上海,上海文化出版社,2002年
11. 杨国军著《绍兴酒鉴赏》,杭州,浙江摄影出版社,2006年6月
12. 田渝生、赵梅《我国古代文学与酒文化》华夏文化,1997年 03期 作者工作单位为河北经贸大学
13. 丁晓梅《审美关照下李清照词中酒的文化意义》 喀什师范学院学报 2007年7月 第28卷 第4期
14. 田桂菊《论武术与酒文化相结合的价值》体育文化导刊2007年 04期 作者单位:深圳职业技术学院
15. 王资鑫《醉打的艺术魅力》
16. 高玉琮、雷均祥《曲韵沁芳（曲艺与酒）》载于行前主编《中国酒文化大观》北京,当代中国出版社,1997年

第五篇　酒与礼俗

当我们考查古今礼仪和民俗的时候便会发现，酒与这些礼俗的联系竟然如此密切，以至于达到"无酒不成礼"、"无酒不成俗"。作为更多地属于大众文化的酒文化，正是在千姿百态的礼俗活动中得到了普及和发展，因而形成了独具中华民族特色的酒礼与酒俗。这些礼俗除了极少部分属于统治阶级的礼教范畴之外，绝大部分则属于民风民俗的范畴，它是一种历史文化的创造与积淀，扎根于人民群众的生活土壤之中，具有深厚的社会基础和持久的生命力。这些酒礼酒俗中也包含着丰富的传统文化的精华，也融汇着历史上形成的价值观念、民族心理与信仰，当然也有一些过时的繁文缛节和有害的封建糟粕，需要我们通过移风易俗，推广良风良俗，革除陈规陋俗，更好地服务于社会主义物质文明和精神文明建设。

第一章　饮酒礼仪

饮酒礼仪几乎与酒同步诞生。还是在上古的时候，酒与礼就结下了不解之缘。作为中国一切文化现象特征的"礼"，也正是在人们的饮酒和饮食活动中产生的。在中国古代"，国之大事，在祀与戎"，古人祭天地、交鬼神、宴宾客以及冠、昏、丧、祭、朝聘、乡社等，酒礼器无所不用，是当时重要的礼仪之具，中国古代文化史专家柳诒征先生认为："古代初无尊卑，由种谷作酒以后，始以饮食之礼而分尊卑也"。由此可知两点：一是酒与礼结缘之早之深；二是礼之作用是分尊卑。明末黄周星《酒社刍言》一开始便说；"古云：酒以成礼。"在儒家先哲们看来，酒主要是礼仪的象征，他们把饮酒活动作为人们学礼、施礼，进而达到"成人"、"合天"的一种重要途径，甚至成为淳教化、协殊俗、睦四邻的特殊手段。"祭荐祭酒敬礼也；哜肺尝礼也；啐酒成礼也。于席末言：是席之正，非专为饮食也，为行礼也；此所以贵礼贱财也。"（《礼记·乡饮酒义》）

第一节　我国古代的饮酒礼仪

特别是在西周时期，统治者在总结夏礼、商礼的基础上，把这些制度和规则用一定的形式固定下来，于是就产生了西周的一系列礼仪，这主要集中在《周礼》、《仪礼》和《礼记》三本书中。西周时，"礼的含义很广，既是一种政治法律制度，又是一种仪式与行为规则，还表达了人所具有的恭敬、谦让之心，以作为社会各阶层等级秩序的标志。"（林永匡《饮德·食艺·宴道》第28页）西周礼乐文明更是从酒着手，制定了维护国家统治的礼乐制度，从那以后就逐渐形成了"酒礼"、"酒德"、"酒文化"。

古人在摆筵席时很讲究礼仪，礼节。从神仙到鬼神，从帝王到将相，从长辈到少年。从宫宴、官宴到乡席。古人处事多主张"与天地合其德，与日月合其明，与四时合其序，与鬼神合其吉凶"。"只有以天地为本，以阴阳为端，以四时为柄，以日月为纪，则人间一切事物必须理成章"。因此古代筵席礼仪列其位，定宾主，序尊卑都是以此为重要依据的。

在古代礼仪中要属敬酒最为繁琐、复杂，最讲究敬酒的次数，快慢、先后。由何人先敬酒，如何敬酒都有礼数，马虎不得。如有差错，重者撤职，轻者罚喝酒。可见酒礼在酒席中的重要位置。还有"有礼之会，无酒不行"，更说明酒在筵席中往往起到"礼"的作用，同时也起到"乐"的作用，美妙之处尽在其中。再看一个"酬"字，酒在古代社会各项活动中不但讲礼数，也当礼品，作为"礼"来赏人谢人的礼物。

难怪宋代大文豪苏东坡曾说过"见礼而知俗，闻乐而知政。"说明古代酒与礼有着密不可分的关系。

正是在礼治文化的直接影响下，西周产生了一系列的酒礼规范，上自宫廷，下至民间，人们在进行饮酒活动时，都要严格遵循这些规范。所谓酒礼，就是饮酒、用酒场合的礼节。主要是体现酒行为中的君臣、尊卑、长幼关系以及各种不同饮酒场合的行为规范，以实现"讲礼于等"的基本精神，防止出现"无以定其位之患"（《左传·昭公十六年》）。西周的酒礼主要记载在《三礼》之中，其中包括："士婚礼"、"乡饮酒礼"、"乡射礼"、"燕礼"、"大射（仪）"、"聘礼"、"公食大夫礼"等等。

在周礼中，几乎所有的礼仪都离不开酒。例如诸侯朝见天子的觐礼，外交上礼尚往来的聘礼和缳礼，军事上起"备师尚礼"作用的大搜礼，同生产活动有关的藉礼，同教育活动有关的射礼，以及人生礼仪中的士冠礼、士婚礼和士丧礼等都离不开酒。并且根据不同的礼对所用的酒及其规格（如五齐三酒）和数量都有明确的规定。

比如，西周时期的官方酒宴就是一种在严肃的气氛和严格的礼仪规则支配下进行的社会活动，餐具和酒菜的摆放和增递程式，以及用饭、饮酒的过程都要遵循一定的规则和礼仪。酒宴的坐次排列，"更与官秩、名位、爵衔、尊贵、老幼相通，一切作到昭穆有序，丝毫不得紊乱，否则便有违礼之嫌，甚至可能被扣上大逆不道的罪名。"在各种饮酒场合中，各人的身份不同，礼仪就不同。朝廷有燕礼，"孟夏之月，天子饮酎时，用以礼乐。"（《礼记·月令》）即天子饮酒时，要配以礼乐，非

古代饮酒礼仪

礼乐不饮。祀典中有献酒之礼，初献（即第一次献酒）应该给太祖之灵，也叫"灌"，然后再按次序祭祀到列祖列宗。而且，场合不同，尊卑不同，所用的酒和酒器也不同。如在祭祀中，"五齐"（五种味薄的低度酒）独用于祭祀，"三酒"（三种味厚的高度酒）供天子和贵族所饮用。《礼记·祀器》云："宗庙之祭，尊者举觯，卑者举角。""尊者献以爵，卑者献以散。"《说文·角部》曰："觚，乡饮之爵也。"《仪礼》中还辟出专节，详细规定了宴席上敬酒和酬答的仪式。

春秋战国时期，周礼已处于名存实亡的状态，各诸侯国越礼用酒的事屡次发生。但发生变化的仅仅是"礼"，而礼与酒的密切关系却没有变化。有时，诸侯在一些较随便的场合饮酒，想摆脱礼的束缚都很难。《晏子》和《韩诗外传》中都大同小异地记载了这样一件事：

有一次，齐景公乘着酒兴在酒宴上说：今天我想和诸位大夫们纵情酣饮，请大家不要拘于礼。这时齐相晏婴马上进行规劝，但是齐景公不听。饮了一会酒，齐景公外出解手从晏婴身前走，晏婴不起身致礼，对此，齐景公已有几分不快。待到大家举杯饮酒时，晏婴不等齐景公先喝，便抢先喝了自己杯中的酒。对晏婴一再违礼的做法，齐景公再也忍不住而大怒起来：晏子，你一向主张无礼不可，今寡人出入你不起身，举杯时你又抢在寡人前喝酒，难道这就是礼吗？晏婴连忙离席再拜，然后对齐景公说道：晏婴怎敢违背君王在酒宴上所说的不需用礼的话。我刚才的举动是遵您的旨意而办的。君王如果真的想不拘礼的话，其后果必然这样，难道能说我无礼的做法不对吗？齐景公于是恍然大悟，便请晏婴入席，然后按照君臣饮酒的礼仪，行三巡酒而结束了酒宴。

由此例可知，严格区分尊卑长幼的筵席之礼是很难打破的。齐景公所说的不用拘于礼的话只不过是酒席上的醉语而已，一旦别人真的不讲君臣之礼，他就受不了了。

第二节　民间的饮酒礼仪

文人雅士所言之礼则集中体现了士大夫阶级的审美情趣和文化心理。比如，有人认为理想的饮酒对象是"高雅、豪侠、直率、忘机、知己、故交、玉人、可儿"，饮酒地点是"花下、竹林、高阁、画舫、幽馆、曲

中国文化遗产年鉴·酒文化卷

润、平畴、荷亭"，饮酒时间是"春郊、花时、清秋、新绿、雨雾、积雪、新月、晚凉"（吴斌《酒政》）。有人认为理想的酒友是"款于词而不佞者，娱于色而不廉者，怯猛饮而惜终欢者，抚物为令而不涉重者，闻令即解而不再问者，善戏谑而不虐者，语便便而不乱者，持屈爵而不诉者，偕众乐而恶外嚣者，飞爵腾觚而德仪无愆者，坐端宁而神逸者，宁酣沉而倾泼者"（田世衡《醉公律令》）；理想的醉地是"醉花宜昼，袭其光也；醉雪宜夜，消其洁也；醉文人宜谨节奏章程，畏其侮也；醉俊人宜加觥旗帜，助其烈也；醉楼宜暑，资其清也；醉水宜秋，泛其爽也……"（袁宏道《酒令》）凡此种种，都可看出士大夫阶层对超俗拔尘境界的推崇，对温文尔雅风度的追求。在这里，酒被诗化、雅化了，由一个桀骜不驯的"野人"变成了一个温柔娴静的"淑女"。

当然，对于一般老百姓来说，就没有统治阶级和文人雅士那么多的酒礼，但是他们对于年长者和领导者的尊崇，对某种仪式的默契，对饮酒对象的选择等等，都不难发现礼的影响。

古代筵礼，若主人敬酒，先斟满杯，双手捧送到宾客手中，客人双手接过一饮而尽。接着客人借酒回敬主人。也有仆人把盖，侍妾执壶，也有佳人敬酒，歌舞助兴。因为有酒，因为有了酒礼，历史上便有了一幅幅美酒与佳人、佳人与英雄的动人故事。"贵妃醉酒"更是成为历史佳话，千古美谈。

若逢时年八节，族人聚会，家族团圆而摆酒席。因各地风俗不同，拜天拜地拜神明，拜祖先等各种仪式过后，族人纷纷向族长敬酒，小辈向长辈敬酒，儿女向父母敬酒，相互祝福，叙亲情等等。酒席过后，族中能人表演节目助兴，大族人家还请戏班唱戏、杂耍，热闹非凡。借助集体活动、宣扬礼仪，使之起到代代相传的作用。

民间仪礼中有乡饮酒礼。乡饮共分为四类：宾兴（又叫鹿鸣）、乡饮、射饮、蜡饮。各类乡饮酒礼的礼节规范，在《仪礼》中也有详述。

比较通俗而典型的酒礼规则还有不少，如：饮酒不能至醉，不能失态，官员更要做到"朝不废朝，暮不废夕"；主人和宾客一起饮酒要相互跪拜；晚辈在长辈面前饮酒，叫做侍饮，通常要先行跪拜，然后入席；长辈让晚辈饮，晚辈才可举杯，长辈酒杯中的酒尚未饮完，晚辈则不能先饮尽；向长者敬酒，总要说些"祝您健康长寿"之类的话；"有酒食，先生馔"（孔子语），就是说有酒菜，应该让父母和年老人先用；"乡人饮酒，杖者出，斯出焉"（孔子《论语·乡党》语），就是说如果与本乡人一起饮酒，饮完酒后，一定要让挂着拐杖的老人先走，然后自己才能出去；主人不举杯，宾客不能先饮；"君子饮酒，三杯为度"。饮酒又分四步程序，即：拜、酢、啐、卒爵。"拜"就是先举杯做出拜的姿势，表示敬意；"酢"就是把酒倒出一点撒在地上，祭谢大地养育之恩；"啐"就是尝尝酒味，啧啧赞美，令主人高兴；"卒爵"就是干杯。

以上叙例，从形式上看是酒礼，从内涵上考察，又该归于酒德。"酒德"的含义是说饮酒要有德行，不能像殷纣王那样"颠覆厥德，荒湛于酒。"西周所大力倡导的酒德，就是《尚书·酒诰》中提出的"毋彝酒"，即不要滥饮酒。怎样才算不滥饮酒呢？《礼记》中也做了具体的说明："君子之饮酒也，一爵而色温如也，二爵而言斯，三爵而沺然以退。"就是为了防止"酒过三巡"而失态。"毋彝酒"的酒德标准同孔子提出的唯酒无量，"不及乱"（就是说各人饮酒的多少不能有具体的数量限制，以饮酒之后神志清晰、形体稳健、气血安宁、皆如常态为限度）的酒德要求是一脉相承的。

酒礼为酒德所规定，酒德又以酒礼为传播载体。因此，我们不妨可以这样认为：遵守酒礼，便是酒德；酒礼与酒德的关系，在深层结构上是形式与内容的逻辑统一。统治者倡导酒礼、酒德的目的，除了分尊卑之外，主要还是为了禁止滥饮酒。西周倡导的"酒礼"、"酒德"，后来同儒家的伦理道德思想相融合，成为中国酒文化区别于西方酒文化的最大特色。

第三节　国外的饮酒礼仪

由于各国自然条件、农产品及社会文化、风俗习惯等差异很大，故不但所产的主要酒类不同，如法国、意大利等国生产葡萄酒，德国、捷克等国生产啤酒，而且在酒道、酒德和酒礼上也不尽相同。外国人的酒礼，主要是对人格的尊重，而不是区分尊卑。例如外国人在斟酒时很注意注入的量，如果将杯中的酒倒得很满或较满，会被客人认为你不是不懂起码的酒道，而是有意再戏弄和不尊重对方，这是很不礼貌的行为，因为那样客人持杯饮酒时酒液会溢至杯外，沾到手上、酒到桌上，而且也无法闻香、尝味，这岂不使客人非常尴尬吗？即使再选酒时，也应征求客人的意见，问喜欢喝哪种酒，在最后决定选用哪些酒时，可再向在座的客人问一句："这样可以吗？"总之气氛要调动得友好、尊重、和谐。如果酒瓶是用软木塞封口的，则再开瓶后，先在主人杯中倒一点酒，由主人对酒质认可，无软木塞的异味后，才能给客人斟酒，而且应女士优先。

国外一般无劝酒的习惯，即使去酒厂去访问，对方也不劝酒，当然第一杯酒是由主人斟上的。如果几乎是强制式的拼命向人家劝酒，则可能会被对方认为是极不尊重他的自由，简直是"侵犯人权。"当然在外国，举杯敬酒、祝酒等方式在酒宴上还是存在的。因此，我们在酒礼方面也应该借鉴国外一些有益的东西、保留本国特有的而且有益的做法，并不断加以创新，走自己的路。

第四节　酒礼的历史渊源

礼起源于迷信祖先神灵和神化自然物为特点的原始宗教。它经过依靠神权来维持统治的商礼和以"经国家，定社稷，序民人，利后嗣"（《左传·隐公十一年》）为实质的周礼阶段后，随着"礼崩乐坏"，奴隶社会的终结，作为政治制度的"礼"终于给伦理道德范畴的"礼"让位了。在这之后的二千多年的封建社会中，伦理道德范畴的"礼"始终占有十分重要的地位。而酒始终与不同内涵的"礼"保持着密不可分的关系。正如明宣宗在《酒谕》中所下的定义："非酒无以成礼"。

值得指出的是，在我国历史上有许多以酣饮酒而嘲礼法的著名人物，例如"竹林七贤的嵇康以嗜酒而著称于世，他受老庄思想的影响，提出了著名的"越名教而任自然"之说，刘伶一生嗜酒如命，作《酒德颂》对"礼法"公开表示蔑视，同时，也是在封建专制制度下，借酒使性又不因言获罪的一种办法。至于"天子呼来不上船，自称臣是酒中仙"的李白，酒醉后"脱帽露顶王公前"大书狂草的张旭等人也都是以酒而抗礼，蔑视礼教，表现出他们追求个性解放的情操。但是，不管是以酒为礼也罢，以酒嘲礼法也罢，都从不同的方面表明酒与礼是密不可分的这一事实。

两千多年来，儒家所倡导的酒德、酒礼对于抑制耗粮折财和酗酒闹事、醉酒伤身，对于倡导文明礼貌和各阶层人们的和谐共处，都发挥了积极作用。中国酒史如此之长，且尚酒之风又如此普遍，但酗酒之害却并不严重，与西方国家大不一样，很重要的一个原因，就是儒家酒德、酒礼思想的政治教化同禁酒政策相结合，使得中国酒文化始终沿着法制化、礼仪化的方向在发展。

中国自古以来强调礼仪、礼节，从这个意义上，有人说中国文化是礼仪文化，是有道理的。正是儒家注重伦理、提倡礼治的思想，在帮助中国人提高文明素质和道德修养、调整社会关系、稳定社会秩序、治国平天下等方面发挥了巨大的历史作用，因而中国自古以来在世界上就有"礼仪之邦"之美称。

但是，饮酒毕竟不同于打仗，本身就是一项比较注重个体自由和精神舒适的活动，把这么一项活动完全礼仪化、理性化、伦理化，一味强调尊卑长幼，克己悦人，一举手、一投足都要遵循一定的规矩，弄得宛若军训一般，不想喝别人让喝也必须喝，这种礼法戒律、繁文缛节显然有不少不合理成份。这些酒礼是统治阶级推行封建礼教、维护自己统治地位的一种手段，其核心是分尊卑。由此可见，这些酒礼中带有明显的愚忠愚孝的思想。

我们说积极地继承和弘扬传统美德，绝不是要照搬这些旧道德，而是要批判地继承传统道德中的精华，舍弃传统道德中封建礼教、封建迷信的糟粕，以及一些过时的、无用的内容，对传统美德进行现代的科学解释，使其与现代精神相结合。譬如，研究儒家的酒德、酒礼，在今天的饮酒活动中，我们既要摒弃过去的那些繁文缛节，更要大力提倡文明饮酒、适量饮酒、健康饮酒，礼貌待客，提倡新的酒德、酒风，在充分享受个人自由权利的时候，不能忘记责任、义务和纪律的约束；既要反对粗俗野蛮的喝法，更要反对市侩行为，走出　"待客不醉为'不恭'"的怪圈，防止乐极生悲。在领略白酒的热烈、啤酒的豪迈、葡萄酒的平和、洋酒的高贵的同时，真正喝出点文化的品味、生活的趣味和朋友间的人情味来。

第二章　节日酒俗

比较中西节日的不同，我们会发现中国节日的一个重要特征：世俗性。所谓世俗性包括两个方面的含义，其一，中国节日缺乏宗教色彩（我们就没有西方圣诞节那样的节日），多与现实人事相关。节日本是原始崇拜、迷信与禁忌的产物，比如对龙的崇拜，对天地的崇拜，对神鬼的迷信。经过漫长的演进，到汉代节日逐渐定型，并逐渐显示出民族文化的历史积淀。一方面对天地鬼神的祭奠为对一些历史人物的祭奠所代替，人被神化了或者神被人化了；一方面风俗中溶进了礼俗的成份，不少风俗与礼仪融为一体，被人们约定俗成地接受并沿袭下来。到了唐代，节日更完全从原来的禁忌、迷信、攘除的神秘气氛中解放出来，转变为娱乐型、礼仪型，成了地地道道的世俗节日。其二，与第一点相联系，唐以后在节日的娱乐中逐渐染上了奢侈的风气，从宫廷到民间都讲究节日排场，浪费惊人。

中国节日的这种世俗化特征决定了酒在节日中占有无可替代的重要地位，因为过节的目的既然是为了现实的享乐，那又怎能没有酒的参与呢？何况节日成了良辰吉日以后，人们又多选择节日期间办喜事，更增加了酒与节日的密切关系。"无酒不算过年"的心态可算是中国人节日观念的写照。所以谈节必谈酒，谈酒必谈节，就如同过节必饮酒，不饮酒就不算过节一样。这些饮酒活动同节日传说相结合，形成了独具中国特色的节日酒俗活动。

第一节　春　节

古书有云："正月朔日，谓之元旦，俗称为新年。"每当春节期间，合家老幼欢聚一堂，宴请宾朋开怀畅饮，相互祝福。有诗云："爆竹声中一岁除，春风送暖入屠苏。千门万户瞳瞳日，总把新桃换旧符。"据说，春节饮酒之俗是从原始社会时代的"腊祭"演变而来的。古代先民在一年劳作之后，在岁尾年初之际，使用他们的农猎收获物来祭祀众神和祖先，以感谢大自然的恩典。这就是"腊祭"。腊祭期间人们不干活，饮酒联欢，歌舞戏耍。《诗经·豳风·七月》记载每到农历新年，以喝"春酒"祝"改岁"，尽情欢乐，庆祝一年的丰收。《礼记》称周天子元日祈谷于上帝，亲载耒耜，亲蹈于田而耕，这种举动被称作"藉田"，藉田之后，则举行"劳酒小会"。《嘉泰会稽专》载：南宋时绍兴一带"元旦男女，举家主设酒果以尊，男女序拜，竣乃盛服，诣亲属贺，设酒食相款。曰岁假，凡五日。"

元旦饮屠苏酒、椒柏酒（亦称椒花酒）是东汉以来民间最为广泛的一种习俗。《荆楚岁时记》说饮屠苏酒"次第从小起即先幼后长。宋人洪迈亦说'令人元旦饮屠苏酒自小者起，相传已久'。"为什么元旦饮酒先从小起呢，晋朝董勋说"俗以小者得岁，故先酒贺之，老者失时，故后饮酒""以大舰载公库酒，应游人之家，计口给酒，人支一升……又于五门下设大尊，容数十斛，置杯杓，凡名道人者，皆恣饮，如是者五日。"屠苏酒，据清朝人梁章矩《归田锁记》考订：屠苏本古庵名，当从广字头，《广雅》庵作"屠苏"二字，孙思邈特书此二字于己庵。《集韵》云：屠苏酒，元旦饮之，可除瘟气，亦作屠苏。其方为：大黄、桔梗、白术、肉桂各一两八钱，乌头六钱，菝葜一两二钱，各为末，用袋盛，从十二月晦日中悬沉井中，令至泥。正月朔旦，出药置酒中，煎数沸，于东向户中饮之，先从少起，多少任意。由此可知，至清朝时人们不但饮这种屠苏酒，而且仍遵循着先少后长的次序。

"椒花酒"或称"胡椒酒"、"椒酒"、"椒柏酒"，它是用椒花、椒树根浸制的酒。"柏花芬香，故采花以贡酒。"（《荆楚岁时记》）在战国时是敬神祭祖的珍品。《楚辞·九歌·东皇太一》"奠桂酒兮椒浆。"至迟在东汉时也成了人们元旦欢度新年的佳酿。崔实《四民月令》称元旦"祀祖称毕，子孙各上椒花酒于家长，称觞举寿。"《博物志》亦云："胡椒酒，古人于岁朝饮之。"《"万历"嘉兴府志》称"元旦整衣冠焚香，拜天地，祀宗祖，男女婪拜，饮椒柏酒，亲朋查投刺曰：贺节。"可见明代仍保留着这一习俗。

唐时不仅"守岁"还有"馈岁"、"别岁"等花样，样样都离不开酒，"士庶不论贫富家，……如同白日，围炉团坐，酌酒唱歌"。（韦庄《岁除对王秀才作》）"守岁之事，虽近儿戏，然而父子团圆把酒，笑歌相与，竟夕不眠，正人家乐为也。"（白居易《客中守岁时》）。

第二节　元宵节

旧历正月十五日为元宵节。这是从汉代演化而来的节日。这天夜晚家家吃汤圆、放灯、欢宴饮，称之上元节，又名灯节。据说最初始于汉代而盛于隋唐。唐时，荆楚一带，门上插柳，并按柳枝所指的方向祭奠酒肉。而都下士女每至正月半后，各乘车跨马致园圃或郊野中，为探春之宴（《岁时广记》）。宋朝人袁文《瓮牖闲评》卷三说："西域正月一日燃灯，中国正月十五日亦燃灯，本是供佛，而中国燃灯，特宴饮而已。"庄绰《鸡肋编》记述南宋成都上元日的饮酒风俗更是别有情趣。

第三节　清明节

时间大约在阳历四月五日（农历三月）前后。这里的清明包括两层意思：一是指节气，二是指节日。从节气来说，清明是二十四节气之一。从节日来说，它因与寒食相近（只差一天），往往两者并称。有禁火寒食、上坟扫墓、踏青春游等风俗活动。这是二十四节气中唯一的一个民俗演变为节日的节气，与酒的关系也很密切。

上坟扫墓是清明节最重要的活动，这一活动必须有酒的参与。《帝京景物略》云："三月清明日，男女扫墓，担提尊榼，轿马后挂楮锭，粲粲然满道也，拜者、酹者、哭者、为墓除草添土者，楚楮锭次，以纸钱置坟头。望中无纸钱，则孤坟矣。哭罢，不归也，趋芳树，择园圃，列坐尽醉"。《清通礼》说："岁，寒食及霜降节，拜扫圹茔，届期素服诣墓，具器馔及芟剪草木之器，周胝封树，剪除荆草。故称扫墓。"北宋词人柳永仕途困顿，一生浪迹于花街柳巷、青楼红粉之间，所作多"低吟浅唱"、"偎红倚翠"之词，深得歌妓舞姬的喜爱。相传他客死襄阳后，家徒四壁，一贫如洗，靠与他私交甚笃的妓女集资才得以入土。后来每到清明，她们都携酒带菜，赴其坟地祭扫，相沿成习，识与不识者均纷纷前往，乡民们称之为清明"吊柳七"或"吊柳会"。

祖宗坟茔是一个人根之所系。倘若清明异乡飘零，不能前往祭扫，便会顿生断肠天涯之情，思乡怀人之意，觉得自己像是断了线的风筝，迷了航的孤舟，没有归宿，心头怅惘。韦应物的《寒食寄京师诸弟》很好地表达了这种感情："雨中禁火空斋冷，江上流莺独坐听。把酒看花想诸弟，杜陵寒食草青春。"此时此刻，大概只有酒可抚慰那孤寂的心、忧郁的魂了："清明时节雨纷纷，路上行人欲断魂。借问酒家何处有，牧童遥指杏花村。"

清明时节是个有着双重感情色彩的节日，不仅有上坟扫墓生死离别的悲酸泪，也有踏青游赏纵情玩乐的欢笑声。唐时清明前后，新及第的进士不是初会于杏花园，便是聚饮曲江边。杏花园之会名叫"探花会"，或叫"探花宴"。宴前选两名年轻英俊的进士为"探花"，然后大家开始游园，如果名花先为别人所得，他们两人就要被罚酒。白居易等人也都对文人雅士清明节赏花饮酒的雅兴幽情有着生动的描写："何处难忘酒，朱门美少年。春分花发后，寒食月明前。小院回罗绮，深房理管弦。此时无一盏，争过艳阳天。"（白居易《赋得何处难忘酒》）

第四节　社　日

在以农业为主的古代中国，专司土地的神灵特别受人尊重和推崇（土地崇拜），因而人们为它特设了一个节日——社日。社日分春社和秋社，具体日期到唐代才最后固定下来：立春后第五个戊日为春社，立秋后第五个戊日为秋社，正是春分、秋分前后，祭祀社神的规模大小不等，形式比较自由，适应了居住分散的乡民的需要。

每逢春、秋社日，人们便拿着酒肉糕点，在田间、大树下搭起祭祀或草屋祭祀社神，甚至不直接从事农业生产的统治阶级也参与这种活动。不过，他们更多的是一种娱乐，与农民的虔诚有根本的不同："八月秋社，各以社糕社酒相送。贵戚宫院以猪羊肉、腰子、肚肺、鸭饼、瓜姜之属，切作棋子片样，滋味调和，铺于纸上，谓之社饭，请客供养。……春社重午重九亦是如此"（东京梦华录·秋社）。

由于社日是广大农民的真正节日，农民不但人数众多，而且质朴豪爽，所以社日之饮往往都轰轰烈烈，热闹非凡。唐诗人王驾在《社日》诗中写道：

> 鹅湖山下稻粱肥，豚栅鸡埘半掩扉。
>
> 桑拓影斜春社散，家家扶得醉人归。

人们都匆匆忙忙赶社去了，连猪圈、鸡窝都没来得及关好（平常这是农民最关心的事）。大家玩得非常尽兴，不少人喝得酩酊大醉，直到夕阳西下、日近黄昏时才在家人的搀扶下歪歪斜斜地回家。

宋诗人梅尧臣在《春社》诗中写道：

> 年年迎社雨，淡淡洗林花；寂寞赛田鼓，坛边伺肉鸦。
>
> 春醪酒共饮，野老暮相哗；燕子何时至，长皋点翅斜。

春社到来之时，人们开怀畅饮，比赛田鼓，鼓助酒兴，酒助鼓威，热闹非凡，直到天近黄昏，才大声说笑着尽兴而归。

苏轼在《浣溪沙》词中写道：

> 旋抹红妆看使君，三三五五刺篱门，相排踏破纤罗裙。
>
> 老幼扶携收麦社，乌鸢翔舞赛神村，道逢醉叟卧黄昏。

当然，农民迎社日绝不是仅仅为了趁机欢乐一天，他们有着非常明确的功利目的，通过祭祀求得土地神的保护，祈求风调雨顺，换来一个丰收年。

第五节　端午节

旧年五月五日为端午节。端午节又叫端阳节、重阳节、天中节、天长节。古代"仲夏端午，烹鹜角黍。"这日举家宴饮。水族端午节饮交杯酒传闻有二种说法：一是闻一多先生认为，这原本是古吴越民族举行图腾祭，即祭龙的节日；另一说，是为祭祀伟大的爱国诗人屈原。因为这天屈原投汨罗江而死，每逢此节日在南方河中有赛龙舟竞渡，投粽子于江心，饮雄黄酒可以看见屈原影子等等传说。

屈原是我国文学史上第一位伟大的爱国诗人，他正道直行，刚正不阿，为实现"美政"理想同奸佞群小进行了不屈不挠的斗争，并以死进行了最后的抗争，谱写了一曲爱国主义的壮丽之歌。相传他是在公元前278年农历五月五日投汨罗江自尽，江中的渔夫闻讯泛舟赶来打捞，费尽周折也未见到他的尸体。一个渔夫拿出为屈原准备的粽子等物扔进江中，一个老医生拿出一坛子雄黄酒倒进江里，传说是这样可以保护屈原的尸体不为蛟龙水兽所伤害。因而，后世悼念屈原时就与雄黄酒联系起来，甚至把他的《离骚》当成了与酒一样须臾不可离的宝物。清代宝廷认为以《离骚》佐酒远胜美酒佳肴："《离骚》少所喜，年来久未温。故作下酒物，绝胜佳馔陈。"（五日读《离骚》）"饮了雄黄酒，百病都远走。"旧时，每逢端午，不少地区都有饮雄黄酒以驱疾除病的习惯。"雄黄味苦平寒，主寒热、鼠瘘，恶痔、死肌，杀精恶、物鬼、斜气、百虫毒，胜五兵。练食之，轻身、神仙。"（《神农本草径》卷二）有些地方，端午节还饮菖蒲酒，门插艾叶以避恶气。

第六节　中秋节

旧历八月十五日，月亮又明又圆，自古便是象征着合家团聚的重要节日。按照我国古代历法的解释，农历八月在秋季当中，而且十五又是这个月中间的一天，所以八月十五称为中秋节。

中秋节时，我国人民有祭月、赏月、吃月饼等习俗，而祭月和赏月都离不了饮酒。祭月据史书记载，秦汉以前的帝王就有春天祭月、秋天祭月的礼制。秦汉以来历代都很重视祭月。到明清，北京的月坛便是皇帝祭月的专用地方。在民间同样也有祭月的活动。按照祭月必饮的古制，祭月自然是要饮祭月酒的。当月亮初升的时候，人们于院里门外宽敞的地方，设立供桌，摆上月饼、瓜果、鸡冠花、萝卜等祭品。祭月完了之后，一家人便要一块饮"团圆酒"、吃"赏月饭"。赏月，比祭月活动的兴起要晚得多，大约到魏晋时赏月时才成为一种较流行的文化生活。不过，这一风俗传播得快，到宋代时，中秋赏月便十分盛行起来。《东京梦华录》记述，北宋东京城内，每逢中秋夜前，七十二家酒店都装饰一新，出售新启封的好酒，市人争饮。才及午后，各店的酒已出售一空。当皓月当空，市人又纷纷争先恐后地登上酒楼，以先睹月色为快，直到通晓。赏月之际，面对皓月，手把美酒，骚人墨客往往触景生情，慨叹人生，写下了许多优美的诗词篇章。饮酒、吃月饼之风，传至今日，甚为隆重。古诗有云："一年明月今宵多"，"有酒不饮奈明何？"

第七节　重阳节

旧历九月九日为重阳登高节。古人称"九"为阳数，农历九月九日正是日月并应，两阳相重，故名"重阳"，又称重九。重阳节早在战国时代就已形成，到汉代便逐渐盛行起来，而至唐朝则把重阳节正式定为节日，这一天由皇帝下诏百官休沐。

重阳节的活动内容，以登高、饮菊花酒为特色。相传东汉时有一名叫费长房的人能预知未来祸福，他的同乡桓景很崇拜他，常随费长房游学。有一天费长房告诉桓景说："九月九日，汝家当有大灾厄急，令家人缝囊盛株萸，系臂上，登山饮酒，此祸可消。"桓景听了之后，就按照费长房的嘱咐去做，九月九日举家登山饮菊酒。傍晚安然归来，则见家中鸡、犬暴死。后来费长房对桓景说，你们一家之所以幸免于难，正是因为你们登高饮酒避了邪，才由家中鸡犬代你们担当了灾祸的。

这个传说故事颇有几分迷信色彩，可是后世的人却认为重阳节登高饮菊花酒，是可以消灾避祸的。因此，重阳登高饮菊花酒便成为风俗习惯流传下来。过去每逢此节日，有的合家老小携酒带食到高山之巅，饮菊花酒以攘除灾殃；有的宾朋携同登山开怀畅饮。登高饮酒赋诗者也是大有人在。到唐代时登高之诗就更多了，如"重阳独酌杯中酒，抱病起登江上台。"又云："虽欲登高去，无人送酒来。"（见《艺人类聚》）《续晋阳秋》中讲述了大诗人陶渊明九月九日饮菊花酒的遗事："世人每到九日登山饮菊花酒，陶渊明辞官在家，有一年遇重阳日无酒，摘菊盈把，坐其侧，久望，见白衣至，乃王弘送酒也，既便就酌，

重阳节饮菊酒

醉而后归。"唐代大诗人杜甫也常在九月九日饮酒赋诗"伊昔黄花酒,如今白发翁"(《九日登梓州城》,"旧日重阳日,传杯不放杯,即今蓬鬓改,但愧菊花开。""旧与苏司业,兼随郑广文,采花香泛泛,坐客醉纷纷")《九月五首》。明朝诗人汪时元在(《九日舟中》)中写道:"秋风叶正飞,江山逢重九,人世几登高,寂寞黄花酒。"

重阳节饮的菊花酒,相传是头年重阳时专为来年重阳节酿的。九月九日这天,采下初开的菊花和一点青翠的枝叶,掺和在准备酿酒的粮食中,然后一齐用来酿酒,放于第二年九月九日饮用。《北山酒经》《遵生八笺》《本草纲目》都载有菊花酒的具体酿制方法。据说喝了这种酒,可以延年益寿。《岁时广记》说唐朝天子飨会游豫,唯帝相及学士得以登慈恩浮图,献菊花酒称寿。从医学的角度看,菊花酒可以明目、治头昏、降血压,并有减肥、补肝气、安肠胃等功效。

插茱萸是重阳节的又一风俗习惯。唐朝诗人王维《九月九日忆山东兄弟》诗曰:"独在异乡为异客,每逢佳节倍思亲。遥知兄弟登高处,遍插茱萸少一人。"

如今"九月九日"已被定为老年节,这天登山之人数不胜数,对大自然之美的欣赏,添酒助兴,远胜当年。

第八节 节日酒俗的凝聚力

当我们对上述主要节日的酒俗活动进行了一番颇有情趣的考查以后,便会发现,节日中的种种民俗活动,所构成的丰富的节俗文化,都反映出了人们的精神寄托与向往,是中华民族精神的一种折射。透过这些节日习俗的表象,可以看到我们民族文化及其精神的特征。

一、强烈的内聚力

古代的中国,内陆性的农耕生活相对稳定,因此血缘和亲缘的关系更为密切,其延续也更为完整。中华民族的这种以血缘、亲缘为组成部分的社会结构,必然演化为注重"团圆"、"友好"的节日习俗,这在春节、中秋节、重阳节中表现得更为突出。这些节日无论是官方还是民间,无论是达官显贵、文人雅士,还是乡村僻野的庶民百姓,无论是近在咫尺还是远在天涯,无不同日饮酒同庆同贺同乐。所以节日风俗像一剂强力的粘和剂,凝聚着中华民族所有子孙的心意。即使侨居海外的中华同胞,无论他远在欧美还是日本、东南亚,每逢传统节日,他们就会"饮酒思源",想到自己是炎黄子孙,而无限向往祖国。这种节日风俗的内聚力也是中国传统文化的内聚力和亲和力的一种表现。

二、整体奋发精神

它体现于节日习俗中所注重的整体情绪的表达。节日里是没有独饮的,大家欢聚一堂,欢呼畅饮,显示了欢快、团结、振奋的进取精神。又如端午节的"龙舟竞渡",以及其它节日中所离不开的"舞龙灯"、"狮子舞"等等,都是需要一个个的个体协调活动,从而形成整体活力,完成给人以原始力度感的习俗活动。中国传统文化中,龙是美好和威力的象征,代表兴盛和发达、吉祥和幸运。因此,人们把中国文化称为龙的文化,中国人自豪地把自己称为龙的传人,龙成为中国文化奋发精神的象征。所以,上述节日的"龙舟兑渡"、"舞龙灯"等活动,既生动地表现中华民族纯朴、豪放的情感和高尚的道德情操,又深刻地反映了中华民族敢于拼搏、英勇不屈的整体奋发精神。

当然,由于灵魂崇拜,宗教心理等影响,在节日习俗中也产生了相当一部分具有神秘色彩、封建迷信的糟粕。勿庸置疑,这些糟粕仍然是人们另一种精神寄托的显现,是从另一个角度折射出来的精神风貌。随着历史的发展,人们素质的提高,这些落后习俗逐渐发生变异,或被清理,或被改造,使传统节日习俗更趋文明健康,使中华民族传统美德愈以发扬光大。

第三章　生育祝寿酒俗

第一节　生育酒俗

　　在人生最重要的三块里程碑——出生、结婚、死亡中，酒的作用是无可替代的。出生时要摆三日酒、七日酒，而后又有满月酒、周岁酒；婚嫁丧葬时要喝喜酒、吃丧酒。如果说没有这三块里程碑，便没有人生的历史，没有酒的参与，这三块里程碑则不会那么醒目。

　　中国的家庭结构都是以血缘关系为纽带组成的，"添丁进口"意味着血缘关系得到继承，家族延续得到保证。所以婴儿还未降生，就会引起父母及整个家族的重视，忙于准备褓褓用品，乐孜孜地思考给婴儿取一个吉利的名字。婴儿一朝降生，接着就有相当隆重的祝愿仪式。生了儿子，称为"弄璋之喜"。据《梦梁录·育子》载："生子百时，即一百日，亦开筵作庆"，"至来岁得周，名曰周晬，……其日诸亲馈送，亦开筵以待亲朋。"可见最迟至南宋，生了儿子就要至少举行三次宴会：满月，百日，周岁。后来，弄璋喜宴又提前至儿子降生第三天，称为"三朝酒"。婴儿诞生礼仪和其他礼仪不同之处在于持续时间相当长，从婴儿诞生一直到一周岁，要举办四次活动，都离不开酒。

　　古代降生礼仪式多放在婴儿诞生后的第三天，俗称"三朝"、"洗三"等。这天生男孩的家里要行用弓箭射天地的仪式，设宴庆贺。"洗三"是在这一天用艾叶、花椒等草药煎汤洗婴儿的仪式。白居易在诗中是这样描写这些仪式的：

> 洞房门裳挂桑弧，香水盆中裕凤雏。
>
> 还似初生三日魄，嫦娥满月即成珠。

　　悬弧，洗儿，酒宴正酣，宫中由翰林撰写洗儿文，士大夫家则邀请亲朋好友吟诗欢宴。这是生男孩子的热闹场面，而生女孩子则大多不设酒宴。

　　侗族也要为刚出生三天的新婴儿举行庆祝性喜酒仪式——三朝酒。新生婴儿出世，为家庭增添喜庆，母舅家等亲戚必备办酒礼前来祝贺、道喜，为家庭的幸福、孩子的健康表示祝福。主家则备办丰盛酒菜，请来亲朋好友欢庆共饮。

　　婴儿满月这天，家里要祭祖祀神，摆酒请客，这酒宴就称"满月酒"。届时孩子母亲抱着孩子出来接受亲友的祝贺，家里要向邻里亲友赠送染成红色的"红鸡蛋"。孩子满月必须剃头。剃头很有讲究，因婴儿囟门柔软，囟门处不能剃，只将周围剃净，有的地方称之"瓦片头"。为讨吉利，许多地方给剃头的理发师另加犒赏。理完发后，在场的亲友要轮流抱一抱婴儿，然后团团坐下喝满月酒。按常规，参与喝满月酒的长辈、亲友，多少要给婴儿一些礼物，如衣物、鞋帽等吉祥物，这以经济能力而定。吉祥物一般有金木鱼、银手镯、玉挂件、长命锁等。长命锁上往往刻着"状元及弟"（限男孩）、"长命富贵"、"五子登科"等祝愿辞句。

　　普米族婴儿满月时要喝"月米酒"。"月米酒"在女家举行，但由男方筹备，需准备一坛"苏尼玛酒"、两坛甜酒、上百斤白酒、一整条猪肉、一只活羊、四只鸡和上百个鸡蛋。办筵席这天，女方家要请来同村的人喝"月米酒"，但是男方参加的只能是母亲及母亲的表亲兄弟，男方的父亲和亲姊妹均不可介入。

　　婴儿长到一周岁时，俗称"周晬"或"抓周""得周"，这一天照例得办酒庆贺。《红楼梦》中有一段描述贾宝玉周岁时"抓周"的风俗。"那周岁时，政老爷试他将来志向，便将世上所有东西，摆了无数叫他抓。谁知他一概不取，伸手只把那些脂粉钗环抓来玩弄；那政老爷便不喜欢，说将来不过酒色之徒，因此不甚爱惜。"民间流行的"抓周"做法，一般是在桌上放些笔、书、纸、算盘之类的东西，让小孩来抓，以测试将来志向。小孩抓笔、书，预示将来爱读书，在场人当然会交口赞贺，但即使小孩不抓笔、书，抓其他东西，在场的人也会借题发挥，说些祝贺的话。"抓周"后就可摆"周岁酒"招待宾客，一岁孩子，已会牙牙学语，酒席上，由大人抱着向在座长辈一一轮流称呼，逐一劝酒，不仅使酒席增添欢乐，也让人们享受一番天伦之乐。

中国文化遗产年鉴·酒文化卷

民间生子要如此热闹一番，皇帝家中生了儿子当然更加隆重，特别是当所生儿将成为内定继承君主时，更要大设宴席，一则广而告之，二则与臣下同乐。《册府元龟》记唐太宗的皇太子李治诞育长子，即所谓"太孙"时，赐宴群臣的盛事："贞观十七年（公元643年）十一月甲辰，诞皇太子太孙，宴百僚于弘教殿。帝幸东宫，自殿北门而入，太子自投阶下舞蹈称万岁。帝谓宫臣曰：'顷来生业稍可，非乏酒食，而唐突公等宴会者，朕甲馆之庆，故就公为乐耳。'咸称'万岁'。酒酣，帝起舞，群臣并舞，乐极而罢，赐物各有差。"好一场热闹的酒筵！唐太宗大约喝醉了，在殿上手舞足蹈起来，群臣一并学样舞蹈，煞是好看。

第二节　祝寿酒俗

人自婴儿期后，每年在诞辰日皆有简单的纪念仪式，也就是俗称的"过生日"。生日一般很少饮酒，但一家之长和有一定社会地位的人，则在这一天要大摆酒席，以示庆贺，尤其是上了年纪的长者很注重过生日，多设宴祝寿以庆贺。

逢十做寿、办寿酒，这一习俗由来已久。一般讲，人的一生中，40岁整个整寿都是不做的，因为"4"谐音"死"，被视为不吉利，许多人都忌讳，于是不做40岁的寿。除此之外，10、20、30、50、60、70……都要做寿和办寿酒，特别是60以后，越往后，寿酒规模就越大。因为60为一转甲子，人活到70、80，都是儿孙满堂，家成业就，经济上也已无忧虑，何况老人健康，也是做子孙的福，所以儿孙们也乐于搞得热闹丰盛。届时，寿堂上高挂寿星图，贴上祝寿对联，点燃寿烛，几案上放好寿桃、寿糕、寿面，做寿老人换上新衣新鞋，端坐堂前，依次接受儿孙小辈的跪拜。不仅如此，倘若高寿老人，连街坊邻里、亲戚朋友也往往会来拜贺，希翼能够沾些喜气。拜寿完毕，摆开酒宴，大家畅饮。当然寿公公（寿婆婆）是一定端坐上席的。

朝鲜族在本族老人"六十花甲"、"七十晋甲"时，子女们都要为老人们摆宴祝寿。亲朋好友们也纷纷赶来敬酒祝福。壮族于每年农历九月九日都要为家中六十岁的老人举办"祝寿节"，设置"寿米缸"，摆祝寿酒宴皇帝、皇太后的生日自然非同小可。唐代称为"千秋节"，宋代称"圣节"，明清时即称"万寿节"。历代皇帝的生日大宴群臣，这实际上是家天下的观念在人生礼俗上的反映，除了与平常人家过生日在高低尊卑上有差别外，其实质是一样的。《东京梦华录》卷九记载了北宋皇帝"圣节"的一个盛大场面：皇亲国戚和文武百官进宫祝寿，教坊司奏乐仿百鸟齐鸣，此时"止闻半空和鸣，若鸾凤翔集"，百官开始入席。观察使以上官员和外国使臣，坐在集英殿里面，其他官员坐在两廊里。酒宴用红木桌、黑漆坐凳，每人席面上摆着馓子、油饼、枣塔、果子和味碟，三五个人一桶酒。辽国使者的席面上另加猪、羊、鸡、鹅、兔等熟肉。乐队奏乐后依次行酒，向皇帝祝寿。一次行酒，奏乐唱歌，起舞致敬；二次行酒，礼仪如前；三巡酒，演京师百戏，上咸鼓、爆肉等四道菜；四巡酒，演杂剧，上糖醋排骨等；第五行酒，琵琶独奏，两百名儿童献舞，再演杂剧，上群仙炙、缕肉羹等菜；第六次行酒，表演蹴球，上两道菜；第七次上酒，四百个女童跳采莲舞，演杂剧，上排炊羊、胡饼和炙金汤；第八次上酒，群舞，上沙鱼、肚羹和馒头；第九次上酒，表演摔跤，上菜饭。如此盛大奢侈的酒宴，不独宋代这样，历代皆相似，有些还远远超过了它。

第四章　婚丧酒俗

第一节　婚嫁酒俗

　　婚礼是人生礼俗中的大礼，这明确标志着一个人进入了建立个体家庭的重要阶段，由被人称为"划时期"的仪礼，并被冠于人生四喜之首。在这重大的活动中，酒是须臾难离的良朋益友，说是"无酒难结姻缘"，并非夸张之语。

　　婚礼酒俗主要是由合卺和婚宴活动组成。早在春秋时代，《诗经》中就有了男女相爱而饮酒的记述，《礼记·昏义》中也记有："共牢而食，合卺而酳"意即新郎新娘拜堂成亲时，要共食祭祀后的同一肉食，然后各执一个瓠分成的一片瓢盛酒漱口，即"合卺"，表达的意思是两人要永结同心，相亲相爱。《仪礼·士昏礼》记载，士大夫结婚时男女用酒漱口要进行三次。宋代娶亲时，除以酒招待亲朋之外，新婚夫妇还"用两盏以彩灯连结之，互饮一盏，谓之交杯酒。"并将杯掷地，验其俯仰，以卜和谐与否。近代婚礼中也饮交杯酒，以表示互敬互爱、白头偕老之意。据《东京梦华录》记载，整个嫁娶过程离了酒几乎是寸步难行，诚如当代一位青年文化学研究者所说："中国的婚礼庆典虽没有西方酒神的某些意蕴，但也与酒结下了不解之缘。……依照传统观念，任何一对新人有理由拒绝参加没有'酒'的婚礼庆典。当然，他们并不是为酒而'酒'，而是为了得到一种酒文化上的认可。酒和婚礼庆典的关系，若要用一个修饰性词语的话，这就是'孪生伴侣'了"。

　　过去汉族青年男女的婚姻，一般都要遵守"父母之命，媒妁之言"。订婚时要喝订婚酒。《西厢记》中老夫人的赖婚就是精心安排在酒席上进行的，而痴情的张君瑞还以为此宴是订婚宴呢。结婚之日，男方要大摆宴席招待亲戚朋友，豪门富室之家甚至要招待许多天，俗称"喝喜酒"。喜宴上新郎新娘要向父母和来宾敬酒，双方还要喝交杯酒。三天或七天后回门（结婚后新娘在新郎伴同下首次回娘家），女方也要设宴待客。《儒林外史》中鲁翰林招赘公孙为婿，成亲时摆了六桌喜筵，不曾想酒席上连闹笑话，弄得他十分懊恼。至于《金瓶梅》《红楼梦》《三言》《二拍》等世俗言情小说中，有关婚宴的描写更是不胜枚举。

　　在我国浙江绍兴一带，有送"女儿酒"的风俗。女孩出生满月后，家里就酿酒数坛，埋于地下，待到女儿出嫁之日，取出酒贺客或作为陪嫁礼品送至婆家。浙江一带，还流行喝"别亲酒"。女孩出嫁前一日晚，父母为嫁女备酒席。届时红椅披垫，花烛齐燃，请出嫁女坐在首席，平辈或幼辈女孩陪宴。母亲首先为要出嫁的女儿斟酒，并训之以词。告诫和嘱咐其女嫁出后要严守妇道、和睦叔嫂、勤俭持家、尊老爱幼等等。席毕，嫁女穿上新娘装束，由人挽扶着辞家堂、灶堂、祖先、后拜双亲及诸亲属。行礼时，挽扶者逐一指名称呼而曰"小姐告辞"。

　　某些地区时兴"吃梳头酒"，这是一种结婚的礼仪。新婚三日，女方家的亲戚来到男家，进上房见礼，然后在男方家事前搭好的彩棚内按长幼顺序就坐。男家端上果品款待，然后再上菜、敬酒。但是按酒俗要求，大家均不动筷，待新郎按桌磕头行礼后，放赏封散席。所以人们常把吃'梳头酒'称为'望宴席'。

　　各个少数民族的婚嫁酒俗，更是丰富多彩，我们将在下一章做专门论述。统观各地富有民族特色的婚礼，我们发现酒在其中至少发挥着这样的作用：其一，表达了对新郎新娘喜结良缘的祝贺；其二，表达了对长辈的尊敬和对来宾的欢迎；其三，为婚礼增添了欢乐的气氛。如果说酒在诗人那里表达的多是忧患的情思，那么在婚礼这里表达的则都是幸福的感受。

第二节　丧葬酒俗

与婚嫁的喜气洋洋、热热闹闹不同，丧葬是凄凄凉凉的，所以前者叫红事，后者叫白事。但饶有意味地是，红与白虽南辕北辙却殊途同归，竟然在酒文化的疆域中奇妙地会师了。

为了表达对死者的哀念，人们常常要举行丧葬礼仪，并用酒祭奠死者的亡灵。丧葬礼仪是一个人结束一生之后，由亲属、邻里、好友等共同举行哀悼、纪念的仪式。丧葬酒则包括了招待前来吊唁的亲友所置办的"开吊酒"、出殡前所喝的"动身酒"以及下葬以后酬谢送葬者的"送葬酒"，而这之后，每逢"做七"和"忌日"，也都要以酒成礼，以酒纪念。

一、酒在丧葬礼仪中的作用

在丧礼中为死者奠酒的仪式在周朝时已经出现了。以酒肉供奉亡灵，把酒倒在地上献给死者喝，这是隐含向死者饯行之意。在中国人的观念中，死亡是另一种远行，是以阴间为目的地的不归之旅。但是，上古时人们只以酒去祭死亡者，并没有把酒宴摆给前来致哀的人。

但这种风气到了唐朝为之一变。据记载，至迟在唐朝时，人们就有在举行葬礼时，置办酒席招待前来吊唁的亲友的习惯。其实，祭悼者多有远道而来者，丧家招待时食宿也是人之常情。可不知怎么，此举竟引起了一些官府成员的反对，他们认为在葬礼中大吃大喝是反传统、反礼教的异端，是与葬礼的气氛格格不入的。为此，唐高宗李治还曾颁诏晓喻天下的老百姓说"……亦有送葬之时，共为欢饮，争相酬劝，酣醉始归。……并宜禁断。"

可是丧葬时请吃酒的风俗既已形成，就不是几个禁令所能禁得了的。许多富贵人家借出殡送葬之机，大肆铺张，借以炫耀自己的门第和财富，因此不惜耗费大量金钱，大宴宾客，设醮诵经，超度亡魂，同时也藉此大敛吊礼唁金，狠捞银票。在这些豪门的倡导下，许多小康之家也极力仿效。如此一来，丧葬酒便更是难以禁绝了。

清朝时，丧家还是在下葬之时要祭酒坟前，下葬后要大摆酒宴，以招待吊唁者，有的规模比喜宴还要盛大，称为"白事酒"或"宴白客"。清人顾爕章的《宴白客》对此有生动具体的描绘：

宴白客，酿曲蘗，濡肉干肉几上列，读礼无人问齿决。

戚引戚来宾延宾，主人不识是何人。

促席卷波复叫号，孝常拇战喧四邻。

酒热脱去头上布，载歌载笑爵无数。

呼庐喝雉声嘈杂，稍不如意径嗔怒。

惟中服暇泣，柩前酒末沥。

惟此延客欢，不敢稍吝惜。

白马素车赙漫来，荷里薤露唱何哀。

只因难供白客宴，多少停柩不得埋。

这哪里还有半点为死者哀痛的影子，纯粹变成了赤裸裸地食客酒鬼，弄得主家无力招架，人亡家破，真是连死人也"死不起"了。不仅如此，除年初一、清明等节日要上坟烧纸、酒祭奠外，一七、二七、三七、四七、五七、六七、七七、百天、周年、二年、三年还要一一设宴请客。

不仅是生者趁死人之机喝"白"酒，有些地方还盛行以酒陪葬，目的是让死者到了阴曹地府也别没了酒喝。一般的人家陪上一坛两坛，富贵人家则要陪很多，如1968年在河北满城发掘的西汉中山靖王刘胜夫墓中，就发现了三十三个大陶酒缸，发掘时缸内还有酒干后的痕迹，有的缸上还写有红字"黍上尊酒十五石"、"稻酒十一石"等等，据计算，这些酒缸共可装酒达一万多斤！

二、丧葬礼仪与酒的关系

需要深思地是，丧葬与酒何以有着如此密切的关系呢？

首先缘于酒的解忧消愁的功能。"何以解忧？唯有杜康。"自古以来，人们总是把酒当作调节倾斜心理、抚慰精神创伤、释解郁结情怀、减弱种种忧愁的灵丹妙药。亲人谢世，杯酒洒于坟前，既用来表达对死者的哀思，也用来安慰生者的痛苦。

其次缘于"以死为生"的乐感文化。整体说来，中国文化带有相当浓厚的入世乐感色彩，重现实轻玄想，重今生轻来世。苏格拉底说哲学的定义是"死亡的准备"，不少西方哲人都把平生的智慧献给了对死亡问题的思考。但中国哲学中却很少有人对死作形而上的思考，孔子就说过"未知生，焉知死"。但人终有一死，不论是帝王将相，还是渔夫樵民都难逃这"历史的宿命"。该怎么缓解对死的恐惧呢？与基督教文化的灵魂拯救和超越不同，中国文化设计的方案是与阳世互补的阴世，那里的"人"与阳世之人一样要吃要喝，要行要住，甚至也有与阳间官吏相似的"阴官"。这样的阴世不过是阳世的继续和翻版罢了，这样的死不过是生的继续罢了，两者只有形式上的不同，没有本质的差异。只要翻一翻积案盈尺的神魔小说，听一听众所乐闻的鬼怪故事，这一切便洞然。因此，人们一方面相信死者象生者一样需要花钱喝酒，所以要为死者烧纸奠酒；一方面认为死者只是换了一个生活的场所，那个场所甚至比我们生活的世界更好——庄子就曾浓墨重彩地礼赞过那个世界，认为人们不应该为他们悲痛，人死了喝点酒、摆几桌宴席无关紧要，所以阮籍给母亲下葬时照吃肉照喝酒。民间有些地方则干脆认为寿终正寝的老人的丧礼同婚礼都是喜事，并称"红白喜事"，越热闹越好。常有唢呐队吹奏着"百鸟朝凤"之类的喜庆乐曲送殡的。

再次缘于传统的"面子文化"。许多人大摆宴席办丧礼，并非为了满足死者的需要，而是为了满足生者的虚荣：吊唁者越多，宴席越丰盛，丧礼越热闹，主人的面子越大，身份越高。

主要参考文献：

1．徐少华著《中国酒与传统文化》北京，中国轻工业出版社，2003年
2．蔡佳丽《酒礼一说》今日信息报/2003年/07月/11日/第007版/安全饮品
3．刘文《饮酒有节制：中国酒文化中的礼》中国消费者报/2003年/11月/10日/第B2版/食苑天地

第六篇　少数民族酒俗

第一章　北方少数民族的饮酒风俗

　　我国共有56个民族，除汉族以外，55个少数民族虽然总人口只占全国人口总数的5%，　但是各个少数民族的酒文化独具特色，酿酒风俗和饮酒风俗丰富有趣，是中国酒文化的重要组成部分，为中国酒传统文化增添了奇光异彩。

　　我国北方有20多个少数民族，约占全国少数民族的1/3 左右，分布在东北地区、内蒙地区和西北地区。长期以来各民族人民团结互爱，许多少数民族的酒俗和礼仪，趋向融合，与汉族相似，但还保留了一些各自民族的传统遗风，比较特殊的有以下几个民族。

蒙古族

　　蒙古族牧民住在高寒地带，所以一般都爱喝酒，酒量也大。蒙古族最喜欢饮的是马奶酒。在牧区，一年一度的夏季那达慕盛会时，每人总是端一碗马奶酒，这是开幕式上的礼节。牧民在草原放牧，常随身携带酒壶。有客至，也是无酒不成席。蒙古人给客人敬酒，敬酒礼仪热烈而浓重。主人将酒斟在银碗或盅子里，托举在长长的哈达之上，恭敬虔诚地给客人连敬三巡。饮酒者首先以右手中指将酒蘸取少许，向上、向下各弹一次，以示敬天地，然后方可饮用。这三巡酒理应由客人全部饮用，以表示对主人的感激之情和以诚相见之意。客人不喝，主人便即兴唱歌相劝，直唱到客人将酒喝下为止。有时还单膝跪下请你喝掉，诚挚感人。客人喝了，主人非常高兴，认为你是尊重了他们。但是，客人确实不善饮酒，将三巡酒各饮少许，归还主人也可以。

蒙古族祭天酒

　　蒙古族进行敬酒仪式，常不备酒菜，　代替美味佳肴的是悠扬动听的酒歌。所以，在民间有无歌不成酒宴之说。有多少酒，便有多少歌，牧人们无论男女老少，人人都会唱。

　　蒙古族逢年过节必不可少的一种礼仪叫敬"德吉"。德吉译成汉语就是"酒的第一盅"。当客人入座后，户主双手捧着有酥油的银碗和酒壶，从长者或尊贵客人开始数"德吉"。接受敬意的客人双手接过银碗，用右手无名指轻轻蘸一下酥油，向天弹去，如此重复三次。客人依次轮流作过这种礼节后，主人便斟酒敬客人，接受敬酒的每一位客人仍应做上述动作，酒必须喝干，才算是对主人的尊敬。

　　在蒙古族的婚俗中，男方到女方家中定亲，送的礼物中有哈达、绵羊背子、一瓶酒。在定亲的礼仪中，有一项就是媒人向女方长辈每人敬酒两盅，才开始饮酒用膳。在娶亲时，男方的娶亲之人到女方家后，有一项仪式叫"献羊祝酒"，它是男方表示娶亲的程序，气氛隆重。

朝鲜族

　　朝鲜族人民能歌善舞，勤劳勇敢，朴实爽快，男人多喜饮酒。每逢节假日走亲访友，举杯畅饮，习以为常。朝鲜族盛行"归婚礼"仪式。在本族老人结婚六十周年时，由子女们为健在的双亲举行庆祝活动。届时，老夫妇要穿上结婚时穿过的礼服，子女们摆上盛大的婚席。子孙们一一跪下给老人敬酒，等老人喝过后，按年龄辈数依次倒酒，等老人先举起杯，其余人再依次举杯。

喝"耳明酒"是朝鲜族的风俗，正月十五日早晨空腹喝"耳明酒"以助耳聪。此酒并非特别，凡是在正月十五早晨喝的酒，都叫"耳明酒"。

鄂温克族

每逢佳节，婚礼喜庆，庆祝丰收和一年一度的篝火晚会，鄂温克人聚会在一起，或在蒙古包前，或在篝火旁，一边欢快地跳起自己的民族舞蹈鄂温克舞、爱哈达喜愣舞、哲辉愣舞，一边饮着酒唱着古老动听的牧歌、情歌。在这些欢乐的日子里，鄂温克人的歌舞总是离不开酒宴，"酒"是鄂克族喜庆佳节的必备品。有客人光临时，主人安排好毛皮坐垫、互敬烟后，女主人就托着银盘端出香醇的用野果所酿的酒和煮鹿肉、烘烤的面饼等为客人洗尘。饮酒时，主人高举斟满的杯子，先往燃烧的火堆中倾上少许酒，然后自己啜一口再递杯让客，于是主客畅饮起来。"天鹅"在鄂尔克人的心目中是吉祥之鸟。饮酒时人们把酒洒向天空中，以示对天鹅的喜爱。

鄂温克族青年男女订婚时的礼节很讲究。媒人带一瓶酒到女方家，向姑娘的父母敬酒，两位老人饮酒前向媒人了解未来女婿的情况。如果姑娘的父母觉得满意，则把媒人敬的酒一饮而尽，并唱饮酒歌。男方送给女方的礼品中，不可缺少酒。并且必须置办酒席，共同欢庆，互祝订婚之喜。举行婚礼时更热闹，先燃起一堆欢乐之火，由主婚人递给新郎新娘两杯酒，新郎新娘把酒泼在火里，表示对火神的尊敬。接着主婚人向一对新人敬酒，新人接吻后，走入人群。结婚当天和前后两天，必须设三次酒宴。酒席之间，必有长者祝福致词，青年男女欢歌起舞。

喜好饮酒的鄂温克猎人，特别喜欢味道醇香的"红豆酒"。红豆，这种甜果生长在大兴安岭，每当秋天红豆成熟的季节，鄂温克族姑娘成群结队地到山上采摘红豆果，自家酿造红豆酒。

鄂伦春族

"鄂伦春"之意就是山岭上的人。 由于鄂伦春人生活在高寒的环境里，形成了鄂伦春人爱喝酒、不醉不休的豪放性格。淳朴好客的鄂伦春人最喜爱喝"烧酒"和"马奶酒"，喜欢吃兽肉，特别是狍子肉。每当客人住在家里，鄂伦春人都要用野狍子肉来招待客人。

鄂伦春族人办婚事，先由男方派媒人去女方家，边喝酒边谈。接下去就是认亲，由男方带着酒、野猪一口给女家。女方父母要设酒宴招待。男家谢媒礼中，也有酒，结婚时更离不开酒。婚宴又称为狍子婚宴。狍子宴会很讲究，新娘新郎举行婚礼用的狍子绝不是用枪打来的，而是用狍子醉酒的方法，诱擒而来的活狍子，在新娘新郎拜完山神爷后杀掉，剥皮后在火上烤焦。这样的狍子肉不但色味俱佳，而且也预示着新娘、新郎未来生活万事如意。

达斡尔族

达斡尔族人的婚俗别具特色，男方提亲时，媒人去女方家提亲要携带美酒作礼品。如果女方父母同意，就与媒人商定下次见面的日期。媒人必须按所约之日带酒再次拜访，两家就可以公布"定亲"喜讯了。结婚前几天，男方携带酒和肉到女方家认亲，也叫"端盅"，两个家族的全体成员都要到齐，由媒人带着未婚的男女，按长幼辈份顺序逐一敬酒。媒人给谁敬酒，未婚男女就跟着给谁斟酒。敬酒有一定的形式，未婚夫妻端着一个放了两只酒杯的盘子敬酒，俗称"双喜杯"或"双杯酒"。未婚夫妻把斟满酒的"双喜杯"敬给谁，谁就得一饮而尽。迎亲那天，新郎要选派两名有办事能力的人，端着双杯酒在村口迎候。女方的送亲队伍不论路程远近，都要停在男方屯外路旁，生起篝火，等待迎亲。等女方送亲车来到时，男方端酒的人要装作不认识的样子，盘问这盘问那，当双方回答"明白"了，端酒的人向送亲的人敬上"双杯酒"之后，才把新娘迎进村。到家后，新郎父母要斟满双盅酒，给送亲贵宾们敬"进门盅"和"接风酒"。而后迎亲盛宴分酒席、肉席、饮菜席三道进行，酒席是首席。婚礼之后，男女双方的青年要举行赛马，以示祝贺新婚之喜。这时男方派出一老一少骑手，老年骑手从怀里掏出酒壶酒盅，给送亲贵宾们敬酒，表示迎接之意。次日午宴后。在房门内侧，新郎父母要为回去的送亲贵宾敬献"出门盅。"

达斡尔族的送亲酒

土　族

　　土族人招待贵宾时，客人必须三次各饮主人三杯酒。这三次三杯酒各有说法，刚进门时饮的酒叫"临门三杯酒"；上炕后，要饮"吉祥如意三杯酒"；辞别时，要饮"上马三杯酒"。实在不能喝酒的客人，可用无名指蘸酒，对空弹三下，以表示祈谅敬谢之意。对能喝而假装此态者，主人得知就会不高兴。还值得提及的是，土族人请客，只要有青稞酒，肥肉块，就比请吃山珍海味还要得到客人的欢欣。如果在酒壶上系一撮白羊毛，桌上摆一个装饰酥油花的炒面盒子，一个长六寸、宽四寸的木盘，盘中盛上一块和木盘同样大小的肥肉，肉上插一把五寸刀来招待你，你就非常荣幸了。这说明，土族人已经把你当作尊贵的上宾来招待了。

西北地区的少数民族

　　居住在我国西北地区的少数民族的酒风俗差别不大，回族与汉族基本相同，哈萨克、柯尔克孜、塔吉克、乌孜别克、塔塔尔、俄罗斯、维吾尔等族的传统待客礼俗是：对前来拜访或望门而至的人，不管氏族、籍贯、相识与否，一律当客热情款待。男主人为客人拴好马，恭请客人进帐；女主人忙着为客人铺座位，让客人上座。然后端出马奶酒或者大麦酒为客人接风，拿出家中最好的食物招待来宾。

第二章　南方少数民族的饮酒风俗

南方20多个少数民族，约占我国少数民族总数2/3还多，遍布于川、黔、云、藏、湘各地。

第一节　中南地区少数民族的酒风酒俗

一、壮族的饮酒风俗

壮族能歌善舞，也喜饮酒。称米酿者为"米酒"，木薯酿者为"木薯冲"，榨甘蔗制糖的副产品为"糖泡酒"。壮民们一般爱饮米酒。

有的壮族地区在婚礼过程中，男方给女方送的订婚礼品中必须有米酒12斤。女方受礼，要请亲友吃订婚酒。结婚前10天，男方送钱、糯米、猪肉和米酒两斤给女方，称"报喜日"，协商聘礼（通常有钱有肉有米，并有酒100斤）。婚礼非常隆重，头一天在女方家置办酒宴，婚日在男方家置办酒宴。

在壮族接亲仪式中，酒和歌几乎占了全部的内容。接亲的那一天，女方家在正门梯阶的每一级都要摆上一碗酒，这叫"拦梯酒"。还在门口摆上三碗酒，这叫"拦门酒"。在拦门酒的后面，站着三至五名当地最著名的歌手，构成坚固的城池，来抵御男方派来接亲的队伍。接亲队伍领头的常常是一位壮年男子，骑着高头大马，歌才出众、酒量超人，人们习惯尊称为接亲伯。来到女方家的门梯下，熟练地用一首山歌表白自己的身份和使命。紧接着，女方歌手便以歌盘问，从盘古开天、壮族的婚姻历史，到新社会的婚姻法和计划生育等，无所不问。每问一首，若接亲伯能顺利唱答，女方家便把阶梯上的一碗酒拿开，并让接亲伯登上一级阶梯；若是接亲伯有哪首对不上，便要喝下这碗酒，才能登上阶梯。不管是以歌行进还是喝酒登梯，接亲伯总要竭尽全力，奋不顾身地"冲锋陷阵"，把他带来的接亲队伍引进亲家的大门。当晚饮酒猜拳，唱歌通宵。次日早上，在把新娘接出家门之前，要举行"搬酒杯"的仪式。这时，新娘在内房梳妆打扮，房门虚掩着，紧挨着房门口摆着一个八仙桌，桌上放着72杯酒，接亲伯必须对答女方歌手盘问的72首歌。在一问一答的歌唱中，若是接亲伯答对了一首，便把一杯酒搬开，若是哪一首答不对，他就要喝下那杯酒。桌上的72个酒杯全部解决，然后才能搬开桌子，推开房门，把新娘请出房子，接出家门。

在壮族宴席上敬酒的方式有"串杯（交杯）"、"交臂"、"转转酒"和"半酒"。双方相互敬酒，互饮对方杯中的酒，称"串杯"或"交杯"。广西大新县等地，主客相互交臂后，各饮自己所执杯中的酒，称"交臂酒"。主客围桌而坐，相互之间同时敬酒，各人饮其身旁亲友杯中之酒，称"转转酒"。许多县乡干部（尤其多民族的县）把这种酒称之为"民族大团结"。每有远方来客或故友重逢，壮族人就以"半酒"形式表示对来客的挚诚和尊敬。"半"即喂的意思，各自用酒匙在自己的酒杯中舀上酒，送到客人口中，客人也是同样回敬，就这样，各人都把自己杯中的酒"半"给对方喝。按壮族风俗，喂是出自内心的崇敬和爱护。

二、瑶族

瑶人喜酒好客，所饮之酒或家酿，或购于圩市。广西巴马县有"三关酒"的风俗，凡喜庆事，每当贺客到，唢呐、喜炮响起，主家端酒在屋外组成三关，每一关敬每一位客人两杯酒，称"三关迎客六杯酒"。

瑶族青年定亲这天，女方家在大门外摆上一八仙桌，桌上置一小酒坛，两个酒杯和一个装有筷子（根数不限）的竹筒。有关婚礼的事宜商量完毕，双方拿起酒杯，斟酒互敬，表示这门亲事已达成。这时女方家长走出门来，邀请两位歌手及贺婚人进屋小憩，置酒款待，叫饮"亲戚头欢酒"，定亲仪式到此也就宣告结束了。

金秀县的瑶族人有"上门挂红"的风俗。如果一方侵犯另一方，需赔礼时，赔礼者由寨老或亲友事先疏

中国文化遗产年鉴·酒文化卷

通，届时陪同，将二尺红布挂于对方的大门的一角，放鞭炮通报于乡亲邻里，提一只鸡，打一个封包，进屋送上礼品，说认错的话。对方见他诚恳赔礼，便也以礼相待，酒肉招待，千冤百恨都在酒中化解。

金秀县花蓝瑶族婚日双方都不摆酒筵，不请客，不收任何彩礼。女方也不送嫁妆，但在接亲时，男方必带去五斤鲜肉、五斤米和五斤酒，称"三五婚姻"。

三、白族

白族人在火把节的晚上有"摆果酒"的习俗。火把节首先要祭火把，然后男女老少齐集在广场上，按老规矩，当年的新婚夫妇和添了小孩的人家，要分别用托盘给观赏火把的人们送去糖果和喜酒；生下了小马、牛犊的人家，要送去炒豆或瓜子。然后，以老人为中心，大家围坐桌旁，在熊熊燃烧的火把照耀下，一边喝喜酒，品尝糖果，一边听长者讲民间故事，或由民间歌手唱名叫"本子曲"的叙事诗，或由艺人唱民间弹唱"大本曲"。"摆果酒"往往要待火把燃尽甚至通宵达旦。

白族新人饮同心酒

四、黎族

黎族男女青年定婚以后，男方要送酒、肉和大米，到女家商量迎亲的事。当天晚上女方的父母要请寨里的人喝酒，全寨的人都要来看他们的女婿。当新娘迎进家后，男方便在门前摆喜酒，一般都是席地而坐，没有桌椅，每人面前都盛上一大碗酒，空地中间放置一大酒坛，坛口里面插着细竹管，先由主婚人的长辈和新郎、新娘吸吮后，凡参加婚礼的人都轮着吸。然后才喝自己面前碗里的酒。边喝边唱边舞，直到通宵达旦。

黎族人热情似火，如事先得知来客消息，全家老幼都出门迎接。客人一落坐，主人先敬上槟榔，然后筹备酒菜，饭桌上的规矩很有特色——先吃饭，后喝酒。客人吃饱饭以后，主人便摆上酒席，开始敬酒。酒是黎家人自酿

黎族妇女喜欢吸食米酒

的山栏酒，若用买来的酒敬客便认为是对客人不恭敬。敬酒时，主人先自斟一碗昂首饮下，然后再斟酒敬客。如果客人确实不善饮，只要稍作表示即可，但万万不可拒绝。黎家人饮酒分为三个阶段，第一个阶段称为"腔斧昂"，是饮酒抒情之意；第二阶段是喝醉酒叫做"瘴敖"，即主客对饮。按黎家的传统风俗，一定要喝醉才罢休；第三个阶段叫"卓吞丘"，即开始对歌，由主人先唱，并请客人对唱。

五、仫佬族

仫佬人常于每年农历九月初九酿酒。选本地所产优质糯米，加酒曲发酵蒸馏酿制。其味香醇，称"重阳酒"。即家常饮用，又用以待客。九月间，也以甜酒酿待客，连酒酿带酒汁，更香甜可口。结婚之日，男方派"银姑"（少女）、"担茶"（少男）等挑封包、彩礼到女方接亲，彩礼必有酒。婴孩降生，向外婆报喜，外婆所带的礼品中甜酒酿是必不可少的。甜酒酿煮鸡蛋是产妇"坐月"期间必须食用的营养品。婴孩满月，家中办满月酒。

六、毛南族

毛南族人酿制的酒有糯米酒、玉米酒、小米酒、高粱酒、红薯酒、南瓜酒等，酒精度一般都只有20～35度

左右。在喜庆日，如家里杀了肥猪，就要行"盏配"仪式。"盏配"亦即把煮熟了供奉祖先的猪肝、猪肾各切一小块，盛在酒杯里。敬奉祖先仪式完毕，主人就会拿起"盏配"双手递上，笑咪咪地连声说："接福，接福！"（接祖先赐福）随即用手指挟起酒杯里的肉块塞到客人的嘴里，另一只手端起酒杯灌客人。这时客人就应该祝贺道："今年猪百八，明年头头大如象。"礼毕，大家即欢快入席。

在婚筵喜事里，当宾客们到达主人家时，带队的人要先到主人家屋檐下的一张迎亲神龛桌上敬献一杯酒给主家祖先，然后才能登梯入屋。毛南人还有一句口头禅："好朋好友，黄豆送酒。"如平日有客到家而没有酒招待，就会被认为失礼的行为。酒也是毛南族青年男女借以表情达意的媒介，如女方要试探男方的情意时，就会唱道："我这糯米酒，昨夜才酿成，味淡又不醇，哥懒把手伸。"如果男方中意女方时，他即会应道："这是好米酒，秧田在门口，酒味浓又烈，润醉哥心头。"这样一问一答，酒未上口，心已醉了，一桩美好姻缘就此奠定。

七、京族

京族人多从事海洋渔业生产，卖水产品而沽酒于市。农历十二月廿四到廿八日，网头率众用三牲和酒，隆重举行"做年晚福"祈求海神保佑来年生产安全和丰收。春节，杀猪饮酒，欢聚一堂，俗称"还原"。六月初十（有的地方为八月初十）为"哈节"（即"歌节"），主持"唱哈"（即"唱歌"）的头人率民众于海边以三牲和酒祭神，歌舞娱神。有资格入席的男子在"哈亭"入席，每席6至8人，或各人轮流供应菜肴和酒，或各人平均负担菜肴和酒。京族人好客，谚云："吝啬之辈亲朋少，慷慨之家客友多。"客人来到，飨客以糯米糖粥，然后以海鲜美酒佳肴款待。男女相恋情深，男方托媒人带一只花屐到女方家。女方也从姑娘房中取出一只花屐，如花屐配对便是天赐良缘，然后媒人带男青年到女方认亲，其过程即对歌又饮酒。迎亲前，男方送聘礼到女家，有钱有肉有米有花烛鞭炮，同时必有酒50斤。迎亲时，男方派两三对歌手到女家，与女方歌手对通三道歌卡，进入堂屋，入席饮宴，然后迎接新娘到男家。新婚夫妇拜堂后，礼堂便成为歌堂和酒堂，歌声与酒香交织一起。

八、傣族

饮酒是傣族人民生活中的一大乐事，几乎每餐必饮酒。若有贵客来访时，寨中姑娘们还要托银盘敬酒，如果敬而不饮，她们可以抱着客人的头硬灌下去。避酒的方法是在姑娘们敬酒时，先呷一口，再放一个钱币在盘中，请姑娘代饮。结婚、节庆或迎接客人，都要敬酒。饮酒时，人们均要唱传统的《讨酒歌》、《敬酒歌》和《酒醉歌》。

九、普米族

普米族人把自酿的酒，称作"苏理玛酒"。此酒是普米族人的一种上等饮料，人们平常饮用离不开它，请客送礼离不开它，逢年过节更离不开它，甚至宗教祭祀也离不开它。普米族男女青年结婚时，男家请媒人去接新娘。媒人要能说会道，更要有一定的酒量。当媒人来到新娘家居住的寨口时，寨子里每家都备有一坛酒在寨口等候，媒人要挨家吃一口酒才可以走开，即使喝醉了也不可推辞。在新郎的寨子里，每家也备一坛酒去寨口，迎候送亲的客人，双方见面时，互相鸣枪致敬，在寨外吃一坛酒，才把新娘迎进屋内。

第二节 西南地区少数民族的酒风酒俗

一、藏族

藏族人民好客，有客来，向客人连斟三杯青稞酒敬献。前两杯，客人根据自己的酒量可以喝完，也可以剩下一些，不能一点不喝，第三杯酒则要一饮而尽，以表示对主人的尊敬。然后主人邀客人一道跳起欢乐的踢踏舞。如果客人实在不会饮酒，只要小啜一口，并用手指醮酒向空中弹三下，也不会受到主人的责怪。

雪顿节是藏民的重要节日之一，每年藏历七月一日举行。这天上午要演出各种风格的藏戏，人们载歌载舞，享受着节日的欢乐。下午各家开始穿梭于帷帐之间做客，主人向来宾敬三口干一杯的"松准聂塔"（酒礼），唱各种不同曲调的劝酒歌。歌罢客人将酒三口饮完。

藏族的跳锅庄舞

二、佤族

佤族人待客必先敬酒，有一种敬酒风俗是，主人和客人都要蹲在地上，主人用右手把酒递给客人，客人也要用右手接过，先倒一点在地上，或用手指醮一点酒，弹在地上意为祭祖。然后主人和客人一起喝下去。佤族水酒度数低，但后劲大，客人往往喝得醉醺醺的，客人一旦喝酒，主人便马上敬一杯早已备好的烤茶，用以解酒。客人要离开时，主人会再次给客人敬酒，表示送客平安出门，不论走多远都不会忘记朋友的盛情款待。

佤族人饮水酒的方法大致有两种：一种是会议式的饮酒。主要用于人多的场合。每逢重要集会，先由寨中长者开饮，接着由长者和大家敬酒，随后大家不分彼此，用竹子刻成的酒杯，你一筒、我一筒地对饮起来，必须一饮而尽。另一种是礼仪式的饮

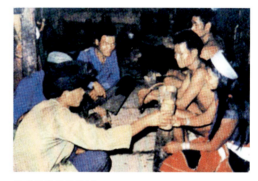

佤族同胞饮竹筒酒

酒。饮酒时必须宾客分开，一人对一人，先由主人敬客人一筒，然后客人回敬主人一筒，在对方喝酒时，敬酒一方必须将右手抬起与肩部相平，手指平伸，手肘可以自然曲放，以表示对对方的尊敬。新奇的是，佤族人喝酒从不设下酒菜，也不与吃饭混在一起，因而，在佤族饮酒是可以代替宴席的。

三、哈尼族

在哈尼族的生活中，酒与欢乐、爱情、友谊等人类最美好的情感紧密联系在一起。饮"街心酒"时，人们将寨子打扫干净，太阳偏西时，铓鼓声起，各家闻之纷纷用小簸箕端着精心烹制的佳肴和自制的高粱酒，端到街心，按顺序在事先铺好的竹篾上摆好。这种酒宴长达几十米，有时甚至百米。席间击鼓饮酒，载歌载舞，尽情欢乐。有的人还边舞边将身子匍伏席上，不用手端，而是用嘴巧妙地将地上的酒碗叼起，慢慢仰面，一饮而尽。

"阿巴多"是一种青年男女谈情说爱的社交活动，多在十月举行，分三个阶段：男方邀请、女方应约、男方回访。在应约和回访阶段，男方和女方的青年们都要自办酒食，敬酒对歌，多数哈尼族男女青年就是在这种互相邀请的"吃酒"过程中结下良缘的。

哈尼族待客要喝"闷锅酒"，就是将客人先请至火塘边上席就坐，随即捧上一碗米酒，俗称"闷锅酒"。每年秋天稻谷收割前要喝"新谷酒"，意在预祝五谷丰登，幸福安宁。

哈尼族在重大的客宴上，斟酒时主人要先给客人斟酒，然后才给其他人斟酒。在给所有的人斟完酒后，还得给客人再斟一次，象征酒源不断。

哈尼族的街心酒

饮酒前，主人嘴里轻轻诵祝酒词。言毕，将食指伸进自己的酒碗里蘸一下，在自己跟前的桌面上或是脑门上划"一"，表示除邪，祝全桌人安康。划毕，举杯饮酒，其他人也要跟随主人蘸酒划"一"。客人划脑门最好，增加了一层意思，即与主人血气相通，情感融合。

酒在哈尼人生活中除饮用外，还有其它用途，如祭山、祭天时，要供九碗酒；村里人死了，前往奔丧的亲友，须带酒前去祭奠；妇女浸染布料，要在染缸里加酒，这样染料的染性增强，染过的布料不易褪色。

四、羌族

羌人每年正月初五至初八，尤其是十月初一的羌年，羌人喜欢全寨聚会饮咂酒。饮咂酒的仪式必须在神台下或火塘的上方举行，先要致开坛词。致词时，致词人一边将竹管插入坛内，连蘸三滴，把酒洒向天空，向天地神灵致敬，一边朗朗唱诵恭维、祝愿与赞颂之词。其后，便按年岁辈份每人用竹管吸一口咂酒，此谓"吃排子酒"，然后轮流敬酒。被敬者用竹管插入坛内，轮流欢饮，此谓"吃敬酒"。最后是"饮咂酒"，要先将酒坛打开注入开水，再插上几根长竹管，大家轮流咂吸，边饮边添开水，直至味淡而止。羌族饮咂酒时，无论是主人还是客人，都要唱酒歌，围着酒坛跳舞，此乃以歌下酒，以舞伴酒。

羌族妇女同饮咂酒

五、水族

水族人待客时要喝肝胆酒，象征着彼此肝胆相照、苦乐与共。整个仪式是，主人若杀猪待客，即把附着苦胆的那叶猪肝切下，用火烧结胆管口之后煮熟，和猪肉一道供祭后，主人即办席宴客。酒过三巡，主人剪开胆管口把胆汁注入酒壶里，并给每个人斟上一杯。先喝肝胆酒的多为德高望重的长者或贵宾，然后按顺序往下排。当喝到兴起时，主人提议大家举起酒杯，这是要喝团圆交杯酒的意思。于是，每个人用左手接过别人送来的酒杯，右手拿起送给别人的酒杯。当大家都手拉手地举起杯时，由贵宾中年岁最大的人先喝，然后按从左到右的顺序喝。每个人举杯喝酒时，其余的人都要为他助兴，齐声喊："秀！秀！"就是喝干的意思。

六、景颇族

在较大的对外交往中，景颇人喜用"礼篮"待客。篮内礼品中，以酒为主，一般是一筒水酒，一筒米酒。据说水酒象征女性，米酒象征男性。喝了水酒能解渴，饮了米酒可消乏。客人接受"礼篮"后，诵祝词，然后饮篮内的酒。最后将篮子送给主人，表示回礼。景颇人饮酒有一条规矩：逢饮必成双，不饮单。若客人是海量，就饮完两杯；若酒量一般，须饮上两口；即使滴酒不沾者，也要用嘴在酒杯边上碰两下。这是团结友谊的象征。

景颇人举行婚礼时，新郎家要专门选出两人往新娘歇息处送四次酒，每次水酒、烧酒各一筒。这四次送酒的意思分别是：

(1)欢迎你们来了；(2)来请坐下；(3)请吃饭；(4)起脚起手到新娘家去。

二位送酒者各背一竹箩，一只装着送给新娘的衣裙、长刀和长矛；另一只装有水酒、烧酒各一大筒。其中一筒待到新郎家饮用；一筒当场由新娘分给大家饮用。饮酒后，新娘梳妆打扮。然后"长桶"背着装有酒的背箩，执矛带路，送新娘至新郎家。在新郎家门口，二位送酒者又要给新娘送酒四次酒。然后新娘才由新郎之弟或母亲牵扶，经过事先置于四束草丛中的"竹木躺"（独龙桥），登楼进入新郎家中。婚后第二天，新娘须亲自酿制水酒，以备10天之后的"回门"用，这也是检验新娘的酿酒技术。回门的酒要备两大筒水酒和两大筒米酒。盛酒的竹筒一定要用新竹子做，象征完婚成双，荣华富贵。

景颇族人还有"金竹酒筒"敬客的礼俗。他们平时出门时，筒帕里均背一个金竹筒制成的酒筒。路遇熟人

中国文化遗产年鉴·酒文化卷

均要互相敬酒，当你接过对方酒筒的同时，要以自己的酒筒回敬，且先倾出少许酒给对方酒筒，然后再饮用。举宴时，主人一般不亲自给客人斟酒，而是把酒筒交给客人中之长者，意为请其代表主人心意给大家敬酒。此人承蒙看重必十分高兴，立即根据筒内酒之多少给在座者平均分配，主人亦不例外，最后留下少许酒，表示筒中之酒永远也喝不完，彼此友谊天长地久。

七、拉祜族

拉祜族缔结婚约时有"摆火塘酒"的风俗。男女青年相互了解有了感情后，一方父母即托"兹嘎八"（即媒人），带上烟、酒、茶等礼物到另一方家中求亲。兹嘎八到对方家后，得用传统婚俗中的唱词，委婉表达来意。若对方老人同意这门亲事，便收下礼物，并找来几个亲戚一同坐在火塘边，边吃饮边议事，这就是所谓的吃"火塘酒"，从而确定婚约，商定婚期，等办喜事。如果对方老人不同意，就以其传统唱词婉转答复来者，礼物请"兹嘎八"带回去。"火塘酒"有的由"兹嘎八"在女方家备办，请其亲友共同来喝；有的则由女方家办好酒席来请男方父母、亲友去做客。

八、彝族

彝谚说："汉人贵茶，彝人贵酒。"还有"饮酒不用菜"的习惯。彝族喜饮酒，也创作了众多优美动听的酒歌。诸如《酿酒歌》、《酒药歌》、《向天地敬酒》、《向祖先亲友敬酒》、《酒功》、《酒茶谣》、《喝喜酒》、《敬酒歌》。彝族的酒杯、酒壶多系优质的红椿制作而成，且多绘有彩漆，十分考究。此外，还有鹰爪酒杯、水牛角酒杯、黄牛角酒杯、羚牛角酒杯、猪蹄酒杯、雁爪酒杯、牛蹄酒杯及皮酒杯等，小巧玲珑，形态优美，纹饰艳丽，富有浓厚的民族特色。

彝族人喝转转酒

彝人习惯喝"转转酒"、"坛坛酒"和"碗碗酒"。不论在家里，还是在外边，几个彝胞相遇在一起，便各自拿出随身携带的酒来，席地而坐，围成一个圆圈，酒碗或酒瓶不停地从一个人的手中传递到另一个人的手中，一边依次饮酒，一边倾心叙家常。如果途中又来了人，大伙自动地挤拢，然后空出一个座位来，让来人坐下，一同畅饮，习称喝"转转酒"。

"坛坛酒"是用高粱、玉米、荞子等杂粮炒熟磨烂，再加水和酒曲酿制而成。此酒用坛装，坛口用泥密封储存。饮时，将坛口封泥剥去，往坛中加入冷水，使之淡化。过1小时左右，将一木管或竹管插入坛中，饮者依次用嘴吸酒，酒便少量地慢慢流入口内。此乃可使饮者陶醉，观者凭添几多欢愉和乐趣。

彝族久居高寒山区，不仅酒量大，而且喜饮度数高的烈性酒，无论逢年过节，红白喜事，街头路旁，多数饮者相聚，便用大土碗盛酒，下酒菜则是拳头大的坨坨肉。喝到尽兴时，一口一碗，吃到尽兴时，大嚼大咽，此乃坨坨肉下碗碗酒。碗碗酒最能体现彝族豪放的民族风格。

彝族饮咂杆酒的方式特别，不用杯碗，只用竹管。饮酒前，须用清洁冷水或冷开水灌入酒瓮中浸泡时许。需饮用时，大家围坐酒瓮周围，用两根根部钻有数孔的空心竹管插入瓮中轮流吸饮。这种竹管是专门特制的酒具，通称"咂杆"。太平天国著名将领石达开率军西征路过黔西北时，就喝过这种"咂杆酒"，并对这种饮酒方法大加赞赏，写了一首咂酒的千古绝唱："万颗明珠一瓮收，王侯到此也低头；五龙抱起擎天柱，吸得乌江水倒流。"

九、独龙族

独龙人每家都会酿酒，每年酿酒耗费的粮食甚多，民间有"宁可饿肚，不能无酒"之说。酒在独龙族生活中有多种特殊用途：生产工具贫乏时，独龙山寨有借斧砍地烧山的情况，作为租金，借物者要给斧子的主人背去一筒酒；农忙换工，主人也以酒作为给帮忙者的酬劳；连匠人在独龙寨打工，所得的报酬，有的也是酒；在特定时期，独龙族的酒还带有货币的性质。

二人同饮一大杯酒，为独龙族的传统饮酒方式，象征友好团结，称为"同心酒"。饮同心酒时，二人或并坐或并立，一个用左手，另一个用右手相互搭肩，再一个用右手，一个用左手共端一竹筒酒，他们头并头、嘴挨嘴、腮颊相依，交颈贴耳，不计性别，共饮于一杯之中，以此表示亲爱。酒可一饮而尽，也可分几次饮干，有的边饮边唱，直至喝醉方休。只要被邀请一起喝同心酒，受邀者是不能拒绝的。除节庆日喝同心酒外，独龙族内部发生纠纷，事情了解后，双方常由族长主持，让当事人通过喝同心酒表示相互的不和与仇视情绪自此消除。尤其是在婚嫁过程中，双方亲家在定亲时要饮同心酒；婚礼上不但新郎新娘要共饮"同心酒"，而且人人都可以同新娘共饮同心酒。

独龙族人双人同杯酒

十、苗族

苗族人在逢年过节或招待宾客酒至半酣、热情高涨时，或由主人提议，或由客人提议喝"转转酒"，大家便围成一圈，各人都把自己的酒传递给左边的人，自己只能用右手接酒，由场中年纪最大的老人先饮，接着每个人按顺序饮这头碗酒，叫一轮；接着，主人再斟第二轮酒，全部喝完后又起一轮，如此往复不断，直到酒醉方休。喝"转转酒"是整个宴会的高涨，为了助兴，喝前还要唱喝酒歌，说团结友爱的话，因此有的地方又称"转转酒"为"团圆酒"。

当客人要回家，主人意犹未尽，临别时还要敬"送客酒"，即主客各执酒碗盛满美酒，主人则一边唱歌送客，一边和客人痛饮美酒作别。如果离寨的是尊贵客人，"送客酒"则更为热烈动情。人们先在铜鼓坪上踩响铜鼓，跳起芦笙舞，召唤全寨出来为贵客送行。男女老少陆续走下木楼，来到铜鼓坪上，围着铜鼓跳起舞来。铜鼓坪上放一条桌，桌上置酒数碗，红绸几匹。寨老宣布送客，便将红绸斜挂在客人身上，顿时坪上一片欢腾。接着，人们一个接一个地走上前来，唱一支送别歌，敬一口送客酒，再将五颜六色的花带系在红绸上。客人步出寨门时，主人再劝客人喝一口酒，才最后作别。

苗族新人同饮合欢酒

贵州省黔东南苗岭山区苗族人凡遇客人进寨，村民们便在门前大路上设置拦路酒，对客人唱拦路歌，意思是让客人喝拦路酒。拦路酒的道数多少不等，少则三五道，多至十二道，最后一道设在寨门口，客人要喝完拦路酒才能进入寨门。拦路酒表示主人欢迎之诚，待客之盛。每逢丰收庆典或重大节日，这种礼仪更加隆重。有的还在寨门的木楼里挂一对牛角酒杯，贵客进寨，便由古装的寨老或盛装的村姑双手捧着牛角杯，向客人一一敬酒。

交杯酒是流行在贵州苗族和水族地区的一种饮酒风俗和饮酒方式。交杯酒的喝法有三种：一种是双手将自己手中的酒喂到对方嘴中；一种是宾主手腕交叉，同时各喝自己手中的酒；另一种是互相交换酒杯中的酒而饮，即你喝我的酒，我喝你的酒，表示肝胆相照、以心换心的真诚友谊。

在贵州的一些苗族地区，为了鼓励客人饮酒，客人每饮一杯，主人便在客人脸上盖一个红印，谓之打酒印。酒印越多，表示主人越慷慨好客，客人越有海量，主人越是高兴，客人也愈光荣。

贵州关岭一带的苗族过砍火星节时，氏族中的各户人家要聚在"值年"家中饮"合心酒"，以便商讨乡规和族中大事。

十一、布依族

每到农闲，每家每户都要自酿一大罐便当酒，逢年过节，特别是客人到来，左邻右舍的亲朋好友都要来陪客人喝酒。不论喜酒、丧酒，大都不拘礼节，只要时辰一到，酒饭齐备，客人坐拢，就可开席。

便当酒还是布依人送客人的好礼物。凡是有人嫁姑娘、娶媳妇、立房子、做生日、请月酒等，去祝贺帮忙的亲朋好友，都要从家中挑一坛自酿的便当酒和粮食，带上对子或被面、红布等前来吃喜酒，所带东西送给主人作贺礼，酒坛盖上则封上红十字纸条以示喜庆和祝贺；来不及酿酒的人家，就用米装入坛内代酒。如遇丧事，也可送这种酒去奔丧，只是不封红纸条罢了。

布依族人爱酒，且能歌善舞。他们讲究"无酒不成礼"、"有酒必有歌"的待客形式，吃饭时都要唱"酒礼歌"。较常唱的"酒礼歌"分为：吃酒歌、敬酒歌、谢酒歌、问酒歌、祝酒歌、要筷子歌、敬老人歌、赞歌、问姓歌等，主客间的友好交流都包含在这些酒歌中。

扎马酒是布依族的一种群体性饮酒方式，相近于彝族、苗族的"咂杆酒"。饮者围聚酒坛周围，用芦管或藤管插入酒坛内吸饮，颇有古朴敦厚之风，布依人俗称"扎马酒"。

十二、侗族

侗族人热情好客，凡有客来，主人就要请你品尝侗家自酿的糯米酒，且最讲究"酒满敬人，饭满悔人"。按侗家规矩，主客一般要互饮二十四杯，象征一年二十四个节气吉祥如意。喝完二十四杯后，还要以友情、幸福、丰收、祝颂等内容为题材对唱酒歌，输者再饮，直至深宵。最后，主人还要给大家斟一杯"团圆酒"，宾主互相致意，一饮而尽，方告结束。

侗族人民为解决寨际、人际间的矛盾和纠纷，专设有和解性的酒宴。矛盾双方经过调解，澄清了事实，明辨了是非，消除了矛盾和隔膜，感到需要恢复原来的友好关系，便由其中一方设"和面酒"，请来寨中老人或双方德高望重之人，饮酒言欢，消除误会，重新和好。

侗族饮酒待客时用歌劝饮、用歌助饮的歌唱形式称为酒令歌。酒令歌内容丰富多彩，唱法形式多种多样。有一人独唱、二人对唱、分组轮唱、盘歌对唱等形式，内容则触景生情，随编随唱，有祝愿、问候、感谢、盘诘、调侃、逗乐等。先由主人家的成员轮流歌唱，一面唱歌，一面敬酒，每轮换一个人次，就向客人敬一次酒；然后再由作陪的人唱歌向客人劝酒、祝酒，客人喝不下时，要用歌唱作答或解释，或以礼节退席。这类酒歌如同酒令，故称"酒令歌"。

十三、仡佬族

仡佬族人订婚时有"吃允口酒"的礼俗。吃允口酒就是喝允许婚事的酒。行礼中最值得注意的是：象征着允许婚事的第一碗酒，须先请女方母亲喝，当轮到其父喝酒时，父亲要明确表示："娃娃是母亲养大的，要由她娘作主"，只有如此说才被认为是合乎规矩。仡佬族男女青年相爱后，男青年向女方父母求婚时，要拎一壶糯米酒。到女方家来把酒放在八仙桌上后，女方的亲属和寨邻就都闻讯而来聚集，求婚的男青年向女方父母提出要求。如果女方父母应允了，就会说："多谢你带来了天上神仙酿造的醇米酒，就让我们享享口福吧"，说完取出三个碗，把酒注入碗里，由女方的父亲先喝一口，然后依次传递给在座的男亲

仡佬族老人喝咂酒

属轮流喝。酒喝毕，女方家备一桌简便的酒席请求男子吃，然后即可择定吉日举行婚礼。

仡佬族有祭奠天地、祖先的告奠酒的酒礼仪式。婚礼告奠仪式有三次。男家第一次到女方家下聘礼，女方于堂房设宴告奠天地和祖先，其礼节最重，曰"烧香"；第二次告奠为接亲之日，由男方接亲者在女方家施礼；第三次则由女方家送亲到男方家后施礼。告奠酒十分珍贵，除祖先、丈人丈母、姑娘的舅父以外，其它亲朋不得享用。

第三节　少数民族酒俗的文化特点

少数民族酒风酒俗归纳起来，大体有以下五点：

一、普遍嗜酒，主要饮用家酿酒

全国55个少数民族中，没有不饮酒的，他们饮酒的场合与汉族大致相同，除日常生活饮食中用酒外，主要是节日、祭祀、婚丧、人生礼仪及社交活动中用酒。但是，除过部分信奉伊斯兰教的穆斯林外，少数民族普遍嗜酒。酒对于他们来说，不仅是行礼、解乏、除忧的尤物，而且是充饥解渴的食物（因酒度低，养分高）、娱乐游艺的道具（因少数民族地区普遍偏僻，其它文化活动很少）。据徐万帮先生于20世纪八十年代中期在贵州苗、侗、布依族村寨调查，户均年耗酒量为四、五百公斤，真是有点惊人。

由于经济条件地理条件所限，少数民族饮用的酒绝大部分都是自家酿制的酒。家酿酒就地取料，土法炮制，工艺简单，发酵期短，风味各异，随酿随用，一般存放不久。有的家酿酒中还掺入当地出产的药料，具有一定的医疗保健作用。这些民族特色酒，如蒙古族马奶酒、藏族青稞酒、门巴族曼加酒、水族肝胆酒、土家族甜酒茶、普米族"酥里玛"酒、羌族蒸蒸酒和咂酒、彝族荞面疙瘩酒和咂杆酒、四川彝族苦荞酒、云南彝族辣酒、纳西族合庆酒、怒族咕嘟酒、水族九阡酒、普米族大麦黄酒、朝鲜族屠苏酒和米酒、傈僳族药酒和杵酒以及羊油酒、满族松苓酒、拉祜族药酒、壮族药酒、毛南族南瓜酒、基诺族的梅叶酒、哈尼族新谷酒、塔塔尔族风味酒、黎族山兰酒、布依族刺梨酒和便当酒、鄂温克族红豆酒、佤酒水酒、布朗族翡翠酒、景颇族水酒、苗族咂酒、独龙族竹筒酒、高山族口嚼酒和草曲酒，等等。

二、酒具五彩缤纷，富有地方特色

这里的酒具主要指饮酒用具。从质地上分，大致有六类：一是金、银、铜、玉等贵重酒具。旧时多为满、藏、蒙、傣等民族的统治阶层所使用，主要是壶、杯、碗等；二是漆器类。以四川凉山彝族的漆制餐具和酒具最负盛名；三是瓷器类。瓷酒具在近现代少数民族中流行，主要是酒壶、酒盅、酒碗；四是竹木类。最常见的是酒筒和酒杯；五是角、骨、皮制类。主要有牛角杯、鹿角杯、犴角杯、皮碗、皮口袋、皮桶等，其中柯尔克孜族的骆驼皮碗和蒙古族的牛角杯最精美；六是其他酒具，如东北、内蒙地区的鄂伦春、达斡尔、赫哲等族用桦树皮制作的器皿当酒具，布依族以巴茅草的秆或芦苇秆做的吸饮酒管，高山族、珞巴族、苗族等用葫芦、椰壳当酒具，白族、彝族地区的石酒杯，门巴族用芭蕉叶卷成的酒具，等等。

三、饮酒时特别重视和谐热烈的气氛

汉族讲"无酒不成欢"，少数民族更是这样。汉族饮酒的气氛主要靠酒令来烘托，少数民族饮酒时则主要靠亲昵的动作和欢快的劝酒歌舞来表达真诚的感情和和谐热烈的气氛。如彝族的"转转酒"、"杯杯酒"和"杆杆酒"，羌族的"咂酒"，壮族的"交臂酒"，怒族的"同心酒"，傈僳族的"合杯酒"和"双边酒"，侗族的"团圆酒"和"串杯酒"，布依族的"打老庚酒"，蒙古族的"结盟酒"，高山族的"连杯酒"和"亚肩并唇酒"，等等。

少数民族的劝酒、敬酒歌舞，更加突出地表现了他的待客饮酒的礼仪作用和风俗文化特色。单就酒歌而言，我国绝大多数少数民族都有自己的民间酒歌，而且根据不同的应用场合和内容，又可分为婚礼酒歌、祝寿酒歌、生日酒歌、谢厨酒歌、丧事酒歌、迎宾酒歌、留客酒歌、送客酒歌、建房酒歌、祭祀酒歌、恋爱酒歌、离别酒歌、叙事酒歌、抒情酒歌、揭花酒令歌、赞颂歌酒歌、控诉酒歌等等。婚礼酒歌中又分谢媒人、夸新郎、夸嫁妆、劝嫁等酒歌。各民族酒歌的艺术风格各不相同。

四、在待客敬酒中礼仪隆重，坦诚真挚，礼貌周全

如贵州苗族和甘肃裕固族待客敬酒都是双杯，表示主人祝福客人好事成双、福禄双至，也寓有"客人是双脚走进来的，仍能双脚走回去"，健康平安之意。高山族让贵客在屋中高凳上就座，青年男女围贵客歌舞，同时依客人数目要指派同样多的年轻人弓身弯腰向客人敬酒。赫哲族人以捕鱼业为主，席间必有向客人敬鱼头酒表示尊重的礼节。在四川凉山彝族家做客，进门入座后，主人先捧上一杯酒献客，然后"打牲"，即宰猪杀羊，并在打牲前要把牲口牵到客人面前，请客人过目，以示敬重。佤族人给客人敬酒，双手捧着竹节酒筒，恭恭敬敬地走到客人面前，弓身将酒筒由自己胸前沉下，再向上送到客人嘴边请饮。到藏族家做客，讲究"三口一杯酒"，即客人接过酒（碗）后，先喝一点，主人斟满，再喝一点，主人又斟满，至第三口时干杯，以表敬重。广西巴马瑶族在迎接村寨的集体客人或十分重要的单个客人时，要设"三关酒"迎接，以表示隆重和真诚。珞巴族人给客人敬酒时，女主人右手执瓢，左手端木碗或竹碗，双膝跪在客人面前，将碗放在桌上，再将瓢中酒先倒一点在左手心，用嘴抿尝一下，尔后给客人碗中斟满，陪客的男主人双手捧酒碗递给客人，女主人同时说："酒不好，别见怪。"

五、在饮酒时很讲究敬老的礼节

锡伯族的年轻人不许和长辈同桌饮酒，以示长幼有别，也免得年轻人酒喝多了容易失态，对长辈的不敬被视为最丢脸的事。朝鲜族晚辈也不得在长辈面前喝酒，若长辈坚持让小辈喝，小辈也得双手接过酒杯后转身饮下，并表示谢意。朝鲜族民间至今流行家庭性节日"回婚节"，即为双双健在的老人举行结婚六十周年庆典，家人和亲友都要来给老人敬酒祝福。而在家中老人六十寿辰时，要举办"花甲宴"（亦称回甲节），乡邻友好也要前来敬祝寿酒。蒙古族家中来客后，不分主客，谁的辈分最高，谁就坐在上座主席位置上。满族家中来客，由长辈陪接，晚辈一般不得同席。彝族家中酿好酒的第一杯敬神，第二杯要敬给家中老人，晚辈不得先喝。凉山彝族群聚饮酒时，要按年龄大小、辈分高低分先后次序摆杯斟酒，并由在场的英俊聪明的小伙子先给老人敬酒。敬酒者双手捧杯，右脚上前跨一大步，弯腰躬身，头稍向左偏，不得直视被敬的老人。壮族请客时，只有与客人同辈的长者才能与老年客人同坐正席，年轻人须站在客人旁边，给客人斟酒之后才能入座。傈僳族在年节请客的酒席上，父母可以向长辈诉说儿女媳妇使他们不满意的事，做儿子的，尤其是做儿媳的，总是很体谅父母的心情和难处，他们听完长辈的抱怨批评后，便马上请求父母公婆原谅自己的不懂礼，无论如何是不能顶撞的。社会习惯普遍认为，长辈不论何时何处批评晚辈都是应该的。

我国是一个多民族的国家，移风易俗可以促进各族人民的文化交流，相互学习，取长补短，这对于整个中华民族的文明进步大有好处。今天我们研究少数民族的酒风酒俗，仍然要抱着相互学习，取长补短，移风易俗的态度，以达到促进民族文明进步之目的。

主要参考文献：

1. 徐少华著《中国酒与传统文化》北京，中国轻工业出版社，2003年
2. 萧家成《升华的魅力——中华民族酒文化》华龄出版社 2007年
3. 泽君、杨柳《藏族酒文化》第五期酿酒 2007年 第5期

第七篇　酿酒工艺

我国酿酒技术的发展总的说来可分为两个阶段。

第一阶段是自然发酵阶段，经历数千年，传统发酵技术由孕育、发展乃至成熟。形成了一个较为完善的传统酿酒技术体系。即使在当代，自然发酵技术也并未消失，尤其是一些名酒的生产，传统技术仍发挥着极为重要的作用。其中的一些奥秘仍有待于人们去解开。传统酿造技术的特点是人们主要是凭几千年积累的丰富经验指导酿酒，对酿酒过程的微观世界并没有深入细致地了解。

第二阶段是从晚清及民国开始的，由于引入西方的科技知识，尤其是微生物学、生物化学和生物工程知识后，传统酿酒技术发生了巨大的变化，人们懂得了酿酒微观世界的奥秘，机械化水平提高，生产过程中劳动强度大大降低，酒的质量更有保障，酒的产量大幅增加，品种更是层出不穷。

我国的酿酒原料以谷物为主。宋代以前，我国的政治、文化和经济中心在黄河流域，酿酒原料主要取自北方的粮食作物，如小麦、高粱和粟等。这从《齐民要术》中的有关记载可以得到验证。但随着南方经济的发展，特别是宋代开始，政治中心逐渐南移，到了南宋，统治区域逐渐缩小到南方的江苏、浙江、江西、广东、福建等地，而这些地区的农作物主要是稻谷，因此黄酒的酿酒原料主要取自稻谷，又因为通过酿酒实践发现糯米是最好的酿酒原料，故大多数黄酒选用糯米。如浙江、江苏等地。北方少数地区由于受传统技术的影响，仍使用粟酿酒，如山东的兰陵酒。

中国的酒不仅历史悠久，而且种类繁多。按照古代的分法有：醇酒、春酒、白酒、清酒、美酒、糟下酒、粳酒、秫黍酒、葡萄酒、地黄酒、蜜酒、有灰酒、新熟无灰酒、社坛余胙酒等。李时珍在《本草纲目》中讲到："酒之清者曰酿，浊者曰盎，厚者曰醇，薄者曰醨，重酿曰酎，一宿曰醴，美曰醑，未榨曰醅，红曰醍，绿曰醽，白曰醝。"

随着历史的发展，酿酒技术的提高和人们对酒的认识的深化，对酒的分类越来越细，现代对酒分类有以下六种方法：

一、商业分类法

是按照成品酒在市场上销售的基本类别划分的。根据这种分类方法，我国目前的酒可以划分为白酒、黄酒、啤酒、果酒(葡萄酒)、配制酒。

二、工艺分类法

把所有的能够饮用的酒划分成三大类，即蒸馏酒、发酵酒和配制酒。

三、评酒分类法

建国以来，我国先后举办了五届全国评酒会。每届全国评酒会所包括的范围及酒的分类不尽相同，这也充分地说明了酿酒事业的进步和酒文化的发展，决定着酒的分类及其内容的变化。

第一届全国评酒会，把我国的酒分为白酒、黄酒、葡萄酒和果露酒四大类；第二届全国评酒会把我国的酒分成白酒、黄酒、葡萄酒、啤酒和果露酒五大类。但在评选过程中，却划分成白酒、黄酒、果酒和啤酒四个组进行品评。其中，露酒中以白酒为基酒的酒由白酒组品评，以酒精为基酒的由果酒组品评，葡萄酒与果露酒仍为一大类进行品评；第三届全国评酒会仍分白酒、黄酒、葡萄酒、啤酒、果露酒五大类进行选样，仍然分成白酒、黄酒、啤酒及葡萄酒和果露酒四个组进行品评；第四届全国评酒会把我国各种酒明确划分成六大类，即黄酒、葡萄酒、白酒、啤酒、果酒、配制酒；

第五届全国评酒会只进行白酒评选。这次评酒会按糖化发酵剂、香型和酒度进行分类；

四、原料分类法

根据酿酒用的原料不同，饮料酒可划分为：

（一）粮食酒。这种酒的主要原料是粮食，如高粱酒、糯米酒及包谷酒等等。

（二）果酒。是以果类为主要原料生产的酒，如葡萄酒、苹果酒、桔子酒、香槟酒等等。

（三）代粮酒。这种酒是以粮食和果类以外的原料酿制的酒，比如用野生植物淀粉原料或含糖原料生产的酒都称为代粮酒。这类酒主要有用青稞子、薯干、木薯、芭蕉芋、糖蜜等为原料生产的酒。

五、历史分类法

历史分类法包括两个含义：一是按照各种酒产生的顺序进行分类的方法；二是按照中国古代文献的记载进行的分类方法，也叫做古代分类法。

如按酒的产生年代划分，有天然酒与人工酒之分，而人工酒中又可分成许多类别，如兽乳酒、天然曲酒、人工曲酒、粮食酒、发酵酒、蒸馏酒等等。如按古代文献记载的分类，根据历史时期不同又可分为不同的种类。例如先秦时期把酒按用途分为祭祀酒与饮用酒，按酿造过程与用途划分又分成事酒、昔酒与清酒等。按照工艺划分"清者为酒、浊者为醴"等等。

六、酒度分类法

所有酒精性饮料，均含有一定的酒精度数，并在最大范畴内统称之为酒。因此，在酒的饮用时，人们还往往按酒的度数来分类。

在我国饮料酒的酒精(乙醇)含量限定在0.5～65.0%(V／V)之间，根据酒精含量的多少可分为高度酒(烈性酒)与低度酒两种，前者主要包括我国的白酒和用蒸馏工艺生产的洋酒，后者则主要指发酵类酒，因此，一般以40°来区分高度酒与低度酒。41°以上为高度酒，40°以下为低度酒。在高度酒中又可分为高度白酒(50°以上)、降度白酒(40°～50°)。

对酒的分类是根据分类的目的及具体标准进行的，所以目的与标准不同，就衍化出不同分类方法。我国对于酒的分类，除上述方法外，还有按酒的档次、价格、原料、糖化发酵剂、酒是否起泡等等来分类的。

第一章　白　酒

白酒是中国独特的一个酒种，也是世界六大蒸馏酒之一。凡含淀粉或糖分的植物粮谷类均可作为白酒酿造发酵之源料。目前，我国白酒行业主要应用原料分类如下：

一．谷类：高粱、玉米、大麦、小麦、大米、豌豆。

二．薯类：甘薯、马铃薯、木薯。

三．糖质原料：糖蜜、蔗渣、野生果实、椰枣。

四．农副产品下脚料：米糠、高粱糠、麸皮。

五．野生植物：橡子、土茯苓、蕨根等。

优良的酿酒原料，要求新鲜，无霉变和杂质，淀粉含量高，蛋白质含量适量，油脂含量少，单宁含量适当，并含有多种维生和矿质元素，含果胶质极少。不得含有过多的有害物质，如氧化合物、蕃薯酮、龙葵甘、黄曲霉素等。粮谷原料应籽粒饱满，有较高千粒重，原粮含水分在14%以下。

用固体发酵法酿造白酒时要使用一定量的填充料，这些填充料是酒醅合理配料的重要组成部分。其作用是调节入池发酵酒醅的淀粉浓度和酸度，保持一定量的水分和酒精分，并对酒醅起到疏松作用以保证发酵和蒸馏的顺利进行。填充料的质量优劣与用量多少，关系到产品质量和出酒率。质地良好的填充料能使酒醅疏松、有吸水性、含杂质少、无霉变。常用的填充料有谷糠、稻壳、高粱壳等，所有填充料在使用前都必须经蒸汽蒸后冷却，方可应用于配料，以排除其糖杂气味。

第一节　白酒生产工艺的分类和特点

根据我国白酒生产的传统工艺与近代我国白酒生产新技术的应用，白酒生产工艺一般分为：固态发酵法白酒生产工艺、半固态发酵法白酒生产工艺、液态发酵法白酒生产工艺。如下图示：

白酒生产工艺

固态发酵法：大曲酒、麸曲白酒、小曲固态白酒、糖化酶（液体曲）制酒

　　半固态发酵法：小曲酒

　　　　液态发酵法：固液结合法、全液态法、调香法

白酒固态发酵法，根据所用原料、糖化曲及工艺的不同可分为大曲酒，麸曲白酒、小曲酒和糖化酶制酒等四种类型。

一、固态发酵法白酒

（一）大曲白酒

全国的名优白酒和地方名优白酒的生产，多数是采用大曲作为糖化发酵剂。大曲一般采用小麦、大麦和豌豆等为主要原料，人工踩制或机械压制成砖块状的曲坯，曲坯在培养室内自然发酵，各种微生物在坯内外生长而制成。名优白酒酿造用曲量很大，因为它既是糖化发酵剂，也是酿酒原料之一。目前国内大曲酒基本上采用两种工艺：一是清蒸清烧二遍清，汾酒即用此法；二是续米糌发酵，典型的是"老五甑"工艺，浓香型酒如泸州大曲酒等均采用续米糌发酵生产。酿酒原料以高粱、玉米为主。大曲酒发酵周期长，产品质量较好，但成本较高，出酒率偏低。

大曲酒是采用大曲（块曲）作为糖化发酵剂，以高粱、玉米为主要原料，经固态发酵和蒸馏而成的优质白酒。大曲酒的工艺是：原料常压蒸煮；生产间歇式、开放式；糖化发酵同时进行；以配糟调节淀粉浓度、酸

度；采用甑桶蒸馏；手工操作劳动强度大；生产周期长等特点。

固态法白酒酿造分续米糟法和清米糟法两种。其中续米糟法有"老五甑"法和"万年糟红粮续米糟法"。续米糟法是大曲酒和麸曲白酒生产上应用最广泛的酿酒方法，清米糟法工艺为多数清香型白酒所采用。

1、续米糟法大曲酒工艺特点

将米糟子（指粉碎后的生原料）蒸料后，加曲（大曲），入窖（即发酵池）发酵，取出酒醅（又称母糟，指已发酵的固态醅）蒸酒，在蒸完酒的醅子中，再加入清蒸后的米糟子（这种单独蒸料操作称清蒸）；亦有采用将米糟子和酒醅混合后，在甑桶内同时进行蒸酒和蒸料（这种操作称混烧），然后加曲继续发酵，如此反复进行。由于生产过程一直在加入新料及曲，继续发酵，蒸酒，故称续米糟发酵法。续米糟法适用于生产浓香型酒和酱香型酒。

续米糟法大曲酒的工艺流程图如下：

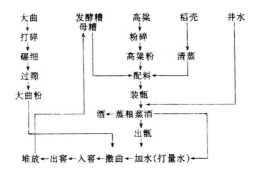

2、清米糟法大曲酒工艺特点

采用清米糟法工艺生产大曲酒的数量较少，其中汾酒较为典型，汾酒采用传统的"清蒸二次清"，地缸、固态、分离发酵法。所用高粱和辅料都经过清蒸处理，将经蒸煮后的高粱拌曲放入陶瓷缸，缸埋土中，发酵28天，取出蒸馏。蒸馏后的醅不再配入新料，只加曲进行第二次发酵，仍发酵28天，糟不打回而直接丢糟。两次蒸馏得酒，经勾兑成汾酒。由此可见，原料和酒醅都是单独蒸，酒醅不再加入新料，与前述续米糟法工艺显著不同，汾酒操作在名酒生产上是独具一格。汾酒的主体香是乙酸乙酯和乳酸乙酯，而己酸乙酯，丁酸乙酯没有或微有。因为它采用了清米糟法，设备用陶瓷缸，封口用石板，场地晾堂用砖或水泥地，刷洗很干净，这就保证了汾酒具清香，醇净的明显特点。

清米糟法大曲酒工艺流程图如下：

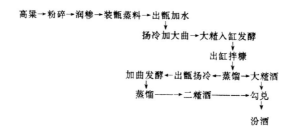

（二）麸曲白酒

麸曲白酒是以含淀粉质的高粱，薯干，玉米等为原料，采用纯种麸曲，酒母代替大曲（块曲）作糖化发酵剂所生产的蒸馏酒。

1955年原国家地方工业部组织有关酒厂和研究单位的技术人员和工人进行了烟台酿制白酒经验的试点，同时对全国白酒生产的新技术进行了系统的整理，编写了《烟台酿酒操作法》一书，是酿酒行业划时代的贡献。此操作法经第一届全国酿酒工业会议推广后，在改进白酒生产工艺和设备、提高出酒率、节约粮食、增加积累等方面都取得了很大的成绩。烟台酿酒操作法提出的要点是"麸曲，酒母，合理配料，低温入窖，定温蒸烧"。其中麸曲和酒母是操作法的核心。几十年来烟台酿酒操作法一直是白酒工艺，尤其是麸曲白酒制造的经典操作法。全国酿酒行业及科研单位在此操作法的基础上又不断发展、创新，取得了更大的成绩。

麸曲是白酒生产中的糖化剂。它是以麸皮为主要原料加入适量的鲜酒糟和其它填充料，接入纯种培养的曲霉菌培养而制成。通过曲霉菌在麸皮上生长与代谢而积蓄的以淀粉酶为主的多种酶类，其主要作用是将蒸煮糊化的淀粉分解为葡萄糖。

北方各省多数酒厂均采用麸曲法生产普通白酒，也有的厂以麸曲法生产优质酒的。南方诸省用麸曲法酿酒较少。此法优点是发酵时间短，淀粉出酒率高。酿酒原料主要有高粱、玉米、甘薯干等。所采用工艺有"老五甑操作法"、"清蒸混入四大甑操作法"、"清蒸混入五甑操作法"、"清蒸清烧一次清操作法"等。

目前，北方很多酒厂采用糖化酶（粉剂）或液体糖化酶（液体曲）代替麸曲生产白酒。此法减掉了酒厂的制曲车间，糖化酶易于保存，糖化力稳定，便于运输，使用量小，出酒率高。优点很多，得到广泛推广。但优质产品的酿酒工艺仍采用大曲和麸曲。

麸曲白酒与大曲酒一样，也分为续米糟法、清米糟法。在白酒生产专业术语中，"蒸"即指原料蒸煮，是原料糊化过程；"烧"即指酒醅蒸馏；"米糟"即为粉碎的原料，茅台酒厂称"沙"，汾酒厂称"糁"；原料加入酒醅（或糟）入窖亦称米糟，例如大米糟、二米糟、小米糟等。

麸曲白酒的几种典型操作法：

（1）老五甑操作法

老五甑操作法是我国具有悠久历史传统和目前白酒行业应用最广泛的白酒生产方法。这种方法适合于以薯干，玉米，高粱等含淀粉45%以上的原料。麸曲老五甑工艺与大曲续米糟老五甑操作法相似。

此法工艺流程图如下：

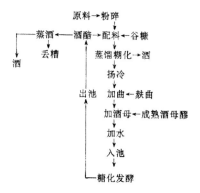

（2）清蒸混入四大甑操作法

本法投入的原料发酵次数大部分为两次，故适合于含淀粉45%以下的高粱糠、稻糠等原料。目前玉米原料亦采用该操作法。

工艺流程图如下：

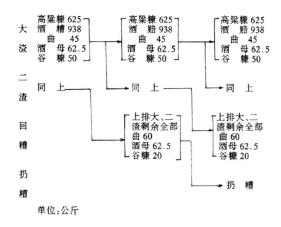

单位：公斤

（3）　清蒸混入五甑操作法

本操作法适合于烂薯干原料。其特点是：原料分类、加强粉碎、清蒸混入、掐头去尾，并且有效的改善了产品质量。

正常生产时窖内有三甑材料（大米查、二米糙、回糟），出窖后清蒸酒醅三甑及新料两甑。其中上排的回糟蒸酒后扔糟，其余配成再下窖的大、二米糙及回糟。

a　第一甑：蒸馏上排的二米糙酒醅。将出甑的糟醅趁热掺入下排大、二米糙新料中拌匀后进行润料。

b　第二甑：蒸上述已掺醅润好的新料，出甑冷却后加曲、酒母和水，下窖为下一排的大米糙。

c　第三甑：与第二甑同，入窖为下一排的二米糙。

d　第四甑：蒸馏上排的大米糙酒醅，出甑散冷后加曲、酒母、水，入窖作为下排的回糟。

e　第五甑：蒸馏上排的回糟，出甑后扔糟。

f　清蒸清烧一排清操作法

（4）　清蒸清烧一排清操作法

该法适用于茯茯苓或类似的原料，以谷物为原料的固态白酒机械化或半机械化生产也用该操作法。工艺流程如下图：

```
                          回糟
                           ↓
原料  ┐
辅料  ┤ 拌料→除杂→料糟混合→蒸料(糊化)→通风凉糙→加曲、酵母、水
      ┘                                              ↓
       白酒←冷却←蒸馏←出窖←入窖发酵
                           ↓
                          酒糟
```

二、半固态发酵法白酒

所谓半固态发酵法白酒系指小曲发酵法而言。但小曲发酵法不都是半固态发酵法，还包括一部分固态发酵法。所以小曲酒主要是指用小曲做糖化剂生产的酒，它所使用的原料和生产工艺也与大曲酒和麸曲酒有所不同。

小曲酒品种繁多，著名小曲酒有：广西桂林的"三花酒"，贵州遵义市的"董酒"，广西五华县的"长乐烧"，广西的"全州湘山酒"，广东石湾酒厂的"玉冰烧"等。

（一）小曲的特点及概况

小曲又名"酒药"、"白药"、"酒饼"等。小曲的形状很多，有圆饼形、圆球形、长方形、正方形等形状。

小曲是生产半固态发酵法白酒的糖化发酵剂，具有糖化与发酵的双重作用。它是用米粉或米糠为原料，添加中草药并接种曲种培养而成。小曲的制造为我国劳动人民创造性利用微生物独特发酵工艺的具体体现。

传统的小曲培养，是一种自然培养。自然培养是用经过长期培养的种曲来进行接种；近年来已应用纯种培养的根霉和酵母菌生产小曲。

小曲酿制在我国具有悠久的历史。由于配料与酿制工艺的不同，各具特色，其中以四川邛崃米曲和糠曲、厦门白曲、汕头糠曲、桂林酒曲丸、浙江宁波酒药和绍兴酒药等较为著名。

小曲生产在应用中草药问题上，不少酒厂各施各法。有的只添加一种；有的添加许多名贵药材；药方从十几种到百余种；有的不加药材。

（二）小曲酒生产工艺

小曲酒生产工艺可分为固态发酵法和半固态发酵法两种。四川、贵州、云南等省大部分采用高粱、玉米等粮谷原料，固态发酵，在箱内糖化后配醅发酵，蒸馏方式同大曲酒生产，用甑桶蒸馏。广东、广西、福建等省所用原料以大米为主，采用半固态发酵。半固态发酵又可分为先培菌后发酵和边糖化边发酵两种典型的传统工艺。

1、固态法小曲酒工艺流程如下（以玉米为原料）：

玉米→浸泡→初蒸→焖粮→复蒸→出甑摊凉→加曲→培菌糖化→配糟→发酵→蒸馏→酒→扔糟

2、先培菌糖化后发酵工艺

先培菌糖化后发酵的半固态发酵法是小曲酒生产典型的传统工艺。例如广西桂林三花酒，它的特点是采用药小曲半固态发酵法。前期是固态，主要进行扩大培菌与糖化过程，约20～24小时左右。后期为半固态发酵，发酵周期约为7天，再经蒸馏而制成。工艺流程图如下：

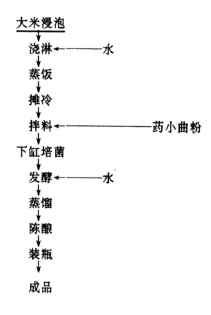

3、边糖化边发酵工艺

边糖化边发酵的半固态发酵法，是我国南方各省酿制米酒和豉味玉冰烧酒的传统工艺。其工艺流程图如下：

三、液态发酵法白酒

液态法白酒是指原料蒸煮、糖化、发酵和蒸馏工艺，全部在液体状态下制成的一种白酒。白酒酿造采用仿酒精生产的液态发酵法，替代传统沿用的固态发酵法，是中华人民共和国成立以来在白酒业上又一重大技术进步。早在50年代就被列为国家重点科研项目，经过近十年的不断探索研究，1964年终于获得成功。由于该工艺机械化程度高、劳动强度低、出酒率高（原料出酒率提高5%以上）、成本低、不用填充料等优点，因而得到迅速发展，至今，采用该工艺所生产的普通白酒已占我国白酒产量的60%以上。该工艺的基本要点在于将酒精生产的优点和白酒传统发酵的特点有机地结合起来，使产品既保持传统白酒的风味、质量，又提高了生产效率和经济效益。因此采用固、液结合法比较合适。总结出了"液态除杂、固态增香"的工艺路线。

液态发酵法白酒生产工艺，可分为全液态法、液固结合法、调香法3种：

（一）全液态法也叫做液体发酵法，俗称"一步法"。该法从原料蒸煮、糖化、发酵直到蒸馏，基本上采用酒精生产的设备，大体上与酒精生产方法相近，但又不完全相同，工艺上注意吸取了白酒的传统操作特点。

1、以高粱为原料的生产工艺流程图如下：

高粱、大麦、豌豆→粉碎 →（水+酒精水、淀粉酶、麸曲、己酸菌液、酒母（生香酵母）、酒糟水）→粉浆→糊化→糖化→

→发酵————→共发酵———→蒸馏→原酒

2、以玉米为原料的生产工艺流程图下：

酒精水、冷水｛→调温至60℃左右→搅拌→蒸煮罐→煮沸30min→

→糊化 冷却至70℃→保温糖化30min→冷却 17～18℃ 加曲7.5%→入罐发酵→（5%酒母）

加曲7.5% 5%己酸菌液、酒糟水→共醇 24h 72～96h→蒸馏→成品酒

（二）液固结合法白酒生产工艺

液固结合法是利用液态发酵法生产质量较好的酒精作为酒基，再采用固态发酵法制成的香醅进行串蒸，制得成品白酒，这一工艺称为串香法。在南方一些地区将固态发酵的香醅和一定量的酒精一起放在锅内加热复蒸，为浸香法。用这类生产方法所制得的白酒，习惯上统称为新工艺白酒。

液固结合法是目前多数白酒厂生产普通白酒的主要方法，已被广大消费者所接受。其工艺流程图如下：

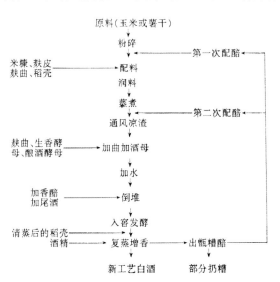

注：如生产有浓香味的白酒，可加入己酸菌液。

（三）调香法白酒生产工艺

根据液态白酒和固态白酒在香味上的差别，向液态酒中添加一定数量的天然香料和符合食用标准的酸、酯等香料，以改善液态白酒风味的方法为调香法。调香白酒的基酒要求达到食用酒精国家标准（GB 10343～89）和符合规定的蒸馏酒卫生标准。

调香法白酒的勾兑方法有两种：

1、用白酒香料配制调香白酒

在调香前应明确酒的香型，对配方要反复试验，使香气和口味达到平衡协调。调香的酒样要符合质量标准和卫生质量标准。

2、用优质酒尾配制白酒

用95ml／100ml的食用酒精，加入固态发酵法的含酒精3．6ml／100ml的优质尾酒，配制60ml／100ml白酒。两者的数量配比大致在1：0.7～0.75，即每公斤酒精产60ml／100ml调香白酒1.7kg左右，贮存20天。经品评及化验认为闻香纯正，口味较醇和，不次于同类原料固态发酵法的普通白酒。用大曲酒尾勾出的液态法白酒比用调香酒勾出的白酒更具有固态法白酒的风味。经色谱分析，香味成分的含量与短期固态发酵白酒相似。

第二节　白酒酿造用曲

酿造白酒所用的曲分为大曲、小曲和麸曲三种。

一、大曲

大曲亦称麦曲、块曲，为我国古代劳动人民所创造。大曲在酿酒发酵过程中形成的各种代谢物质，对白酒的产量和风味起着重要作用。大曲是利用野生菌进行人工自然培养，使曲内积蓄酶及发酵的前体物质。因而，大曲不仅是糖化、发酵剂，而且也是形成白酒风味的条件之一。大曲目前多用于名、优酒生产上。酿制酱香型和浓香型酒的大曲，绝大部分用小麦做原料；酿制清香型酒的大曲，则以大麦（60%）、豌豆（40%）为原料。

大曲作为酿制大曲酒用的糖化、发酵剂，在制造过程中依靠自然界带入的各种野生菌，在淀粉质原料中进行富集、扩大培养，并保藏了各种酿酒用的有益微生物。再经过风干、贮藏，即成为成品大曲，每块大曲的重量为2～3kg。一般要贮存3个月以上算陈曲，才予使用。制曲原料，要求含有丰富的碳水化合物（主要是淀粉）、蛋白质以及适量的无机盐等，能够供给酿酒有益微生物生长所需的营养成分。大曲的糖化力、发酵力均比纯种培养的麸曲、酒母为低，粮食耗用大，生产方法还依赖于经验，劳动生产率低，质量也不够稳定。经过原轻工业部的推广，全国除名白酒和优质酒外，已将大部分大曲酒改为麸曲白酒。

根据制曲过程中对控制曲坯最高温度的不同，分为高温大曲和中温大曲。

（一）高温大曲

培养制曲的最高温度达60℃以上。酱香型白酒多用高温大曲，浓香型白酒有些也用高温大曲。一般认为高温大曲是提高大曲酒酒香的一项重要技术措施。如：茅台大曲在60℃左右，龙滨大曲60～63℃；长沙的白沙液大曲62～64℃。

高温大曲生产工艺流程图如下：

<pre>
                  曲母
                   ↓
小麦润料→磨碎→粗麦粉→拌曲料←水
</pre>

$$\downarrow$$

第一次翻曲←入房堆积培养←踩曲成胚

$$\downarrow$$

第二次翻曲→拆曲出房→贮存

（二）中温大曲

培养的最高温度在45～59℃间，通常还把它分为浓香型中温大曲(培养温度50～59℃左各，也有不超过50℃的，如古井贡酒大曲)和清香型中温大曲(也称为次中温大曲，培养温度45～50℃左右，一般不高于50℃)。很多生产浓香型大曲酒的工厂将中温大曲与高温大曲按比例配合使用，使酒质醇厚，有较高的出酒率。

中温大曲生产工艺流程图如下：

原料粉碎→加水拌匀→踩曲成型→曲坯入房培养→长霉→晾霉→起潮火→大火→后火→养曲→出房贮存

二、小曲

白酒小曲与黄酒小曲类似，也是我国传统酿造白酒常用的一种糖化发酵菌制剂。因外形比大曲小而得名。众多小曲的传统工艺添加中草药，少则一味，多则百余味。著名的四川邛崃米曲共添加72种中草药，其中不乏名贵药材，生产成本高。它们对微生物培养影响不明显，却能赋予成品酒带有药香。至今除少数名优白酒外，绝大部分已向无药小曲乃至纯培养菌种的根霉酒曲变迁。

小曲应用于白酒酿造，根据其生产工艺的特点，用量仅为大曲的1/20左右，相当于酿酒原料的1%左右。小曲酒香气清雅、酒体爽净，有其独特的风格。有的产品被评定为国家优质白酒。邛崃米曲的制曲工艺流程图如下：

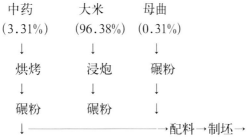

入箱培养→翻箱→揭烧→出箱→烘干→包装

三、麸曲酒母

麸曲酒母是在参照液态发酵法酒精生产的基础上创新的一种替代大曲的改良方法。它以麸皮为培养基，接种经选育纯培养糖化力强的曲霉菌逐步扩大培养制成的同体糖化剂；并伴以发酵力强的酵母菌经扩大培养而成的酒母。二者分别培养，混合使用于酿酒发酵。由于比传统的大曲有较高的糖化发酵力，再辅以酿酒生产工艺的调整变革，自1955年全国大力推广应用以后，出酒率有了明显的提高，并节约了大量粮食。

麸曲酒母的扩大培养过程为：

麸曲：试管→三角瓶扩大培养→曲种→通风制曲

酒母：试管→三角瓶扩大培养→卡氏罐→酒母大缸→小酒母→大酒母罐

第三节 酱香型白酒生产工艺

酱香型白酒为我国独特酒种，酱香型酒以贵州茅台酒为代表，历史悠久，工艺精湛，产品独具风格。在酱香型国家名酒中，有四川古蔺的郎酒，湖南常德市的武陵酒。在国家优质酒中有黑龙江特酿龙滨酒，有珍酒和以麸曲法生产的凌川白酒、河北廊坊市的迎春酒、大连市的老窖酒等。

贵州茅台酒由于具有酱香突出、酒体幽雅细腻、醇厚、协调、丰满、回味悠长、空杯留香长而舒适、酒度低而不淡、酒香而不艳、饮后不上头等特点，且具有不添加任何香气香味物质和对人体有一定的保健和疗效功能，因而深受国内外广大消费者的喜爱。国酒茅台是我国传统白酒中出口量最多、出口国家最多、吨酒创汇最多的白酒，曾多次荣获国际质量奖、装潢奖、广告奖，五次蝉联国家名酒称号，三次蝉联国家最高质量奖，两次荣获巴拿马万国博览会金奖和特别金奖。

酿酒工艺特点为高温大曲，高温堆积，采用条石筑的发酵窖，多轮次发酵，高温流酒。再按酱香、醇甜及窖底香三种典型体，分别长期贮存，勾兑成产品。贵州茅台酒的生产工艺和其他名白酒生产工艺的不同有如下五点：

一是季节性生产。茅台酒的传统工艺是端午踩曲，重阳投料，一年一个生产周期，再经三年陈酿，加上原料进厂、勾兑存放的时间，五年才能出产品。其他名优酒生产，有的只需几十天，有的需要几个月，最多用一年多时间即可出产品，而茅台酒则长达五年。

二是茅台酒全年分二次投料，而其他名优酒生产是一年四季都投料。

三是茅台酒有三种香型体组成，即酱香型酒、窖底香型酒、醇甜型酒，不像其他酒由单一的香型酒构成，清香型酒就由清香型的酒构成，浓香型酒就由浓香型的酒构成。

四是茅台酒同一批原料要经九次蒸煮（烤酒）、摊凉、加曲、堆积发酵、入池发酵、七次取酒，历时整整一年。而其他名白酒只需一两次或四五次即可完成。

五是采用了高温制曲、高温堆积、高温入池、高温接酒、低糖化率曲、低水分入池、低出酒率、低酒精浓度、用曲量大、粮耗高等工艺，与其他名优白酒的工艺反其道而行之。

由于工艺的不同，致使酒体风格独树一帜。

一、由于茅台酒采用开放式固态发酵，生产发酵历时一年，且使用适宜温度范围宽。因此，在茅台酒生产发酵过程中参与的微生物就比其他的多，因此它的香气成分多，酒体显得丰满、醇厚，香而不艳，低而不淡。

二、由于茅台酒由三种香型组成，酱香是其主体香型酒，且要将不同香型的酒、不同酒龄的酒、不同轮次的酒、不同浓度的酒进行精心勾兑，勾兑既是一门技术，又是一门艺术，使酒体酱香突出、幽雅细腻、协调、空杯留香、幽雅持久、舒适。

三、由于茅台酒需要经过三年的长期贮存（部门酒贮存时间更长），接酒温度高，且摘酒浓度、产品浓度都低于其他名白酒。因此，很多高沸点香味物质得以保存，很多低沸点的物质在接酒和贮存过程中得到了挥发，酒精和水分子得以充分结合，使酒低而不淡，饮后不上头。

四、由于茅台酒摘酒浓度低，是以酒调度而不是以水调度，故酸度比较高，高沸点香味物质较多，因此酒体后味长，空杯留香长。

五、由于茅台酒过去、现在都不准外加任何物质，包括香味物质和水，这在国内外酿酒业中是独一无二的，纯属天然发酵产品。

长寿老人与茅台酒

茅台酒工艺流程图如下：

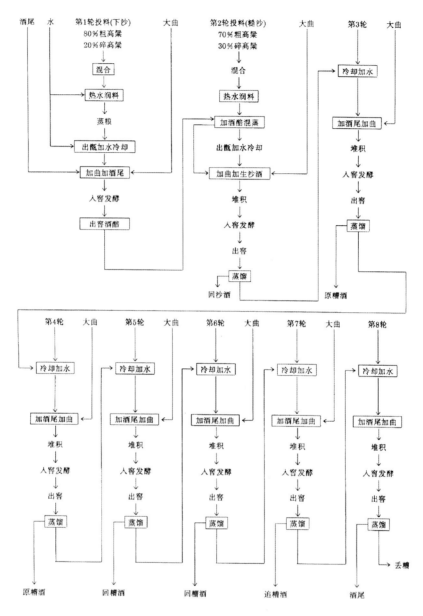

此流程的特点：两次投料，8次发酵，7次流酒，一年一个生产周期。

第四节　浓香型白酒生产工艺

浓香型大曲酒以四川泸州老窖特曲为代表。这一香型酒在名优酒中产量最大，分布面最广。其风味质量要求窖香浓郁、绵甜纯净、香味协调、回味悠长。香气成分以酸乙酯为其主体香，同时富含乙酸乙酯和乳酸乙酯。酿酒工艺特点是优质泥窖发酵，混蒸续米查配料，发酵周期长，在45～70天之间。酿酒原料除五粮液、剑南春采用高粱、小麦、玉米、糯米、大米外，一般均用高粱。我国的17种国家名酒中有9种大曲浓香型，即泸州老窖特曲、五粮液、剑南春、全兴大曲、沱牌曲酒、古井贡、洋河大曲、双沟大曲、宋河粮液。在国家优质酒中，大曲浓香酒和麸曲浓香酒也占多数。

剑南春酒

剑南春酒采用优质糯米、大米、小麦、高粱、玉米等五种粮食为原料，用小麦制成中高温曲，窖泥固态低温发酵，采用续糟配料，混蒸混烧，量质摘酒，原度贮存，精心勾兑而成。在绵竹这特定空间、环境场所长期积淀而成的剑南春酒传统酿造技艺包括：泥窖的制作、维护保养技艺；大曲药制作鉴评技艺；原酒酿造摘酒技艺；原酒陈酿技艺；尝评、勾兑技艺等。

一、窖池的制作、维护保养技艺

窖池是剑南春酒的发酵容器，其内壁的窖泥是剑南春酒酿制所必须的微生物生长繁殖和积累代谢产物的特殊环境。剑南春酒传统酿造技艺承传古法"泥窖纯粮固态发酵"，特别依托于其独有的老窖窖池。在剑南春酒传统酿造技艺发展的过程中，历代重要技艺传人以师徒相授或口口相传的形式，都把窖池的制作、维护保养和窖泥的培养放在首要位置传承下来。

二、大曲药制作鉴评技艺

大曲药制作工艺流程

配料→润粮→粉碎→加水拌合→压踩制成型→入室→发酵→培菌→入库→储存→出库→干曲→粉碎

剑南春酒酿造所用大曲药是以小麦、大麦为原料按一定比例制作而成。原料的配比要根据季节的变化作相应调整。润粮"外软内硬"；无整粒、粗细均匀，大麦粉碎应"烂心不烂皮"；达到"手捏成团不沾手"；踩曲"平、光、紧、匀"，定曲"宽窄适宜、冷紧热宽"，最宽不能超过2厘米；培菌是关键，定曲约24小时后翻第一次曲，达到"前缓、中挺、后缓落"的培菌规律，收堆码曲干固等曲药制作技艺。

三、剑南春原酒酿造技艺

（一）剑南春酿酒工艺流程图

剑南春酒传统技艺流程图

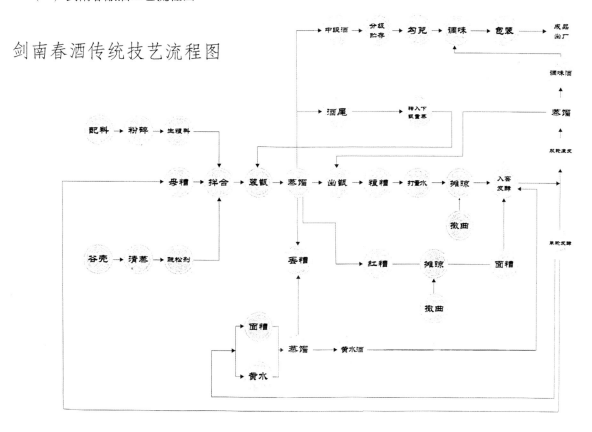

（二）原酒酿造技艺

糯米、大米、小麦、高粱、玉米五种粮食混合粉碎，每粒粮食分成6-8瓣；配料拌合应"低翻快搅"，上甑要"轻撒匀铺、探气上甑、分层搭满"，断花摘酒、除头去尾、中温流酒、缓火蒸酒、大火蒸粮、开窖鉴定"眼观、鼻闻、口尝"，采用一长二高三适当关键技术低温入窖、缓慢发酵，撒曲均匀，分层回糟，续糟配料，双轮底窖发酵。

（三）蒸馏摘酒技艺

蒸馏是剑南春酒传统酿造工艺中最重要的一道工序，将发酵好的固态酒醅采用续糟混蒸法在传统甑桶缓火蒸馏，各种香味物质都蒸馏于酒中。在蒸馏过程中，不同时间段流出的酒所含乙醇、脂、酸成分不同，因此要分段量质摘酒，摘头去尾。

四、剑南春原酒的陈酿技艺

新蒸馏出来的原酒，其酒体呈现刺激、粗糙、辛辣等味道，必须经过漫长的贮存与陈酿，去除酒体的刺激、粗糙、辛辣，使酒体日趋平和、缓冲、细腻、柔顺和协调，醇香与陈香渐渐显露。剑南春基础酒采用陶坛贮存，用棕盖盖严，置于阴凉的房内，使酒体陈香优雅、窖香浓郁、醇厚、绵柔、细腻。

五、剑南春酒尝评、勾兑技艺

尝品就是通过人的眼、鼻、口从酒的色、香、味、格4个方面来判断酒质的一种方法。白酒中的各类微量香味物质，因其"阈值"（最低浓度）的大小，含量的高低不同，呈现"酸、甜、苦、辣、咸、涩"等味道，通过鉴别和勾兑，使之保持平衡、协调，保证产品质量的稳定和一致。

国家评酒委员会对剑南春酒风格的评语是：芳香浓郁、绵软甘美、清冽净爽、余味悠长。

剑南春酒传统酿造技艺传承了几千年酿酒历史时空中积淀的技艺精华，它不仅在中国，乃至在世界上都代表酿酒技术、白酒文化的一种不可模仿、复制的独特典型性，是世界传统酿酒技艺中的一枝奇葩，它已从一个区域的酿酒技艺和饮酒习俗升华为具有民族特征的文化现象，是我国悠久历史文化宝库中一笔珍贵的文化遗产。

剑南春酒气味芳香浓郁、口味醇和、回甜、清冽、净爽，饮后余香悠长。主要特点是：醇、香、浓、甜、净。剑南春以高粱（40%）、大米（20~30%）、糯米（10~20%）、玉米（5%）、小麦（15%）五种谷物为原料，以优质麦曲为糖化发酵剂，工艺与浓香型大曲酒工艺基本相同。剑南春酒的风格特征是：酒液无色、透明、晶亮。

泸州老窖特曲

泸州老窖特曲生产的特点是：混蒸混烧，肥泥老窖，万年糟。采用陈年老窖发酵，分层回酒，双轮底增香，缓慢蒸馏，分断摘酒，分级贮存勾兑等提高质量的措施。泸州老窖大曲酒又分为特曲、头曲、二曲和三曲，以泸州老窖为最优。具有"窖香浓郁，饮后尤香，清冽甘爽，回味悠长"的独特风格。

五粮液

五粮液采用高粱（24%）、玉米（10%）、小麦（31%）、大米（28%）、糯米（7%）五种粮食酿制而成。采用纯小麦制成的大曲一亦称"包包曲"。曲块中央隆起，接触空气的面积大，有利霉菌生产。酿酒用陈年老曲。五粮液的生产工艺与泸州老窖特曲基本相同。因使用多种粮食，酿成的酒风味独特，其酯含量比一般的酒高。据化验分析，五粮液酒度60°，每百毫升中含总酸小于0.17克，总酯大于0.37克。五粮液酒厂先后总结推行了"熟糠拌料"、"平封窖顶"、"泥盖隔热"、"新窖早熟"、"双轮底发酵"、"回酒发酵"、"量质摘酒"、"接质并坛"、"分级贮存"、"精心勾兑"等措施，促进了酒质的提高。工艺特点：混蒸混米查，续米查配料，老窖跑糟，回酒发酵，双轮底增香。

全兴大曲

全兴大曲酒酒液无色，清澈透明，入口和顺，回甜，味净，虽为58°至60°的高度酒，但醇和不烈而适口。评酒家认为"此酒的曲香，醇和，味净最为显著，举杯即能感到它的独特风韵，风格极为突出。"该酒以高粱为原料，要求严格精选，必须是颗粒坚实、饱满、皮薄、无壳、无虫蛀，淀粉含量在63%以上才能投入生产。全兴大曲酒以小麦制大曲为糖化发酵剂。制曲操作精细，曲质优良。酿酒的主要工艺特点是：发酵用陈年老窖，发酵期长达60天之久，达到了"窖熟糟醇"的要求。蒸酒时，严格掌握掐头去尾，取中段酒为成品酒。填充料必须进行清蒸处理。贮存期必须在一年以上才包装出厂。

古井贡酒

古井贡酒液无色清澈透明如水晶，而注入杯中却粘稠挂杯。其香气纯净如幽兰之美，入口醇和，浓郁甘润，回味和余香悠长，经久不息。酿酒原料采用淮北上等高粱，以大麦、小麦、豌豆做大曲，在总结传统工艺基础上，参考南北名酒生产工艺，创造了以混蒸老五甑传统工艺为基础，结合熟糠拌料，混合蒸烧，下四蒸五，低温入池，泥窖发酵，分层蒸馏，量质摘酒，分类入库，贮存1年的古井贡酒独特生产工艺。

洋河大曲

洋河大曲以江苏省优质高粱为原料，以大麦（20%）、小麦（70%）、豌豆（10%）培制的中温大曲为糖化、发酵剂。在酿造上，有一套传统的"老五甑"工艺：老窖发酵，原料与糟醅配比1：4.5～5，用曲量为原料22～24%，辅料稻壳用量为原料的10～12%，入窖水分54～56%，发酵期45天。操作十分精细，因而洋河大曲酒声誉历久而不衰。评酒家们给洋河大曲的评语是：酒液透明，无色清澈，醇香浓郁，口感味鲜而浓，质厚而醇，绵软，甜润，圆正，余味爽净，回香悠久。

双沟大曲酒

双沟大曲酒以优质高粱为原料，取上乘之大麦、小麦、元豆特制成高温大曲为糖化发酵剂，用传统混蒸工艺，经老窖低温缓慢发酵，分层出醅配料，适温缓慢蒸馏，分段品尝截酒，分级密封贮存，量质精心勾兑而成。双沟大曲具有色清透明，香气浓郁，风味纯正，入口绵甜，酒体醇厚，尾净余长的浓香型白酒的典型风格。

宋河粮液

宋河粮液以优质高粱为原料，小麦、大麦、豌豆制成的中温大曲为糖化发酵剂，取甘甜透明的宋河清流为酿造用水，采用泥池固态发酵，老五甑续渣混蒸混烧工艺，切实做到"稳、准、细、净"。该酒具有无色透明、窖香浓郁、入口绵甜、甘爽、尾子甘净等特点。

沱牌曲酒

沱牌曲酒是以优质高粱及糯米为原料，继承传统工艺，并将电子计算机应用于制酒、勾兑，"架式制曲"、"新窖老熟"等形成一套完整的新工艺。酒的感官特点是窖香浓郁，绵软醇厚，清冽甘爽，尾净余长。

第五节 清香型白酒生产工艺

清香型白酒以山西杏花村汾酒为代表，在白酒中占有重要地位、产量较大。其风味特点为清香纯正、酒体纯净。主体香成分乙酸乙酯和乳酸乙酯在成品酒中的比例以55：45为宜。酿酒工艺特点是清蒸清米查、地缸发酵、清蒸二次清。技术要点在于必须有质量上等的小麦和豌豆制的曲，酿酒工艺的中心环节应消除使酒体产生邪杂味的所有因素。在国家名酒中，汾酒、特制黄鹤楼酒、宝丰酒荣获金牌。

汾酒

汾酒酿造主要分为四个阶段：制曲、酿造、贮存和成装，其工艺技术主要体现在前两个阶段中。

一、制曲阶段

制曲是将大麦和豌豆比例混合粉碎，加水搅拌均匀；而后又以人工踩曲，制成曲块，在曲房中须由人工将曲块分三层（分别为"1"、"品"、"人"字形）排列，便于周围空气中的微生物群自由进入，生产出的曲内含多种复合霉和菌类，其糖化酶能力、液化酶能力和发酵力是一般曲的几倍、笨曲的五倍。固态参与酿酒，不影响原料高粱的自然原味，确保汾酒独特的"清香型"口感特征。这是一门经验性极强的技术。

入房曲胚排列后要经晾，然后再通过潮火、大火和后火加热，这就是有名的"两晾两热"工艺。在这个过程形成了三种曲型：清茬曲、后火曲和红心曲，它们有的要大热大晾，有的要中热

汾酒集团万吨粮仓

中晾，有的要多热少晾，热时微生物进入，晾时排出潮湿。整个工序，除了温度计、湿度计等仪器的运用外，主要凭借人工经验对不同曲的温度和湿度标准进行控制完成的，这种烦琐的温湿度人工控制不同于南方很多通过窗户大小开合来控制，具有针对性和灵活性，有利于汾酒的纯正清香。因此，它在汾酒制造中具有一种传统人工经验上的不可取代性。

二、发酵与蒸馏阶段

汾酒酿造方式的独特性主要表现在"固态地缸分离发酵，清蒸二次清"的发酵和蒸馏方法。这种酿造方式隋唐就已出现，一直延续至今。

汾酒酿造方式的独特性主要表现在"固态地缸分离发酵，清蒸二次清"的 发酵和蒸馏方法。

汾酒酿造是将曲与高粱原料固态形式配合，采取"地缸分离"发酵，这是山西汾酒特有的发酵方式，不同于西方，也不同于国内大多数的"地窖型"酒土不分的发酵方法。西方是一种液态酒精发酵方式，酒精带有自身的香味，与主料勾兑后影响原汁原味；而汾酒是使用固态大曲形式参与辅配，曲与原料固态搅拌后入甑蒸馏，其发酵力是通过曲内自然微生物的复合霉菌体的催化，散发的是自然清香，是苹果清香型酒香。

汾酒一直沿承着传统的"地缸型"，并坚持酒土分离，由于土壤中的一些杂质的发酵气味会影响到酒自身的原质清香，便于有害元素的侵入，而地缸方式则更文明，更环保。

在接下来的蒸馏阶段，特征是采用"清蒸二次清"。汾酒酿造要进行两次蒸馏，分别酿出"大楂汾酒"和"二楂汾酒"。

在整个酿造过程中，一些关键性工序都是在人工操作下完成的。如人工加水润糁时水温和水量的控制、堆积温度随自然界热季与冷季的不同而调解、蒸红糁要熟而不粘，内无生心、加浆要水落均匀、冷散时对帘子和鼓风机运转与否的把握以及入缸出缸前两次用胡椒水刷洗石板盖和缸边四周、人工挖窖等繁琐劳动都需要严格和灵活的人工操作，这些是机械化生产相形见绌和无法取代的。

其中发酵保温和装甑蒸馏时最能说明汾酒酿造工艺的，非世代相传和经验多年的人不能完成。

"发酵保温"：大、二楂发酵周期一般为28-35天，分前、中、后三个阶段。要做到"管必得其严"，在保温和调整门窗上下功夫；"火必得其缓"，前期升温要缓慢，中期温度要挺得住，后期温度要缓落，严格防止发酵过程中的"感冒"和"发烧"；"缸必得其湿"，在每个汾酒生产周期中要严格控制地缸的温湿度，防止搞热搞干。

原料酒醅两次进甑蒸酒，首先沿用传统的簸箕盛熟糁运出，待蒸锅中蒸汽将起未起时均匀撒散，做到"即

汽即撒"，这种时候的把握必须人工完成且技术经验娴熟，否则都将会影响出酒率和酒的纯度。

因此，它在汾酒制造中传统人工经验具有不可取代性。

三、贮存阶段

采用陶瓷酒缸贮存，陶瓷缸的独特优势是酒中的甲醇等有害杂质可挥发出去，确保了缸中汾酒不同于一般酒的清纯度。

四、勾兑成装阶段

原酒经贮存后，加入不同的配料，严格按标准加浆，可配制成竹叶青酒、白玉汾酒、玫瑰汾酒三大配制酒。其中最为驰名也最受国际青睐的竹叶青酒就是在汾酒原酒基础上加入由名末清初的著名医学家傅山先生完善的12种名贵中药材精心配制而成的。勾兑后的酒要经过滤然后按类别计量成装入库，最后进行成品包装。这一工序以机械操作为主，人工主要是负责严格的技术质量检验。

汾酒集团酒库

白玉汾酒以陈年老白汾酒为基酒，名贵药材肉桂为主要配制原料，经浸泡后拌汾酒香醅得母酒，加糖液调配，经陈酿、过滤、勾兑、品评等工序配制而成。

白玉汾酒特征：酒度适中，无色透明，玉洁冰清，芳香浓郁，绵甜爽口。适量久饮，生津健胃，对消化不良和胃寒症者有奇效，被誉为"胃之好友"。

玫瑰汾酒以陈年老白汾酒为基酒，将天然野生鲜玫瑰花放入汾酒缸里浸泡数月，拌汾酒香醅蒸馏，加糖调配，经陈酿、过滤、勾兑、品评等工序配制而成。

玫瑰汾酒特征：酒度适中，无色透明，色泽鲜亮，芳香浓郁，爽口宜人，绵软悠长。适量饮用，具有一定的健身美容功效，被誉为"情人酒"。

特制黄鹤楼酒

特制黄鹤楼酒是以高粱为原料，小麦、豌豆采制的"清茬曲"为糖化发酵剂，精心酿制，科学勾兑而成。感官特征：酒液清澈透明，酒质清香、典型纯正、入口绵软、酒味纯正、爽润舒适、后味干净。

宝丰酒

宝丰酒以高粱为原料，用小麦（占50%）、大麦（占30%）、豌豆（占20%）混合制曲，为中温曲。制酒采用传统的清蒸续米查操作法，以内壁打蜡的水泥窖做发酵池，经贮存勾兑而成。产品具有无色透明，清香芬芳，甘润爽口，回味悠长的特点。

六曲香酒

六曲香酒为麸曲清香型白酒，其工艺特点有：原料为高粱，出酒率高，出酒率按成品酒62°计，为46%以上。采用11株菌种。黄曲、根霉、毛霉及犁头霉采用通风制曲，拟内孢霉培养帘子曲，红曲以曲盒培养。由于采用6种微生物制成麸曲故名六曲香。酿酒酵母拉斯12号，3种生香的汉逊酵母和白地霉用于培养菌液。制酒工艺采用清蒸混入老六甑操作法，发酵期为8～10天。成品酒度62度，感官特点是无色透明，清香纯正，醇和绵软，爽口回甜，饮后余香。

第六节　米香型白酒生产工艺

以广西三花酒为代表的米香型白酒，其风味质量要求是蜜香清雅、入口绵柔、落口爽净、回味怡畅。香气成分乳酸乙酯和乙酸乙酯含量最多，前者多于后者，并含有较多量的高级醇和β本乙醇。其酿酒工艺特点是以大米为原料，小曲固态堆积先行培菌糖化，然后加水液态发酵，液态釜式蒸馏。

生产工艺流程如下：

大米浸泡→淋干→装甑→初蒸→泼第一次水→续蒸→泼第二次水→复蒸→搅散→摊冷→加小曲粉→下缸→开窝→加温水→泡糟→挖入醅缸→发酵→蒸馏

三花酒

三花酒以大米为原料，以传统小曲为糖化发酵剂，采用半固态一次发酵法（前期固态发酵，后期液态发酵），经蒸馏得酒，贮存一年以上方准出厂。该酒晶莹透明，窖香清雅，入口香醇、清洌甘爽、回甜、饮后满口留香，风味独特。

长乐烧

长乐烧产于广东省五华县，生产历史悠久。该酒以纯净糙大米为原料，自制药饼（纯种根霉培制的小曲）为糖化发酵剂，采用半固态发酵法。在工艺上继承了传统的"焖蒸做饭"、"翻醅、封醅"和"分级贮存"、"精心勾兑"等先进技术。

湘山酒

湘山酒产于广西壮族自治区。该酒以精选大米为原料，以全州名产药曲分离出的微生物，加上厦门白曲（纯种根霉）及米酒酵母，经人工培养，制成独特的酒母为糖化发酵剂，采用半固态半液态糖化发酵法（与三花酒工艺相似），经半年以上陈酿方可出厂。该酒清澈透明，蜜香悦人，饮时满口香醇，酒质软绵，饮后回甜。

第七节　凤香型白酒生产工艺

西凤酒在第五届全国评酒会上确认为独立香型、即凤香型白酒的代表。该酒具有香气清而不淡、浓而不艳，即所谓"醇香秀雅，甘润挺爽，诸味谐调，尾净悠长"的特有风格。酿酒工艺特点是采用续配料，新泥窖发酵，发酵期短，酒海储存。

西凤酒制曲工艺流程图如下：

大麦
豌豆 ｝→粉碎→加水拌和→机制成坯→入房排列→上霉→晾霉→潮火→干火（大火）→后火（收火）→凉

架→出房→贮存→成品曲。

制酒工艺流程图如下：

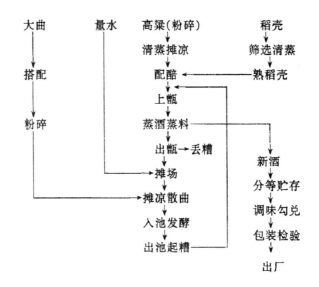

西凤酒股份公司对凤兼复合香型白酒的研制

针对中国白酒香型虽然诸多，但跨越香型的兼香型品种很少，凤兼其它香型酒尚无人涉足的实际，陕西省西凤酒厂在80年代末在确立凤香型白酒工作的同时，便对凤兼其它香型酒展开了大胆的探索和研究。1994年，企业以市场和消费者为导向，设想从自身的酒体品质和香型上进行大胆创新，把西凤酒凤兼复合香型研究正式列为产品技术创新课题，组织广大科技人员开展科技攻关，对西凤酒生产过程从原粮搭配、制曲工艺、发酵容器、发酵工艺、蒸馏方式、贮存容器、贮存时间、勾兑比例等方面的进行了大胆的探索研究，并进行了大量实验工作。

一、改进、完善大曲生产工艺

（一）对制曲原料配比进行反复研究调整，在原西凤大曲生产工艺的基础上，减少了豌豆的用量，加入了适当的小麦，将原先的大曲配料中大麦：豌豆＝60：40改为大麦：小麦：豌豆＝55：35：10。从而使制曲工艺更加合理，使新产酒中的乙醛、糠醛、高级醇的含量明显降低，从而减轻了新产酒的暴辣味，很好的突出了醇厚感。

（二）提高大火期曲坯品温。将大火期温度控制由原来的56～58℃左右调整为58～60℃，并维持三天以上，以达到高温炼菌，优化菌种的目的。大火期温度提高后，曲子的糖化力降低，发酵力明显增高，使大曲的酯化能力增强，这样更有利于制酒延长发酵期使用。

（三）增加小麦曲生产。小麦大曲中的蛋白质能为微生物的生长提供充足的氮源，从而酸性蛋白酶的生成。加速酿酒原料中蛋白质和酵母的分解，增加饮料酒中的香味成份。同时通过添加优质母曲，将川曲中的优势微生物种群嫁接过来，使之在北方半干旱环境得到锻炼，最终形成西凤小麦曲独特的菌系和酶系，以适应西凤调味酒的生产。

二、改进制酒工艺

传统的西凤酒生产工艺，发酵期为14天，主酵时间一般在3～5天左右，后酵时间仅有9天。经过严密论证和实验，适当延长发酵期至28～30天，延长其后酵产香时间，同时配套改进了以下影响发酵的因素：调整大曲、红粮的粉碎粒度；低温入池、适温发酵；坚持中温流酒。从而使酒的醇香味增加，新酒味明显减轻，酒体更加醇厚丰满，更加绵柔、醇和，酒质得到较大的改善，个性更加的明显。

研发凤兼复合香型西凤酒的关键技术是西凤调味酒的生产。课题组人员通过对四川、江苏、内蒙新疆等名优酒厂的多次现场考察，结合西凤酒原产地的地理因素、环境因素，为凤兼复合香型西凤酒的生产，提出了运用人工老窖技术，通过人工培养窖泥、窖池改造寻找出适宜于本公司勾兑所需的西凤调味酒的工艺技术路线，生产出来的西凤调味酒对改善西凤酒香味结构，提高西凤酒酒质起到了重要作用。该项技术攻克了在北方严寒干燥地区生产调味酒技术难题，经陕西省科技厅鉴定，该项技术具有国内领先水平。

三、建立更加科学规范的贮存勾兑工艺体系

科学规范的贮存勾兑工艺是白酒陈化老熟的技术保证。凤型酒的贮存有其专用容器——酒海。它是以藤条编织而成，以麻纸裱糊，内涂血料、石灰，再用蛋清、菜油、蜂蜡做表面处理，烘干而成。酒海贮存有助于酒的老熟，且酒耗较少。但根据我们的长期跟踪和分析检验发现，贮存期较长时，陈酒味好，但会出现酒海味，如过长贮存还会使酒的总酸含量降低。另一方面，酒海融出物会使凤型酒的固形物值增高。因此，在经过充分论证和谨慎实验的基础上，我们改变以往的贮存方式，采用先在酒海中贮存一段时间后，再转入不锈钢大罐进行贮存，然后再进行勾兑、微调、过滤、沉淀和检验、灌装等工序，这样既可以保留凤型酒的特点及个性，促进酒的老熟，又不损害酒质，相得益彰。

研发凤兼复合香型西凤酒最后一道工序是勾兑，"成型靠勾兑"。西凤酒的勾兑工艺严格遵循以酒勾酒的原则，无任何添加剂，采用软水作为加浆用水，保持名酒个性突出，天然生成的本色。在勾兑的各个阶段，都要通过气相色谱仪和化学分析对酒质进行检评和分析。凤型酒勾兑从小样到大样再到成品酒灌装，勾酒师及评委层层把关，整体确保了凤兼复合香型西凤酒的质量。

通过上千次的勾调试验，1997年最终完成了凤兼复合香型西凤酒的研发课题。凤兼复合香型西凤酒产品既保留了醇香、典雅、挺爽的风格，又兼具了酱香型白酒细腻的特点和浓香型白酒绵柔、香味浓郁的特点，形成凤兼复合香型西凤酒具有"香、醇、绵、甜、净，回味悠长"的风格特点，深受消费者喜爱。该项技术创新成果先后荣获宝鸡市科技进步二等奖、陕西省科技进步二等奖、陕西省企业技术创新一等奖、中国食品工业协会科技进步优秀成果奖，2007年西凤酒凤兼复合香型创新成果荣登中国企业新记录

凤兼复合香型西凤酒的成功研发为凤香型白酒的发展注入了新的理念，填补了我国白酒市场的空白，被白酒界誉为"实现了中国白酒工艺革命性的突破"。

第八节　其它香型白酒生产工艺

某些条件尚未成熟但具有本产品独特风格的优质白酒，统称为其他香型白酒。包括药香型的董酒、特型的四特酒、豉香型的玉冰烧、兼香型白云边酒和白沙液酒、芝麻香型的山东景芝白干、凤兼复合香型白酒等六种。

一、药香型曲酒

以贵州省董酒为代表的药香型曲酒，主要产于云南、贵州等省区、产品风味特色是融植物药香和浓香为一体，酒体爽净。其酿酒工艺特点是原料高粱先进行小曲固态发酵，蒸馏取酒，这是小曲酒。然后将酒糟加大曲经长达半年之久的发酵，制成香醅，再用小曲酒进行串香蒸馏，得原产品。

董酒是我国白酒行业中极具中华民族特色的传统产品。在第二、三、四、五届全国评酒会上蝉联四届国家名酒、国家金质奖，是国内一个很有影响力的白酒。从酒的风格、酒的香味组成部分、酒的生产工艺三大方面看，董酒均有明显的独到之处，谓之董酒的三独特，使董酒在我国名优白酒中独树一帜，独成一型——董型。

董酒产于水、土、气候特别适宜酿酒的黔北重镇——黔北酒乡的遵义市汇川区北郊董公寺镇。这里清泉漫流、绿树成荫、空气清新、生态环境保护良好，是酿酒得天独厚的好地方。董酒因地得名。

董酒巧妙地把我国北方大曲酒和南方小曲酒的生产方法结合起来，创造性地运用而形成的新工艺。由于用了大曲和小曲酿酒，既有大曲酒的浓郁芳香，又有小曲酒的醇和、回甜，因而别有一种风味。

（一）董酒的"三独特"

1、董酒风格独特

董酒风格独特，早被行家们归纳为"酒液清澈透明，香气优雅舒适，入口醇和浓郁，饮后甘爽味长。"具体一点讲，董酒既有大曲酒的浓郁芳香、甘洌爽口，又具有小曲酒柔绵醇和与回甜，并微带使人有舒适感的药

材香（中草药）及爽口的酸味，饮后不干、不燥、不烧心、不上头、余味绵绵。尤其是炎热的夏天饮用董酒，更能深刻领会文人肖光远"为惜清凉好呼酒，世间炎热亦何有"诗句之美妙，体会董酒风格独特之处，更能让人感到饮用董酒是一种高尚的享受。

董酒在制大、小曲中加有130余味中草药（其中有相当一部分是名贵中草药，如：虫草、鹿胶、龟胶、枸杞、杜仲等），使董酒具有保健功能，对人体健康颇有益处，常饮董酒的人对此体会亦深——健康长久。

2、董酒香味组成成分独特

董酒公司与贵州省轻工业厅科研所合作初步探明，董酒在香味组成方面，除了各种香味成分组成（包括药材香）与其它名优白酒不一样，还具有三高一低的特点。"三高"：一是董酒乙酸乙酯高，丁、已酯比是其它名优白酒的三至四倍；二是高级醇含量高，其中主要是正丙醇和仲丁醇含量高；三是酸含量较高，酸含量主要由乙酸、丁酸、已酸和乳酸四大酸组成，总酸量是其它名优白酒的二至三倍。一低是乳酸乙脂含量低。董酒乳酸乙脂含量在其他名优白酒的二分之一以下。这些香味成分的独特，对形成董酒独特风格起到关键作用，部分香味成分对人体也有一定的保健作用，这个作为科研项目正在研究之中。

3、董酒的生产工艺独特

董酒独特的香味组成成分是由于独特精湛的酿造工艺决定的。董酒的独特工艺主要有以下几点：

⑴ 董酒生产中，小曲和大曲均采用传统方法生产，共加有130余味中草药，使董酒微带有舒适的药材香味。

⑵ 酿酒原料不粉碎，辅料用量特少，由辅料带进酒中的杂味就少多了。

⑶ 蒸馏采用串香工艺。即用小曲制酒醅，大曲制香醅，将小曲酒醅串蒸大曲香醅取香得酒。这个独特的串香工艺，早在一九六四年就由当时的董酒厂向外推广，现全国各地大多数酿酒企业均已采用，已对改善酒的口味、提高酒质、降低酒的生产成本取得明显成效。

⑷ 董酒大窖池用加有适量黄泥的细煤封窖，密封效果好，有利于大曲香醅长期发酵不变质。大曲香醅发酵期长，一般达十个月以上。长期发酵使香醅中产生了足够的酯类、酸类、高级醇类及醛酮类等物质，供董酒串香取之，形成董酒独特风格。

⑸ 董酒窖池筑法特殊，与其它名优白酒完全不一样，对产生独特香味成分起到关键作用。

工艺过程简述如下：

a、原料浸泡、蒸煮　　将整粒的高粱用90℃左右的热水浸泡8小时。投料为800公斤，浸泡好后放水沥干，上甑蒸粮。上汽后干蒸40分钟，再加入50℃温水焖粮，并加热使水温达到95℃左右，使原料充分吸水。糯高粱焖5～10分钟，粳高粱焖60～70分钟，使高粱基本上吸足水分后，放掉热水，加大蒸汽蒸1～1.5小时，再打开甑盖冲"阳水"20分钟即可。

b、进箱糖化　　先在糖化箱底层放一层厚为2～3厘米的配糟。再撒一层谷壳，将蒸好的高粱装箱摊平，鼓风冷却，夏天使品温降到35℃以下，冬季降到40℃以下即可下曲。下小曲量为投料量的0.5%左右，分两次加入，每次拌匀，不得将底糟拌起。拌后摊平，四周留一道宽18厘米的沟，放入热配糟，以保持箱内温度。糯高粱约经26小时左右，粳高粱约经30小时左右，即可完全糖化。糖化温度，糯高粱不超过40℃，粳高粱不超过42℃。配糟加入量，大概1800公斤。

c、入池发酵　　将箱中糖化好的醅子翻拌均匀，摊平，并鼓动冷却。夏季品温尽量降低，冬季品温冷至29～30℃后，即可入窖发酵。入窖后将醅子踩紧，顶部盖封，发酵6～7天。发酵过程中控制品温不超过40℃为宜。

d、制香醅　　先扫净窖池，窖壁不得长青霉菌。取隔天高粱糟、董酒糟，以及大窖发酵好的香醅按比例配好，再按高粱投料量的10%加入大曲粉拌匀，堆好。夏天当天下窖，耙平踩紧。冬季先下窖堆积2～3天，或在晾堂上堆积2～3天，其目的是培菌。第2天将已升温的醅子耙平踩紧，1个大窖需几天才能装满。其间每2～3天回酒1次，每个大窖约回60度的高粱酒360公斤左右，下糟18000公斤左右。窖池装满后，用拌有黄泥的稀煤封窖，密封发酵10个月以上，即制成大曲香醅。

e、蒸酒　　从窖中挖出发酵好的小曲酒醅，拌入适量谷壳（每甑拌谷壳12公斤），分2甑蒸酒。应缓汽装甑，先上好小曲酒醅，再在小曲酒醅上盖大窖发酵好的香醅（700公斤），并拌入适量的谷壳，上甑后盖上甑盖蒸酒。掐头2~3公斤，摘酒的酒精度为60.0~61.5度，特别好的酒可摘到62~63度。再经品尝鉴定、验收、分级贮存，即可勾兑包装出厂。

（注：董酒工艺部分由第三、四届全国白酒国家评酒委员贾翘彦供稿）

二、兼香型大曲酒

以湖北白云边酒、黑龙江玉泉大曲等为代表。具有浓香与酱香两种香型兼而有之的风味特征。该香型在酿酒发酵工艺和贮存勾兑工艺中都糅合了浓香及酱香型的生产技艺。主要特点：有酱香型酒的高温曲、高温堆积和浓香型酒的续米查发酵、泥窖增香等。以白云边酒生产为例，它以浓香型及酱香型的某些工艺混用为其特点。即以高粱为原料，用小麦制高温曲。从投料开始至第七轮次大多采用酱香酒操作法（投料分第一次、第二次混蒸的两次投料法），进行高温堆积及高温、多轮次发酵。到第八轮改用浓香型酒工艺，即将占总投料量9%的高粱粉与第七轮次的出窖酒醅混匀后混蒸，出甑后的醅加15%的水，20%的中温大曲，再低温入窖一个月。第一轮次酒回窖发酵，其余轮次酒单独贮存。白云边酒感官特点是：芳香优雅，细腻丰满，酱浓和谐，后味爽净，余味悠长。巧妙地使酱香和浓香浑然一体，别具风格。

三、豉香型小曲酒

豉香型小曲酒以广东省石湾酒厂生产的特醇米酒玉冰烧酒为代表，其风味质量要求玉洁冰清、豉香独特、醇和甘滑、余味爽净。香气成分中壬二酸二乙酯、辛二酸二乙酯及a-蒎烯是其特征性成分。酿酒工艺特点是以大米为原料，小曲液态发酵、液态蒸馏至含酒度32°，再经肥猪肉浸泡贮存而得产品。

生产工艺流程如下：

大米→沸水蒸饭→摊凉→入埕发酵→蒸馏→肉埕陈酿→过滤→勾兑包装成品

四、特型大曲酒

以酒西省四特酒为代表的特型大曲酒，其风味质量为酒色清亮，酒香芬芳，酒味纯正，酒体柔和，清、浓、酱香三型具备，但又不偏向任何一型。香气成分中乳酸乙酯含量最多，达200毫克/100毫升。正丙醇含量高达100~250毫克/100毫升。酿酒工艺特点在于选用整粒糯大米为原料；大曲采用酒糟、麦麸、面粉为原料，用本地产的质地疏松的红褚条石砌成发酵窖，窖底为泥，窖面用泥封，其余生产操作基本上和45天发酵期的混蒸续米查浓香型大曲酒相同。

五、芝麻香型曲酒

芝麻香型白酒以山东省景芝白干和江苏省梅兰春为代表，其风味具有类似烘烤后的芝麻香而得名。芝麻香型白酒兼具清、浓、酱三种香型特征，具有焦香，微带酱香，风味淡雅，别具一格。酒味醇厚，酒体爽净。酿酒工艺特点是合理配料，多种微生物高温发酵，缓慢蒸馏，贮存成型。

景芝白干它的香味极其丰富，但含量较低。有关资料表明：

（一）酯类成分为乳酸乙酯＞乙酸乙酯＞己酸乙酯＞丁酸乙酯。

（二）醛类以乙醛与乙缩醛较高，大于其它香型白酒。

（三）醇类成分以正丙醇、异戊醇含量较高。

有关专家在记述芝麻香呈味关系时指出：呋喃、酚类及吡嗪类化合物是酱香型和芝麻香型白酒的主要呈味物质。最近报道：在芝麻香型白酒的分析中认为，3—甲硫基丙醇是该型特征组分之一。景芝白干（特酿）是以优质高粱为原料，中温麦曲作糖化发酵剂，高温堆积，泥窖长期高温发酵，精心酿成。

中国文化遗产年鉴·酒文化卷

第二章　啤　酒

　　啤酒是以大麦芽、啤酒花和水为主要原料，用不发芽谷物（如大米、玉米等）为辅料，经糖化发酵酿制成的富含多种营养成分的低度饮料酒。大麦自古以来就是饲料和酿制啤酒的主要原料，只有少数国家和民族用小麦作原料。的有还掺用部分玉米、大米及高粱等谷类。从8世纪起，德国人把大麦作为生产啤酒的固定原料，后为世界各国所采纳，至今大麦仍为全世界啤酒生产的主要原料。

　　酒花在啤酒生产中的应用，也是8世纪由德国人开始的。在这以前，各作坊都有自己的香料配方，有的用多种草药，有的用沙焦的豆类，还有的用生姜、肉桂，五花八门，因而所产啤酒的风格、风味亦各异。如欧洲有一香料配方，名称"格吕伊"、大体由五、六种草药组成，流行了一千多年，其配方是保密的。自从酒花出现以后，由于它除了给啤酒以特殊的香味和苦味外，还有防腐和增加啤酒隐定性的作用，因此很快为世界各国所接受。直到今天，酒花仍是啤酒生产中必不可少的重要原料。啤酒的度数，是指啤酒中原麦汁的重量百分比浓度，而不是指酒精含量。例如12°啤酒，其酒精含量仅有3～4%。

第一节　啤酒的分类

　　啤酒种类很多，随着啤酒工艺技术的不断发展，还将出现新的品种或类型，故难以严格和详细地分类，通常是根据以下几个主要特点进行分类：

一、根据啤酒酵母性质分类

　　啤酒生产是使用上面发酵啤酒酵母与下面发酵啤酒酵母两种。故啤酒分为上面发酵啤酒和下面发酵啤酒两大类。

二、根据啤酒色泽分类

　　啤酒色度是啤酒的一项质量指标，但又很难按啤酒色泽明确划分，只能根据色度深浅大致分为以下几类：

　　（一）淡色啤酒。淡色啤酒是啤酒中产量最大的一种。淡色啤酒中又分为淡黄色啤酒和金黄色啤酒。淡色啤酒国家标准规定色度在5～12EBC单位。

　　（二）浓色啤酒。浓色啤酒的色泽呈红棕色或红褐色。根据色度深浅又可分为以下三种：棕色啤酒、红棕色啤酒、红褐色啤酒三种。浓色啤酒国家标准规定色度在15～40EBC单位。浓色啤酒的特点是：麦芽香味突出、口味醇厚、酒花苦味较轻。

　　（三）黑色啤酒。黑色啤酒的色泽多呈深红褐色乃至黑褐色。黑色啤酒国家标准规定色度大于40EBC单位。黑色啤酒的特点是：原麦汁浓度较高、麦芽香味突出、口味浓醇、泡沫细腻、苦味因生产类型不同差别较大。

三、根据生产方式分类

　　（一）鲜啤酒。啤酒灌装前和后，不经过巴氏灭菌，称为鲜啤酒，又称生啤酒。鲜啤酒是地产地销产品，因未经灭菌不能长期存放与远距离运输。存放时间与啤酒的酿造卫生条件、过滤质量、保存温度关系很大。啤酒在酿造过程中未染杂菌，过滤效果良好，存放温度在国家标准规定的范围之内，可存放7天左右。

　　（二）熟啤酒。啤酒灌装前、后，经过巴氏杀菌，可以保存很长时间，称为熟啤酒。

四、根据装酒容器分类

　　（一）瓶装啤酒。即用玻璃瓶包装的啤酒，多年来是我国啤酒市场主销啤酒，遍布城乡市场，销量最大。

目前，国内啤酒市场主要有640ml和355ml两种玻璃瓶包装规格，另外还有少量500ml玻璃瓶包装。

（二）罐装啤酒。我国的罐装啤酒，当前多采用小型易拉罐包装，制罐材料多采用铝合金，容量多为355ml，也有少量500ml两种规格。罐装啤酒重量轻，携带方便，适于外出饮用。

（三）桶装啤酒。桶装啤酒过去是用木桶，近代多用铝桶和不锈钢桶。容量30L～100L都有，30L居多。桶装啤酒适于人口多的大城市销售。

五、根据原麦汁浓度分类

按麦汁浓度又将啤酒分为低浓度啤酒（麦汁浓度在7～8°，酒精含量2%以下）、中浓度啤酒（麦汁浓度在11～12°，酒精含量在3.1～3.5%）和高浓度啤酒（麦汁浓数在14～20°，酒精含量在5%以上）3种。

我国啤酒新标准规定按原麦汁浓度分为18°、16°、14°、12°、11°、10°、8°啤酒。市场上主销的是12°、11°啤酒，其它规格啤酒销量较少。

六、根据销售方式分类

（一）外销啤酒。外销啤酒是专为出口而生产的啤酒，多是高档啤酒。其特点是酒的口感好，保质期长，一般要求保质期在6个月以上。

（二）内销啤酒。内销啤酒又分为高档内销啤酒和普通内销啤酒，高档内销啤酒的质量与包装装璜较好，售价较高，多销往大宾馆、大饭店以及高档娱乐场所等。

第二节　啤酒生产工艺过程

啤酒生产主要过程可分为制麦、糖化、发酵、加工、包装五大部分。下面以燕京啤酒为例予以说明：

燕京啤酒集团公司工艺流程图描述：

1、原料验收：麦芽、大米。具有原产地合格证明。

2、原料贮藏：原料入厂后，经振动筛除杂后输送到筒仓干燥、密闭存放。

3、辅料验收：氯化锌、盐酸、硅胶等，购买符合国家标准的食用级材料。

4、辅料贮藏：放在洁净、干燥的辅料库内常温贮藏，酒花、酒花制品、抗氧化剂、α－淀粉酶等低温贮藏。

5、浸麦：在浸麦槽中用一定温度的水对大麦进行洗涤，并使其吸水萌发，为发芽作好准备。

6、发芽：当大麦水分达到一定时，将其倒入发芽室，控制发芽室的温度和湿度，使吸水后的大麦进一步发芽，同时产生大量的酶。

7、麦芽焙燥：大麦发芽到一定时，将其进行干燥、焙焦，使麦芽水分降低，并赋予麦芽特殊的香味。

8、除根：将大麦发芽时产生的、对啤酒口味有影响的麦芽根通过振动筛去处。

9、仓储：干燥、除根后的麦芽需经过一段时间仓储，使其吸水，去除杂味方可用于生产。

10、大米粉碎：经过磁选和除尘装置处理后的大米，经过湿法或干法粉碎。

11、麦芽粉碎：经过磁选和除尘装置处理后的麦芽，经过湿法或干法粉碎。

12、糊化：粉碎后的大米和一定量的酿造水混和，并加入石膏、盐酸等辅料，在酶和热力的作用下，淀粉颗粒吸水膨胀形成凝胶的过程。

13、糖化：粉碎后的麦芽和一定量的酿造水混和，并加入石膏、盐酸等辅料，麦芽中的蛋白质分解成多肽和氨基酸，淀粉分解成麦芽糖、葡萄糖等糖类物质的过程。

14、麦汁过滤：将糖化醪中从原料中溶出的物质与不溶性的麦糟分离，得到澄清麦汁的过程，在此过程产生麦糟。

15、煮沸：过滤后的麦汁加入盐酸、酒花、麦汁澄清剂等辅料，在90分钟内完成煮沸过程。目的是使麦汁达到一定的浓度、杀死麦汁中全部的酶和致病菌及麦汁中的蛋白质絮凝等。

16、回旋沉淀：去除麦汁中的热凝固物，使煮沸后的麦汁清亮、透明。

17、麦汁冷却：利用4℃冰水，经过薄板换热器将麦汁冷却到工艺规定的温度，同时充入一定量的无菌压缩空气，提供酵母繁殖所需的氧气。

18、发酵：酵母利用麦汁中的碳源和氮源两大能源物质，经过有氧呼吸和无氧发酵，将麦汁中的可发酵性糖分解成酒精、二氧化碳和其它一系列发酵副产物的过程。

19、缓冲罐：此罐的作用是为发酵液与单宁或硅胶反应提供反应时间；由于发酵液从大型发酵罐出来时的压力比较大，不能直接进入过滤机里，二者之间加一个缓冲罐，可以减少进入过滤机里发酵液的压力。

20、硅藻土过滤：以硅藻土为助滤剂，将成熟啤酒中少量的悬浮酵母细胞和蛋白质凝固物。分离得到清亮透明的清酒的过程。

21、PVPP过滤：利用PVPP对酒体中多酚物质的合理去除，提高成品啤酒的非生物稳定性。

22、清酒贮存：过滤后的清酒按照工艺要求存放于清酒罐中，等待灌装。

23、膜过滤（纯生啤酒）：清酒罐中的清酒通过预过滤（0.7μm膜）和终过滤（0.45μm膜）除去啤酒中的微生物和小颗粒蛋白质。

24、洗瓶：需洗涤的啤酒瓶由输送带被送到洗瓶机，首先经过预浸泡槽冲洗灰尘并预热瓶子，再经过二道预喷淋，然后进入碱槽Ⅰ进一步加热杀菌、两次冲标；走出碱槽Ⅰ后进入碱槽Ⅱ在80～85℃的温度下浸泡杀菌；在进入碱槽Ⅲ浸泡杀菌；然后经过中间水喷淋、热水槽浸泡、热水喷淋、温水、冷水喷淋、清水喷洗，最后把清洁的瓶子送出洗瓶机。所使用的洗瓶剂应高效、无毒并符合国家标准。

25、验瓶：人工挑出瓶口、瓶身和瓶底不洁、杂瓶、异形瓶、有污物或破损的瓶子；验瓶机利用光学原理将污瓶和破损瓶从输送带上推出。

26、冲瓶（纯生啤酒）：用140℃的蒸汽冲入洗后的空瓶中对瓶子进行杀菌，再对瓶子抽真空，然后向瓶内冲入无菌压缩空气冷却瓶子，进入灌装机装酒。

27、灌装：瓶子经一次或二次抽真空后，通入二氧化碳或氮气备压，在等压下啤酒缓慢的流入瓶内，通过电子液位调节阀来控制其液位，然后进行压盖。

28、杀菌：巴氏杀菌，凡在60℃经历1分钟所引起的啤酒灭菌效应为一个巴氏灭菌单位。

公式为：PU=Z×1.393（t-60）　[式中Z——时间（min），t——温度（℃）]

采用隧道式喷淋杀菌机，杀菌机喷淋水最高水温为67℃，喷淋最高酒温62℃，最高酒温持续时间8.7分钟。设定PU值为15～30。

29、温瓶：纯生啤酒生产中，为便于贴标需进行温瓶。温瓶通过隧道式杀菌机完成，温瓶控制喷淋水温40℃，酒温30～35℃，时间8.7分钟。

30、成品检验：人工或液位检测仪对每瓶酒的液位进行检测，去除液位不足的酒，逐个将液位不足、酒体有异物、漏气的挑出。

31、贴标：按生产品种的要求由贴标机贴标。标签按有关标签法规制作。

32、喷码：由喷码机对每瓶酒喷上生产日期、班次和时间。

33、验标、码：对成品酒进行外观检验，贴标不合格的挑出，同时对喷码及美容效果进行验证。

34、装箱：由装箱机对检验合格的酒装箱。纸箱。按有关标签法规制作

35、入库：由输送带把装箱后的成品酒运到仓库。

36、包装材料验收储存：包装材料为纸箱、商标、瓶盖、安全、卫生、无污染。存放于干燥、清洁的包装物仓库。

37、储藏：成品库常温、清洁、干燥、通风良好。

38、装运：运输车辆清洁、干燥、无污染、无异味。

产品特性及预期用途描述

表1 普通啤酒、精品啤酒

产品类型		普通啤酒、精品啤酒
产品 重要 特性	口 味	纯正、爽口
	泡 沫	泡沫洁白、细腻，持久挂杯。泡持性：瓶装≥200s、听装≥170s
	酒精度	≥2.4%
	CO_2	0.40%～0.65% (m/m)
	透明度	清亮透明，允许有肉眼可见的细微悬浮物和沉淀物。
主要配料		酿造水、大麦芽、小麦芽、大米、酒花及酒花制品等。
包装类型		玻璃瓶装：净含量300ml、330ml、500ml和640ml等；外用纸箱/塑料箱包装。
		易拉罐装：净含量330ml、355ml和500ml；外用纸箱/塑料膜包装。
保质期限		保质期为360天，普通清爽为180天。
储运要求		本产品宜在5～25℃储运。严防日晒、雨淋、冰冻或靠近热源，不得与潮湿地面直接接触。搬运时防止磕碰。
销售区域		中国境内、出口别的国家或地区。
消费对象		一般消费者；儿童及啤酒过敏者慎用。
饮用方式		保质期内直接开盖饮用，建议饮用酒温15℃左右。

表2 纯生啤酒

产品类型		纯生啤酒
产品 重要 特性	口 味	新鲜、纯正、爽口
	泡 沫	泡沫洁白、细腻，持久挂杯。泡持性：瓶装≥200s、听装≥170s
	酒精度	≥2.4%
	CO_2	0.40%～0.65% (m/m)
	透明度	清亮透明，允许有肉眼可见的细微悬浮物和沉淀物。
主要配料		酿造水、大麦芽、大米、酒花及酒花制品等。
包装类型		玻璃瓶装：净含量500ml和640ml；外用纸箱包装。
		易拉罐装：净含量355ml；外用纸箱/塑料膜包装。
保质期限		保质期为360天。
标签说明		注有"切勿撞击，防止爆瓶"字样。
储运要求		本产品宜在5～25℃储运。严防日晒、雨淋、冰冻或靠近热源，不得与潮湿地面直接接触。搬运时防止磕碰。
销售区域		中国境内、出口别的国家或地区。
消费对象		一般消费者；儿童及啤酒过敏者慎用。
饮用方式		保质期内直接开盖饮用，建议饮用酒温15℃左右。

表3 无醇啤酒

产品类型		无醇啤酒
产品 重要 特性	口 味	纯正、爽口
	泡 沫	泡沫洁白、细腻，持久挂杯。泡持性：瓶装≥150s、听装≥120s
	酒精度	≤0.5%
	CO_2	0.40%～0.65% (m/m)
	透明度	清亮透明，允许有肉眼可见的细微悬浮物和沉淀物。
主要配料		酿造水、大麦芽、大米、酒花及酒花制品等。
包装类型		玻璃瓶装：净含量500ml；外用纸箱包装。
		易拉罐装：净含量355ml；外用纸箱/塑料膜包装。

保质期限	保质期瓶装为180天，听装为360天。
标签说明	注有"切勿撞击，防止爆瓶"字样。
储运要求	本产品宜在5～25℃储运。严防日晒、雨淋，冰冻或靠近热源，不得与潮湿地面直接接触。搬运时防止磕碰。
销售区域	中国境内。
消费对象	一般消费者，限制饮酒量的人群如司机等；儿童及啤酒过敏者慎用。
饮用方式	保质期内直接开盖饮用，建议饮用酒温15℃左右。

表4　果味啤酒

产品类型		果味啤酒
产品重要特性	口　味	有明显果汁香气、纯正、爽口
	酒精度	≥0.6%
	CO_2	0.40%～0.65%（m/m）
	透明度	清亮透明，允许有肉眼可见的细微悬浮物和沉淀物。
主要配料		酿造水、大麦芽、大米、果汁、香精、酒花及酒花制品等。
包装类型		玻璃瓶装：净含量355ml；外用纸箱包装。
		易拉罐装：净含量355ml；外用纸箱/塑料膜包装。
保质期限		保质期瓶装为180天，听装为360天。
标签说明		注有"切勿撞击，防止爆瓶"字样。
储运要求		本产品宜在5～25℃储运。严防日晒、雨淋，冰冻或靠近热源，不得与潮湿地面直接接触。搬运时防止磕碰。
销售区域		中国境内。
消费对象		一般消费者，饮酒量小的人群如妇女等；儿童及啤酒过敏者慎用。
饮用方式		保质期内直接开盖饮用，建议饮用酒温15℃左右。

表5　扎啤

产品类型		扎啤
产品重要特性	口　味	新鲜、纯正、爽口
	泡　沫	泡沫洁白、细腻，持久挂杯。
	酒精度	≥2.4%
	CO_2	0.40%～0.65%（m/m）
	透明度	清亮透明，允许有肉眼可见的细微悬浮物和沉淀物。
主要配料		酿造水、大麦芽、大米、酒花及酒花制品等。
包装类型		扎啤桶装：净含量30L、20L、15L、10L、2L。
保质期限		保质期为30天
储运要求		本产品宜在5～25℃储运。严防日晒、雨淋，冰冻或靠近热源，不得与潮湿地面直接接触。
销售区域		中国境内。
消费对象		一般消费者；儿童及啤酒过敏者慎用。
饮用方式		接入杯中饮用。

第三节　成品啤酒的鉴定

　　经糖化、发酵、过滤等工序后，啤酒已经澄清，口味成熟，各项指标达到了要求，就可以灌装出成品啤酒。优质的啤酒有明显的酒花香气，口味纯正，爽口，酒体谐调，柔和，无异香异味。泡沫洁白细腻，持久挂杯。理化、卫生指标符合要求。

一、成品啤酒的化学成分

啤酒的化学成分除水外，还有酒精、碳水化合物、含氮物质、二氧化碳、风味物质、无机盐、维生素等。

（一）酒精和CO_2。酒精是啤酒热值的主要来源，是啤酒泡沫具有细腻性的必要成分。酒精含量是表示啤酒强度的一种方法，其含量由原麦汁浓度和啤酒发酵度决定。

啤酒酿造过程中产生大量的CO_2，现代化的啤酒工厂均有CO_2回收利用装置，使啤酒生产所用CO_2自给自足，取得了较好的经济效益。啤酒中CO_2含量取决于贮酒温度和压力，一般啤酒中CO_2含量在$0.35 \sim 0.45\%$（W／W）。随着新工艺的应用，人为充碳，啤酒中的CO_2含量可更高些。

（二）碳水化合物。啤酒发酵过程中，麦芽汁中的单糖、双糖和麦芽三糖绝大部分被酵母利用，产生了代谢产物，只有微量残留在啤酒中。啤酒的发酵度愈高，含糖量就愈低，啤酒中含可发酵糖高，对啤酒的稳定性是不利的。

（三）含氮物质。含氮物质是啤酒中的又一主要成分。浸出物中的含氮物质含量占$8 \sim 10\%$，麦汁中的含氮物质，经过发酵，一部分低分子氮被酵母所同化，一部分高分子氮随温度、pH值的降低而析出，同时酵母在代谢过程中也分泌出一部分低分子含氮物质，啤酒中含氨基酸达17种之多。

（四）风味物质。啤酒的风味物质主要来源于发酵的代谢产物，其中主要包括高级醇类（如异戊醇、苯乙醇、丙醇、活性戊醇等）、酯类（主要有乙酸异戊酯、乙酸乙酯、乙酸苯乙酯、己酸己酯等）、酸类（主要有脂肪酸、乙酸、丁酸、己酸、乳酸、琥珀酸、草酸、酒石酸等），其次还有乙醛、硫化物、双乙酰等。它们能给啤酒的风味以综合的效应，互相协调，给人们饮用啤酒带来愉悦的感觉。

（五）无机盐和维生素。啤酒中无机盐的含量与原材料、水质关系密切，一般含有钾、钠、磷、钙、镁等。啤酒中含有多种维生素，其中以维生素B2、B6、菸酰胺、泛酸最多。无机盐、维生素均是人体新陈代谢不可缺少的微量物质。总之，啤酒成分复杂，营养平衡，是人类良好的饮料。

二、啤酒的典型性

啤酒的典型性由下列特性所决定：

（一）色泽。啤酒的色泽分为淡色、浓色和黑色三种，每种色泽又有程度深浅之分。淡色啤酒的色泽主要取决于原料麦芽和酿造工艺；深色啤酒的色泽来源于麦芽，另外，也需添加部分着色麦芽或糖色。黑啤酒的色泽则主要依靠焦香麦芽、黑麦芽或糖色所形成。良好的啤酒色泽，不管深浅，均应光洁醒目。发暗的色泽，主要是原料不好或操作不当所致。至于光洁醒目，除色泽本身的因素外，还要依靠啤酒透明度的配合，如果啤酒发生混浊现象，其色泽特点也就不存在了。

（二）透明度。啤酒是酿造酒，在灌装前要经过离心分离或过滤等方法将酒内的一切固形物分离出去，滤出的啤酒应清亮透明，长时间存放不应失光，混浊，尤其在保质期内更不应有任何影响透明度的混浊沉淀产生。

（三）泡沫。泡沫是啤酒的重要特征之一，也是唯一的以泡沫作为主要质量指标的酒类。当啤酒倒入杯中时应有洁白细腻的泡沫升起，并且持久挂杯。

（四）风味与酒体。淡色啤酒应具有明显的酒香与酒花香味、细致的酒花苦味，不应有后苦。淡色啤酒的酒体应爽而不淡、纯正、协调、柔和，饮有舒适感。浓色啤酒应具有浓馥的麦芽香味，酒体醇厚，苦味较轻。

（五）二氧化碳含量。二氧化碳是啤酒的灵魂。CO_2是在啤酒发酵过程产生的，人为充碳是使啤酒中CO_2含量更高些的新工艺，仅是对发酵过程产生CO_2的补充。CO_2有利于啤酒的起泡性，饮用时赋予啤酒一种杀口力，无CO_2的啤酒只是一杯淡而无味的苦水。

（六）饮用温度。啤酒的饮用温度很重要，在适宜的温度下饮用，很多成分可以互相协调，给人一种综合舒适的感觉。啤酒宜在12℃左右饮用，过高，易使酒内的CO_2含量不足，缺乏应有的杀口力，酒味显得平淡无味。过低，一些香味成分就显示不出来。

三、啤酒的稳定性

啤酒的稳定性分为生物稳定性和非生物稳定性。前者是指啤酒对微生物的抗御能力，由于啤酒生产先进技术的应用，加强啤酒生产过程的微生物控制和卫生管理，啤酒的生物稳定性均得到了保证，而非生物稳定性是从原料到成品啤酒全过程的技术质量问题，比较复杂，仍是科研部门研究的课题，本卷不展开讨论。非生物稳定性一般区分为胶体稳定性和风味稳定性。

（一）防止啤酒胶体混浊的措施如下：

1、在选择原料大麦时，尽量要求大麦的蛋白质含量适中，正常值为10～12%。另外可选用不含或低花色素原的啤酒大麦，这样，有利于啤酒的胶体稳定性。

2、制麦芽时，在浸麦水中添加氢氧化钠，或在最后一次浸麦水中加甲醛(控制在120～180mg／L)，以降低麦芽中的花色素原含量。另外麦芽最终焙焦温度关系到麦芽蛋白质溶解度及啤酒稳定性，适当升高后期焙焦温度有利于蛋白质分解。

3、在糖化用水中加入甲醛，加量为麦芽重量的1／万～2／万，以降低麦汁中的花色素原含量。添加甲醛的机理是麦芽中的花色素原和甲醛作用，生成类似酰胺树脂的化合物，在麦汁煮沸过程中被析出，这一方法在国内已得到广泛的应用。

4、在麦汁制备时，采用45～50℃的蛋白质分解工艺，减少麦汁中高分子蛋白质含量。降低糖化醪和洗糟用水的pH值，减少多酚物质的浸出。

5、提高麦汁煮沸强度，使凝固性高分子蛋白质和一些蛋白质——多酚物质凝聚析出。

6、降低啤酒后贮温度，一般控制在0～－1℃，使蛋白质冷凝固物沉淀析出；在过滤时，提高过滤效果，使清啤酒的浊度尽可能低，有利于啤酒的胶体稳定性。

7、在啤酒过滤时，添加蛋白质分解剂、吸附剂和防止氧化的氧化剂。如蛋白酶、PVPP、硅胶、二氧化硫、VC等，适量加在啤酒中，均有益于啤酒的胶体稳定性。

总之，提高啤酒的胶体稳定性，方法较多，可根据各厂不同的生产工艺特点及实际情况进行选择。

（二）啤酒的风味稳定性

啤酒的风味稳定性是指不同批次的酒风味一致性和啤酒灌装后，在保存过程中风味长期无显著变化。要保持啤酒的风味稳定性，除需在原料和酿造工艺方面严格控制外，最主要是解决排氧问题，就是说，在主发酵以后的每一工序，应尽量避免酒与空气接触的机会，以减低氧化作用。

1．氧与啤酒质量的关系

(1) 啤酒经过氧化，加剧了冷混浊和氧化混浊的形成，影响啤酒的非生物稳定性，同时，使啤酒的风味改变，口味协调性受破坏。

(2) 啤酒是由多种物质组成的，含有大量的易氧化物质，如多酚物质氧化后，加深了啤酒的色泽，甚至变成暗红色。

(3) 新鲜的啤酒应有明显的酒花香味，口味纯正。啤酒的风味物质十分复杂，对啤酒口味有重要影响的物质所含的醛基、羟基、硫基、烯或烯醇都可被氧化，使啤酒产生苦涩味、老化味和其它异味。

2．常见的啤酒风味病害及产生的原因

(1) 口味粗涩，苦味不正：啤酒中多酚物质含量过高；啤酒氧含量过高被氧化；啤酒的pH值过高；麦芽麦皮厚，粉碎过细；水的暂时硬度和pH值过高；酒花陈旧，贮藏时间长和温度高；麦糟洗涤过度和过长的麦汁煮沸时间，过高的重金属含量。

(2) 酚或其它化学味：采用含酚、氯酚及游离氯高的水浸麦、糖化；用含游离氯的洗涤剂洗刷输酒管；污染了野生酵母和细菌等都可使啤酒产生难闻的化学味，如乳酸菌、醋酸菌、足球菌可使啤酒产生酸味，双乙酰味。

(3) 老化味：又叫氧化味。啤酒装瓶后含氧量高，经过杀菌后，极易氧化，产生不良的味道，并且随着啤酒保存时间的延长而氧化味愈强烈。

（4）腐烂的青草味：来自酵母的代谢产物，主要是乙醛，当乙醛含量超过15mg／L时，产生此味。

（5）酵母味：主要来自硫化物含量过多，特别是硫化氢，硫化氢的风味阈值为5μ／L，硫化氢味类似臭鸡蛋味。另外，当酵母衰老退化或发酵、贮酒温度过高，导致酵母自溶，也易产生此味。

3. 避免产生啤酒风味病害的措施

避免啤酒的风味病害除在原料水质进行选择外，最关键是防氧，在啤酒生产过程中，防止氧的溶入要作为工作重点来抓。

（1）选用较好的大麦麦芽，优质的酒花，符合要求的酿造用水，如果水质达不到要求，可用物理或化学方法加以改良。

（2）糖化工艺上避免洗糟过度，麦汁煮沸时间过长。发酵温度避免过高，不使用老化的酵母。

（3）发酵后期及啤酒加工阶段要尽量避免氧的介入，所有罐体均需用CO_2备压，所有管线均需充入CO_2以排出空气。啤酒装瓶后，瓶颈空气要尽量低。

（4）生产过程避免微生物污染，加强工艺卫生管理。

（5）在过滤时加入抗氧化剂，除去啤酒中的氧，有利于啤酒的风味稳定性。

（三）啤酒的生物稳定性

啤酒的生物稳定性是指发酵、过滤以及成包装过程中的微生物污染及成品啤酒杀菌不彻底造成啤酒酸败变质，保质期缩短问题。老式的啤酒生产工艺落后，设备陈旧，环境卫生不好，造成啤酒污染是经常发生的。主要原因是工艺卫生管理不好，微生物检测手段落后，缺乏微生物管理经验。现代化的啤酒生产工艺、设备，只要加强管理，做好微检和工艺卫生管理工作，基本不会发生严重的污染问题，而且啤酒自身有一定的防腐能力，因为啤酒中的酒花树脂、乙醇、pH值、CO_2均不利于微生物的繁殖。

1. 常见的啤酒生物混浊

（1）酵母混浊：啤酒在过滤时，由于不能完全滤出酵母和细菌，所以，鲜啤酒保存期只限七天，因为啤酒中存在的酵母可继续繁殖使啤酒出现混浊。如果已经过巴氏灭菌，啤酒仍出现酵母混浊则属于工艺事故，应认真查明原因尽快解决。酵母混浊有培养酵母混浊和野生酵母混浊，现代检测技术已能鉴定出究竟是哪种混浊。

（2）细菌混浊：由于细菌类污染，瓶装啤酒经巴氏灭菌又不彻底，导致啤酒生物混浊时有发生。如果在酿造过程中污染严重，也可导致嫩啤酒发酸变质，这是非常严重的问题。引起啤酒生物混浊主要是在厌氧条件下能够繁殖的细菌类，如乳酸杆菌、足球菌等。它们是啤酒中最严重的一种病害微生物，污染严重时，啤酒发酸、混浊、变粘。足球菌译音伤心菌，污染该菌的啤酒有一股双乙酰味(馊饭味)。但啤酒中的双乙酰味不完全来自足球菌的污染，更重要的是酵母自身对双乙酰前驱体——α—乙酰乳酸的还原能力。

2. 啤酒生产微生物污染的防治

啤酒生产防治微生物污染需要进行经常性的微生物检验和清洁灭菌工作。

（1）对微生物检验工作的要求：①微生物检验工作要取得好的效果，必须做到取样合理，检验方法准确可靠，具有真实性和代表性。②在实际生产中，每天进行详尽的检验是不可能的，可定期在重点部位取样检验，发现有污染，要进行详细检查，找出污染源，尽快采取措施解决。③作为常规微生物控制，检验人员应对啤酒生产易污染微生物的部位有所了解，这样可以抓住重点，使检验工作更及时、集中、细致。④平时微生物检验，只求总污染度就可以了，必要时需鉴别出是什么微生物污染，这就要利用选择性培养基进行系统的检验鉴定，这样更能做到有的放矢。

（2）啤酒厂的清洁灭菌方法：蒸气灭菌是啤酒厂应用最广泛而效果良好的灭菌方法。但在啤酒厂有些设备、部位不能用蒸气灭菌，所以，蒸气灭菌有其局限性，这样就需要采用化学药灭菌方法加以补充。啤酒厂常用的化学药灭菌剂有甲醛、漂白粉、酒精、碱、季铵化合物等。

（3）重点部位的取样和检验。在发酵工段，主要是对麦芽汁、种酵母、嫩啤酒、洗涤水的取样和检验；在加工过滤工段，主要是滤酒前和滤酒后酒样的检验，以及洗涤水和发酵工段水的检验；在灌酒过滤工段，主要是对啤酒酒体和酒瓶的取样和检验。

四、啤酒的泡沫

啤酒泡沫好坏在一定程度上直接反映啤酒质量的优劣，所以，泡沫对啤酒质量有决定意义。如果啤酒倒在杯中没有洁白细腻的泡沫升起，并且持久挂杯，就肯定不是好的啤酒。当然，好的啤酒泡沫必然好，而泡沫好的啤酒口味上不一定受欢迎。

（一）优质的啤酒泡沫。当啤酒注入洁净的杯中，酒液上部应有$1／3～2／3$容量的泡沫存在，此时的泡沫应洁白细腻，状似奶油。当啤酒注入洁净的杯中，从泡沫形成至泡沫消失所持的时间为啤酒的泡持性，良好的啤酒泡沫，往往在饮用完毕后仍未消失。啤酒泡沫的附着力，通称啤酒泡沫的挂杯情况。优良的啤酒，饮用完毕后，空酒杯的内壁应均匀布满残留细腻的泡沫，残留的泡沫愈多，说明啤酒泡沫的附着力愈好。

以上泡沫性能形成的因素是相互关联的。尤其是啤酒的起泡性，啤酒没有起泡性就谈不上啤酒的泡持性和挂杯了。

（二）啤酒泡沫形成的机理。判别啤酒泡沫的特征可以从体积、密度和稳定性三个方面考虑。泡沫体积主要取决于CO_2的含量。啤酒的表面张力很低，主要是由于许多表面活性物质的存在。啤酒表面张力的变化对泡沫体积影响不大，但表面张力低，泡沫不易破裂。CO_2多，则气流大并不断从下往上排出，使生成的泡沫量亦大。乙醇及其它高级醇类属表面活性物质，其含量达一定值，啤酒的起泡能力将达到最高值。另外，啤酒中的异—α酸对泡沫的形成也有重要的作用。

（三）啤酒泡沫的化学组成。研究部门从泡沫的收集物分析得知，其主要成分是蛋白质的分解产物——月示和葡萄糖的聚合物。它们是在麦芽焙焦和麦汁煮沸时产生的。它和啤酒混浊物的共同点是都含有月示，但混浊物的另一部分是多酚，而泡沫则为葡萄糖，而且混浊物的分子量大于泡沫的分子量，目前已知的泡沫分子量为$4600～60000$。

用免疫学鉴定证明，混浊物中的月示和泡沫中的月示其性质基本相同，但混浊物中月示含硫较多，含硫的氨基酸主要是胱氨酸。在泡沫中含氮物质大约占56％，此外，还有一定量的酒花成分异—a酸。安德生（Anderson）还发现泡沫中含有木糖、阿拉伯糖、葡萄糖。

（四）啤酒中对泡沫有害的物质。主要有两类：一是脂肪酸。啤酒中含有多种不饱和、饱和的脂肪酸，这些脂肪酸对啤酒的泡沫影响很大，尤其是不饱和的脂肪酸影响更大。啤酒中的脂肪酸含量一般不会超过极限值，但在特殊的情况下，如原料含脂肪量高，麦汁过滤不清，特殊的酵母菌种，都可能增加啤酒的脂肪酸含量，而造成影响泡沫的问题；二是醇、酯类。由于发酵温度过高，或其它原因引起，醇、酯类含量过高会对泡沫造成不利影响。

（五）改进啤酒泡沫的工艺措施

1、麦汁煮沸时，加入质量较好的酒花，能增进啤酒的泡持性，并赋予泡沫挂杯的性能；适当的麦汁煮沸时间对啤酒泡沫是有利的，过分延长麦汁煮沸时间，泡沫挂杯性能虽增强，但因一些有利于泡沫的蛋白质凝结析出，啤酒的泡持性反而降低。

2、适量使用谷类辅料，可以增进啤酒泡沫性能，特别是用小麦为辅料，因小麦含糖蛋白较多，泡沫改进尤为明显，但不得过高，否则啤酒中缺乏含氮物质。使用焙焦温度稍高的麦芽，使蛋白质分解停止并形成类黑精也有利啤酒泡沫。

3、在糖化时采用较适宜的蛋白质分解温度，使啤酒中的高、中、低分子蛋白质含量适宜，可根据麦汁的分析结果进行调整。同时麦汁过滤要清，防止洗糟过度，以免麦汁中带大多量脂肪酸，影响泡味性能。

4、啤酒泡沫中含有较多的泡沫稳定性物质，在生产过程中产生的泡沫愈多，损失的泡沫稳定性物质也愈多，而终啤酒中的泡沫稳定性物质就少了，啤酒的泡沫性能也就受到影响。因此，发酵以后，啤酒输送一定要稳，尽量防止啤酒在管道或容器内起沫，减少泡沫稳定性物质的损失。

5、在酿造过程的每一环节，应防止油类物质接触麦汁、酒或设备管线。

6、选择生产性能好的酵母菌种。

五、啤酒的喷涌现象

啤酒经贮存稳定后，当启开盖减压以后，有时会发生不正常的喷涌，一瓶酒会喷出多半瓶，这是啤酒的一种病害，通常叫它啤酒的喷涌现象。

（一）啤酒产生喷涌的原因主要有三个：

1、受潮长霉的大麦引起。受潮的大麦会长出许多霉菌，其中根霉(Rhizopus)，匍柄霉属(Stemphylium)和镰刀霉菌(Fusarium)，都能产生一种引起喷涌的肽类物质。利用这样的大麦制成麦芽，再用来制酒，会引起严重的啤酒喷涌现象。

2、有些金属离子，特别是镍离子和铁离子，在啤酒中含量过高，易引起啤酒喷涌，镍离子在有异—α酸存在时才会使啤酒产生喷涌现象。

3、氧和其它气体的作用。当溶解度低的气体从啤酒中逸散时，常会导致大量的CO_2释出，从而引起喷涌现象。

上述是啤酒的内在质量问题。当啤酒遇到外界因素的影响，如激冷激热、剧烈振动、摇动均可产生啤酒喷涌，但这不是啤酒的内在质量问题。

（二）啤酒喷涌现象的防止措施同样有三个：

1、大麦问题。选择质量优良的大麦和麦芽是解决啤酒喷涌的最关键问题，严禁使用生霉的大麦和麦芽，这是防止啤酒喷涌现象最有效的办法。

2、金属离子。避免金属污染啤酒，选用良好的水质，用化学或物理方法除去引起啤酒喷涌的金属离子。

3、避免外界因素对啤酒的影响。如尽量排出酒内的氧气，避免骤冷骤热、激烈的振动等。

六、啤酒的营养价值

啤酒是一种营养丰富、全面的饮料，其营养价值不仅热值较高，而且含有大量的小分子的氨基酸、矿物质、维生素等。

（一）啤酒与热量

啤酒发热量的计算公式为：热量(卡／L)＝原麦汁浓度×36．4

啤酒与其它食品产生热量的对比(卡／1000g)如下：

啤酒(12°p) 430	苹果汁 470	蕃茄汁 200
桔子汁 470	葡萄汁 740	

1L啤酒的热量相当于：500g马铃薯；0.75L牛乳；6～7个鸡蛋；65g奶油；250g黑面包。

人体分解下列物质所释放的热量如下：

1g碳水化合物 4.1卡	1g蛋白质 4.1卡
1g脂肪 9.3卡	1g酒精 7.1卡

人体所需的热量为：70kg体重人体的基础代谢需1900卡／日。轻体力劳动需2400～2600卡／日，重体力劳动需3500～4500卡／日的热量。

（二）啤酒的功能性。啤酒所含的营养成分均是人体新陈代谢不可缺少的，啤酒蛋白质中，人体必须的氨基酸比例占12～22％，由于糖化、发酵作用，一些大分子的物质被酵母分解成小分子的营养物质，能被人体所直接吸收。啤酒的功能性已知的有利尿作用，促进胃液分泌作用以及作为低盐食品的作用，由于啤酒能促进胃朊酶的分泌，增强脂肪代谢功能，从而能促进食物的消化。所以啤酒不仅是单纯的饮料，而且被当作健身的主要营养。

（三）啤酒营养成分含量如下表：

啤酒营养成分含量表

中国文化遗产年鉴·酒文化卷

	淡色啤酒	黑啤酒	啤酒营养成分含量(以100g啤酒计)
热量（kcal）	39	46	42
水分（g）	92.8	91.2	92.1
蛋白质（g）	0.4	0.5	0.3
碳水化合物（g）	3.1	4.2	3.8
灰分（g）	0.1	0.2	0.2
无机物质（mg）			
钙	2	4	5
磷	14	30	30
铁	0	0	0
钠	4	4	7
维生素（mg）			
B_1（mg）	0.005	0.005	0
B_2（mg）	0.03	0.03	0.03
烟酸（mg）	0.6	0.6	0.6
B_6（mg）	0.4	0.4	0

七、啤酒的品尝方法

啤酒成分复杂，虽然很多成分可通过仪器检测出来，但这些成分的作用是协调的、加成的，相互之间的影响也是复杂的，因此，真正评价啤酒的风味，仍以品尝为主。啤酒的风味，主要指滋味、口感和气味。所谓滋味，系指舌头神经末梢所感觉的甜、酸、苦、咸四种味觉。口感比较复杂，系指饮用啤酒后，口内的感觉。气味是由鼻腔的神经末梢所感觉到的一切挥发性物质的气味。复杂的风味是由挥发和非挥发性物质所引起的一种综合感觉，它包括口尝和鼻闻。所谓后味，是指饮用酒后，感觉器官所残留的余味，如后苦味，涩味。

（一）啤酒品评要求。品评时，先观察酒的外观性能(包括透明度、起泡性、泡持性、色度等)，然后嗅味，开始尝时不宜大口，然后大口品评，注意第一口的风味印象及后味感觉。尝完一个酒样，即与其它酒样进行比较，对淡色啤酒重点在酒花的苦味和香味。对浓色啤酒，重点是麦芽香味和醇厚性。品评时不宜连续尝，第一口的尝是基础，连续尝会失去判断力。具体品评方法有以下三种：

1、选优法：只适宜做为一般的选择方法，不宜做为质量控制方法，此法是先倒一杯酒，通过评，找出优缺点，然后再倒一杯另一种酒，再通过品评，与第一杯酒进行对比，比较它们的优劣。此法参加人员要多，可根据多数人的结论，确定优劣。

2、辨别法：此法适宜检查不同批次、不同酒样的质量是否接近一致及差异。它是控制产品质量一致性的好方法。参加品评的人员不宜多，必须是有经验的人承担。常用的方法有三种：①两杯法。一次拿出两个酒样，可以是同一种酒，也可以是两种酒，由评者指出，是同气酒样，还是两个酒样，并指出不同酒样的差异。②三杯法。一次拿出三个酒样，其中两杯是同一酒样，由品评者指出哪两杯酒是同一酒样，并指出不同酒样的差异。此法可反复组合排列，用来考核评酒人员的评能力。③多杯法。即把几种酒样分别倒入已编号的玻璃杯中，由评人员按顺序评，而后由品评人员根据酒质的优劣加以排列，确定优劣。采用此法酒样不宜过多，4～5个为宜，以免影响评酒的正确性。

3、风味描述法：是对啤酒口味最好的判断方法。即对啤酒通过品评进行剖析，以啤酒习惯上的风味术语做出剖析表，说明不同酒样在风味上存在的优缺点。

术语一般应包括两部分，即正面语言和反面语言，如下表：

单项性质	正面语言的内容	反面语言的内容
一般印象	协调、柔和、新鲜、爽快、成熟	粗杂、单调、老化、淡而无味、不成熟
纯正	纯正、干净、利落	杂味、酸、异味、怪味、麦皮味、酵母味、双乙酰味
爽口	爽快	不爽口、不爽快
醇厚	圆满、充实	腻、粘口、淡而无味、单调味泊、水似的

杀口	有愉快舒适的刺激感	无气、杀口力不强
苦味	有愉快苦味、消失快	涩、粗、后苦

利用风味描述法可以做为质量控制的方法，因此，要由有经验的品评人员参加，一般5~6人为宜，在品评时，可以采取记分的方法，也可采取记分法和评语结合的方法，最后评出酒样的优劣和存在的问题。表示程度不同，正面语言可使用尚、较、稍等；反面语言可使用不、无、欠等。风味描述法，可以作为质量控制的方法，在品评时不仅是辨别酒的风味，而且要找出风味病害的原因，尤其是当生产用原料或工艺改变时，此法就更有实际意义。

八、啤酒质量标准

中国轻工总会颁布啤酒质量标准(GB4927—91)规定如下：

（一）术语

淡色啤酒：色度为5.0~14.0EBC单位的啤酒。

浓色啤酒：色度为15.0~40.0EBC单位的啤酒。

黑色啤酒：色度为40.0EBC以上单位的啤酒。

熟啤酒：经巴氏杀菌的啤酒。

鲜啤酒：未经巴氏杀菌的啤酒。

（二）分类

根据啤酒色度分为淡色啤酒、浓色啤酒、黑色啤酒。

根据规格分为：8°啤酒；10°啤酒；11°啤酒；12°啤酒；14°啤酒；16°啤酒；18°啤酒。

（三）技术要求。啤酒产品的取样及质量的检测须按照GB 4928执行。

浓、黑色啤酒和淡色啤酒的感官指标和理化要求应符合下表规定。

瓶装、听装熟啤酒保质期不少于120d(优、一级)，60d(二级)。瓶装鲜啤酒保质期不少于7d，罐装、桶装鲜啤酒保质期不少于3d。

（四）卫生要求

卫生指标按GB2758执行。

（五）试验方法

理化要求的检验按GB4928执行。卫生指标的检验按GB4789.1~4789.28有关方法执行。

浓、黑色啤酒的感官指标

项目	级别	优级	一级	二级
外 观		无明显悬浮物和沉淀物		无明显沉淀物
泡沫	形态	泡沫细腻挂杯	泡沫较细腻挂杯	泡沫较粗
	泡持性（S）	≥210	≥180	≥120
色度 EBC	浓色	15.0~40.0		
	黑色	>40.0		
香气和口味		具有明显的麦芽香气，口味纯正、爽口、酒体醇厚、柔和、杀口、无异味	有较明显的麦芽香气，口味纯正、较爽口、酒体醇厚、柔和、杀口、无异味	有麦芽香气，口味较纯正，较爽口，无异味

淡色啤酒的感官指标

项目 \ 级别		优级	一级	二级
外观	透明度	清亮透明，无明显悬浮物和沉淀物		尚清，较透明
	浊度（保质期内）EBC	≤1.0	≤1.5	≤2.0
泡沫	形态	泡沫洁白细腻持久挂杯	泡沫较洁白细腻，较持久挂杯	泡沫尚洁白，较粗
	泡持性 瓶装S	≥210	≥180	≥120
	泡持性 听装S	≥180		
色度EBC	14°	5.0～11.0		5.0～14.0
	12°、11°、10°	5.0～9.5	5.0～11.0	5.0～12.0
	8°	—	5.0～12.0	
香气和口味		有明显的酒花香气，口味纯正、较爽口，谐调、无异香、异味	有较明显的酒花香气，口味纯正，较爽口，谐调、无异香、异味	有麦芽香气，口味较纯正，无异味

理化指标

项目 \ 级别		优级	一级	二级
酒精度 % (m/m)	18°	≥4.5	≥4.3	
	16°	≥4.4	≥4.2	
	14°	≥4.3	≥4.1	
	12°	≥3.7	≥3.5	
	11°	≥3.4	≥3.2	
	10°	≥3.1	≥2.9	
	8°	—	≥2.4	≥2.2
原麦汁浓度 % (mm)	18°	18±0.3		
	16°	16±0.3		
	14°	14±0.3		
	12°	12±0.3		
	11°	11±0.3		
	10°	10±0.3		
	8°	8±0.3		
总酸ml/100ml	18° 16°	≤4.5		
	14°	≤3.0		
	12° 11° 10° 8°	≤2.6		
二氧化碳% (m/m)		≥0.4	≥0.38	≥0.35
双乙酰mg/L	淡色	≤0.13	≤0.15	0.20
	浓色、黑色	≤0.14	≤0.16	

第三章　葡萄酒

葡萄酒是一种以整粒或压碎的新鲜葡萄或葡萄汁为原料，经完全或部分酒精发酵产生的饮料。葡萄的品种和质量对葡萄酒的品质有着最为重要的影响，要生产优质葡萄酒，必须对葡萄有较深刻全面的了解。

第一节　葡萄酒的营养

葡萄酒所含营养成分很高，大部分来自葡萄汁，其成分也很复杂，现已知的有250种以上。葡萄酒除去酒精和水以外(水约占80～90%)，还含有糖、蛋白质、无机盐、微量元素、有机酸、果胶、各种醇类及多种维生素，这些物质都是人体生长发育所需要的。有关葡萄酒营养价值，最重要的大概是它含有25种氨基酸。每升葡萄酒中含0.13～0.6g，在这25种氨基酸中含有8种人体不能合成的必需氨基酸。必需氨基酸的含量与人体血液中这些氨基酸的含量非常接近。

12° 红葡萄酒中和人体血液中所含必需氨基酸的比较(mg)

氨基酸	葡萄酒	血　液
苏氨酸	16.4	9—36
缬氨酸	21.7	19—42
蛋氨酸	6.2	2—10
色氨酸	14.6	4—30
苯丙氨酸	25.5	7—40
异亮氨酸	12.4	7—42
亮氨酸	32.2	10—52
赖氨酸	51.7	14—58

据美国医学研究会统计资料表明：喜欢饮用低度葡萄酒的法国人、意大利人心脏病死亡率最低，而喝烈性酒多，葡萄酒少的美国人、芬兰人心脏病死亡率很高。

葡萄酒中还含有促进人体发育及能治疗和防止疾病的维生素。每升葡萄酒中含硫胺素0.008～0.086g，核黄素0.08～0.45mg，尼克酸0.65～2.10mg，维生素（B6）0.6～0.8mg，叶酸0.4～0.45pS，维生素B12 12～15mg，维生素C0.1～0.3mg。肌醇含量较多。

从营养的观点论，硫胺素能预防脚气病，促进糖代谢，防止神经炎。核黄素能促进细胞的氧化还原作用，促进生长，防止口角溃疡及白内障。尼克酸能维持皮肤和神经的健康，防止糙皮病。维生素B6对于蛋白质的代谢很重要，能促进生长，治疗湿疹和癫痫，防治肾结石。叶酸能刺激红细胞再生及白细胞和血小板的生成，可治疗恶性贫血。维生素B12也能治疗恶性贫血。维生素C能增强肌体免疫力和促进伤口愈合，防止坏血病。肌醇能防止头发脱落，促进食欲，加强肠的吸收能力，帮助消化。

我国酿酒用主要优良葡萄品种有：贵人香、白羽、龙眼、玫瑰香、蛇龙珠、佳利酿。

第二节　葡萄酒的酿造工艺

葡萄酒的酿造工艺主要有以下几种：

一、红葡萄酒酿造

红葡萄酒生产的工艺流程如下图：

红葡萄→破碎除梗→葡萄浆←二氧化硫
       ↓
酵母→发酵（也可以利用自然酵母进行发酵）→皮汁分离→新葡萄酒→倒桶→ 澄清处理→陈酿（有时不需要）→成分调整→稳定化加工→装瓶

二、白葡萄酒酿造

白葡萄酒生产的工艺流程如下图：

白葡萄（或红皮白肉葡萄）
    ↓皮汁分离
  葡萄汁←二氧化硫→前澄清处理→成分调整
        ↓
      发酵←人工培养酵母
        ↓
    新葡萄酒→倒桶→澄清处理→成分调整→稳定化加工→装瓶

三、桃红葡萄酒

桃红葡萄是介于白葡萄酒与红葡萄酒之间的一种酒，也可以说是介于皮渣浸提与没有浸提之间的一种酒。这类酒多半是干酒或半干酒，不能单从色泽上来定义桃红葡萄酒。桃红葡萄酒的色泽范围较广，有淡红、桃红、红和砖红等。

桃红葡萄酒的特点较难描述。桃红葡萄酒可以有类似于红葡萄酒的特点：较强的颜色，较高的花色素苷含量，有限浸提和需要苹果酸—乳酸发酵；也可以有类似于白葡萄酒的特点：较少浸提，较低的花色素苷含量，有新鲜感，不进行苹果酸—乳酸发酵。

可以按生产红葡萄酒的工艺生产桃红葡萄酒：红葡萄经过破碎、除梗之后，进行带皮发酵，当达到要求的浸提程度时进行皮汁分离。葡萄汁继续进行发酵，生产出部分浸提的桃红葡萄酒；还可以按生产白葡萄酒的工艺生产桃红葡萄酒：将红葡萄进行压榨，由于皮的部分成分进入葡萄汁中，葡萄汁呈桃红色，之后按生产白葡萄酒的方法生产。

四、加香葡萄酒

加香葡萄酒是以不同的工艺方法，在葡萄中添加少量可食用并起增香作用的物质而形成的，产品的主要特征是添加成分与葡萄酒盛开新的典型香，具有开胃和滋补作用。

加香葡萄酒可以根据糖分分为甜型和干型；也可发按酒中添加的主要呈香物质分为苦味型、果香型、花香型、芳香型。

在众多加香葡萄酒中，味美思最具代表性。味美思起源于欧洲，德文"WERMTH"，意大利文为"VERMUT"，直译为苦艾酒，我国张裕公司根据其英文名"Vermouth"译为味美思。味美思是苦味型加香葡萄酒，产品以意大利甜味美思和法国的干味美思最为有名，中国的味美思是由意大利传入烟台张裕公司的，按意大利的甜味美思工艺生产，在丰年生产过程中，积累了中草药配比和加工工艺等多方面的经验，产品已独具风格，香气柔和，口感充实，后味悠长，酒度为18%（V/V）左右，糖度为150克/升左右。

加香葡萄酒为了突出加香物质的特点，原酒一般选用果香较平淡的葡萄来酿造，一些具有典型香味的葡萄只用于生产部分调配用原酒。我国主要用于加香葡萄酒的葡萄品种有：白羽、龙眼和佳利酿。加香葡萄酒的原酒生产工艺与白葡萄生产工艺相同，当加香葡萄酒的酒度较高时，需要用优质食用酒精或者原白兰地进行加强。

五、起泡葡萄酒生产

人们习惯上将起泡葡萄酒称作香槟酒。事实上只有在法国的香槟省（或称香巴尼，Champagne）地区用专用的葡萄品种，以固定的工艺规程酿制的含二氧化碳的白葡萄酒才是香槟酒，除此之外的含有二氧化碳的葡萄酒只能叫起泡葡萄酒（SparkingWine）。

起泡葡萄酒生产包括了两次发酵，与葡萄酒基本相同，第二次发酵是为了获得二氧化碳。

起泡葡萄生产有两种方法。第一种方法称作香槟法，也就是按香槟酒的生产工艺，第二次发酵在瓶中进行。工艺考研，耗费人工较多，生产效率低，生产酒酒质细腻，气泡细而洁白，泡沫持久，价格较高。

第二种方法称作"罐式发酵"，也就是第二次发酵在压力罐中进行的，将糖浆、酵母和发酵添加剂装入压力罐中，罐要求能够维持恒温，在低温下发酵。当罐内压力升高到6个大气压时，立即冷冻到−5℃，发酵终止，在低温下沉积几天后加入要求的二氧化硫进行过滤澄清，然后进行等压灌装。

另外，在葡萄酒中人工添加二氧化碳，这种酒只能称作葡萄汽酒，而不能称作起泡葡萄酒。

六、浓甜葡萄酒

浓甜葡萄酒的特点是：酒中不仅含有未发酵的糖份，酒精含量也较高(15～20%)饮用后感到有甜味。

浓甜葡萄酒制作方法有3种：

（一）用葡萄酒配制。将普通红(白)葡萄酒，酒度11～13%加入脱臭酒精或85°以上的白兰地，使酒度达15～20%，同时加入精制白砂糖或浓缩果汁，使糖度达15%以上，再经一段时间贮存，使酒精、糖与葡萄酒充分同化，即成浓甜葡萄酒。

（二）萎缩葡萄酿造。将采摘葡萄进行分选，挑出腐烂的、不完全成熟的葡萄，放到日光下曝晒，使葡萄汁含糖量达350g／L以上。发酵后加入85°以上的白兰地，用量为果汁的4～7%。加入酒精量是由白葡萄汁中所含糖份及发酵后在葡萄酒中欲保留的糖份决定的。如果汁中每升含糖350g，发酵后葡萄酒中欲保留糖份130g，则发酵时应加入85°的白兰地5%，这5%酒精折合为糖则为85g。

（三）葡萄汁不发酵直接加酒精。将葡萄压汁、杀菌、澄清、过滤后清汁直接加25%左右的脱臭酒精或葡萄白兰地，经贮存一段时间，过滤即得。也可用浓缩果汁加脱臭酒精或白兰地制得。

七、山葡萄酒

山葡萄又名野葡萄、阿穆尔葡萄。主要分布于山东、山西、河北、辽宁、吉林、黑龙江等地，生长在山地林下。果实出酒率为44.88%，总酸量2.31g／100ml，糖分9.71g／100ml，单宁0.0785g／100ml。由于山葡萄生长于深山老林，为无污染的绿色食品，用它酿造的酒为中国特有。山葡萄与家植葡萄不同，它含酸量高，含糖量低，单宁含量高，果汁色泽浓，含汁量少(约占50～55%)。

第四章　果　酒

顾名思义，果酒就是以各种人工种植的果品或野生的果实（如苹果、葡萄、石榴、桑椹、红枣、山楂、刺梨、沙棘、猕猴桃、五味子等）为原料，经过粉碎、发酵或者浸泡等工艺，精心调配酿制而成的各种低度饮料酒。我国酒类产品发展方向是低度、低耗粮、少污染，显然水果酒是符合这一方向的，尤其是野生水果酿制酒，因为不受农花污染，更受消费者欢迎。

第一节　古今果酒的酿造方法比较

一、古代果酒酿造方法

很早以前就有文字记载，果酒在人们的饮食生活中占有很重要的位置。当然，果酒的酿造方法随着生产技术的不断发展也在变化和改革，但即便如此，古代的酿造方法至今仍有代鉴意义。

古代果酒的酿造方法，主要有以下几种：一种是不加入任何辅料，只利用果子本身糖分进行自然发酵的方法。另一种是加进一步辅料，比如在果汁中加入酒曲，就是像酿制糯米酒的那种方法。还有一种是将发酵之后的酒入甑蒸馏，成为烧酒型的果酒。如明代高濂的《饮馔服食》一书中写道："用葡萄子取汁一斗，用曲四两，搅匀，入瓮内封口，自然成酒，更有异香。"

在提高果酒质量方面古人也给后人留下了宝贵的经验，比如：叶子奇《草木子》云："元朝于冀宁等路造蒲桃酒，八月至太行山，辩其高伪，真者下水即流，伪者得水即冰冻矣，久藏者中有块，虽极寒，其余皆冰，独此不冰，及酒之精液也。"这种现象说明，果酒经过冷冻，避免酒石沉淀提高了酒的质量，此冷冻方法，至今仍普通采用。

二、现代果酒的酿造方法

主要以下几种：

（一）传统发酵法：传统发酵法现在仍然普遍被采用，此法是指是浆或果汁经自然酵母或人工培养酵母，在一定条件下，直至糖分耗尽，发酵自然终止的方法。一般含汁多的水果如葡萄、苹果、猕猴桃等均采用此发酵法。

这种方法有下面几个特点：

1、发酵法是酿制干型果酒的唯一有效方法；

2、发酵结束之后，残留糖分很低，每升原酒含糖分在4克以下，便于原酒贮藏和管理；

3、原酒成熟快，口味醇和丰满，后味绵长，酒香优美；

4、发酵全过程因时间较长，原酒中无无糖分，为此，浸出物比较丰富；

5、具有各类果实，本品种的特殊新鲜悦怡的果香，所以工艺技术比较复杂；

（二）浸泡法：随着科学的进步，酒精工业得到了发展，出现了稀释酒精浸泡果实的方法。一般含汁比较少的水果，如山楂、酸枣、红枣、戈力等比较适宜采用此方法。

浸泡法特点：操作简便；能够保持水果的新鲜香气；色泽较好；成本低；由于酒度较高，贮存中不易遭受微生物侵袭；能够加速部分物质成分的溶解，减少固形物质的溶解、稳定性较好。但是，往往出现滋味欠醇和丰满以及酒精刺舌感。

（三）发酵与浸泡结合法。这种结合方法，有三种方式能够酿制质量比较好的果酒。一是采用发酵工艺制取原酒，同时采取浸泡制取原酒，然后，立即将两种原酒合二为一，结合在一起，在室温15～16℃，进行贮

中国文化遗产年鉴·酒文化卷

存。也可以采取分别贮存一定时间，然后按照配酒需要临时按比例混合。总之，这种方法兼顾了浸泡法和传统发酵法的优点，又可以避开二者不足，按照产品特点，可以适当加大浸泡汁用量。这种结合方法，适合制作果香、酒香二者兼备，成分适中的甜型、半甜型及斗干型的果酒。二是采用果实先浸泡，制取浸泡原酒之后，在果渣中兑入糖水，接进人工培养的酵母进行发酵，制取发酵原酒，两种原酒进行合并。这种方法的特点是果香好，发酵安全，平稳，适合于含汁量少的果品加工，可以制作甜型、斗甜型果酒。三是果实先经发酵，放出原酒之后，将皮渣再用浸泡法制取浸泡原酒，两种原酒进行合并。这种方法的特点是原料利用率高，适合制作含糖或不含糖的果酒。

第二节　各种野生果酒的酿造

野生果品是大自然产物的精华，它以艳丽多姿的形色、芬芳浓郁的果香、醇厚鲜美的滋味、含量丰富的维生素、矿物质、以及无化学农药污染等特点而愈来愈为人们所重视。古人曰"遍尝百果能成仙"。可见，很早人们就把天然果晶作为滋补强身的食品。常食果品，可预防疾病，延年益寿。用栽培或野生果酿酒，不但可以提高人民的生活水平，还可出口创汇，节约粮食，是利国利民的好事。果酒是用果浆或果汁经酵母发酵而酿制的酒。根据果汁的含量不同，可分为：全汁果酒，含果汁达80%以上；半汁果酒，含果汁为50%左右；配制果酒(又称露酒)，一般采用成品发酵果酒、醇化果汁、脱臭酒精、浸提花果香料、药料，加入一定量的白糖、适量香精、食用色素、水配制而成。

一、黑加仑酒

黑加仑：又名黑豆，黑穗醋果。它盛产于内蒙大兴安岭山区及黑龙江等地，黑加仑以甜酸适口和高营养保健功效享誉国内外。浆果黑色，含有17种对人体有益的物质。果汁中还含有亚硝铵阻断物质，对癌细胞具有抵制作用。黑加仑陈酿酒，均为黑加仑原汁酿成，产品远销国内外。

二、苹果酒

苹果是我国北方的主要果品，是栽培果晶中产量最大的4个品种之一。每100g苹果含糖9.6～11.6%、蛋白质0.4g＼总酸0.2～1.6%，无机盐中，碘、铁、钙含量丰富、还含有多种维生素，单宁等物质，是人体生长发育，维持生命的必要物质。

苹果酒是以苹果为主要原料，经分选、去皮核、挤压发酵、陈酿、精心调配而成的低度果酒。

三、柑桔酒

柑桔，酸甜适口，营养丰富，含有糖、蛋白质、酸、矿物质和维生素。含糖量每100g果汁中有20～23g，为苹果、梨、山楂的2倍，有机酸在1%左右。含糖量高有机酸适中正适合酵母菌的生长繁殖需要，是酿酒较理想的原料。工艺流程如下图：

<pre>
                          酒母
                           ↓
鲜柑、桔→分选→取汁→果汁→果汁发酵←糖
                           ↓
冷热处理←贮存←调配←陈酿
       ↓
过滤→包装→成品
</pre>

四、山楂酒

山楂又名红果，全国各地均有栽培。野生山楂分布很广，在我国云南、广西、广东、福建、浙江、江苏、江西、湖南、湖北、贵州、四川、安徽、河南、陕西南部、辽宁吉林东部均有分布。

山楂含糖量10%，含酸量3%左右，果胶6.4%，单宁0.15~0.58%和维生素A、维生素B、维生素C、维生素P。其中Vc含量89mg／100g，在所有栽培水果中仅次于鲜枣和猕猴桃。矿物质含量丰富达0.9%。在各种水果中，山楂的钙、磷、铁含量是较高的，果肉中含钙85mg／100g，在各种水果中居第一位。另外山楂还具有生津开胃助消化之功效。含多种黄酮甙有降压强心作用。辽宁省沈阳酿酒厂生产的山楂酒在全国第二、三、四届评酒会上均被评为国家优质酒。

工艺流程如下图：

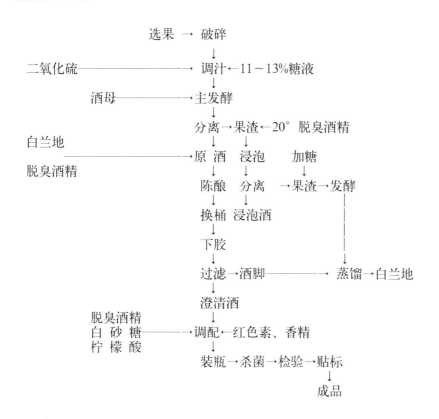

五、五味子酒

五味子：俗名北五味子，分布在华北、东北、江西、湖南、湖北、四川等省，以辽宁、吉林、黑龙江为主要产区。咖疆认为：五味子养五脏、除湿热、补虚劳、主治遗精、神经衰弱、多汗口干、脉细、支气管炎等症。近代医学利用化学分析的方法测出五味子除含有多种营养素外，还有7种药用有效成分。这些都具有较高药用价值。所以五味子酒本身便成为一种滋补与治疗相结合的饮品。

六、猕猴桃酒

我国野生猕猴桃种类有三：即中华猕猴桃、软枣猕猴桃、狗枣猕猴桃。全国华东、华南、中南、东北、西南云贵川，西北陕西南部均有分布。果肉柔软多汁，味甘微酸，维生素含量高达530~930m/100g。中华猕猴桃经人工引种驯化，由野生变栽培，软枣猕猴桃果实含糖高达25%，是酿酒的好原料，同时具有药用价值，有解热止渴、利水通淋之功效。对于肝炎、肺结核、胃、十二脂肠溃疡也有辅助治疗作用。狗枣猕猴桃是一种低热高营养果晶，每百克果肉中含蛋白质1.6g，脂类0.3g，糖8~14g，富含磷、钠、钾、钙、铁和多种维生素，可作为老幼、病人和运动员的特殊营养品。近年来又进入太空，成为宇航员的保健佳品。

四川省灌县青城用猕猴桃酿制的"菜梨酒"古今驰名，在国际市场上很有名气。

七、越桔酒

越桔，又名红豆。主要生长在吉林、黑龙江、内蒙古东部、新疆等地。越桔果实为鲜红色浆营养丰富，含有较多葡萄糖、果糖、蛋白质、氨基酸、维生素和多种有机酸。

八、酸枣酒

酸枣，俗名山枣。分布在我国四川、湖北、甘肃、陕西、河南、江苏、山东、山西、河北、内蒙古、辽宁等地。生长于干燥阳坡灌丛中及山沟土崖之间。酸枣果实虽小，但营养十分丰富，含有蛋白质、脂肪、果胶、多种有机酸、无机盐、矿物质和各种维生素，尤其是维生素C高达830～1170mg／100g。酸枣酒是以野生山枣为主要原料，经过脱核，半发酵工艺酿制而成的低度果酒。

九、刺梨酒

刺梨，又叫缫丝花、木梨子。产于我国四川、云南、贵州、广东、湖南、湖北、江西、、浙江、安徽、陕西和甘肃的南部，生长于海拔500～1000m的山谷沟边或林边。刺梨味酸甜，微涩，含有丰富的营养物质。如蛋白质、脂肪、碳水化合物以及人体所需的钙、磷、铁等和多种维生素。特别是维生素C含量高达2500rug／100g；维生素pp6000mg／100g；维生素D 2800mg／100g，比苹果高10倍，比猕猴桃高5倍。各种水果蔬菜的维生素C含量均不能与之媲美。因此，人们冠之以"Vc之王"的美称。刺梨不仅营养价值高，还有多种药物功效。能消食健胃、去热利尿，能降低血液中胆固醇含量，有防止高血压，动脉粥状硬化的作用。通过果实中维生素C和维生素PP的协同作用，能增强血管壁的弹性，防止血管破裂出血，并有预防多种疾病之功效。还含有较高SOD(超氧化歧化酶)，具防衰老防癌抗癌作用。刺梨酒系采用优质野生刺梨，经清洗、压榨、接入人工纯种酵母，进行低温发酵，陈酿精制而成的低度果酒。

工艺流程如下图：

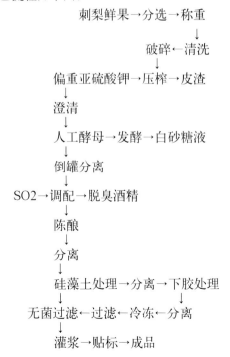

刺梨鲜果→分选→称重

破碎←清洗

偏重亚硫酸钾→压榨→皮渣

澄清

人工酵母→发酵→白砂糖液

倒罐分离

SO2→调配→脱臭酒精

陈酿

分离

硅藻土处理→分离→下胶处理

无菌过滤←过滤←冷冻←分离

灌浆→贴标→成品

十、金樱子酒

金樱子又名糖刺果、蜂糖罐。主要分布在我国云南、广西、广东、湖南、江西、福建、台湾、浙江、江苏南部、安徽、湖北、四川、陕西南部、河南南部等地。常常生长于向阳荒山，丘陵荒野多石的马尾松林边或灌木丛中。成熟的金樱子果实，甜味浓，有蜂糖味及爽口的清香味。果实含糖量20%，皂甙含量较高，酸含量0.4～0.8%之间，维生素C含量高达1200mg／100g。果实具药用价值，主治滑精、遗尿、小便频数、脾虚、泻痢、肺虚喘咳、自汗盗、崩漏带下等症。由于果实含糖量高，酸度适中，是酿酒的好原料。

十一、梨酒

梨酒系采用梨为主要原料，经破碎，发酵，分离，陈酿调配而成的果酒。梨为我国主要果树之一，分布遍及全国大部分地区。栽培历史悠久，种类甚多，适应性较强，易稳产和高产。含汁量一般超过苹果的含汁量。酿制梨酒的原料要求成熟度高，无腐烂果，无杂物，无虫蛀的果实。

梨酒工艺流程如下图：

梨→分选→清洗→破碎→果浆→入池压板→主发酵(加白砂糖，偏重亚硫酸钾，人工培养酵母)→分离(梨渣加糖二次发酵，蒸馏梨白兰地)→后发酵→分离贮存(调整成分)→热处理→澄清处理→冷冻→分离→调配→过滤→装瓶→包装→成品入库

分选好的梨，经锤式破碎机将梨打成均匀的小块，入池压板进行前发酵(与红葡萄酒发酵相同)，发酵温度为26～28℃，发酵时间为7～10天．再进行分离。后发酵的原酒，及时调整酒度为15～16℃，贮存1年以上之后，进行热处理，温度为55℃，时间为5昼夜，冷冻下胶澄清，静止7～10天再进行过滤。最后冷冻，降温至—4℃，时间为5昼夜，迅速过滤。

梨酒的特点：酒色呈微黄，清亮透明，有浓郁的果香和酒香。酒味适口，柔和浓郁，具有梨酒的典型风格。它的酒度(%V／V)：16±0.5，糖度(克／升)：100，总酸(克／升)：5～6，挥发酸(克／升)：0.7以下。

十二、红枣酒

红枣酒系以鲜枣为原料，采用浸泡与发酵相结合的工艺，酿制而成的果酒。枣是我国的原产果树之一，栽培历史悠久，分布面广。枣树栽培特点：适应性强，结果早，收益快，寿命长，易管理，为较好的木本粮食品种之一。从古文献记载及一些调查资料中证明，栽培枣树是由酸枣演变而来的。所以，适应性强。酿制枣酒的原料要求含糖：50～56克／升，总酸在0.24～0.3克／升，虫蛀<3～5个(100个红枣中)。原料进厂后严格挑选，将霉烂、变质的原料一律清除，然后才能进行下道工序。

红枣酒工艺流程如下图：

红枣果→挑选清洗→脱核(加热水泡枣核为副产品)→破碎→果浆→主发酵(加二氧化硫，人工培养酵母)→分离(果渣加浸泡果渣蒸馏成红枣白兰地酒)→后发酵→分离(渣蒸馏)→调整成分→陈酿→冷冻下胶→过滤(酒渣蒸馏)→化验→发酵原酒

不符合酿酒的原料。一律不允许使用。破碎后的果浆，加入30毫克／升二氧化硫，再用25%～35%(V／V)的脱臭酒精浸泡，7天后压榨，加入10%～15%人工培养酵母发酵。在20℃以下，7～10天后进行分离，1年后冷冻下胶过滤。浸泡枣的脱臭酒精或清香白酒，必须达到标准，6天之后，抽出上清液，压榨出浸泡汁，经初滤。与上清液混合，隔氧在低温15～18℃陈酿半年以上，方可与已贮存1年以上的发酵原酒，按不同比例调配成小样品，经品尝，挑选最佳比配，再扩大生产。化验合格后，再贮存3个月，过滤装瓶，水浴杀菌，温度在65℃，保持15分钟，自然冷却，擦瓶贴标，包装为成品红枣酒。

红枣酒的特点：酒色呈琥珀色，清亮透明，无明显悬浮物，无沉淀物。果香与酒香谐调，有大红枣的浓香气。酒味酸甜适口，枣味浓厚，滋味醇和绵长，具有红枣酒的典型风格。它的酒度(%V／V)：15±1，糖度(克／升)：150～160，总酸(克／升)：5～6.5，挥发酸(克／升)<12以下，铁(毫克／升)：8以下。

十三、荔枝酒

荔枝酒系以优质鲜荔枝为原料，经去壳去核、破碎、压榨、发酵、陈酿精制而成的果酒。也有的荔枝酒是以鲜荔枝果汁加入陈酿米酒，并以红曲调色，配制而成的果酒。荔枝属无患子科，常绿乔木，生长期一般为2～7月间。果实心脏形成圆形，果皮具多数鳞斑状突起，颜色鲜红、紫红、青绿或青白色。假种皮（俗称"果肉"）新鲜时半透明，凝脂状，多汁，味甘美，有芳香，故有果中之皇后的美称。分布在我国的南部，如广东、广西、福建、四川、云南、台湾等地。果实营养丰富，可溶性固形物达12.9%～21.0%。

荔枝酒工艺流程如下图：

荔枝果→分选→剥去果壳和果核→压榨（加水）→前发酵（加白砂糖，调整酸和酒，加二氧化硫，最后加入人工酵母）→分离→后发酵陈酿→过滤→装瓶→杀菌→冷却→包装→成品入库

酿酒原料要求选择成熟度高的新鲜优质，无病虫害，无霉烂变质的荔枝果洗净沥干。对果肉加树脂处理的水进行压榨。发酵时加入人工培养酵母5%～10%。分离之后，进入后发酵陈酿1～2个月。装瓶水浴杀菌温度在65～72℃，保持15分钟，自然冷却后，再进行包装。

荔枝酒的特点：酒色呈棕褐色，清亮透明，有荔枝的果香和酒香。酒味醇和适口，酸甜适中，具有独特的荔枝酒风格。它的酒度（%v／v）：16～17，糖度（克／升）：115～125，总酸（克／升）：3～4。

十四、蜂蜜酒

蜂蜜酒系以优质蜂蜜为原料，经稀释后，利用酵母长期发酵，低温陈酿，精心勾兑的果酒。它是一种低度营养保健饮料酒。将蜂蜜酒归到果酒类，主要是因蜜蜂采集了各种果树的花粉以及各种植物的花粉，才酿制成蜂蜜，所以将其归到果酒类型中较妥。另外，有不少类型的水果汁配有蜂蜜而酿制成不同风味的果酒，效果甚佳。蜂蜜酒的原料是蜂蜜。但是，选择蜜源是相当重要的，因为有的蜂蜜可以酿出优质酒，比如刺槐蜜、枣花蜜等；有的蜂蜜只能酿制普通酒，比如杂花蜜、油菜蜜等；又如芝麻蜜香气小，不宜制酒。为此，在酿制酒之前关键是必须选好原料。

蜂蜜酒工艺流程如下图：

原蜂蜜→稀释→加热灭菌（去浮沫）→冷却→前发酵（调酸、营养盐、加入果胶酶、人工培养酵母）→分离→后发酵（加入二氧化硫）→陈酿→蜂蜜原酒→调整成分→下胶冷冻→过滤→装瓶→水浴灭菌→自然冷却→包装→成品入库

在未发酵之前，必须将原蜂蜜用软化水处理，根据计划生产的产量加进水稀释。将稀释后的蜂蜜在40～45℃下进行酶解30分钟，有助于蛋白质的分解。成分的调整，对蜂蜜酒发酵是比较重要的，特别是pH值的调整。一般掌握在3.3～3.5。发酵温度保持18～19℃低温发酵，发酵时间在14～28天，残糖在1%以下时，分离之后，进入后发酵，在18℃以下进行陈酿。并补加二氧化硫至150～200毫克／升。

蜂蜜酒的特点：酒色呈浅黄微绿色或金黄色，澄清透明。蜜香、酒香谐调。酒味呈蜜香清雅，口味纯正，舒顺柔和，余味绵延的独特风格。它的酒度（%V／V）：12±0.5，总酸（克／升）：4.0±0.5，糖度（克／升）：120±5.0，挥发酸（克／升）≤0.92，总二氧化硫（毫克／升）：150～200。

第五章　黄　酒

黄酒是我国的特有传统饮用酒，因其色泽黄亮而得名。黄酒属于低度的发酵原酒，酒性醇和，适于长期贮存，具有"越陈越香"的特点。

黄酒生产中，主要原料是大米、黍米、玉米、粟米等，主要辅料是制曲用小麦、籼米、辣蓼草和酿造用水。黄酒酿造中形象地把米、曲、水分别比喻为"酒之肉"、"酒之骨"、"酒之血"，由此可见，米、曲、水对黄酒酿造至关重要。不同原料能酿制出不同风格的黄酒品种。

全国各地几乎都有黄酒生产，但不同地区所产黄酒的风味是不尽相同的，主要可分南方黄酒和北方黄酒。南方黄酒以稻米为原料，主要产地有浙江、上海、江苏、福建、江西等；北方黄酒主要以黍米或玉米为原料，山东、山西、辽宁、北京、吉林等省市均有生产。

黄酒的酒度一般为14～20%，有元红、加饭、善酿、鲜酿、香雪等品种，根据含糖量的高低，分别称为干型、半干型、半甜型、甜型和浓甜型黄酒。甜型酒适宜不善饮酒的人饮用，也可作宴会的餐后酒。

黄酒与其它酿造酒有明显不同，归纳起来有如下几点：

一、黄酒以大米或黍米为原料。

二、黄酒酿造用不同种类的麦曲或米曲，少量酒药，其综合作用使黄酒味美、微苦，具有曲香的独特风味。

三、黄酒风味是由原料经多种微生物，如霉菌、酵母、细菌协同作用的结果，因此香味成分多而复杂。

四、在酿造中，淀粉糖化与酒精发酵同步进行，发酵醪的浓度较高，经过直接酿造，酒精度达15～20%，这是我国对酿酒业的重大贡献，突破西方先糖化、后发酵的模式。

五、发酵温度低，时间长，防止高温产酸菌的繁殖，有利于风味物质形成。

六、新酒必须灭菌后装入坛中，密封陈酿一段时间，使酒变成香气芬芳、口味醇厚的陈酒。

绍兴黄酒酿制技艺

杨国军

一、绍兴酒的风格、类型及流派

按照酿坊所处地理位置及操作工艺的不同，历史上的绍兴酒分为"东路酒"和"西路酒"二大流派。地处绍兴城西的东浦、阮社、湖塘各地酿坊所产的酒称为"西路酒"，开耙由二人操作，其代表为现会稽山绍兴酒有限公司；地处绍兴城东的斗门、马山、孙端、皋埠、陶堰、东关各地酿坊所产的酒称为"东路酒"，开耙由三人操作。东路酒和西路酒在配方和开耙操作方面各具特点和优势，产品风味也有差异，西路酒以酒味醇厚见长，东路酒以色泽鲜明著称。　根据GB17946—2000《绍兴酒（绍兴黄酒）》国家标准规定，按照产品加工工艺及酒中所含糖分的不同，绍兴酒分为四大类型，分述如下：

绍兴元红酒　又称状元红，含糖分15.0g/L以下。因过去在坛壁外涂刷朱红色而得名，系绍兴黄酒的代表品种和大宗产品。此酒发酵完全，含残糖少，酒色呈浅橙黄，清澈透明，具独特醇香、口感柔和、鲜美、落口爽净，广受嗜酒者喜爱。系干型黄酒代表。

绍兴加饭（花雕）酒　含糖分15.1～40.0g/L，系绍兴酒中上等品种。"加饭"之名意在与元红相比，配方中水量减少而饭量增加。该酒酿期长达90天。酒色橙黄清澈，酒香馥郁芬芳，酒质丰美醇厚，根据饭量多少曾有单加饭、双加饭之分，后全部改为双加饭，外销又称特加饭。此酒色呈琥珀，透明晶莹，醇香浓郁，味醇甘鲜。深受中外消费者青睐，系半干型黄酒代表。曾有人试验，饮用陈年加饭酒之酒杯，如不洗涤，三日后空

中国文化遗产年鉴·酒文化卷

杯余香不绝，类似于葡萄酒中名贵的法国陈年"波尔图"。加饭酒是目前绍兴酒中产、销量最大、影响面最广的品种，也是市场主导产品。以下我们对绍兴黄酒酿造工艺技术层面的阐述均以绍兴加饭酒作为范例。

绍兴善酿酒　含糖分40.1～100.0 g/L。系以1-3年陈元红酒代水酿制而成，属酒中之酒。色呈黄褐，香显浓郁，味呈鲜甜，质地浓厚，特色显著。世界上唯中国有这一独特的酿制工艺。"善酿酒"由百年老字号沈永和酒坊（现沈永和酒厂）第五代传人沈西山于光绪十八年（公元1892年）首创。系半甜型黄酒代表。取名"善酿"，既有善于酿酒之意，又有积善积德之喻。

绍兴香雪酒　含糖分100.1g/L以上。该酒由东浦云集信记酒坊（现会稽山绍兴酒有限公司前身）于1912年首创，采用糟烧（酒糟蒸馏后所得白酒）代水落缸酿制而成。陈学本《绍兴加工技术史》记述：1912年，东浦乡周云集酿坊的吴阿惠师傅和其他酿师们，用糯米饭、酒药和糟烧，试酿了一缸绍兴黄酒，得酒12大坛，以后逐年增加产量，供应市场。由于酿制这种酒时加入了糟烧，味特浓，又因酿制时不加促使酒色变深的麦曲，只用白色的酒药，所以酒糟色如白雪，故称香雪酒。该酒色泽橙黄、清亮，芳香幽雅，味醇浓甜，风味独特。是甜型黄酒的代表。

二、绍兴黄酒酿造用具及原料

酿造用具：绍兴酒历来以手工方式生产，并沿袭古老的酿造工艺，其酿造工具大部分为木材、竹材以及陶瓷制品，少量为锡制品。主要有瓦缸、酒坛、草缸盖、米筛、蒸桶、底桶、竹簟、木耙、大划脚、小划脚、木钩、木铲、挽斗、漏斗、木榨、煎壶、汰壶等。

瓦缸：酿造绍兴酒时浸米和主发酵容器。陶土制，里外涂釉，使用前外刷石灰水，以便发现裂缝、防止漏水。

酒坛：后发酵和贮酒用容器，坛内外施釉，用前外涂石灰水，以便要查漏。每坛贮酒23～28L左右。

草缸盖：用稻草编成，为瓦缸的缸盖，供酿酒时保温用。

米筛：主要用来剔除原料米中的草屑、石粒、糠秕、碎米等杂质的工具，共有两层不同孔径的铁丝筛，上层过米粒，除去较大的杂质，下层除糠秕、碎米。现已用筛米机替代。

蒸桶：主要用作原料糯米蒸煮用，木制。蒸桶近底的腰部，有一井字形木制托架，上面垫一圆形竹匾，再在竹匾上放一棕制圆垫，原料糯米放于其上。但制作淋饭和摊饭用蒸桶大小略有差异。

底桶：制作淋饭时，为确保上下饭粒温度均匀一致，盛取一部分温水作回淋用水，因此，在蒸桶底下放一个一边开有小孔的木盆，俗称"底桶"。

竹簟：由竹篾编织而成，供蒸煮米饭摊凉用，长4.8米、宽2.86米左右。

木耙：为一竹柄、木块制作耙身、竹片作齿而成的搅拌工具，主要用作搅拌发酵醪，控制品温。

大划脚：摊饭操作时用作翻凉拌饭工具，檀木制成。

小划脚：摊凉米饭落缸时搅碎饭团的工具。

木钩：也是摊凉米饭落缸时搅碎饭团的工具，檀木制成。本工具为绍兴东帮（东路酒）工人采用的搅拌工具，操作时仅需二人，一人手执小划脚，另一人用木钩钩住小划脚，当米饭落缸时反复搅拌，该操作比绍兴西帮（西路酒）工人三人各执一木耙搅拌时的劳动强度大。

木铲：制作复制糟烧时将蒸透的糟粕散扬降低温度的工具，檀木制。

挽斗：取水工具，有大小两种。

漏斗：系竹篾编制而成，一边结扎有半圆形的粗竹片一块，用时以此勾住瓦缸边缘，将浆水灌入木桶。腰部放一三脚架，并将之置于酒坛粗腰的上部，供灌水入坛清洗用。

木榨：榨酒工具，为一杠杆式压榨机，檀木制。因榨框最高层离地三米左右，故另附木梯一座。每个榨杠高低不一，上层榨框较浅，下层榨框较深。

煎壶：为成品酒杀菌工具，纯锡制作。壶中央有一"Y"形空道，可增加酒的受热面积。每壶可盛酒80～90L。壶上方置有冷却器，旁有小孔，当酒液沸腾时，自动发声，故又名"叫壶"。壶口另置一小盖，供酒煎好除去冷却器时盖住壶口，以防操作时酒液外溅。

汰壶：供酒煎好后灌坛称重时补加不足酒液入坛之用。纯锡制作。

酿酒原料：绍兴酒系以优质糯米、小麦和鉴湖水为主要原料，经独特工艺酿制而成。绍兴酒酿造工艺极为复杂，涉及微生物学、有机化学、生物化学、无机化学等多门现代学科。虽是手工操作，却蕴含科学智慧。

绍兴酒酿造原料主要有：糯米、小麦、鉴湖水，并被形象地喻之为 "绍兴酒之肉"、"绍兴酒之骨"、"绍兴酒之血"。绍兴酒特别重视对糯米品种质量的选择，一般选用上等优质糯米，要求精白度高、颗粒饱满，粘性好，含杂少，气味良好，并尽量选用当年产。用这种糯米酿酒产酒多、香气足、杂味少，有利于长期贮藏。同时，糯米中支链淀粉含量高达95%以上，发酵后，酒中多糖和功能性低聚糖残留较多，使酒质醇厚甘润。人们将酿制绍兴酒所需糯米要求归纳为："精"、"新"、"糯"、"纯"四个字。

以小麦制成的麦曲是绍兴酒又一重要配料，用量占六分之一强。小麦营养丰富，富含淀粉、蛋白质、脂肪、无机盐等多种营养成分，具有较强的粘延性和良好的疏松性。为制得优质麦曲，应选用完整，颗粒饱满，粒状均匀，无霉变、虫蛀，皮层薄、胚乳粉状多的当年产优质小麦曲，确保绍兴酒在近三个月时间内发酵所需的液化力、糖化力和蛋白酶分解力。麦曲质量对成品酒质影响极大，是形成酒体独特香味和风格的重要原因。

鉴湖水不但是酿造绍兴酒的重要配料，还是绍兴酒的主要成分。"汲取门前鉴湖水，酿得绍酒万里香"，绍兴黄酒精湛技艺固然对绍酒质量功不可没，但鉴湖水对促成绍兴酒独特风格、越陈越香，有着重要作用，鉴湖水是绍兴之灵魂。鉴湖水源出于崇山峻岭，茂林修竹的会稽山麓，集三十六源优质溪水成湖，经岩石砂砾过滤，汇集成湖。湖水自净能力较强，湖底存在着上、下二个泥炭层，能有效吸附水中的重金属及污染物。鉴湖水具有清澈透明，溶氧高（平均为8.75mg/l），水色低（色度10），透明度高（0.86米，最高可达1.40米），耗氧少等特点，非常适合绍兴酒酿造。这是先人们经过千百年的酿酒实践得出的宝贵经验，也被现代科学所证实。其最主要的原因是鉴湖水中存在着众多对酿酒微生物如酵母、霉菌的生长发育起重要作用的微量元素，特别是水中钼、锶的含量比较高。50年代浙江大学等科研单位曾对古鉴湖偏门河段水中的微量元素作过检测。

表1（单位：μg/L）

微量元素	铁	锰	铜	锌	铬	钼	钴	锶	硒	钒	氟
含量	54.9	14.2	6.3	7.0	2.0	12.3	0.6	122.9	0.1	4.5	350

研究表明，鉴湖水补给区的漓渚江一带蕴藏着一座大型钼矿，当地花岗岩中含锶成分也较高，漓渚江水长年累月流入鉴湖，同时带来微量元素，酿酒时作为酶的组成部分或作为酶反应激活剂参与酿酒酵母生化活动，从而对绍兴酒质量产生积极影响。据酿酒师讲，用鉴湖水酿成之酒，酒色澄澈，酒香馥郁，酒味甘鲜，并具有鲜、嫩、甜的特点，这是绍兴得天独厚的自然环境和地质条件所赐予的，非人工所能合成。鉴湖水是"天成人功"的"福水"。试验证实，同一酿酒师，采用鉴湖水和外地水源酿酒，成品酒风味会有较大差异。抗战时，绍兴有些酒坊曾在上海附近的苏州、无锡、常州、嘉兴等地设坊酿酒，就近取当地优质糯米为原料，从绍兴本地聘请酿酒师傅和工人，用绍兴传统酿酒工艺如法酿制，史称"仿绍酒"。但酿成之酒，无论色、香、味均不能与正宗绍酒相比。个中原因，绍兴酒首块国际金奖得主周清有精辟论述。据载，周清所著《绍兴酒酿造法之研究》一书出版后，日本首先译载该书并依书所述酿制老酒，虽酒味与绍兴酒有所类似，但绍酒越陈越香，而日本酒未及一年便生质变。周清闻讯后一语破的："绍酒名驰中外，各处所难以仿造者，水质之不同也。"清梁章钜在《浪迹续谈》也说："盖山阴、会稽之间，水最宜酒，易地则不能为良。故他府皆有绍兴人如法制酿，而水既不同，味即远逊"。清童岳荐在《调鼎记》对此更有精彩论述："越州所属八县，山、会、肖、诸、余、上、新、嵊，独山、会之酒，遍行天下，名之曰绍兴，水使然也。如山阴之东浦，潞庄，会稽之吴融、孙端，皆出酒之数。其味清淡掩兼重，而不温不冷，推为第一。新、嵊亦有是酒，而却不同，新昌以井水，嵊县以溪水，造之虽好，不能久存，总不如山、会之轻、清、香美也。"

三、绍兴黄酒酿制技艺的高超水平

绍兴酒的酿造过程极为复杂和严谨,其工艺涉及微生物学、有机化学、生物化学、无机化学等发酵工程学科。见书于春秋,成形于北宋,兴盛于明清的绍兴酒酿造工艺是经过长期发展形成的,是我国的国粹,被誉为中华一绝,堪称中国酿造酒文化的典范,已成为中华民族宝贵的历史文化遗产,这套古老的传统酿酒技艺,不但国内称绝,在日本人眼中简直叹为观止,特别是曲麦的制作技术,堪称中国"第五大发明"。"曲"是一种含有大量微生物的糖化发酵制剂,它开创了边糖化边发酵的复式发酵之先河,是世界酿酒业的一项创举。日本人光引入我国的制曲技术,就改革了清酒的形态,研究表明,日本清酒的酿造技术,即源于我国传统的黄酒酿造工艺。绍兴黄酒酿造工艺具有以下几个特点:

一是开放式发酵。绍兴酒在包括浸米、蒸饭、投料、发酵、压榨、澄清的整个酿造过程中,始终与外界保持接触。如此长的发酵周期内醪液能良好发酵,不致酸败,其主要原因在于前人独创了一套有效的工艺,如酿酒季节的选择、独特的"三浆四水"配方,"以酸制酸"操作法等等,从而确保了发酵的顺利进行。

二是双边发酵(边糖化边发酵)。绍兴酒在陶瓷酒缸和酒坛中的发酵模式既不象白酒,先进行固态发酵后进行蒸馏,也不象全液态的啤酒先进行糖化后进行发酵,而是糖化和发酵二个过程同时进行,绍兴酒的糖化过程也就是它的发酵过程。所以,只有酵母菌的发酵和淀粉酶的糖化保持"和谐"和"平衡",才能酿出高质量的产品。也有人将"双边发酵"称为"复式发酵"。

三是醪液高浓度发酵 。绍兴酒的发酵醪为固液结合态,其投料加水比例较低,一般为1:1.8,如此之高的原料比却能酿出上等的好酒,在世界发酵酒中也是独一无二的。

四是低温长时间发酵。绍兴酒的发酵期正好处于一年中最冷的冬季,时间长达三个月,发酵结束后,醪液中最终酒精含量高达19%(v/v)左右,如此高的酒精含量在世界发酵酒中可以说是绝无仅有的。

绍兴酒之所以闻名遐迩,源于其独特的酒体风格,而酒体风格的形成,缘于酒药、麦曲、淋饭以及摊饭等一整套精致的酿造工艺。绍兴酒的酿造过程可以表述为:先在农历的7月份制作酒药、9月份制作麦曲待用;然后从农历10月份开始制作淋饭,也就是俗称的"酒娘",最后采用摊饭法工艺酿造绍兴酒。以下予以阐述。

酒药,俗称白药,又称小曲、酒饼。这种集糖化、发酵于一体的菌种的保存方法是我国所独有的,也是中华民族在长期的酿酒实践中形成的集体智慧结晶。在晋嵇含所著《南方草木状》一书中对小曲制作技术有详细描述。

酒药一般在农历七月生产,采用新鲜早籼米粉和辣蓼草作为原料。酒药中含有丰富的根霉、毛霉和酵母等很多种微生物,菌系复杂而繁多,不同酒药所酿酒的风味差异较大,原因在于酒药中所含的微生物群系和种类不同。酒药分白药、黑药二种。白药作用较猛烈,适宜在严寒的冬节使用,黑药作用较缓,适宜在温暖季节使用。绍兴酒的酿造全部采用白药,一般在每年的八月初生产,其原料为早籼米粉和辣蓼草。酒药中的糖化菌(以根霉、毛霉菌为主)和发酵菌(以酵母为主)是复杂而繁多的,它是酿制淋饭酒母时的主要接种剂,因此,酒药质量好坏,直接关系到整个酿酒阶段的酒质。要制得好的酒药,必须做到四个方面:首先要有优良的原种。生产上主要选用经过几十年甚至上百年驯化,发酵正常,温度易掌控,糖化发酵强,生酸低,成酒质量好的酒药作为原种;其次,原料必须精选。一般选择刚收获的早籼米和尚未开花的辣蓼草作原料,晒干、粉碎备用。所有的辅料要突出一个"新"字;第三是要有一套严格的制药工艺和成熟的配方;最后必须有经验丰富、责任心强的技工负责进行酒药的制作和培养。至于如何培养,个中细节,尚不能以言语加以表达。目前,酒药的制作技术是绍兴酒的核心机密,属国家秘密技术。目前该项技术属国家秘密技术。

麦曲,就是在合适的环境温度和湿度条件下,以小麦为原料,经轧麦、加水、拌和、踏曲、裁切、摆曲、富集有益微生物培养制作而成的酿酒专用糖化剂。绍兴酒的麦曲生产季节一般在农历八、九月间,此时气候温和湿润,非常适合曲霉等多种微生物的生长繁殖,因正值桂花盛开季节,故又称"桂花曲"。在绍兴酒的酿造过程中麦曲用量达到原料米的1/6强,因此麦曲质量的好坏对酒质关系影响极大。麦曲中含有酵母、霉菌、细菌等种类丰富的微生物,其中含量最多的是米曲霉,根霉、毛霉次之,此外,尚有少量的黑曲霉、青霉及酵母、细菌等。麦曲不仅提供了绍兴酒酿造过程中所需的各种酶(如淀粉酶、蛋白酶),而且在制曲过程中积累形成的丰富代谢产物赋予了绍兴酒曲香浓郁、刚劲有力的典型风格。

淋饭酒母，又叫淋饭，学名"酒母"，俗称"酒娘"，意为"制酒之母"，是酿造摊饭酒的发酵剂。淋饭一般在农历"小雪"前开始生产，经20天左右养醅发酵，即可作为酒母使用。

淋饭酒母制作工艺如下图：

酒药　麦曲、鉴湖水

↓

糯米→过筛→浸渍→蒸煮→淋水→搭窝→冲缸→开耙→灌坛→后酵→淋饭酒母

由于工艺中有将饭"淋水"这一工序，"淋饭"因此得名。淋水主要有二个目的：一是迅速降低饭的品温；二是使蒸好的饭粒良好分离，以利通气，促进糖化和发酵菌的繁殖。采用淋饭法制作酒母，具有以下几个优点：一是酒药中的酵母菌经过高浓度酒精发酵环境，提高了菌种的适应能力，起到良好的驯化作用，使生产应用时起发快，发酵猛，有效抑制杂菌繁殖。二是可充分利用绍兴酒酿造的前期时间集中生产酒母，供给整个冬酿生产需要。三是可以有充裕的时间借助理化和感观检测鉴别淋饭质量优劣，并挑选口味鲜爽、老辣，性能优良者作为发酵剂，确保冬酿生产顺利进行。

四、绍兴加饭酒酿制

绍兴加饭酒采用摊饭操作法（简称"摊饭法"）酿制而成。由于在生产过程中有将蒸熟的米饭倒在竹簟上摊冷这一工序，"摊饭法"之名由此而来。现代的绍兴酒酿造已改用鼓风冷却方式代替"摊冷"工序，从而极大地提高了工作效率。采用摊饭法酿成的酒，又称"大饭酒"，一般在农历"大雪"前后开始酿制，到次年立春结束。绍兴加饭酒酿造工艺（包括酒药、曲麦、淋饭制作）。"摊饭法"是将冷却到一定温度的饭与麦曲、淋饭、水一起落缸拌和，进行发酵。

开耙，开耙是绍兴酒酿造过程中一个非常重要的环节。为确保发酵顺利进行，在原料落缸一定时间后必须适时"开耙"。所谓"开耙"，即将木耙伸入缸内进行搅拌，其作用有二，一是调节醪液温度，二是适当供氧，增加酵母活力。这是整个绍兴酒酿造过程中最难掌握的一项关键性技术，必须由高级酿酒师把关。不同的酿酒师操作手法不同，从而酿造出不同风格的酒。开耙时应根据气温、品温、米质、淋饭和麦曲质量的不同灵活应对，及时调整操作方法，使醪液中各项化学反应顺利进行，有效协调糖化和发酵的平衡。

压榨，又称过滤。就是把发酵醪液中的酒和固体糟粕予以分离的操作方法。压榨出来的酒液叫生酒，又称"生清"。生酒液中含有大量的悬浮物，比较混浊，故必须进行澄清，使酒中大分子的糊精和蛋白质下沉，以减少成品酒中的沉淀物。

煎酒，煎酒又叫灭菌，杀菌。主要采用蒸汽加热的方法，主要有二个目的，一是杀死微生物，破坏残余酶活力，使酒中各种成分基本固定下来，以防止贮存期间酒液酸败变质。二是促进酒的老熟，并使部分可溶性蛋白凝固后沉淀下来，使酒的色泽变得更为清亮透明。

"煎酒"是绍兴酒生产的最后一道工序，如不严格掌握，会使成品酒变质而"前功尽弃"。"煎酒"这个名称是绍兴酒传统工艺沿袭下来的。我们的祖先根据实践经验，知道要把生酒变成熟酒才不易变质而贮存的道理，因此早先采用的是把生酒放在铁锅里煎熟的办法，故称"煎酒"，从理论上讲就是"灭菌"。成品绍兴酒经煎酒后直接灌入23Kg左右的陶质酒坛中，灌坛前，先将酒坛洗净沥干，外刷一层石灰浆水，刷石灰浆水既洁白美观，又起杀菌作用，还便于在蒸时发现"疵坛"。待干燥后盖上牌印，注明生产厂家、品种、净重、批次及生产日期，类似于商标的作用。灌坛前，酒坛、老酒均经杀菌处理，灌坛后，坛口上覆荷叶、灯盏、仿单和箬壳，最后用竹丝扎紧，上糊"泥头"，并利用坛内酒的余热自然烘干，干燥后入库贮存。

绍兴酒对封口的"泥头"很有讲究，一般挑选含砂石少的优质软性粘土，加入少量砻糖（砻糖的作用主要是作为强化剂）经拌泥机充分拌和，由人工糊成一个直经20cm、高10cm左右的"泥头"。"泥头"的作用主要有三个，一是便于运输；二是方便贮存，绍兴酒在仓库中贮存时最高要堆四层，而坛口又很小，糊"泥头"可以确保堆幢的安全性；三是促进新酒陈酿，用"泥头"封口可以有效隔绝空气中的微生物进入酒体，而坛内酒液又可自由"呼吸"，从而促进酒质陈化。绍兴酒正是因为有这样一套独特的包装工艺和优良的贮酒容器，才能使其久存不坏，酒香四溢。

贮藏，绍兴酒的贮藏又称"陈酿"，刚酿出来的新酒口味粗糙、闻香不足，较刺激，不柔和，通过"陈酿"可以促进酒精分子与水分子之间的缔合，促进醇与酸之间的酯化，使酒味变得柔和、馥郁。最后，酒的色泽、香气、口味都会发生比较显著的变化，酒体质量明显提高，并产生十分优雅的陈酒香。绍兴酒主要贮存在陶坛里，陶坛既是酿造容器，也是贮酒容器。我们常说的绍兴酒越陈越好，只有在陶坛里才能实现。盛装绍兴酒的陶坛容量一般在22~24kg之间。发酵正常的酒可以在陶坛里存放几十年不变质，而绍兴酒珍贵的品质、精致的韵味、幽雅的意境也只有在品味陈酒之中才能得到淋漓尽致的体现。陶坛一般采用粘土烧结而成，坛的内、外部都要涂一层釉质，由于陶坛壁的分子间隙大于空气分子，因此，酒液虽然在坛内贮藏，但与空气并非完全隔绝，空气能够透过孔隙进入，渗入坛内的微量空气，其中的氧与酒液中的多种化学物质发生缓慢的氧化还原反应，促进酒的陈化。正是陶坛这一独特的"微氧"环境和坛内酒液的"呼吸作用"，促使绍兴酒在贮存过程中不断的陈化老熟，越陈越香。

由于贮存绍兴酒用的陶坛主要产于诸暨，故有"绍兴老酒诸暨坛"一说。和绍兴的老酒一样，绍兴制陶业的历史同样悠久。7000年前，于越先民已能制作陶器。到民国时期，绍兴的陶制品以酒坛为主，中心产区在诸暨安平、洋湖一带。据1920年的《越铎日报》记载："诸暨安平乡坛业每年运销于绍兴者不下十余万金，贫民藉此度日者甚多。"1932年出版的《中国实业志》称："自浙江有绍酒以来，砂窑应运而起，全省砂窑34座，诸暨19座，产值32万元，诸暨25万元"。

绍兴酒独特的色、味、味、格令古今文人骚客叹为观止，其精美的包装艺术更令世人赞不绝口。陶坛绍兴酒的装潢，主要以花雕彩坛为代表，并由彩绘"女儿酒"演变而来。清代，绍兴酒坛的彩绘形式主要有两种：一种是在烧制土坯前，在坛壁间以连贯的几何曲线刻上一些立体感较强的花草图案，并在坛壁间留四个光滑小圆，烧制成形后，上贴红纸，书写吉祥如意等词汇。也有用油漆涂刷后，或书写，或画花草图案的。还有一种是请民间艺人，用凡红、朱红等颜色，用煤墨粉调成酱色，再在坛壁画上龙凤呈祥、吉祥如意、松梅竹菊等图案，也有用油漆调色代替的，俗称"画花坛酒"，又称"平面花雕"。据载，清咸丰年间（1851~1861年），山阴东浦孝贞酒坊、府城高长兴酒坊，均有画花坛酒销到南洋各地。到光绪年间（1875~1908年），出产了一种22.5kg装的大画花坛酒，坛壁绘有武松打虎图案，这可以说是花雕酒史上首次出现的人物彩绘。20世纪50年代初，绍兴花雕坛酒工艺取得新的突破，诞生了一种浮雕新工艺。到60年代初，25kg装花雕坛酒开始出口外销，并正式用"陈年花雕"作为商品名称。1988年，绍兴花雕坛酒被北京钓鱼台国宾馆列为国家专用礼品，还被作为国礼赠送给西哈努克亲王。在日本东京大酒店、法国巴黎食品博物馆、美国唐人街、新加坡等国商店，绍兴花雕酒还被作为异国珍品而收藏陈列。

第六章　药　酒

第一节　药酒的定义及分类

一、药酒的定义及其与保健酒的异同

一般来说，药酒是指用蒸馏酒浸提药材而制得的澄清透明的液体制剂。我们通常所说的药酒，是药准字号药酒(以下简称"药酒")与营养类保健酒(以下简称"保健酒")的通称。

药酒与保健酒在我国已有几千年的历史，这是我国传统酒文化的精华部分。药酒与保健酒存在着异同，在中国古代却没有区别开来，由于时代的局限，只是笼统地称之为"药酒"。药酒与保健酒科学的界定还是20世纪70年代后的事情，这是个重大的历史进步。

我国药酒及保健酒的生产饮用现已成为一个独立的门类。它们与传统产品比较，有一个最显著的特点，就是与中国古老的中医、中药相结合，集饮用、保健、治病、强身于一体，被视为"中国的国粹"。

药酒与保健酒相比，其相同之处，是酒中有药，药中有酒，均能起到强身健体之功效，但二者却有着明显的差异，如下：

从定义上来说，保健酒首先是一种食品饮料酒，具有食品的基本特征；而药酒则以药物为主，具有药物的基本特征。

首先，从特点上来说，保健酒以滋补、强壮、补充、调节、改善为主要目的，还用于生理功能减弱、生理功能紊乱及特殊生理需要或营养需要者，以此来补充人的营养物质及功能性成分，它的效果是潜移默化的；而药酒则是以治病救人为目的，用于病人的康复和治疗其病理状态。

其次，从饮用对象来说，保健酒适于健康人群、有特殊需要之健康人群、中间状态人群(介于健康与疾病之间)(此处的人群指成年人)饮用；而药酒则仅限于患有疾病的人群饮用，它是大夫开的一剂方药，它有明确的适应征、禁忌征、限量、限期，必须在医生监督下饮用。

再次，从风味上来说，保健酒讲究色、香、味，注重药香、酒香的协调；而药酒则不必做到药香、酒香的协调，俗话说"良药苦口利于病"。

最后，从原料组成来说，保健酒中的原料首选传统食物、食药两用之药材，且中药材、饮片必须经食品加工，功能强烈、有毒性者则不可用；而药酒中的原料首选安全、有效的中药，以滋补药为主，可适当配合其他中药(清、温、消、补、下、和等类中药)，以药物为主。

二、药酒的分类及其特点

药酒的种类繁多，分类方法也很多，通常有以下几科分类：

(一) 药酒按生产标准分类，可分为药准字号药酒和保健酒，保健酒中又包括食健字号酒、露酒、食加准字号酒等。

1、药准字号药酒是指已获得国家或地方卫生行政主管部门批准文号的药酒，它具有药物的基本特征，以治病救人为目的，有明确的适应征、禁忌征、限量、限期，必须在医生监督下使用。例如：烟台张裕集团有限公司烟台中亚药业公司生产的中亚牌至宝三鞭酒、一柱天酒、三鞭补酒、特质三鞭补酒及鹿茸参鞭酒等都是药酒。

2、食健字号保健酒是指已经获得国家卫生部保健食品文号，具有特定保健功能的酒，这是真正意义上的保健酒。它有以下特点：

(1) 食健字号保健酒是食品饮料酒的一种特殊类型，具有食品饮料酒的基本特征(色、香、味、外观、可饮用、不限量、不限期)。

(2) 食健字号保健酒能调节人体的机能，调节免疫系统，调节生理功能，改善内环境稳定，改善物质代谢，

以滋补、强壮、调节、补充、改善为主要目的，适用于特定人群饮用，不能作为治疗用药，不以治疗疾病为目的。

（3）食健字号保健酒有"保健功能"而无"适应征"、"禁忌征"、"毒副反应"，不需遵医嘱饮用，可有"适宜人群"而无"主治病症"。

食健字号保健酒首先应符合国标GB16740～1997保健(功能)食品通用标准，并在这一前提下，制订各产品相应的企业标准。

3、露酒是指以蒸馏酒、发酵酒或食用酒精为酒基，以食用动、植物和食品添加剂作为呈香、呈味、呈色物质，按一定生产工艺加工而成，改变了其原酒基风格的饮料酒。

按照生产工艺，露酒分为两类：直接浸泡(以蒸馏酒、发酵酒、食用酒精或水浸渍呈香、呈味、呈色的物质的过程称为"浸泡")和复蒸馏(在蒸馏酒中，加入呈香、呈味的物质，进行再次蒸馏的过程称为"复蒸馏")。

按照香源物质，露酒又分为类：植物香源型、动物香源型和动、植物混合型。

（1）植物香源型。植物的根、茎、叶、花、果、种子为呈色，呈香，呈味的原料，以食用酒精、白酒、黄酒、葡萄酒及各种原料的果实酒为酒基，依原材料性能确定生产工艺及产品风格。花、果原料应突出原花、原果的香味特点。香辛植物类原料，具典型香气及诸香谐调。滋补疗效类原料，不宜过于侧重配伍，应体现香、味整体效果。具本品应有色泽。

（2）动物香源型。动物的整体或皮、体、骨、尾、鞭部位为呈色，呈香，呈味原料，以食用酒精、白酒、黄酒、葡萄酒及各种原料酿造的果实酒为酒基，依原料性能确定生产工艺，经调配而成。具动物原料的脂香、酒香、诸香和谐，香、味一体，并就其选用的原料，具某些补益功能，及本品应有的色泽。

（3）动植物混合型。植物及动物的各部位为呈色、呈香、呈味原料，以各种粮谷类，果实类原料酿造的酒为酒基，依原料性能确定生产工艺，经调配而成，以动物可植物香为主体，香气谐调，就其选料，具某些补益功能，具本品应有的色泽。

露酒执行QB／T1981～94露酒标准，每个产品在此基础上可制订相应的企业标准。

4、食加准字号酒是省级卫生行政管理部门的批准文号。例如，烟台张裕葡萄酿酒股份有限公司生产的"至宝三鞭酒"、"张裕健脑补肾酒"等。食加准字号酒的质量标准是在执行有关行业标准的基础上，制订各产品相应的企业标准。

（二）药酒与保健酒按酒基分类，则可分为以下几类：

1．以白酒为酒基，如：烟台张裕葡萄酿酒股份有限公司生产的至宝三鞭酒、山西汾酒厂生产的竹叶青酒等。

2．以白酒和黄酒为混合酒基，如：张裕葡萄酿酒股份有限公司生产的张裕特质三鞭酒、张裕特质灵芝酒等。

3．以葡萄酒为酒基，如：烟台张裕葡萄酿酒公司生产的张裕金鸡铁树酒、红味美思酒、白味美思酒等。

药酒与保健酒按治疗作用分，可分为：补肾壮阳类、滋阴填精类、补气益血类、健脾和胃类、止嗽化痰类、强筋壮骨类、祛风散寒除湿类等。

第二节　药酒及保健酒的酿造方法

一、五种方法酿造简介

选择不同的制造方法是决定产品最终所含营养及医药成分的关键手段，是获得稳定的产品质量的有效方式。

药酒和其他保健酒的制造方法按照制造工艺的不同，可分为如下五种方法：发酵法、浸提法、渗漉法、循环提取法、合成法等。

（一）发酵法。这是一种利用滋补药材，以及天然动、植物作为补充成分添加到水果、粮食等进行发酵的原料中，通过发酵来制作酒的方法。它是通过酵母与糖，以及其他有机和无机成分经生物交换转化成为新的成分，如酒精及氨基酸等。特别是氨基酸的生产方面，是除合成法以外最好的途径。

通过发酵产生的酒质稳定，但是工艺控制相当严格，其包含的控制内容以酵母，以及发酵过程中卫生环境和温度、压力等等为众多条件。

其制作的工艺过程如下：

主要原料（水果、大米、糯米等）→清洗————破碎（水果）————→
　　　　　　　　　　　　　　　　　　　　　蒸煮（粮食等）

　→ 发酵→ 分离过滤→ 检验→ 灌装
　　↑
　辅助原料（药材及其他动、植物原料）或粉碎或蒸煮取汁

（二）浸提法。这是一种将药材和其他可食用的天然动、植物添加到酒中分别或者混合浸泡，然后分离、调配制作的方法。它是运用植物原料与溶媒（水、酒精等液体）之间的物质的传递原理，以达到有效成分的溶出。概括为以下几个阶段：第一步，水及酒等溶液进入植物组织中溶解有效成分；第二步，有效成分向组织外扩散；第三步，扩散使用的溶液的有效浓度增高，继而在原料与溶液之间形成渗透压力，进一步促使了有效成分的溶出；最后，按照收取得成分的不同可采取渗漉、浸泡、水煮的方法。

影响浸提效果的主要原因是原料的颗粒度（即粉碎程度）、溶媒的性质、提取过程的温度及压力控制。为取得良好的浸提效果，防止有效成分被破坏，采用低温、常压和受热时间短的操作条件较为有利。

（三）渗漉法。这是一种利用酒的渗透原理，将分层装在特定容器中的药材的有用成分进行提取分离的方法。在特制的渗漉筒或罐中，酒从罐体内自上而下通过原料颗粒，随着有效成分的逐渐溶出形成上下浓度压差，这样不断形成一个连续的液质平衡过程，可以使提取液达到较高浓度，取得较好的效果。渗漉筒可分为圆柱形和圆锥形。圆柱形不适合膨胀性强的药粉，而圆锥形筒壁的斜度可以较好地适应药粉的膨胀性，不会因膨胀导致柱体堵塞。因此设备的选择在提取前就需要提前准备。

以下是渗漉提取的工艺流程图：

　　　　　　　　　　　　　　　酒精
　　　　　　　　　　　　　　　　↓
药材处理 ⟶ 装筒 ⟶ 预浸 ⟶ 渗漉 ⟶ 收集 ⟶ 配制
　　　　　　　　　　　　　　　　↓
　　　　　　　　　　　　　　└→回流─┘

（四）循环提取法。这是一种用间断的，或者连续的方法进行酒和药材之间的循环流动，以此加快药材有用成分的提取方法。通常可以采用加热或者不加热的方法进行，是否需要加热要以原料的组成性质来确定。为了提高提取效果，减少成分的损失，习惯的做法是有用重复两次或三次提取过程，常温下每次操作过程可在15天内完成。其工艺过程如下：

　　　　　　　　　一次　　一次
药材——→粉碎——→装罐——→酒精浸泡——→回流——→分离——→滤液合并——→配制
　　　　　　　　　二次　　二次

（五）合成法。这是一种利用已经精制出的众多有用成分，进行不同方式组合配制的方法。此法随着科技的发展，今后将为药酒的快捷方便的生产提供帮助，但目前并不多见。

（六）水煮法。这是一种利用水将有用成分进行提取分离，然后进行配制的方法。通常的提取过程需要加热进行。

二、不同工艺的特点及对药材中成分的影响

由于药酒的制造过程其实质是酒与药之间的物质交换，因此其采用的方法对产品中的成分有着微妙而直接的影响。药酒中有一个常规的指标——酒精度。酒精度指标的调整是建立在酒精与水的比例之中的。下面我们以水煮法与酒精提取法来做一个比较：

在水中可溶解的成分有蛋白质、糖类、酶类及黏液类、无机盐类、有机酸、生物碱等。当在其中加入酒精后，水中的成分开始发生变化：水溶性蛋白质、多糖类黏液质、淀粉及酶类等非醇溶物发生沉淀。这个过程就是水煮法配制的成分变化过程。

采用酒精进行直接提取，其药材中的蛋白质、多糖类黏液质、淀粉、酶类等非醇溶物将很难或者少量溶出，而此类成分决定酒液的质量稳定，因此在提取过程中最先将其分离就显得十分重要了；同时大多数有效成分如生物碱、脂溶维生素、挥发油、酯类、各类甙及甙元、部分氨基酸等将得以溶解。用酒精提取时的浓度选择与提取次数，高酒精浓度和多次处理将影响脂性有效万成分的保留。通常酒精的浓度选择在60%~70%（体积分数）之间，即酒精度为60~70度之间。

三、常用主要原料和辅助原料的应用

制造药酒的主要原料是指以给产品赋予丰富的营养和医疗成分为主要目的的原料。辅助原料是指用来对产品进行口感和风味的调整，并可以给产品带来一部分营养和其他成分的原料。

（一）主要原料。可用于制造药酒的原料有好多种，从性质上可分为医疗用药材、兼有治疗和食用功能作用的食品原料、通用食品原料。常用滋补药材的品种如下：

人参——人参为滋补强身的常用名贵中药，含多种人参皂甙及多种氨基酸，如苏氨酸、氨基丁酸、氨基异丁酸、单双糖、果酸类及亚油酸、胆碱、维生素B、维生素C等有用物质。具有大补元气复脉固脱、补脾益肺、生津安神，并具有显著增强免疫力的作用，可以单独配酒或入其他方剂配合使用。

黄芪——主要成分含黄酮以及类似物，多种黄芪皂甙及氨基丁酸等多种氨基酸，以及叶酸、尼克酸等有机酸。有补气升阳、固表止汗、利水消肿、排脓生肌之功效。黄芪有抗菌、增强机体免疫能力、改进局部营养状态的作用。无毒副作用，可单独或配合使用。

枸杞子——含胡萝卜素、烟酸、维生素C、维生素B1、维生素B2、糖、蛋白质等具有补肾滋阳、养肝明目之功效，无毒副作用可随意选用。

当归——含多种芳香成分及维生素B、维生素E、烟酸、叶酸、阿魏酸、油酸、亚油酸及多种氨基酸及微量元素钙、铁、锌、钾等。具有补血活血、调经止痛、润肠通便之功效。

何首乌——主含卵磷脂、甙、葡萄糖甙及蒽醌类衍生物。具有补肝肾、益精血、乌须发、降血脂之功效。

芡实——含蛋白质、脂肪、糖类、核黄素、维生素C等。具有益肾固精，补脾止泻之功效。无毒副作用可随意选用。

茯苓——含茯苓聚糖及三萜类化合物，以及麦角甾醇、胆碱、腺嘌呤、卵磷脂、组氨酸、甲壳质、脂肪酶、蛋白酶等。具有利水渗湿、健脾宁心之功效。

肉苁蓉——又名"寸云"，含微量生物碱和结晶性中性物质。具有补肾益精、助阳润肠功效。本品为常用补养药，可同其他滋肾药配合使用。

黄精——含黄精多糖、赖氨酸等十一种氨基酸。具有润肺滋阴、补脾益气之功效。

冬虫夏草——含虫草酸、虫草素、虫草多糖、麦角甾醇、尿嘧啶、腺嘌呤、腺嘌呤核苷、胆甾醇脂酸脂、维生素B12及多种微量元素。具有补肺肾、益精气、止痰喘、镇静、抗炎、降低胆固醇之功效。可以单独或配合其他中药使用。

灵芝——含麦角甾醇、三萜类、酸性蛋白酶、真菌溶菌酶、蛋白质、氨基酸、多糖类。具有明显的抗免疫特征，有滋补强身作用，对支气管炎、肝炎、肾炎、风湿性关节炎等炎症有很好的疗效，并且对高胆固醇血症、白细胞减少症的辅助治疗有很好的作用。可单独或配合使用。

杜仲——主要成分为杜仲胶、杜仲醇、绿原酸、松脂醇-2-D-葡萄糖甙、维生素C、微量生物碱等。主治肾虚腰痛、筋骨无力、妊娠漏血、胎动不安、高血压症。

除以上药材品种外，其他如绞股蓝、银杏叶以及动物类药材蛤蚧、海马、桑螵蛸、乌蛇、鹿茸等尽可以按需要配伍作为配制用药。

（二）辅助原料

药酒配制所需的辅助原料按用途可分为两大类，分别用于中草药的预先炮制和药材的提取以及药酒的调味。

1、炮制用料。祖国的传统医学千百年来造就了中药炮制方法中的经典，应用醋、盐、酒以及甘草汁、黑豆汁等辅料改变中药的药性，使之降低药材毒性或增强药料的有效利用。例如：首乌生用有润肠通便、解毒消痛作用，用黑豆汁炮制后有补肝肾、益精血、乌须发等作用。

2、调味原料。为取得适宜的口感或者为调和药性，用糖、蜂蜜、有机酸等料调整药酒的口味以便于饮用和吸收。

四、药酒的调配技术

药酒的调配技术直接影响药酒的感官质量和有效成分的含量，其内容包括酒液的澄清、分离、配制、调整等相关环节。

（一）澄清。经过发酵或浸泡提取所得到的提取液含有关相当多的杂质和其他胶体物质，此类物质会影响产品的品质，更可能造成饮用者的不适感，因此采用合适的澄清方法是必须的，但必须尽可能避免有效成分的损失。方法有自然澄清、介质澄清、速冻澄清等。

（二）分离。分离是将杂质等去掉获得透明药液的过程。分离的效果取决于过滤材料的选择。方法有滤棉过滤、澄清板过滤、离心过滤、薄膜过滤等。

（三）配制。将糖以及调配用酒、水等辅助原料与提取液按比例混合，并按一定顺序配制的过程。

（四）调整。初期的配制完成以后必须进行相关的指标检验，其中包括成分检验和感官检验。根据检验结果进行酒体的调整，调整后的药酒各项指标必须完全达到产品标准。

五、药酒的配制方法

在确定了工艺流程后，配制过程中的质量控制要依靠投料的具体数据为依据。在各原料组成中，药材原料根据有效用量来控制，酒精以及糖、酸的数据控制着最终的配成容量、酒精度、糖含量、计算公式如下：

酒精的计算：

$$投料量 = \frac{配制总量（升）\times 成品酒精度（\%）}{原料酒精度（95）\%}$$

$$酒精度调整用酒量 = \frac{配成量（升）\times（成品酒精度—配成酒精度）}{酒精（95—成品酒精度）}$$

糖的计算：

$$投料量 = \frac{配成总量（升）\times 成品糖度（\%）}{原料糖含糖量（\%）*}$$

* 原料糖含糖量（以葡萄糖计）：含糖量＝蔗糖纯度×1.05（系数）。

调配用水的计算：

$$酒精稀释量 = \frac{原料酒精量（升）\times 酒精度}{稀释酒精度}$$

* 水用量＝酒精稀释—原料酒精量（注：以上公式中提到的酒精、酒精量指酒精用量）

第三节　露酒典型酒种

一、植物香源型

（一）竹叶青。山西杏花村汾酒集团生产。以清香型为代表的汾酒做酒基，采用浸提工艺，以竹叶为主，辅以丁香、砂仁、当归等十余味中药，酒度分为45%（V/V）、38%（V/V）、28%（V/V）几种。产品具有药香清雅、口味醇和、酒性温顺、适于佐饮的特点。竹叶有清热、凉心、健脾、去热、消燥的作用。在第二、三、四届全国评酒会上被为"国家名酒"。

（二）园林青酒。湖北省潜江市园林青酒厂产品。园林青酒以高粱为原料，采用传统地缸发酵、清蒸清烧的清香型白酒为酒基，选用当归、砂仁、丁香、檀香、竹叶等十余味名贵中药调配而成，诸味谐调。酒度分39%（V/V）、30%（V/V）和21%（V/V）几种。适于佐餐，兼具润肝脾，补气，健胃功效。在第四届全国评酒会上被评为"国家名酒"。

（三）五加皮。五加皮酒以白酒为酒基，采用浸渍法工艺，选用五加皮、地榆、党参、山奈、木瓜、砂仁、肉桂、玉竹等20余种中药。酒度38%（V/V）、糖度11克/100毫升。色如榴花，诸药芳香协调，醇和甜润，浓郁挂杯，具有活血、去湿、消风寒的作用。

二、动物香源型

（一）白凤乌鸡酒。白凤乌鸡酒以小曲米酒为酒基，采用浸渍工艺提取，以泰和乌骨鸡为原料，适量调和果汁及微量中药。酒度分30%（V/V）、28%（V/V）两种。棕褐色，具动物脂香，味柔润醇和，酒质丰厚。以乌鸡为主，配以对症中药，具有养阴退热、祛风、平肝和补肾功能。

（二）三蛇酒。三蛇酒以小曲米酒为酒基，以浸渍法，经长时间浸泡提取，采用饭铲头（眼镜蛇）、金包铁（金环蛇）、过树龙（灰鼠蛇）三种蛇为原料。前两种为素蛇，灰鼠蛇是无毒蛇。三蛇酒为黄褐色，动物脂鲜味显著，香气谐调，酒质细腻，余味悠长，味感丰满，含有牛磺酸在内的各种氨基酸及锗、硒、锰等微量元素。对风湿性关节痛、手足麻痹瘫痪等症有疗效。

三、动植物混合香源型

至宝三鞭酒。以传统至宝三鞭丸为基础，改换剂型配制成酒，粮食白酒为酒基，以浸渍法工艺，采用动植物混合香源为原料。三鞭主要指动物香源中的海豹鞭、梅鹿鞭、广狗鞭，以及鹿茸、海马等。再配以植物香源中的人参、枸杞、杜仲等共40多种中药。其功能以健脑、强健体质为主。用药品种及数量教多，实属药酒类型。由于调配技术细致，药香含蓄，酒香药香平衡，口味醇和，诸味谐调细腻，无生药粗糙感，整体效果好，因而成为既可佐餐又可单饮，并具补益功能的动植物混合香源型的典型品种。

第七章　奶酒

　　为了探索大草原恩赐圣洁奶类及乳制品的真实奥秘，日本大阪国立民族学博物馆馆长石毛直道教授、小长谷有纪、有贺秀子、高野俊明等，分别3次对蒙古高原的奶类和乳制品，以及饮食文化表现，进行了实地调查研究。随后，出版了《奔走在美丽的蒙古高原上探索大草原恩赐酸马奶奥秘》一书。根据书中的调查研究成果，今把有关牧区传统酿制马奶酒的工艺流程如下图：

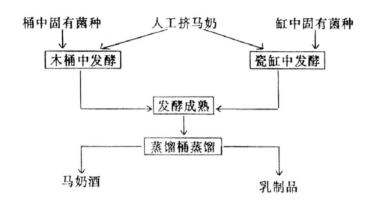

　　当今牧区传统酿制马奶酒工艺操作法如下：
　　一、挤奶蒙古牧民主要采用人工挤奶。现在，原料奶除了用马奶之外，也用牛奶。
　　二、发酵发酵设备有2种，即用木桶或小长瓷缸。发酵操作较简单，只是用木棍搅拌。据被采访者说，每发酵一小批奶，要搅3 000转，才能发酵好。发酵菌种来源于发酵设备中固有的。
　　三、蒸馏除灶之外，蒸馏设备共4件，即盛发酵奶安放在灶台上的铁锅、安放在铁锅上的无底木蒸桶(筒)、用绳子吊在木蒸桶中间的小瓷缸、安放在蒸桶顶上的小铁锅。
　　蒸馏原理及操作方法是，设备安装好了之后，用柴火或干马粪将下面铁锅中的发酵奶烧沸，马奶酒首先汽化上升。蒸桶顶上的小铁锅里放入冷水，构成冷凝器。当汽化上升的马奶酒遇到冷凝器下部时，即冷凝成酒滴，汇流到小铁锅中心处的尖端，集中后流入小酒缸里。它就是马奶酒。只要把小铁锅取下来，即可以取出小瓷缸里的马奶酒饮用。整个过程采用间歇蒸馏操作。蒸馏操作的要点是，燃火烧沸发酵奶时，宜用小火，蒸桶与下铁锅及上铁锅衔接处要密封好，以防止马奶酒挥发掉。

第八章 酿制技艺保护报告

第一节 茅台酒传统酿制技艺保护报告

贵州茅台集团党委书记、总经理 袁仁国

中国名冠世界三大酒文化古国之首。中国白酒是世界六大蒸馏酒之一，拥有最广泛的饮用群体。中国在历史上是一个以种植业为主、畜牧业为辅的农业大国，作为粮食加工的一项重要手工技艺——酿酒的技艺遍布各地。由于环境、资源、人文诸因素的差异，从而形成了中国白酒不同的香型和酿制技艺的不同流派。中国白酒的酿制技艺是中国传统文化的重要组成部分，也是世界非物质文化遗产的宝贵财富，国酒茅台的酿制技艺就是其典型代表。它不仅凝聚了中国传统酿酒技艺的精萃，而且一些技术奥秘仍处于科学研究的前沿，具有弥足珍贵的研究价值。对其进行严密保护和不断完善是我们义不容辞的崇高使命。数千年来，特别是近几十年来，茅台人以高度的历史责任感和以一贯之的态度，为保护和发展茅台酒的酿制技艺做出了不懈的努力。

一、充分认识茅台酒传统酿制技艺的重大社会价值及其面临消亡的危险和压力，不断提高保护遗产的自觉性和紧迫性

贵州茅台酒从1915年获美国巴拿马博览会金奖后至1995年美国纪念巴拿马博览会80周年名酒品评会上再获

茅台集团办公大楼

特别金奖，80年间累计获14项国际金奖；建国以后，茅台酒蝉联了五届"国家名酒"称号，其酿制技艺必然蕴涵者重大的科技价值、经济价值和文化价值。对茅台酒酿制技艺保护的自觉性，首先来源于对其三项价值的深刻认识。

（一）以茅台酒为代表的用曲酿制技艺是中国对世界酿造科技的重大贡献

世界上许多国家和地区，谷物酿酒大多采用发芽糖化技术。原酒在木桶中经陈酿，改变了口感、气味，并呈现出不同的色泽。在中国，蒸馏酒则采用独特的酒曲复式发酵技术，器皿多使用陶缸或地窖，酒中不含色素，故民间称为白酒。中国的白酒酿制技艺表现出明显的独创性，并传承至今，形成了系统的技艺传统和文化传统。中国蒸馏酒技艺最大的特点就是采用了开放式的生产操作和酒曲发酵技术。前者自然网罗了缤纷复杂的微生物菌种，再经体系内部此消彼长的发酵，代谢出品类繁多的香味物质。酒曲是多酶多菌的微生物制品，它富含经长期筛选、培育的有益于酿酒的霉菌（毛霉、曲霉、细菌等）和酵母菌。使用酒曲为发酵剂能使谷物淀粉在糖化的同时酒化，亦即完成了复式发酵，使酿酒工艺彻底脱离了"有饭不尽，委以空桑，郁积成味，久蓄其芳"的原始阶段，使酒的质量产生了一个飞跃。这样的发酵过程即是微生物工程技术在中国古代的应用，成为古代科技文明领先世界的重要组成部分。日本著名酿酒专家坂口谨一郎先生说："中国发明了酒曲，其影响之大，堪与中国四大发明相比。"

这一技术还被推广到酿醋、制酱、酱油等行业和东亚各国，大大促进了这些地区酒文化和酿造业的发展，使东方国家逐步走上了曲酒的道路。"利用曲来酿酒，欧洲人一直到19世纪，才从我国的酒曲中得出一种主要毛霉，建立了淀粉发酵法。这起码要比我们晚几千年。我国的酿酒技术，早已在亚洲传播，如尼泊尔、不丹、缅甸、泰国、老挝、柬埔寨、越南、马来西来、新加坡、印度尼西亚、菲律宾等国，都有根霉小曲酿酒。"（杜子端《宜宾国际酒文化学术研究论文集·序》）日本酿造协会会长秋山裕一说：日本"造酒技术传自中国，可以认为制曲也是如此。"（《东西方的酵母文化》）在传统酿制技艺的基础上，中国科学家建立了微生物菌种保藏库，为人类共同研究和利用微生物技术作了重大贡献。

蒸馏酒酿制技艺是中国传统酿制技艺发展到高级阶段的产物，茅台酒的酿制技艺就是其典范和精萃。在所有的中国曲酒和东方曲酒中，唯独茅台大曲以品质优良、使用量特大而最具典型性。茅台酒的用曲量相当于原粮的85%～100%，茅台大曲除了具有一般曲的糖化、发酵作用之外，还具有原粮的作用。而其他酒的用曲量一般只相当于原粮的20%左右，不具有原粮作用。

茅台大曲采用优质小麦制作，与其它酒曲相比，有三个独特之处：一是"伏天踩曲"，即每年端午节前后开始踩曲，重阳节结束。这段时期气温高，湿度大，空气中微生物的种类和数量多，而且很活跃，所以生产的曲酱香成份特别好；二是制曲全部用优质小麦，不加任何辅料。因为小麦粘着力强，营养丰富，适宜于菌种的生长，也符合前人总结的酿酒经验："得自然之曲，乃称第一品。"现在不少另香型的酿酒企业也学习茅台酒的经验，在制曲原料中适当添加小麦，以增加酒的醇厚感；三是制曲温度高在60℃以上，俗称高温大曲，这也是提高大曲酒酒香的一项重要技术措施。

"曲为酒之骨"。大曲不仅是糖化、发酵剂，而且也是形成白酒风味的主要条件之一。茅台大曲的优良品质和特大用量，就决定了茅台酒的优良品质和独特风味，也决定了茅台酒作为中国国酒和东方代表酒的正统性。多年来，众多学者对贵州茅台酒的酿造技艺进行了深入研究，这对于传承和保护这些非物质文化遗产是至关重要的。2003年10月，酿造茅台的三大主要生产原料——高粱、小麦、酒曲搭载"神五"飞船成功遨游太空，由中国科学院等单位开始了"茅台酒曲太空诱变育种研究"工作，使茅台酒曲的研究成为中国酒业唯一的尖端科研项目。茅台酒曲太空诱变育种研究已经取得了阶段性成果，茅台集团委托并认真参与的中科院和天津科技大学对茅台酒的菌种培育分离，以及菌种资料库建立工作也取得了重要进展。这是一次运用现代高科技手段探索产学研相结合的新办法，是研究茅台酒工艺及神秘特征的成功实践。它标志着茅台集团保护和发展传统酿酒技艺的科研工作向着更深、更广、更高的研究方向发展，必将对茅台的发展和国际酿酒业的进步做出新贡献。

（二）巨大的经济效益

酒的税收从汉代开始以后，历来都是国家财政收入的重要来源。上世纪八十年代以来流传的"当好县长，办好酒厂"之说，就是现代酒对地方经济作用的形象化概括。在全国各行各业中，酒和烟的税收是最高的。近年来，每年仅酒的税收每年就可达五、六百亿元。近7年来，茅台集团累计为国家上缴税金130多亿元。另外，酒业还直接拉动了农业、包装业、印刷业、机械设备业、养殖业、运输业等众多行业的发展，安排了大量的从业人员，这些间接的经济效益和社会效益也是巨大的。例如，2005年，仁怀市的白酒酿造业实现销售产值49.4亿元（其中茅台酒产值41亿元），占全市工农业总产值的60%以上，全市地方工业总产值的80%；财政收入14.78亿元，其中酿酒税收达11.8亿元，占财政总收入的80%。这还未算酿酒业拉动相关行业的间接经济价值。这些就足以看到酿酒业在整个国民经济中的重要位置，也说明了茅台酒酿造技艺的巨大经济价值。

（三）特殊的精神文化价值

从本质上说，酒具有两种属性，即自然属性和社会属性。从自然科学的角度，我们可以说"酒是一种含有机化合物乙醇并对人体产生多种化学作用的饮料"；从社会科学角度，我们可以说"酒是一种能够作用于人的精神世界和影响人的行为的物质文化现象"。人的饮酒行为主要体现了酒的社会属性。酒是食品却不能充饥，酒是液体却不能解渴，几千年来，人们之所以对它乐此不疲，就是因为喝酒绝不是为了满足生理上的食物性需要（极个别酒精依赖症患者除外），而是为了满足调节人际关系的社会需要和满足喜忧哀乐的情感需要。特别是在今天这样一个高技术和高感情相失衡的时代，人们在快节奏的压力环境中生活，对精神和情感的需要日趋强烈，在现实消费中往往是借助购买和消费像酒这样的感性商品来实现情感寄托和精神满足。

我国自古就有"酒文一家"之说。"李白斗酒诗百篇"、"张旭三杯草圣传"成为饮酒催化文艺作品的千古佳话。酒与礼俗的联系也非常密切，以至于达到"无酒不成礼"、"无酒不成俗"的地步，民间的婚丧嫁娶、逢年过节、待客送礼等活动样样离不开酒，因而形成了独具中华民族特色的酒礼与酒俗。总之，从酒与政治外交、文学艺术、民风民俗、宗教医学等社会生活方方面面的紧密联系，我们都可以看到酒的巨大影响及其精神文化价值。

古今中外，没有任何一种商品能够像茅台酒一样，把自身与国家命运以及政治、经济、军事、外交、文学、艺术、科技、医学、宗教等社会生活方方面面的关系结合得如此广泛深入，把酒的自然功能和社会功能发挥得如此淋漓尽致，把酿酒人的高尚品质表现得如此亲切感人。如果说，茅台酒所含的香味成分成百上千的话，那么，她的酿制技艺所蕴涵的文化信息更是成千上万，数不胜数。

尽管从企业到大众，从学者到政府官员都认识到保护传统酿酒技艺的重要性，但随着社会的急剧变革，特别是激烈的市场竞争，在机械化、自动化的诱惑和外来文化、商业文化、流行文化的冲击下，这一技艺的失传或变异的可能性仍然是现实存在的。这是因为：

1、机械化生产方式可减轻劳动强度，从而有可能挤压甚至取代传统生产手段，使传统技艺中仍需手工劳作的工序出现生存危机，特别是现代机械和化工产品被用来取代传统的酿酒器具和用料，将使具有特色的传统技艺难以为继，面临被篡改甚至废弃的境遇。

2、传统酿酒技艺凭经验和手工掌握，这一点极为重要。过去的技艺传授是通过师徒之间的手传身教，收徒、授徒都很严格。一旦传承链断裂或传艺过程不是认真地履行，传统的技艺就会消亡或变样。

3、由于传统酿酒技艺的一些关键工序需要手工劳作，劳动强度较大，加以操作要求高、有一定难度，因而许多年轻人不愿意习艺，而有后继乏人的危险。

4、自然环境的变迁也会带来危机。首先是水源的变化，例如酿造用水长期取自赤水河。现赤水河水已逐年减小。其次是大气污染，使有益微生物群落受到污染的影响，造成酒品质的变化。再次是原料的紧缺。茅台酒酒长期以来都是选用当地的高粱为主料，但产量较低，影响收入。农民现已开始转种其他作物，从而造成原料紧缺。

天下闻名

我们深深认识到：保护茅台酒酿造工艺的工作不仅是非常重要的，而且是十分紧迫的；研究、保护茅台酒的传统酿造技艺不仅是维护、传承非物质文化遗产的重要举措，同时也是与当代的生物工程研究密切相关的重要课题；继承发扬传统酿造技艺乃是企业立足之本，也是维护文化多样性和民族特征的必要措施。从建厂以来，在党和政府以及各级领导、各界人士的支持下，历届茅台酒厂的领导都以高度的历史责任感，从各个方面对茅台酒酿制技艺坚持不懈地进行总结完善和保护发展。

二、不断总结完善传统工艺，在继承中创新，在改进中坚守

1951年建厂初期，厂领导陆续请回原"成义烧房"、"荣和烧房"、"恒兴烧房"的老酒师，一边生产，一边总结茅台酒的酿造工艺。特别是原成义烧房老酒师郑义兴，1953年入茅台酒厂后，历任酒师、茅台酒厂工程师、生产副

厂长，他把前人口传身教的师承之学和自己数十年茅台酒生产经验总结并贡献出来，使茅台酒技艺首次有了文字记载。

1955年，国家轻工部派出专家，同贵州省轻工业厅、工业技术研究所及茅台酒厂技术人员，组成"恢复名酒质量工作组"，进厂总结经验教训。针对生产中存在的主要问题，全厂认真贯彻执行全国八大名酒会议精神和中央提出的"恢复、巩固、提高"（即恢复原有工艺操作，恢复原料配比，恢复原有厂址、水源；巩固成绩；提高产品质量）的方针，开展了"积极恢复原有工艺操作，以提高质量为中心"的先进生产者运动，并发动老酒师、老工人献计献策，制定出"茅台酒传统工艺的14项操作要点"，为初步完善茅台酒传统生产工艺、恢复茅台酒的名酒质量作出了重要贡献。1957年，第一个茅台酒质量标准正式颁布。

1959年4月至1960年8月，轻工业部又派出专家，同贵州省和茅台酒厂的工程技术人员联合组成"贵州茅台酒工艺总结工作组"，对茅台酒的生产与工艺进行了全面的调查研究与总结，并写成了系统的总结报告，为保护和完善茅台酒的酿造工艺、提高茅台酒的质量、进一步开展科学研究打下了基础。

1964年10月至1966年3月，轻工业部根据周总理的指示，又一次派出四位专家，同省、地、县、厂的有关领导和工程技术人员一起组成"茅台酒试点委员会"，对茅台酒传统生产工艺进行了全面深入的科学研究，基本上了解了茅台酒酿造过程中微生物的活动规律，肯定了茅台酒季节性生产、堆积发酵、酒精浓度等传统工艺是正确的，也肯定了老酒师、副厂长李兴发提出的茅台酒三种典型体香型——"酱香、窖底香、醇甜"的观点是科学的。

此次试点工作既对茅台酒传统工艺的认识、保护和创新起到了承前启后的作用，又对茅台酒厂的发展和稳定提高产品质量起到了极其重要的作用。尤其是关于茅台酒三种典型体香型的理论，对于后来把全国白酒分为五种香型，对于科学地进行评酒，对于多种香型白酒的发展和质量提高，都起到了重要的促进作用。1965年下半年，轻工业部在山西召开的茅台酒试点论证会上，正式肯定了茅台酒三种典型体的确立和"酱香型"的命名。

1965年底，在四川省泸州市召开的全国第一届白酒技术协作会议上，茅台酒厂的代表宣读了季克良用科学理论总结整理的李兴发科研组的科研成果"我们是如何勾兑茅台酒的"论文，引起了大会的强烈反响和各厂家的高度重视。该论文一改过去"大酒坛与小酒坛混合、新酒与老酒混合"的简单勾兑方法，介绍了茅台酒厂根据产品的香味与特点进行典型勾兑的独特的"科学勾兑"工艺。这是对茅台酒传统勾兑工艺的一次革命性地创新。该工艺为国家明确划分酱香、浓香、清香、米香和兼香五大白酒香型提供了科学的方法与标准，掀起了全国性的白酒勾兑热潮，大大推动了全国白酒生产的发展和质量的提高，同时也为全国各种评酒活动提供了比较具体的、规范的、科学的评比标准。

1974年，时任生产科技术员的季克良总结自己十年来深入生产一线、拜能者为师、探索茅台酒生产规律的研究成果，向工厂提出了一份《提高茅台酒质量的点滴经验》。共有九个大问题，固被称为《九条经验》，其中包括：严格控制入窖水分、严格控制入窖温度、延长窖底发酵期、分层出槽取酒、窖中封泥、熟糠配料、量质接酒、细致操作、提高曲子质量等。该经验从理论与实践的结合上，对总结、补充、修正、完善茅台酒的生产工艺提出了建设性意见，对提高茅台酒的质量作出了独特贡献。因而得到了厂领导、科研人员和老酒师的一致认可。这是对茅台酒传统工艺的又一次全面改进。

1988年和1990年，先后将原科研室扩大为科学研究所和现代化的科研生产大楼，进一步扩大科研力量，增加科研设备，改善研科环境。1995年经国家经贸委等部门核定，在全国白酒企业中唯一地将科研机构建成为国

茅台集团包装车间

家级技术中心——茅台酒厂技术中心。

1995年，茅台酒酿造工艺作为国家机密受到保护。近年来，我们对茅酒古窖和茅台酒酿酒遗址进行了妥善保护，并申报省级、国家级"重点文物保护单位"，使其成为茅台酒历史和酿造技艺的永久见证和鲜活教材。

20世纪以来，集团拿出1000万元设立自然科学基金，开始了茅台酒与健康的深入研究；中国科学院等单位进行"茅台酒曲太空诱变育种研究"，并取得了阶段性成果；茅台集团与中科院和天津科技大学合作对茅台酒的菌种培育分离，并在全国首家建立了酿酒微生物菌种资料库。这一系列科技创新的重大举措，体现了我们对茅台酒的研究向着更深、更广、更高的方向发展，它必将促进茅台酒质量的稳定和提高，促进茅台酒乃至整个中国白酒酿制技艺的创新。

2006年，国务院批准将"茅台酒传统酿造工艺"列入首批国家级非物质文化遗产名录，并已申报世界非物质文化遗产，对其作为中华文明的文化基因和全人类的共同财富加以保护。

近20年来，企业通过与名校合办酿造大专班、委托技术学校和高等院校以正规教育的方式，加上实践锻炼，培养了众多的工艺传人。现在，公司采用现代管理体制，技术工作由总工程师负责，传统酿造技艺的保护工作也由总工统管。其下分为两个系列：一是由技术员、助理工程师、工程师、高级工程师组成的工程技术人员群体；另一是由初级工、中级工、高级工、技师和高级技师组成的技艺操作人员群体。传统酿造技艺的传承人即产生于高级工程师和高级技师之中。目前包括已退休的老艺人在内，中国贵州茅台酒厂有限责任公司所拥有的传承者已有数十人，他们都将参与五年行动计划，例如讲述学艺、从艺经历和经验，传授传统技艺，参加博物馆建设，提供文字和实物资料，对传统技艺的保护、传承和弘扬提供咨询和建议，等等。

科学研究的不断深入，科研队伍的不断扩大，使我们对茅台酒酿制技艺的认识越来越理性，改进工作越来越科学，保护措施越来越得力；使茅台酒技艺薪火传承，日臻完善，一代更比一代强。

现在，集团成立了"贵州茅台酒传统酿造技艺保护委员会"，制订了技艺保护的五年行动计划，从而揭开了茅台酒酿造技艺保护工作的历史新篇章。

品牌的生命在于创新，传统需要发展，茅台传统也一直是在发展的。但工业品牌的文化价值如果是传统带来的，那保护永运放在第一位，开发也是保护性开发。如果说在这个领域内有创新的话，那就是运用现代技术，解决了建国初期茅台酒质量不稳定的问题，便茅台酒摆脱工艺品的特性，具备工业制造品的性质，完成了自我复制。除此之外，我可以坦率地说，在工艺方面，茅台人是彻底的保守派。近年来，我们利用高科技实施的一系列工艺创新的重大举措，依然是在探索茅台酒的奥秘，希望多知道一点所以然。但是在这个过程中，我们的前提是做好茅台酒品牌的看门人，守住了，才能攻得出去。当好国酒茅台这个凝聚了中华传统文化与智慧的文化价值品牌的看门人、守门人，是茅台人的责任，也是茅台人世代的光荣。珍惜这个光荣，完成好这个责任，让茅台酒的文化价值与时代精神合拍，使品牌的文化形象更加完整、更加鲜明，就是最大的创新。

三、严把质量关，将传统工艺的保护和创新工作完全落实到提高产品质量上来

酿造工艺决定酒品的风味，工艺技术的落实决定产品的质量。半个多世纪以来，我们对茅台酒酿造工艺研究、保护和创新的出发点和落脚点，都在于提高产品质量，保持国酒声誉。

1955年，全厂开展的"积极恢复原有工艺操作"的先进生产者运动，就是针对当时工厂改变茅台酒生产工艺、导致质量下降的问题，为了配合轻工部"恢复名酒质量工作组"的工作。1959年4月至1960年8月，轻工

业部"贵州茅台酒工艺总结工作组"进厂，也是针对"大跃进"中盲目追求产量、导致质量下降的问题。这两次工艺总结完善及其检查落实，大大促进了茅台酒的质量提高，为茅台酒在1963年第二届全国评酒会上又一次荣获"国家名酒"称号奠定了坚实基础。1964年的茅台工艺试点，以及后来我们开展的多项科研活动，使茅台酒的质量提高工作更加科学规范、更加卓有成效。

为了保障符合茅台酒工艺要求的绿色原粮的需求，近年来我们每年都要投入巨额资金用于扶持原料基地的建设。至今，已在仁杯市、习水县、金沙县三地建成了50万亩的糯高粱、小麦有机原料生产基地。集团公司以保护价、按有机原料标准收购合格粮食。为改善原粮基地土壤肥力，公司从2006年开始，每年无偿给基地提供价值100多万元的有机肥。从而使这些酿酒原料从产地环境到生产过程，完全符合国家有关有机农产品、无公害农产品和绿色农产品的标准和茅台酒工艺对原粮的规范要求，使农业真正成为"酿酒第一车间"。

在同行业内，茅台酒酿造的投粮产出比为5：1，即5公斤粮食只生产1公斤茅台酒；而其他名酒多为3公斤左右原粮生产1公斤酒，且其他普通白酒除了使用高粱和小麦外，还可用玉米、大米、荞麦、大麦、薯类及豆类作原料。而茅台酒全部以高价位的糯高粱和小麦为原料，小麦占52%，这是白酒生产中绝无仅有的高成本。为了保证原料质量，即使原料成本逐年增长，公司仍然毫不动摇地坚持执行"成本服从质量"的原则，坚决使用优质绿色原粮，小麦的原粮比例决不降低，从而保证了茅台酒的特优质量。

为了继承传统工艺，确保国酒的质量，我们坚持了"十二个坚定不移"，即：质量是生命的意识坚定不移；"四个服从"（产量服从质量，速度服从质量，成本服从质量，工作量服从质量）坚定不移；合理水分的掌握坚定不移；高温堆积坚定不移；高温接酒坚定不移；高温制曲坚定不移；适度润粮坚定不移；确保合理堆积发酵坚定不移；茅台酒的产量要中间高、两头小坚定不移；确保耗氧性微生物生长繁殖坚定不移；确保基酒原汁原味的入库坚定不移；创造适当条件，让各种微生物生长好、繁殖好坚定不移。

国酒茅台实施严把工艺关口、坚持质量第一的方针和成本服从质量、效益服从质量、速度服从质量的原则，虽然与许多垂手可得的吹糠见米之利擦肩而过，但是，却获得了实现企业快速发展的生命根基——国酒茅台的高品质。建厂以来，茅台酒不仅蝉联了五届全国评酒会"国家名酒"之冠，而且夺得了10多项国际权威赛事金奖，荣获全球企业管理的最高奖——"全国质量管理奖"，成为全国惟一集"绿色食品"、"有机食品"、"原产地域保护产品"为一身的产品；茅台酒商标1991年名列全国"十大驰名商标"之首，1995年被评为中国最具国际影响力的驰名商标。国家一位负责质量的权威人士曾感叹道："我跟踪茅台酒的质量有20多年

茅台集团国酒文化城雕塑《源远流长》，以茅台酒酿造工艺过程雕塑，反映了茅台酒源远流长的历史和博大厚重的文化。

了，茅台酒的质量一定是非常稳定的，这实在太难得了！"现在，茅台酒的质量美誉和"国酒"地位已经在全国人民的心目中深深扎根！

四、加强生态环境保护，为全面落实工艺要求创造良好的自然地理条件

国酒茅台的产生，自有它独特的地域特色。茅台镇地处赤水河中游地区，这里形成于7000万年前的特殊地质结构，使得沿河两岸紫色砂页岩遍布，紫色砂页岩风化而成的钙质土层中溶解了多种对人体有益的矿物质和微量元素，从这种钙质土层中流出的地下水和赤水河水，为茅台酒的酿造提供了最好的水源。这里被重点保护的绿色生态条件、冬暖夏热湿润的气候条件和海拔400米的低洼河谷地形，为茅台酒的酿造提供了独特的自然、地理环境。特别是开放式的堆积发酵，它既网络、繁殖、筛选了微生物，弥补了大曲微生物中某些数量和品种的不足，又生成了大量的香味物质与前驱物质。这是茅台酒非常独特、科学的工艺环节。正是这种工艺和2000年连续不断的酿酒活动，最终"酿"出了活跃于茅台镇上空的一个特殊的微生物群体。这些小精灵般的生物，在茅台酒开放式发酵过程中被充分网络到酒醅里，孕育着茅台酒的神奇品质。而不同环境里微生物数量、品种的不同决定着酒的风味不同，离开这个特定的微生物环境，或者破坏了这个特定的微生物环境，即使其他条件完全一样，也造不出同样的茅台酒来。

正是上述诸多特殊因素，使茅台酒在茅台镇7.5平方公里以外的其他任何地方都"克隆"不出茅台酒。由此可知，茅台酒的生产和工艺贯彻，对自然、地理、大气环境条件的要求非常严格；保护生态环境就是保护国酒茅台的生命线。但是，随着城镇的建设和发展，生态环境发生变化，水源和大气污染，对酿酒用水的质量及有益微生物群落的生存、繁衍都形成了威胁，这不可不引起严重注意。

20世纪70年代，周总理明确指示"要保护茅台酒上游水源不要受污染"。多年来，我们始终牢记周总理的指示，与仁怀市政府密切协同，十分注重环境保护和生态建设，并制定了茅台酒生产环境保护性强制措施，禁止在茅台镇和赤水河上游水源（仁怀境内）流域内建设污染物排放突出的化工厂等相关工业企业。迄今为止，在仁怀境内没有一家化工厂。2003年全市启动了国酒基地生态环境保护方案，内容如下：

一是大力实施退耕还林工程。至2007年，全市共完成退耕还林20多万亩，人工造林和封山育林20多万亩，全市森林覆盖率已达32%；

二是大力开展水土流失治理工作。近几年共投放治理资金3000万元，累计对赤水河流域水土流失实施综合治理360平方公里，25度以上坡耕地全部实施退耕还林还竹，努力把赤水河流域建成当地农民增收致富的绿色银行、企业持续发展的绿色粮仓、国酒基地及长江上游的绿色屏障；

三是强化工业污染防治，杜绝源头污染。强制搬迁了对茅台酒厂影响较大的水泥厂，实现了造纸企业的废水达标排放，依法强制拆除了202户手工造纸分散制浆蒸灶，关闭了40余家砂石厂、页岩砖厂和17家洗车修车场，对市内煤炭企业实施限期治理38家；

四是强化中茅城区生活污染综合治理。强制取缔中茅城区1500多辆机动三轮车，取缔城区临街经营燃煤炉灶120多个，清理各种污染企业58家，建成了中茅烟尘控制区。投资1亿元，建成了中枢城区污水处理厂、垃圾填埋场和茅台污水处理厂。划定了中茅城区饮用水源保护区，制定了《仁怀市饮用水源污染防治管理办法》，有效保护了城区饮用水源。从2006年起，又全面启动了乡镇污水垃圾处理工程建设，综合治理乡镇污水垃圾。

茅台集团苏式园林

以上各项工作的推进，使全市生态环境有了明显改善。在下步工作中，将严格按照《赤水河中段"国酒基地"生态功能保护区规划》要求，持之以恒地抓好赤水河"国酒基地"生态环境的保护和建设，以可持续发展战略推动"酒都"建设。至2010年，实现中茅城区绿化覆盖率35%以上，城区人均公共绿地9平方米以上。要进一步强化污染治理，加大生物低毒农药推广力度，减少农业面源污染，保护农村生态环境。对全市白酒企业环境污染实施限期治理，对生产能力不强、污染治理不到位的企业予以关闭，重新整合。引导白酒企业走无污染、低能耗的新型工业化发展之路，实现可持续发展。

为了保持赤水河流域宜于酿酒的特殊生态环境，茅台集团和仁怀市正在创建"赤水河流域水土保持暨生物多样性功能国家级保护区"，主要目标是：实现赤水河上游流域范围内不采矿、不建化工厂，无污染；控制赤水河流域的人口及非环保型经济增长速度；保证水土不流失，保证水源不枯竭、不断流，保持赤水河流域的生物资源多样性功能不丧失；限制茅台镇人口及非环保型经济的无序增长，最终实现"人厂分离、厂镇分区，在区域内逐步建立'茅台酒工业生态系统'"。从而，进一步提高茅台镇生态环境质量，维护茅台镇生态平衡，保持茅台地域微生物资源多样性及稳定性功能不丧失，保证茅台酒风格稳定，质量稳定，并达到3—4万吨的生产规模（届时的职工总量可替代现有的城镇人口）。

现在，国家对赤水河流域的生态环境和水土保持正在进行整体规划。我们将和地方政府密切协同，努力落实国家的统一规划措施，使茅台镇、仁怀市和赤水河流域天更蓝、地更绿、水更美、酿酒微生物的生态环境更好，国酒茅台更香。

在从以上几个方面对茅台酒酿造工艺进行保护的同时，我们还从文化宣传方面进行大力配合，其中包括：继续扩建、充实茅台"国酒文化城"，系统展示茅台酒文化和中国酒文化的悠久历史和丰富内涵；编写、出版书籍，全面系统地介绍茅台酒的历史文化和科技工艺；每年举办一次茅台酒节，并在全国举办各种大型活动，强势宣传茅台酒的文化和工艺特点；配合仁怀市政府举办好中国酒都"祭水节"和"红高粱节"，等等。通过这些文化活动的持续开展，使全体职工严格保护工艺、认真落实工艺、捍卫国酒质量的意识更加强烈，措施更加得力；使全市人民依托茅台、保护国酒、共同发展的思想更加明确，行动更加自觉；使全国人民对国酒茅台的工艺和质量更加信赖，对国酒茅台酒的感情更加深厚。这就使得对保护国酒茅台酿制技艺的工作，从具体执行者、到支持维护者、再到品尝享用者都达到了思想上和行动上的高度一致。

第二节　绍兴黄酒酿制技艺价值及所临社会现实思考

傅祖康　　杨国军

一、对展现中华民族文化创造力的杰出价值

绍兴地处钱塘江以南，远古时期的河姆渡文化和良渚文化在这里交汇、贯融，形成独特的"越文化"，从而成为华夏文明发祥地之一。绍兴的越文化可追溯至大禹文化及远古传说。在华夏文化和吴越文化中也有其重要的地位。绍兴黄酒酿制技艺在历史的发展过程中，不断演变，不断成熟，不但成为长江下游酒文化的杰作，也是整个长江文化、吴越文化乃至中国酒文化的骄傲。作为一种特殊的文化表现形式，绍兴酒文化不但是越文化的一个重要分支，而且是越文化的一支主旋律。越文化因酒而充满激情和活力，是中国民族的文化，是我们共同的财富。作为长江下游一种传统的区域文化，越文化是在历史发展中由于特定的活动方式和思维方式积淀而形成，是中华文化的有机组成部分，有其显著性和典型性。特别是越地的民俗（酒情、酒俗、酒会）风情，作为越文化重要的组成部分，更沿续了古老百越民族习俗文化的传统基因。无论是典籍上记载的古越人断发文身之类的原始风情，还是流传于后世的种种越地民情、礼俗等生活方式及民间信仰，均反映出古越人质朴、悍勇、进取的心理特征以及稍带野性的精神气质。正因如此，古越文化与讲求礼乐文饰的华夏文明之间又存在着

较大差异，而且和邻近的吴文化亦有诸多不同，显示其自身个性。梁涌先生在《论越文化的精神内核》一文中认为，越文化七千年的发展史中，最能与其他区域文化相区别的是"尚智文化"或称"智文化"。梁涌认为：如果齐鲁文化是一种"君子文化"，崇周礼、重教化、尚德义、重节操成为传统的风尚；荆楚文化是一种浪漫与节烈并蓄的文化，"秦灭六国、四方怨恨，而楚尤发愤，势虽三户必亡秦，于是江湖激昂之士，遂以楚声为尚"（鲁迅语）；湖湘文化是种豪勇文化，散发着"胆识超凡、负气霸蛮"这样的"特别独立之根性"，那么越文化则是一种个性鲜明的尚智文化。个中区别缘于越地独特的生存环境和地域特性差异。其中，绍兴独特的黄酒文化对越文化更具有深远的影响，越王勾践以酒兴国、卧薪尝胆、箪醪劳师便是有力的佐证。

公元前494年，勾践被夫差打败，为保存国力，听从大夫文种的计策，入吴为质。临走之时，群臣送于浙水之上，"临水祖道，军阵固陵"，大夫文种上前敬酒二杯，并进祝辞："皇天佑助，前沉后扬，臣请荐脯，行酒二觞"。勾践听后，"仰天太息，举杯垂涕，默无所言"。此时，文种再次举杯："大王德寿，无疆无极。觞酒既升，请升万岁"。饮酒毕，勾践激动无比，情绪振奋，自责失国之罪，以致"今遭辱耻，为天下笑"。并请众臣发表复国良策，于是众臣纷献计策，各述其志，同心护国。二次进酒和祝酒辞，言辞悲切，群情激奋，君臣共饮，莫不感伤。既是深情的送别，更是壮烈的饯行。到吴国后，勾践忍辱负重，瞒天过海。为报国仇，他"苦身焦思，置胆于坐，坐卧即仰胆，饮食亦尝胆也"，终于取得吴王信任而回国。这一事例可以说是崇智尚谋的典范。

公元前492年，为增强国力，勾践采取了生聚计策，并发出告示，"生丈夫(男孩)，二壶酒，一犬；生女子，二壶酒，一豚。"（《国语·越语》），这里，勾践把酒作为鼓励生育的奖品。经过十年生聚、十年教训，勾践终于完成了他的复国大计。在勾践的复国史中，酒已成为他兴越灭吴，完成复国大业的主线，从浙水送别酒、生育奖励酒、宫中韬晦酒、出师投醪酒直到文台庆功酒，酒构成了一部越国发愤图强的激昂乐章，成为越国复兴的历史见证和越酒文化辉煌的精典，进而引导并振兴了越文化中心区域经久不衰的民风和民俗。可以这么说，正是由于越酒对越地民俗和风情演变所发挥的重要作用，从而促使古越大地成为才人辈出、名士荟萃之地，使越地成为展现中华民族创造力的杰出代表。无论是大禹为民治水、不畏艰辛、三过家门而不入的献身精神，还是勾践卧薪尝胆、为国雪耻、奋发图强的坚韧意志；不论是陆游抗敌御侮，万死不辞的爱国热情，抑或刘宗周、王思任等宁死不屈、以身殉国的壮烈气节等等，时时刻刻都在激励着我们每一个炎黄子孙，并成为中华民族奋发进取、自强不息的精神动力。

二、对发展地方经济的重要价值

绍兴黄酒酿制技艺是古越先民丰富经验和智慧的结晶，更是中华民族在几千年历史发展中积累起来的宝贵遗产和财富，其在学术、历史、文化、艺术、经济等多个方面具有极为重要的历史地位和价值。

（一）学术价值

绍兴酿酒工艺融微生物学、微生物生理学、有机化学、生物化学等多门发酵工程学科于一体，其独特的"三浆四水"配方，开放式、高浓度发酵以及发酵产物中高含量的酒精，千年传承的小曲（酒药）保存方式，确保发酵正常进行的独特措施等等，都是我们研究中国酿酒科技史的重要素材。深入研究这一展示越地民族乃至中华民族杰出创造力的精湛技艺，研究绍兴酒酿造工艺演变历史，对于揭示中华民族对酿造科学的认识进程和绍兴酒酿造的科学机理具有重要的学术价值。

（二）历史价值

绍兴酿酒史最早可追溯到春秋战国时期，延续至今已有2400多年的历史，长期以来，绍兴酒作为一种重要载体，在越地民俗、风情的演变并创造古越文化的辉煌方面，发挥着重要作用，具有重要的历史研究价值。如绍兴众多与酒有关的街名、山名、村名便是对绍兴辉煌酿酒史的有力见证，如绍兴城里的酒务桥，是五代时酒务司所在地。绍兴城南的投醪河，是当年越王勾践以酒投江，劳师出征之地。禹陵边的酒缸山，山上有大小不同的九块圆形巨石，倒置山间，形状酷似酒缸。还有，鉴湖镇中心的"壶觞"村是历代绍兴酒中心产地之一。所有这些，对于我们研究绍兴酒的历史渊源、有关绍兴酿酒的民俗风情具有重要的历史价值。

（三）艺术价值

酒里乾坤，壶中明月。绍兴人以酒为业，以酒为乐。酿酒、饮酒之风长盛不衰。祀祖、祝福、清明、端午、中秋、重阳等传统节日都少不了酒，每遇赏心乐事，把酒临风，开怀畅饮已成习俗。从而在绍兴形成了一种独特的文化氛围，即酒俗。其代表便是有名的"曲水流觞"，这可以说是酒与艺术、崇智结合的最佳典范，并成为中国文化史上"文酒风流"的一道靓丽风景。特别是书圣王羲之借酒抒情，留下传世墨宝《兰亭集序》，充分彰显越文化之性灵取向。此外，南宋"永嘉四灵"，元末杨维桢、王冕，明朝徐渭、张岱、王思任，直至清朝袁枚、龚自珍等的文学艺术作品，均有绍兴酒文化的促成之功。这也是绍兴酒的艺术价值之所在。

（四）经济价值

长期以来，绍兴黄酒一直是绍兴地方的传统支柱产业，在当地经济发展中发挥了重要作用，酿酒业属于劳动密集型产业，因此，绍兴酿酒业为当地解决了相当数量的劳动就业问题。此外，绍兴黄酒以糯米、小麦等纯粮酿造，从而可以有效促进当地农业生产发展，增加农民收入。再者，绍兴酒除满足国内市场需求外，同时出口日本、香港、东南亚和欧美等三十多个国家和地区。为国家换取大量外汇。2004年，全市有黄酒从业人员7000多人，生产绍兴黄酒26.4万吨，年销售收入14.2亿元，出口黄酒10000多吨，创汇2000多万美元。

三、绍兴黄酒酿制技艺面临的社会历史现实

绍兴黄酒的酿制技艺是在长期的社会交替和历史演变中逐步完善并形成的，有其深厚的历史背景，它是伴随着绍兴地方经济的发展而不断发展并最终定型。在绍兴这样一个酒文化名城，绍兴酒与绍兴城交相辉映，互为促进。"酒因城而名闻遐迩，城因酒而风望倍增"。对绍兴黄酒这一传统的酿造工艺，自定型以来，虽几经变迁，但数百年来因对其产品的推崇和良好的技艺传承，其精华少有变动，这一方面缘于技术的高度成熟，另一方面也是缘于产品的精致品质而上升到艺术的境界。

随着现代科技的不断发展，特别是现代生物工程技术、基因工程技术对微生物生理、生态的剖析日益精细，绍兴黄酒神秘的面纱被慢慢揭开，加上近年来社会变迁导致职业技师角色错位和待遇歧视，使绍兴黄酒传统酿造工艺一度乏人继承，长此以往，必将造成绍兴酒这种传统酿造工艺的变异和失传。其面临的历史和社会现实不能不引起我们的思考和反思。

（一）外来文化、新消费观对传统文化的冲击导致传统产品消费产生偏差

社会的剧烈变革促进了不同文化间的相互交流，近年来，随着改革开放的不断深入，新经济的快速崛起，西方外来文化对我国本土文化的冲击日益严重。东西方文化的交流和互动催生了新的生活理念，现代消费快节奏、多变性、随机性特点又使得各酒类生产企业，特别是传统酒类生产企业面临更大的生存压力。一方面，东西方文化的交流促进产品升级和更新换代；另一方面，人们的消费观也在文化的冲击和碰撞中发生着激剧变化，对产品的期望也越来越高。绍兴黄酒独特的历史和文化背景决定了其存在着一批相对稳定的消费群体，但在激烈的市场竞争中，同样面临着生存问题。传统的绍兴黄酒酿造工艺面临着现代高新技术的挑战。如何在改革、创新的同时，继承好绍兴黄酒酿造工艺这一传统文化遗产，对于振兴绍兴黄酒业，确保产业可持续发展，值得深入研究和探讨。

（二）相关酒类产品和现代消费理念使传统工艺、传统风味面临挑战

随着现代人生活质量的提高和新颖消费观的创导，人们已从单纯的追求感官刺激向崇尚绿色健康、从借酒助兴向社交礼节和个性张扬转变。市场对低度新品黄酒需求与日俱增。此外，绍兴黄酒饮后较强的"后劲"和独特"曲香"在一定程度上阻碍了市场拓展的步伐，进而形成较为明显的季节性消费特点。而传统绍兴黄酒较长的生产周期、复杂的工艺特点、初期较大的资本铺垫，使企业在新建或扩大再生产时相对注重现代新的酿造工艺和生产方式，或抛弃传统工艺，或改良传统工艺，或直接采用现代新工艺，从而在很大的程度上影响了绍兴黄酒酿造工艺的传承和发展。要做好这一保护工作，就必须有充足的人力和财力作保障。

（三）技术重要性认识错位导致专业人才组织培养后继乏人

绍兴黄酒酿造工艺是一种基于传统的经验和感觉的手工技艺，尤其是对于"开耙"时间、间隔、温度、火候等的把握更需要有多年的经验积累。"开耙"操作习惯的不同，成品酒的风格也会有截然差异。可以说，酒产品的质量受酿酒师个人的认知水平和实践积累影响较为明显。而作为绍兴酒酿造技术关键的"开耙"技术又非一朝一夕所能掌握，需要长期艰苦的跟班操作和实践磨炼。而且，酿酒技术的提高、质量的确保更需要有扎实的酿酒专业理论知识作为铺垫。黄酒的酿造技术作为一种独特的艺术，技能的传承、实习、提升、发展需要较长的时间和相关的制度、政策作为保证。如果不建立稳定、专职的技师队伍并经常性地开展技术交流活动，尤其是有强劲的基础研究和技术研究作为支撑，绍兴黄酒必会遭遇困境，并面临相关酒类产品的夹击危机。对此情况，各相关企业，尤其是绍兴黄酒的骨干企业应引起足够的认识和重视。

（四）加强鉴湖水资源保护，确保绍兴黄酒的产地属性和独特品质

"水乃酒之血"，绍兴黄酒之所以能独步中国酒界，并在世界酒林中占据一席之地，独特的鉴湖水质功不可没。鉴湖水是绍兴酒的灵魂，独特的酿造工艺固然重要，但优质的鉴湖水是奠定绍兴酒历史地位，并扬名于世的重要原因。此外，绍兴独特的地理、气候环境，尤其是长期酿酒过程中所形成的特定区域环境以及该区域环境中独特的微生物种群结构及分布，对绍兴酒的品质有着极为重要的影响。为什么离开了绍兴就酿不出正宗的绍兴酒？为什么台湾以及国内苏州等地的仿绍酒不能久存而香郁味醇？为什么国内这么多黄酒品种中只有绍兴酒依然长风破浪？个中原因我们应该好好地反思。随着国家新农村建设步伐和绍兴城市化进程的不断加快，特别是绍兴作为经济强市，快速增长的经济在为国家和地方财政创造良好效益的同时，纺织、印染以及酿酒业本身发展对环境所造成的损害，对地域环境和酿酒水质的影响也应引起各级政府和相关企业的高度重视，如何处理好经济发展和环境保护这一对矛盾，如何在抓好经济强市的同时，建设好文化名市，并做好基于深厚文化底蕴之上的包括酒文化在内的旅游大市的文章，对绍兴黄酒这一传统产业的可持续发展有着深远的影响。否则，产品品质的下降将不可避免，这也是绍兴城市的决策者和建设者们不能回避的问题。

主要参考资料：

1．孙宝君、邹吉田、侯云章、王鸿宾主编《中华大酒典》北京，中国商业出版社，1997年

2．朱宝镛、章克昌主编《中国酒经》上海 上海文化出版社，2000年

3．洪光柱编著《中国酿酒科技发展史》北京，中国轻工业出版社，2001年

4．杨国军主编《绍兴酒鉴赏》杭州，浙江摄影出版社，2006年6月

5．杨国军《绍兴黄酒酿制技艺》《国家级非物质文化遗产代表作申报书》2006年

6．杨明，原永贵主编《药酒ABC》

7．钱茂竹主编《绍兴酒文化》上海 中国大百科全书出版社上海分社，1990年

8．杨国军《中国黄酒业调研报告》《中国酿造》2005年，第4期

9．马忠主编《中国绍兴酒文化》北京 中国财政经济出版社，1999年

10．李永鑫主编《胆剑精神文集》绍兴市社会科学界联合会内部资料

第八篇 酒类品评与饮用

第一章　酒　类　品　评

酒类品评就是对酒的内在和外在质量进行全面综合的评价。其方法由理化鉴定和感官鉴定两部分组成。

理化鉴定是依据国家有关部门颁布的标准、法规，利用仪器、设备和化学物品，分别进行物理指标和化学指标及卫生指标的检测。通过理化性能的测试，确定酒的酒精、酸、酯、固形物、杂醇油、甲醇、铅等含量是否达到规定的标准。发酵酒还有微生物指标等。

理化、卫生指标是产品最基本的指标，然而这两项指标的合格不一定就意味着产品的合格。这是因为，化学成分相似的产品，往往具有很不相同的味觉品质；而味觉品质接近的产品，常常其化学成分又相差很大。因此，劣质产品决不可能添加一些化学物质就变为优质名酒。

感官品评是指人运用眼、鼻、口等感觉器官来识别、评定酒的色泽、香气、滋味和风格特征。它是理化鉴定的补充和完善，因为现在还无法凭借理化测试手段来全面评价一个酒的好坏。色、香、味、格是构成感官指标的主要内容，有些酒还需考察泡沫等内容，如啤酒、香槟酒等。其中，味觉又是感官指标中最受重视的一项内容。

由于感观鉴定和理化鉴定是分别进行的，而理化鉴定（包括卫生指标）已经标准化，因此，进行感官评定的酒，必须全面达到以下要求：

1. 任何蒸馏酒、发酵酒、配制酒的理化指标，都必须全面达到国家（或部、省）颁发的有关标准的质量要求。

2. 蒸馏酒和配制酒的卫生指标，必须符合GB2757—81《蒸馏酒及配制酒卫生标准》的规定。

3. 发酵酒必须符合GB2758—81《发酵酒的卫生标准》。

凡有一项理化卫生指标达不到者，均不得参加感官评定，或者说没有资格参加感官评定，因而被视为不合格品。不合格品，不得出厂，当然不能参加感官评定。

我们对酒的品评，常分两种形式进行。一种是消费者代表的品评，他们作为直接受用者，当然最有资格来评判酒的优劣，然而消费者的评判，又难以避免代表性不够或地域习惯偏爱的干扰；另一种是专家们的品评，他们一般都具有相当的专业知识和品评经验，经过严格的考核才取得品评资格，因此，他们品评的结果通常比较准确，而且带全面性。

第一节　评酒常识

一、评酒员

感官鉴定法是评酒的重要方法之一，而感官鉴定是依靠人——评酒员的感觉器官对酒进行评鉴，通过辨色、闻香、尝味、听音来确定酒质的优劣。那么，我们首先就得了解人的感官机能。

（一）人的感官机能

1. 嗅觉器官

人的鼻子是能够辨别香臭气息的嗅觉器官。当有气味的分子经过黄色嗅粘膜，刺激嗅毛而发生嗅觉兴奋作用，又经嗅神经纤维、神经小球传递给嗅球，通过嗅球的崩流型传导功能，扩大神经的刺激并传延至大脑中枢，即感受嗅觉。

在品酒时，当咽下酒后也会感受到香气，这是因为呼出的气流由咽喉通过鼻子，刺激嗅觉细胞所致。所以这种"后味"，实际上是嗅觉和味觉的综合感受。

人的嗅觉的敏感性，可以通过"嗅觉阈值"来加以测定。所谓"嗅觉阈值"，就是人的嗅觉能够感受到的某种物质的最低浓度。不同人之间的嗅觉敏感性差别很大，即使同一个人，在不同的时间条件下，其嗅觉敏感

中国文化遗产年鉴·酒文化卷

性也会出现大的波动。但一般来说，人的嗅觉比之仪器还是要灵敏得多，如对正己醛水溶液的感知灵敏度，人要比气相色谱仪高出10倍，只是人的感知不象仪器可用准确的数字表达罢了。

2、味觉器官

人的舌头是能够辨别口味好坏的味觉器官。舌头按部位可分为：靠近咽喉的为"舌根"，中部的为"舌体"，前方为"舌尖"。又可分"舌上面"（又称"舌背"），"舌下面"及"舌缘"（即两边侧缘）。具有味觉功能的部位大多在"舌上面"。当味觉物质的刺激达到味蕾的时候，味细胞就会兴奋起来，并根据味觉的强度，放出不同频率的冲击电波，刺激神经纤维，神经纤维能及时地将各种感受传送到中枢神经，产生味觉。

味细胞对于各种味觉物质都能感受，但各种不同的味细胞对不同物质的感受强度不一样。因此，有的味细胞对咸味、酸味、甜味都有不同程度的强烈反应；有的只对咸味和酸味具有强烈的反应；大部分味细胞对于咸味反应敏锐。由此，使人感到，舌上面的不同部位对于不同的味觉，其反应的敏锐性有着固定的区域，当然区域的界限不是很严格明显的。一般来说，甜味在舌尖部，苦味在舌根部，酸味在舌缘部，咸味在舌尖与舌缘部，辛辣味几乎在舌的全面。

在舌头的表面，有一层舌粘膜遮盖着，而且乳头的小沟内常充满着残余食物。因此，在品酒时必须先用清水漱口，以提高味蕾与酒的接触面，提高对酒味的分辨能力。此外，饮入的量不能太少，在口腔停留时必须能覆盖整个舌面，这样所有的味觉区才能感受到酒的滋味，得出较正确的结果。

人的味觉的敏感性，可以通过"味觉阈值"来加以测定。所谓"味觉阈值"，就是人的味觉能够感受到的某种味觉物质的最低浓度。同人的嗅觉一样，不同人之间味觉的灵敏性也有相当的差别，也会在不同时间、不同条件下出现波动。

（二）评酒员的身体素质

评酒员必须身体健康，有灵敏的视觉。不得有色盲、嗅盲和味盲。色盲是不能分辨某些颜色。嗅盲（经鼻孔性嗅盲）是对某些气味无感觉或错觉，或对单体能正确分辨，对复杂的气味则分辨不清。味盲对甜、酸等单纯的味觉与正常人相同，而对双重呈味物质或复杂细腻的滋味分辨不清。在选择评酒员时，对其感官能力应经过各种方式的测验。

人的嗅觉和味觉一般是孩童时期最敏锐。年长的人灵敏度总的说来不及青壮年人，但对不同的味也有所不同，对苦味的感觉最为迟钝（有喜好烟、茶、酒的人尤为显著），对酸味则比较敏感。另外，年长人有丰富的经验和表达能力，故培训评酒员应选择年纪较轻的，而评酒会议的评酒员则不必对年龄作规定，有年长者参加，更能考虑全面一些。

男女在青壮年时期，嗅觉和味觉没有什么差别，因此，性别不必作为评酒员的条件。我国由于传统习惯影响，评酒人员多是男性，实际上，从测试的统计数字看，50岁的男性的味感的平均阈值是高于女性的，有味盲的人也是男多于女。

（三）评酒员的思想素质

评酒员应是工作认真负责，实事求是，大公无私，秉公办事，细致耐心，不带有地区性和习惯偏见的主观随意性，具有较丰富的实践经验和一定的科学文化水平。另外，还应该懂得一定的酿酒工艺，学习并掌握好酒类品评的操作程序和技巧，记忆不同香型、酒类的标准和品质要求；了解各种评酒术语的涵义，并能通过评语的描述，准确表达自己的体会；熟悉记分法，准确掌握打分尺度。生产系统的评酒员包括酒厂的工人、技术员、工艺工程师等，除应具有评酒的科学知识外，还需要通晓生产工艺。正式的评酒员必须掌握必要的评酒技巧和有一定实践经验，特别是要有较高的准确性和再现能力。

应该说明，评酒与饮酒量是两回事，不能认为饮酒量大的人就会评酒，不饮酒的人就难以学会评酒。实践说明，恰恰相反，饮酒量大和嗜酒成性的人，他们的评酒准确性反而很低。

（四）评酒员的训练

品酒能力的自我训练，可以分成两个部分来进行，即感觉训练和品酒训练。

1. 感觉训练

这部分的训练是为了测试、培养感官的灵敏度。通过对构成各类酒的重要化学物质的单质、多种浓度的区别、排列的训练，提高眼、鼻、舌等感觉器官的辨别能力。

训练时，先按下列要求（所用基准物质可按酒种的主要成分情况加以增减）配制好各种不同浓度的基准溶液，倒入同样大小的烧杯或酒杯中。起初可以明码标签，以便适应、熟悉，以后可以把标签贴在杯子的底部，以便测试后自我检查正确与否。标签可用白胶布制成。

色：将黄血盐配制成0.1%、0.15%、0.2%、0.25%、0.3%5种浓度的水溶液，加上空白试样（蒸馏水），共6种，按色泽的深浅进行顺序排列。

香：将香草、苦杏、菠萝、橘子、柠檬、杨梅、薄荷、玫瑰、茉莉、桂花、葡萄等香精，分别配制成百万分之一浓度的水溶液，加上空白试样，闻测是何种香气。

味：将砂糖、食盐、柠檬酸80%味精等，分别配成0.8%、0.2%、0.1%、0.01%的水溶液，加空白试样，共5种，尝测是何种味觉。

味觉浓淡：用砂糖、食盐、柠檬酸等，分别配成0.8%、1.0%、1.2%、1.4%、1.6%、0.2%、0.25%、0.3%、0.35%、0.4%、0.01%、0.015%、0.02%、0.025%、0.03%各种不同浓度的水溶液，共15种，尝测区分不同味觉及不同浓淡，按味觉及浓淡顺序排列3组。

酒度高低：将食用酒精配制成8°、11°、14°、17°、20°及35°、40°、45°、50°、55°两组不同酒度的水溶液，尝测酒度的高低。

2. 品酒训练

这部分的训练是为了培养品酒员对样品酒的评定鉴赏能力，提高品评的确切性和再现性。品酒时切忌带上个人对酒好恶的倾向，克服地方区域的习惯嗜好，方能做到全面、准确地评判。

品酒训练应遵循先简单，后复杂的原则，先学辨别区分不同质量的酒，后学风味描述、评判打分。自然，在品酒训练之前，你首先必须对该酒种的分类、风格特色、工艺特点等内容有所了解和掌握，并不断加深、提高，这样才有可能使品酒水平取得长足的提高。

两杯法：一次拿出两杯酒样，由品评者指出是同一酒样，还是两个酒样。如是不同酒样，应指出哪杯好些，差异在什么地方。

三杯法：一次拿出三杯酒样，其中两杯是同一酒样，一杯为另一酒样，由品评者指出哪两杯是同一酒样，并指出不同酒样的差异。

风味描述法：取少量典型的、不同类型的酒，对照该酒感官指标的各项要求和评分标准，学习用评语进行描述，并打分作出评判。

评酒训练：取该酒种若干，其中每个类型选择两个以上产品，每个产品又分编两个以上号码的酒样，共6～12个，进行一次或两次品评（可在相同条件下加温或冷却），区别酒样属于何种类型，并作出确切的评语和评分。

品评时，对多种类型的酒，应本着先干后甜、先淡后浓、先新后陈、先低后高的原则进行排列。即把味甜的、酒度高的、香味浓或加香的酒排在最后品评。

一天品评的酒样，不宜超过30个。一般在开始时可多一些，时间越往后则越少。每批次品评的酒样不宜太多，一般应在6杯以内。两个批次之间应稍事休息，以恢复感觉的灵敏性。

品评时应按以下顺序进行：

（1）每批次的酒样一次倒完（啤酒等含气酒类除外），每杯酒的液位高低应一致，酒量以杯子容量的3／5左右为宜。

（2）先评外观。由色泽、透明度、沉淀物逐一观察记录。观察时酒杯应与两眼相平。

（3）再闻香气。可先作自然吸气嗅香（有的酒可用双手握杯升高酒温），再作骤快的吸气嗅香。有些酒还可用少许酒在两手掌间搓擦，闻其香气。通过细细辨别，认真评价记录。

（4）后尝滋味。开始先饮少量，让酒沾满舌面，再将酒咽下或吐出，通过舌体搅动，写出味觉感受。之后，加大饮量，仔细品评回味、后味、余香如何。

（5）前后结合，反复推敲，用语准确，简洁明了，写出风格评语。

二、评酒的设备及工具

（一）评酒室

人的感觉灵敏度和准确性易受环境影响。良好的环境，可以使品评的准确度提高，两者品评的正确率相差达15%左右。为了达到正确的品评结果，正式的评酒应在特设的评酒室中进行。理想的评酒室最好单独建造，并和车间、酒库、化验室等建筑物隔开，以排除环境的干扰。如若评酒室是每人一个单间，则更为理想。如限于条件不能满足上述要求，则应创造条件满足以下的基本条件：

评酒室的房间大小，可以根据人数的多少而定，但面积要适当宽敞些。临近评酒室的地方要有准备室，供清洗杯具和准备酒样用。如有评酒员休息室，那就更好了。

评酒室的墙壁、天花板宜选择能防火防湿的材料，应涂单一的颜色，色调不冷不暖，既有适当的亮度，又无强烈的反射（反射率在40—50%为适宜）。所用材料应无气味。地板清洁、耐水。

评酒室的光线应充足而柔和，不宜让阳光直射室内，可用窗帘调节。如遇阴雨天，室内光线不足，可用日光灯调节，高度与评酒员视线相同，但不能直射眼部。评酒桌上的照明度应有500勒克斯。

评酒室内应保持空气清新，不允许有任何气味。室内不能放置有气味的物质和装饰设备，为了使空气流通，可安装换气设备，但在评酒时，室内应为无风状态。

评酒室的温度和湿度应保持稳定和均匀，温度以15～20℃为宜、相对湿度50～60%为宜，最理想的是能做到恒温恒湿。不适宜的温、湿度易于使人感到身体和精神不舒适，对味觉有明显影响。

评酒室应选择在环境宁静的地方，尽可能没有外界刺激、干扰，以免对评酒人员产生生理和心理的影响。评酒室应该有防音装置，噪音应限制在40分贝以下。因为噪音除妨碍听觉外有时使人的血压上升，唾液分泌减退，对味觉也有影响，还能分散注意力、易于疲劳。

（二）评酒室的设备

评酒室应附设专用的准备室，室内的陈设应尽可能简单些，无关的用具不应放入。

集体评酒室应为每个评酒员准备一个评酒桌（圆形转动桌最好），台面铺白色桌布。有色的桌布，如红色、棕色、绿色等的色光反射对酒的色泽是有影响的。各桌之间应有一米以上的距离，以免气味互相影响。评酒员的坐椅应高低适合，坐着舒适，可以减少疲劳。评酒桌上放一缸清水，桌旁应有一水盂，供吐酒、漱口用。评酒专用准备室内有上、下水道和洗手池，冬天应有温水供应。为评酒作准备用。

（三）评酒杯

评酒杯是评酒的主要工具，它的质量对酒样的色、香、味有着直接影响。因此，为了保证品评的正确性，对评酒杯应有较严格的要求，

1.评酒杯的质量要求

评酒杯多用无色透明、无花纹的高级玻璃杯。素质（无气泡）、大小、厚薄（以薄为佳，无凹凸不平）应完全一致。即使是同一工厂的产品，也要经过选择。

2.酒杯的形状

品评不同的酒类，用不同形状的酒杯，是由酒的特性决定的。我国常用的有：

（1）郁金香型杯：杯的形状如郁金香花形，是品尝葡萄酒的标准酒杯，也可作黄酒、白酒、配制酒的品评用杯。杯呈长卵形，腹部截面积最大，口部收小。因此，酒液倒至杯中3/5～2/3处，有最大的蒸发面积，且口小利于香气的集中，有利于嗅香，另外也便于评酒时作转动观察，不易倾出。杯的容量大小可视酒类而定。评黄酒、白酒、配制酒时，可选用80～100ml容量的杯子，评葡萄酒、果酒时，可选用150～200ml容量的杯子。

（2）卵圆型杯：形状如切去尖头的卵形，杯肚比郁金香型杯还要大，适用于品评白兰地等外国蒸馏酒，

也可用于白酒的品评。该杯除了杯肚大，蒸发面积大外，其底部面积也大，便于借助手掌温度使酒温提高，更利于人们鉴赏酒的香气。其容量一般在150～200ml左右。

（3）大口高足杯：又称香槟酒杯，常用来品评香槟酒及其他含气果酒。其杯口较大，便于酒液中二氧化碳气体的升起，并利于观察气泡的大小及升起的快慢。其容量在150ml左右。

（4）倒钟型杯：其形如倒钟，较细长，适用于品评香槟酒、啤酒及其他含汽果酒。其特点是细长、口大，但重心低，比大口高足杯稳固，不易碰翻。

（5）梨型杯：形状如切去上端尖头的梨，杯的下半部截面积最大，杯身带有供稀释用的刻度，上有盖，为品评利口酒用杯。

（6）圆筒型杯：如通常的玻璃杯，适用于啤酒的品评。

除了含气的酒类外，其他评酒杯最好设有玻璃杯盖，以防香气很快散失。

评酒杯应专用于评酒，以免感染异杂味。在每次评酒前要检查是否完好，并彻底洗净。先用温水冲洗多次，再用纯净凉水或蒸馏水清洗。洗后如仍有轻微的残余气味，可放在170℃的恒温箱中干燥一小时，或用洁净丝绸擦拭，必至无味时才能使用。在评酒开始时，先用被评的本品酒（除啤酒、汽酒外）洗刷一遍酒杯，然后倒酒送评。在评酒过程中，评酒杯应放在玻璃或瓷、搪瓷盘内。为了防止尘埃，可以复以纱布。不可倒放在木盘或木桌上，以免感染木料或涂料气味。

评酒时，为了分酒的需要，所使用的盛酒容器，其洁净要求与酒杯相同。

三、评酒规则

（一）评酒规则

评酒的规则是保证品评的准确性和达到最好的结果所必须的，评酒员要认真遵守。

1．评酒员在评酒前要尽可能休息好，评酒前和评酒时必须精力充沛、情绪饱满，如精神萎靡、心情烦乱都会影响评酒的效果。偶有小恙，如感冒、头晕等都不宜参加评酒。

2．评酒员应饮食正常，过饥、过饱对评酒都有影响。不宜饮用有刺激性的饮料（如酸辣汤等）和辛辣味的食物（如生蒜、葱、姜、辣椒等）以及浓甜、重咸的菜肴。这些食物因有较强的刺激性和厚重的味感，会使嗅、味觉一时迟钝甚至木然，影响正常的灵敏度。在评酒前要先刷牙漱口，保持口腔清洁，以便对气味作出最正确的辨别。

3．评酒前最好不吸烟，因为即使是长期习惯吸烟的人，吸烟后评酒，味感也是会出现差异的。在评酒室集体评酒应严禁吸烟。

4．评酒前不要过多的谈话和高谈阔论，这样易于分散精力，影响味感。

5．评酒人员在评酒时，不要用有气味的化妆品和携带有气味的物品。即使是令人愉快的气味，对评酒也是一种干扰。

6．评酒分明评、暗评两种方式，明评可以交换意见，互相讨论，而重要的评酒会议如选拔名酒、优质酒，分级定等，多采取暗评。暗评是在评酒时，各自独立进行，不能交换意见，或暗示对酒样的印象。

7．酒样的编号、洗杯、瓶酒开启及倒酒等准备工作，应在准备室内进行。

8．品评结束，将评分表送交工作人员后，立即离开评酒室，不得翻看他人的品评结果。

9．评酒时要保持安静，不得有大的饮水、漱口声和拿放杯子的声音。

10．评酒期间，不准进入样酒工作室，以及询问评比结果。

11．评酒期间，一般不接待来访人员，吐露酒类评比情况。

12．评酒期间，不得宣传本地区样品的特点。

13．评酒期间，不得交换本地区，本单位的样品。

（二）评酒工作人员规则

1．工作人员必须认真负责，服从分配，积极主动，团结互助。

2．不得擅自离开工作岗位，要提前半小时做好评酒室的清洁卫生工作，并做好一切评酒准备工作。在评酒人员进入评酒室前，摆好品评表格，评酒人员进入评酒室后，陆续送酒。回收表格时应检查是否填写合格。

3．严守秘密，不得泄露任何品评情况。

4．在评酒期间，除工作需要外，不得任意饮酒（包括品评后的剩余酒）。

5．作好酒样分类，分别排列，统计准确，保管良好。

6．由1～2人专职对酒样按类别、轮次、评比次序进行编号，必须做到及时、准确、保密。其他人不得参与或干扰这项工作。

7．每轮品评结束，对评分表的统计要迅速及时，准确无误。

8．酒杯必须清洁，每次使用后要用优质洗衣粉洗净，并用清洁水反复冲洗干净，保证不带有任何附着物及气味。

9．倒酒时必须认真核对酒杯及酒瓶的编号，不得倒错。

10．倒酒时必须先用本品酒洗刷一遍酒杯后，才正式倒酒。同轮次的酒要求尽快倒入。

11．酒杯内的酒量要保持一致，不得忽多忽少。倒入的酒量为酒杯全容量的70～80％，不得过多或过少。

12．送酒、发送表格要迅速无误，收表、收取杯子都要细致，无遗漏，无损坏。

13．评酒期间的剩余酒样及酒瓶，必须统一保管好，不得擅自拿取或赠送他人。

14．劝阻其他人员进入酒样工作室，更不得在酒样工作室内接待客人

四、评酒

评酒的目的是为了对比评定品质。因此，一组的几个酒样必须要有可比性。品评酒样的多少，以不使评酒员的嗅觉和味觉产生疲劳为原则。一般情况下，一天之内品评的品种不宜超过24个以上。每组酒样可以在6个左右，一天可评四组上下。每评定一组样品后，应间歇一段时间再评。

（一）评酒的时间

评酒的时间以上午九时左右开始最为适宜，这时人的精神最充足稳定，注意力易于集中，感官也最敏感。如在下午举行最好是二时左右开始。在夏、秋季节，有午休习惯的人，中午应有充分休息。每次评酒的时间长短在两小时左右为宜，评酒时间过长，易于感到疲劳，影响效果。

（二）评酒的顺序

同一类酒的酒样应按下列因素排列先后顺序：

1．酒度：先低后高。

2．香气：先淡后浓。

3．滋味：先干后甜。

4．酒色：无色、白色、红色。如为同一酒色而色泽有深浅，应先浅后深。

评酒的顺序（先评某酒，后评某酒）可能出现生理和心理的效应，从而引起品评的误差，影响正确的结论。这有以下几种情况：

顺效应：如前所述，人的嗅觉和味觉经过较长时间的不断刺激兴奋，就会逐渐降低灵敏度而迟钝，甚至麻木不仁。显然对最后评的一、两个酒，就会受到影响，这叫做顺效应。顺序效应分两种情况。如评1号、2号、3号三种酒。先品评1号酒，再品评2号和3号酒，发生偏爱1号酒的心理现象，这称为正的顺序效应；有时则相反，偏爱3号酒，称为负的顺序效应。

后效应：品评两个以上的酒时，品评了前一个酒，往往会影响后一个酒的品评的正确性，例如评了一个酸涩味很重的酒，再评一个酸涩较轻的酒就会感到没有酸涩味或很轻。这称为后效应。

为了避免这些影响，评酒时，应选按1、2、3、……顺序品评，再按……3、2、1的顺序品评，如此反复几次，再体会感受。每评一个酒后，要稍稍休息一下，恢复感觉的疲劳。特别是评完一轮次后，要有适当的间歇，并用清水漱口。

（三）酒样的温度

酒样的温度在10～38℃时，人的味觉最敏感。低于10℃会引起舌头凉爽麻痹的感觉，还会减弱酒的正常的香味。高于38℃则易引起炎热迟钝的感觉，还会增加酒的异味。各种酒类的最适宜品评的温度，因品种不同而有区别。我国的各大酒类，一般采用以下温度为适宜：白酒15～20℃，黄酒38℃上下，啤酒15℃，葡萄酒、果酒9～18℃。葡萄酒的不同品种，适宜的品评温度也不同：干白葡萄酒10～11℃，高级白葡萄酒13～15℃，淡红葡萄酒12～14℃，干红葡萄酒16～18℃，浓甜葡萄酒与干红葡萄酒相同，香槟酒9～10℃。

（四）品酒评分

1．白酒的品评

（1）取样编号。评比品种确定后，工作人员即可将酒样取好，进行密码编号，酒样号与酒杯号要相符。开瓶时要轻取轻开，减少酒的震荡，防止瓶口的包装物掉入酒中。倒酒时要徐徐注入。

每一个评酒杯中注入酒的数量以2／3杯为宜，使杯中留有足够的空间，以便品评时转动酒杯和闻香。同时注意每杯酒注入的数量必须相同。

（2）品酒评分。评酒的顺序都是一看，二嗅，三尝，四综合，五评语。

①看——评色泽。看，就是观察酒的色泽，要由浅而深。用两指夹住酒杯的上部，举杯于适宜的光线下，观看酒液的色泽是否符合要求。有无失光、浑浊，有无悬浮物和沉淀等，为了加强观察效果，有时还用一白纸作底，增强反光，以便发现极小的悬浮物。依次作好记录和给分。

②嗅——评香气。嗅，就是闻酒的香气，要先淡后浓，先优后劣。将酒杯置于鼻孔下方，保持7cm的距离，头略低下，轻嗅其气味，然后依次而下，嗅完一轮，做好记录，也可以逐杯记载。但一定要避免发生混淆。稍息片刻，开始第二个轮次的嗅评。由于已嗅闻一轮，鼻子的灵敏度相对降低，故在进行此轮嗅评时，酒杯不可接近鼻孔嗅闻，短促吸气，仔细辨别，一般即可得出结论，进一步补充订正记录。如需进行第三轮次的嗅闻，则应手捧（握）酒杯，轻轻摇荡，然后再慢慢嗅闻。由于手捧（握）酒杯，起到加温的作用，因此，每一杯的时间要大体相当，过长过短都不好。最后，即可根据自己的感受，将一组酒，按香气的淡、浓、优、劣的次序进行排队，排队时可先选出香气最淡和最浓的（或最劣和最优的）作为首尾，然后对气味相近的，经细心比较排出中间的次序。可以反复多次、加以改正，同时对每杯酒作出纪录，说明特点，记出分数。

③尝——评口味。根据评香气排列的顺序，由淡到浓，由优到劣。对暴香、异味者应滞留到最后，以免对味觉产生干扰。俗话讲："甜在舌尖，酸在舌周边，苦在舌根，咸在舌尖侧面的边缘。"因此，评口味时，既要慢而稳，又要使酒液较均匀地分布在舌头上。一般白酒和烈性酒一次摄入2mg即可，注意每次饮入口中的酒量，要基本相等，这样不仅可以避免发生偏差，也有利于保持品评结果的稳定。酒液要先接触味觉最灵敏的舌尖，进入舌头两侧，再至舌根，然后鼓动舌头打卷，使酒液铺展到舌的全部表面，全面对味感进行体验判断。同时，还应注意诸味的协调与否，刺激强度的高低柔和，有无异杂味和愉快感等。最后将咽下少部或全部，辨别后味。进而排出由好到差的顺序，反复几次，进行比较。第一遍品评完毕后，小憩片刻用水漱口，再重复进行，这时可边评边记录，最后给分。品尝时要注意，酒不宜在口中停留过长，一般2～3秒，停留长了，酒液和唾液混合后发生缓冲作用，影响品尝结果，同时，还会加快评酒者的疲劳感。

④体（格）——评酒体风格。体，即酒体，乃是总体评价之意，是感官对酒的色、香、味的综合印象，也就是说，是感觉器官的综合感受，代表了酒的色香味的全面品质。因此，也叫风格，或简称格。它是考核评价酒的一项重要内容。体（格）的给分对评酒人员来讲，要做到准确，恰如其分很不容易。同一酒种、同一香型、同一种酒之间，风格都有差异，只有训练有素，经验丰富，熟悉各种酒的风格，能够记忆的人，才能把握好给分尺度。名酒之名贵，名在优秀的质量，贵在独特的风格。因此，在记忆的对比中，对其风格作出恰如其分的评定，用语简练形象，可用风格突出、典型、显著、明显、或不突出、一般等等，并通过给分更进一步表达其对酒体、风格的评价。

⑤酒度的顺序。由于在品评酒前，酒精度的经检测预先知道，因此，采用明评的方法时，上酒应由低度到高度。若采用暗评的方法，编码（号码）的应考虑这一因素。

2．啤酒的品评

（1）取样编号：为使评比的样品具有可比性，要把啤酒按度数，颜色种类的不同分类后方可进行评比。品评品种确定之后，工作人员即可将酒样取好，进行密码编号，装入相对应号的黑布袋中（如果瓶盖有标记，可用白胶布封好，工作人员也要配戴带有编号的标签，拿瓶时要轻取轻放，减少震荡，防止酒喷或观察泡沫不准，在给评委倒酒时要当面起盖，距酒杯2～3公分徐徐地注入直至泡沫不溢出为好。

（2）品酒评分：

①透明度。把啤酒倒入洁净透明的玻璃杯中，迎光检查是否清亮透明、有光泽，有无明显的悬浮物，如果发现轻微失光，或者悬浮物，可酌情扣分。如果啤酒混浊不清，或者有大量的沉淀物，可不给分。

②泡沫。泡沫的好坏，是衡量啤酒外观质量的重要指标。当把啤酒按规定方法缓慢地倒入洁净的玻璃杯中时，泡沫高高升起，泡沫可达到杯的1／2～2／3高度，而且泡沫洁白、细腻、持久，并牢牢附着在杯壁者，可给满分。如果泡沫粗糙，不洁白而呈乳黄色，或不到杯高的一半，且持久性差者，或泡沫消失快且不挂杯，或色泽污暗，可酌情扣分。为了正确测定泡沫的持久性，可由主持评酒人员指定专人测定泡沫持续时间，每种酒测定不少于两次，平均计算时间，在品评前宣布测定时间，由评酒员将其加入到总分中。亦可在最后核分时加到总分中，持泡时间并不对评酒员公开。

③香气。啤酒的香气成分主要是酒花香、麦芽香和酒香。是测定啤酒质量的重要指标。当将啤酒倒入杯中后，用鼻闻之，或轻微摇动，再用鼻闻之，应有明显新鲜柔和的酒花特有的香味，入口后要有醇和的麦芽香和酒香气，并无明显的生酒花和老化气味者，可得满分。如果闻不到明显的酒花香味，或者闻有不正常的青草气味、霉味、生酒花味、异香、怪味、异臭味、馊饭味等难以入口者，可酌情扣分。品评啤酒香味时，除用鼻闻外，尚可采用口尝的办法。即在饮酒前，先吸入少量空气，而后饮一大口酒，在口中搅拌片刻，再把酒咽下或吐出，闭口用鼻孔出气，嗅其香味不但能感觉到酒的清香味和柔和的麦芽香气，也可嗅到酒香味，同时若有异香气也可觉察到。

④口味。口味是由口测来判断，啤酒必须具备口味纯正，爽口、杀口而醇厚者，才称优良产品。在口味检测时，品酒时的温度是重要条件，评酒员饮酒的数量和酒在口中停留时间也非常重要。经验证明，在检测酒的口味时，含在口中的酒量不少于10～25mg，在口中停留时间不少于15秒，这样经过舌头的味感，才能比较正确地辨别啤酒的口味。

口味指标又分为纯正、爽口，杀口和醇厚四个内容。这四个内容所得分数的比重也不相同，分别说明如下：①纯正。就是把啤酒饮入口中后，要有柔和、协调、纯净的感觉，没有不愉快的怪味和复味，老化味、酵母味、酸味等不正常的味道。如果饮后有明显的双乙酰味，高级醇味，老化味，可根据气味的大小，适当扣分。如果饮后有明显的麦皮味，酵母味和酸味者，应根据味感的轻重适当扣分。②爽口。所谓爽口，就是把酒饮下后，感到口味柔和、洁爽、协调而愉快的感觉；苦味清爽在口内很快消失，饮后没有明显的涩味。如果饮后有长时间不消失粗糙的苦味、在喉咙里停留的后苦味，或不协调、不柔、辣口、涩而粗糙者，或饮后有烟焦味、明显的焦糖味者，可酌情扣分。③杀口。杀口就是由于啤酒中的二氧化碳气体对口腔和舌头刺激性大小的感觉，称为杀口力。当把啤酒饮入口中之后应有二氧化碳气的刺激性，并有清爽愉快的感觉。如果饮后杀口力不强或无感觉的，则可酌情扣分，甚至不给分。④醇厚。啤酒饮后在口中感到酒味醇厚、圆满、有余香、口味不单调者可给满分。如果饮后口味淡无味，缺乏口感，可酌情扣分。

3．黄酒、果酒、葡萄酒、配制酒的品评详见本章第二节"历届全国评酒会"中这几种酒的评选标准和办法，本节不赘述。

第二节　历届全国评酒会

我国政府食品工业企业主管部门（轻工、商业、农业等部门）和食品工业行业管理机构（食品工业协会），按照《中华人民共和国优质产品奖励条例》及有关文件进行名优酒的评选，是为了推动酒类生产企业加强质量管理，不断提高产品质量，增加花色品种，生产更多更好的名优酒，引导消费，提高经济效益，适应人民生活水平的提高和外贸出口发展的需要，为国家做出更大的贡献。

中国政府命名的名优酒，分为国家优质酒，部、省优质酒，地方优质酒。国家优质酒又分为国家名酒与国家优质酒两个档次。国家级，部、省级和地方优质酒评选，由评酒会进行评比，评酒会主办单位审核、推荐，国务院国家质量奖审定委员会，各食品工业企业主管部、省（直辖市、自治区）和地方人民政府审定、命名、颁奖。

国家优质酒评选工作，是国家优质食品评选工作的重要组成部分，是在国务院国家质量奖审定委员会的统一领导下，由中国食品工业协会组织轻工、商业、农业及消费者协会等有关部门和各省、直辖市、自治区食品工业协会，遵照《中华人民共和国优质产品奖励条例》和《国家优质食品奖评选工作细则》的有关规定进行评选。在评选国家名优酒的过程中，由中国食品工业协会主办评酒会，指定检测机构检测酒样，组织全国的白酒、黄酒、啤酒、葡萄酒、果酒、配制酒的著名专家和经过严格考核后选聘的"国家优质食品奖评选委员会"评酒委员进行鉴定、评比；经"国家优质食品奖评选委员会"讨论、评选；由中国食品工业协会提出推荐意见，报请国务院国家质量奖审定委员会审定、命名。

建国以来，我国共举办了五届全国评酒会。

一、第一届全国评酒会

第一届全国评酒会于1952年在北京举行。那时酿酒工业尚处于整顿恢复阶段，国家除接收少数官僚资本家的企业外，大多数酒类生产企业是私人经营的。当时酒类生产是由国家专卖局进行管理。在这种情况下举行的第一届评酒会不可能进行系统地选拔推荐酒的样品。这一次评酒实际上是根据市场销售信誉结合化验分析结果，评议推荐的。

1952年中国专卖事业公司召开了第二届专卖工作会议。会议之前收集了全国的白酒、黄酒、果酒、葡萄酒的酒样103种。由北京试验厂（现北京酿酒总厂）研究室进行了化验分析，并向会议推荐了8种酒。会议根据推荐意见，将此8种历史悠久、在国内外有较高的信誉，不仅经销全国而且出口的酒命名为我国的8大名酒。

二、第二届全国评酒会

1952年评选出八大名酒后，通过推广先进经验，提高生产技术，严格验收标准和加强市场管理等措施，全国各地涌现出许多品质优良、独具风格的饮料酒。为了掌握酒类的质量情况，促进酿酒工业的发展和提高产品质量，轻工业部于1963年10月在北京召开了第二届全国评酒会。

为搞好这次评酒工作，各省、市、自治区根据轻工业部的要求，评比的酒样都经过认真的选拔。推荐选送的样品代表市场销售的商品，由省、市、自治区轻工业厅、商业厅共同签封并且都报送产品小传。经过基层认真选拔，全国27个省、市、自治区共推荐了196种酒，包括白酒、黄酒、葡萄酒、啤酒和果露酒五大类。评酒工作是在评酒委员会领导下进行的。本届评酒会首次制定了评酒规则，要求大会人员认真遵守执行。评酒分白酒、黄酒、果酒、啤酒四个组分别进行品评，露酒中以白酒为基酒的酒由白酒组品评、以酒精为基酒的由果酒组品评。共评出全国名酒18种，全国优质酒27种。

这届白酒品评没有按照酒的香型（当时对白酒的香型还没有明确的认识），也没有按原料和糖化剂的不同分别编组，采取混合编组大排队的办法进行品评。品评由评酒委员独立思考，按照酒的色、香、味，百分制来打分和写评语。采取密码编号，分组淘汰，经过初赛、复赛和决赛，最终按得分多少择优推荐。

三、第三届全国评酒会

（一）概况

第三届全国评酒会于1979年在大连召开。第二届全国评酒会后，为了继承发扬名酒的传统，轻工业部组织了茅台、汾酒两个科研试点，科学地总结了名酒传统经验，去粗取精，肯定了传统工艺中的科学部分，改进不合理的工艺，使名酒的生产发生了根本的变化。这不仅使名酒生产技术大大提高，而且推动了整个白酒生产技术的发展。第三届评酒会的前一年底，轻工业部在湖南长沙召开了全国名酒会议。调查了解了各名酒厂的生产质量情况和发展动向，交流了经验。在这个基础上，各省、市、自治区选拔了具有代表性的品种，包括白酒、黄酒、葡萄酒、啤酒、果露酒共313个品种。参加这次评酒会的评酒员共65人。其中白酒22人，黄酒15人、啤酒13人，葡萄酒及果露酒15人。除少数人是特聘外，绝大部分是经考核聘请。

这次评酒分为白酒、黄酒、啤酒、葡萄酒及果露酒四大类四个组进行。凡参加评比的样品一律采取密码编号，分型评比。根据样品的多少，决定编组评比次数，少的一组决赛，超过6个的要进行初评、复评、终评。同一省的酒不见面。上届名酒不初评，由复评开始作为种子选手分编在各小组内。

评比根据香型、生产工艺和糖化发酵剂分别编为大曲酱香、浓香、清香，麸曲酱香、浓香、清香、米香、其它香型及液态、低度等组。共进行了31轮次，105杯（酒样）次的比赛。酒样数量最多的浓香型酒通过5轮初赛，3轮复赛，1轮决赛才比出高低，决赛时共8种酒一起角逐。

评分办法是按色（占10分）、香（占25分）、味（占30分）、格（即风格占15分）四项记分，总计满分为100分。这次评酒会还确定了白酒香型的风格特点，统一了打分标准。

经过评比选拔，由评酒委员会推荐，轻工业部审定，第三届评酒会共评出全国名酒18种，优质酒47种。

（二）第三届全国评酒会送评产品主要要求：

1、必须年出厂销售量在50T以上（啤酒在1000T以上），且经工商行政管理部门注册有牌号的正式产品（散装酒为纳入正式国家生产计划及销售计划的产品）；

2、必须符合国家卫生标准及各级产品标准（啤酒符合部颁标准（试行）QB3—4—77）。且产率要达到本企业同类（同原材料，同工艺，同设备）产品产量的30%以上；

3、必须由本省、市、自治区轻工业（酿酒）主管部门正式组织评比，而后推选出的产品；

4、必须经本省、市、自治区轻工业（酿酒）主管部门主持，会同卫生、商业（外贸）部门，由商业（外贸）仓库中，取出具有代表性未逾保存期的商品，且加盖工业、卫生、外贸部门的共同印章封条，方可做为参加全国评酒的正式酒样；

5、各省、市、自治区推选的酒类产品除必须符合上述条件外，且应上报产品小传及产品统计表（附后），以说明酒的类别及类型。经审核不符合规定要求者，则取消其参加全国评酒的资格；

6、参加全国评比的酒类，各省、市、自治区要分类别及类型进行推选和寄送。其中：

白酒类别：分酱香、浓香、清香、谷（米）香、其它香型等类型，且包括不同原材料、不同工艺、不同糖化发酵剂的液态白酒、低度白酒、普通白酒，1～4种。按规定寄送各种酒8瓶参加评比。凡推选的白酒均不能是调入人工芳香的产品。

黄酒类别：分为甜、半甜、干、其它型等类型，且包括机械化生产的黄酒、普通黄酒1～2种（浙江、江苏、福建等省3～4种）。按规定寄送每种酒8瓶（无瓶装可以寄送最小的坛装酒3～4坛）参加评比。

啤酒类别：分黑、黄（10°以下，11～12°，14°以上）、其它等类型，包括采用缩短酒龄、酶法糖化、连续发酵、立式大罐等新技术的啤酒1～3种（黑龙江、辽宁、山东、北京、上海等省市3～5种）。按规定每种酒寄送24瓶参加评比。

葡萄酒类别：分干白、半甜白、甜白、干红、半甜红、甜红、山葡萄、香槟、汽酒、味美思、白兰地及加香葡萄酒等类型，1～3种。按规定每种酒寄送8瓶（带汽酒12瓶）参加评比。

果露酒类别：按果酒（发酵或半发酵）、露酒（配制酒）、蒸馏酒（包括威士忌、俄得克、兰姆、金酒等）、其它等类型1～3种。按规定每种酒寄送8瓶（带汽酒12瓶）参加评比。

（三）第三届全国评酒会评酒规则：

1、各酒类分类别、类型进行评比；

2、酒样密码编号；

3、百分制评分；

4、顺位品评法；

5、淘汰制评选：由初评评选出具备参加全国名酒、优质酒评比资格的产品，复评评选出全国名酒、优质酒的产品，总评评选出全国名酒的产品；

6、对上届已评出的名酒，不需经各省、市、自治区轻工业（酿酒）主管部门推选上报，可直接参加全国评酒的复评。样品征集与寄送的要求，相同于这次各地所推选的酒类产品规定；

7、正式评酒前先进行2～3次标准样品酒的试评，以求相互评分、评语的接近；

8、评酒室要求安静、清洁，根据条件可采取单间方式或分组大室方式；

9、评酒台要求照明良好，无直射阳光，且台面上垫衬白色桌布；

10、评酒杯普遍采用高脚卵型玻璃杯；香槟、汽酒采用高脚新月型玻璃杯，啤酒采用250ml放口圆柱型玻璃杯；

11、包装装潢暂不做评比内容，只进行评议。对有的产品存在严重包装装潢问题，提出意见限期改进提高，并为下届评酒会提供参考意见；

12、各酒类评比的要求：

白酒：样酒同温、同量、同杯型。不统一调酒度，只对低度酒说明。每日评样尽量不超过24个。

黄酒：样酒同温、同量、同杯型，不统一调酒度，经品评后必要时可在相同条件下加温再评。

啤酒：样酒去掉商标编号、按部颁标准啤酒试验方法QB34—77规定，试样必须在15℃以下保温1小时以上。于评酒现场开瓶，同温、同量、同杯型、同注酒的方法进行品评；另外，每种酒同时集中，准备好酒杯现场开瓶，同样注酒法立刻从距离杯口约3mm处注入啤酒200ml左右，以观察泡沫。

葡萄酒及果露酒：样酒同温、同量、同杯型。果露酒类力求归纳同类型同品评。某些酒如威士忌则根据特性于相同条件下可兑入矿泉水再评。

（四）为搞好分香型评比，统一打分标准，本届评酒会统一了各种香型风格描述。过去均以生产厂的传统描述或本地区消费者习惯评价为依据。这次以风格的描述进行了概括，统一尺度，描述语如下：

酱香型酒：酱香突出、幽雅细腻、酒体醇厚、回味悠长。

浓香型酒：窖香浓郁、绵甜甘洌、香味协调、尾净香长。

清香型酒：清香纯正、诸味协调、醇甜柔口、余味爽净。

米香型酒：蜜香清雅、入口绵柔、落口爽净、回味怡畅。

1978年长沙会议上曾提出了兼香型的说法，但对兼香型定义不明确，经过评酒委员讨论表决，本届评酒取消兼香型，另称为其它香型。

（五）第三届全国评酒会啤酒品尝注意事项

1、品尝时样品温度应在12～15℃，尽力做到同时品尝的样品温度一致。

2、一次品尝的样品不要超过6个，品尝两个样品中间要漱口。6个酒

品评香气时至少要正反次序嗅两次，以矫正嗅觉的误差。

3、酒杯形状要一致，注酒的方法要一致，瓶口距杯口要保持2～3cm，不得过快过慢，同时品尝样品。注入酒时，间隔不得过长。

4、一次品尝的样品，除每人每种一杯外，在品尝结束时另按每种样品，各放两杯，统一由主持人注酒，共同观察泡沫保持时间。泡沫保持时间，从注入杯中到泡沫消失，刚露出液面上的这一段时间（分钟计）。

5、黄色啤酒品尝评分和扣分办法（略）。

四、第四届全国评酒会

第四届全国评酒会由中国食品工业协会主持，协调轻工、商业、农牧渔业部进行。本届评酒会是国务院批准颁布《中华人民共和国优质产品奖励条例》后，首次在全国酿酒行业进行"国家质量奖"评选活动。为了保持与前三届评酒会的连贯性，这一届评酒会采用第四届全国评酒会的名称。这届评酒会是按酒类专业组分期召

开的。1983年在江苏连云港市评选了葡萄酒和黄酒；1984年在山西太原评选了白酒；1985年在山东青岛评选了啤酒、果酒和配制酒。

（一）第四届全国评酒会黄酒、葡萄酒评选会

于1983年6月23～29日在江苏连云港市举行。在此前，由各省、市、自治区及有关部门推荐了样品。评委由各省、市、自治区食品工业协会和国务院有关部及有关行业专家推荐，经中国食协的审定同意，聘请了21名葡萄酒全国评委，18名黄酒全国评委。根据制订的详细的评选标准和办法，评出全国名酒7种，其中黄酒2种、葡萄酒5种。优质酒15种，其中黄酒5种、葡萄酒10种。

优质葡萄酒评选标准适用于葡萄原料酿造而成的原汁红、白葡萄酒和干白、干红葡萄酒及山葡萄酒、加香葡萄酒。评选办法：采取评语和评分（100分制）的方法。评语及划分标准：色泽20分、香气30分、滋味40分、风格10分。

优质黄酒评选标准：本标准适用于稻米、粟米为原料，以小麦曲、米曲为糖化发酵剂，经酿造而成的黄酒。评选办法：采取评语和评分（100分制）的方法。评语及划分标准：色泽10分、香气25分、滋味50分、风格15分。

（二）第四届全国评酒会白酒评选会

于1984年5月7～16日在山西太原召开。为了开好这次评酒会，中国食协进行了一系列的准备工作。2月份在山东泰安召开优质食品评选座谈会，讨论制订了1984年评选国家优质食品的标准和办法。在酱香型酒评选标准中对香的要求除酱香突出，幽雅细腻外，增添了空杯留香的检查评比方法，对味的指标增添了酱香显著的要求，对兼香型酒仍归入其它香型中。其它香型白酒应是采用独特工艺酿制而成，风格独特，香气组分具有一定特征，经市场销售认可，享有一定声誉的白酒，并规定参加其它香型评选的产品，必须附有工艺操作要点，省级企业标准，并经有关部门组织技术人员审查认可，方可参加评比。4月份在江苏省淮安市考核并聘请了全国白酒评酒委员。

评比采用按香型、糖化剂编组、密码编号，分组初评淘汰，再进行复赛，最后进行决赛的方法。这次评选会参评的样品148种，共评出全国名酒13种，优质酒27种。第四届全国白酒评选会参加评比的白酒种类较多，绝大多数白酒风格典型，酒体协调，酒的质量比上届有所提高，尤其是麸曲酒质量有较大的提高。

评选办法：①评选国家优质白酒按香型和糖化剂种类分别品评，其中其它型分为其它和兼香型两组分别品评；②视酒样数量进行分组、密码编号品评；③采用淘汰法评选：分组初评，淘汰复评，择优终评。历届国家名酒，不参加初评，直接进入复评；④采用评语和评分（100分）法评选，其中：色泽10分、香气25分、口味50分、风格15分。

米香型白酒评选标准适用于大米、高粱等粮食为原料，经固态或半固态法酿制。具有小曲米香特点的蒸馏酒。浓香型白酒评选标准适用于粮谷为原料，使用大曲或麸曲为糖化发酵剂，经传统工艺酿制而成具有以己酸乙酯为主体酯类香味的蒸馏酒。清香型白酒评选标准适用于以粮谷等为原料，以大曲或麸曲酒母为糖化发酵剂，经固态发酵工艺酿制而成，具有乙酸乙酯主体酯类香味特点的蒸馏酒。酱香型白酒评选标准。本标准适用于高粱为原料，用小麦或麦麸制曲，经固态发酵酿制而成，具有酱香型风格的白酒。其它型白酒评选标准适用于采用独特工艺酿制而成，风格独特，香气组份具有一定特征，经市场销售认可，享有一定声誉的其它型白酒。

（三）第四届全国啤酒、果酒、配制酒评选会

于1985年5月在山东青岛举行。在此前各省、市、自治区及有关主管部门共推荐样品91种，其中啤酒37种、果酒31种、配制酒23种。专家业务组对来自全国26个省、自治区、直辖市的轻工、商业、农牧渔业、冶金系统的122名统考人员进行了考评，录取啤酒全国评委23名，果酒全国评委21名，配制酒全国评委17名。根据既定的评选标准及办法，评出了全国名酒6种，其中啤酒3种、配制酒3种；全国优质酒24种，其中啤酒5种、果酒12种、配制酒7种。

1、啤酒是指以大麦（芒大麦）为主要原料，经过发芽、干燥、焙焦制成具有特殊香味的麦芽，加用部分淀粉原料经过粉碎、糖化、制成一定浓度的麦芽糖液，添加酒花煮沸后冷却，以纯粹培养的啤酒酵母进行发酵，

制成含有二氧化碳及低度酒精，具有起泡性能的饮料酒。它分为淡色啤酒、淡爽型淡色啤酒、黑啤酒3大类。

正常的啤酒应该味觉干净爽口，有清爽的苦味，不能具有其它异味，怪味，其感官指标、理化指标、卫生指标、保存期应符合以下规定（略）。

2、果酒划分为北方浆果类、山楂类、苹果类、柑桔类、猕猴桃酒、枣酒类、核果类果酒七大类。其中：北方浆果类果酒评选标准适用于以黑穗醋栗（黑豆、黑加伦子）、树梅（马林）、红豆、五味子、草梅、越桔（笃斯）、刺玖果（金樱子）、山丁子、山茄子、稠李子、樱桃、沙棘等果实为原料，经发酵或半发酵法酿制而成的果酒；山楂类果酒评选标准适用于山楂果（红果及野生山里红）为原料，经发酵或半发酵方法酿制而成的果酒；苹果类果酒评选标准标准适用于以苹果、海棠、沙果、（槟子）等为原料经发酵或半发酵酿制而成的果酒；柑桔类果酒评选标准适用于柑桔类为原料，经发酵和半发酵酿造的果酒；猕猴桃类果酒评选标准标准适用于以猕猴桃为原料，经发酵或半发酵酿制而成的果酒；枣类果酒评选标准适用于以枣类为原料，经发酵或半发酵方法酿制而成的甜型果酒。核果类果酒评选标准标准适用于以核果类（青梅、红梅、黄梅、杏子、李子、桃）鲜果为原料，经发酵或半发酵工艺酿制而成的果酒。

同时又按含糖量将果酒划分为干、半干、半甜、甜、蜜甜酒5大类。

评分标准（最高）为：色泽5分、澄清度5分、香气30分、滋味40分、风格20分。

3、配制酒划分成花果、植物药材、动物药材、白兰地、威士忌、竹叶青、莲花白、俄得克八大类。

五、第五届全国评酒会

第五届全国评酒会由中国食品工业协会主持，于1989年1月10日～19日在安徽省合肥市举行。本届评酒会只评选了国家名优白酒。参赛酒样感官质量的评选工作，由中国食协聘请的专家业务组负责组织实施。

这届评酒会共收到由各省、市、自治区推荐的双优（省优、部优）酒样362种，按香型分：浓香型198个、酱香型43个、清香型41个、米香型16个、其它香型64个。

这届评酒会之前，轻工部于1988年9月商请国家技术监督局、商业部、中国食协等单位，在辽宁省朝阳市召开了"酒类国家标准审定会"，通过了"浓香型白酒"等六个国家标准。第五届评酒会按照这些标准评选，对于浓香型白酒，规定了己酸乙酯的上限，结束了多年来评比时"以香取胜"的局面。

这届评酒会改进了评酒方法。对上届国家名、优白酒，采用了复查的方法，对本产品的降度酒及低度酒，经纵向和横向对比，质量优良者予以确认为系列酒，质量不理想的则进一步参与同类型新参评酒样的品评。对新参赛的酒样，视其数量的多少，需经初赛、复赛、半决赛、决赛等赛程。参赛酒样按照集体研究制定的编组原则进行编组。评委也分为四组。每一轮次的品评都设置了明码的标准酒做为评选打分的参数。在统计评分时每个酒样都去掉一个最高分和一个最低分。

第五届评酒会上，上一届13种名酒、27种优质酒，经两个评酒组40余名评委的品评复查，全都合格被确认。武陵、宝丰酒因质量提高晋升为金质奖。155个新参赛的酒样，经56轮次的编组，最后决出金质奖2枚、银质奖28枚。综上，第五届评酒会共决出金质奖17枚，银质奖53枚。

第五届全国评酒会申报国家优质酒的申报条件：（1）产品已获得"双优"称号；如该产品的酒度降至55°以下，也可推荐参加评比；（2）企业按照具有国际、国内先进水平的标准组织生产；（3）产品质量达到国际、国内先进水平；（4）产品已经批量生产，年产值不少于100万元；在能源、原材料消耗，"三废"处理和经济效益等方面达到国内同行业先进水平；（5）大中型企业必须达到二级计量合格，小型企业必须达到三级计量合格；（6）企业已实行全面质量管理，并有健全的质量保证体系；（7）出口产品应具有较高的创汇能力；（8）滞销和亏损产品或亏损企业不得申报。

第五届全国评酒会国家优质酒的评选标准原则上仍采用第四届全国评酒会的《国家优质白酒评选标准》。鉴于白酒行业的实际情况，本着有利于提高产品质量，积极地指导消费，特做个别修订。

第五届全国评酒会国家优质酒的评选办法：（1）本届评选国家优质白酒采取感官质量为主。参考企业管理水平，择优录取的办法。酒样以密码编号，采用淘汰制，进行初评、复评、终评。企业管理指标暂包括：

优质白酒商品量、质量管理、标准计量、食品卫生、创外汇等项；（2）按基层申报的产品香型、酒度、糖化发酵剂分类进行品评。香型分为酱香、清香、浓香、米香、其他香型五类。酒度分为40~55°（含40°和55°）、40°以下两档。糖化发酵剂分为大曲、麸曲和小曲；（3）上届国家名优白酒进行复查确认。质量下降、消费者反映强烈的或未参加复查的均不能成为本届的名优白酒。（4）名优白酒的降度酒，只能选送一个样品进行评比认定。

第三节　历届全国评酒会评酒委员

一、第三届全国评酒会评酒委员

1、白酒

贾翘彦	贵州遵义董酒厂
李大信	陕西西凤酒厂
杨万春	甘肃徽县酒厂
张建有	河南伊川杜康酒厂
祝志荣	湖北武汉酒厂
鲍沛生	湖南常德酒厂
何锡贞	广东省糖酒公司
刘洪晃	辽宁省食品工业研究所
周复茂	吉林省吉林市江城酒厂
洪永凯	黑龙江阿城市玉泉酒厂
熊子书	轻工业部食品发酵工业科学研究所
叶贤佐	四川宜宾地区糖酒公司
曹述舜	贵州省轻工业研究所
夏义雄	广西桂林三花酒厂
房艺武	安徽淮北濉溪酒厂
金风兰	河北三河县酒厂
王　仓	山西汾阳杏花村酒厂
沈怡方	内蒙古自治区轻工研究所
梁邦昌	江苏洋河酒厂
龚文昌	北京酿酒总厂
于树民	山东省一轻厅
高月明	黑龙江省轻工业厅

2. 啤酒

齐志道　徐文广　闵文广　张培昌　王世彦　刁　奎　王悟我　高万明　吴赓永

3. 葡萄酒

聘请评委

刘　犁	新疆轻工业厅
吴良柏	湖北襄樊市酒厂
王明诚	江苏宿迁葡萄酒厂
陈泽义	山东烟台张裕葡萄酿酒公司
韩　荣	河北沙城酒厂
王荣瑞	辽宁沈阳果酒厂

郭玉振	黑龙江一面坡葡萄酒厂
刘翔鸣	河南民权葡萄酒厂
梁卫国	广东广州食品工业公司
付光彩	安微萧县葡萄酒罐头公司
薛备中	天津粮油进出口公司
王永福	山西汾阳杏花村酒厂
魏永恬	吉林省轻工研究所

特聘评委

| 郭其昌 | 轻工业部食品发酵工业科学研究所 |
| 王秋芳 | 北京酿酒总厂 |

4. 黄酒

聘请评委

刘久年	贵州花溪酒厂
张家祺	河南洛阳啤酒厂
邱维汉	江苏丹阳黄酒厂
王阿牛	浙江绍兴酒厂
袁深久	山东即墨老酒厂
齐庆功	山西汾阳杏花村酒厂
白希智	陕西西安酒厂
何运林	广东兴宁酒厂
陈靖显	浙江杭州酒厂
郑明光	福建福州酒厂
施炳祖	北京酿酒总厂
张廷玉	辽宁大连白酒厂

特聘评委

毛照显	上海淀山湖酒厂
卞 辛	浙江
蒋贻泽	江苏省轻工业厅
刘木生	江西南昌酒厂

二、第四届全国评酒会评酒委员

1. 葡萄酒

王秋芳	北京酿酒总厂
陈泽义	烟台张裕葡萄酒公司
刘 犁	江苏省食品发酵所
魏永恬	吉林省轻工业研究所
王荣瑞	沈阳市酿酒厂
郭玉振	黑龙江省一面坡葡萄酒厂
刘翔鸣	河南民权葡萄酒厂
韩 荣	河北张家口市长城酿酒公司
付光采	安徽省萧县葡萄酒厂
丁建民	天津市果酒厂

康荣宦	吉林省通化葡萄酒公司
刘文邦	安徽省轻工厅食品工业公司
王俊玉	内蒙轻工科研所
李素慧	北京葡萄酒厂
薛备忠	天津食品进出口公司
王好德	青岛葡萄酒厂
许子才	河南省仪封园艺场酒厂
曾纵野	黑龙江商学院

特聘评委

李　敏	经济日报

2. 黄酒

王阿牛	浙江绍兴酒厂
蒋贻泽	江苏省轻工厅
张延玉	辽宁大连酒厂
毛照显	上海淀山湖酒厂
刘木生	江西南昌酒厂
施炳祖	北京酿酒总厂
邱维汉	江苏丹阳酒厂
袁琛久	山东即墨老酒厂
何运林	广东兴宁酒厂
林善享	福建福州第一酒厂
白希智	陕西西安酒厂
陈靖显	浙江杭州酒厂
刘久年	贵州贵阳市花溪酒厂
徐复鑫	江西九江封缸酒厂
苏荣江	福建龙岩酒厂
赵文明	吉林省轻工业厅
朱传声	浙江省烟酒糖业公司
徐呈祥	无锡轻工学院

3. 白酒

金风兰	河北省三河县酒厂
刘洪晃	辽宁省食品工业研究所
梁邦昌	江苏省洋河酒厂
张武举	吉林省榆树县造酒厂
洪永凯	黑龙江省玉泉酒厂
周复茂	山东省蓬莱县酒厂
夏义雄	广西桂林饮料厂
鲍沛生	湖南省常德市酿酒公司
徐占成	四川省绵竹酒厂
王　岳	河北省永清县酒厂
武庆尉	内蒙喀喇沁旗乃林酒厂
季克良	贵州省茅台酒厂

祝志荣	湖北省武汉酒厂
何云龙	北京市昌平县酒厂
张国强	安徽省淮北市酒厂
李大信	陕西省西凤酒厂
白希智	陕西省西安市酒厂
栗永清	黑龙江省肇东县酒厂
贾翘彦	贵州省遵义董酒厂
李祖功	新疆农四师七十二团
潘维符	辽宁省抚顺市酿酒厂
范仲仁	内蒙古轻工业公司
张建有	河南省伊川杜康酒厂
景学镇	湖北省宜昌市酒厂
邢明月	河南省宝丰酒厂
蔡凌云	安徽省酿酒工业公司
王福之	天津市酿酒厂
陈继才	河南省温县农场酒厂
杨万春	甘肃省徽县酒厂
曲学塾	山东省索镇酒厂

特邀委员

熊子书	轻工业部食品发酵工业科学研究所
于树民	山东省一轻厅食品工业公司
陈森辉	江苏省泗洪县双沟酒厂
王　仓	山西省杏花村汾酒厂
于　桥	辽宁省金州酒厂
何锡贞	广东省糖业烟酒公司
董学田	四川省糖业烟酒公司
朱桂初	农牧渔业部中国社队企业联合总公司
黄义书	四川省宜宾市曲酒厂
王元太	山西省轻工业厅
钟国辉	天津市糖业烟酒工业公司

免试评酒委员

沈怡方	江苏省食品发酵研究所
高月明	黑龙江省轻工业厅食品工业公司
曹述舜	贵州省轻工业厅科研所
叶贤佐	四川省宜宾地区名曲酒公司

4. 啤酒

袁　琰	重庆啤酒厂
何曼玲	轻工业部食品发酵工业研究所
崔家骥	浙江杭州啤酒厂
郭刚锋	广东广州啤酒厂
南岱光	北京五星啤酒厂
于洪千	河北省承德市啤酒厂

周敬明	武汉市啤酒厂
王泉石	北京五星啤酒厂
叶开明	安徽铜陵啤酒厂
陈喜文	吉林长春市啤酒厂
李广钊	江苏徐州酿酒总厂
刘正德	山东青岛啤酒厂
秦　武	安徽怀远啤酒厂
杜和德	四川梁平啤酒厂
胡　嵩	大连啤酒厂
高志明	陕西宝鸡饮料啤酒厂
刘聚吾	河南开封啤酒厂
李绍敏	山东济南啤酒厂
马春华	哈尔滨市新农啤酒厂
徐同兴	上海市上海啤酒厂
李改珠	内蒙呼和浩特市啤酒厂
容尚谦	安徽合肥啤酒厂
任　义	辽宁营口市专卖事业管理局

免试评委

| 王文中 | 轻工业部食品发酵工业科学研究所 |
| 郑松茂 | 辽宁省大连啤酒厂 |

5. 果酒

陈泽义	山东烟台张裕葡萄酿酒公司
彭德华	河北中国长城葡萄酒有限公司
王荣瑞	沈阳市酿酒厂
方桂兰	四川万县市果酒厂
刘文邦	安徽省轻工业厅酿酒工业公司
陈珊朵	上海中国酿酒厂
成泽加	湖北京山酒厂
王作仁	山东蓬莱酒厂
刘　犁	江苏省食品发酵研究所
郭玉振	黑龙江一面坡葡萄酒厂
陈肖兴	山东烟台香槟酒厂
武庆尉	内蒙喀喇沁旗乃林酒厂
沈祥坤	河南省食品研究所
李华敏	四川灌县茅梨啤酒厂
严升杰	河北秦皇岛市昌黎葡萄酒厂
高维强	天津市葡萄酿酒公司
金俊济	吉林长白山葡萄酒厂
李素慧	北京葡萄酒厂
宋叔尔	湖南澧县酒厂
鲍明镜	山西太原清徐露酒厂
田雅丽	河北中国长城葡萄酒有限公司

6. 配制酒

周怡庭	湖北潜江园林青酒厂
白镇江	北京东郊葡萄酒厂
武少青	吉林长春春城酿酒厂
姚应泰	河南郑州葡萄酒厂
徐晓曦	黑龙江哈尔滨市酒精二厂
王永福	山西杏花村汾酒厂
孙德铁	山东青岛葡萄酒厂
颜文灿	广东阳春县酿酒厂
李兰台	天津市果酒厂
许传清	安徽金寨县经委
王恭堂	山东烟台张裕葡萄酿酒公司
高 军	黑龙江哈尔滨市酒精一厂
任乐田	山西杏花村汾酒厂
陈靖显	浙江杭州酒厂
朗春梅	山西杏花村汾酒厂
高美书	北京葡萄酒厂
黄书声	河南尉氏县鹿岗酒厂

三、第五届全国评酒会评酒委员

1. 白酒

李 静	江苏高沟酒厂
韩 印	哈尔滨松花江酒厂
李树林	辽宁风城老窖酒厂
蔡小忠	四川渠县酒厂
岳光荣	四川射洪沱牌酒厂
胡 森	四川成都全兴酒厂
陈处达	江苏宝应酒厂
季克良	贵州茅台酒厂
吴晓萍	四川泸州曲酒厂
白希智	陕西西安酒厂
栗永清	黑龙江肇东市制酒厂
肖静锋	四川宜宾地区酒管局
栾作禄	大连市金州酒厂
谢义贵	四川德阳市酒管局
程国熙	河南汝阳县杜康酒厂
赵志昌	黑龙江富裕老窖酒厂
范国琼	四川宜宾五粮液酒厂
周怡庭	湖北园林青酒厂
刘洪晃	辽宁省食品工业研究所
邢明月	河南宝丰酒厂
孙前聚	河南宋河酒厂

王　岳	河北永清酒厂
何　毅	四川邛崃文君酒厂
洪永凯	黑龙江省阿城市玉泉酒
李　印	内蒙宁城县八里罕酒厂
胡义明	四川双流县二峨曲酒厂
夏义雄	广西桂林市酿酒总厂
史桂华	江苏沛县沛公酒厂
张武举	吉林榆树县造酒厂
张建友	河南伊川县杜康酒厂
金凤兰	河北三河县酒厂
祝志荣	湖北武汉酒厂
李忠岩	吉林德惠县酿酒厂
段金生	吉林梅河口市酿酒厂
陈建明	江苏泗洪县双洋酒厂
傅若娟	贵州贵阳酒厂
周复茂	山东蓬莱酒厂
李　净	湖北咸宁市浮泉酒厂
林长友	吉林长春市酿酒总厂
胡永和	吉林市江城酒厂
陶立成	河南汝阳杜康酒业总公司
张国强	安徽淮北口子酒总厂
潘维符	辽宁抚顺市轻工业管理局
李克明	四川眉山县三苏酒厂

2．白酒特邀评委

梁邦昌	江苏洋河酒厂
鲍沛生	湖南省政府食品工业办
李祖功	新疆伊犁大曲酿造公司
何云龙	北京昌平酒厂
杨万春	甘肃陇南春酒厂
李大信	陕西宝鸡市经济委员会
范仲仁	内蒙古轻工业公司
武庆尉	内蒙古赤峰市乃林酒厂
徐占成	四川剑南春酒厂
曲学塾	山东索镇酒厂
景学镇	湖北宜昌市政府
贾翘彦	贵州遵义市董酒厂
陈继才	河南温县古温酒厂
王福之	天津酿酒厂
陈燕如	江西四特酒厂
于树民	山东省一轻食品工业公司
王海平	山东景芝酒厂
何锡贞	广东省糖烟酒公司

张桂仙	山西汾酒厂
丁前胜	江苏省军区后勤部
蔡世强	贵州习水东风酒厂
丁柏年	安徽省酿酒工业公司
万　钧	山西祁县六曲香酒厂
张　娣	黑龙江哈尔滨龙滨酒厂
陈森辉	江苏双沟酒厂
罗雄伟	湖南长沙酒厂
郭宗武	河南张弓酒厂
李金宝	陕西西凤酒厂
孙松华	安徽亳州市古井酒厂
赖高淮	四川泸州市酿酒研究所
王建斌	湖南常德市德山大曲酒厂
白富贵	山西太原市徐沟酒厂
张树森	安徽阜阳地区工业局
曾奇栋	山东曲阜市酒厂
葛崇凯	江苏泰州酒厂

四、2005届国家级评酒委员

1、白酒

于宪杰	赤峰顺鑫宁城老窖酒业有限公司
王卫东	江苏双沟酒业股份有限公司
王凤仙	山西杏花村汾酒厂股份有限公司
王友利	江苏御珍酒业有限公司
王会军	天津泰达酒业有限公司
王秀丽	山东省郓城水浒酒业有限责任公司
王贤	河南赊店酒业有限公司
王勇	广西全州湘山酒厂
王莉	贵州茅台酒股份有限公司
王科歧	陕西西凤酒股份有限公司
王鹏珍	青海互助青稞酒有限公司
王静	安徽明光酒业有限公司
王霞	内蒙古河套酒业股份有限公司
代春	四川宜宾五粮液集团
卢中明	四川泸州老窖集团公司
卢建春	安徽古井贡酒股份有限公司
申作树	山东福瑞酒厂
艾金忠	北京红星股份有限公司
龙运川	重庆市酒类管理协会
任爱琴	甘肃金徽酒业有限责任公司
刘建华	黑龙江北大仓集团有限公司
刘琼	四川全兴股份有限公司

中国文化遗产年鉴·酒文化卷

刘新宇	新疆伊力特实业股份有限公司
向军	荆州长江酒业有限公司
吕云怀	贵州茅台酒股份有限公司
吕相芬	贵州茅台酒厂（集团）习酒有限责任公司
孙云南	福建省武夷酒业有限公司
孙继祥	河南皇沟酒业有限公司
曲家成	吉林德大有限公司德惠大曲酒厂
朱建都	山东寿光齐民思酒业有限责任公司
何志远	黑龙江华润酿酒有限公司
何英	江西四特酒有限责任公司
佟成	哈尔滨龙江龙有限公司
吴志宏	朝阳凌塔酿造科技开发有限公司
吴建峰	江苏今世缘酒业有限公司
张加林	江苏汤沟两相和酒业有限公司
张永平	陕西省太白酒厂
张玉柱	黑龙江省玉泉酒业有限责任公司
张红旗	山东孔府家集团有限公司
张国强	安徽口子酒业股份有限公司
张桂仙	山西杏花村汾酒集团有限责任公司
张继云	内蒙古鄂尔多斯酒业集团
张宿义	四川泸州老窖集团公司
张锋国	山东扳倒井股份有限公司
张跟东	江西堆花酒业有限责任公司
时卫平	湖北枝江酒业股份有限公司
李小娟	内蒙古骆驼酒业股份有限公司
李平	四川省银帆香精香料有限公司
李玉忠	甘肃省轻工科学研究院
李其书	贵州振业董酒股份有限公司
李净	湖北枝江酒业股份有限公司
李泽霞	河北裕丰实业股份有限公司
李绍亮	河南省宋河酒业股份有限公司
杨团元	湖北白云边股份有限公司
杨红文	安徽金种子集团有限公司
杨秀丽	山东至圣孔府宴有限公司
杨林	湖北稻花香酒业股份有限公司
杨强	劲牌有限公司
沈毅	四川朗酒集团
迟彦刚	承德乾隆醉酒业有限责任公司
陈乔	四川宜宾五粮液集团
陈萍	新疆第一窖古城酒业有限公司
周新虎	江苏洋河酒厂股份有限公司
孟宪军	山东金彩山酒业有限公司

易伟	千台春酒业
林东	四川全兴股份有限公司
武志勇	辽宁省沈阳市老龙口酒厂
武金华	山东泰山生力源集团股份公司
范国琼	四川宜宾五粮液集团有限公司
郑洁	云南省水富三乘酒业有限公司
金凤兰	三河市经贸局燕辰资产经营有限公司
胡永和	吉林市江滨食品工业有限责任公司
胡建祥	陕西省太白酒厂
胥彦明	陕西省城固酒业有限公司
胥春平	四川沱牌集团公司
赵小波	海南椰岛股份有限公司
赵书民	伊川杜康实业有限公司
赵志昌	黑龙江省富裕老窖酒业有限公司
赵国敢	江苏洋河酒厂股份有限公司
赵俊兰	内蒙古奥淳酒业有限责任公司
唐双玲	湖南酒鬼酒股份有限公司
徐姿静	四川剑南春（集团）有限责任公司
栗伟	黑龙江省轻工科学研究院
班勇	吉林省洮儿河酒业有限公司
贾智勇	陕西西凤酒股份有限公司
郭波	佛山市太吉酒厂有限公司
郭宾	四川宜宾五粮液集团有限公司
高军	黑龙江北大荒酿酒集团
高玲	安徽迎驾贡酒有限公司
高雪峰	长春榆树大曲集团股份有限公司
崔汉武	广东省九江酒厂有限公司
崔维东	桂林三花股份有限公司
康健	山西杏花村汾酒厂股份有限公司
符春生	汝阳杜康（集团）总公司杜康酒厂
黄芳	安徽皖酒制造集团有限公司
黄健辉	湖南科源科技实业有限公司
普必恩	云南玉林泉酒业有限公司
曾宪忠	江西七宝山酒业有限责任公司
程静	江苏分金亭酒业有限公司
覃建良	广西丹泉酒业有限公司
谢义贵	四川剑南春（集团）有限责任公司
韩晓东	天津津酒集团有限公司
韩晓明	山东景芝酒业股份有限公司
韩素娜	河南仰韶酒业有限公司
管桂坤	山东兰陵美酒股份有限公司
黎贤书	伊犁肖尔布拉克酒业有限责任公司

魏之彬　　　　　　　　　　　宁夏西夏贡酒业实业有限公司
2、啤酒
　　丁立彬　吴秀媛　国　强　卜　霞　宋　宇　易晓辉　王江群　张兆安　林　材　王武军
　　张灵斌　苗同畅　王　娟　张国华　金之伟　王　娴　张学军　段安南　王殿忠　李玉杰
　　要永杰　王　薇　李守贵　郝婕晨　包　莹　李秀玉　奚天红　皮向荣　李国栋　敖国锋
　　刘兴武　李　婕　翁益平　刘　兵　邵洪涛　耿玉山　孙永红　陆幼兰　钱小群　许贵贤
　　陈小华　顾丽红　严菊珍　陈海东　谢庆云　何长青　单连菊　韩新田　何　红　周岩峰
　　潘春节　何桂英　周洪斌　魏晓晖
3、葡萄酒
　　马佩选　　　　　　　　　　　国家葡萄酒质量检测监督中心
　　王　军　　　　　　　　　　　通化葡萄酒股份有限公司
　　王苏辉　　　　　　　　　　　蓬莱葡萄酒厂
　　王国锋　　　　　　　　　　　昌黎县夏都葡萄酿酒有限公司
　　王咏梅　　　　　　　　　　　山东酿酒葡萄科研所
　　王树生　　　　　　　　　　　中法合营王朝葡萄酿酒有限公司
　　王思新　　　　　　　　　　　国投中鲁果汁股份有限公司
　　王春萍　　　　　　　　　　　秦皇岛丘比特葡萄酿酒有限公司
　　王焕香　　　　　　　　　　　中国长城葡萄酒有限公司
　　邓军哲　　　　　　　　　　　北京佐佳庄园葡萄酒有限公司
　　尹吉泰　　　　　　　　　　　中法合营王朝葡萄酿酒有限公司
　　孙方勋　　　　　　　　　　　青岛勋之堡酒业有限公司
　　孙军超　　　　　　　　　　　兰考路易葡萄酿酒有限公司
　　孙春辉　　　　　　　　　　　烟台伊司顿葡萄酒庄有限公司
　　孙腾飞　　　　　　　　　　　中国长城葡萄酒有限公司
　　安　荣　　　　　　　　　　　北京龙徽酿酒有限公司
　　朱　力　　　　　　　　　　　法国拉曼公司酒类酿造部
　　祁云亭　　　　　　　　　　　内蒙古云中酒业有限责任公司
　　刘拉玉　　　　　　　　　　　云南香格里拉酒业股份有限公司
　　刘振国　　　　　　　　　　　秦皇岛万达葡萄酒业有限公司
　　李记明　　　　　　　　　　　烟台张裕集团有限公司
　　李德美　　　　　　　　　　　北京农学院
　　杜金华　　　　　　　　　　　山东农业大学
　　陈小波　　　　　　　　　　　中粮华夏长城葡萄酒有限公司
　　陈青昌　　　　　　　　　　　烟台威龙葡萄酒股份有限公司
　　陈　勇　　　　　　　　　　　广东帝浓酒业有限公司
　　陈彦雄　　　　　　　　　　　甘肃祁连葡萄酒业有限责任公司
　　邵学东　　　　　　　　　　　中粮长城葡萄酒（烟台）有限公司
　　严　斌　　　　　　　　　　　中粮华夏长城葡萄酒有限公司
　　杨华峰　　　　　　　　　　　云南太阳魂酒业有限公司
　　杨贻功　　　　　　　　　　　烟台海市葡萄酒有限公司
　　杨俊梅　　　　　　　　　　　香格里拉（秦皇岛）葡萄酒有限公司
　　林　静　　　　　　　　　　　民权碧云天葡萄酒业有限公司

国凤华	通化葡萄酒股份有限公司
张　宁	云南高原葡萄酒有限公司
张　平	辽宁五女山米兰酒业有限公司
张　宝	河北省涿鹿酿酒有限公司
张　辉	中粮酒业有限公司
张世鹏	烟台南山庄园葡萄酒有限公司
张春娅	中法合营王朝葡萄酿酒有限公司
张翠银	北京玉都燕园葡萄酒有限公司
赵玉玲	新天国际葡萄酒业有限公司
赵荣海	北京盛唐酒业有限公司
郝景民	安徽古井双喜葡萄酒有限责任公司
俞惠明	宁夏恒生西夏王酒业公司
浦旭光	连云港杰圣葡萄酒业有限公司
胡　诚	康达蓬莱葡萄酒有限公司
夏广丽	青岛华东葡萄酿酒有限公司
徐　义	德州市奥德曼葡萄酒厂
高小波	贵州茅台酒厂(集团)昌黎葡萄酒业有限公司
倪玉英	昌黎地王酿酒有限公司
涂正顺	青岛大学生物系
崔可栩	香格里拉（秦皇岛）葡萄酒业公司
崔彦志	朗格斯酒庄（秦皇岛）有限公司
崔彩虹	北京丰收葡萄酒有限公司
焦复润	烟台威龙葡萄酒股份有限公司
戚立昌	北京丘比特葡萄酿酒有限公司
魏滨生	烟台张裕集团有限公司

4、黄酒（36人）

邹慧君	潘兴祥	胡普信	毛　健	胡志明	孟中法
周细汉	任润斌	王家建	熊建生	陈品光	董鲁平
夏梅芳	周筱春	罗振波	俞阿狗	李博斌	费雪忠
郑家华	管桂坤	鲁瑞刚	徐岳正	俞关松	吕兴龙
李国龙	宣贤尧	朱宏霞	陈宝良	边文刚	金桂春
于秦峰	刘屏亚	李伟峰	申　军	杨国棋	庄文峰

5、果露酒

王凤仙	山西杏花村汾酒厂股份有限公司
王丽华	中国食品发酵工业研究院
王玲	四川宜宾五粮液集团公司
付士清	北京顺兴葡萄酒有限公司
兰余	海南椰岛（集团）股份有限公司
甘清航	梧州龙山酒业有限公司
田显军	劲牌有限公司
白恩富	墨江酒江酒业有限公司
刘小兵	海南省酒业协会

刘传华	山东至圣孔府宴有限公司
刘兴禹	浙江致中和酒业有限责任公司
刘凯	山东兰陵美酒股份有限公司
刘国庆	山东颐阳酒业集团有限公司
刘胜华	劲牌有限公司
吕文	中法合营王朝葡萄酿酒有限公司
江长源	上海冠生园华佗酿酒有限公司
何见	江苏无花果酒业有限公司
吴明	南通颐生酒业有限公司
张天虎	宁夏红枸杞产业集团有限公司
张方刚	宁波市烛湖酒业有限公司
张玉龙	上海隆樽酿酒有限公司
张坤	北京红星股份有限公司
张家训	安徽省成果石榴酒酿造有限公司
张强	南通颐生酒业有限公司
李玉芹	昌黎三珠葡萄酿酒有限公司
李净	湖北枝江酒业股份有限公司
李景明	中国农业大学食品学院
杨雪峰	中粮华夏长城葡萄酒有限公司
沈志毅	烟台张裕葡萄酿酒股份有限公司保健酒分公司
陆文胜	宁波天宫庄园果汁果酒有限公司
周文革	新疆维吾尔自治区产品质量监督检验研究所
周增群	浙江神仙居酒业有限公司
孟宪军	山东金彩山酒业有限公司
林红	四川省宜宾五粮液集团仙林果酒有限公司
欧阳元财	亚洲酿酒（厦门）有限公司
范世华	长白山酒业集团有限公司
郎春梅	山西杏花村汾酒厂股份有限公司
姚中哲	吉林天池葡萄酒有限公司
胡可秀	上海隆樽酿酒有限公司
赵长军	亚洲酿酒（厦门）有限公司
徐瑞敏	民权九鼎葡萄酒有限公司
高小波	贵州茅台酒厂（集团）昌黎葡萄酒业有限公司
高华	内蒙古鸿茅实业股份有限公司
常伟	江南大学生物工程学院
曹松	桂林三花股份有限公司
梁丽霞	昆明酒厂
黄师贤	广西德保县酒厂
焦爱丽	天津华人酒饮有限公司
董建梅	内蒙古牙克石光安岭酒业有限公司
薛洁	中国食品发酵工业研究院

免试人员名单（按姓氏笔划排序）

白秀玲	山东至圣孔府宴有限公司
刘前生	湖北枝江酒业股份有限公司
张宪宇	安徽百春制药有限公司
张葆春	烟台张裕集团有限公司
郭意如	天津市林业果树研究所
梁学军	北京龙徽酿酒有限公司

第四节　历届全国评酒会评出的国家名酒、优质酒名单

一、第一届全国评酒会共评出全国名酒8种

白酒类4种

茅台酒	贵州省茅台酒厂
汾酒	山西省汾阳杏花村酒厂
泸州大曲酒	四川省泸州曲酒厂
西凤酒	陕西省西凤酒厂

黄酒类1种

| 鉴湖绍兴酒 | 浙江绍兴酒厂 |

葡萄酒、果露酒类3种

张裕金奖白兰地	山东烟台张裕葡萄酿酒公司
红玫瑰葡萄酒	山东烟台张裕葡萄酿酒公司
味美思	山东烟台张裕葡萄酿酒公司

二、第二届全国评酒会共评出全国名酒18种、优质酒27种

18种名酒

1. 白酒类8种

五粮液	四川省宜宾五粮液酒厂
古井贡酒	安徽省亳县古井酒厂
泸州老窖特曲	四川省泸州酒厂
全兴大曲酒	四川省成都酒厂
茅台酒	贵州省茅台酒厂
西凤酒	陕西省西凤酒厂
汾酒	山西省杏花村汾酒厂
董酒	贵州省遵义董酒厂

2. 黄酒类2种

| 绍兴加饭酒 | 浙江省绍兴酿酒总厂 |
| 沉缸酒 | 福建省龙岩酒厂 |

3. 葡萄酒、果露酒7种

白葡萄酒	山东青岛葡萄酒厂
味美思	山东烟台张裕葡萄酿酒公司
玫瑰香红葡萄酒	山东烟台张裕葡萄酿酒公司
夜光杯中国红葡萄酒	北京东郊葡萄酒厂

特制白兰地	北京东郊葡萄酒厂
金奖白兰地	山东烟台张裕葡萄酿酒公司
竹叶青	山西省杏花村汾酒厂

4．啤酒1种

| 青岛啤酒 | 山东省青岛啤酒厂 |

27种优质酒

白酒类9种

双沟大曲酒	江苏省双沟酒厂
龙滨酒	黑龙江省哈尔滨市龙滨酒厂
德山大曲酒	湖南省常德德山酒厂
全州湘山酒	广西全州湘山酒厂
三花酒	广西桂林饮料厂
凌川白酒	辽宁省锦州酒厂
哈尔滨高粱糠白酒	黑龙江省哈尔滨白酒厂
合肥薯干白酒	安徽省合肥酒厂
沧州薯干白酒	河北省沧州制酒厂

黄酒类5种

福建老酒	福建省福州第一酒厂
寿生酒	浙江省金华酒厂
醇香酒	江苏省苏州东吴酒厂
大连黄酒	辽宁省大连酒厂
即墨老酒	山东省即墨酒厂

葡萄酒，果酒类10种

长白山葡萄酒	吉林省吉林市长白山葡萄酒厂
通化葡萄酒	吉林省通化葡萄酒厂
中华牌桂花酒	北京葡萄酒厂
民权红葡萄酒	河南省民权葡萄酒厂
山楂酒	辽宁省沈阳酿酒厂
广柑酒	四川省渠县果酒厂
香梅酒	黑龙江一面坡葡萄酒厂
中国熊岳苹果酒	辽宁省盖平果酒厂
五加皮	广东省广州市酒厂
荔枝酒	福建省漳州市酒厂

啤酒类3种

特制五星啤酒	北京双合盛五星啤酒厂
特制北京啤酒	北京啤酒厂
上海啤酒	上海华光啤酒厂

三、第三届评酒会评出全国名酒18种、优质酒47种

18种名酒

白酒类8种

| 茅台酒 | 贵州茅台酒厂 |

五粮液	四川宜宾五粮液酒厂
古井贡酒	安徽古井贡酒厂
董酒	贵州遵义董酒厂
汾酒	山西杏花村汾酒厂
剑南春	四川绵竹酒厂
洋河大曲酒	江苏洋河酒厂
泸州老窖特曲酒	四川泸州曲酒厂

黄酒类2种

| 绍兴加饭酒 | 浙江省绍兴酿酒总厂 |
| 龙岩沉缸酒 | 福建龙岩酒厂 |

葡萄酒、果露酒类7种

烟台红葡萄酒（甜）	山东烟台张裕葡萄酿酒公司
中国红葡萄酒（甜）	北京东郊葡萄酒厂
沙城白葡萄酒（干）	河北沙城中国长城葡萄酒有限公司
民权白葡萄酒（甜）	河南民权葡萄酒厂
烟台味美思	山东烟台张裕葡萄酿酒公司
金奖白兰地	山东烟台张裕葡萄酿酒公司
山西竹叶青	山西汾阳杏花村汾酒厂

啤酒类1种

| 青岛啤酒 | 山东青岛啤酒厂 |

47种优质酒

西凤酒	陕西西凤酒厂
宝丰酒	河南宝丰酒厂
郎酒	四川古蔺县郎酒厂
武陵酒	湖南常德武陵酒厂
双沟大曲	江苏双沟酒厂
口子酒	安徽淮北市口子酒厂
丛台酒	河北邯郸市酒厂
白云边	湖北白云边酒厂
湘山酒	广西全州湘山酒厂
三花酒	广西桂林饮料厂
长乐烧	广东五华长乐烧酒厂
迎春酒	河北廊坊市酿酒厂
六曲香	山西祁县酒厂
高粱糠老白干	黑龙江省哈尔滨市白酒厂
燕潮铭	河北三河县燕郊酒厂
金州曲酒	辽宁省金县酿酒厂
双沟低度大曲（39℃）	江苏双沟酒厂
坊子白酒	山东坊子酒厂
北京白葡萄酒（甜）	北京东郊葡萄酒厂
青岛白葡萄酒（甜）	山东青岛葡萄酒厂
长白山葡萄酒	吉林长白山葡萄酒厂

通化人参葡萄酒	吉林通化葡萄酒公司
民权半干红葡萄酒	河南民权葡萄酒厂
沙城半干白葡萄酒	河北沙城酒厂
丰县半干白葡萄酒	江苏丰县葡萄酒厂
北京桂花陈酒	北京葡萄酒厂
熊岳苹果酒	辽宁盖县熊岳果酒厂
一面坡紫梅酒	黑龙江尚志县一面坡葡萄酒厂
沈阳山楂酒	辽宁省沈阳市酿酒厂
渠县红桔酒	四川渠江果酒厂
五味子酒	吉林长白山葡萄酒公司
广州五加皮	广东广州市永利威酒厂
北京莲花白酒	北京葡萄酒厂
绍兴善酿	浙江绍兴酿酒厂
福建老酒	福建省福州市第一酒厂
兴宁珍珠红	广东兴宁酒厂
大连黄酒	辽宁省大连酒厂
绍兴元红	浙江绍兴酿酒厂
即墨老酒	山东即墨老酒厂
无锡惠泉酒	江苏无锡市酿酒总厂
丹阳封缸酒	江苏丹阳酒厂
连江元红	福建省连江县酒厂
南平茉莉青	福建省南平市酒厂
九江封缸酒	江西九江市封缸酒厂
沈阳雪花啤酒	辽宁沈阳啤酒厂
北京特制啤酒	北京啤酒厂
上海海鸥啤酒	上海华光啤酒厂

四、第四届全国评酒会共评出全国名酒18种、优质酒27种

1. 葡萄酒

金质奖（国家名酒）5种

葵花牌烟台红葡萄酒	山东烟台张裕葡萄酿酒公司
丰收牌中国红葡萄酒	北京东郊葡萄酒厂
葵花牌烟台味美思	山东烟台张裕葡萄酿酒公司
长城牌干白葡萄酒	河北沙城中国长城葡萄酒有限公司
王朝牌半干白葡萄酒	天津中法合营葡萄酒有限公司

银质奖（国家优质酒）：

丰收牌桂花陈酒	北京葡萄酒厂
葵花牌青岛白葡萄酒	青岛葡萄酒厂
红梅牌中国通化葡萄酒	吉林通化葡萄酒公司
长白山牌长白山葡萄酒	吉林长白山葡萄酒厂
长城牌半干红葡萄酒	河南省民权葡萄酒厂
长城牌白葡萄酒	河南民权葡萄酒厂

奖杯牌半干葡萄酒	江苏丰县葡萄酒厂
双喜牌干白葡萄酒	安徽萧县葡萄酒罐头联合公司
花果山牌金梅牌半干白葡萄酒	江苏连云港市葡萄酒厂
风船牌天津陈酿酒	天津市果酒厂

2．黄酒

金质奖（国家名酒）：

塔牌绍兴加饭酒	绍兴酿酒总厂
新罗泉牌沉缸酒	福建龙岩酒厂

银质奖（国家优质酒）：

金枫牌特加饭黄酒	上海枫泾圣 酒厂
鼓山牌福建老酒	福州市第一酒厂
古越龙山牌绍兴元红酒	绍兴酿酒总厂
辽海牌黄酒	大连酒厂
丹阳牌封缸酒	江苏丹阳酒厂

3．白酒

金质奖（国家名酒）：

飞天牌茅台酒（大曲酱香型）	贵州茅台酒厂
古井亭牌长城牌汾酒（大曲清香型）	山西杏花村汾酒厂
交杯牌五粮液牌五粮液（大曲浓香型）	四川宜宾五粮液酒厂
羊禾牌洋河大曲（大曲浓香型）	江苏洋河酒厂
剑南春牌剑南春（大曲浓香型）	四川绵竹酒厂
古井牌古井贡酒（大曲浓香型）	安徽古井贡酒厂
董牌董酒（其它香型）	贵州遵义董酒厂
西凤牌西凤酒（其它香型）	陕西西凤酒厂
泸州牌泸州老窖特曲（大曲浓香型）	四川泸州曲酒厂
全兴牌全兴大曲（大曲浓香型）	四川成都酒厂
双沟牌双沟大曲（大曲浓香型）	江苏双沟酒厂
黄鹤楼牌特制黄鹤楼酒（大曲清香型）	武汉酒厂
郎泉牌郎酒（大曲酱香型）	四川古蔺县郎酒厂

银质奖（国家优质酒）：

武陵牌武陵酒（大曲酱香型）	湖南常德武陵酒厂
龙滨牌特酿龙滨酒（大曲香型）	哈尔滨市龙滨酒厂
宝丰牌宝丰酒（大曲清香型）	河南宝丰酒厂
叙府牌叙府大曲（大曲浓香型）	四川宜宾市曲酒厂
德山牌德山大曲（大曲浓香型）	湖南常德市德山大曲酒厂
浏阳河牌浏阳河小曲（小曲米香型）	湖南浏阳县酒厂
湘山牌湘山酒（小曲米香型）	广西全州湘山酒厂
象山牌桂林三花酒（小曲米香型）	广西桂林饮料厂
双沟牌双沟特液（低度大曲浓香型）	江苏双沟酒厂
羊禾牌低度洋河大曲酒（低度大曲浓香型	江苏洋河酒厂
津牌津酒（低度浓香型）	天津酿酒厂
张弓牌张弓大曲（低度浓香型）	河南张弓酒厂

迎春牌迎春酒（麸曲酱香型）	河北廊坊市酿酒厂
辽海牌老窖酒（麸曲酱香型）	大连酒厂
凌川牌凌川白酒（麸曲酱香型）	辽宁凌川酒厂
麓台牌六曲香（麸曲清香型）	山西祁县酒厂
凌塔牌凌塔白酒（麸曲酱香型）	辽宁朝阳酒厂
胜洪牌老白干酒（麸曲清香型）	哈尔滨白酒厂
龙泉春牌龙泉春（麸曲浓香型）	吉林辽源市龙泉酒厂
向阳牌陈曲（麸曲浓香型）	内蒙古赤峰市制酒厂
燕潮酩牌燕潮酩（麸曲浓香型）	河北三河县燕郊酒厂
金州牌金州曲酒（麸曲浓香型）	辽宁金州酒厂
白云边牌白云边酒（兼香型）	湖北白云边酒厂
珠江桥牌豉味玉冰烧（其它香型）	广东石湾酒厂
坊子牌坊子白酒（其它香型）	山东坊子酒厂
西陵峡牌西陵特曲（兼香型）	湖北宜昌市酒厂
红梅牌中国玉泉酒（兼香型）	黑龙江阿城市玉泉酒

4. 啤酒

金质奖（国家名酒）：

青岛牌青岛啤酒	青岛啤酒厂
丰收牌北京特制啤酒	北京啤酒厂
天鹅牌十二度特制上海啤酒	上海啤酒厂

银质奖（国家优质酒）：

西湖牌特制西湖啤酒	杭州啤酒厂
上海牌十二度上海啤酒	上海华光啤酒厂
天鹅牌普通上海啤酒	上海啤酒厂
雪花牌雪花啤酒	辽宁沈阳啤酒厂
五星牌五星啤酒	北京双合盛五星啤酒厂

5. 果酒

银质奖（国家优质酒）：

红梅牌紫梅酒	黑龙江尚志县一面坡葡萄酒厂
红梅牌香梅酒	黑龙江尚志县一面坡葡萄酒厂
向阳牌五味子酒	吉林长白山葡萄酒厂
三杯牌沈阳山楂酒	沈阳市酿酒厂
花果山牌山楂酒	江苏连云港市葡萄酒厂
龙泉牌山枣蜜酒	大连市龙泉酒厂
红梅牌中国熊岳苹果酒	辽宁熊岳果酒厂
双鱼牌中国橙酒	四川万县地区果酒厂
渠江牌优质红桔酒	四川渠江果酒厂
都江堰牌中华猕猴桃酒	四川灌县茅梨酒厂
兴安岭牌特制红豆酒	内蒙古牙克石酿酒厂
风船牌桂花酒	天津市果酒厂

6. 配制酒

金质奖（国家名酒）：

葵花牌金奖白兰地	山东烟台张裕葡萄酿酒公司
古井亭牌、长城牌竹叶青酒	山西杏花村汾酒厂
园林青牌园林青酒	湖北园林青酒厂

银质奖（国家优质酒）：

丰收牌莲花白酒	北京葡萄酒厂
嘉宾牌嘉宾酒	天津市果酒厂
古井亭牌玫瑰汾酒	山西杏花村汾酒厂
金星牌玫瑰露酒	天津外贸食品加工厂
红梅牌参茸灵酒	长春市春城酿酒厂
向阳牌人参露酒	吉林通化葡萄酒公司
中亚牌至宝三鞭酒	山东烟台张裕葡萄酿酒公司
安乐、白凤牌乌鸡补酒	江西泰和乌鸡酒厂

五、第五届全国评酒会评比结果

1. 上届国家名优白酒复查确认名单（顺序不分先后）

(1)国家名酒（国家金质奖)复查确认名单

飞天、贵州牌茅台酒（大曲酱香53°）	贵州茅台酒厂
古井亭、汾字、长城牌汾酒（大曲清香65°、53°）	
汾字牌汾特佳酒（大曲清香38°）	山西杏花村汾酒厂
五粮液牌五粮液（大曲浓香60°、52°、39°）	四川宜宾五粮液酒厂
洋河牌洋河大曲（大曲浓香55°、48°、38°）	江苏洋河酒厂
剑南春牌剑南春（大曲浓香60°、52°、38°）	四川绵竹剑南春酒厂
古井牌古井贡酒（大曲浓香60°、55°、38°）	安徽亳县古井酒厂
董牌董酒（小曲其它香58°）	
飞天牌董醇（小曲其它香38°）	贵州遵义董酒厂
西凤牌西凤酒（大曲其它香65°、55°、39°）	陕西西凤酒厂
泸州牌泸州老窖特曲（大曲浓香60°、52°、38°）	四川泸州曲酒厂
全兴牌全兴大曲（大曲浓香60°、52°、38°）	四川成都酒厂
双沟牌双沟大曲（大曲浓香53°、46°）	
双沟特液（大曲浓香39°）	江苏双沟酒厂
黄鹤楼牌特制黄鹤楼酒（大曲清香62°、54°、39°）	武汉市武汉酒厂
郎泉牌郎酒（大曲酱香53°、39°）	四川古蔺县郎酒厂

(2)国家优质酒（国家银质奖)复查确认名单

武陵牌武陵酒（大曲酱香53°、48°）	湖南常德市武陵酒厂

（晋升为金质奖）

龙滨牌特酿龙滨酒（大曲酱香55°、50°、39°）	哈尔滨市龙滨酒厂
宝丰牌宝丰酒（大曲清香63°、54°）	河南宝丰酒厂

（晋升为金质奖）

叙府牌叙府大曲（大曲浓香60°、52°、38°）	四川宜宾市曲酒厂
德山牌德山大曲（大曲浓香58°、55°、38°）	湖南常德德山大曲酒厂
浏阳牌浏阳河小曲（小曲米香57°、50°、38°）	湖南浏阳县酒厂
湘山牌湘山酒（小曲米香55°）	广西全州湘山酒厂

象山牌桂林三花酒（小曲米香56°） 广西桂林酿酒总厂

双沟牌双沟特液（大曲浓香33°） 江苏双沟酒厂

洋河牌洋河大曲（大曲浓香28°） 江苏洋河酒厂

津牌津酒（大曲浓香38°） 天津市天津酿酒厂

张弓牌张弓大曲（大曲浓香54°、38°、28°） 河南宁陵张弓酒厂

迎春酒牌迎春酒（麸曲酱香55°） 河北廊坊市酿酒厂

凌川牌凌川白酒（麸曲酱香55°） 辽宁锦州市凌川酒厂

辽海牌老窖酒（麸曲酱香55°） 大连市白酒厂

麓台牌六曲香（麸曲清香62°、53°） 山西祁县六曲香酒厂

凌塔牌凌塔白酒（麸曲清香60°、53°） 辽宁朝阳市朝阳酒厂

胜洪牌老白干酒（麸曲清香62°、55°） 哈尔滨市白酒厂

龙泉春牌龙泉春（麸曲浓香59°、54°、39°） 吉林辽源市龙泉酒厂

向阳牌陈曲酒（麸曲浓香58°、55°） 内蒙古赤峰市第一制酒厂

燕潮酩牌燕潮酩（麸曲浓香58°） 河北三河燕郊酒厂

金州牌金州曲酒（麸曲浓香54°、38°） 大连市金州酒厂

白云边牌白云边酒（大曲兼香53°、38°） 湖北松滋白云边酒厂

珠江桥牌豉味玉冰烧（小曲其它香30°） 广东佛山石湾酒厂

坊子牌坊子白酒（麸曲其它香59°、54°） 山东坊子酒厂

西陵峡牌西陵特曲（大曲兼香55°、38°） 湖北宜昌市酒厂

红梅牌中国玉泉酒（大曲兼香55°、45°、39°） 黑龙江阿城市玉泉酒厂

2．1988年（第五届)国家名优白酒名单（按酒名笔划为序）

(1)国家名酒（国家金质奖）

宋河牌宋河粮液（大曲浓香54°、38°） 河南省宋河酒厂

沱牌沱牌曲酒（大曲浓香54°、38°） 四川省射洪沱牌酒厂

(2)国家优质酒（国家银质奖）

二峨牌二峨大曲（大曲浓香38°） 四川省二峨曲酒广

口子牌口子酒（大曲浓香54°） 安徽省濉溪县口子酒厂

三苏牌三苏特曲（大曲浓香53°） 四川省眉山县三苏酒厂

习水牌习酒（大曲酱香52°） 贵州省习水酒厂

三溪牌三溪大曲（大曲浓香38°） 四川省泸州三溪酒厂

太白酒牌太白酒（大曲其他香55°） 陕西省眉县太白酒厂

孔府牌孔府家酒（浓香39°） 山东省曲阜酒厂

重岗山牌双洋特曲（大曲浓香53°） 江苏省双洋酒厂

芳醇凤牌北凤酒（麸曲其他香39°） 黑龙江省宁安县酒厂

丛台牌丛台酒<大曲浓香53°） 河北省邯郸市酒厂

白沙牌白沙液（大曲其他香54°） 湖南省长沙酒厂

大明塔牌宁城老窖（麸曲浓香55°） 内蒙古宁城八里罕酒厂

四特牌四特酒（优级）（大曲其它香54°） 江西省四特酒厂

仙潭牌仙潭大曲（大曲浓香39°） 四川省古蔺县曲酒厂

香泉牌汤沟特曲（大曲浓香53°）

汤沟特液（大曲浓香38°） 江苏省汤沟酒厂

安字牌安酒（大曲浓香55°） 贵州省安顺市酒厂

杜康牌杜康酒（大曲浓香52°）	伊川杜康酒厂
杜康酒业集团（洛阳）	汝阳杜康酒厂
诗仙牌诗仙太白陈曲（大曲浓香38°）	四川省万县太白酒厂
林河牌林河特曲（大曲浓香54°）	河南省商丘林河酒厂
宝莲牌宝莲大曲（大曲浓香54°、38°）	四川省资酒厂
珍牌珍酒（大曲酱香54°）	贵州省珍酒厂
晋阳牌晋阳酒（大曲清香53°）	山西省太原徐沟酒厂
高沟牌高沟特曲（大曲浓香39°）	江苏省高沟酒厂
筑春牌筑春酒（麸曲酱香54°）	贵州省军区酒厂
湄字牌湄窖酒（大曲浓香55°）	贵州省湄潭酒厂
德惠牌德惠大曲（麸曲浓香38°）	吉林省德惠酒厂
黔春牌黔春酒（麸曲酱香54°）	贵州省贵阳酒厂
濉溪牌濉溪特液（大曲浓香38°）	安徽省淮北市口子酒厂

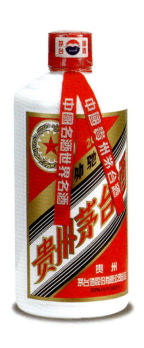

第二章　饮　酒

第一节　饮酒类型

饮酒类型是一个民族或一个地区内，根据抽样调查和综合分析划分出来的，表现在文化上或数量上的，反映人们饮酒的心理与行为的不同类型。饮酒类型主要根据对不同民族、地区饮酒数量的抽样调查分析而划分，饮酒类型属于饮酒心理与行为文化的范畴，具有较明显的民族性和地区性，与人们的性别，年龄、职业、文化水平和宗教信仰等有密切关系，主要反映人们的饮酒心理和行为。

我国的饮酒类型分为文化类型和数量类型两大类。大类下又分为民族或地区的饮酒类型等。数量类型与文化类型既相互区别又相互联系。实际上，数量类型也常常是文化类型的一种反映，是学术界和政府部门对饮酒和酗酒社会问题进行对策性研究的重要途径之一。

其中文化类型分为：礼仪饮酒、节日饮酒、娱乐饮酒、保健饮酒、道德饮酒五小类。数量类型分为：不饮酒、轻度饮酒、适度饮酒和重度饮酒四小类。

文化类型

根据中国各民族在饮酒问题上所形成的、不同的心理，行为特点，可以划分出以下五种民族饮酒的文化类型。

一、礼仪饮酒

自古以来，中国号称礼仪之邦，各种各样的礼仪，种类繁多，内容丰富。礼仪饮酒即为了礼仪的需要而饮酒或在各种社交礼仪场合中饮酒。中国酒从它一开始存在时，就在中国人民的社会文化生活中起着执行礼仪和完成礼仪的重要作用，所以礼仪饮酒也就成为一种重要的饮酒类型。

在原始宗教和道教的礼仪中，作为一种"通神"之物，酒是祭祀神灵是必备的供品之一；在婚姻礼仪中，酒常常是一些民族肯定婚姻关系的一种重要礼物，而且婚姻过程的每一步骤几乎都少不了它；在降诞礼，成年礼，丧葬礼等其他重要的人生礼仪中，酒也都起着重要的执行和完成礼仪的作用；在日常生活中，以酒待客是人们较为重视的，最平常的礼节之一；在发生重大事件时，人们常用宴会的形式来表示礼仪，然而宴会都少不了酒。甚至，在一些重要的政治礼仪和外交礼仪中，酒也常常用来表示亲善和友谊，如此等等。这些都说明，酒与礼的密切关系主要表现在，礼是人们要表达的内容，酒则是人们用来表达礼的一种手段，用得多了，人们就把一些礼仪饮酒叫作"酒礼"或"吃酒礼"充分表明了这种饮酒类型在人们日常中存在的普遍程度。

二、节日饮酒

在我国，节日饮酒也是人们生活中最普遍的饮酒类型之一。节日饮酒主要是人们相互之间表示节日祝贺，同时也是亲友团聚，畅叙友情和休闲娱乐的一种良好时机。传统的节日饮酒有时还伴随着对祖先和神灵的祭祀活动，以此求得祖先和神灵对自己未来幸福生活的庇佑。节日饮酒寄托着人们对美好生活的祝愿与向往，如祝愿健康长寿，避邪消灾，吉祥顺利等。因此节日饮酒常成为人们最集中的饮酒日，甚至，在中国历史上还产生了一些专用的传统节日酒，如元旦饮用的椒酒，柏酒和屠苏酒，端午节饮用的菖蒲酒和雄黄酒，重阳节饮用的菊花酒和茱萸酒等。

三、娱乐饮酒

从中国酒文化的角度看，由于人们把酒看作是一种能刺激人们的精神、提高人们的情绪的饮料，所以，人们的酒行为便常常与音乐、舞蹈、诗歌等文学艺术形式结合起来进行。这样就形成了一种形式独特的、以娱乐身心为目的的饮酒类型，我们把这种饮酒类型叫作娱乐型饮酒。

从文献资料分析，在我国娱乐型饮酒具有悠久的历史。在周朝时就已有了歌舞侑酒的习俗。以后历代延续，直到今天仍盛行不衰。考古文物资料显示，东汉时即有宴饮百戏画像石，表现了娱乐型饮酒的场面。其中成都出土的一块绘左侧宾主分席，前有酒爵肉鼎，后有仆人侍奉，主客前面有二人在表演惊心动魄的百戏，右侧有五乐人伴奏。

不仅汉族，少数民族也同样。北方少数民族早在辽、宋时代就有歌乐杂剧百戏侑酒；南方少数民族早在南诏国和唐代时，也已经有了器乐侑酒。历史上的歌舞侑酒、歌乐杂剧百戏侑酒和器乐侑酒等，一直流传到今天，形式更加多种多样。如：藏民族男女于宴会上相间并肩而坐，互相对歌敬酒，主人一边唱歌一边给客人敬酒；侗等民族主唱客答，答不上者罚酒，酒歌达到高潮时伴以粗犷的呐喊声；布依族有专门的唢呐敬酒典调和劝酒曲调；彝族有敬酒歌和酒礼歌等。除了酒歌、酒礼以外，还有酒令，酒令最初是以限制饮酒为目的，最后却也发展成为以娱兴为目的的行令饮酒了。酒令形式多种多样，从唐代以来，历代沿袭，不断发展，内容丰富多彩，是人们娱乐饮酒的一种主要形式。

四、保健饮酒：保健饮酒即以防病和治病、促进身体健康为目的的酒行为。保健饮酒在我国具有悠久的历史，从我国最古老的医学著作《黄帝内经》论述用酒炮制药物、用酒服药，一直到现在，逐步发展了制作药酒的数百种配方，在人们的日常生活中发挥着医疗保健作用，并已有2500多年的历史了。在中国的酒文化中，传统观念认为，酒与医有密切的联系，这种观念深入人心，也符合一定的科学原理。如中国特色的黄酒，本身就具有明显的医疗保健作用。《本草纲目》上说"诸酒醇不同，唯米酒入药用"（米酒即黄酒），黄酒具有通曲脉、厚肠胃、润皮肤、散湿气、养脾气、扶肝、除风下气等治疗作用。所以，健康饮酒至今仍是人们日常生活中较为普遍的一种饮酒类型。

五、道德饮酒：道德饮酒是强调人们自觉地，在一定首先原则指导下的，一种比较有节制的饮酒心理与行为。道德饮酒是中华酒文化的重要特点之一，其形成也有悠久的历史，与自古以来中华民族酒文化强调酒德有关。酒德也是人们公认的实行某些伦理道德原则，如强调节制饮酒与人性之善恶之间的某种联系，强调饮酒的量的控制标准——微醺，提倡以酒礼抑制酒祸，以及提高人们对酒的两面性质的认识等。有关饮酒的这些传统观念变成人们的行动关逐步形成为一种饮酒类型，是一个漫长的历史发展过程，今天，"少喝多益，多饮有害"的意识，仍然保留在人们的思想观念中，常不知不觉地左右着人们的酒行为，是饮酒的伦理道德观的一种反映。

数量类型

根据民族或地区的抽样调查统计，可以将饮酒数量划分出若干类型。美国的卡梅伦、奇泰诺等学者把人们的饮酒行为划分为：不饮酒者、适度饮酒者和重度饮酒者三种类型。而香港学者齐铱与美国学者鲁本等人将饮酒类型划分为：不饮酒者、不经常饮酒者、轻度饮酒者、适度饮酒者与重度饮酒者共五种类型。我国的相关专家依据这两类分类方法和我国的实际情况将饮酒数量划分为四种类型即：不饮酒者、轻度饮酒者、适度饮酒者和重度饮酒者。

美国学者在进行饮酒数量类型的调查统计时，所使用的方法主要有个案处置统计和非个案调查统计两种。个案处置统计法，是假定在某一群体中有酗酒问题的成员，去心理卫生医生处就医治疗的个案，比另一个较少酗酒问题的群体的成员去得更多。所以统计这些经过处置的个案数量就可说明，个案数量大的群体，酗酒问题较为严重；反之个案数量小的群体，酗酒程度就比较轻。而非个案统计是通过个别访谈、心理测试、行为衡量或专项考察的方法以，来对一个民族或群体的饮酒类型和与饮酒有关的问题进行总体的研究与分析。由于这种方法不是单纯依靠对已经处理的个案进行统计，所以如果采取适当的抽样程序，我们就可以获得有代表性的资料，同时，如果使用有效的评估手段，我们就可以对这个民族或社区群体的饮酒数量类型，作出比较准确判断。

虽然关于饮酒数量类型的调查统计，由于一些可能存在的客观原因无法做到完全准确，但是这对于我们了解一个民族或地区的饮酒情况仍然是比较科学的。

一、中国人饮酒数量类型

一般来说，中国人饮酒的数量是比较适度的，这已从一些国外学者的调查统计资料中得到了说明。美国学者卡梅伦、奇泰诺等四名学者，于1981年分别在美国加利福尼亚进行了民族饮酒类型的抽样调查。调查结果表明，中、日、朝三个民族相比较：重度饮酒最低的是中国人，最高的是日本人；适度饮酒比例最高的是日本人，其次是中国人，不饮酒者比例最高的是朝鲜人，其次是中国人。在多项不同时间、地点和调查人，而内容基本相同的调查中，学者们都从不同的角度，不约而同地反映出：中国男子主要属于轻度饮酒型，中国女子则主要属于不饮酒型。这不仅与欧美民族有很大差异，即使与其他亚洲民族相比，也有明显不同。虽然在我国国内还没有广泛进行这类调查，但上述数据和其他大量材料说明，问题绝不是偶然的，饮酒类型这一酒行为文化与其他酒文化之间的关系也是极为密切和明显的。不仅用不同的酿造方法，原料酿造出的不同品种的酒会对人们的饮酒类型产生影响，不同民族的不同文化习俗、不同的酒文化价值观，也会影响到人们的酒行为，形成不同的饮酒类型。

二、文化类型与数量类型的关系

大量事实都说明，饮酒的文化类型与饮酒的数量类型之间，是有着密切的关系的，因为它们都同属于饮酒类型下的小范畴。从总体上看，前者应该是后者的背景和基础，后者则是前者的反映和表现。不同民族在社会文化特征方面的不同，都可以从他们的饮酒量上得到一定的反映。

与人口特征的关系：国外学者的若干比较研究告诉我们，饮酒的数量类型与群体的人口特征如出生地、年龄、婚姻状况、文化水平等，都是有联系的。例如在美国学者所做的美国华人的饮酒量类型和人口特征的调查中得知，美国出生的华人当中重度饮酒者比例几乎为零，适度饮酒者占了一大半，另一小半为不饮酒者。然而在美国以外的华人却有9.5%的重度饮酒者，不饮酒者的比例仍很高占到一半以上，而适度饮酒者的比例却下降到25%。所以对于出生地与饮酒之间关系的调查中可分析出，社会文化背景的变迁以及由此可能产生的文化冲突，对人们的饮酒量有很大影响。

另外年龄也与饮酒量有关：老年人一般比青年人更倾向于少饮，重度饮酒者多集中在18～29岁这一年龄段，适度饮酒则主要在30～39岁这一年龄段。性别与饮酒量关系也很大，一般情况下女子都比男子要少饮酒。婚姻状况对于饮酒量的影响不是很大，但在婚姻关系破裂时，重度饮酒者的比例却有明显上升。

与其他社会文化因素的关系：调查资料还显示出，饮酒的数量类型与其他一些社会文化因素，如经济收入水平、社会关系的影响、宗教信仰以及参加社会活动的情况等也都有关。例如对于中、日、朝三个不同文化背景、收入水平和宗教信仰的亚裔美国人进行调查分析，结果显示不同民族在社会文化特征方面不同，都可以从他们的饮酒量上得到一定的反映。这三个群体在饮酒量上的差异是：中国男子主要属于轻度饮酒型，中国女子则主要属于不饮酒型；日本男子主要属于重度饮酒型，女子则主要属于轻度饮酒型；朝鲜男子和女子都属于不饮酒类型。

这一事实说明，我们在研究不同国家和地区的饮酒类型时，要追根溯源，分析出不同民族饮酒量类型上的差异与其文化上的变迁以及各种文化因素的关系。

第二节　饮酒心理

酒不仅是一美味饮料，在中华民族酒文化中，酒还是一种执行和完成礼仪之物、表达和激发感情之物、娱乐助兴之物、美化生活之物、帮助治疗和促进健康之物等。归结起来，这些都起因于酒本身所具有的升华力。饮用后，它在人体内引起的种种化学变化，能直接影响人的思想、语言、感情、心理和行为。而饮酒心理是酒文化的核心，通过它可以把酒与其他文化现象密切地联系起来，使之成为一个整体。

我们知道心理是一种精神现象，属于社会现象的范畴。任何社会现象都有其"心理"的方面，酒文化也不例外，作为酒文化的全过程，从酿酒到饮酒，是一个与人们生活密切相关的、重要的、综合性的历史文化现象。那什么是饮酒心理呢？通过心理学家的研究，在认知，情感和意志三个既有区别又有联系的心理过程中，无论哪一种心理过程，人们几乎都可以找到酒在其中发挥的作用。作为一种社会的，有规律的活动，饮酒是人们有意识地进行的，是反映人们的一定的精神、意志，人们的情趣和精神的寄托等，也常反映出人们的一些心理上的积淀。这些心理上的积淀，在酒的作用下，就会在一定的，适宜的时间，场合和气氛中迸发出来。这些就构成了我们所说的饮酒心理，它是酒文化内涵的重要组成部分。

饮酒心理分为人格与个性的表现；动机与需要的反映；观念与理想的显示；思维与灵感的激发；情感的升华五个部分。饮酒心理，对于了解酒文化本质特征和人们的酒行为有重要意义，是酒文化的一个重要组成部分。

一、人格与个性的表现

个性包括人的能力、气质和性格。每个人的能力、气质和性格的独特结合就构成了每个人不同于他人的心理风格和品格，即每一个人的人格。在这些个性心理特征中，人们的酒行为往往是其中一些特征的表征形式之一；或者说，通过饮酒，某些心理特征就表现得更加充分和突出了。

首先是酷爱自由，追求个性：唐代大诗人李白被称为"诗仙"，同时也被称为"酒仙"。在他大量咏酒或以酒咏志的诗歌中，有不少这方面的表现。"钟鼓馔玉不足贵，但愿长醉不复醒。古来圣贤皆寂寞，唯有饮者留其名。"诗中表现了作者以狂放纵酒和蔑视权贵为荣的品格。还有"五花马，千金裘，呼儿将出换美酒。"

在这首《将进酒》中又体现出诗人爱酒不爱财的高尚情操，这都是其人格与个性的体现。唐代诗人杜甫也在《饮中八仙歌》一诗中记述了当时文坛八位酒仙，对酒的浓厚兴趣和各自独特的饮酒神态，表现了他们不拘礼法、超凡脱俗、落拓不羁和潇洒风流的个性和品格。

除了诗人，画家的人格与个性特征也常通过饮酒和作画表现出来，宋代画家李成，每次作画，酒酣始落笔，笔下烟云万状，除了反映他的画技的运用自如以外，也反映出他品性的高洁放达。

其次是以酒表达各种感情：杜甫通过饮酒表达他爱国家的赤子之心和对劳动人民深刻的同情。如《赴奉先咏怀》中的诗句"朱门酒肉臭，路有冻死骨"就深刻地揭露了当时贫富分化的对立的严酷现实。同时，诗人还通过酒来描写性格，如盛唐边塞诗人李颀的《送陈章甫》一诗吟咏道："东门酤酒饮我曹，心轻万事如鸿毛。醉卧不知白日暮，有时空望孤云高。"诗中描绘出诗人落魄又气宇轩昂的性格，这表明，诗人认为世事不过轻如鸿毛，唯有饮酒醉卧最自由，最能表达自己的志向。还如李颀描写草圣张旭"左手持蟹螯，右手执丹经。瞪目视霄汉，不知醉与醒。"的兀傲狂放的个性中，也没有离开酒。

二、动机与需要的反映

多种多样的需要：首先我们想到的是自然需要。自然需要是以人的生理活动为基础，与人类的生存、生产都密切相关。每当我们有美味佳肴时，便会自然而然地想到酒，而酒本身也经常被人们视为美味佳肴的一种。喝一点酒也是人们常用的帮助睡眠、恢复疲劳、抵御寒冷和养老治病的方法。其次是社会需要。不同文化的种族、民族对社会需要的特点和方式不同。表现在对酒和饮酒的需要上也同样，不同的民族酒、酿造术、酒器、酒具和饮酒方式等，都成为不同的酒文化和饮酒习俗的重要内容。还有物质需要是指人类个体对物质对象的欲求；心理需要则是对精神文化，或达到心理上的满足与平衡的一种欲求。作为一种特定的物质，酒与一般物质不同，它既是一种能满足个体精神需要的物质，同时又是一种能满足多重社会需要的，具有工具、媒介性质的物质。

迥然不同的动机：在人们的饮酒行为中，便常有动机与需要的某种反映。每个人都会有顺利和失意的时候，顺利时饮酒是得意，是欢庆；而在失意时饮酒则是为了逃避、保全或是消极地抗争。人们的主观愿望和客观条件不一样，常会有不同的饮酒动机。历史上的封建帝王和现代的政治家饮酒，其目的在于笼络臣民或下属，也可在于遁世避嫌；军事家饮酒，可为了克敌制胜而设计于席间；骚人墨客饮酒可能是为了吟诗作赋；一般人饮酒，可为了生活中志喜贺吉、庆逢惜别、排忧遣愁、添乐增趣等。

饮酒的社会心理因素：酒很受人们欢迎，家家户户，谁家没有几瓶酒，人来客去，怎么能不饮上几杯。由于酒有一定的扩张血管、兴奋神经作用，分时间、分场合适量饮用是有益的。但是，饮酒的历史和现状告诉我们，人们对酒的需求更多的是一种心理需要。据调查，只有3.5%的人饮酒是为了身体的需要，96.5%的人饮酒是由于社会和心理因素使然。常见的类型有：

喜庆型饮酒：

遇有喜庆之事，心情高兴，于是便摆酒宴，开怀畅饮，庆贺一番。

交际型饮酒：

结交朋友，洽谈业务，求人办事，往往以酒为媒介，以联络感情，达到某种目的。

应酬型饮酒：

某些场合，应约应邀，盛情难却，主随客便或作陪酒人，"宁伤身体，不伤面子"，"舍命陪君子"，大饮起来。

壮怀型饮酒：

抒怀、即兴、壮行，举行某种仪式等场面和氛围下，常摆酒把盏，以抒发感情，创造气氛和声势。

"英雄"型饮酒：

把饮酒当作有英雄气概和男子汉气魄的表现。

享乐型饮酒：

把饮酒当作一种享受，还有的以饮高档酒为荣，借以显示地位和身份。"你喝茅台、五粮液，我喝XO、人头马"，这其中多少有点虚荣心理。

发泄排解型饮酒：

遇有烦恼、忧虑、苦闷、生气等不良情绪时，用饮酒来发泄排解，可往往是"借酒浇愁愁更愁"。

三、观念与理想的显示

观念与理想也是个性能动性的一种表现，是决定人际间差异个性的本质和核心。人们在酒文化活动中，常蕴含着对某些观念的崇尚和对某种理想的追求，并常常成为引发和指导人们酒行为的一种原动力。

追求圆满：

在中华民族的酒文化中，不少民族都有饮"三杯酒"的习俗。敬三杯酒，罚三杯酒，其中"三"这个数字就含有追求圆满的意思。三杯酒习俗反映出来的饮酒心理，与中华民族历史传统的其他方面的文化特质是密切联系和息息相通的。

追求美好生活：

唐代诗人许浑，就有一首幻想畅饮瑶池的诗句："晓入瑶台露气清，庭中惟有许飞琼。尘心未断俗缘在，十里空山下月明。"诗人自云曾梦见于某一天登上昆仑山，山上有凌云的宫殿，宫内仙人聚饮，邀己入席，欢畅兴奋之至，而写下了这首诗以纪其盛。饮酒歌舞，在一些人看起来，是美好生活的一种象征，人们对此的追求也就充分表现在古代诗歌中。

谢朓的《钧天曲》就是其例，诗咏道："高宴浩天台，置酒迎风观。笙镛礼百神，钟石动云汉。瑶台琴瑟惊，绮席舞衣散。威风来参差，玄鹤起凌乱。已庆明庭乐，巨渐南风弹。"意思是仙人们置酒高宴，笙镛齐鸣，钟石并响，琴瑟和奏，百神起舞，玄鹤腾翔。这是一个多么壮观动人的场面。诗人以天上比人间，表达了追求美好生活的理想。

表达心愿与祝贺：

人们日常的一些理想或愿望，通过饮酒，也往往能更好地表达出来。白居易《赠梦得》诗咏道："前日君家饮，昨日王家宴；今日过我庐，三日三会面。当歌聊自放，对酒交相劝，为我尽一杯，与君发三愿：一愿世清平；二愿身强健；三愿临老头，数与君相见。"

冯延己的《长命女》也属于这一类："春日宴，绿酒一杯歌一遍，再拜陈三愿：一愿郎君千岁；二愿妾身常在；三愿如同梁上燕，岁岁长相见。"

在饮酒表达的心愿与祝贺，使气氛显得更加浓烈，情感更加真实。

四、思维与灵感的激发

人的大脑对客观事物中的现象、特性、意义及本质的反映，是人的一种认识过程。酒在其中的作用主要表现在：适量饮酒能刺激人们的思维能力，使人的思维呈现出兴奋、活跃的状态；也能激发人们的灵感，提神醒脑，使人摆脱世俗的束缚，展开想象的翅膀。我国历代诗人墨客、书画作家多与酒有缘，绝不是偶然的。他们认为诗人墨客相聚饮酒，不仅是为饮酒而饮酒，或仅为满足口腹之欲望而饮酒；而是研讨学问、切磋交流的一种机会和形式。这种认识与酒所具有的这种性质和激发力有关。饮酒对于激发人们的积极思维和创作灵感表现在各个方面。

激发诗兴：

在中国历史上，诗人多数都是饮酒的。饮酒做诗已成为相当多诗人创作活动的一个固定方式，看来，主要在于酒能激发诗兴和灵感。借助酒的浓烈和力量，诗人们的诗也变得浓烈和富有力量。诗人，往往酒后诗兴益发。李白说他的诗是"兴酣落笔摇五岳，诗成啸傲凌沧州"。

他把他诗中强烈的浪漫主义精神与神奇的艺术魅力，都与酒兴的酣畅联系了起来，实在是对酒助诗兴的一种最好的解释。田园诗人陶渊明也说他"偶有名酒，无夕不饮。顾影独尽，忽焉复醉。既醉之后，辄题数句自娱。"他的诗作有许多都是在美酒的陪伴下，灵感得到激发之时吟咏而成的。如"采菊东篱下，悠然见南山"就表明在自然美景的陶醉中，诗人悠然自得，心境恬静自由。又如"泛此忘忧物，远我遗世情"，

写作者以醉酒忘世、顺应自然的态度对待人生。清乾隆年间，大文人纪昀盛赞史夔的《陶靖节故里》诗，说它"道尽诗人意趣"，点明了诗"以兴会成"的道理，说陶渊明"意不在酒"。纪昀还认为："陶诗须如此读，陶公人品须如此观"。纪昀也深深懂得饮酒与吟诗之奥妙。

增益书法笔力：

历史上有一些书法家在饮酒后其书法更加苍劲，龙飞凤舞，变化无穷，有如神助。如对草圣张旭就有这样的评价："文宗时诏以白歌诗、裴旻剑舞、张旭草书为三绝。旭，苏州吴人，嗜酒。每大醉，呼叫狂走，乃下笔，或以头濡墨而书。既醒，自视以为神，不可复得也。"酒能使人精神亢奋，才思敏捷，表现在书法上，则能使笔力更加雄健，构思更加奇特。有人称张旭为"张颠"，称他的狂草为"醉墨"。其实他并不颠，只不过是在"醉"中，借酒而得其神韵而已。

提高绘画之雅兴：

酒能提高绘画时的雅兴，对于这一点，有的书画家自己也有切身的体会。清朝乾隆时的画家黄钺认为，作画行书时，兴是可以靠酒和书来激发与培养的。他曾说："酒香勃郁，书味华兹。此时一挥，乐不可支。"同时期的画家郑燮，在他的诗中，也对饮酒与绘画的关系表达了同样的看法。其诗咏道：

"啬彼丰兹信不移，我于困顿已无辞。束狂入世犹嫌放，学拙论文尚厌奇。看月不妨人去尽，对花只恨酒来迟。笑他缣素求书辈，又要先生烂醉时。"可见郑燮自己也认为，他的书画常于"烂醉"之时做出。有这样认识的书画家很多，书画家在自己的实践中总结得出的经验认识，对于我们认识酒在激发人们灵感与智慧上的作用，非常有价值。

五、情绪与情感的升华

情绪与情感是人类最富有特色的心理现象。它既有喜、怒、哀、乐等主观的体验，又有笑、哭等丰富多彩的表情形式，是人对客观事物的态度的一种独特形式的反映。在这里，酒的作用是能加速这些情绪与情感的变化与升华。在我国，晋朝以后酒禁大开，各色酒类，名目繁多，饮酒变得普遍起来。于是有人干脆把酒称为"欢伯"、"忘忧"和"乐泉"，认为酒能给饮者带来快乐和天真无邪。

以醉为乐：

自古至今，以醉为乐是人们在饮酒活动中经常追求的一个心理上的目标，即一种陶醉感，在陶醉中达到欢乐的情绪与情感的进一步升华。唐代诗人李白以嗜酒著称于世，他竭力提倡的是"人生得意须尽欢，莫使金尊空对月"、"烹牛宰羊且为乐，会须一饮三百杯"。

在一些人看来，饮酒能使人走向无忧无虑的乐园。许多人将饮酒之乐与山水之乐结合在一起，寄寓了对祖国河山之美的无比热爱之情。他们讲究饮酒的环境，将自己置于大自然的美酒中，山之颠、水之畔或郊之野是他们向往的处所。在这样的环境中，他们或登高长啸（阮籍），或"与客携壶上翠微"；或"横琴倚高松，把酒望远山"，或宴客于舟中（陆龟蒙）；边欣赏自然美景边饮酒，的确是人生的一种快乐，也是一种高雅的饮酒，乃至生活方式。在大自然的美景中饮酒，是富有生活情趣的。南宋婉约派词人李清照有许多名篇佳作即写于酒后。

"常记溪亭日暮，沉醉不知归路。兴尽晚回舟，误入藕花深处。争渡，争渡，惊起一滩鸥鹭。"词人沉醉于这自然美景之中，节奏是那样的轻快，表达了她作为少女生活时愉快而开朗的心情。

以酒叙怀：

人的情绪情感是一种复杂而又高级的心理活动，一般在饮酒的情况下，更容易表露出来，这就是以酒叙怀。

"对酒当歌，人生几何"是诗人酒后面对苍茫人生发出的慨叹，是以酒叙怀的典型一例。苏轼酒量不大却极喜饮酒，常通过饮酒，来抒发他胸中的浩然之气。

"举酒属客，诵明月之诗，歌窈窕之章"，追求那"饮酒乐甚，扣舷而歌之"的豪放生活。可见，饮酒对人的感情与情绪的升华作用很大。

以酒浇愁：

忧愁是人们在日常生活中常有的一种基本情绪，一般是在主观愿望和目的难以达到，主客观条件都不具备，希望非常渺茫的情况下容易产生。

曹操怀着统一天下的雄心，具有顽强的进取精神，但当他面对时光飞逝，功业未成的冷酷现实时，不禁也慷慨悲歌，吟出了"何以解忧，唯有杜康"的著名诗句。用饮酒来排遣那令人烦恼的情绪干扰，似乎已经成了一些人解忧消愁的唯一良方，至少，可以使人们的忧愁得到暂的缓解和消释。

以酒寄托哀思：

为了悼念已亡故的亲友，以酒祭奠或设虚位以酒相敬等，都是人们常用的寄托哀思的方法。在以诗文悼念亡友时，酒也常常是其中的一个重要内容。晋代竹林七贤之一的向秀，在好友们相继亡故之后，写下了哀婉的《思旧赋》，其中就有"追思曩昔游宴之好"，以表达思念之情的内容。昔日的聚饮与今日的追忆，在今人与亡友之间，情感的联系是靠饮酒来沟通的。唐代的张籍作《祭退之》一文来悼念好友韩愈，回忆起当年"为文先是草，酿熟偕共觞"的情景，深深的怀念之情，跃然于纸上，而其主题仍然没有离开酒。

以酒联结友谊：

以酒的醇美，比喻感情的诚挚、忠贞，以酒的相互馈赠，来联系和加强彼此的感情，从古至今都是人们常用的方法。白居易有诗咏曰："劳将若下忘忧物，寄与江城爱酒翁。铛脚三州何处会，瓮头一盏几时同。倾如竹叶盈樽绿，饮作桃花上面红。莫怪殷勤最相忆，曾陪西省到南宫。"

收到友人从远方寄来的若下名酒，不禁勾起了诗人的思友之情。再如韩维在收到友人寄来的新酒时，所赋《谢尧夫寄新酒》一诗也描写了同样的主题，说明中国古人，特别是古代的文人，为了表示对朋友的怀念，常有寄酒之举。酒在其中也确乎扮演了畅叙友情的重要角色，成了友谊的一种象征之物。

第三节　科学饮酒

一、酒的选购与鉴别

（一）按不同的目的选酒

1、购礼品酒送人。首先要了解对方的饮酒习惯，投其所好。如果受赠者原籍是江苏、浙江或上海人，而且是平时爱饮黄酒的年长者，可送加饭酒之类的绍兴酒，或雕有图案的坛装花雕酒。如果对方爱饮白酒，也应了解其平时最爱饮用哪一类白酒，再有针对性地选购。如果对方家人平时均无饮酒的习惯，则可送其较为香而甜的酿造酒，如黄酒中的善酿酒及醇香酒；或为甜型、半甜型的红葡萄酒、山葡萄酒。这样对方容易接受，并可培养其对美酒的兴趣，享受大自然赋予人类的口福和乐趣。如果你对受赠人的饮酒习惯不甚了解，你可遵循这样的原则：对于老年人，最好不要选送高度白酒，高度酒对老年人的健康无益；对于女性，选送甜型或半甜型的葡萄酒、果酒较为适宜；青年人容易接受新奇的东西，对于不曾品味过的名酒，常常表示极大的兴趣。总的原则是不要送对方不愿意喝的酒。送酒通常为相同的2瓶；也可送2种不同的酒，如果为使对方加以比较并提高对酒的鉴赏水平，也可选购"一中一外"，让其在比较中真切地体味到中外同类酒的差别。

2.为请客而购酒。在选购宴请宾客用酒时，既要考虑季节、气候，也要照顾到方方面面。炎热的夏季，啤酒通常是少不了的；寒冬腊月，用烫热的黄酒、白酒来款待客人，是很受欢迎的；备一些甜型的黄酒、果酒来招待女客人，更显得主人的周到、热情。在了解客人饮酒习惯的基础上，可准备2～3种酒。其中有1种是自家酿的则更好。如果是夏天，可准备1瓶汽酒及适量的啤酒。如果客人平时对酒的品种接触较少，则可准备1瓶北京"桂花陈酒"之类的葡萄酒和半干型的葡萄酒；或准备1瓶半甜型的黄酒。并在饮用时适当讲点有关酒的知识，并对不同的酒加以比较。当然，对于平时经常饮酒的客人，可以准备1种对方不常饮的酒，以增加其新鲜感。如果家中存有洋酒，那再购买1瓶国产酒一起饮用也可算是礼待了。家中一些名酒用以招待客人时，不一定要整瓶的，往往1瓶好酒可招待几次来客。以上等酒招待客人，说明对客人尊重。有的外国人家中有自家的酒窖，当贵宾来临时，便将窖中蒙上一层很厚的灰尘的酒擦干净后款待来客。有时客人来访，也往往会带来1～2瓶好酒，那主人应将其与家中置备的酒一起上桌，以示对客人的尊敬。

3.自备自饮酒。每人都有自己经常饮用的、比较喜好的、适合自己胃口的酒种。但在长期的生活中，应对各种酒的接触宽一些。来世一生如果真是滴酒不沾；或只知道某种白酒或啤酒的口味，而不知道黄酒、白兰地、威士忌为何物，那应该说是一种遗憾。因为少量地品尝一下某些酒，并经常极少量地饮用优质葡萄酒之类具有良好保健功能的酿造酒，也可以说能起到陶冶情操的作用。对中外名酒可以尝尝，对国产的各种酒可在品尝中加以比较。

(二)购酒时应注意鉴别酒的真伪与优劣

1、从商标和酒标鉴别真伪与优劣

根据《食品标签法》的规定，我国生产的酒类标贴上必须含有以下几项基本内容：酒名、厂名、厂址、酒度、保质期、生产日期、配料表、质量标准编号等。其中，保质期大于18个月的可以不标注；执行国家、行业质量标准的，也可不标注质量标准编号。对于啤酒还要加注原麦芽汁浓度；葡萄酒、果酒、黄酒则要注明糖度、酸度。因此，只要你阅读一下酒标，就可了解该酒的基本情况。获得国家名优酒称号的酒，还在酒标上印有获奖标记。获得部、省（市）优质产品称号的酒也可在酒标上印上"优"字，不过为防鱼目混珠，你可察看"优"字周围有否批准文号。

另外，从酒标上还可帮助我们识别假冒产品。名优酒的酒标一般都印刷讲究，有些假冒产品印刷模糊，色彩不正，稍加辨认即可识别。也有酒标带有封盖的作用，一经开盖就会断裂，预防有人利用原包装假冒。

2、从感官来鉴别真伪与优劣。这主要是对酒的色泽、香气、滋味与酒体等方面进行测定与评价。

（1）白酒的感官鉴别

一是色泽与透明度鉴别。白酒的正常色泽应是无色、透明、无悬浮物和沉淀物，这是说明酒质是否纯净的一项重要指标。将酒瓶突然颠倒过来，在强光下观察酒体，不得有浑浊、悬浮物和沉淀物。冬季如白酒中有沉淀物，可用水浴加热到30～40℃，如沉淀物消失则视为正常。发酵期较长和贮存期较长的白酒，往往有极浅的淡黄色，如茅台酒，这是允许的。有的白酒液面漂有油状物，这是杂醇酒析出，是劣质酒。

二是香气鉴别。对白酒的香气进行鉴别时，最好使用大肚小口的玻璃杯，将白酒注入杯中并稍加摇晃，立即用鼻子在杯口附近仔细嗅闻其香气；或倒几滴白酒于手掌上，稍搓几下，再嗅手掌，即可鉴别出酒香的浓淡程度和香型是否正常。

酱香型白酒酱香幽雅、空杯留香；浓香型白酒浓香扑鼻、绵柔适口；清香型白酒清香纯正、柔和爽净；米香型白酒蜜香清雅、绵柔怡畅；其他型白酒风格各异、各有所长。白酒不应该有异味，诸如焦糊味、腐臭味、泥土味、生粮味、曲杂味、糖味、糟味等不良气味均不应存在。

三是滋味鉴别。白酒的滋味应有浓厚与淡薄、绵软与辛辣、纯净与邪味之分。酒咽下后，又有回甜和苦辣之别。白酒滋味应要求醇厚无异味、无强烈的刺激性、不辛辣呛喉、各味协调。好的白酒还要求滋味醇香、浓厚、味长、甘冽、回甜、入口有愉快舒适的感觉。进行品尝时，饮入口中的白酒，应于舌头及喉部细品，以鉴别酒味的醇厚程度和滋味的优劣。

四是酒花鉴别。用力摇晃酒瓶，瓶中酒顿时会出现酒花，一般都以酒花白晰细碎、堆花时间长的为佳品。

五是酒度鉴别。白酒的酒度是以酒精含量的百分比来计算的。各种白酒的出厂商标、标签上都标有酒度数，如60°、57°、39°等，即是表明这种酒中酒精含量的百分数。一般40°以上的为高度酒，40°以下为中低度白酒。瓶装白酒的酒精含量，在酒标上都已注明，只要瓶盖密封不坏，一般是不会有太大的误差的。如你购买散装的零售白酒，想判断酒的度数究竟有多少，你可采用摇晃酒瓶，观察堆花的方法。若摇动后出现的酒花由小米到高粱米那么大小，堆花时间在15秒左右，，则酒的度数大约是53～55°，如果酒花似高粱米粒大小，堆花时间维持7秒钟左右就消失了，则表明酒的度数在57～60°左右；如果酒花由高粱米粒到玉米粒大小，堆花时间只有3秒钟左右，则酒的度数约为65°。

白酒总的感官特点应是酒液清澈透明，质地纯净芳香浓郁，回味悠长，余香不尽。

六是如何鉴别用酒精兑制的酒。采用食用酒精生产配制酒是国家认可的，也是安全卫生的。然而，前些年有的不法商贩为牟取暴利，竟使用工业酒精甚至甲醇来兑制白酒，饮用了这种酒，就会发生甲醇中毒。消费者当然没有条件来检测酒中的甲醇含量，但可运用以下方法鉴别是否是酒精兑制的酒。从酒标上看，如果酒名表示不是薯类酒，但在主要配料中却有薯类原料，则表明是兑加了酒精。因为薯类是我国酒精生产的主要原料。如果你把酒倒一点在酒杯中，再加些水，就更清楚了。加水后酒变混浊的是酿制白酒，而不混浊的则是兑制白酒。因为加了水后，酒液稀释，白酒中的高级脂肪酸乙酯在低度酒中溶解度减小，从而析出，造成失光混浊，而酒精中这类物质甚微，所以加水后不会混浊。

白曲酒以特曲、头曲或大曲命名的，一般为该厂的上乘产品，以二曲、三曲命名的，质量就要差一些。

（2）啤酒的感官鉴别

一是色泽鉴别。啤酒的色泽可分为淡色、浓色和黑色3种。淡色啤酒的酒液呈浅黄色，也有微带绿色的；浓色啤酒酒液金黄；黑啤酒酒液紫黑色，稍稍泛红。优良品质的啤酒，不管其颜色深浅，均应具有醒目的光泽；暗而无光的不是好啤酒。在规定的保质期内，必须能保持洁净透明的特点，无小颗粒和悬浮物，不应有任何浑浊或沉淀现象发生；否则就不是好啤酒。

二是泡沫鉴别。泡沫是啤酒的重要特征之一，啤酒也是唯一以泡沫体作为主要质量指标的酒精类饮料。如果没有泡沫，啤酒就完全丧失了其商品价值；啤酒倒在洁净的杯中，泡沫要洁白细腻，挂杯持久。泡沫丰富是优质啤酒的一项重要指标，但是一开瓶即涌出大量的泡沫和酒，喷出量达瓶容量的1/3～1/2，就属异常了，被称为啤酒的喷涌（或喷泡）现象。

良质啤酒：注入杯中立即有泡沫窜起，起泡力较强，泡沫厚实并且盖满酒面，沫体洁白细腻，沫高占杯子的1/2～2/3；同时见到细小如珠的气泡自杯底连串上升，经久不失。泡沫挂杯持久，在4分钟以上。

次质啤酒：倒入杯中的泡沫升起较高较快，色较洁白，挂杯时间持续2分钟以上。

劣质啤酒：倒入杯中，稍有泡沫且消散很快，有的根本不起泡沫；起泡者泡沫粗黄，不挂杯，似一杯冷茶水状。

三是香气鉴别。一般日常生活中常见的淡色啤酒应具有较显著的酒花香和麦芽清香以及细微的酒花苦味，入口苦味爽快而不长久，酒体爽而不淡，柔和适口。

良质啤酒：有明显的酒花香气和麦芽清香，无生酒花味、无老化味、无酵母味，也无其它异味。

次质啤酒：有酒花香气但不显著，也没有明显的怪异气味。

劣质啤酒：无酒花香气，有怪异气味。

四是口味鉴别。啤酒具有饱和充足的二氧化碳气，能赋予啤酒一定的杀口力，给人以舒适的刺激感。

良质啤酒：口味纯正，酒香明显，无任何异味。酒质清洌，酒体协调柔和，杀口力强；苦味细腻、微弱、清爽而愉快，无后苦，有再饮欲。

次质啤酒：口味较纯正，无明显的异味，但香味平淡、微弱，酒体尚属协调，具有一定杀口力。

劣质啤酒：味不正，淡而无味，或有明显的异杂味、怪味，如酸味、馊味、铁腥味、苦涩味、老熟味等，也有的甜味过于浓重；更有甚者苦涩得难以入口。

（3）黄酒的感官鉴别

一是色泽的鉴别。黄酒应是琥珀色或淡黄色的液体，清澈透明，光泽明亮，无沉淀物和悬浮物。如瓶底有少量沉淀，也属正常的产品；但如果酒液混浊，色泽变得很深，就是不能饮用的变质酒了。

二是香气的鉴别。黄酒以香味馥郁者为佳，即具有黄酒特有的酯香。

三是滋味的鉴别。应是醇厚而稍甜，酒味柔和无刺激性，不得有辛辣酸涩等异味。

（4）果酒（葡萄酒）酒的感官鉴别

一是外观鉴别：应具有原果实的真实色泽，酒液清亮透明，具有光泽，无悬浮物、沉淀物和混浊现象。

二是香气鉴别：果酒一般应具有原果实特有的香气，陈酒还应具有浓郁的酒香，而且一般都是果香与酒香混为一体。酒香越丰富，酒的品质越好。

三是滋味鉴别：应该酸甜适口，醇厚纯净而无异味，甜型酒要甜而不腻，干型酒要干而不涩，不得有突出的酒精气味。

四是酒度鉴别：我国国产果酒的酒度多在12～18°范围内。

二、饮酒常识

饮酒知识丰富多彩，从上酒到饮酒结束的全过程有许多讲究和科学知识，这里只简要介绍以下几个方面：

（一）上酒与斟酒

若酒席上有备有多种酒，应遵循下列程序上酒：先上低度酒，再上高度酒；酿造酒在先，蒸馏酒在后；汽酒先饮，无气酒后饮；先上普通酒，名贵酒后上；新酒在前，陈酒居后；先饮风格淡雅的酒，后饮用风格浓郁的酒；甘冽的酒先，甘甜的酒后；干白葡萄酒先于干红葡萄酒。

斟酒应讲究程序、倒法及杯中的酒量。①倒酒程序：若用软木塞封口的酒，在开瓶后，主人则应先在自己的杯中倒一点点，品尝一下是否有坏软木味，如果口味欠纯正，应另换一瓶。倒酒时，应先斟给重要的客人，后其他宾客。通常顺时针方向，在每位客人的右侧逐一倒酒，最后给自己倒酒；②倒酒的方法：注意将商标向着客人，不要把瓶口对着客人。如果倒汽酒，可用右手持杯略斜，将酒沿着杯内壁缓缓倒入，以免酒中的二氧化碳迅速散逸。倒完一杯酒后，应将瓶口迅速转半圈，并向上倾斜，以免瓶口的酒滴至杯外；③斟的量，红葡萄酒倒至大半杯，例如评酒时有"大半试样"之说，是指酒倒至2/3杯为宜；白兰地只需倒至1/3杯或更少些；白酒倒至八分即可。我国习俗中有"茶七酒八"的说法，就是针对茶杯、酒杯中的茶或酒应该倒至何等程度而言的。

（二）酒量与适量

"酒量"是指饮酒至将醉未醉的临界量，换言之，就是饮酒在数量上的最高"限度"，或叫"极限值"、"分寸"。但具体而言，因各人遗传因素的不同（即人体肝脏中的乙醇脱氢酶和乙醛脱氢酶含量的不同）、每人体重的不同，以及每次饮酒时情绪、环境、体质状况乃至酒品状况差异，故即使是同一个人，各次饮酒时所能承受的酒精限量是不同的。故酒量又有所谓合理酒量、经验酒量和实际酒量之说。

合理酒量是指各国的专家等经调查、试验、检测等得出的数据。有的保健学家认为，每人每日摄入乙醇的安全量为每千克体重1克。例如一个体重为60千克的人，每日可饮60度白酒100克，或饮黄酒、葡萄酒、香槟酒500克，或饮啤酒2瓶；一般人，每日摄入的酒精量应限制在45克之内。其实，不同种类的黄酒及葡萄酒和香槟酒，其酒度的差异也较大，故上述数据仅供参考。西方认为已找到了饮酒的安全标准，即人体内每日可摄入1.5盎司（1盎司等于28.3495克）酒精，即42.5克酒精，相当于50度、每杯为一盎司的威士忌酒3杯，或相当于每杯8盎司的啤酒4杯，或相当于半瓶葡萄酒。但还应说明啤酒的酒度及葡萄酒的体积和酒度。

经验酒量是指每个人自己在这次饮酒前的很多次饮酒时的平均酒量，这个量与这一次的实际酒量比较接近，但也还应根据即时的身体、情绪、环境、酒品等状况作些调整。

实际酒量，完整地讲应为"实际感受酒量"，这是最为有用、可靠的数据，每个饮酒者均应以此为准。

（三）混和饮与快慢

混和饮又称"杂饮"或"配饮"，是指将不同种类的酒在餐桌上一起饮用；或将不同的酒乃至软饮料等掺兑后饮用。仅仅饮一种酒的饮法，称为净饮。饮酒能否混饮？有人说可以，有人说不行。说不行的人认为混饮容易致醉。其实，不同的酒先后饮入胃里，或在酒中加各种物料后再饮入人体，如果原来的酒质优良，则通常不会引起特殊的化学反应和生理反应；如果有人因混饮而醉酒，那一定是饮酒过量之故。致醉是酒精在人体血液中浓度过高的结果；无论哪种酒，只是因原料及生产技术不同而风味各异罢了，对于好酒而言，并不会因有酒精以外的特别成分而使人致醉。目前世界上很多国家都有不少人是喜欢混饮的，尤其是美国人。我国也有人在红葡萄酒中加进"雪碧"后再饮用，认为很可口。所以，只要饮酒者自己掌握好酒量，混饮是完全可以采用的一种饮酒方式。

饮酒的快慢速度，则要根据每个人的不同酒量和各种酒的不同酒度来定。但总的说来，酒以慢饮为好。慢饮的好处至少有三点：一是可以避免因胃、肝脏及脑神经受到强烈刺激而引发的诸多不良后果，尤其是人在剧烈运动、全身疲乏之时抓起酒瓶速饮，有引发脑溢血的可能；二是慢饮不易致醉；三是有利于对美酒的欣赏和享用。不过，一般啤酒及酒度很低的酒等，可以喝得相对快一些。

（四）饮时与酒温

饮酒要讲究具体的饮用时间和间隔时间。按照人体重量学的观点，饮酒安排在晚间为好。这是因为在一昼夜的24小时之内，人体对酒精的感受状况是不同的，上午7～8点，肝脏中的有毒物质基本已排除干净，所以这时绝不要饮酒，以免给肝脏带来沉重的负担；正午前后，身体对酒精最易感受，如果中午喝酒，则最易致醉，且午餐饮酒会使整个下午精神不振；下午3～5点，人的味觉和嗅觉最为敏锐，听觉也处于一天中的第二高潮期，故这时最宜评酒，所作的判断准确度高；下午6点，人的体力和耐力最强，这时对酒精的承受力也最大，直至晚上11点，人体对酒精的感受均不敏锐。

按照人体对酒精代谢的规律，每次饮酒的间隔时间最好在3天以上，而且一定要适量。这是因为，酒精虽然在体内一经相应的酶代谢成乙醛和氢，再过6～10小时就会被继续一步步变为水和二氧化碳，通过尿道和汗孔排至体外，或从肺中排出。但在这个过程中，乙醛及氢会直接影响肝脏，形成脂肪肝。而且，进入人体的酒精要全部分解掉，需3天左右，有的人则需7天，才能使机体完全复原。身体健康的人，当体内酒精体积分数积累到0.08%时，肝脏及胃黏膜就会受到损伤；若体内酒精浓度达到0.3%时，便会引发胃渗血和胃溃疡的可能。如果频繁而又过量饮酒，还会导致急性胃炎及急性胰腺炎。因此，不但要控制每次的饮酒量，还应控制饮酒的频率。

酒的饮用温度有热（温）饮、常温（室温）饮及冷饮之分。其目的是为了增强每种酒的优点。但是全世界对每一种酒的饮用温度，不可能也不应该作出统一的规定，因为各国、各地区消费者的具体饮用习惯各异，即使是同一类型而名牌却不同的酒，其饮用温度也有差异。另外，每一种酒，夏天与冬天的饮用温度也不尽相同。因此，每个饮用者应掌握调节酒温的方法，并总结出各种酒最适合于自己的饮用的温度。现按酒种分述如下，供参考：

黄酒。除在天气炎热的时节外，黄酒及清酒均应温热以后再饮用。

白酒。冷天饮用要加温，使酒香四溢，且可让一部分甲醇、乙醛等低沸点的有害成分得以挥发。

葡萄酒。著名红葡萄酒的饮用品温以15～16℃为宜；一般红葡萄酒的饮用温度为17～20℃，最高不超过22℃。红葡萄酒因其酒体较丰满，故若温度太低就难以领略红葡萄酒浓郁的风味。而白葡萄酒则除了少数极品外，绝大多数具有清爽的酒质，故在较低的品温下饮用时可体会到这种风格。但是，一般干白葡萄酒上席时的温度为8℃左右也就可以了，酒度较高的白葡萄酒饮用温度可为2～5℃。若温度再低则会影响闻香和酒的风味。在饮用时，可不断摇晃酒杯，以有助于香气成分的挥发。桃红葡萄酒的饮用温度以10℃左右为宜，介于一般白葡萄酒和红葡萄酒之间。香槟酒的饮用温度以接近0℃为宜，家庭饮用香槟酒前，应将其在直立在冰箱中冷却至少1小时。

白兰地。饮用时将酒杯柄夹在中指和无名指之间，使酒被掌心加温并便于摇动，以有助于香气的挥发，仔细闻香，轻啜浅饮。也有在白兰地中加入冰块后饮用的。

其他蒸馏酒。威士忌及老姆酒、金酒、伏特加等，也均可加冰块饮用。也有将果汁、咖啡、茶等煮沸后冲对老姆酒而热饮的。

啤酒。若将啤酒作为清凉饮料使用，则最适酒温应为10℃左右。在此温度下，有利于促进口腔唾液分泌而起到解渴的作用；若高于15℃，则解渴作用会明显减弱；若低于5℃，则促使血管收缩，甚至引起痉挛，也明显刺激胃壁，影响胃的蠕动和胃液的分泌。

（五）环境和情绪

饮酒时，环境和情绪是很重要的条件。

①饮酒的环境　　饮酒最好是在安静、空气新鲜没有烟雾、无阳光直射但又明亮的场所，可独饮、与爱人共饮，或同两三知友欢聚畅叙，欣赏美酒，均会饶有情趣。

谈到饮酒环境，似乎有一点应该提一下，那就是有的饮用者在"聚饮"时往往"烟酒并举"，这样不好。其理由有三，一是烟雾缭绕，既污染餐桌空气，尤其是影响不吸烟者的情趣，迫使他（她）们被动吸烟，更影响欣赏美酒的香味；二是酒精乃良好的溶剂，烟中的尼古丁之类有害成分遇酒迅速溶入，加剧了烟对人体的危害；三是烟、酒均对肝脏等有刺激作用，如此"夹攻"，起到了"双效"的危害作用。

饮酒要注意情绪。在情绪好的时刻饮酒，才能收到良好的后果。独酌有乐趣，知己相邀聚饮情趣自然更深。但若在盛怒之下、忧伤之时饮酒，则其效就相反了。据我国中医学的理论，人在盛怒时"气逆伤肝"，而肝脏负有解毒之重任；忧郁时"思虑伤心"。如果在这种时刻饮酒，不啻于火上浇油，往往容易失却理智，铸成大错。

（六）饮酒与配菜

饮酒时，应以营养较丰富的食品佐酒，即使是独饮，也可以花生米、炸小黄、甚至茴香豆、五香豆腐干或炒鸡蛋等相佐为好。

佐酒的菜肴，应注意以下几点：

1、菜的色、香、味、格与酒的色、香、格要尽可能谐调，例如色泽浅的菜与色泽浅的酒相配。法国通常提倡海鲜、鸡肉等白肉与干白葡萄酒相配，干红葡萄酒与牛肉等红肉相配。这样，可使菜与酒相得益彰，喝白葡萄酒时吃海鲜，能够突显干白葡萄酒的风味，并更能使饮者领略海鲜的独特口味。此外，一般咸食应选用干型或半干型酒类；汤类及整鸡、整鸭等菜肴不宜佐饮；凡是咸、酸、苦、辣、麻、怪味突出的食品，最好也不用以佐饮，辣食只宜配饮强香型酒类；甜食应配甜型酒类；柑桔类及巧克力应该说与葡萄酒无缘，但国内也有人用白酒制"酒心巧克力"的。通常，香槟酒、起泡酒及桃红（玫瑰红）葡萄酒，则可配任何菜肴，且在就餐的全过程中，均可随时饮用香槟酒，这也是香槟酒为最广泛的饮者所接受的魅力所在之一。

2、菜肴应具有恰当的营养价值，有益于人体健康。一般不宜以含高动物脂肪的食品佐酒。用以佐酒的食品也应因酒而异，白酒等蒸馏酒与酿造酒相比，其营养价值就很低，故所配的菜肴等的营养素就要求全一些，含量也应多一些，如鸡、鸭、排骨、瘦肉等均可。但这些菜肴都属于酸性食物，为保持体内酸碱平衡，应吃些蔬菜、水果等碱性食物。这里所谓食物的酸碱性，并非是在口味上的感觉，而是指食物在体内经代谢而起的生理反应，一般饮料酒都是酸性的，但葡萄酒及果酒是碱性的；绝大多数蔬菜水果是碱性的。

酒精是靠肝脏代谢的。在代谢过程中也需要各种维生素，从这个意义上讲，更应讲究饮食的营养平衡；酒精对肝脏也有一定的刺激作用，故在最后可吃些甜羹或拔丝苹果、拔丝山药之类的甜食，以利于保护肝脏。

3、佐酒菜肴也应兼顾酒后用饭的需要。例如最后一道正菜为糖醋鱼类，既有保肝作用，也利于下饭。

4、应选用一些有利于解酒的食品。据说豆腐和醋均具有解酒的作用。可在饮完酒后，上个可口的豆腐用以下饭；并上一个加点醋的汤菜，同时起到帮助下饭和稀释、化解体内酒精的代谢作用。豆制品中含有丰富的半胱氨等氨基酸，能加速酒精在体内的代谢作用。

5、先上口味较清淡的菜，再上口味较浓重的菜。

总之，酒菜相配，应以"因菜、因酒、因人"而宜为原则，重在每个人去感受和创造各种合理方案。

（七）解酒及戒酒

1、解酒又称醒酒。如果轻度醉酒，可食用一些食物予以解酒。现选择几法介绍如下：

（1）食醋解酒法。用食醋煮碗酸汤服用；将一小杯（20～25毫升）食醋慢慢服下；将用食醋加白糖浸蘸过的一大碗白萝卜丝食用；将食醋加白糖浸渍过的一大碗大白菜心食用；将用食醋浸渍过的2个松花蛋食用；将食醋50克、红糖25克、生姜3片，用水煎后服用。食醋解酒的原理之一是酒中的乙醇与醋中的有机酸起酯化反应，因而降低了人体内乙醇的浓度。

（2）喝适量糖茶水，可稀释血液中酒精的浓度，并加速排泄。

（3）白萝卜解酒。取1千克白萝卜，捣碎后取汁，分2次饮用，也可食生萝卜；或在白萝卜汁中加入适量红糖后饮用。

（4）甘蔗解酒。取一根甘蔗，去皮、榨汁服用。

（5）柑橘皮解酒。将3～5个柑橘的皮烘干，研成粉末，加食盐1.5克，加水煮成汤饮用。

（6）橄榄（青果）解酒。取10个橄榄，取肉煎服。

（7）甘薯解酒。将生甘薯绞碎，加适量白糖搅拌均匀后食用。

若酒醉的程度较重，采用上述方法仍不能使其解酒转醒，则可用一根洁净的鸡毛，轻轻摩擦喉咙，或用手捏喉咙，使其将胃中的酒液等呕出，以缓解醉状。若仍无效果，则应送医院诊治。

2、戒酒的方法。戒酒不是针对以科学方法饮酒者而言的，而是指嗜酒、酗酒者而言的。需戒酒者应首先了解有关酒的知识，充分认识嗜酒、酗酒的危害，才能下决心戒酒，并坚持不懈，才能收到理想的效果。具体方法如下：

a.长期嗜酒者可从减量、减次数做起。例如原来每天喝2次者，先减为一次；再由每日饮改为2～3天饮用一次；继而成为平日不饮，只在星期天饮；或平时不饮，只在逢年过节、亲朋相聚时饮。

b.由饮烈性酒改饮葡萄酒、果酒、黄酒或啤酒等酿造酒。

c.不要把酒放在一伸手就可取之处，而是将其锁在酒柜内，必要时再取出饮用。

d.采取经济措施，家人配合，平时家中不买也不存酒，坚持一段时间即见效。

e.采用注意力转移法，想喝酒时，可吃饭、喝茶，或与人聊天、下棋，或出户散步、进行体育活动等。这样，酒瘾很快就过去了。

（七）饮酒前、饮酒时、饮酒后的注意事项

饮酒前不宜空腹；不宜服药。

饮酒时，孕妇不宜饮酒；儿童、少年及青年不宜饮酒；不宜带病饮酒，尤其是患有肝胆疾病、心血管疾病、胃及十二指肠溃疡、癫痫、老年痴呆（脑软化）症、肥胖症等病症的人，更不宜饮酒，以免加重病性，导致严重的不良后果；不宜在临睡前饮酒；饮酒时应少吃凉粉，更不宜吃柿子；配制酒不宜佐餐。

饮酒后不宜洗澡；不宜看电视；不宜进行房事；不宜酒后喷农药；不宜大量饮茶；不宜躺卧于风口处。

这些注意事项的具体理由就不细讲了。

三、用酒小窍门

1、白酒的妙用

⑴烹饪。畜禽的肠、肚用清水洗净后，用1%～1.5%的白酒进行搓洗，以去除腥臭气味；炒牛、羊、猪肉或肚肉、腰子、肝、心、舌时，加少量白酒，以进一步去腥并增加香味。

⑵增香。酱油加0.1%的白酒，可防止发霉并增香；食醋加少量白酒并加点食盐，也可增香。

(3)水果催熟。摘回将成熟的青枣、青李、青桃等，洒上0.4%的白酒后，装入缸中密封保存3～5天后，即可成熟。

(4)治头痛、牙痛。用棉花球沾白酒后，塞入耳道，可减轻疼痛感；干辣椒芯2个，去除辣椒子后，用白酒浸泡10分钟，含在患"火牙"症者的嘴里5～10分钟即可有效。

(5)白酒泡生姜治花斑癣。花斑癣俗称汗斑，是由霉菌引起的一种皮肤病。可将250克生姜洗净切成薄片后晒干。再用白酒浸泡并密封2～3天。然后，将酒液涂抹于患处，一天3次，3～4天即愈。

(6)白酒和黄连的混合液治痔疮。在粗糙的瓷碗内盛少量白酒，取1块黄连在碗底研磨片刻后，用医用棉签沾酒液每晚涂患处1次，连续几天即愈。

(7)白酒、食醋的混合液治风疙瘩。1份白酒与2份食醋混合均匀后，涂于患处。几分钟后，可减轻症状，连续擦几次即愈。

(8)治蜂蛰伤。用白酒涂擦被蛰处，几分钟后，即可解除疼痛，并使红肿消退。

(9)白酒灭蚂蚁。将白酒洒于蚂蚁出没处，蚂蚁顷刻死灭，并不再出现。

2、啤酒的用途

①在烹饪方面

(1)在发面中加些啤酒，蒸出的馒头较为松软，口味也较好，若在发面中再加点经开水烫过的玉米面，则具有糕点风味。

(2)将肥瘦适度的猪肉500克切成薄片，与米粉250克、适量酱油、精盐、姜葱末、半瓶啤酒及适量水，一起拌匀后，先焖20分钟，再用高压锅蒸，开锅20分钟后即得可食用的粉蒸肉。

(3)将蔬菜浸于啤酒中煮沸后立即停止加热，再沥干、冷却，做凉菜吃，其味比用开水烫的菜更美。

(4)将沙丁鱼用盐暴腌后，浸于啤酒中约30分钟，可去除其腥味。

(5)在面粉中加些啤酒，烤成的薄饼香脆可口。

(6)煮陈米饭时，加入米量15%的啤酒，煮成的米饭松软有光泽，犹如新米饭。

(7)制烤面包时，用等量的啤酒代替牛奶，不但容易烤制，而且面包似有肉味。

(8)烧素鸡时，以啤酒代水，其味更鲜美。

(9)将新鲜鸡肉放入加盐和胡椒的啤酒中浸泡1～2小时，可去除膻味。

(10)烹调含脂肪较多的肉或鱼时，加一杯啤酒，可去除油腻味道而爽口。

(11)啤酒焖牛肉。18世纪，美国有人偶然用啤酒代替水烧牛肉，其香甚浓、肉嫩汁鲜。此法很快传遍全美。后经不断改进，这道菜已成为西餐中的传统名菜。

(12)啤酒烧鲤鱼。用啤酒烧鲤鱼，这是一款德式名菜，也是德国人在喜庆节日和宴请宾朋时不可或缺的菜肴。

(13)啤酒肉饼。这是加拿大的一道名菜。其做法为，将猪肉沫、葱头、胡椒粉、精盐、鸡蛋、干姜拌匀，制成椭圆形的肉饼后，再在面粉中滚一下，略拍扁，置于平底油锅，加入鲜蘑菇片、葱沫，并注入适量啤酒及柠檬汁。加盖煮沸后，再用文火焖烧30分钟即可，原汁原味，别具特色。

(14)啤酒龙虾伴彩禽。香港一家名为"北园"的野味海鲜酒家，以青岛啤酒制成"青岛啤龙虾伴彩禽"、"青岛啤烧小猪腿"、"青岛啤烧鸡腿"等，颇受美食家的赞赏。

(15)啤酒焖鸡，这是北京某饭店的西餐名菜之一，为中外美食家所交口称道。其制法为：将母鸡开膛去除内脏，去头除爪，洗净后切成8块。再用油炸成黄色，沥去油，烹上辣酱，倒入焖锅，加进啤酒等佐料，用旺火煮沸后转为微火，至焖熟入味即可。

(16)啤酒咖啡。将咖啡煮沸，放凉后加入少量啤酒和糖。其味微苦涩中略带甘甜香醇，刺激性强0。啤酒消火而咖啡提神，故夏天饮用可消除疲劳，祛火健身。

(17)啤酒雪糕。在鲜奶中加入近1/2的啤酒后，将其注入雪糕模盒内，置于冰箱中冻成雪糕。其营养丰富，风味独特，是消渴解暑的佳品。

(18)在德国，啤酒汤和啤酒粥也是人们日常生活中不可或缺的食品。

⒆用啤酒调菱粉炒肉，则肉愈发鲜嫩。

⒇炖鱼时，改惯用的黄酒为啤酒，呈别样的香美。

(21)天热时，在啤酒中放些冰淇淋，可起到提神、开胃、消暑的作用。

②在日常生活中

①在暖瓶内盛少量啤酒，约经12小时后，可使瓶内的水垢溶解脱落，在摇晃下将其倒弃。

②将啤酒倒入脚盆中，把患有脚气的双脚清洗后在啤酒中泡20分钟后再冲净。每周泡1～2天可治愈脚气。

③用啤酒嗽口，可去除喉部脏物，使喉咙舒畅。

④若黑色棉布衣服褪色，则可将其洗净后，再放入加有2杯啤酒的清水中漂洗一次，则衣服上原来发白处会返黑。

⑤每天用少许啤酒涂于面部，15～20分钟后再用清水洗去。每天2～3次，坚持下去，能使面部皮肤变得细腻嫩滑。

若头上皮屑多，可用温啤酒先把头皮浸湿，经10～15分钟后，再用清水洗净。每天2次，4～5天即可将皮屑除净。

⑥啤酒作清洁剂。用啤酒擦玻璃，省力气，功效不比一般洗涤剂差。镀有金边的相框或油画镜框蒙上灰尘，用一般干、湿布试擦时，易有损光泽；若用洁净的布沾些啤酒拭擦，则很易将灰尘擦除，使之光洁如新。

⑦剩余啤酒的用处。开瓶后喝不完而剩余部分啤酒，会很快失去原有的风味。为避免浪费，可用于日常生活中。例如用毛巾沾啤酒擦冰箱里外，可使箱体光亮、洁净，并起到消毒的作用；"万年青"之类的观赏植物，叶子本来具有一定的光泽，若用布或毛刷沾啤酒轻轻地擦叶片，则会更显碧绿光亮；走了味的啤酒，可用作花的肥料，使枝叶更茂盛，花朵更鲜艳。

此外，啤酒还可作为被昆虫咬后的解毒剂，啤酒还能有效地杀死蜗牛。

3.黄酒的妙用

黄酒既可直接饮用，又可佐药、调制保健饮料及用作烹调佐料，真可谓调和鼎鼐，出神入化，全在于它独特的先天"禀赋"。此外，黄酒尚有许多妙用法，举若干实例如下：

（1）做冷面时，若面条结成团，则可再面条上喷些黄酒，面条团即刻散。

（2）在冷冻过的面包上喷洒一些黄酒后，再烤一下，即可使面包变得松软可口；在经冷冻的米饭上喷洒一些黄酒后，再蒸一下，也可起到同样的效果。

（3）奶酪干了后会变味。若将其切成厚1~2厘米的块状，置于黄酒中浸泡一定时间后，再取出、隔水蒸一下，则可恢复其柔软状态。

（4）米饭烧焦后的锅巴很难揭下来。若趁热将米饭取出后，在锅巴上洒些黄酒并加盖闷片刻，即可轻易、干净地将其揭下来。

（5）若要使在冰箱中冷冻过的鱼解冻，则只须在其表面洒遍黄酒后，再放回冰箱，则能很快解冻，且不会产生水滴及冷冻臭味。

（6）若感到买的腌鱼太咸，可将鱼洗净后置于黄酒中浸泡2～3小时，则可去掉鱼中的大量盐分。

（7）黄酒还可广泛地用于水产食品、腌腊制品及腐乳等制品，起到增强风味及防腐等作用。

4.葡萄酒的妙用

葡萄酒的妙用法很多，现就医治感冒及烹饪两方面列举若干实例如下。

（1）医治感冒。当你感冒时，可将一小杯红葡萄酒放在火上加热至一定温度，并打入一个鸡蛋后，用筷子或匙搅拌一下，凉温后即可饮用。这就是德国用以医治感冒的鸡蛋酒。而法国则是在加热后的红葡萄酒中，加入一些柠檬汁及砂糖，其治疗感冒的效果也不错。

（2）调味 日本人在食用凉面时，加入面条卤后，再倒入一小匙甜红葡萄酒，可使口味更加鲜美。

四、家庭用酒的储存

在日常生活中，每个家庭总有一些酒，或是买了备用的，或是亲朋馈赠的，或是自己配制的，有时还有喝剩下的。因此，如何保存酒，也是个重要问题。

（一）家庭应如何保存酒

1．一般酒瓶应直立放置于阴凉通风处，不要让酒瓶受到阳光的照射，免得酒温升高而使酒质变异或褪色。但用软木塞密封的葡萄酒、香槟酒等酒瓶，应该卧放，使酒液与软木塞接触，不至瓶塞干缩后造成漏泄。

2．含气的酒类，贮放和提取的时候要避免强烈的振荡或碰击，以免发生爆瓶。

3．寒冬季节，若将酒置于低于0℃的环境中，易冻结炸瓶。

4．家庭贮存酒的时间，务必不要超出保存期，以免质量下降或酸败变质。对于白酒等高度酒，只要密封完好，可以长期贮放。

5．瓶酒一经开启，最好及时饮完。如不能饮完，应密封保存。喝剩的啤酒，应在倒酒后立即用洁净的橡皮塞或市售的"带盖扳手"压紧，放入冰箱冷藏，但贮放时间最多不能超过两天。喝剩的低度酿造酒，也可密封后冷藏，保存时间也不宜超过两周。

6．葡萄酒、果酒的贮存温度如能保持在5～10℃，则对保存新鲜的果香有益，但贮存时间也不宜过长。

7．夏日里拿取经冷藏的含气酒后，不要直接放在温度较高的水泥地上或接触温度高的物体，以免爆瓶。

8．已经饮用过的酿造酒，切勿再从杯中倒回原来的酒瓶中，因为这既不卫生，又易使瓶内的剩酒变质。

（二）不要用热水瓶盛放鲜啤酒

装开水的热水瓶内有水垢沉积。这些水垢含有大量的重金属成分，有人曾对使用数月的一只热水瓶的水垢作化验，其中含有镉0.034mg、铅0.12mg、砷0.21mg、汞0.44μg。由于啤酒是一种含有丰富有机酸的酸性饮料，盛放在这种热水瓶中，就会把这些有害人体的重金属溶入酒中。因此，不要用热水瓶去盛放鲜啤酒，那怕只是很短的时间。如果你经常购买散装鲜啤酒，最好去买一个口子较大的大容量塑料饮料瓶。实在不得已要用热水瓶去装啤酒，必须先用米醋或"高效去垢剂"去除水垢后才行，千万别图方便，做有损健康的事。

（三）沉淀的酒有的能饮，有的不能饮

我们知道，酒中除了水和酒精以外，还有很多其它成分，这些众多的成分溶集于酒中，随着贮放时间的延长，条件的改变，会发生物理、化学的变化，产生混浊沉淀；也有因为微生物的感染产生混浊沉淀。这些统称为稳定性问题，前者为非生物稳定性不好所致，后者为生物稳定性不佳造成。

例如：啤酒的蛋白质与氧发生氧化反应，使蛋白质变性、析出，产生混浊、沉淀；啤酒在低温下保存，酒中的麦芽糖、蛋白质等溶解度减小而析出，这些细小的微粒互相之间凝聚而变成大颗粒，发生混浊沉淀；白酒在低温下保存，其高级脂肪酸乙酯因溶解度减小而析出，使酒变得混浊；黄酒的蛋白质混浊，葡萄酒的酒石酸盐沉淀，单宁、色素、果胶质等造成的混浊。这些都属于非生物混浊现象，有的加温后即可消除，有的虽不能复原，但只影响酒的外观质量，并不影响可食性。所以，一般是可以饮用的。

（四）酒不是越陈越好喝

在人们的印象中，似乎酒是越陈越香，越陈味越好。对于这个问题，要根据酒种具体分析。中国的白酒，外国的威士忌、白兰地、伏特加等蒸馏酒类，确实是贮存越久，香味越佳。但对于酿造酒来说，就不完全一样了。我国的黄酒，尤其是干型、半干型黄酒，贮藏过久，超过5年不仅色泽大大加深，而且味道也日显老化，人称过氧化味。对于葡萄酒，适时地贮藏会使酒变得和谐成熟。因此，大多数饮酒者喜欢饮用酿造不到10年的酒，认为这种年轻的、充满活力的葡萄酒，饮起来最可口。当然那些陈年葡萄酒，对于那些终生与葡萄酒为伴的人来说，另有不可言喻的乐趣。他们品尝陈酒犹如会见老朋友，了解它们是如何走过这漫长岁月的。至于香槟酒，则存放时间越长久，反而不好喝。除了少数保存得当的之外，绝大部分香槟酒随着岁月的流逝，酒的活力和泡沫也大部分丧失，难以入口。啤酒更是少贮存为好，新鲜的啤酒才能给人以欢愉的酒花香和清新的麦芽香，以及洁白细腻的泡沫和爽杀的口味。

第三章　酒楼·酒店·酒吧

第一节　历代酒肆酒楼

作为一种消费品，酒在中国古代以至现在，都是重要的商品。卖酒和为顾客提供饮用器具、场所及各种服务的店肆，古往今来有各种名称，如酒肆、酒舍、酒垆、酒家、酒楼、酒馆、酒店等。在中国，这种卖酒兼提供饮食服务的店肆的出现，是与商品交换发展和城郭、市场的建立有关的；它在历史上的发展变迁，是与当时社会经济的发展和人们的经济生活变化有着很大的关系。

先　秦

酒是全人类的饮料。不过，与古希腊等西方民族最早以葡萄为原料酿酒不同，中国人最早是以谷物为原料酿酒的。《淮南子》说："清醠之美，始于耒耜"，意思是说农耕开始有了谷物，酒也就随之出现了。中国谷物酒的酿造在新石器时代晚期已经出现，至商代，由于发明了曲、蘖分离技术，不仅使酒的质量有所提高，也使酒的酿造得到进一步普及。甲骨卜辞中有许多用酒来祭祀的记载，从古史中可知当时上层贵族饮酒的风气已经很盛，很多人甚至认为这是造成商王朝灭亡的主要原因（据《尚书·微子》）。传为战国人写的《鹖冠子·世兵》说："伊尹酒保，太公屠牛。"《广雅》解释这句话时说："保，使也，言为人佣力，保任而使之。""伊尹酒保"的意思是说伊尹曾经在卖酒的人家或店肆中作过奴隶或雇工。伊尹原是有莘氏女的陪嫁奴隶，商人用为"小臣"，后来成为商初的执政大臣。按照这一说法，似乎夏末商初就已经有了卖酒的店肆了。虽然这则材料因晚出不一定可信，但是，商代末年的一些小墓中，觚爵等象征性的陶制酒器已成为不可或缺的随葬品，说明饮酒在当时的下层贵族甚至平民中也很普遍。而商人已经建立固定的城邑，有了一定的商品交换，这时候有酒在市肆中买卖应该说是可能的。

周人崛起于渭水平原，以农耕立国。《周礼·天官·冢宰》谈到周王朝"设官分职"，已有专门的机构和官员管理王室的酿酒事务，说明当时王室酿酒的规模之大，再加上贵族的家酿，可以想见当时全国的酒产量一定相当可观。而由于王都镐京、东都洛邑以及数十个封国都邑的营建，包括"酒肆"在内的"市肆"已经普遍出现，更为酒作为商品的交换提供了条件。

《周礼·天官·内宰》说："凡建国，佐后立市，设其次，置其叙，正其肆，陈其货贿。"所谓"建国"，就是筑城。周人筑城后即划出一块地方设"市"（市场），"市"里设"次"和"叙"（市场管理官员处理事物的处所），"肆"则指陈列出卖货物的场地或店铺（亦包括制造商品的作坊）。城邑市场里的"肆"，按惯例以所出卖的物品来划分，所以卖酒的区域、场所、店铺自然被称为"酒肆"。

西周至春秋战国，乃至到唐代，手工业者都是在市场上列"肆"而居、分"肆"经营的。但是卖酒的店肆作为一种饮食服务业，实际上不断突破"市肆"的限制，以至逐渐遍布城乡。不过，"酒肆"作为卖酒店的称呼却被沿袭下来。如题为晋·张华作《博物志》云："刘元石于山中酒肆沽酒。"山中自然没有"市肆"，故这里的"酒肆"实指的是山中的酒店。再如孟元老《东京梦华录》序云："新声巧笑于柳陌花衢，按管调弦于茶坊酒肆。"这里的"酒肆"则指的是北宋汴京城里的酒馆酒楼。

西周时，王室酿酒，贵族一般也有条件酿酒，但平民则主要到市场上买酒。西周初，鉴于商朝统治者沉溺于饮酒而亡，曾经由周公旦以王命发布《酒诰》。其中规定王公诸侯不准非礼饮酒，对民众则规定不准群饮。民众聚饮的酒，应当购自酒肆，也很有可能当时民众聚饮的地方就在市场上的酒肆。《诗经·小雅》的作者主要是西周的大小贵族，其中很流行的一首宴亲友的诗《伐木》篇写道："有酒湑我，无酒酤我。"意思说，有酒就把酒过滤后斟上来，没有酒就去买来——从诗意看，似乎西周时酒随时都可以买到，人们也习惯于到市场上的酒肆买酒了。

中国文化遗产年鉴·酒文化卷

《论语·乡党》说到孔子："肉虽多，不使胜食气；惟酒无量，不及乱；酤酒市脯不食。"意思说，孔子吃饭，席上的肉虽然多，吃它不超过主食；只有酒不限量，但控制自己不至于醉；市肆上买来的酒和熟肉则不吃。孔子生活的春秋后期，社会经济有了较大发展，其中一个很大的特点是除了官办手工业外，开始有了民间手工业，特别是贩运性商业发展，出现了一些大商人，如阻止秦人袭郑的牛贩子弦高，孔子的弟子端子赐（子贡），还有"致产数十万"的陶朱公（范蠡）。

《韩非子·外储说右上》曾讲到一个"狗猛酒酸"的卖酒故事：宋人有酤酒者，升概甚平，遇客甚谨，为酒甚美，悬帜甚高，然而不售，酒酸。怪其故，问其所知闾长者杨倩，倩曰："汝狗猛耶？"曰："狗猛则何故而酒不售？"曰："人畏焉。或令孺子怀钱挈壶瓮而往酤，而狗迓而啮之，此酒所以酸而不售也。"

宋国的这位卖酒的商人，卖酒不缺分量，待客谨慎小心，酒的质量也很好，还在门前高高悬挂着酒旗，可是酒却卖不出去，以至于变酸（当时酒的度数很低，所以很容易变酸），究其缘故，是因为有一头凶猛的看门狗。《韩非子》本来以此为寓言来论政事，不过，这段描写源于当时的生活，说明当时都邑里的酒肆已经不少，小孩也会拿着钱提着酒具去打酒。另外值得注意的是，按照这段描写，战国时的酒肆已经高悬酒旗，所谓"帜"，无疑就是后世酒店的"酒旗"、"酒望"，虽然我们不知道当时这种"帜"的具体形制。

随着商业的发展和其他流动人口的增加，战国时饮食服务业发展得很快。司马迁《史记·刺客列传》谈到以刺秦王闻名的荆轲："嗜酒，日与狗屠及高渐离饮于燕市。酒酣以往，高渐离击筑，荆轲和而歌于市中，相乐也。…"战国末年，象燕国都市的酒店，为客提供酒具，客人已经不仅可以在买酒后当场饮用，而且可以留连作歌于其中，基本上和后世的酒馆没有差别了。

汉

由于春秋经济的发展，经战国到秦，不仅都市里有酒肆、酒店，连一般的乡镇也有酒店了。《史记·高祖本纪》就记载汉高祖刘邦常到王媪、武负开的酒店去赊酒，有时还当场喝醉，睡倒不起。汉兴以后，工商业发展很快，酒业遂成为一个重要的行业。《史记·司马相如列传》就记载过汉武帝的词臣司马相如在蜀地临邛开酒店的故事。这个故事颇有些浪漫色彩，历来令古代的士子艳羡。司马迁称司马相如、卓文君开的酒店为"酒舍"。后来也有人这样称酒店，如唐刘禹锡《堤上行》诗："春堤缭绕水徘徊，酒舍旗亭次第开。"宋张咏《贻傅逸人》诗："门连酒舍青苔滑，路近沙汀白鸟飞。"

不过，"酒舍"的名称在古代不如"酒垆"通用。垒土为台叫"垆"，酒垆原指古代酒店用以置放酒瓮等酒器的炉形的土台子，故又作"炉"。所谓"文君当垆"，就是说文君站在土台后卖酒。彭县三界乡出土的汉画像砖上有一幅"酒肆图"，画面上就是一个人站在"酒垆"后卖酒的情形。因为"酒垆"能代表古代酒店的特征，而且容易使人联想到文君当垆、相如涤器这一古老的故事，所以尽管后世买酒饮宴的店肆不一定再有土垆，诗人们仍然喜欢称其为"酒垆"。因为"酒垆"连类而及，后世的酒店，还被称为"垆肆"。

《史记·司马相如列传》的记载为我们提供了汉代酒店的真实写照。"相如身自著犊鼻裈，与保佣杂作，涤器於市中。"这段话使我们感觉到，西汉时的酒店，不仅仅是卖酒供人饮用，可能同时供应酒肴。所谓"犊鼻裈"，有说是无裆短裤，也有说是系在腰间的围裙。清王先谦《汉书》补注："（犊鼻裈）但以蔽前，反系于后，而无裤裆，即吾楚所称围裙是也。"所谓"涤器"，即洗涤酒器、餐具。如果没有很多盛过酒肴的碗碟之类餐具，仅仅是酒器，大概司马相如也不会"自著犊鼻裈，与保佣杂作，涤器于市中"。

酒肴即下酒菜。西方人饮酒通常不用菜。中国古代饮酒，有些是不要酒菜的，但需要酒菜者居多，到后来，有酒无肴被认为是煞风景的事。六朝名士戴颙，春日携斗酒出游，也一定要带两只柑子佐酒，因此留下"斗酒双柑"的故事。所以，酒店与饭店的合流，在中国是饮食服务业发展的一个趋势。《乐府诗集》中的《羽林郎》诗除了文学价值以外，也具有一定的史料价值。首先，由此描写可知，东汉时已有西域来的"胡姬"在酒店服务；其次是，当时的酒店不但供应美酒，同时也供应精美的菜肴，即诗中所写的："就我求清酒，丝绳提玉壶。就我求珍肴，金盘脍鲤鱼"。

《羽林郎》诗中谓"酒家"，意思是卖酒人家，也即酒店。"酒家"的名称，汉晋以来一直沿用至今。这一名称，对提供饮食的酒店来说不仅贴切，而且比较雅致，冲淡了商业气，甚至有一种温馨的归宿感，这大概是其长期被使用且经常出现在诗人们笔下的一个原因。唐代杜甫的《饮中八仙歌》写到"酒家"："李白斗酒诗百篇，长安市上酒家眠。天子呼来不上船，自称臣是酒中仙。"杜牧的名作《清明》也写到"酒家"："清明时节雨纷纷，路上行人欲断魂。借问酒家何处有，牧童遥指杏花村。"

魏晋南北朝

汉末三国时基本无酒禁，自然不能禁止酒店酿酒卖酒，当时私家的酒店不少。吴大帝孙权的叔父孙济，就经常以蕴袍偿付酒店的酒债（见《江表传》）。到魏晋时，由于种种原因，从吃药到饮酒在当时的士大夫中形成风气。特别是入晋以后，饮酒几乎成为当时名士的标志，其中突出的代表自然是"竹林七贤"。魏末，"陈留阮籍，谯国嵇康，河内山涛，河南向秀，籍兄子咸，琅琊王戎，沛人刘伶，相与友善，常宴集于竹林之下，时人号为'竹林七贤'。"（《三国志》）《世说新语》中曾记有王戎回忆当年与阮籍、嵇康酣饮于黄公酒垆的故事。

中国古代有名的酒店，除了司马相如和卓文君开的临邛酒垆最早以外，以下大概就数"黄公酒垆"了。因此，"黄公酒垆"在后代不仅成了表达怀旧之思的典故，也常常被当作酒店的代称："他年犹拟金貂换，寄与黄公旧酒垆。"（唐·温庭筠《寄卢生》诗）

南朝的经济比北朝发达，但是由于北朝没有实行榷酤，民间可以自由酿酒，所以当时北朝市场上酒的买卖也很活跃。特别是其中有几个地方所酿之酒闻名遐迩，成为远销他方的畅销商品。名气最大的则是洛阳刘白堕所酿的"鹤觞酒"。刘白堕可谓是当时的酿酒专家，有自己的名牌产品，也有自己私人的酿酒作坊。这种私人的酿酒作坊的发展，形成了与官置酒坊的对立。隋统一全国以后，还曾一度罢官酒坊："开皇二年正月，帝入新宫。……先是，尚依周末之弊，官置酒坊收利，盐池盐井，皆禁百姓采用。至是罢酒坊，通盐池盐井与百姓共之，远近大悦。"（《隋书·食货志》）这无疑促进了私人酒坊、酒店的发展。"酒坊"本指酿酒的作坊，因其也兼卖酒，故人们也用之来称酒店。如唐·姚合《听僧云端讲经》诗："远近持斋来谛听，酒坊渔市尽无人。"元张昱《塞上谣》诗："玉貌当垆坐酒坊，黄金饮器索人尝。"

唐

唐初无酒禁，加上政治稳定，经济发展，酿酒业及相关行业都得到较大发展，大小酒肆、酒店遍布城乡。乾元元年（750年）以后，虽然由于缺粮或遇灾荒，有几次在局部地区禁酒，甚至"建中三年，复禁民酤"，不许民间私人开酒店卖酒，但却官司"置肆酿酒，斛收值三千"，"以佐军费"。所以在唐代，无论是否有酒禁，人们都可以在一般的城乡随时找到酒店。唐制三十里设一驿，全国陆驿1291处，水驿1330处，水陆相兼之驿86处，沿途随处都有酒店等服务设施。"东至宋汴，西至歧州，夹路列店肆待客，酒馔丰溢，……南诸荆襄，北至太原、范阳，西至蜀川、凉府，皆有店肆，以供商旅。"特别是"京都王者师，特免其榷"（《旧唐书·食货志》），长安、东都洛阳及其附近的酒肆、酒店得到特别的发展。据《开元遗事》记载："自昭应县（今陕西临潼）至都门，官道左右村店之门，当大路市酒，量酒多少饮之，亦有施者，与行人解乏，故路人号为歇马杯。"

唐代长安虽有东西两大市，但酒店早已突破两市，发展到里巷郊外。从春江门到曲江一带游兴之地，沿途酒家密集，所以杜甫诗中说："朝回日日典春衣，每日江头尽醉归。"（《曲江二首》）城厢内外热闹的地带则盖起豪华酒楼。诗人韦应物曾专门写了一首《酒肆行》："豪家沽酒长安陌，一旦起楼高百尺。碧疏玲珑含春风，银题采帜邀上客。回瞻丹凤阙，直视乐游苑。四方称赏名已高，五陵车马无近远。晴景悠扬三月天，桃花飘俎柳垂筵。繁丝急管一时合，他垆邻肆何寂然。主人无厌且专利，百斛须臾一囊费。初浓后薄为大偷，饮者知名不知味。深门潜酿客来稀，终岁醇浓味不移。长安酒徒空扰扰，路傍过去那得知。"由诗中可知，当时长安的酒楼，楼高百尺，酒旗高扬，丝竹之音嘹亮。这种带楼座的"酒楼"的出现，相对于酒店的历史来说，是比较晚一点的事，至少在唐以前的文献中没有明确的记载。酒楼因酒店之房舍建筑而得名，也意味着酒店规

中
国
文
化
遗
产
年
鉴
·
酒
文
化
卷

模的扩大、服务项目的增多，这与饮食服务业的发展有直接关系。所以后来人们将规模较小、条件比较简陋的酒店称为"酒馆"、"酒铺"，而将档次高些、带楼座并有各种相应服务的酒店称之为"酒楼"。

唐代酒旗上的"酒号"，大概写的是酒名或酒店、酒楼主人的字号。除了写在酒旗上的"酒号"，唐代的酒店、酒楼还有"酒榜"。宋王楙《野客丛书》曾谈到酒榜："余尝效程子山作酒榜，其间一联云：'一月二十有九日，笑人世之太狂；百年三万六千场，容我生之长醉'。""酒榜"即酒店、酒楼的招牌、匾额之类，也起装潢店肆、招徕顾客的作用。唐·皎然《张伯高草书歌》云："长安酒榜醉后书，此日骋君千里步。"张伯高即唐代声名远播的草书名家张旭，字伯高。由此可知，唐代时的"酒榜"已经注意到请名人书写了。

唐代的酒楼上还有音乐为客人助兴，即《酒肆行》所谓"繁丝急管一时合"。当时的一些音乐家也会在酒楼演奏。张祜《李谟笛》诗："无奈李谟偷曲谱，酒楼吹笛是新声。"元稹《连昌宫词》注云："明皇幸上阳宫，夜新翻一曲，明夕正月十五日潜游，忽闻酒楼上有笛奏前夕所翻曲。大骇之。密捕笛者诘之，自云其夕于天津桥上玩月，闻宫中奏曲，爱其声，遂以爪画谱记之，即长安少年李谟也。"笛子名家在酒楼上演奏，奏的竟然是皇宫中的曲调。

唐代都市里的酒店、酒楼普遍以妙龄女子当垆卖酒和送酒。所谓"城里多佳人，当垆自沽酒"；"垆边人似月，皓腕凝霜雪"。李白《金陵酒肆留别》诗："风吹柳花满店香，吴姬压酒劝客尝。"也写到这种情况。而由于唐代经济文化的开放性，许多西方的胡人通过"丝绸之路"来到中国，长安、洛阳、扬州等大城市都有胡人开的酒店.

美酒、佳肴、音乐、靓女，使唐代的酒店、酒楼充满浪漫自由的情调。当时的酒店、酒楼不仅是商人以及其他有钱、有闲的人驻足之处，也是因科考、游宦等原因路过或逗留于他乡的读书士子、官宦经常流连之所。在首都长安，不仅一般外地来京的读书士子到酒店、酒楼饮酒，连许多公卿大臣也到街市上的酒店、酒楼喝酒。所以唐代文人不仅留下许多写及酒家、酒楼的诗文，还留下不少发生于酒店、酒楼中的故事。如上引杜甫诗所讲李白醉卧酒家，"天子呼来不上船"故事和贺知章"金龟换酒"的故事。

宋

范成大所记"秦楼、翠楼、康乐楼、月白风清楼"和周密所记"熙春楼、三元楼、五闲楼"，皆南宋之酒楼名。文献所记宋以前之酒店、酒楼，或无店名、楼名，或仅标以姓氏以为分别，如上述"黄公酒垆"，这种情况大概至北宋前期还比较普遍，如北宋王君玉《国老谈苑》谈及祥符年间的"潘氏旗亭"（即《东京梦华录》所记"潘楼酒店"，当时北宋汴京最大的酒楼），以及石曼卿曾去剧饮的"王氏酒楼"（《宋史·石延年传》）。但南宋初年孟元老作《东京梦华录》，回忆北宋首都汴京时的酒楼不少已有了楼名（至南宋的酒楼则多数已有楼名）。这些或雅致、或吉祥的酒楼名的出现，在某种程度上可以说标志着宋代酒楼较之前代的发展。根据孟元老的记载，北宋都市里的酒楼不仅数量大大增多，而且从饮食服务业的角度看，规制设施显然比唐代更为扩大，服务方面也更为完善。这种情况的出现，是以宋代经济、特别是城市经济超过往古的发展为基础的。

宋王朝重视对酒务的管理，为此制定了一系列的制度政策，其中有继承前代的，也有自行制定的。在宋代，除了有些地方，如两广路以及夔州路、福建路等地区实行"许民般酤"，即将坊场酒税摊入民间，随二税征收，允许民间自酿自卖外，酒的榷酤制度主要是"官榷"：酒曲由官府即都曲院制造，从曲值上获取利润。"都酒务"是汴京以外各州、军的官办卖酒机构，县谓之"酒务"。都酒务和酒务都有造酒的作坊，又直接卖酒。所以宋人或径称酒店为"酒务"。这一名称金元明时代仍有存遗，如金《刘知远诸宫调》："记得村酒务将人凭折挫……"。元康进入《李逵负荆》杂剧第一折："老汉姓王名林，在这杏花庄居住，开一个小酒务儿，做些生意。"明凌濛初《二刻拍案惊奇》卷五："于是一个轮一个做主人，只拣隐僻酒务，便去畅饮。"州县之外，在镇市乡村之中也有酿酒兼卖酒的酒坊、酒场，称之"坊场"。这种村镇酒店都挑有酒旗或其他易识别的标志。酒旗上一般有"望"字，所以也称"旗望户"。经济比较发达的地区，"坊场"就会很多。如南宋时，晋陵、武进、无锡三县村坊各为44个，宜兴66个（史能之《毗陵志》卷六），常熟一县也有40多个

（《至元琴川志》卷门《拍店》）。

官榷之外还有"买扑"制度，即酒税承包制度。如果某人"买扑"到某一地区的酒税以后，就可以独占这一地区的酒利，于是其他小酒店就成为其附庸，只能到它那里买酒贩卖。宋仁宗天圣五年（1027）给三司的一道诏书说："白矾楼酒店如有情愿买扑出办课利，令在京脚店小户内拨三千户每日于本店取酒沽卖。"（《宋会要辑稿·食货》二十之三）可知当时京城内"买扑"的情况。

宋代，国家将酒的生产买卖作为重要的财政来源加以鼓励，另一方面酿酒技术也有了较大进步，都在一定程度上促进了酒的生产、销售和饮食服务业的发展。这种发展在大中城市，特别是北宋的首都汴京（今河南开封）和南宋的"行宫"临安（今浙江杭州）表现得十分明显。南宋孟元老《东京梦华录》、灌园耐得翁《都城纪盛》、吴自牧《梦粱录》、周密《武林纪事》等书对此有十分详细的记载。张择端的《清明上河图》是一幅巨幅的风俗画，其以汴河为中心有条不紊、引人入胜地展示了从郊外到繁华的市区街衢全部景象。其中城外"虹桥"附近的街道旁高悬酒旗的高大酒楼处于最显要的位置；进入汴京东门的整齐街道，酒楼在一系列店肆，如肉店、药店、"疋帛铺"等中间也显得特别突出。可见酒店当时在这座城市中所占的重要位置。

汴京的酒店，分为"正店"和"脚店"两种。所谓正店是酿酒兼卖酒的大的酒店，这种正店一般建有豪华的酒楼；脚店则自己不酿酒，所卖之酒来自正店。所以脚店有的是正店的分店，规模不一定小；有的则是规模较小、档次较低的小酒楼、小酒馆及零售店。据孟元老《东京梦华录》卷二"酒楼"记载，北宋末年汴京的正店酒楼共有七十二户。

汴京一些正店的酒楼建筑十分高大宏伟，比如白矾楼（后改为丰乐楼）就是汴京的著名酒楼，后来收入《醒世恒言》的宋元"话本小说"《闹樊楼多情周胜仙》即以此楼为故事背景。宣和年间增建后，高三层，而且"五楼相向，各有飞桥栏槛，明暗相通"。不仅彩楼相对，珠帘绣额，每到节日还"每一瓦垄中皆置莲灯一盏"，照耀四周如同白昼，以至因西楼靠近禁中，不得不禁人登眺。

北宋时已经有了众多名酒，所以汴京的一些大的酒店、酒楼不仅酒好，提供的菜肴也十分精美。酒店、酒楼因规格的不同，酒、菜档次水平不一样，故有不同的消费价格。

汴京的繁华持续了一个多世纪。由于北方民族的入侵，宋室被迫南渡。杭州本来就是依托富庶江南的中国南方最重要的城市之一，所谓"东南形胜，三吴都会，钱塘自古繁华"（柳永《望海潮》词）。在成为"行宫"以后，很快就成为超过汴京的新的消费中心。

南宋在酿酒卖酒方面的一个最大特色是"官办"占很大的比重。特别是以筹措军费为名的大量"赡军酒库"，在政府和军队支持下控制相当大的市场。所谓"酒库"指的是官办酿酒、藏酒的地方，因这些酒库大多同时兼设酒店、酒楼，从事餐饮营业，所以"酒库"也就成了酒店、酒楼的代称。如《永乐大典》中收录的南宋佚名《张协状元》戏文第五十出："过茶坊，扶酒库……"。至清代南方还有称酒店为"酒库"者，如清·施鸿保《闽杂记》云："闽中酒店皆称'酒库'，盖沿南宋官酒库之名也。"据吴自牧《梦粱录》等记载，南宋时杭州的官司酒库有数十处：如临安府点检所管领的比较大的酒库就有13所，小酒库有9所。

据周密《武林旧事》等书介绍，当时私营酒店、酒楼数量也相当多，其中也有不少属于豪华酒楼。

杭州酒店、酒楼格局设置多仿汴京旧制。"酒家事物，门设红杈子绯绿帘贴金红纱栀子灯之类，旧传因五代郭高祖游幸汴京潘楼，至今成俗。酒阁名为厅院，若楼上则又或名为'山'，一山、二山、三山之类。"（《都城纪胜》），这些酒楼也如北宋汴京的酒楼一样，十分讲究排场和环境，服务也非常周到，务使顾客满意。

杭州的酒店、酒楼，"歌管欢笑之声，每夕达旦，往往与朝天车马相接。虽风雨暑雪，不少减也"（周密《武林旧事》卷六）。其中有一种称"阉酒店"，"谓有娼妓在内，可以就欢，而于酒阁内暗茂卧床也。门首红栀子灯上，不以晴雨，必用箬篛盖之，以为记认。其他大酒店，娼妓只伴坐而已。欲买欢，则多往其店。另外，外门面装饰如仕宦宅舍，或是由旧宅子改建的酒店，被称"宅子酒店"；设于自然景色优美的城外，或利用城内花园池馆等建造的酒店，则被称为"花园酒店"。

除了豪华酒店、酒楼外，杭州还有其他各色酒店。一种叫"包子酒店"，卖酒的同时卖灌浆馒头、薄皮春茧包子、虾肉包子、鹅鸭包子之类。另一种叫"肥羊酒店"，如"丰豫楼归家、省马院前莫家、后市街口施

中国文化遗产年鉴·酒文化卷

家"等，卖酒的同时卖羊肉、羊杂。还有一些酒店，只卖血脏、豆腐羹、熬螺蛳、煎豆腐、蛤蜊肉之属便宜下酒。有些酒店只卖酒，不卖下酒菜，称"直卖店"，或谓之"角球店"。有一种称为"打碗头"或"碗头店"的散酒店，酒客可以零打两三碗，甚至于一碗柜台酒，也不用下酒，喝过就走。这类酒店"门首不设油漆杈子，多是竹栅布幕"，仅挂一些草葫芦之类的标识。另有一种"罗酒店"，"在山东河北有之，今借名以卖混头，遂不贵重也"。杭州有些饮食店，也兼卖酒。

宋时，北部中国先后出现过辽、金以及蒙古等政权。僻处于白山黑水之间的女真人，把宋室逼迁到江南一隅。但是半定居半渔猎而兼营农业的女真人，在接受汉文化上十分迅速。以至到后来，"燕饮音乐，皆习汉风"，"改姓汉姓，学南人衣装"（《金史·世宗纪》）。正是在这种背景下，当时的中国北方，不少城市里的酒店、酒楼得以在少数民族政权下继续营业。今山西繁峙岩上寺有一幅绘于金代的壁画，其中就绘有一座酒楼：楼内既有喝酒的客人，也有各种说唱卖艺的人。楼外有叫卖各种物事的小贩、算卦先生、游方和尚。其场面犹如《清明上河图》所描绘的北宋都市。最引人注意的是，酒楼外还有一面高挑的酒旗，上面联语是："野花攒地出，村酒透瓶香"。就是在当时的农村，亦如南方，到处都可以见到酒坊村店。诗人元好问编辑的金代诗集《中州集》中的诗："青芜平野四围山，山郭依依紫翠间。村远路长人去少，一竿斜日酒旗闲。"写的便是这种情况。

元

蒙古人犹如一股巨大的泥石流，从漠北草原汹涌地冲向中原。横跨欧亚的蒙古大帝国的建立，对中国历史的发展虽然有相当意义，但是其负面和消极的作用影响也是很大的。至少，在经济发展方面，蒙古人包括在其前面的女真人的入侵，打断了古代中国经济的进程，从两宋到明代中期一个漫长时期内，中国经济呈现出来的马鞍形，证明了这一点。不过，元朝对酿酒基本上听任私人制造，而榷以"酒课"；另外，元朝城市商业发达，首都大都（今北京）和杭州、扬州等城市都可以称得上是当时世界上最繁华的商业城市。所以中国南北方原来已经发达的酒店、酒楼等饮食服务业并没有受到多大的冲击。据记载，元朝时，"京师列肆百数，日酿有多至三百石者，月已耗谷万石，百肆计之，不可胜数"（《牧庵集》卷十五）。顺帝至元时的丞相马扎尔台在通州开酒坊糟房，日产酒万石（《庚申外史》）。可以想见当时首都及各地酒店、酒楼卖酒数量之巨。

明

明朝建国之初，朱元璋曾下令禁酒，后又改变主张，自云"以海内太平，思与民同乐"，于是"乃命工部作十楼于江东诸门外，令民设酒肆其间，以接四方宾旅"（《皇明大政记》）。这十座楼分别取名为鹤鸣、醉仙、讴歌、鼓腹、来宾等，但他觉得十楼还不够，于是又命工部增造五楼。洪武二十七年（1394）八月新楼建成，他还"诏赐文武百官，命宴于醉仙楼。"由于明王朝政策的允许，南京、北京和各地的酒店、酒楼随着战后经济的恢复发展而恢复和发展。特别是明中叶以后，社会经济生活发生了较大的变化。商业，尤其是贩运性商业的发展，促进了城市的发展：大中城市数量增加，不少乡村也因商业的繁荣变成繁华的小市镇，从而引起消费生活的更新、人情风尚的改观。所谓"世欲以纵欲为尚，人情以放荡为快"（《松窗梦语》）。明代中晚期追求奢华享乐成为普遍的社会风气，从官绅商贾，到读书士子、厮隶走卒，几乎无不被这种社会风气所濡染。当时不仅经济发达的南方城镇到处是歌楼酒馆，就是北方的小县城，社会风气也发生了巨大变化。如明万历修《博平县志》所记："由嘉靖中叶以抵于今，流风愈趋愈下，惯习骄奢，互尚荒佚，以欢宴放饮为豁达，以珍味艳色为盛礼……酒庐茶肆，异调新声，泊泊浸淫，靡焉勿振。"

博平县（今已并入茌平县）在山东，距大运河的重要码头临清不远。成书于明代万历年间的通俗小说《金瓶梅》曾写到临清："这临清闸上，是个热闹繁华大马（码）头去处，商贾往来，船只聚会之所，车辆辐凑之地，有三十二条花柳巷，七十二座管弦楼。"（九十二回）小说还将其中陈经济的结局故事安排在临清最大的酒楼上："这座酒楼乃是临清第一座酒楼，名唤谢家酒楼。里面有百十座阁儿，周围都是绿栏杆，就紧靠着山岗，前临官河，极是人烟热闹去处，舟船往来之所。"（九十三回）小说详细描写了这座"处处舞裙歌妓，层层急管繁弦"的酒楼的种种情形以及其中酒客、妓女的生活。不光写到酒楼里"乌木春台，红漆凳子"之类的摆设，也写到其"见一日也发卖三五十两银子"的经营情况。使读者对明代这类酒楼有了具体形象的了解。

从某种意义上说，小说可以说是用美学方法写成的历史。特别是宋元以来的中国古代通俗小说，向人们展示了一幅幅当时社会生活的生动画面。其中不少小说都细致而微地描写了各种各样的酒店、酒楼，再现了从村醪小店到都市豪华酒楼的种种风貌。如与《金瓶梅》同被称为"明代四大奇书"之一的《水浒传》，其中就描写了不少酒店、酒楼：景阳冈前"三碗不过冈"的村舍小店，母夜叉孙二娘夫妇开的十字坡黑店，武松斗杀西门庆的狮子楼，宋江与戴宗、李逵聚饮的琵琶亭酒楼……无不使人有亲临其境之感。武松帮助施恩去夺被蒋门神霸占的孟州道快活林酒店，向施恩提出"无三不过望"，即每遇到一个悬挂酒望的酒店，就要饮三杯。从孟州城东门出发到快活林酒店十四五里地，一路上竟有十二三家酒店。

《水浒传》写宋江题"反诗"于其上的浔阳江酒楼是中国古代一座有名的酒楼。苏轼曾有句："南行若到江干侧，休寻浔阳旧酒楼。"可见对其有着美好的回忆。象这样历史上有名的酒楼，还可以举出不少，如山东济宁的太白楼，安徽当涂的太白楼等等。其他如湖南岳阳的岳阳楼、湖北武汉的黄鹤楼、陕西蒲州的鹳雀楼、浙江杭州的望湖楼等主要供游人登临揽胜的名楼，在一定意义上也可以说是有名的酒楼。

浔阳江酒楼的白粉壁上有不少先人题咏，宋江可以朝酒保要到笔砚题诗，此也非小说家之杜撰。因为唐宋的酒店、酒楼四壁，一般皆粉以白垩，本来就是任凭酒客题诗写字的。唐宋人集中多有题酒家壁诗。传说五代时有一位好酒的诗人张白曾在崔氏酒店题了一首诗："武陵城里崔家酒，地上应无天上有。南游道士饮一斗，卧向白云深洞口。"被传诵出去，酒店的生意因此大为兴隆（《坚瓠集》）。明时，许多酒店、酒楼，为了保持整洁，往往会为喜欢饮酒赋诗的客人提供"诗牌"，而不允许东涂西抹。

清

由宋元话本小说和明清通俗小说所描写的酒店、酒楼情况，可以了解酒店、酒楼自宋元以来无论在格局规制，还是在服务上的一脉相承关系。甚至在很多细节描写上都使人感到非常可信。清乾隆时生活于江宁（即今江苏南京）的小说家吴敬梓曾经这样描写过这座六朝故都的繁荣景象：

"……城里几十条大街，几百条小巷，都是人烟凑集，金粉楼台。城里一道河，东水关到西水关足有十里，便是秦淮河。水满的时候，画船箫鼓，昼夜不绝。……大街小巷，合共起来，大小酒楼有六、七百座，茶社有一千余处。……到晚来，两边酒楼上明角灯，每条街上足有数千盏，照耀如同白日，走路人并不带灯笼。"（清卧闲草堂本《儒林外史》第二十四回）

唐代杜牧早有"夜泊秦淮近酒家"的诗句，秦淮河自古为士商云集、妓馆酒楼林立之所在。包括秦淮河在内的南京已经拥有六、七百座酒楼，那么作为清帝国首都的北京自然更是繁华无比。赵骏烈《燕京灯市竹枝词》所谓"九衢处处酒帘飘，沫雪凝香贯九霄"，当然不会是虚语。据记载，当时其他大中城市的饮食服务业也都很发达，这反映了中国这个庞大的农业国家所特有的现象。比如扬州，当时是南北交通的枢纽、两淮盐业的中心，许多腰缠万贯的盐商在此过着奢靡的生活，造成了一种在某种程度上可以说是畸形的商业繁荣。主要利用盐业的巨额利润，城里城外出现了大量竞相奢华的酒楼。李斗在《扬州画舫录》中就提到，当时人不惜重金买仕商大宅建为酒楼，"如涌翠、碧芗泉、槐月楼、双松圃、胜春楼诸肆，楼台亭榭，水石花树，争新斗丽，实他地所无"。

当然，城市里的酒店、酒楼也并非全是专讲豪华的，无论在什么地方什么时候，在消费上，总有不同层次。《儒林外史》写到季恬逸、萧金铉等几个人在南京编书，有时在聚升楼以酒肉款待朋友，平时则在聚升楼"赊米买菜和酒吃"。可见这个聚升楼不过是比较实惠的酒店，所以书中又称其为"聚升楼酒馆"。"酒馆"这个名称比酒楼更为近古，元·张昱《访旧三竺次泐禅师》诗中有其名称："酒馆湖船尽有名，玉杯时得肆闲情。"不过，近世以来酒馆主要用来指豪华酒楼以外的一般酒店。

除以上谈到的酒店的各种名称，古人有时还会称酒店为"酒局"、"酒场"、"酒铺"等等。现在我们常用的名称大概主要有酒店、酒馆、酒家、酒楼，其余则一般不再使用了。

中国文化遗产年鉴·酒文化卷

值得注意的是，由于酒的酿造技术的提高，特别是宋元以来蒸馏酒的普及，发酵酒度数的提高，质量的稳定，大量名酒的形成以及包装的改进，使酒逐渐成为一种运输相对方便、贩运有利可图的商品。在这种情况下，一般的酒店、酒楼已经无法再以酒来号召，只有越来越在菜肴上下功夫。这正是宋元以来中国各自菜系逐渐形成的契机。至明清时，实际上许多餐饮店都拥有来自各地的名酒，于是只能以各自的菜肴来吸引顾客。虽然有的酒店、酒楼仍然保持酒店、酒楼的名字，但也有一些酒店、酒楼就干脆改名为菜馆或饭馆、饭庄了。

民　国

清末民初，北京繁华区域，如东四、西单、鼓楼前有许多大的饭庄，一般叫某某堂（天津则叫某某成，如义和成、福聚成），如庆和堂（在地安门大街）、会贤堂（什刹海北岸）、聚贤堂（报子街路北）、福寿堂（金鱼胡同）、天福堂（前门外肉市大街）等等。这些饭庄有着共同的特点，一般都有宽阔的庭院，幽静的房间，陈设着高档家具，悬挂着名人字画。使用的餐具成桌成套，贵重精致，极其考究。这类饭庄可以同时开出几十桌华宴，也有单间雅座，接待零星客人便酌。甚至各饭庄内还搭有戏台，可以在大摆宴席的同时唱大戏，演曲艺。这些大饭庄在京城餐饮业中的地位，较之两宋汴京、临安的豪华酒楼有过之而无不及。

比饭庄规模小一些的饮食店当时叫饭馆，其名则不拘一格，如致美斋、宴宾斋、广和居、福兴居、龙源楼、泰丰楼、裕兴园、如松馆、便宜坊等。这类饭馆讲口味胜于讲排场，酒当然同样不可少。其雅座之内也悬挂匾联书画，如福兴居有一个小院子，有一匾云"醉乡深处"，后改"寻常行处"，取杜甫"酒债寻常行处有"诗意。又有一匾是"太白酒楼"，有集唐诗一联云："劝君更进一杯酒，与尔同销万古愁。"同以往酒店、酒楼没有什么差别。至于当时一些风味饭馆，也同时卖酒。

另外，当时还有一种名叫"大酒缸"的酒店。这类酒店一般设在繁华街道的街头或临近闹市的巷口，往往是一两间门面，进门一张木柜台，有的是一字型的，有的是曲尺型的。柜台上放着许多大瓷盘，盛着一些简单的酒菜，柜台外面摆着几个盛酒的大缸，上面是朱红油漆的缸盖。"大酒缸"以卖白酒为主，有时也卖黄酒。顾客们买了酒，再要上一两样酒菜，或是两条小鲫鱼，或是一碟小葱拌豆腐，就放在大酒缸的缸盖上喝起来。有的"大酒缸"还兼卖热菜。还有的兼卖刀削面，因为经营"大酒缸"的不少是山西人。

类似于"大酒缸"这样的小酒店，其实全国各地都有。"五四"新文化运动时，鲁迅在他的短篇小说《孔乙己》中曾经描写过他的家乡绍兴小酒店的情形：

"鲁镇的酒店的格局，是和别处不同的：都是当街一个曲尺形的大柜台，柜里面预备着热水，可以随时温酒。做工的人，傍午傍晚散了工，每每花四文铜钱，买一碗酒，——这是二十多年前的事，现在每碗要涨到十文——靠柜外站着，热热地喝了休息；倘肯多花一文，便可以买一碟盐煮笋，或者茴香豆，做下酒物了。如果出到十几文，那就能买一样荤菜，但这些顾客，多是短衣帮，大抵没有这样阔绰。只有穿长衫的，才踱进店面隔壁的房子里，要酒要菜，慢慢地坐喝。

饮食消费问题，不管是消费的形式，还是消费的水平和差别，都不仅可以反映出一个社会的物质文明程度，也可以反映出一定社会的社会关系状况以至暴露社会的种种痼疾。对历史我们应该有这样的认识，对现在我们仍然需要有这样的认识。现代以来，随着物质生产水平的提高，社会结构和人们生活方式的变化，饮食服务业得到了很大的发展。但这种发展在有些方面并不是很合理的，只有认识到存在的问题并努力去解决这些问题，才能促进饮食文化、包括酒文化的健康发展。

（本节由李时人撰稿，原名《中华酒楼的变迁》，原载《中国酒文化大观》。此次刊用时有修改）

第二节 酒馆与酒吧

一、酒馆饭馆合一

全国各地的酒馆多是以经营正餐为主，以酒为主的酒馆已经很少。

绍兴的咸亨酒店坐落在鲁迅中路上，这个就是正宗的，也已经成为了旅游景点。没有谁不和孔已己来张合影的。创建于清光绪甲午年（1894年）咸亨酒店，，是酒乡绍兴最负盛名的百年老店。现在已经全国连锁。

坐落在北四环东路99号的北京咸亨酒店，青瓦粉墙，排屋脊，颇具绍兴传统建筑岁月，曲尺形大柜台，"太白遗风"青龙牌，赫然醒目，柜内陈列各种黄酒及条桌长凳，楹联，别具一格，氤氲昔日绍兴咸亨酒店的浓厚氛围。一楼环境是比较地道的江浙格调，讲究的就是一个特色，想陈设的也就是江浙地区普普通通的路边酒店，因此，其风格当然相对也就简陋古朴一些。 酒店拥有特级厨师多名，擅长烹制浙菜，制作精良。

二、酒吧的兴起

倒是近十年兴起的酒吧吸引了年轻人。

酒吧最初源于欧洲大陆，但bar一词也还是到16世纪才有"卖饮料的柜台"这个义项，后又经美洲进一步的变异、拓展，才于大约十年前进入我国，"泡吧"一词还是近年的事。酒吧进入我国后，得到了迅猛的发展，尤其在北京、上海、广州等地，更是得到了淋漓的显现：北京的酒吧粗犷开阔，上海的酒吧细腻伤感，广州的酒吧热闹繁杂，深圳的酒吧最不乏激情。总的来说。都市的夜空已离不开酒吧，都市人更离不开酒吧，人们需要在繁忙遗忘，沉醉。北京是全国城市中酒吧最多的一个地方，总共有400左右家，酒吧的经营方式更是形形色色，生意也有好有坏。 上海的酒吧已出现基本稳定的三分格局，三类酒吧各有自己的鲜明特色，各有自己的特殊情调，由此也各有自己的基本常客，第一类酒吧就是校园酒吧，第二类是音乐酒吧，第三类是商业酒吧。

酒吧当年的确是以一种很反叛的姿态出现的，是我们这些城市对深夜不归的一种默许，它悄悄地却是越来越多地出现在中国大都市的一个个角落，成为青年人的天下，亚文化的发生地。随着都市文化的迅猛发展，曾经占尽风光的电影院在酒吧、迪厅、电子游戏室的崛起中显得有些被冷落的感觉。以新新人类自居的酷男辣妹，对于"泡吧"更是情有独钟，因为酒吧里欣赏歌舞、听音乐、扎堆聊天、喝酒品茶甚至蹦迪，无所不包，随你玩到尽兴，又显出时尚派头，自然成了流行的消闲娱乐方式。酒吧文化在中国不过十几年的历史，但是它发展迅速，可以称得上是适时而生。多年前在茶馆和酒楼听传统戏曲是当时大众最为重要的文化生活，随着时代的变迁，大众对音乐取向的变换和选择也是必然。由于八十年代外资与合资的酒店在大陆大规模的发展，相当一部分富有开拓精神的人们对酒店内的酒吧发生了兴趣；追求发展和变化的心态促使一部分原来开餐厅和酒馆的人们做起了酒吧生意，将酒吧这一形式从酒店复制到城市的繁华街区和外国人聚集的使馆、文化商业区。

随着改革开放在中国的进一步深化，咖啡酒吧产业在中国得到迅猛发展。目前，国内几乎所有涉外旅游指定的星级宾馆、饭店都设有咖啡的专营场所，很多大中城市都相继开启咖啡酒吧一条街，大多数高级写字楼、大型商场等都专为咖啡开辟场地，国内许多大中城市都设有咖啡酒吧休闲服务场所。据国家有关统计数据表明，中国的咖啡馆、酒吧数量每年以20%左右的速度在增长。

目前，咖啡酒吧业全年的消费额为231.5亿元，占全国餐饮服务业消费额5000亿元的4.63%，发展速度比同业高出3.63个百分点。按这个速度，在未来的五年内，中国的咖啡酒吧服务业市场份额将达到500亿元。咖啡酒吧产业市场将呈现出巨大的发展潜力。

全球各界的有识之士均看到了中国咖啡酒吧产业市场呈现出的巨大潜力，一些国际知名的咖啡连锁店纷纷落户中国。美国星巴克公司连锁店已开遍中国的大中城市，其规模还在不断扩大。美国的另一家咖啡专营连锁店Beanery也看好我国迅速增长的市场，计划未来五年内在中国开800家分店。星巴克国际连锁、法国爵士岛连锁等跨国公司在中国咖啡业中已扮演着举足轻重的角色。随着国外咖啡、酒类企业的进驻，抢滩中国市场的同时，也将为中国引进咖啡酒吧先进的科技设备和现代经营理念。希望中国的咖啡、酒吧产业抓住机遇，迎接挑战，为中国的咖啡酒吧发展迎来灿烂辉煌的明天！

三、酒吧酒文化

主题酒吧连锁现在在中国达到100家，成都老鼠爱大米咖啡有限公司，满足人们情感交流和交友的需求，被年轻人追捧。

就是5年前，酒吧还是都市生活里的点缀品，泡吧对很多人而言，是鼓足勇气对一种新鲜生活方式的追逐。

深圳酒吧非常之多，福田、罗湖、南山、盐田无一例外。此类酒吧的娱乐群体可能是深圳最年轻的一批，其年龄差不多为25岁以下，一般是16岁到25岁之间。

深圳的本色酒吧中，酒吧、音乐、乐队、表演、摇滚乐手、演出照片、艺人、歌手、论坛、音乐下载应有尽有。

天津酒吧策划组织酒吧活动和网友聚会，酒吧人才招聘，提供酒吧慢摇、酒吧劲爆、DJ舞曲、视频英文慢摇欣赏下载和酒吧论坛。

南京酒吧是面对南京小资、白领、学生等层次的专业酒吧，具有南京酒吧的一切特色。

而成都，散落在巷陌中的上千家酒吧，因为这个城市才有的突兀个性和不断翻新着的欣欣向荣，激发出城市过客和原住民生生不息的爱恋，从这个角度放大这张城市切片。北京的酒吧品种多多，上海的酒吧情调迷人，深圳的酒吧最不乏激情，成都的、杭州的酒吧在闹市之外，还有最乡村的酒吧，这里是最清净的，最难找到的酒吧。但凡去过广州酒吧的人，大都会有这种印象，因为喝啤酒、看影视、唱卡拉OK，组成了广州酒吧消费的主流模式。表演越出位的酒吧，人气越旺；文化品位越高的酒吧，客人越少。广州有三条酒吧街！而且每条街都各有特色，每条街都是广州夜生活的品牌！

上海在酒吧里做定格，在全国显得气味最浓郁，定制了限量上海酒吧网支持北京奥运T恤，共分成5种颜色，代表奥运的五环。

在这个最为时尚的经营领域，国产酒企业有无长远的战略目标呢？让年轻人在喜欢洋酒的同时，更多地了解自己的酒、酒文化，热爱自己的传统文化，应该是大家努力的方向。

主要参考资料：

1. 孙宝君、邹吉田、侯云章、王鸿宾主编《中华大酒典》北京，中国商业出版社，1997年
2. 朱宝镛、章克昌主编《中国酒经》上海，上海文化出版社，2000年
3. 萧家成 《升华的魅力：中华民族酒文化》北京 华龄出版社，2007年2月
4. 洪光柱编著《中国酿酒科技发展史》北京，中国轻工业出版社，2001年
5. 康明官编著《科学饮酒知识问答》北京，化学工业出版社，2000年
6. 郝爱真、王发渭编著《家庭药酒》北京，金盾出版社，1992年5月
7. 杨国军主编《绍兴酒鉴赏》杭州，浙江摄影出版社，2006年6月

第九篇 酒文化节会

第一章　全国糖酒会

第一节　厚重的历史进程

全国糖酒会自1955年创办以来，经历了曲折的发展过程。根据糖酒会发展的内在逻辑，大体可分为四个时期，即：1955～1971年的计划经济时期；1972～1983年的从计划经济开始向市场经济过渡的时期；1984—1990年深化改革开放时期；1990年以来的规范化管理时期。

计划经济时期的糖酒会扮演了一个供应会的角色。1955年，全国供应会在北京召开，拉开了全国糖酒会的序幕。由于统购统销的经济模式，在最初的糖酒会上参与交流的仅仅是除八大名酒之外的酒及部分糖果、糕点等，目的是调剂和补充市场供应。这个时期的糖酒会，开会的方式、会议的名称均发生过变化，甚至在1964年还首次设立了商品的展厅，但会议在实质上仍然是属于计划经济范畴。"文革"期间，国民经济受到社会动乱的破坏，但糖酒会一直没有停开，其主要原因在于糖烟酒商品的特殊性。

1972年在石家庄召开的全国糖业烟酒菜果三类商品交流会，成为糖酒会历史上的一个转折点。随着地方经济尤其是商办工业的发展，第三类商品的生产与加工有了很大的进步。商品种类和总量的增长，使生产企业自身萌发了在全国范围内开展交流的需要。糖酒会适应这一需要，从行政会议的附属品脱胎而出，成为真正独立的商品交流会。如果说前一阶段的糖酒会还只是商业内部的事情的话，那么这时候的糖酒会就已经对工业有限地打开了大门。这一变化改善了地区间长期以来封闭的经济交往方式，受到广大工业企业的积极响应。商业搭台，工业唱戏就是从这个时候开始的。这一时期一直持续到1983年。我们把这一时期称为计划经济向市场经济过渡的时期，是因为在这个时期中已经萌芽了市场经济的成分，计划经济和市场经济处于此消彼长的过程中。当然，短缺经济依然是当时经济的基本特点，在资源稀少、供应紧张的情况下，商业部按照"保证特需，照顾重点，兼顾一般"的原则，通过糖酒会来实现计划内商品之外酒类商品及日用消费食品的调剂和分配，为保障人民生活需求做出了重要贡献。

1984年以后，糖酒会正式确立了开放式办会的组织原则。这一原则是国家的对外开放和深化改革措施在糖酒业的体现。对外开放和深化改革带来了经济的进一步繁荣，也带来了经济成分的多样性。开放的办会原则完全打开了糖酒会的大门，参加的企业不仅有商业企业，也有工业企业；不仅有国有企业，也有集体和乡镇企业。商品的交易价格也完全放开了，由交易的双方自己协商确定。这种开放的办会模式适应了糖酒等第三类商品的流通特点，受到了与会者的热烈欢迎。特别是随着1985年以后各地大办酒厂热潮的兴起和酒厂已经开始向市场经济迈步，酒厂参加糖酒会的热情高涨，参会数量迅速增加。1984年春的成交额只有4.15亿元，到了1988年的秋天，已经达到了54.46亿元，足足增长了12倍。糖酒会在这一时期的高速发展给人留下了深刻的印象。1990年3月在石家庄举行的全国春季糖酒三类商品交流会开创了糖酒会历史的新局面。集中布展、集中交易的实现，改变了糖酒会的基本模式，使糖酒会从一个非展示性的订货会，从参与的企业各自为阵，在住地的房间里或附近沿街的店铺里甚至路边上单独设店，改变为相对集中的一、两个场地集中布展的模式。这是向规范化迈出的重要一步。1990年秋季的糖酒会便正式更名为全国糖酒商品交易会，适应了改革开放的新形势。从此开

始，糖酒会在中国糖业酒类集团公司的领导下，沿着规范化、制度化、国际化的轨道，开始了新的长征。酿酒企业参会数量和成交额在糖酒会上所占的比重越来越大。

首先，标准规范的展示环境为糖酒会的规范化管理提供了物质基础。随着会展经济的高速发展，许多省市都建设了规模宏大的国际会议展览中心，近些年召开的糖酒会都将会址选在了这些国际会议展览中心。这些高标准建设的国际会议展览中心在帮助糖酒会的组织者实现展区的设置和管理、参展商品的分类等方面发挥了巨大的作用。实现了规范化的管理。

制度化的工作主要体现在糖酒会的申办工作中。由于糖酒会的知名度以及给地方经济所能带来的拉动作用，使越来越多的城市加入到糖酒会的争办队伍中，那么，到底具备什么条件才能获得糖酒会的承办资格，应该有哪些硬指标和软要求，这些工作涉及到糖酒会申办工作的制度化建设。近年来，主办单位在这些方面进行了多方面的尝试，积累了相当的经验。由于四川一个省就拥有6个国家名酒（号称"六朵金花"），四川白酒的生产和销售数量一直位居全国第一，地理位置也基本处于全国中间偏西，因而，近20年来，每年的春季糖酒会绝大部分时间都在成都召开。

这些年，参加糖酒会的国外企业出现逐渐增多的趋势。来自美国、俄罗斯、法国、西班牙、意大利、韩国、葡萄牙、香港、台湾等十多个国家和地区的酿酒企业和食品企业纷纷亮相，使糖酒会呈现出国际化的倾向。

第二节　激扬的改革措施

50年来，尤其是近10多年来，改革、创新的主旋律一直伴随着糖酒会。适应社会和经济发展的需要，适应各方参会代表的需要，努力营造一种宽松、和谐、公正、有序的交易氛围，始终是糖酒会组织者不变的初衷。

1955年，糖酒会叫全国供应会；1956和1957年叫全国糖业糕点专业会议；1958年叫全国糖业烟酒专业计划会议；到了60年代初，糖酒会的名称变成了全国三类商品供应会；1965年叫做全国糖业烟酒公司的供应会，是和经理会在一起召开的；1972年，更名为全国糖业烟酒菜果三类商品交流会；1984年，烟草从商业分出去后，糖酒会的名称相应地变为全国糖酒三类商品交流会；直到1990年秋季，糖酒会才正式易名为全国糖酒商品交易会。会议名称的变化只是一种形式，在名称变化的背后，反映出的是社会经济活动主体的变化，是商品经济的逐步发展。

同样，会期也从最初的一年一次，到1984年变成了一年两次，直至现在。

交易商品的范围更为大。在50年代的供应会上，可交易的商品屈指可数，而且当时参加交易的物质严格地讲并不叫商品，只能叫产品；八大名酒、奶粉、肉蛋制食品都属于二类物质，是进行计划管理的，只能调拨，不能交易。在20世纪60年到初，糖烟酒这三种商品的经销额已占同期社会商品零售额的13.4%，属于高利税的商品，但真正进入交易范围的依然是少数商品，大多数商品仍然是实现计划管理的，或者是超计划增产部分才允许参加交易（仅这一点，在当时几乎是罕见的）。短缺经济注定只能执行分配制度。1964年，参加交易的商品突破了3500种，但主要集中于地方名酒和小食品。70年代初，随着地方经济尤其是商办工业的发展，第三类商品日渐增多，但这一时期的糖酒会还是以一、二类商品的计划衔接、调配安排为主，可交流的商品，就比重而言，比一、二类商品少得多。20世纪70年代中期到80年到中期，糖酒会的交易额有了长足进展，尽管烟草从交流范围中分离出去，但商品品种的数量和商品总量都较以前有了巨大的增长。邓小平同志从1975年起主持国务院工作，对经受近10年动乱而处于严重混乱状态的国民经济进行整顿，这种变化也生动地反映在糖酒会上。进入90年代以来，随着国家改革开放步伐的加速，交易商品范围的变化更明显地反映出来。

首先是国外的洋酒和食品进入。1994、1995两年，洋酒大举进入中国大陆时，人头马公司、马爹利公司都曾在糖酒会上出尽了风头。其次，洋酒企业的进入，带来的不光是新颖的包装和营销理念，酒品本身和企业本身也有了质的飞跃。90年代之前，一直喝惯白酒的中国人，有多少人喝过威士忌、白兰地、伏特加、金酒、朗姆酒等国外蒸馏酒？可90年代以后，随着洋酒的大举进入，不但不少中国人喝上了这些洋酒，而且中国的一些酿酒企业着眼洋酒在中国的市场潜力，也开始制造仿洋酒。一些国外的大型洋酒公司正是通过中国的糖酒会简便快捷地了解了中国的酒业情况和市场动态，才从20世纪90年代后半期开始，陆续进入中国的啤酒和葡萄酒行业进行兼并收购，或投资入股。进入21世纪，一些洋酒公司已经渗透到中国传统的白酒行业进行兼并收购。这些事实充分说明了糖酒会给中国酒品和企业的改革，以及给中国人的消费习惯所带来的巨大变化。

20世纪90年代中后期，中国经济进入了一个高速发展的时期，新产品层出不穷，新企业风起云涌，糖酒会本身就是酒品和食品行业的新企业新产品进入市场的第一个窗口。从

这个窗口看出去，国内各地区大大小小的酿酒企业，代表着不同时代、反映着不同的消费需求，都渴望在全国的市场份额中分得一杯羹，因而都在糖酒会上使出了自己的看家本领。白酒、葡萄酒、啤酒、黄酒、保健酒、果露酒，酒酒飘香；酿酒机械、促销礼品、调酒香料纷纷登场；包装装潢、广告设计企业和酒类报刊争奇斗艳；各类食品企业也都在糖酒会上一展风采。这几年酒类和其它食品类机械及包装的企业更是热情参展，糖酒会还为他们开设了专门的展区。

交易会管理模式的变化也体现了组织者的创新和开拓意识。随着糖酒会规模的膨胀，组织管理成了一项系统工程。几万人甚至十几万人几天之内云集一个城市，来得集中，走得也集中，接待任务和现场管理难度也很大。与糖酒会早期专业性会议组织和管理模式迥然不同。分工明确，责任到人，构建了一种全新的管理模式。

第三节　火爆的交易场面

　　熟悉糖酒会的人都知道其火爆的原因所在。大量的酒类和食品副食品经销商到会采购，有效的交易成果，低价位的参会成本，商品信息集中而快速的传播等等，都是内在的原因。

　　没有人统计过，一位酒企业的销售经理或业务代表在一次糖酒会期间要接待多少来访的经销商；也没有人统计过，在一次会期，一个酒类经销商要和多少家酿酒企业进行交流。

　　从1994年春季成交总额第一次突破100亿元以来，差不多每一届糖酒会的成交总额都在100亿元以上。

　　2006年以来的春秋糖酒会交易额统计如下表：

年　　份	季　别	交易总额	酒品交易额	占总额比例
2006年	春　季	113亿元	69.98亿元	61.93 %
	秋　季	139亿元	89亿元	64.03 %
2007年	春　季	146亿元	90.5亿元	61.99 %
	秋　季	181亿元	116亿元	64.09 %
2008年	春　季	170.58亿元	101.31亿元	59.39 %

　　从以上统计清楚地看出，糖酒会越办越大，交易额越来越高，而且酒品始终在糖酒会上独占主角。

　　糖酒会上的成交情况反映了下一个经济时期糖酒副食品的市场预期，成为人们分析市场信息、判断市场走势的一个晴雨表。

第四节　缤纷的展场效果

　　糖酒会是糖酒副食品行业的交流大会，在会上，不光有商品的交流，也有包装的交流；不光有信息的交流，也有技术的交流；不光有营销理念的交流，也有营销和管理人才的交流；不光有产业链上下游的交流，更有不同企业间文化的交流。糖酒会就是一个大舞台，全行业的同仁都来到这个舞台上，都在表演着自己的拿手好戏，也都在为糖酒会的交易成果贡献着自己的力量。

　　有的企业到糖酒会上来只是为了展示形象，既不做生意也不谈客户，这样的企业是最重视展场效果的。展位设计追求独到，制作装修精益求精。整个展位就像是一件工艺品，平均每平方米面积的设计和制作费用可高达3000至4000元人民币。

　　有的企业到糖酒会上来不光是想展示形象和产品，而且还想谈客户签订单，也有一些企业到糖酒会上来以卖货做生意为主，他们由于实力有限，不能做更大的形象展示，只能用几张桌子，蒙上台布，摆开产品，洽谈生意。这些企业一般都规模很小，但他们也是糖酒会参展企业很重要的一个组成部分。有不少大的、知名的企业，就是从这种小打小闹的状态一步步发展起来的。

　　糖酒会具有极大的包容性，企业不分大小，产品不分贵贱，只要是合法经营，都能在糖酒会上找到自己的位置，这也是糖酒会的魅力之所在。

第五节　浓郁的广告氛围

广告是糖酒会上一道亮丽的风景线。

一般的展览会上都有广告，但是人们很少看见糖酒会这样的广告。从会前几天到会议结束，会展中心附近、承办城市的中心广场、火车站周边的主要街道以及通往会展中心的干道上，广告的密布程度用铺天盖地来形容一点也不过分。各种各样的广告形式把承办城市打扮得就像过年过节一样。大红的布幅广告、五彩的气球广告、锣鼓喧天的彩车广告、吹吹打打的乐队演出、千奇百怪的充气模型、巨大而精美的造型广告、呼啸而过的动力伞广告等等挤满了承办城市的三维空间。在糖酒会上，你能找到几乎所有的广告形式，糖酒会也就是另一种意义上的广告博览会。

这是一种氛围，这是一种让人心跳加速、让人想要参与其中的氛围。也许中国的糖酒副食品企业喜欢并适应这样一种氛围，所以糖酒会上这样的广告形式重复出现，大家也乐此不疲，于是便成了糖酒会的一大特色。

广告是做给来参会的经销商看的，也是做给承办城市市民看的，更是做给参会的其他制造商看的。

大企业需要用广告来维护形象，小企业需要用广告来联络客户；老企业需要广告来维系人气，新企业需要广告来认识朋友。所以，糖酒会上，平面的、立体的、静止的、流动的、无声的、喧闹的、抽象的、形象的、微型的、巨大的……广告使人目不暇接。

糖酒会的《会刊》广告是这些广告中最有特色的一种。参加过展览会的人可能都见过《会刊》，但你很难找到和糖酒会《会刊》想媲美的《会刊》。糖酒会的《会刊》，从创立到现在已经21年了，从最初双色印刷的四开小报，到今天国际大16开全彩印刷的精美杂志，其本身的发展就反映了糖酒会的进步，更直接见证了糖酒会的辉煌。《会刊》上的广告量也是其他展会的《会刊》难以相比的，参展企业自愿选择糖酒会《会刊》投放广告，说明了糖酒会《会刊》受人们欢迎的程度。近几年来，糖酒会《会刊》的发行更是适应交易会的变化在不断地做出调整，使得糖酒会《会刊》能够适应交易会的发展，满足参会代表的不同需要，深受大家喜爱。

第六节　丰富多彩的活动

现代的糖酒会，本身就是一系列活动相互贯穿的综合行为。除了在国际会议展览中心举办的交易会外，还有交易会主办和承办城市为新闻媒体准备的新闻发布会，有为参会代表举办的形势报告会或相关专业的高峰论坛，还有为重要企业的负责人准备的答谢宴会。在参会的企业方面，活动形式多种多样，新意迭出。有的请来产品的形象代言人现场助威，搞签名活动；有的请来专业的培训师对自己的经销商队伍开展培训；有的协同相关媒体组织业界的论坛活动；还有的借此机会召开经销商兑现奖励大会，销售额完成得好的经销商可以开着制造商奖励的汽车回家。

一、历届糖酒会承办城市

1955～1963	北京	1984秋	安阳	1995秋	长沙
1964	上海	1985春	柳州	1996春	成都
1965	保定	1985秋	郑州	1996秋	石家庄
1966	洛阳	1986春	石家庄	1997春	成都
1968	韶山	1987春	成都	1998春	成都
1969	太原	1987秋	石家庄	1998秋	长沙
1970	天津	1988春	成都	1999春	成都
1971	武汉	1988秋	郑州	1999秋	大连
1972	石家庄	1989春	石家庄	2000春	成都
1973	扬州	1989秋	成都	2000秋	石家庄
1974	柳州	1990春	石家庄	2001春	成都
1975	无锡	1990秋	郑州	2001秋	郑州
1976	烟台	1991春	成都	2002春	西安
1977	西安	1991秋	石家庄	2002秋	长沙
1978	邢台	1992春	成都	2003春	成都
1979	南昌	1992秋	郑州	2003秋	沈阳
1980	邯郸	1993春	成都	2004春	成都
1981	长沙	1993秋	石家庄	2004秋	长春
1982	石家庄	1994春	成都	2005春	成都
1983	邯郸	1994秋	郑州	2005秋	济南
1984春	石家庄	1995春	成都	2006春	成都
2006秋	西安	2007春	重庆	2007秋	哈尔滨
2008春	成都				

二、糖酒会历年成交情况统计图示（仅限于收集到的数据）

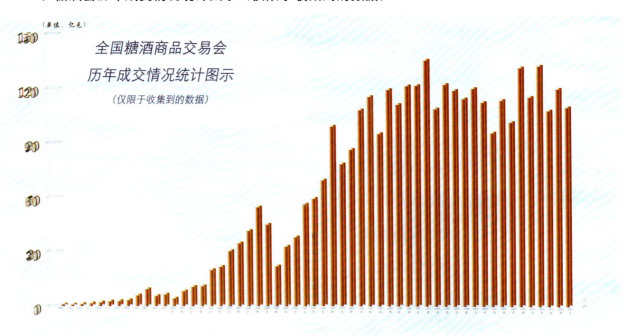

中国文化遗产年鉴·酒文化卷

第二章 其它酒类节会

茅台酒节

中国贵州茅台集团公司从2004年开始，将每年的农历九月初九定为茅台酒节。主要活动：一是祭祀酒神；二是宣读师徒协议书并颁发师徒证书。每年的这一天，都由茅台集团的国酒文化研究会组织，在茅台中国酒文化城汉馆广场举行隆重的祭祀活动，以至诚之心，恭祭历代国酒先贤宗师，以缅怀先辈，承传历史，开创未来。

升旗仪式结束后，欢庆的鼓乐奏起来，各方队开始游行，游行活动经过制曲车间、酒库车间，抵达茅台中国酒文化城开展祭祀活动。

在祭祀活动中，首先由主祭人、国酒文化研究会会长季克良来到主祭台前，代表全体国酒人焚香祭拜国酒英灵，体会先贤功德，敬告国酒发展，擂响第一通鼓。国酒文化研究会会员，以及离退休职工代表、酒师代表、中级管理人员代表向茅台酒历代祖师、宗师分别敬献净水、高粱、小麦、花篮。

擂响第五通鼓后，主祭人季克良缓步走向主祭台，将浓香馥郁的陈年茅台酒倒入酒爵中，季克良深深地三鞠躬、面向祖师台敬献，并恭读茅台酒节祭文。酒曲师代表方阵向历代茅台酒祖师、宗师响亮地宣誓：承传历史，继往开来，再立功勋。

国酒祭礼　茅台集团新老领导在国酒文化城参加祭祀大典

师带徒对于传承茅台酒工艺，保证茅台酒质量的稳步提高起到了较大的推动作用，自2003年重新启动以来，公司师带徒活动规范发展。在每次祭祀大典上，都要宣读经公司师带徒活动领导小组确认的师徒名单以及车间开展建立的师徒关系名单，并要宣读师徒协议书、颁发师徒证书。然后由师徒代表走上主祭台向祖师鞠躬。在祖师像前，师傅代表接受徒弟的鞠躬致谢并赠言。

全体参祭人员面向茅台酒历代祖师、宗师虔诚地三鞠躬，表达铭记与感恩之情。在震天的长鼓声中，祭祀大典庄严结束。

礼毕后，国酒文化研究会成员来到现代馆前，向近代国酒前辈敬献花篮。

茅台祭水节

从2002年开始，每逢九九重阳节，贵州仁怀市都要在茅台镇银滩举行大型祭水活动，以表达对母亲河——赤水河的恩泽和崇敬。

仁怀市2004年被中国食文化研究会认定为全国唯一的"中国酒都"。全市现有酒类企业130家，酒类品牌近3000个，著名的白酒品牌除国酒茅台外还有50余种。白酒销售产值占地方工业总产值的80％，占全市GDP比例达48%，酿酒业实现财政税收对市级地方财政收入的贡献率达85%以上。酿酒业从业人员以及从事酿酒原料（高粱、小麦）生产的人员占全市人口的50%左右。酿酒业的健康发展，对全市的经济振兴起着举足轻重的作用。

九九重阳，是最适宜取水下沙酿酒的好时机。民间流传着"九月九，下河挑水煮新酒"，"重阳下沙，一定抱个金娃"，"重阳下沙芳满缸，重阳酿酒香满江"等民谣、民谚。赤水河有一奇，每年端午至重阳，河水呈赤红色；而重阳至翌年端午，河水则清澈透明。妙的是端午到重阳为浊水季，茅台歇蒸、下窖基本不用水；而重阳以后下沙、蒸煮需要大量用水，恰好赤水河水正当清澄时节。因此，九九重阳就成了全市祭水酿新酒的日子。

这一天，在金鼓和唢呐声中，挂满红绸的小舟，载着童男童女由江边缓缓划向江心，童男童女各用陶罐从江心取出清水。船划回岸边，由神女领着走到神坛，童男童女将取来的清水倒入祭坛中。击鼓九通、鸣金九响过后，主祭人和陪祭人向天地鞠躬、敬香、敬酒。

随后由市领导恭读祭文。祭水活动结束后，还要举行丰富多彩的文艺表演。

山西杏花村汾酒文化节

"中国 山西杏花村汾酒文化节"是由山西杏花村汾酒集团有限责任公司在公司驻地举办，得到了中国酿酒工业协会、中国食品工业协会、中国企业联合会、中国企业家协会、山西日报报业集团等单位鼎力支持。

第一届汾酒文化节开幕现场

第一届节会于2004年9月19日至23日举行。主要活动有： 汾酒博物馆改建工程揭幕仪式，"汾酒工业园暨全国工业旅游示范基地"揭牌仪式，摄影和诗词文赋大赛，书法展览，产品陈列展，汾酒文化旅游，东方歌舞团和中央歌舞剧院的文艺演出以及企业职工文艺汇演。在文化节筹办过程中，通过对汾酒文化的历史脉络和各种载体进行全面、客观、系统的整理，从而形成了以历史文化体系、诗文体系、典故体系、产品文化体系和收藏体系为基本框架的汾酒文化体系；通过举办全国性的DV大赛和摄影大赛，收集大量的关于汾酒文化的数字影像作品、数字平面广告作品、数字摄影作品，制作汾酒文化专题片，对中国酒专家、中国文化名人关于讲述汾酒的数字化记录，从而建立了汾酒文化数字库；通过在公司内部创建中国第一个酒文化旅游基地，从而初步实现了汾酒文化的市场化；通过文化节期间的5台文艺节目（其中包括2台国家级演出团体的演出），从而实现了汾酒文化的艺术化。首届汾酒文化节的成功举办，成为汾酒历史发展进程中的一个里程碑。

第二届节会于2007年10月9日至19日举行。主题是：传承国宝，清香久远。主要活动有：升旗仪式、"传承国宝 清香久远"开幕式文艺演出，"中国企业文化示范基地"揭牌仪式，"汾酒杯"首届国际蒸馏酒发展论坛，"百名"书画家杏花村采风活动，"晋商与汾酒文化"学术研讨会，"中国白酒文化第一馆"——汾酒博物馆扩建工程揭幕仪式，全国楹联大赛活动，中国六省市、港澳台摄影家聚焦杏花村采风活动。

青岛国际啤酒节

第一届中国青岛国际啤酒节于1991年6月23日至30日举行，以后每年一届，在当年6月至9月期间举行，会期为10——15天。止2007年已举办了17届。

首届节会由青岛市政府和青岛啤酒集团主办，第七届啤酒节首次由中国国家旅游局、中国轻工总会、国内贸易部、中国国际贸易促进委员会、中国国际商会、中国人民对外友好协会和青岛市人民政府共同主办。办节主体的变化意味着该节已由地方性节会升格为国家级规格。

每届节会都有来自全国各地的啤酒生产厂商携酒参展，日本、美国、加拿大、德国、新加坡、丹麦、英国、法国、韩国、荷兰、南非、香港等国家和地区的啤酒厂、啤酒代理商也参加展销和交流。

啤酒节期间除举办国内外啤酒博览、经贸洽谈、中外啤酒饮料技术讲座与交流活动、大型文艺晚会、燃放焰火以外，还举行过书法、绘画、摄影和崂山绿石展、藏天朔摇滚演唱会、老艺术家专场演出、中美钢琴演奏家48人四手联弹的巨型钢琴演奏会，全国沙滩排球邀请赛、中国象棋名人邀请赛、时装表演、海上风光游览、大型水上表演，帆板、摩托艇、舰船表演等丰富多采的活动。第十五届啤酒节举办了三大音乐赛事：一是中央电视台《梦想中国》全国获奖选手半决赛；二是亚洲音乐节新人歌手大赛中国赛区邀请赛；三是"中国星"全国流行音乐大赛获奖选手邀请赛，以及德国著名铜管乐团演出。使啤酒节累计进城人数达 206 万人次 ，销售啤酒720吨。

青岛啤酒节已经成为全国第一、国际很有影响的啤酒展会品牌。

燕京啤酒节

燕京啤酒节（原名顺义啤酒节）自1992年开始举办，每年6月6日至8日举行，一年一度，为期三天时间。旨在以酒为媒、广交朋友、招商引资、繁荣经济。

每一届啤酒节都有大型专题文艺表演和经贸洽谈活动，以及彩车游行、雄风锣鼓、高跷秧歌、龙狮舞、民间花会、小车会、高跷、马戏杂技和赛马等表演。每一届啤酒节都有国家领导人和有关部委领导参加。从第四届开始，每一届都要举办由数千人参加的、不同主题的大型团体操表演。先后有中国歌剧舞剧院、中央民族歌舞团、中国京剧院、中国铁路文工团说唱团、安徽圣泉花鼓灯艺术团和德国迪特福特市铜官乐队、俄罗斯民间歌舞团的艺术家们，以及吴雁泽、彭丽媛、闫维文、刘斌、孙悦、张明明等著名歌星献上了精彩的歌舞曲艺节目，有中央电视台著名节目主持人朱军、王玲玲、李杨、孙晓梅等主持开幕式。

啤酒节展现出"燕京人"志在兴国啤、奔向新世纪的精神风貌，成为人们了解燕京、了解顺义的纽带，燕京和顺义又把自己的拳头产品和精神风貌展示给全国乃至于世界，从而大大促进了燕京集团和顺义地区的全面建设和跨越式发展。主办者以"年年有变化、年年要出新"的标准，使啤酒节的创作、组织和表演水平逐年提高，已成为北京地区重大文化节日之一。

烟台国际葡萄酒节

首届中国烟台国际葡萄酒节于2007年9月23日～10月7日在烟台召开，其主题是弘扬品牌、传承文化、共谋合作。

本届葡萄酒节旨在充分发挥烟台在葡萄与葡萄酒产业方面的优势，通过产品展示、技术交流和丰富多彩的经贸及文化活动，加强国际间在葡萄与葡萄酒领域的交流与合作，弘扬葡萄酒文化，做大做强葡萄酒产业，努力把烟台打造成享誉世界的国际葡萄酒城。会议共设海外葡萄酒品牌、国内葡萄酒品牌、葡萄酒配套产品、酿造和贮藏工艺及设备、酒标与酒器、葡萄酒文化旅游、中西美食、专业媒体等8个展区，重点展示葡萄酒企业形象，葡萄酒文化及旅游，葡萄酒酿造工艺与设备及相关配套产品。

葡萄酒产业高端论坛将邀请国际葡萄及葡萄酒组织高级官员、国家葡萄酒专业机构高层人士、世界排名前十位的国际葡萄酒企业CEO、国内葡萄酒十强企业CEO、著名葡萄酒城市市长及有关专家学者，就葡萄酒产业发展趋势、葡萄酒文化与旅游、葡萄酒国际市场开拓战略等发表演讲。

会议期间，将组织海内外葡萄酒生产企业和经销商、葡萄酒行业协会、投融资集团等开展投资与贸易洽谈会活动，举办投资项目推介会、投资合作项目签约仪式、烟台与OIV合作20周年圆桌会议等。烟台市拟推出重点项目50个，项目总投资30亿美元，进出口贸易货单8亿美元。同时还将举办七大板块20多项活动，包括"同一首歌"走进国际葡萄·葡萄酒城的开幕晚会、葡萄酒品评鉴赏、葡萄酒生产商与经销商的商务联谊会等专业活动。

烟台是我国最大的葡萄和葡萄酒生产基地，也是亚洲唯一的国际葡萄·葡萄酒城。沿着700多公里的黄金海岸，现在已经发展了15万亩葡萄；葡萄酿酒企业达到了150多家，其中规模以上企业12家；全市年产葡萄酒20万吨，占全国的三分之一。葡萄种植和葡萄酒酿造已经成为烟台的一个重要产业，正在向产业化、专业化和国际化方向发展。

绍兴黄酒节

绍兴黄酒节始于1991年，旨在弘扬绍兴黄酒文化，扩大黄酒在国内外的知名度；并以绍兴黄酒为载体，开展一系列的经贸洽谈、招商引资、技术人才引进、旅游项目推介等活动，展示绍兴改革开放新形象，促进绍兴与外界在经贸、科技、人才、旅游的全方位合作。

绍兴黄酒是中国黄酒的代表，是中国八大名酒之一。2000年，绍兴黄酒产量15.7万吨，实现利税2.07亿元。早在春秋战国时期，绍兴酿酒业已较为普遍，秦、汉以降，历唐、宋、元、明、清而经久不衰，并逐步发

展成为绍兴传统支柱产业之一。绍兴历来名酒迭出，不乏朝廷贡品。到明代，开始销往国外。时山阴叶万源酒坊所产之酒，以其质特优，专销日本和南洋群岛。1915年，绍兴酒云集记和谦豫萃、方柏鹿酒在美国旧金山巴拿马太平洋万国博览会上，分别获金牌和银牌奖章，产品远销英国伦敦、美国纽约、日本东京等大城市。1929年在杭州西湖博览会上又获金奖。中华人民共和国成立后，元红酒、加饭酒、香雪酒、善酿酒、花雕酒先后获国际金奖7个、国家金奖5个、省部级优秀奖30个。1988年起，加饭酒、花雕酒被列为国宴专用酒。近年来，又在黄酒制曲工艺上采用微生物发酵技术，并注重品牌。1999年，"古越龙山"被国家工商局认定为驰名商标。

第十篇　酒文化人物

第一章　古代部分

一、仪狄造酒

仪狄，夏朝人，是我国文献记载中最早的酿酒专家。《战国策·魏策》上记载："昔者，帝女令仪狄作酒而美，进于禹。禹饮而甘之。曰：'后世必有以酒亡其国者。'遂疏仪狄而绝旨酒。"汉许慎在《说文解字·酒字条》中，也有同样的说法。

关于仪狄造酒的说法，在《太平御览》中也说，"仪狄始作酒醪，变五味。"醪，是一种浊酒，是用米经过发酵加工而成，和现在的不带糟的酒娘差不多。"变五味"，是指酒具有多种味道。

二、杜康造酒

杜康，生卒年代不详，我国古代的酿酒专家。关于杜康造酒的地址，有"河南汝阳"、"河南伊川"、"陕西白水"说。

相传，杜康小时候牧羊，每天日出，就把羊赶往母羊坡放牧。响午，就到酒泉沟吃饭看书。酒泉沟古时称空桑涧，桑树丛生。一股清泉穿林而过，泉边有棵老桑树，因年代久远，树身已空。杜康就在树下吃饭。他常缅怀祖先，饭难下咽，就把剩饭扔进桑树洞里。乡亲们见杜康不思饮食，日渐消瘦，就给他送来曲粉充饥。无意中，他又将曲粉扔进了树洞。这样饭曲发酵变成了酒。杜康饮了此酒，才知酒能解忧助兴。于是他就总结了经验，从此以酿酒为业。

晋江统在《酒诰》里也说："酒之所兴，肇自上皇；或云仪狄，一曰杜康；有饭不尽，委余空桑；本出于此，不由奇方。"剩饭变坏以后，就开始产生酒味，再经长久贮藏，就散发出一种芬芳的气味，酒就是这样产生的，并没有其他稀奇的方法。

三、纣王沉湎酒色失江山

汤灭桀后，建立商，商从盘庚开始传了十二个王，最后一个王是纣。纣原是一个相当聪敏，并且勇力过人的君王。他早年曾亲自带兵，平定了东夷，把商朝的文化传播到淮水和长江流域一带。但后期纳冀州侯苏护之女妲己为妃之后，朝欢暮乐，荒淫酒色。他在摘星楼下挖了左右两个大池。左池以糟丘为山，山上插满树枝，树枝上挂满肉片，名曰"肉林"；右池注满醇酒，名曰"酒海"。他与脱光了衣服的男女，整日整夜地在里面追逐嬉戏，渴了喝酒；饿了吃肉。这就是历史上有名的"酒池肉林"。

"酒池肉林"

四、周公制《酒诰》

周公，姬姓，名旦，亦称叔旦，周武王的弟弟，是西周初年的政治家。他协助周武王灭商建立了西周王朝。武王死后，成王即位。周公旦制礼作乐，建立一系列典章制度，主张"明德慎罚"。他所制的《酒诰》，就是一篇很有名的政治宣言。

他在《酒诰》里说，当初，文王在西方创立国家时，告诫各国诸侯和各级官员，要他们平时节制饮酒，在祭祀时才饮酒。现在也要劝勉臣民，应当照文王的话去做，平时不能酗酒，只在大祭时才饮酒，因为酗酒会使臣民大乱失德，国家就会灭亡。要他们珍惜粮食，遵循祖训，养成美德。

在《酒诰》里，告诫各级官员，要限制自发地行乐饮酒。要长久地观察自己，饮酒是否过度，行动是否符合中正的美德。如果不多饮酒，具有上天所赞赏的大德，就可以长期成为王家的治事官员，将永远不会失去禄位。

周公旦所制的《酒诰》，是有史以来第一个提出饮酒要有节制的主张。这不仅对于巩固西周统治，煞住当时酗酒成风的风气，具有重大的作用，而且为后代留下可资借鉴的有益参考。

五、秦穆公酒送盗马人

秦穆公(？～前621年)，名任好，春秋时秦国国君。他任用百里奚、蹇叔、由余为谋臣，击败晋国，俘获晋惠公。后在崤（今河南三门峡东南）被晋军袭击，大败。转而向西发展，攻灭十二国，称霸西戎。

秦穆公酒送盗马人的故事，《吕氏春秋》记载，有一次，秦穆公乘着马车走到半途，丢失了车右边的一匹骏马，被当地的野人捉去了，穆公亲自到各处寻找，发现许多野人躲在岐山的南面，正在烤马肉吃，一看，正是自己丢失的一匹骏马。穆公说："不，君子不能因为一头牲畜而伤害人。我听说吃马肉而不喝酒，必定会伤身体的。"于是他命令侍从赐酒给他们喝。到了第二年，秦国和晋国在韩原作战，晋国士兵已经包围了穆公。正在危急之际，突然冲出一群野人，与晋人进行激烈的决斗。最后，晋兵大败，不仅穆公得救，而且俘获了晋国的国君惠公。原来这些野人是曾经偷吃过穆公马肉的，他们感恩图报，挺身而出，拯救穆公。中医认为，马肉味甘酸，性寒，而酒性大热，可以御寒。所以穆公认为吃马肉，应当喝酒，这是有一定道理的。

六、晏子以酒谏景公

晏子(？～前500年)，春秋时齐国人，名婴，字平仲，齐国名相，连任灵公、庄公、景公三朝正卿。他执政五十多年，政绩显著，人人称道。尤其他的足智多谋、能言巧辩，为诸侯各国所折服。

一天，景公饮酒饮得很欢畅，他对在座的大夫说："今天我和各位大夫痛饮，不要讲究什么礼节。"晏子听了，脸色一变说："国君的话讲错了！要是不讲礼节，人人会变成无理性的禽兽。力气大的可以胜过长辈，勇气多的可以杀害国君；强大的侵犯弱小的，这样得天天换主人，那么你国君将没有立足的地位。大凡人之所以比禽兽高贵，是因为有礼节约束。所以《诗经》里说：'人不讲礼，何不快快去死。礼节不可没有。'"景公背对晏子，不听他的话。过了一会儿，景公出去，晏子不起立相送；景公进来，也不起立相迎。景公请酒时，自己不客气地先饮。于是景公大怒，放下酒杯，飞快地看了一下晏子说："刚才夫子教诲我要讲究礼节，可是我出去进来，你都不起身送迎，请酒时又自己先饮，你的君臣礼节又在哪里呢？"晏子听了，立即离开坐席，向景公深深地一鞠躬，然后抱歉地说："我怎么会忘记对国君说的话呢？我刚才的行为确实是不讲礼节。国君如果要想不讲礼节，实际情况就是这样。"

七、刀光剑影鸿门宴

秦王朝的残暴统治，激起了广大人民的反抗，项羽和刘邦各率自己的军队，一面继续反秦，一面却相互勾心斗角。"鸿门宴"就是一个典型的事例。

项羽(公元前232～前202年)拥兵40万，刘邦只有10万。刘邦自知寡不敌众，采纳了张良的计策，亲至项羽的驻地鸿门谢罪，项羽设宴招待刘邦。席间，项王的谋臣范增几次对项王使眼色，要他下决心杀掉刘邦。可是项王总是默默地没有表示。于是，范增到外面，对项庄说："大王心肠太软，不忍下手。现在你快进去，上前敬酒，然后请求舞剑助兴，趁机把沛公刺死。不然，我们这些人将来都会落在他手里！"

项庄听了，便进去敬酒，敬酒完毕，说道："大王和沛公一起喝酒，在军营中没有什么娱乐，请让我来舞剑助兴。"项王说："好的。"项庄就拔出剑，在席前挥舞起来。项伯猜到项庄的用意，也离席拔剑，跟项庄对舞，常用自己的身子遮蔽沛公，使项庄无法下手。

这时候，刘邦的谋臣张良到外面找樊哙。樊哙一见，忙问："现在的情况如何？"张良说："危急得很！现在项庄拔剑起舞，用意是在对付沛公。"樊哙说："这太危急了！让我进去，跟沛公同生死！"

他闯到里面，拉开帷幕，睁大两眼看着项王，恼怒得头发上竖，连眼眶也都要裂开了。

项王看见樊哙进来，忙按着宝剑问："你是来干什么的？"张良回答："他是沛公的参乘樊哙。"项王说："好一位壮士！赏他一杯酒！"过了一会儿，沛公起身上厕所，趁机叫樊哙一起出去，商量如何逃走。樊哙说："你赶快逃走，不必向项王告辞，办事情应当从大处着眼，不必拘小节。如今人家像厨刀和砧板，我们像放在砧板上的鱼肉，还讲什么小节呢！"沛公决定逃走，然后对张良说："我带着白璧一双，献给项王；玉斗一双，送给范增，见他们生气，不敢献上，请你代我送给他们。"

张良估计沛公已经回到军营，才进去向项王辞谢，并献上白璧玉斗。范增接过玉斗，随手摔在地上，拔出剑来，克郎一声，砸得粉碎，然后气愤地说："这小子真不配跟他商量大事！将来夺天下的一定是沛公，我们这些人被俘的命运，今天已经注定了！"

八、高阳酒徒助刘邦

郦食其(？ ～前203年)，陈留高阳乡（今河南杞县）人，少年时就嗜好饮酒，常混迹于酒肆中，自称为高阳酒徒。

一天，刘邦正在洗脚，忽报乡里有位儒生要求见。刘邦一向轻视儒生。今天忽听有儒生求见，非常愤怒，他说："我以天下大事为重，没有时间接见读书人。"在外等候已久的郦食其瞪大眼睛，手握利剑，叱骂看门人说："你再进去对沛公说，我是高阳酒徒，不是读书人！"看门人报告刘邦，刘邦一听是高阳酒徒，连脚都来不及擦，赶忙起身迎接，赐酒款待。这位高阳酒徒慷慨激昂地说："你带领的乌合之众，还不到一万，现在竟然要攻打强秦，这不过是羊入虎口罢了。陈留这个地方，是天下的要冲，交通四通八达。城中又积了很多粮食。我又认识县令，让我来劝说他投降，如不投降，你可以举兵攻打，我作内应，大事就可成功。"

刘邦觉得有理，就采纳了郦食其的建议。郦食其回到县城，率众杀死了县令，并将县令人头抛到城下。一面又派人报告刘邦。刘邦见大事已成，就引兵攻打县城，并大声疾呼："将士们赶忙投降，你们的县令已被砍头了！要不然，你们也要被砍头的。"城上守军见县令已死，无意再守，遂开城投降。刘邦进城，得到了许多兵器和食粮，投降的士兵也有一万多，这样，为刘邦西进，提供了物质条件，这全是高阳酒徒郦食其的功劳。

九、刘邦酣唱《大风歌》

刘邦(公元前256～前195年)，字季，沛县（今属江苏）人。他当泗水（今江苏沛县东）亭长时，非常爱好喝酒，常常到酒店里赊酒喝，喝醉了就倒在酒店里睡觉。

有一次，他以亭长的身份，为县里押送一批民夫往骊山服役。途中有不少人逃亡。刘邦想，这样下去，等走到骊山。恐怕全都逃光了。到了丰邑西面的湖沼地带，把所有的民夫都释放了，有十几个民夫不愿逃走，仍跟着他。刘邦喝得醉醺醺的，当晚抄小路通过湖沼地带，派在前面引路的人回来报告说："前面有条大蛇挡住了去路，咱们还是回去吧。"此时，刘邦醉意更浓，说："好汉行路，有什么可害怕的！"于是赶上前去，拔出剑来，把大蛇斩为两段，又走了几里路，酒性发作，就倒在地上睡觉。这就是有名的刘邦酒醉斩白蛇的故事。

他击败了黥布军队后，经过故乡沛县。他在沛县大摆酒宴，把故人和父老乡亲都请来喝酒，同时，挑选一百二十名儿童，教他们唱歌。酒喝得畅快的时候，刘邦击着筑，唱起自编的一首歌："大风起兮云飞扬，威加海内兮归故乡，安得猛士兮守四方！"这就是历史上有名的"高祖还乡"和"高祖酒酣唱'大风'"的故事。

十、灌夫骂座

灌夫是西汉时的一员大将，吴楚七国谋反时，他带领十几个壮士，冲入吴军阵地，横冲直撞，杀死了多于自己几倍的敌人。在战斗中，他身受十几处重伤，以此，名闻天下。汉景帝封他为中郎将，汉武帝封他为淮阳太守，后又调任太仆，专门掌管车马事宜，为九卿之一。

一次在席间，田蚡站起来向大家敬酒，座客都避席，表示恭敬。窦婴站起来向大家敬酒，只有几个要好朋友避席，其余不过稍稍欠身。灌看了很不高兴，就拿起酒杯走到田蚡面前敬酒，田蚡欠身说："不能喝满杯。"灌大怒，强笑着说："将军真是贵人啊！请喝干杯子里的酒！"田蚡没有喝。灌挨次敬酒到临汝侯，临汝侯正在和程不时附耳密语。灌正一肚子气无处发泄，就大骂临汝侯："你平日诽谤程不识不值一文，今天长者来敬酒，而你却学起女孩子的样子，咬着耳朵唧唧哝哝地说个不休！"田蚡对灌说："程不识和李广都是宫府里的卫尉，你这样羞辱程将军，难道不为李将军留些余地吗？"灌说："今天准备死，管什么程啊李啊。"在这样尴尬的场合下，座客们一个个托言上厕所，陆陆续续地溜走了。这样更激怒了田蚡。田蚡说："这都是我放纵灌夫的罪过。"于是下令拘捕了灌，并且派兵搜捕了灌的家族。族中人纷纷逃亡。公元前132年，灌夫及其家属都被处决，造成了一场空前的悲剧，当然以后的武安侯田蚡也没有好下场。

十一、卓文君当垆卖酒

卓文君，西汉临邛（今四川邛崃）人，是临邛富户卓王孙的女儿，她长得美丽，又通晓音律，擅长鼓琴。当时她刚失去丈夫，守寡在家。

有一次，卓王孙大宴宾客，请来了当地县令和司马相如。他久慕卓文君的才貌，因而在酒席上故意弹了一曲"凤求凰，"以此来挑逗文君，当时文君听得琴声，从户外偷看相如，见他长得雍容闲雅，顿时产生了好感。后来，相如又通过文君的侍女向她表示自己的爱意。结果，在一天夜里，文君从家里偷逃出来，投入了相如的怀抱。两人结为夫妻，双双到相如的家乡成都安居。不料相如家徒四壁，一贫如洗。相如和文君又一起离开成都，来到临邛。在临邛，相如把自己的车马都卖了，将换得的钱开了一个酒店，叫文君在店柜上卖酒。而自己呢？整日穿着无裆套裤，与打杂工一起洗酒器。

此事被卓王孙知道了，感到是极大的耻辱，于是他谢绝宾客，闭门不出。后来，卓王孙的弟弟劝说他："如今文君已失身于司马相如，而司马相如又是个人才，何苦如此来羞辱他们呢？"卓王孙听了，才不得已给文君奴仆百人，钱百万，以及衣被等陪嫁之物。有了钱财后，相如、文君又回到了成都，置田买屋，成了当地的富户。

十二、东方朔妙饮"不死酒"

东方朔(公元前154～前93年)，西汉文学家，字曼倩，平原厌次（今山东惠民）人。武帝时，为太中大夫。他性格诙谐滑稽，爱好喝酒。古代隐士，多避世于深山之中，而他却自称是避世于朝廷的隐士。

有关东方朔的传说很多，最有趣的，当数他喝"君山不死酒的"故事。

据说，君山上有美酒数斗，如能喝到，可以不死为神仙。武帝得知后，就斋居七天，派了栾巴带童男童女数十人到山上求之，果然得到了仙酒，就带回来给武帝喝。武帝未喝之前，东方朔就偷偷地喝光了。于是武帝大怒，下令将东方朔推出去斩首。东方朔就说："假如酒有灵验，你杀我，我也不死；要是没有灵验，这酒有什么用呢？"武帝想了一下，明白了其中的道理，才笑着把他放了。

十三、曹操煮酒论英雄

曹操(公元155～220年),，在镇压黄巾起义军中起家，转战于大江南北，到了"挟天子以令诸侯"的地步。

而当时的刘备(公元161～223年)势孤力单，兵少将寡，在吃了几次败仗后，只得依附于曹操。为了防备曹操的暗害之心，在后园里种菜，亲自浇灌，使的是韬晦之计。关羽、张飞不知刘备的心思，以为是"不留心天下大事，而学小人之事。"

但是刘备的心思，怎么能瞒得过曹操。曹操青梅煮酒与之论英雄说："你久历四方，一定知道当世的英雄是谁，请你讲出来。"刘备掩饰不住，只好支吾着说出袁术、袁绍、刘表、孙策、刘璋等，但被曹操一一否定。最后曹操用手先指着刘备，后指着自己说："当今天下的英雄，只有你和我！"刘备听了，大吃一惊，吓得连手中的筷子都掉到地上。这时正好雷声大作，刘备巧借害怕雷声来掩盖自己的窘态。

十四、张飞酒醉遇害

张飞(？～221年),是刘备手下的一员猛将，生得身长八尺，燕颔虎须，声若巨雷。他为人性烈如火，勇猛似虎。可惜这样一位英勇善战的悍将，竟丧在一个"酒"字上。

张飞同刘备、关羽曾在桃园结为异姓兄弟，共同发誓说：不求同年同月同日生，只愿同年同月同日死。建安二十四年冬十二月，关羽被东吴孙权杀害。当时张飞正领兵在阆中镇守，闻知关羽被害，悲痛欲绝，旦夕号泣，泪湿衣襟。诸将用酒来解劝他，哪知张飞喝过酒后，怒气愈加厉害，动不动就用鞭子抽打部下，很多士卒就这样被活活打死。

这时刘备刚登帝位，为报弟仇，决定发兵，远征东吴。同时命令张飞从阆中出兵。张飞接到命令后，就限令手下的两员末将范疆、张达，在三日之日内赶制白旗白甲，准备三军挂孝伐吴。当时范张两人因时间仓促，赶制不及，要求张飞宽限几日，不想张飞顿时大怒，把二人缚在树上，鞭打了五十下，打得他们满口出血，还说："若违了期限，立即杀死示众！"范、张二人回到营中商议，范说："张飞性格火暴，如果三天内完不成任务，就要立即处死，怎么办？"张说："与其他杀我，不如我杀他。"当夜张飞大醉。初更时分，他二人用短刀刺入张飞的腹部。张飞大叫一声而亡。范张割了张飞的首级，带领数十人，连夜投奔东吴。张飞之死，为饮酒无度、醉后发怒者戒。

十五、孔融反禁酒

孔融（153～208年），字文举，鲁国曲阜人，孔子的二十四世孙，曾任北海太守，是汉末著名的文学家。

孔融嗜酒成性，他常说："座上客常满，樽中酒不空，我就没有忧愁了。"而且他性格旷达，恃才傲物，直言不讳，因而常常得罪丞相曹操。

有一次，曹操因征战艰苦，粮食缺乏，军中酗酒之风盛行，影响了战斗力，因此颁布了一道禁酒令，禁止将士喝酒，不料孔融写了一篇反对曹操禁酒的文章，上书曹操，题为：《与曹操论酒禁书》。这篇禁酒书曹操看了，表面上虽然宽容，但内心甚是不平。先罢免了他的官职，后又借故把他杀害了。

十六、竹林七贤

魏晋时期，由于不满司马氏篡权，阮籍、嵇康、刘伶、山涛、向秀、阮咸、王戎七个社会名流在政治观点上不尽相同，但志趣爱好却是一致的。他们在竹林之中，纵酒酣饮，弈棋赋诗，鄙视礼法，无拘无束，历史上称为"竹林七贤"。

十七、高允的《酒训》

高允（公元390～487年），北魏渤海（今河北景县）人，字伯恭。太武帝初征为中书博士，迁侍郎，授太子经书，曾与崔浩同修国史。文成帝时，位至中书令。文明太后临朝，引他参决大政。

高允对饮酒深恶痛绝，在他告老还乡后重新出来做官时，写了一篇《酒训》大意如下。

自古以来，一些圣君贤臣都喜欢喝酒，主要在于酒的滋味好。遍观过去朝代的成功和失败，都是由酒引起。商纣沉溺于酒，因而殷亡；周公撰制《酒诰》，因而周兴。子反喝酒过度而身亡；穆生不饮点滴而显耀。有的长期为戒，有的百代流芳。酒能迷惑人性，即使哲人也在所难免。做官的，喝了酒，就荒废政事；老百姓，喝了酒，就不听命令。如果不加节制，久而久之，就会致病。岂止是致病？还会丧害生命。谚语说："酒的益处像毫毛，酒的害处像刀割。"所谓像毫毛，就是人们只得到一点酒的味道罢了，它的益处不是很少吗？所谓像刀割，就是减少年寿，迷乱心志，它的害处不是很大吗？《诗经》说："如切如磋，如琢如磨。"这是讲朋友之间的仁义。做官的应该劝告大家，发表文告来禁酒，这才是臣对君的所尽的职责。过去的晋朝，有好多人失去风度，放诞不羁，纵酒淫乐，还写什么《酒德颂》，来相互炫耀。用圣君贤臣作比喻，散布非法言论，说什么尧舜有千盅百觚的酒量。子思说："孔子一饮，不能一升。"以此推论，所谓的千盅百觚，全都是瞎说。如今的大魏王朝仁德布于四方，在朝的官吏和有志的仁人，都应该克制自己，多做好事，节制饮酒，崇尚道德，这样好风气就会留传到后代。

十八、陶渊明

陶渊明（公元365或372或376～427年），一名潜，字元亮，浔阳柴桑（今江西九江）人，是东晋时代的大诗人。他少年时候，就有高尚的志趣。他曾经写了一篇《五柳先生传》。说不知这位是何许人，也不知道他的姓名，因住宅旁边种有五棵柳树，故称作五柳先生。陶潜确是一位嗜酒成癖的伟大诗人。

十九、王羲之醉书《兰亭帖》

王羲之（公元303～379年），字逸少，琅玡临沂（今属山东）人。曾任右军将军、会稽内史等，以性好山水，称病辞官。他是我国历史上最著名的书法家，有"书圣"之称，世称王右军。

晋穆帝永和九年（公元353年）三月三日，王羲之与当时名士孙统、孙绰、谢安、支遁等41人，在会稽境内的兰亭，举行了一次大规模的文人宴会。与会者临流赋诗，各抒怀抱。王羲之乘着酒兴，即席为那些诗篇写了序文，这就是名闻天下的《兰亭序法帖》。帖共28行，324字，为行书，书法高妙，有"天下第一行书"之称。据传唐太宗特别喜爱它，访得后藏于身边，不肯暂离。太宗死后，被葬入昭陵，遂不得流传，今世所藏者，皆为摹本。

二十、贾思勰与《齐民要术》

贾思勰，山东寿光人，曾任高阳太守。博学广知，重视农业。此书为农学专著，"凡是当时农业和手工业所已经获得的知识和技术，都叙述在书中，可谓集西周至北魏生产知识之大成"（范文澜语）。在《造神曲并酒》部，记述了北魏及以前造酒曲的各种经验，粮、药的配方，各种性味不同、功效不同的酒曲制作过程；不同时节不同的酿酒法，米、曲的比例，以及选米、蒸饭、投曲、候熟、下水、压液、封缸等整个工序。造曲法有八种，分神曲、笨曲、白醪曲等；酿酒法有"作颐酒法"、"落桑酒法"、"粱米酒法"、"白醪酒法"等多种。反映了北魏时期酿酒技术的发展水平，是研究北魏前我国酿酒制曲技术的重要资料。今有《四库全书》本，《四部丛刊》本，中华书局1956年本。

二十一、欧阳修与《醉翁亭记》

欧阳修（公元1007～1072年），字永叔，号醉翁，晚年又号六一居士，庐陵（今江西吉安）人。

欧阳修自号醉翁，当然喜欢喝酒。据说他在扬州作知府时，建筑了一座壮丽的平山堂，专作宴饮之用。晚年的欧阳修，自称有藏书一万卷，《集古录》一千卷，琴一张，棋一局，酒一壶，加上自己皤然一老翁，陶醉其间，怡然自乐，因改号为"六一居士"。

《醉翁亭记》是欧阳修贬官滁州时写的。就思想内容而言，具有封建士大夫在官场失意时，以寄情山水来消遣愁怀的意味。同时也流露出与民同乐的思想感情。全文连用了21个"也"字，生动灵活地写出了自己在醉翁亭欢宴的情况。该文重点写亭中宴饮之乐。宴饮的酒菜，都是就地取材。有的临溪捕鱼，有的猎野味，有的采野菜，然后煮成美味佳肴。至于酒呢？可以酿泉为酒。在酒席间，大家玩着投壶、下棋等各种游戏。酒杯和酒筹相错，喧哗和笑声相杂。在这样热闹的场合下，太守只饮了几杯酒，就醉醺醺地颓倒在众人中间了。

二十二、王绩与《酒经》《酒谱》

王绩(公元590或585～644年)，字无功，太原祁（今山西省祁县）人，是隋唐之际的文学家。

王绩，性格放达，不喜俗礼。隋炀帝大业年间，推荐人才时，他授秘书省正字。因为不喜欢在朝廷做官，所以要求做六合县丞。任职时，他嗜酒不干事，因此被弹劾解职。他叹息说："到处是罗网，还是回家安心。"于是回到家乡河渚间。他有田十六顷，奴婢数人，他和家人种粮食酿酒，还养家畜、采草药，过着自给自足的生活。

高祖武德初，他待诏门下省。当地的官吏，每天给他三升酒喝。有人问他："待诏有什么乐趣呢？"他说："有好酒可以作伴啊！"侍中陈叔达知道了，就每天给他一斗酒喝。时人都称他为"斗酒学士"。

贞观初，他因为生病，被罢职，后又调任有司。当时，他听说太乐署史焦革家善酿佳酒，他就苦求为太乐丞，以便大饱酒福。焦革死了，王绩就采用焦革的制酒法，写成《酒经》，又参考杜康、仪狄以来的酿酒经验，写成《酒谱》，今两书均已失传。

当时名流李淳风赞他是"酒家南董"。王绩家居东南面有块磐石，他就用石建立了杜康祠，时常拜祭，尊为老师。他写有《醉乡记》；因他饮酒五斗而不醉，又写就《五斗先生传》。

二十三、张旭三杯草圣传

张旭，字伯高，吴（今江苏苏州附近）人，是唐代著名书法家。在书法上，尤擅长于草书。他的草书连绵回绕，起伏跌宕。所谓"张妙于肥"。是说他的草书线条厚实饱满，极尽提按顿挫之妙。唐大文学家韩愈在《送高闲上人序》中对他的草书艺术推崇备至。他的草书和李白的诗歌、裴的剑舞，被时人称为"三绝"。

张旭喜欢喝酒，每次大醉后，号呼狂走，索笔挥洒，变化无穷，若有神助，时人号为"张颠"。

张旭死后，大家都很怀念他。如杜甫入蜀后，见张旭的遗墨，伤感万分，写了一首《殿中杨监见示张旭草书图》，诗中曰："斯人已云亡，草圣秘难得。及兹烦见示，满目一凄恻。"高适在《醉后赠张九旭》一诗中说："兴来书自圣，醉后语犹颠。"李颀在《赠张旭》一诗中说："露顶据胡床，长叫三五声。兴来洒素壁，挥笔如流星。"可见大家对张旭的敬爱之深。张旭的遗墨，最有代表性的是《古诗四帖》。

二十四、皇甫湜酒酣文就

皇甫湜（约公元777～约830年），唐文学家，字持正，睦州新安（今浙江淳安）人。元和进士，官工部郎中。从韩愈学古文。文章奇僻，流于险奥。

皇甫湜爱好喝酒，喝醉酒后，常常使酒性，因而得罪了很多同僚，后来在东都洛阳做了一个小官，依附于丞相裴度。裴度在洛阳修造了一座福先寺想要立块石碑作纪念，但是碑文谁来写呢？他想来想去想到了白居易，于是准备派人去长安请白居易。皇甫湜知道此事后，就很愤怒地对裴度说："近的皇甫湜不要，而要取远的白居易，既然如此，我就此辞职。"裴度连忙向他赔礼道歉，立刻将写碑文的任务交给了他。皇甫湜要来了一斗酒，喝得醉醺醺的，一下子就把碑文写好了，裴度看了，十分满意，就赏赐他车马和很多缯彩。谁知他不仅不高兴，反而大怒道："我自从为诗人顾况的文集作序之后，从未轻易替别人作文章。我的文章是有价的，碑文共三千字，每个字当值优质细绢三匹。你这点小礼能打发掉吗？"裴度笑道："你真是一个落拓不羁的人才啊！"于是依数付给他报酬。

皇甫湜曾写过一篇《醉赋》，非常羡慕"沉湎于酒"的竹林七贤，说他们是"心游于梦，境堕于烟。六府漫漫，四支绵绵。""遗天地之阔大，失膏火之消煎。"由此可见，皇甫湜正是一个"不羁之才"，这正符合裴度的脾性。裴度也是个"与白居易、刘禹锡为文章，把酒穷昼夜相欢"的人。两人意气相投，这才是裴度赏识皇甫湜的原因。

二十五、怀素醉草惊鬼神

怀素（公元725～785年），唐代僧人，俗姓钱，字藏真，是张旭之后最重要的狂草代表书法家。

怀素继承张旭又有所发展，创造了"狂草"，称"以狂继颠"。他的草书如暴风骤雨、雷霆万钧，给人以昂扬激越的美感。在结构和章法上，强调疏密、斜正、大小、虚实、枯润的强烈对比，有鲜明的节奏感。他的笔法精妙，在一泻千里的笔势中，能保持中锋行笔，逆锋起笔，用锋尖在纸面上跳跃出瘦劲凝练而富有圆转弹性的线条，故人称"藏真妙于瘦"。他传世的作品有《苦笋帖》《食鱼帖》《论书帖》《自叙帖》等，其中以《自叙帖》最佳。

怀素生性疏放，不拘小节，尤爱喝酒，酒后作书特佳。他喝醉酒后，见物就写，寺壁室墙，乃于衣裳器皿，无一不留下他的墨迹。有人问怀素写字的秘诀，他竟以"醉"字作答，"说醉来得意三两行，醒后却书书不得，人人来问此中妙，情素自云初不知。"唐代大诗人李白也曾写了一首《草书歌行》诗，描绘怀素醉后草书的情状，以及盛赞他草书的无比精妙。诗中说："少年上人号怀素，草书天下称独步"、"吾师醉后倚绳床，须臾扫尽数千张"、"起来向壁不停手，一行数字大如斗。恍恍如闻神鬼惊，时时只见龙蛇走。左盘右蹙如惊电，状如楚汉相攻战。"

二十六、李白斗酒诗百篇

李白（公元701～762年），字太白，号青莲居士，是唐代著名的大诗人。祖籍陇西成纪（今甘肃秦安东），隋末，其先人流寓碎叶（今巴尔喀什湖南面的楚河流域），李白即生于此。幼时随父迁居绵州昌隆（今四川江油）青莲乡。

李白诗风雄奇豪放，想象丰富，富有浓厚的浪漫主义色彩，对后世影响很大。李白一生嗜酒，与酒结下了不解之缘。为了称颂和怀念这位伟大的诗人，古时的酒店里，都挂着"太白遗风"、"太白世家"的招牌，此风流传到近代。李白为何经常喝酒呢？其中一个原因是借酒浇愁。天宝元年，李白来到长安，由吴筠、贺知章等人推荐，很快得到了唐玄宗的赏识，任为供奉翰林，为皇帝草拟文诰诏令之类的文件。李白利用与玄宗接近的机会，曾申述过对国家大事的看法，对不合理现象，也谏劝过。但此时的玄宗深居宫中，沉溺声色。他只是把李白看做满足自己享乐的御用文人。因而李白不受重用，乃至赐金放还在所难免了。

位于茅台集团国酒文化城的李白塑像

李白被逐出长安后，郁郁而不得志，于是满腔激愤借酒来倾吐。既然矛盾得不到解决，于是他和友人日日饮酒一醉方休。但饮酒消解不了他的愁怀。在他所写的《宣州谢朓楼饯别校书叔云》一诗中说："弃我去者昨日之日不可留，乱我心者今日之日多烦忧。……抽刀断水水更流，举杯消愁愁更愁。人生在世不称意，明朝散发弄扁舟。"

二十七、李适之饮酒吸百川

李适之（？～747年），一名昌，李唐宗室，恒山王之孙，历官通州刺史、刑部尚书，天宝元年，任左相，因与李林甫争权失败而罢相，后任太子少保的闲职。天宝五载，贬死袁州。

李适之与贺知章、李琎、崔宗之、苏晋、李白、张旭、焦遂，共尊为"饮中八仙"。李适之酒量极大，据《唐书·宗室宰相传》记载，说李适之喜欢与宾客宴饮，每次可以喝酒一斗多不醉。他夜晚饮酒作乐，白天处理政事，一点也没有耽误工作。杜甫在《饮中八仙歌》中说他："左相日兴费万钱，饮如长鲸吸百川，衔杯乐圣称避贤。"第一句是说他每天不惜花费万钱。第二句说他酒量极大，喝酒好像"长鲸吸百川"。第三句说他为饮酒而不愿当高官。

二十八、杜甫酒圣兼诗圣

杜甫（公元712～770年），字子美，在诗中自称"少陵野老"。他的先祖由原籍襄阳（今属湖北）迁居巩县（今属河南）。开元后期，举进士不第，漫游各地。后禹居长安近十年。安禄山军陷长安，乃逃至凤翔，谒见肃宗，官左拾遗，后为华州司功参军。不久弃官居秦州、同谷。后又移家成都，筑草堂于浣花溪上，世称浣花草堂。曾一度在剑南节度使严武幕中任参谋，严武举他为检校工部员外郎，故世称杜工部。晚年携家出蜀，病死湘江途中。

到了壮年时期，杜甫和李白、高适相遇，同游梁宋齐鲁，一同饮酒赋诗，打猎访古，气味十分相投。杜甫和李白的感情特别深厚，他们是有酒同醉，有被同盖，携手同游，比一般的兄弟还要亲热。所谓"余亦东蒙客，怜君如弟兄，醉眠秋共被，携手日同行。"（《与李十二白同寻范十隐居》）

二十九、贺知章金龟换酒

贺知章（公元659~744年），字季真，自号四明狂客，越州永兴（今浙江萧山）人。证圣进士，官至秘书监。后还乡为道士。好饮酒，与李白友善，工书法，擅长草书、隶书，。他的《回乡偶书》一诗传诵颇广。

据《旧唐书》记载，贺知章少年时，就以文词知名，性格豪放旷达，善于谈笑，当时贤达之士，都很倾慕他。到了晚年，他的性格更加放纵怪诞，自号为四明狂客，终日在大街小巷闲逛，为"饮中八仙"之一。

贺知章金龟换酒的事，是发生在李白初到长安的时候。据孟棨《本事诗》说，李太白来到京师，住在一家旅馆里。贺知章闻其名，第一个来拜访他。看到李白英姿勃发，气度不凡，心中早已存有钦佩之情。然后请李白出示诗文。李白就拿出《蜀道难》。《蜀道难》是一首长诗，诗中描绘了由秦入蜀途中奇险雄伟的山川，作者的夸张手法，丰富的想象，以及雄健奔放的语言风格，在这首诗里得到了充分的表现，难怪贺知章还没有读完，就不断地称叹，说李白是"谪仙"。于是在酒楼里宴请李白，解下自己佩带的金龟（唐代三品以上官员的一种佩饰）换酒喝。

三十、白居易酒魔兼诗魔

白居易（公元772~846年），字乐天，号香山居士，太原（今属山西）人，后迁居下邽（今陕西渭南东北）。贞元进士，历官秘书省校书郎、左拾遗、左赞善大夫、江州司马、杭州刺史、苏州刺史、刑部尚书。在文学上积极倡导"新乐府"运动，主张"文章合为时而著，歌诗合为事而作"，写下了不少感叹时世、反映人民疾苦的诗篇，对后世颇有影响。

他在67岁时，写了一篇《醉吟先生传》。这个醉吟先生，就是他自己。他的居处有池塘、竹竿、乔木、台榭、舟桥等。他爱好喝酒、吟诗、弹琴，与酒徒、诗客、琴侣一起游乐。事实也是如此，洛阳城内外的寺庙、山丘、泉石，白居易都去漫游过。每当良辰美景，或雪朝月夕，他邀客来家，先拂酒坛，次开诗箧，后捧丝竹。于是一面喝酒，一面吟诗，一面操琴。旁边有家僮奏《霓裳羽衣》，小妓歌《杨柳枝》，真是不亦乐乎。直到大家酩酊大醉后才停止。白居易有时乘兴到野外游玩，车中放一琴一枕，车两边的竹竿悬两只酒壶，抱琴引酌，兴尽而返。

三十一、李成和萧照

李成（公元919~967年），五代宋初画家，字成熙。五代时，避地北海，遂居青州营丘（今属山东），人称"李营丘"。他擅画山水。初学王维、荆浩画法，后又着意观察自然景物，融合贯通之。画平远寒林尤工，其法用淡墨拖抹，善加剪裁，人称惜墨如金。与长安关仝、华原范宽号为五代北宋山水画三大宗师。

萧照，南宋画家，字东生。靖康间，金兵陷汴京（今河南开封），他在太行山参加义兵，遇画家李唐，随至南宋都城临安（今浙江杭州），得到李唐的悉心传授，遂为画家。绍兴中，补迪功郎，任画院待诏。他擅画山水、人物、松石、墨重笔健，气势郁茂。存世作品有《山腰楼观》《中兴瑞应》等图。

萧照也是善于酒后作画。有一次，临安名胜孤山上建起了一座规模宏大的凉堂，种植了几百株梅花，准备迎御驾观赏。临皇上巡幸的前一日，发现凉堂的四壁一片空白。按当时的惯例，皇上观赏之处的墙壁不该是素色的。于是主人急着找萧照，要他在一夜之间，在四堵壁上画四幅巨型壁画。萧照欣然应命，但要求赐酒四斗。每敲一更，饮酒一斗，饮完一斗，一壁已成画，若此者四。（《四朝见闻录》）萧照一夜之间把四堵墙壁都画满了，此都是酒之功也。

三十二、宋太祖杯酒释兵权

宋太祖赵匡胤（公元927~976年）即位不到半年，就有两个节度使起兵反对宋朝，虽然被他亲自率兵平定了，但所耗的人力物力颇大，国家仍处于动荡之中。为此，他终日忧心忡忡。

有一天，他单独找谋士商量此事，赵普说："国家混乱，政权不稳，在于藩镇权力太大。如果把兵权集中到朝廷，天下自然太平无事。"过了几天，宋太祖在宫中举行酒会，约请了石守信、王审琦等几位老将。酒过几巡，宋太祖端起一杯酒，严肃地说："对你们几位，我自然放心，只怕你们的部下，为贪图富贵，硬把黄袍加在你们身上，你们想不干，能行吗？"听了宋太祖的话，石守信等感到大祸临头，连连磕头，含着眼泪恳求说："请陛下可怜我们，指引一条出路。"宋太祖说："人都愿意富贵，想多积点钱，置田买屋，饮酒欢乐。现在你们辞去军职，到地方上做个闲官，岂不达到了了这个目的？况且又能消除君臣间的猜疑。"石守信等虽然内心极为不满，但口头上还是连连赞道："陛下真是为我们想得太周到了！"

第二天上朝，参加酒会的大将，都递上一份辞呈，说自己年老多病，不能胜任现职，愿意回乡居闲。宋太祖一一照准，收回了他们的兵权，还假惺惺地赏给各人一份厚礼。过了几年，宋太祖又施同样的手段，用举杯痛饮的方式，罢免了王彦超等人的地方节度使。这就是历史上著名的"杯酒释兵权"的故事。

三十三、苏东坡

苏轼（公元1036～1101年），字子瞻，号东坡居士，眉州眉山（今四川眉山县）人。仁宗嘉佑二年进士。历官福昌县主簿等。神宗时因反对王安石变法，以作诗"谤讪朝廷"罪，被捕入狱，出狱后，贬谪黄州。哲宗时，任翰林学士，曾出知杭州、颖州，官至礼部尚书。后又贬谪惠州、儋州。

苏轼虽然好饮酒，但酒量并不大也往往是借酒浇愁，以酒来自我解脱。元丰二年（公元1079年）七月，御史台官吏皇甫遵，奉命从汴京赶到湖州衙门，当场逮捕苏轼。罪名是苏轼的一些诗文"讥讽朝廷"、"指斥皇上"。就这样，苏轼在监狱里被关押了130天，这就是闻名于世的"乌台诗案"。后幸得张方平、范镇等人营救，才释放出狱，贬职于黄州。他在黄州所写的诗词中，差不多都有一个"酒"字，这说明在旷达的外衣下，仍掩盖不了他借酒浇愁的苦闷心情。最有代表性的是《前赤壁赋》。苏轼不仅会喝酒，而且会酿酒。他在黄州酿蜜酒，用少量蜂蜜掺以蒸面，发酵，以米和米饭为主料做成米酒。在定州酿过松酒，这种酒甜中带点苦味。在广东惠州，酿过桂酒，用生姜、肉桂做配料酿成。这种酒，温中利肝，轻身健骨，养神发色，常服可延年益寿，苏轼称这种酒是天神的甘露。

三十四、石延年古怪饮酒法

石延年（公元994～1041年），字曼卿，宋城（今河南商丘南）人，官至太子中允，是宋代的文学家和书法家。他性格豪放，饮酒过人。相传宋仁宗爱其才而劝其戒酒，后竟酒渴成病，中年早卒。

相传石延年任海州通判时，有一天酒友刘潜来访。延年赶忙请他到石闼堰，两人坐在酒桌上，就豪饮起来。一直喝到半夜，眼见酒将要喝光了，但饮兴还没有尽。看见船上有一斗多醋，就把醋全倒入剩酒里，又大喝起来，一直把酒醋喝光为止，此时，天已经大亮了。（事见明何良俊《语林》）

石延年死后，他的酒友苏舜钦特地写了一首《哭曼卿》，其诗曰："去年春雨开百花，与君相会欢无涯。高歌长吟插花饮，醉倒不去眠君家。"以表示对石延年的怀念之情。

三十五、苏舜钦汉书下酒

苏舜钦（公元1008～1048年），字子美，祖籍梓州铜山（今四川中江南）人，后移居开封（今属河南）。是北宋文学家。青年时即有文名，曾任大理评事，范仲淹荐为集贤校理、监进奏院。后受李定等诬陷，被捕入狱，旋削籍为民。他文笔犀利，思想敏捷，平时爱好喝酒，酒名和文名齐等。他酒后所写的作品，飘逸狂放，特具风神。欧阳修评论说："子美笔力豪隽，以超迈横绝为奇。"

苏舜钦性格豪放，酒量极大。他在外舅祁国公杜衍家里读书，每天要喝一斗酒，却不要酒菜。杜衍深以为疑，就派子弟秘密地察看他。只听得他高声朗读《汉书·张良传》，读到"良与客狙击秦皇帝，误中副车"一句时，他就拍着书桌叹惜道："可惜呀，没有击中！"于是满饮一大杯。读到"良曰：始臣起下邳，与上会于留，此天以臣授陛下"一句时，又拍案说："君臣相遇，其难如此！"说完，又喝了一大杯酒。杜衍知道后，就大笑说："有这样的下酒菜，喝一斗酒实在是不多啊！"于是苏舜钦的"汉书下酒"就传为佳话了。

三十六、辛弃疾以酒会友

辛弃疾（公元1140～1207年），字幼安，号稼轩，历城（今山东济南）人。出生时，山东已为金兵所占。21岁参加抗金义军，不久即归南宋，历任湖北、江西、湖南、福建、浙东安抚使等职。他一生坚决主张抗金，提出不少恢复失地的建议，由于受到投降派的阻挠，均未被采纳。晚年落职闲居在江西上饶一带。他的词，以豪放为主，与苏轼并称为"苏辛"，对后世影响很大。

辛弃疾以酒会友的事，为不少人传为美谈。有一天，他来到辛府前，因穿着褴褛，被门吏拒之于外。他故意大吵大闹，惊动了正在酣饮的辛弃疾。辛弃疾忙出来迎接，见刘过虽然衣衫破旧，却英气勃勃，不愧是一位爱国文人，于是请他入席饮宴。刘过也不卑不亢地坐着喝酒。酒过三巡，旁边有位宾客对刘过说："听说先生不仅善于词赋，而且还能作诗，是吗？"刘过很有分寸地说："诗词之道，略知一二。"当时席上正好有一大碗羊腰肾羹，辛弃疾就让他以此为题，赋诗一首。刘过豪爽地说："天气殊冷，当以先酒后诗。"辛即命人为他满满地斟了一碗酒。由于刘过双手已经冻僵，接碗在手，颤抖不止，把碗中的酒流到了胸前的衣襟上，辛就请他以"流"字为韵。刘过沉吟片刻，马上吟出了一首既切题又符合当时情景的绝句："拔毫已付管城子，烂首曾封关内侯。死后不知身外物，也随樽酒伴风流。"

辛弃疾听了，赞赏不已，觉得刘过确是个"奇男子"马上举杯与他共饮。宴会结束后，辛弃疾还给他许多礼物，从此以后，两人成了莫逆之交。

三十七、婉约词人李清照

李清照（公元1084～1151年），号易安居士，济南（今属山东）人，是南宋著名的女词人。她写的词清丽委婉，凄婉动人，是宋代词坛上婉约派的杰出代表。

李清照的饮酒史，是从少女时就开始了。李清照十八岁时，与赵明诚结婚。赵明诚是丞相赵挺之的儿子。赵、李结合后，生活十分美满。他们有时唱和诗词，有时研究金石，有时到郊外春游，有时参加亲朋的宴集。有一次俩人在庭院里饮酒赏梅，酒一杯一杯地喝着，在醉眼朦胧中，看到的梅花柔弱娇艳，像是刚出浴时新妆的美人，对梅花那种孤高傲寒的性格，大加赞赏。事后，李清照把当时的情景，写成了《渔家傲》词。

婚后两年，赵明诚出仕，少则小别数月，多则一年半载，时间即使比较短暂，也常常牵动李清照的离情别绪。在这一段时期里，她写了不少词，最有名的要数《如梦令·昨夜雨疏风骤》和《醉花阴·薄雾浓云愁永昼》两首。建炎三年（公元1129年），赵明诚患疟疾病死，再加金人南侵，李清照只身逃到南京，后逃至杭州、越州。此时的李清照沉浸在家破国亡的悲痛之中，因而她的词往往表现出低沉悲恒的情调。最有代表性的是她的《声声慢》。

三十八、豪放词人陆游

陆游（公元1125～1210年），字务观，号放翁，山阴（今浙江绍兴）人，历官镇江、隆兴、夔州通判。乾道八年，入四川宣抚使王炎幕府，投身军旅生活，后官至宝章阁待制。在政治上，主张坚决抗战，收复失地。但一直受到投降集团的压制。晚年退居家乡，但收复中原的信念始终不渝。一生创作诗歌甚丰，今存九千多首，多抒发强烈的爱国热情，是南宋著名的爱国诗人。

四川宣抚使王炎，是个抗战派的领袖，陆游在他那里当参知政事，对王炎极为钦佩，以为组织北伐，可收复北方失地。没有想到，朝廷颁下命令，调王炎回中央，陆游被调任成都府路安抚司参议官，乾道八年十一月，他携带家眷重回四川。他骑着驴子缓缓而行，途经剑门关时，冷风夹着细雨，淋湿了沾满征尘和酒渍的衣裳，许多感触涌上心头，于是写了《剑门道中遇微雨》。

淳熙四年（公元1177年）六月，范成大（曾做过中书舍人，故诗题称范舍人）奉诏东还临安，陆游一直送到眉州（今四川眉山县），并写了一首《送范舍人还朝》。诗的开头四句是："平生嗜酒不为味，聊欲醉中遗万事，酒醒客散独凄然，枕上屡挥忧国泪。"

三十九、杨维祯鞋杯行酒

杨维祯（公元1296～1370年），元代文学家、书法家，字廉夫，号铁崖、东维子，诸暨（今属浙江）人。泰定进士，官至建德路总管府推官。晚年居松江。诗风奇诡，文字过于藻饰。书法善行书、草书。

元末张士诚起兵占据苏州，元朝皇帝为了拉拢他，就赐以"上尊酒"，张士诚设宴招待元使者，也邀请了杨维祯。他就即席赋诗一首："江南处处烽烟起，海上年年御酒来；如此烽烟如此酒，老夫怀抱几时开。"当时张士诚听到这首诗后，感到十分羞愧。

杨维祯性嗜酒，"酒酣兴至，笔墨横飞，或自吹铁笛，侍儿歌以和之，人目为神仙中人。"他不仅好酒，而且好色。他每次在席上饮酒，就要察看歌妓舞女的鞋子，如果是缠足小鞋，就叫她们脱下鞋子，放入酒杯饮酒，称之为"金莲杯"。在座的人见了，都感到恶心，特别是倪元镇，每当见杨维祯鞋杯行酒，就怒气冲冲地离开宴席而去。晚年，他闭门谢客，但还是喜酒如故。他在门上写了几句话："客至不下楼，恕老懒；见客不答礼，恕老病；客问事不对，恕老默；发言无所避，恕老迂；饮酒不辍乐，恕老狂。"

四十、李时珍收集药酒方

李时珍（公元1518～1593年），字东璧，号濒湖，蕲州（今属湖北蕲春）人，是明代杰出的医药学家。

李时珍自小热爱草木虫鱼，在父亲李言闻的熏陶下，对医学发生极大兴趣。通过实地考察，他采集了大量标本，收集到民间的各种单方，又不断地向种田的、狩猎的、捉鱼的、砍柴的请教治病方略。经过27年的刻苦努力，终于在明万历六年（公元1578年）完成了药物学巨著《本草纲目》。《本草钢目》载药物近两千种，其中包括了大量药酒方剂。李时珍对饮酒所持的原则是"少饮"。他说少饮可以和血行气，壮神御寒，消愁遣兴。如果"痛饮"，就会伤神耗血，损胃亡精，生痰动火。这就是饮酒之妙。李时珍在酒类中，逐一介绍了米酒、糟笋节中酒、东阳酒、烧酒、葡萄酒等的性能、功用及制法。李时珍特别欣赏药酒，所以附了很多药酒的方剂，计有69种。如愈疟酒、屠苏酒、五加皮酒、当归酒、枸杞酒、人参酒、花蛇酒、虎骨酒等。他对每种药酒，就功能和制法加以说明。如："五加皮酒"，功能是：去一切风湿痿痹，壮筋骨，填精髓。制法是：用五加皮洗刮去骨煎汁，和曲、米酿成。

四十一、曹雪芹佩刀质酒

曹雪芹（公元1125～1210年），名霑，宁梦阮，号雪芹、芹圃、芹溪，为满洲正白旗"包衣"人。自曾祖起，三代任江宁织造，其祖曹寅尤为康熙帝所信用。雍正初年，因统治阶级内部政治斗争牵连，曹家受到重大打击，其父免职，家产被抄，雪芹随家迁居，移居北京西郊，从此以卖画为生，年末及五十，贫病而卒。在逆境中，他费时十年，创作了伟大的现实主义小说《红楼梦》。对后世影响极大。

乾隆二十七年（公元1762年）秋末，雪芹从山村来到了北京城，此时，凄风苦雨，寒气逼人。雪芹衣裳单薄，肚里又空，竟冷得瑟瑟发抖。嗜酒如命的他，这时什么都不想要，只想喝一斤热酒。但时间尚早，主人未起，童仆尚眠，热酒从哪里来呢？正在徘徊苦闷之际，不料有个人披衣戴笠而至，一看，竟是挚友敦诚！敦诚大概也是在这个天气里难以排遣，就凌晨冒雨来找哥哥敦敏的。不想在这里会见了雪芹，两人相见都惊喜不已。于是，不打搅主人，就手携手地到附近一家小酒店，沽酒对饮。雪芹几杯落肚，精神焕发，于是就滔滔不绝，高谈阔论起来。

两位喝酒行家，对小店的酒质已不再苛求，只是一杯一杯地喝个痛快。喝完了，两人一摸口袋，囊中空空。于是敦诚解下佩刀说："这刀虽明似秋霜，可是把它变卖了，还买不了一头牛种田；拿它去临阵杀敌，又没有咱们的份儿，还不如将它作抵押，润润我们的嗓了。"

雪芹听了，连说："痛快！痛快"！于是乘着酒兴，口占长歌一首。可惜这首诗没有流传下来，现在看到的只有敦诚的和诗《佩刀质酒歌》（《四松堂集》）。

第二章　当代部分

第一节　特殊贡献奖励人员

尊重历史、尊重知识、尊重人才

我国的酿酒行业是一个历史悠久，涵盖中西的行业但其长足发展是在解放以后，是优越的社会制度和党和政府的英明领导为迅速发展酿酒行业创造了有利的条件，但也依赖于行业内的智者、先驱和广大职工的辛勤耕耘。从这次表彰的16名特殊贡献奖的获得者的简介中我们可以看到：他们从解放至今，穷其一生，始终奋斗在我国的酿酒行业，无论是在基础理论研究领域还是应用研究领域，无论是在白酒、黄酒还是啤酒、葡萄酒等各个酒种的改进、提升、引进、推广方面都做了大量的承前启后的工作。饮水思源，我们应该大力宣传他们的优秀事迹。

我们可以看到：他们中有耄耋之年、学贯中西、著作等身的学科带头人，也有年富力强，敢于在市场竞争中搏击致胜的企业家。他们共同的特点是在他们从事的研究领域和经营领域中，利用他们丰富渊博的知识，使我国的传统酒种日臻完美；使啤酒、葡萄酒行业健康发展，日益接近国际先进水平；使我们的企业得到迅速壮大、长盛不衰。知识就是力量，科技就是生产力的论断得到再次的证明。

中国酿酒工业协会多年来一直注重人才的培养建设工作，在全国建立了职业技能培训鉴定基地，不断举办各种形式多样，内容丰富的培养活动。今后，我们更希望同全国同行一道为中国酿酒行业培养、发现、推广人才做出更大的贡献。

秦含章

（1908～）男，中共党员，工学博士，中国食品发酵工业研究院名誉院长，享受国务院特殊贡献津贴。我国老一辈著名的科学家和工程技术专家，是我国工业发酵和酿酒技术的开拓者和学术带头人之一；曾任新中国政务院参事、食品工业部参事、轻工业部参事，历经十年，主管技术业务，对我国葡萄酒、啤酒、白酒、黄酒生产技术的改进；出版了《酒精工厂的生产技术》（上、下册）、《老姆酒酿造概要》《现代酿酒工业概述》《白酒酿造的科学技术》《国产白酒的工艺技术和实验方法》《酒文化小品集》等二十余部著作，相关论文数十篇；率先为我国酿酒工业方面培养研究生，他的历届学生均为本学科、本行业的骨干，被誉为酿酒界的"老太师"；注意了解国内外先进酿酒技术的发展动态，筹建了发酵工业情报中心，创办了《食品发酵工业》杂志；自1960年起担任中国食品发酵工业研究院领导，使研究院成为科研、情报、标准、检测、菌种保藏五中心合一的酿酒领域研究基地。

管敦仪

（1920～）男，中国食品发酵工业研究院，原院总工程师，享受国务院特殊贡献津贴。他是新中国啤酒工业技术进步的主要推动者；主持和参与轻工业部下达的重点课题，为国家和企业取得了显著的经济效益和社会效益，有的技术至今仍被国内大部分啤酒生产企业采用；主编了《啤酒工业手册》，参与编写《英汉发酵工业词典》及在国内外学术期刊上发表多篇学术论文，为我国啤酒工业的大发展做出了巨大的贡献；为行业培养了一批具有较高研究水平的硕士和博士，现已成为酿酒行业的中坚；是中国食品发酵工业研究院的奠基人之一，负责研究院的筹建工作；是研究院酿酒研究发展部的奠基人。

郭其昌

（1919～ ）男，中国食品发酵工业研究院，享受国务院特殊贡献津贴。新中国葡萄酒工业技术进步的主要推动者；主持并参与了国家和行业下达的重大课题和研究项目，为国家和企业取得了显著的经济效益和社会效益；出版了多本著作，如《葡萄的综合利用》与朱梅、李文庵合著的《葡萄酒工艺学》，与郭松源、郭松泉合著的《酒谱》，在《酿酒》、《葡萄栽培与酿酒》等杂志上发表文章约40余篇，为酿酒行业的技术进步做出了贡献；坚持酿酒与栽培相结合，为我国葡萄酒质量的提高及产品的出口创汇，起到了关键作用；担任我国果露酒评酒委员。自1963年至2002年在历届果露酒评酒会上担任主持工作，为行业培养评酒人才；创建中国的"依法酿酒"体系以及"中国葡萄酒质量等级制"。

桂祖发

（1922～ ）男，中国酿酒厂技术顾问，上海市劳动模范。一生从事果露酒新产品开发与技术管理工作，在担任中国酿酒厂技术顾问期间，研制开发新产品几十种，其中"中国梅酒"和"太岁酒"被评为中国名酒，产品质量一直保持在领先水平。积极吸收国外先进经验，改进产品工艺操作并进行设备改造，提高了企业的管理水平，产品达到出口要求，"中国梅酒"在日本和俄罗斯很受欢迎，年出口量达1000多千升，给企业创造了很大的经济效益。曾多次获得劳动模范称号。中国酿酒工业协会成立后，一直担任第一届、第二届果露酒专业委员会高级顾问。担任果露酒全国评委主考委员期间，为行业选拔了高水平的评委。积极收集国内外有关果露酒生产、技术情况，把国外的先进生产技术在行业中进行学术交流，促进果露酒行业产品开发，帮助企业提高产品质量方面有独特的见解。在行业中发表了多篇学术论文，主要有《洋酒现状及发展趋势》《世界果酒介绍》《英国苏格兰威士忌产品的国际研究现状产品特点》《各种酒基与露酒质量的关系》《某些容易混淆的国外著名露酒》《露酒漫谈》《白兰地漫谈》等等。

王秋芳

（1926～ ）女，中共党员，北京红星股份有限公司原技术副厂长，享受国务院特殊贡献津贴。负责组织主持了北京市科委项目——"旋转发酵罐应用于红葡萄酒的生产"的研制，并亲自参与实验。提出旋转罐制造的相关工艺参数，设备运行的工艺条件，红葡萄酒生产全过程的检测点及分析方法的确定，在国内尚无同类型设备的情况下实验成功，但原有传统生产工艺，取得突破性改革，产品质量明显提高，获北京市科委三等奖，轻工业部全国优秀产品一等奖；负责主编的全国统编中技教材《葡萄酒生产工艺》获北京市自编教材一等奖。自1952年开始，任历届全国葡萄酒、果露酒评酒委员，后任全国果露酒评酒专家组组长，主持评酒工作。1993年中国酿酒工业协会果露酒分会成立，任分会主任；组织行业评委、企业领导、技术人员，开展产品质量检查、生产技术交流、专题研究会、出版论文集、举办评酒技术培训班制定标准、开展技术咨询等活动。

陈朴先

（1929～ ）女，中共党员，烟台张裕集团有限公司原副总工，我国第一代酿酒专家。1952年大学毕业到张裕公司工作，将毕生业力献身于我国葡萄酒事业，为我国民族葡萄酒事业做出了特殊贡献。她在60年代创建了张裕公司中心实验室，创造性的解决了我国葡萄酒质量的稳定性问题，使我国葡萄酒质量有了根本性提高，同时，所创建的中心实验室，进行了大量的探索性实验，为张裕公司的科研工作打下了坚实的基础，并培养了大批的技术人才。80年代她在原有解百纳干红葡萄酒的基础上，投入其全部精力，从原料入手，研制出了新工艺，改进了原有配方，使"解百纳干红"的稳定性显著提高，结束了中国高端葡萄酒多年缺乏核心技术的历史，并拥有了独具知识产权的核心技术，奠定了今天"解百纳干红"的品质风味，也使我国具备与国外葡萄酒抗衡的高端产品，创造了巨大的经济效益和社会效益。

沈之申

（1931～）男，哈尔滨酿酒总厂技术顾问省劳动模范。

50多年来一直从事酒精产品管理和技术研究工作，是行业知名专家。1954～1958年参与了精馏酒精试制并取得成功。1959年研制成功丙酮—丁醇。1960年研制成功合成丙酮和双丙酮等新产品。1963年研究用海枣等代用原料生产的酒精，达到国内先进水平，解决缺料困难。1977年找到了配制白酒长期质量低劣的原因，采取有效措施，配制白酒获得省内同类产品第一名。1976～1981年和山东厂一起主持酒精国家标准的修订，新标准的分析方法和质量水平接近国际先进水平。1982年至1987年开展酒糟处理途径的调研，采取DDGS工艺路线并承担引进项目的可行性研究获得通过。项目投产后取得了重大经济的效益，并解决了污染问题。1985年主持哈尔滨市重点行业技术进步调研报告工作并获市科技进步二等奖。

金志国

（1956～）男，青岛啤酒股份有限公司总裁，十届全国人大代表。自2001年8月担任青岛啤酒公司总裁以来，在董事会的领导下，开拓创新、务实奋进，根据国际和国内市场环境及"青啤"实际情况提出了一系列科学的经营发展和管理新理念，确立了将青岛啤酒公司发展成为国际化大公司的战略目标。在他的领导下，"青啤"公司树立了科学发展观、走上了持续、健康发展的道路，各项经济指标稳步增长。目前，青岛啤酒的生产规模接近500万千升，已经进入世界啤酒十强；2003年产销量达326万千升，同比增长10%；实利税19亿元，同比增长13%；市场占有率连年攀升，2003年达到12.8%，品牌价值达168.73亿人民币。

沈怡方

（1932～）男，中共党员，原江苏省轻工业厅，教授级高级工程师，享受江苏省政府特殊津贴。在白酒行业工作50年，是行业著名专家，为我国白酒工业发展做出了重大贡献，70年代由他负责的"提高液态发酵白酒质量的研究"获得全国科技大会奖。80年代"国家名酒洋河大曲提高名酒得率的研究"使企业获得了明显的经济效益。90年代组织在江苏省推广了"酶法"新工艺，获得成功。1973～1999年曾先后在内蒙古呼市、包头、丰镇、集宁酒厂负责进行几种香型优质白酒的试制工作，从而结束了内蒙西部地区不生产优质白酒的历史。1985年在江苏省指导开发了4种优质白酒。在发掘与科学总结我国优质白酒的传统生产工艺中，广东的"玉浆烧"和江西的"四特"酒都获得了国家优质酒的称号。在从事白酒生产及科研工作中，提出了对推动全国白酒生产发展具有重要作用的学术上的新见解；提出了细菌在白酒酿造中的重要作用；提出了我国白酒区别于国外各种蒸馏酒的香气成分特征所在及生产差异的原因；他撰写的研究报告及学术论文在百篇以上，著有《液体发酵法白酒的生产》《低度白酒生产技术》《白酒生产技术全书》。

王国春

（1947～）男，中共党员，宜宾五粮液集团有限公司董事长，十届全国人大代表，全国劳动模范，享受国务院政府津贴。五粮液集团有限公司现已形成五粮液系列酒20余万千升的生产能力，成为拥有2万多名职工的现代化大型国有企业、全国白酒行业排头兵。公司重点投资的塑胶、模具、印刷包装以及物流等行业产值利润连年高速增长，以环保、保健、饮料、药业、精化、电子、家纺等为配套发展产业；以进出口贸易、投资咨询、维修服务等为配套服务产业。五粮液集团现拥有19个全资或控股子公司。2003年实现销售收入121.04亿元，实现利税34.06亿元，年出口创汇8874万美元，现"五粮液"品牌价值达到269亿人民币。

高月明

（1932～）男，原黑龙江省轻工业厅教授级高级工程师，享受国务院政府津贴，白酒行业著名专家。为我国白酒工业发展做出了重大贡献。参加了1955年全国第一部白酒技术规程《烟台白酒操作法》的试点总结工作，并参与了1963年该法的修订工作，是主要起草人之一；参加了全国1～5届白酒评比，并在第四届、第五届成为专家组成员；主持了全国技术人员参加的"玉泉试点"工作。总结出了固液结合的工艺路线，推动了全国新型白酒的大发展；先后主持参加了全国十几个大型技术培训班，为培养白酒科技人才做出很大的贡献。高月明同志一直从事酒类科研工作，取得了很多的科技成果并获得了奖项。其中包括：参与起草的《浓酱兼香型白酒标准》获批准执行，推动了全国兼香型白酒的大发展；参与了黑龙江省地方标准《清爽型白酒标准》的制定，对推动东北酒业的进步做出了很大的贡献；主持完成了《黄酒优良菌种的培育》被评为国家科技进步三等奖；主持的黑龙江白酒科技攻关项目《九九计划》获得省科技进步二等奖；1994年被黑龙江省政府评为有突出贡献的专家。参加了《白酒技术全书》《中华大酒典》《白酒发展五十年纪实》等书的编写工作。五十年来共发表专业性论文三十多篇。

曾祖训

（1933～）男，中共党员，四川省酒类科研所原所长，享受四川省政府特殊津贴。1953年毕业于四川化工学院，1980年任工程师，1989年任教授级工程师。历任内蒙轻工研究所主任、研究所所长等职。1985年调入四川省酒类科研所任所长。商业部酒类质检中心主任。省食品协会理事，省白酒协会常务理事，省标准化常务理事，四川省第二届科技顾问团顾问，省轻工工程系列高级职称评委。科研方面作主研成员和参加完成的主要项目有：《甜菜制糖过程非糖份变化规律的研究》1980年获内蒙古自治区成果二等奖；《提高液态发酵白酒质量的研究》获全国科技大会奖、自治区1980科技进步奖、轻工部三等奖；《山羊奶加工工艺的研究》获1985年自治区科技进步二等奖；《白酒中高级脂肪酸的气相色谱测定》1987年获自治区科技进步三等奖；《包头市转龙液清香型低度白酒的研制》获1987年包头市科技进步二等奖；《崇阳大曲等其他香型的工艺和香型总结》项目1988年获商业部银爵将；《白酒中醇酯气相色谱分析方法的研究》1991年获商业厅技术进步一等奖；《四川小曲酒香型确定的研究》1993年获商业部科技进步二等奖。他先后在《食品学报》《发酵学报》《食品科学》《酿酒》《化学世界》等全国性刊物上发表论文10多篇。与沈尧绅编著的《白酒气相色谱》由轻工业出版社1986年12月出版，全国发行，是国内白酒行业的惟一专著。撰写了《依靠科技进步发展川酒优势》《推动科技进步、提高名酒优质品率》等行业指导性学术文章。先后为酿酒行业、理论、工艺、色谱等培训班编讲义和授课。

李福成

（1954～）男，中共党员，北京燕京啤酒集团董事长，十五大党代表，九届、十届人大代表，全国劳动模范，享受国务院政府特殊津贴。

1989年任总经理以来，燕京由一个小型的啤酒厂发展成为有形资产88亿元，无形资产90.28亿元，年生产能力超过300万千升的全国大型啤酒企业集团。1997年，他领导公司顺利完成股份制改造，开辟了香港红筹股和国内A股两条融资渠道，先后共募集资金30.4亿元，为企业长足发展提供了坚实的保障，同时也为企业与国际市场接轨铺平了道路。在啤酒行业，他勇于改革，锐意进取，争先打破计划统购包销体制，积极进行了燕京啤酒营销网络的建设，倡导实施先进的营销方法，构建了燕京全面、合理、适合市场需求的网终平台。使燕京啤酒进入世界啤酒行业前15强。多次被平为优秀企业家、优秀厂长（经理）。

刘正德

（1934～）男，中共党员，供职于青岛啤酒股份有限公司。

在任技术科长期间，他研究开发了缩短啤酒后酵期（由90天降至40天）、延长成品保质期（由90天延长到180天）、降低啤酒色度、提高啤酒酒花香味和泡沫稳定性等项目，解决了出口啤酒冷冻浸泡商标脱落等问题。在任厂领导期间，他加速推进企业改革，经国家批准，青岛啤酒成为全国啤酒行业道家享有自主进出口经营权的企业。根据国际市场发展，向加拿大、法国等国外代理公司派驻人员，设立中外联合销售公司。在国内一些主要城市，设立合作联营销售公司。在国家资金特别紧缺的情况下，从国内联营销售公司集资几千万元，无息借款用于青岛啤酒厂的扩建和更新改造，用新增加的啤酒产品偿还集资款，使青岛啤酒生产规模从10万千升扩大到20万千升。组建了青岛啤酒第二有限公司，投产后，扩大青岛啤酒年产量近一倍。继续保持并巩固了青岛啤酒在国内啤酒行业的领先地位，达到了企业历史最好水平，为中国啤酒业的发展起到了积极的导向作用。1991年青岛啤酒荣获国家首批"中国驰名商标"。

季克良

（1939～ ）男，中共党员，中国贵州茅台酒厂有限责任公司董事长、总工程师，中共十五、十六大代表。

1964年至1966年，参加中国科学院、轻工部主持的茅台酒试点研究，揭示了茅台酒堆积发酵的特点，成为茅台酒生产操作的重要规程。1965年，从理论上科学总结了茅台酒的勾兑工艺。论文《我们是如何勾兑酒的》为划分酱香、浓香、米香、清香、兼香五大香型白酒提供了科学的方法与标准。1978年参加茅台酒厂和贵州省轻工科研所共同对茅台酒的香气成分和香型进行的研究，新分析出茅台酒香气成分数十种，初步揭开了茅台酒香型的奥秘，此项科研成果荣获贵州省政府颁发的贵州省科学大会奖。1979年，提出《提高酱香酒质量的十条措施》，科学完善了茅台酒的酿造规程，极大地提高了茅台的生产质量，为茅台酒的规模化生产提供了技术保障。1985年，参与和组织了轻工部下达的大容器贮酒（酱香型）项目研究，通过了国家级鉴定，起草制定《茅台酒实物标准》，荣获贵州省政府优秀标准二等奖。1988年以前，一直主管茅台酒的生产技术，在总结和继承茅台酒传统工艺的基础上，提出了一系列新观点。1998年担任主要领导以来，产量、销售量、实现利润、实现税金、利税及实现上缴税金等主要经济技术指标大幅度增长，由于质量稳定提高和企业快速发展，茅台酒在国内外评比中均名列前茅，实现了中国名酒五连冠，同时使企业经济效益在全国白酒行业中由第七位上升为第二位。

王群

（1956～ ）男，华润雪花啤酒（中国）有限公司执行董事。

自担任华润雪花啤酒（中国）有限公司总经理以来，带领领导班子团结务实、开拓进取、充分调动员工的工程积极性，并在工作中狠抓管理，强调专业，为企业的发展和推动管理进步方面做出了突出的贡献。1994年至今，华润雪花啤酒已由一个很少被人提起的单一工厂，发展成为行业的知名企业。仅仅用了10年的时间，目前已有40家啤酒企业以全资或合资的形式加入到华润雪花啤酒（中国）有限公司。华润雪花啤酒的年生产能力达560万千升，总投资额已达人民币90多亿元，年销售额超过了70多亿。已成为全国最大的专业啤酒酿造企业之一，目前占中国啤酒市场份额超过了12%，啤酒的销量年均增长38%。自成立以来，累计缴纳税金超过50个亿。在王群同志的带领下，华润雪花啤酒凭借严格的专业水准和扎实的经营管理抢占东北、入取川中、挺进华南，旗帜遍插中国的大江南北。目前已经实现了统一的人力资源管理、统一的市场品牌管理、统一的质量管理、统一的采购管理、统一的现金管理，从而形成了华润雪花啤酒成熟、高效的管理风格。

（本节文章选自《华夏酒报》）

第二节　中国酿酒大师

要推进酿酒产业结构的优化升级，转变经济增长方式，提高自主创新能力，提高酿酒行业的现代化水平，需要一批高素质的人才来实现。"中国酿酒大师"是适应时代发展而推举产生的，做为行业的最高荣誉，其评定工作对建设高素质的行业队伍，有着重要的意义。

被评为首届"中国酿酒大师"的32名同志，他们热爱社会主义事业和热衷于酿酒事业；苦心钻研，有着多年酿酒专业经验；具有一定学历，并有较高的技术和任职资格；他们现仍在企业和科研一线工作；在酿酒技术研究、创新、新成果开发及新技术应用方面有着突出贡献，并取得巨大经济效益和社会效益，有着深厚的酿酒理论基础和实践经验，并有较高的企业管理能力，为推动我国酿酒事业发展和培养酿酒人才方面做出了突出贡献。正是由于他们带动全行业职工共同努力，才使我国酿酒事业取得今天的辉煌与发展。他们的崇高思想、优秀品质和先进事迹，展示了我们行业的风貌，他们是时代的精英。

温家宝总理曾指示："希望高等教育能培养出大师级人才"。他强调指出：现在中国没有完全发展起来，一个重要原因是没有自己独特的创新的东西，总是"冒"不出杰出人才。他也指出："杰出人才绝不是一般人才，而是大师级人才"。当今的竞争，归根结底是个人的竞争、科技的竞争。一个行业要发展兴旺，靠的是人才和科技，因此，我们要把尊重知识、尊重人才作为加强行业管理，推动行业进步的重要手段来抓，在全行业中形成创造光荣，人才宝贵的风尚。

中国酿酒工业协会在多年的行业服务工作中，一直注意人才的培养和人才队伍的建设工作，推动尊重劳动、尊重知识、尊重人才成为全行业的共识和自觉行动。

我们希望获得"中国酿酒大师"的同志们戒骄戒躁，继续创造新的辉煌，不辜负温总理对"大师级人才"的要求。我们更希望同全国同行一道为中国酿酒培养、发现、推广人才作出更大的贡献！

季克良

江苏省南通市人，1964年九月参加工作，大学文化，高级工程师，应用技术研究员。

季克良自1964年从无锡轻工学院毕业到茅台酒场工作42年来，先后当过制酒工、制曲工、技术员，担任过厂长、总工程师、董事长、党委书记等职务。无论在何岗位，季克良始终致力于揭示茅台酒传统工艺的神秘面纱，致力于对茅台酒的生产科研领域的探索，把茅台酒工艺日臻科学化和规范化，使《茅台酒酿制技艺》入选国家级首批《非物质文化遗产代表作》名录。

通过对茅台酒堆积发酵特点的研究，归纳出茅台酒的十大生产工艺特点并总结影响茅台酒生产的21条因素及50多条改进措施，彻底解决了二次酒《掉排》问题，成为了茅台酒生产操作的重要规程；对茅台酒香气成分构成、香型、微生物区系分布等的研究，分析出茅台酒品质细腻、协调、丰满的主要原因，揭示了茅台酒香型的奥秘；起草制成茅台酒实物标准，通过国家级鉴定；论文《我们是如何勾兑酒的》，科学总结了茅台酒的勾兑工艺，为划分中国白酒香型提供了科学依据，成为中国酿酒史上的里程碑；提出了提高茅台酒质量的十条措施、九条经验，为规范化生产茅台酒提供了技术保障，自1990年以来，实现了茅台酒年年超产，共超产茅台酒14543吨，可增加销售收入50亿、利税25亿（其中二次酒超产达10000吨，可产生效益达35亿左右）；提出了微生物充满繁殖、使老酒促进新酒老熟的理论；提出其中重量比有利于提高质量；提出茅台酒能治疗多种疾病，并在实践中得到证实；提出《离开了茅台镇产不出茅台酒》的理论学说，避免了其他地方为生产《茅台酒》而进行的重复建设，申报《原产地域保护产品》成功，否定了茅台酒系"外来"一说，并使茅台酒通过了有机食品认证；组织开发了茅台王子酒、茅台迎宾酒、十五年、三十年、五十年、八十年陈年茅台酒，低度茅台酒等茅台酒系列产品的开发与研究工作，产生了巨大的经济效益；2000年以来，所参与研制开发的茅台酒系列产品销售量达5691吨，占销售总量的20%，销售收入总计达17亿元，占销售总收入的14%。

1998年担任茅台集团主要领导以来，企业实现了连续八年的跨越式发展，茅台酒产量、销售量、实现利润、实现税金、利税及上缴税金等主要经济技术指标，分别增长了70%、87%、近3倍、263%、234%及282%，企业总资产由20多亿元增加至105亿元。在CCTV发布的"2003中国十家最具价值上市公司年度排行榜"上，贵州茅台名列第四；2004年，贵州茅台列最具竞争力的上市公司20强第五名（列酿酒食品前十强第二

中国文化遗产年鉴·酒文化卷

名）并入选2004中国100最具价值消费品牌；由世界品牌价值权威评估机构组织评审并发布的《中国500最具价值品牌》排行榜，茅台估值216.25亿，列25位；由财富杂志评估的茅台品牌是国产品牌的第二位；据美国《商业周刊》评估，在中国价值最高的20强品牌中，《茅台》品牌的价值为13.2亿美元，排名第8，是紧随其后的白酒品牌的价值的近4倍。八年来，共实现销售收入157亿元，利税共计88亿元，职工人均年收入由1.37万元增至3.85万元。2000年以来，安置军队转业退伍人员235名，新招聘大中专毕业生近500名，解决地方劳动力就业人数近3000人，促进了地方经济的发展。现在公司已发展成拥有员工8000多人，27个子公司，其主要经济指标如利税、人均利税连续八年高居全国白酒行业榜首。

季克良把一生都献给了白酒事业，他的个人论文及专著有无数，其中《加强企业管理，努力提高产品质量》《离开了茅台生产不了和茅台相同的酒》《质量，国酒茅台永恒的主题》等论文被多加刊物转载发表，独著的《茅台酒与人体健康》《周恩来与国酒茅台》被相继出版。

由于对白酒行业的发展有着突出的贡献，季克良1992年被授予"优秀企业家"称号和五一劳动奖章；1995年被国务院授予"全国劳动模范"称号；并为中共十五大、十六大代表；享受国务院特殊津贴。

王国春

四川中江人，1970年7月毕业于重庆大学，高级经济师。1985年1月担任四川省宜宾五粮液酒厂厂长，1993年兼任厂党委书记，现任四川省宜宾五粮液集团有限公司党委书记、董事长、总裁、宜宾市政协副主席(兼)、中共十五大代表、中共四川省委第八届委员。

20多年来，五粮液集团有限公司在以王国春为首的领导班子的带领下，坚持体制、技术和管理创新，用高新技术和先进实用技术改造传统产业，走质量、规模、效益和多元化发展的路子，使五粮液集团由20世纪80年代初不到千人的传统酿酒厂发展为拥有涉及塑胶加工、生物工程等产业的19个子公司、2万多名职工的多元化现代大型企业集团。"五粮液"已成为中国三大最大价值品牌之一。

王国春亲自编写了《直线职能与部份矩阵相结合的生产经营运行机制》《工作标准》《生产工艺纪律》等规章制度来指导实践。1989年，在深入研究浓香型大曲酒生产工艺共性及五粮液生产工艺个性的基础上，支持编写了五粮液酿酒《工艺文件》及《五粮液酿酒工艺要素培训资料》。同时，作为项目负责人和主研人完成的"新窖老熟"、"T"法工艺、"FL"法工艺、"320"工艺、"310"工艺、"微机配料系统"、"双开、高排酒曲发酵室的设计与应用"、"特大型综合型发酵车间的工艺研究及设计"、"酒包装物外观设计"等主要科研成果多达30余项，酿酒理论创新成果三个，即："浓香型酒类'T'法工艺的研究"及其深化项目"'窖泥液'的研制及应用"创新、特大型综合型发酵车间的工艺研究及设计创新、链式开发废弃酒糟资源综合利用创新。《浓香型酒类{T}法工艺的研究》项目解决了浓香型白酒生产一直沿用的开放式泥窖发酵的被动落后生产工艺，对生产规模的超常规扩展奠定了坚实的基础，获得了1993年度四川省科技进步二等奖及1992年度宜宾地区科技进步一等奖；《双开、高排酒曲发酵室的设计与应用》项目及《特大型综合型发酵车间的工艺研究及设计》项目有效地促进了新窖老熟及固态发酵酿酒用酒曲发酵过程中的发酵工艺稳定，满足了五粮液生产过程中提高优质品率对曲药的要求。两个项目分别获得了国家级科学技术特等奖和一等奖。

为解决规范扩大后的废弃酒糟污染环境的问题王国春主持并参与了以固态发酵酒糟——复糟二次发酵蒸馏——燃酒糟锅炉——糟灰提取白炭黑的链式资源化开发项目《丢弃酒糟无害化、效益化处理的工艺技术》项目，成果达到了国内领先水平。不仅减少了环境污染，节约了大量的粮食和能源，还产生了巨大的经济效益和社会效益。五粮液也因此成为了国内酒类行业中首家实现循环经济的企业。该项目2002年获得了四川省政府科技进步一等奖；2003年获得国家科学技术一等奖，并多次受到国家环保总局的表彰。

王国春近年来组织技术人员开展了白酒生产废水的研究，相继发明了酿酒底锅黄水生产乳酸及乳酸钙技术、用稻壳工业化生产白炭黑及稻壳白炭黑废渣生产活性炭等技术，成为白酒行业彻底解决废渣、废水的最佳方案，为国内废水、废渣的综合利用，摸索出一条成功的经验。

先后被国务院授予"全国劳动模范"、"有突出贡献的中青年专家"等荣誉称号；"五一劳动奖章"获得

中国文化遗产年鉴·酒文化卷

者；享受国务院特殊津贴；中共十五大代表。

李福成

高级经济师、北京市人、研究生。现任北京燕京啤酒集团公司总经理、党委书记、北京燕京啤酒股份有限公司董事长兼总经理。

李福成1971年参加工作，1983年进入北京燕京啤酒厂，自1989年任总经理以来，在他的带领下，2005年，燕京啤酒集团公司产销量突破310万升，实现销售收入80亿元，而且连续三年企业年利税总额超过了2亿元。燕京啤酒已获得中国名牌、国家级绿色食品，"燕京"牌啤酒商标被国家工商总局评定为中国驰名商标。2003燕京牌啤酒被评为中国名牌产品，2005年燕京商标商誉无形资产达到152亿元。

在李福成的领导下，燕京连续进入全国500家最大工业企业和500家最佳经济效益企业，成为中国行业百强企业。他结合自身管理经验，发表了许多的论文，著作，其中代表作品有《企业聚变式发展及其管理》获企业管理现代化创新成果国家级一等奖；《在创新中求发展，在发展中创名牌》《国有大中型企业如何面对人世的挑战》等。

李福成多次被评为优秀企业家，优秀厂长（经理）；两次获首都"五一"劳动奖章；1995年荣获全国劳动模范荣誉称号；并当选为党的十五大代表，全国九届、十届人大代表；2004年又获得北京影响力人物奖和全国酿酒行业特殊贡献奖；2005年获得北京市委、市政府颁发的首都杰出人才奖。

方贵权

大学本科，教授级高级工程师，现任广州珠江啤酒集团有限公司董事长、总经理。

1982年毕业于华南理工大学的前身华南工学院，1984年调入珠江啤酒厂，1987年至1988年在比利时鲁汶大学进修啤酒酿造技术，历任筹建处麦芽车间临时负责人、技术部副主任、计调室主任、珠江啤酒厂厂长助理、珠江啤酒厂第一副厂长，1996年5月起任广州市珠江啤酒集团公司副总经理，2002年12月起兼任广州珠江啤酒股份有限公司总经理，2004年9月起被任命为广州珠江啤酒集团有限公司董事长、总经理。

近年来，他相继获得首届广东省优秀"留学青年回国创业之星"、全国酿酒行业先进个人、广东省劳动规模、广东省十大杰出青年、国务院特殊津贴专家和广州市科学技术突出贡献奖等荣誉。

方贵权同志一直密切关注世界啤酒制麦、酿造、包装技术与装备的发展动态，坚持"以引进消化吸收再创新为主，集成创新为辅"的创新战略，先后主持研究了无菌纯生啤酒生产控制技术、高浓酿造后稀释技术、快速发酵技术、高效糖化技术、生物育种技术、复合糖浆在啤酒酿造中的应用研究和国产单宁（糖化型）在高浓啤酒生产中的应用研究等项目。其中"复合糖浆在啤酒酿造中的应用研究"和"国产单宁（糖化型）在高浓啤酒生产中的应用研究"两项啤酒领域的国家级科技课题，其研究成果已在大生产中推广应用，并取得了良好的经济效益。在他的支持和推进下，珠啤集团现在所用的技术80%以上为本世纪最新技术，并拥有多项技术秘密和28项国家授权的专利，已形成由无菌纯生啤酒生产控制技术、高浓酿造后稀释技术、快速发酵技术、高效糖化技术、生物育种技术，ERP信息控制技术、"集中酿造、分散包装"技术和高效低成本生产管理技术等八大自有核心技术，奠定了珠啤集团在中国啤酒行业的技术领先地位。

他先后主持研发了珠江纯生啤酒、珠江金小麦啤酒、珠江全麦啤酒、珠江白啤酒、珠江ALE啤酒、珠江无醇啤酒等高技术含量的新产品。其中，"珠江纯生啤酒"、"珠江白啤酒"和"珠江ALE啤酒"均为国内首创。他主持研制的珠江啤酒系列产品先后获得了钓鱼台国宾馆"国宴特供酒"、博鳌亚洲论坛历届年会指定唯一用酒、中国名牌产品、绿色食品等殊荣。

他先后主持研发了膜振动酒液回收技术、啤酒离心技术、膜过滤水处理技术、萨拉丁深层发芽工艺、高效热能回收麦芽烘干技术、糖化热能回收技术、错流膜取硅藻土过滤技术等三十多项处于国际领先水平的新技术，并成功应用于生产实践，确保珠啤集团的生产效率和各项能、物耗水平处于同行领先水平，创建了中国啤酒行业循环经济新模式，进一步引导啤酒工业向低污染、低成本、高效率的新型工业化方向发展。

张五九

天津市人，教授级高级工程师，中国食品发酵工业研究院副院长兼酿酒事业部主任。荣获第四届中国青年科技奖，享受国务院政府特殊津贴专家。

张五九先后主持并参加了"六五"至"十五"期间酿酒工业技术领域10多项国家科研攻关项目及省部级科研项目的研究工作，承担并主持承担了多个国家级行业标准的起草工作，获得了多项国家级奖励及省部级奖励。作为酿酒行业访问学者，积极倡导与开展我国酿酒工业与国际同行的技术交流，与酒类专业组织如欧洲酿造协会、国际酿造研究会（BRI）等国际组织和企业集团的国际技术交流合作项目。先后在国内核心期刊及国际期刊发表多篇论文，并获国内发明专利多项，培养数十名研究生。

其主要研究成果及研究领域包括：酿酒工业原料质量控制和品质建立评价体系。对我国酿酒原料品种选育、酿造性能评价、适用工艺优化、品种鉴定等技术进行系统而深入的分析研究，应用现代分子生物学技术对酿酒原料进行品种鉴定和品质评价、建立了现代化酿酒原料品质评价和质量控制体系；中国食品发酵工业研究院已经成为目前我国酿酒原料领域最具权威的技术研究和分析检测机构，并承担了中国酿酒工业协会啤酒分会酿酒原辅材料鉴定检验中心的任务。酿酒菌种选育及菌种资源库建立。应用现代分子生物学技术，结合传统菌种选育手段，选育新型酿酒菌种；研究开发我国酿酒菌种分离、保藏和评价新技术，建立酿酒菌种资源库；对菌种代谢与微量风味物质生成的关系进行剖析研究；研究开发酿酒过程微生物应用技术，菌种鉴定等。在利用现代生物学技术鉴定酿造微生物、转基因等技术手段选育微生物及微生物的有效利用方面取得了突破性进展及成果。酒类产品分析检测和检测新技术开发。以传统理化分析、现代仪器分析及感官评价三大体系辅助以计算程序系统构建了现代酒类综合评价体系。发挥实验室设备仪器等资源优势，开展对酒类产品的理化、卫生指标的分析检测服务；开展对酒类产品中特征性微量成分和食品安全关键指标分析检测新技术的研究开发；开展对酒类产品的感官品评，结合嗅闻仪、色谱仪、质谱仪等仪器手段，使人机结合的现代酒类品评技术体系能够有效的为生产及科研服务。

张五九所取得的科研成果，使我国啤酒研究落后国际先进水平20年的局面彻底改观，研究成果居国内领域先进地位，一些研究成果接近或达到世界先进水平。其中《啤酒微型酿造糖化设备》等成果已申请到国家专利。

陈 林

大专文化程度（川大经济管理研究生），高级工程师，现任五粮液集团公司董事；五粮液股份公司董事、总经理、总工程师；五粮液保健酒有限责任公司董事兼党支部书记；宜宾学院生物工程系客座教授；宜宾市第六批拔尖人才。师从于著名色兑大师范玉平。

陈林主要科研开发项目：

1985年，作为主研人员参与北京科学院自动化一所共同研制成功省级项目《五粮液计算机勾兑专家系统、组合基础系统》。1985年，参与工厂列入《星火计划》的《五粮液低度酒生产及产品开发项目》研究，成果填补了工厂无低度白酒的空白。1987年，作为主研人员参与研制成功《五粮液计算机勾兑专家系统、调味系统》。1991年，作为主研人员之一，与有关人员改进勾兑工艺，将基酒改为大桶组合方法，使一次勾兑成功率由原来的90%提高到98%。1994年至1995年作为主研为员之一，参与实施企业《三二0》工程项目研究。1996年至1997年，作为主研人员参与完成《白酒中金属元素的测定及与酒质的关系》项目研究，通过了省级技术鉴定，填补了国内空白。1999年，主持公司《风味调味酒》项目研究。2002年，参与研究增进系列酒呈味物质的萃取工作。现该项目研究成果——超临界萃取液体技术已获国家专利技术（公示期）。

TD工艺实验项目的成果开发和应用，提高了优质品率，降低了成本。该工艺可以达到提高酒质的目的。主体香味物质比原来提高30%以上，酒味更浓、更老陈。

"特大型综合型发酵车间的工艺研究及设计"。该项目属国内首创，节约了大量的土地和投资，改善了工人的劳动条件，提高了产品数量和质量，产生了显著的经济效益和社会效益，在首届中国白酒科技大会上被评为"首届中国白酒优秀科技成果一等奖"，2005年获得中国食品工业协会科学技术特等奖。

1993年，作为主研人员参与五粮液精品开发科研项目，主要负责项目实物样酒勾兑。根据公司当时的生产特点和市场消费需求，设计出勾兑方案20个，最终研制成功"珍藏珍品五粮液"。

他还主持并参与了珍藏品五粮液、五粮春、五粮醇、浏阳河、金六福等六十余种五粮液系列新产品开发，特别开发了68度五粮液酒勾兑组合和调味取得较大的技术突破，更好地保持完善五粮液固有的醇厚、味全面的风格特点。

袁仁国

在职研究生，高级经济师，现任中国贵州茅台酒厂有限责任公司党委书记、总经理、贵州茅台酒股份有限公司董事长。第十届全国人大代表，全国劳动模范。

袁仁国同志1998年5月至2000年9月任贵州茅台酒厂（集团）公司党委副书记、副董事长、总经理、2000年9月至2004年8月任中国贵州茅台酒厂公司有限责任公司党委副书记、副董事长、总经理、贵州茅台酒股份有限公司董事长；2004年8月至今任中国贵州茅台酒厂有限责任公司党委书记、副董事长、总经理、贵州茅台酒股份有限公司董事长。

袁仁国同志早在担任制酒三车间主任期间，通过调研起草、制定了公司"制酒车间经济责任制"，第一次在全厂推行责、权、利相结合的经济责任制。在争创国家一级企业工作中，组织起草了《企业标准》《工作标准》《技术标准》等企业管理规章制度，为茅台酒厂争创国家一级企业做出了重大贡献。

袁仁国担任总经理以来，在1999年贵阳召开的全国白酒发展研讨会上，率先提出"文化酒"理论，为茅台酒文化酒的定位奠定了坚实的品牌基础，还在全国引发了"卖酒"到"卖文化"的重大转变。根据众多专家对茅台酒有益健康的研究证明，袁仁国提出了"国茅台酒，喝出健康来"的营销宣传口号，使国酒茅台健康理念深入人心。在袁仁国的带领下，国酒茅台不断提高了产品形象和企业形象。茅台酒系列产品通过了国家农业部绿色食品发展中心绿色认证，通过了国家环保总局（南京）有机食品发展中心有机食品认证，被国家质检总局认定为原产地域产品，并被评为中国最具国际影响力的驰名商标。茅台酒成为了国内白酒行业唯一一集"绿色食品"、"有机食品"、"原产地保护产品"于一身的食品，2006年还获得了非物质文化遗产称号。

从1998年至今，茅台集团连续七年实现了产量、销售量、销售收入、利润、利锐及上缴税金等主要经济指标两位数的增长。企业总资产从1998年23亿元到2005年的100多亿元，扩张了近5倍。2005年茅台酒生产量从1998年的2000多吨增长到12400多吨（其中2003年茅台酒产量突破万吨大关，实现了毛泽东老一辈革命家"万吨茅台"的夙愿）；销售收入由1998年的8.1亿元增长到50多亿元；利税由1998年的4.4亿元增长到30多亿元。从1999年开始茅台集团在中国白酒行业的经济规模和效益排位，由第7位一举跃居第2位，主营业额利润率、利税率及人均利税则高居榜首。茅台集团也迅速发展成为了全国白酒行中唯一的国家一级企业、唯一荣获国家企业管理最高奖金马奖的企业和白酒行业首批荣获全国质量管理奖桂冠的企业。贵州茅台酒股份公司2001年成功上市后，当年每股收益在国内所有上市公司中排名第一，2002年每股收益在国内所有上市公司中排名第三，2003年茅台股票凭借良好业绩，成为上市公司100强综合排名第一名，2004年在全国1400多家上市企业中被评为"中国十家最具价值上市公司"前四名，2005年被评为"2005中国上市公司竞争力100强"第五名。

在工作中袁仁国同志善于总结经验，先后撰写了《提高国有企业文化竞争力的思考》《迎接文化酒时代的春天》《解决国酒茅台品牌价值》《西部开发勿忘振兴民族品牌》等多篇重要论文，发表在国家级、省级主要刊物上，产生深远的市场影响，提高了茅台集团的企业形象和茅台酒的品牌形象。

袁仁国同志由于对茅台集团及推动整个白酒行业的发展有着显著贡献，曾当选为第十届全国人大代表；荣获"全国劳动模范"，2003年度全国最受关注的企业家、全国酿酒行业百名先进个人等荣誉称号。

郭双威

（1949～）中共党员，大学文化程度，高级经济师。

1965年参加工作，1979年起先后担任山西杏花村汾酒厂知青分厂党支部副书记，劳资科科长，劳资处副处长、东分厂厂长、党委书记；汾酒厂副厂长，汾酒（集团）公司副董事长，汾酒厂股份有限公司党委书记、总经理；汾酒集团第一副总经理，汾酒厂股份有限公司副董事长、党委书记、总经理；2002年3月至今任山西杏花村汾酒集团有限责任公司董事长、党委书记。系山西省第八届政协委员，第十届和十一届全国人大代表。1996年、2004年和2005年分别获得"全国轻工系统劳动模范"、"山西省劳动模范"和"全国劳动模范"等荣誉称号。

1991年，他担任副厂长时组织编写了《白酒行业考评工人技师培训教材》一书。该书共分7编15章、29万字，成为全国轻工白酒行业考评工人技师和考评高级工培训的专业技术教材。2004年8月，他与徐少华合作编著的《杏花村汾酒对联赏析》一书，搜集了赞美汾酒的酒联1200余副，以酒联的不同用途为依据，共分为14大类。2007年8月，他出版专著《杏花村笔记》。

为了很好地保护、传承和创新汾酒工艺，他组织成立杏花村汾酒传统酿造工艺顾问小组，开展老艺人汾酒酿造绝技的调查整理，以工种分类建档，以身怀绝技的老艺人为主，吸收有知识、有文化、好学上进的年轻大学生参加，使汾酒的传统工艺能够代代相传；整理出一套完整的古时酿酒作坊档案，在杏花村老东家原址上建成汾酒传统酿造工艺坊；举办两届汾酒文化节，创建了全国第一个酿酒工业园，扩建了汾酒博物馆。

在他的带领下，企业先后荣膺"全国质量效益型先进企业"、"全国工业旅游示范点"、"全国质量管理先进单位"、"全国绿色企业管理奖"、"全国厂务公开先进单位"、"全国企业文化优秀奖"、"全国重点文物保护单位"、"山西省政府质量奖"等多项荣誉称号。由他本人主创的一项成果获得"第十一届国家级企业管理现代化创新成果一等奖"。

贾智勇

陕西宝鸡市人，1985年毕业于天津轻工业学院食品工程系工业发酵专业，大学本科文化，学士学位。现任陕西西凤酒股份有限公司总经理。

贾智勇同志多年来坚持把理论知识和西凤酒的生产实践相结合，带领一班科技人员为西凤酒的生产攻克了数十项技术难题，解决了多项长期以来困扰西凤酒发展的技术瓶颈问题，屡获殊荣。

《西凤酒工艺技术创新研究》项目被评为科学技术研究一等奖。2005年6月被陕西省人民政府评为科学技术进步二等奖；《西凤酒工艺技术创新研究》《西凤饮用天然矿泉水研究》《运用α—氨基氮测定西凤酒大曲质量研究》《45度特制西凤酒研究》等项目分别荣获宝鸡市科学技术进步二、三等奖和陕西省技术进步二等奖，创造了良好的经济效益。

2005年10月参加中国酿酒工业协会、中国财贸轻纺烟草工会组织的枝江杯首届全国品酒技能大赛，获优秀奖。1985年至1987年，完善并编撰了西凤酒历史上第一本系统化、专业化的工艺指导书《西凤酒生产工艺操作规程》和《西凤酒生产工艺堆积实施细则》，二十余年来，对西凤酒生产起到了非常重要的作用，至今仍然是指导西凤酒生产的纲领性文件。

1997年，主持西凤酒产品结构调整工作，先后研制成功凤兼浓香型西凤、凤浓酱香型西凤酒、浓香型西凤酒，使西凤酒的产品格局发生了重大变化，从此形成了凤香型、凤兼浓香型、凤浓酱香型、浓香型四大香型系列的西凤酒产品，使西凤酒从单一品种走向多元化的发展方向。

多年来，陆续完成了《西凤彩虹鸡尾酒研究》《西凤饮用天然矿泉水研究》《运用α—氨基氮测定西凤酒大曲质量研究》《西凤酒工艺技术创新研究》等科研项目，先后通过省级、国家级技术鉴定，他主持完成了凤香型白酒调味酒的研究工作，形成了特殊调味酒的生产工艺，主持完成了强化大曲菌种的筛选研究工作。通过对西凤酒存储期间质量变化规律的研究，初步确立了西凤酒合理的储存期和使用期问题。

贾智勇同志主持西凤酒产品结构调整之新产品开发工作，先后研制成功45度凤兼浓香型西凤酒、39度凤兼浓香型西凤酒、凤浓酱香型西凤酒，32度浓香型西凤酒，使西凤酒的产品格局发生了重大变化，从此形成了凤香型、凤兼浓香型、浓香型、凤浓酱香型四大香型系列的西凤酒产品，编撰了《特制系列西凤酒勾兑工艺规程》和《西凤系列酒勾兑工艺规程》，对西凤酒的发展起到了非常重要的推动作用，新开发产品实现销售收入上亿元。《利用酒精生产甘油研究》《泥封窖工艺研究》《西凤"莎可"研究》《利用富马酸及生物激素降低西凤酒中乳酸乙酯研究》《西凤佳酿开发研究》《西凤酒储存期质量变化规律研究》《利用AADY提高西凤酒产质量研究》《爽身浴酒研究》《醇溶法提高西凤酒香味物质研究》《西凤酒中高级醇变化规律研究》等项目的完成，有力地促进了西凤酒质量的提高，提高了企业竞争力。

在生产管理方面，坚持以人为本，提出了"服务西凤、享受快乐"的工作新理念，培养并锻炼了一批科技人员，倡导了良好的学术风气。

在企业管理方面提出并践行了许多很有建树的企业运作思维，全面了解和驾驭了西凤酒市场脉搏，提出了品牌创新和突出核心品牌及文化营销的新理念，销售收入连创新高，西凤酒品牌影响力、市场占有率和知名度不断扩大，创造酿酒界的西凤奇迹，特别是在香型创新方面为同行业树立了榜样。

在从事管理工作的同时，时刻不忘学术研究、勤于思考、善于发现问题和提出问题不断总结工作经验，多年来，在各类报刊杂志发表学术论文20余篇，《干制活性窖泥功能菌在西凤浓香酒生产上应用研究》《西凤酒中重要的限量物质－高级醇》等论文在同行中引起了广泛关注。

张　良

重庆大学生物工程学院硕士研究生，高级工程师。现任泸州老窖股份有限公司总经理。

近年来他曾参与科研课题10余项，先后发表论文30余篇，获省部级科技成果奖5项，获得发明专利2项。

张良在白酒生产工艺上利用现代生物工程技术，实现了对传统工艺的有机继承，丰富和发展，调整并完成了"传统泸型酒"、"多粮泸型酒"的研究、规划和生产，并形成了可行的生产工艺规程，其中由他主持的"泸型大曲新工艺技术研究"科研项目，获得2000年度泸州市科技进步三等奖，张良同志还主持完成了"国窖1573"、"百年老窖"等新产品的酒体设计，产品质量得到市场的高度认可，填补了公司产品的部分空白，他担任主研人员的"泸型酒混浊沉淀及澄清过滤工艺"课题，获得2000年度四川省科技进步二等奖，有效地解决了困扰白酒生产企业的酒过滤返工损失和成品酒货架期浑浊沉淀的问题，提出并阐明了"一切以酒体风格为中心"的白酒过滤新观点，填补了油珠物质性分析的空白，每年可为公司创造经济效益328万元，继承和发展了中国浓香型白酒生产技术，他在公司内提出并推行了"丢糟再发酵工艺"，使公司的吨酒粮耗下降了13%，吨酒成本降到公司连续八年来的最低水平，他还积极推行质量型生产，运用科学分析和操作特点，降低消耗和酒杂味，使基础酒优质比率由计划的40%提高到52%。

2001年3月全国春交会上公司成功推出了"中国白酒鉴赏标准级酒品"——国窖1573，并在高端白酒市场稳稳地站住了脚跟，为泸州老窖整体形象拨升提供了巨大的想象空间，为了维护国窖1573的高贵品质和不凡身价，张良同志提出了"国窖酒生产工艺研究"课题，对国窖1573微生态环境进行了系统研究，形成国窖1573特有的工艺规程，对确保产品品质的高度恒定做出了积极地探索和努力。2004年末，这一课题荣获年度四川省科技进步一等奖，这是四川省科技进步奖设立近20年来，白酒行业获得的唯一的一等奖，也是自1996年泸州老窖明代酿酒窖池群被国务院颁布为《全国重点文物保护单位》以来，再一次获得政府的权威确认。作为该成果的产品《国窖1573》也当之无愧地成为"中国白酒鉴赏标准级酒品"。

张良撰写了《泸型酒微生物发酵特征研究》《"国窖1573"有机原料基地建设》等数十篇科研论文相继在《酿酒》《酿酒科技》等专业学术性期刊上发表。先后荣获"泸州市第三届杰出青年科技创新奖"；2001年被评为"泸州市十大杰出青年"，2005年荣获"四川省劳动模范"荣誉称号。

韩建书

山西省沁县人，大学本科毕业，高级工程师，现任山西杏花村汾酒厂股份有限公司总经理。

1983年毕业后分配在汾酒厂研究所工作，1985年任汾酒厂研究所副所长，全面质量管理办公室副主任，历年担任汾酒厂质检处副处长、处长、副总工程师、副总经理。2005年6月，被聘任为汾酒厂股份有限公司总经理。

从他参加工作至今，主持起草了行业《露酒》标准，公司《产品质量标准》《质量手册》等公司质量检验方面的标准，程序、工艺参数设计及控制。

2005年2月，韩建书牵头组织与山西省农业科学院高粱研究所合作，建立了汾酒酿造专用高粱基地，基地种子选用农科院培育的酿酒专用高粱新品种——酿酒1号、2号、3号，并从自然条件、生态条件、种植习惯、政府支持，农民素质等方面考察，选定了汾酒高粱原料种植基地。

韩建书在平时生活与工作中善于学习，总结、思考，先后发表了《清香型白酒发展方向》《白酒的大众化标准》等多篇论文，并主持了《露酒》行业标准的起草，由于其本人成绩突出，先后被评为山西省"优秀质量工作者"、"山西省劳动模范"、"企业技术创新先进工作者"等。

徐占成

四川乐至人，高级工程师，教授级高级咨询师。现任四川剑南春集团有限责任公司总工程师，监事会主席，科协主席；特邀国家评酒委员，中国酿酒协会技术委员会副主任委员，中国白酒专业委员会高级顾问组专家。享受国务院政府津贴专家，曾获中国食品工业首届优秀企业家、中国食品工业先进科技管理工作者、全国食品行业质量管理优秀领导、全国优秀科技管理工作者、中国白酒科技大会首届有杰出贡献的科技专家等荣誉称号。

1969年毕业于四川省轻工业学校，同年8月分配到剑南春酒厂工作，先后从事酿酒生产工作，1974年5月从事尝评勾兑工作，任酒库主任，1982年7月从事科研，技术管理工作，任绵竹剑南春酒厂副厂长，总工程师，1991年5月从事科研，技术管理工作，任四川剑南春股份有限公司剑南春酒厂厂长，总工程师，1992年被国务院批准为享受国家级政府特殊津贴专家。1994年4月任四川剑南春股份有限公司董事长，副总经理，总工程师，1996年8月任四川剑南春集团有限责任公司副董事长、副总经理、总工程师，2001至今任四川剑南春集团有限责任公司总工程师、监事会主席、科协主席。

徐占成在剑南春集团公司工作的四十年里，本人亲自设计、独立勾兑调味的剑南春酒在1979年全国第三届评酒会上，首次荣获中国名酒称号，并在第四届，第五届全国评酒会上连续被评为中国名酒，荣获国家质量金奖，徐占成同志在剑南春酒连续三届被评为中国名酒和实现产品全优工作中做出了重大杰出贡献，徐占成同志亲自研制开发的新产品，使剑南春及其系列酒全部实现了高度酒向中低度酒的转化，使企业形成了以剑南春名酒系列、东方红高档品牌系列、浓香型大曲系列等百余个品种的合理的产品结构，大大增强了企业的活力和市场竞争能力，满足了不同层次消费者对不同档次不同品种名优白酒的需求。

几十年来，徐占成带领集团公司的科研人员，紧紧围绕生产工艺和产品质量，开展了全方位的科技攻关活动，徐占成强烈的创新意识，使其研究的项目具有一定的高端性和前瞻性，其科研成果也一直都处于国内酿酒业领先水平。早在八十年代徐占成同志带领企业科技人员取得了"低度剑南春的研究开发"、"名优中度曲酒新工艺的研究"、"名酒复合窖泥培养新工艺"、"剑南春勾兑调味新工艺"、"微机勾兑调味专家系统"等科技成果，并获得了部、省、市各级奖励；进入二十一世纪后，在科学研究上成就更加辉煌："白酒储存年份科学鉴定标准研究"、"酒体形态与蒸馏酒质量风味特征的关系研究"、"耳涡形梭菌与浓香型酒主体香生成机理的研究"、"剑南春名优白酒质量评价体系"、"剑南春母糟香味物质分布状况和季节与质量变化规律的研究"等科研成果其技术水平和应用均处于全国白酒行业乃至世界领先水平，多次获得各级奖励。

科研项目"酒体形态与蒸馏酒质量风味特征的关系研究"开创了原子力显微镜应用于液态物质研究的先河，揭示中国名酒剑南春等中国传统固态发酵蒸馏白酒和世界其它蒸馏酒的本质差异。为蒸馏酒风味特征鉴定提供了一套独特直观的鉴别方式，也为科学的划分酒质独创了一套崭新的科学技术，并充分证实适量饮用中国传统固态方式发酵生产的中国名酒剑南春有益于人体健康。该项目在2007年中获得中食协科学技术一等奖和德阳市科技进步一等奖。

历时八年的科研成果"白酒储存年份鉴定标准研究"在世界蒸馏酒业中独创出年份型白酒鉴别方法——挥发系数鉴别年份酒方法，并申请了国家发明专利。该方法突破性地解决了世界性科技难题，为中国白酒行业年份酒标准制度提供了科学依据，为中国白酒行业健康发展做出了重大贡献。国家标准委员会表示将进一步对这项技术进行专家论证，用最快的时间将它上升为国际标准，因为它涉及到我们民族白酒产业走向国际的大问题。

这些成果的推广运用，为企业年创税利逾亿元，剑南春集团连续十余年销售收入、利税保持30%—40%的高速增长。2007年剑南春集团酒类产品销售收入达到36亿元，实现税利11.6亿元。

在长期的生产实践过程中，徐占成同志形成了对中国白酒酿造方面的独特见解。先后在全国重要期刊及学术会议上发表论文数十篇，《一长二高三适当的关键技术》《中国白酒何处去》等论文在行业内产生了极大的反响，影响了白酒业的发展方向，徐占成同志还先后出版学术专著《名酒新论》《酒体风味设计学》（2003年新华出版社）等多部专著，形成了指导白酒生产技术和酒体设计的科学理论体系，成为了中国白酒生产企业的指导用书，徐占成同志成为理论与实践结合最好的，全国著书和发表论文最多的酒类专家。

徐占成同志在从事名优白酒生产工艺和酒体风味研究的四十年里，通过对传统工艺的深入探讨和研究，积累了宝贵的实践经验和丰富的理论知识，并在长期的酿酒生产与实践过程中，发现和解决了围绕酿酒行业的诸多技术难题，在酿酒技术和理论上实现了四个方面的突破和六个方面的创新。

作为中国白酒界的知名专家，徐占成同志从二十世纪八十年代起，先后为各兄弟厂家培训酿酒专业技术人员近四十余期，培养了近万人次的酿酒生产工艺、酒体设计和尝评勾兑调味的技术人员，他为酒类行业培养了大量技术骨干，全方位地推动了为中国酒类科技进步的发展。

吕云怀

本科学历，高级工程师，现任贵州茅台酒股份有限公司副总经理。

吕云怀在贵州茅台酒厂从制酒工到技术员，历任车间副主任，厂长助理，公司副总经理，贵州茅台啤酒公司董事长，贵州茅台酒股份有限公司董事，副总经理。

他长期从事茅台酒酿造技术、科研、生产、质检及管理工作。他把现代酿造技术与茅台酒生产的传统工艺相结合，在总结多年制酒生产和管理经验上，对茅台酒生产操作进行了理顺和规范，指导并组织编写和完善了《茅台久生产操作作业指导书》，《茅台酒生产过程重点工序质量控制点作业指导书》等重要的工艺技术文件，使茅台酒生产操作进一步规范化，标准化，有效的促进了茅台酒生产质量的稳步提高，为茅台酒生产成功实现优质，高产，低耗的目标起到了巨大的作用。

作为分管生产，技术的领导，经常亲临生产一线检查指导班组，同车间生产骨干一起共同研讨有关生产技术和管理方面的问题，定期组织召开生产技术研讨会，分析会，总结经验并改进和提高工艺技术水平，他还亲自担任公司工序质量审核组组长，带领审核人员定期对茅台酒生产全过程各重点工序质量控制情况进行审核和诊断，查找工序控制中存在的问题和不足，对存在问题提出纠正和预防措施，改进和提高质量。

作为企业分管科研工作的领导，对新产品的研制开发工作非常重视，组织科研人员进行大胆的摸索和试验，把现代化的科研手段和酿造技术结合起来，应用到公司新产品的研究开发中，他分管科研工作以来，在他的亲自指导和参与下，成功开发了15年，30年，50年，80年陈年茅台酒，43%（v/v）茅台酒，茅台王子酒，茅台迎宾酒等十多个新产品，这些产品凭借其优良的品质和上乘的质量投放市场后，深受广大消费者所喜爱，为企业带来了巨大的经济效益和社会效益，吕云怀亲自主持和参与企业科技发展长远规划和计划，短期项目和技改方案的制定以及新产品的研究开发工作，对一些重大项目亲自带队攻关，为企业科学技术工作的健康发展打下了坚实的基础。

作为企业分管质量检验工作的领导和公司品酒委员，除亲自参与出厂茅台酒的感官质量进行品评把关外，还会同技术，检验部门的同志一起，通过长期摸索和研究，制定了一整套系统的检验标准，把传统的感官检验和理化检测，色谱分析相结合，对产品质量进行规范化和科学化的检验和控制，有效保证了公司出厂产品的质量。

吕云怀撰写了《茅台酒传世佳酿，国酒人继承创新》《新世纪国酒人迈出了辉煌的第一步》等关于茅台酒生产工艺的重要论文（属茅台酒生产工艺保密资料）。

吕云怀由于对茅台酒事业的发展有着突出贡献，先后荣获2003年度贵州省技术创新先进管理工作者光荣称号，2003～2004年度优秀技术创新项目有功人员称号，2003～2004年度开发优秀新产品有功人员称号。

沈才洪

重庆大学生物学院工程硕士，现任泸州老窖股份有限公司董事，副总经理，总工程师。

沈才洪从四川理工学院毕业后分配到泸州老窖酒厂工作，历任技术员、车间主任、分公司经理、生产部部长、副总经理。

他先后组织开展了"应用微生物技术窖外发酵香醅的研究"、"泸型酒酿造的操控工艺研究"、"泸型大曲新工艺技术研究"、"泸型酒浑浊（沉淀）及澄清过滤工艺研究"、"泸州老窖基酒输送计量管网及管板集中控制系统"、"国窖酒生产工艺研究"等十余项科研项目，其中6项科研成果荣获部省级奖励，获得省科技进步一等奖1项，二等奖3项，三等奖2项，获得专利2项，作为第一主研的项目《国窖酒生产工艺研究》在充分发掘传统工艺的科学内涵基础上，以现代科学技术为手段对泸州老窖国窖酒生产工艺从原粮基地建设、制曲、酿酒、贮存、酒体设计、包装到产品检验出厂等生产各大环节进行了系统研究，进而总结形成的一套规范化、科学化和标准化的"国窖酒生产工艺技术"。这一举措，不仅能够保证持续稳定地为消费者提供高品质《国窖·1573》酒品，而且进一步促进浓香型大曲酒品质的飞跃，使其质量上了一个新台阶。该项目于2004年荣获四川省科技进步一等奖。

近年来他还先后建立了"泸型酒窖内发酵模式"、"有机酸控制酒精本季"、"窖外发酵生香"、"微氧环境曲药发酵"等发酵理论，在科学研究的基础上，沈才洪同志独著、合著了"泸型酒窖内发酵模式初探"、"有机酸对酒精发酵的影响"、"应用微生物技术窖外发酵香醅的研究（初报）"、"大曲质量标准的研究"、"专业化制曲的优势剖析"等40余篇科技论文，分别在《酿酒》《酿酒科技》《华夏酒报》《四川食品与发酵》等杂志报刊上登载，并多次在全国白酒行业研究会上得以交流，其中多篇论文被评为优秀论文一等奖，二等奖。

先后荣获了"四川省优秀专家"、"四川省第八届青年科技奖"，四川省"十大杰出青年"，并批准享受国务院政府特殊津贴。

刘友金

四川省宜宾市人，研究生学业，高级工程师，现任宜宾五粮液股份有限公司副总经理。

刘友金于1981年10月进入五粮液酒厂工作，26年来一直工作在五粮液名酒生产第一线，从事酿酒生产技术及其工艺管理，曾先后担任车间工段长，工艺员，主任（任勾兑车间主任一年），生产部长，厂长助理，副厂长，副总经理等职务。

1991年他主持研究了"沸点量水（FL）"项目，率先在全国浓香型白酒行业中优化量水的系统参数，使当年五粮液优质品率增长8.4%，为工厂新增经济效益1426万元，该项目1991年获全国QC成果奖（该QC小组以刘友金名字命名）、四川青工突出贡献奖、宜宾地区科技进步奖。1998年至2001年期间还参与研发了"无害化，效益化处理丢弃酒糟工艺技术"项目，该工艺技术以酿酒初级丢弃酒糟为原料生产复糟酒，其排放的次级丢弃酒糟作为锅炉燃料生产蒸汽，锅炉炉灰再作原料生产白炭黑，形成了一条无害化，效益化处理丢弃酒糟的循环经济链，不仅彻底解决了五糟液集团公司年产50万丢糟的处理难题，还每年为公司新增上亿元的销售收入，被国家列为循环经济试点项目。

刘友金还曾参与并编写了五粮液酿酒生产《工艺文件》《酿酒生产作业指导书》和独立完成的《五粮液酿酒工艺要素培训资料》。此外，他还在国家，省级相关酿酒技术刊物，杂质及行业鉴评会上发表了多篇技术论文，《浓香型固态白酒热季生产中影响质量的不利因素及解决办法》《酿酒丢弃酒糟的链式开发》《形成五粮液的独特自然条件和特殊工艺》一书推荐为白酒生产专业教材以及名优酒厂人才培训的重要读物。

谢义贵

四川绵阳人，研究生毕业，高级工程师，现任四川剑南春集团有限责任公司副总经理。

1980年经考核合格后进入剑南春酒厂工作，从事酿酒生产工作，1981年8月在酒体设计中心从事尝评，勾兑工作，1987年8月在质检处从事质量检验工作，任副处长，1988年经考试合格被聘为第五届中国白酒国家级评委员，1991年8月在标准计量处从事标准计量工作，任处长，1993年2月在剑南春酒厂德阳分部从事生产经营管理工作，任部长，1997后2月任剑南春集团公司技术开发部部长。

在1986～1990年，由其参加的科研项目"低度剑南春的研究"获四川省商业厅科研成果二等奖，该成果的推广运用使公司的产品结构调整为以生产中、低度名优酒为主的轨道上来，为实现高度酒向低度酒的转化，降低产品成本以及增加市场的占有率，为剑南春及其系列产品迅速占领市场做出了贡献，每年为企业创造上亿元的经济效益，作为第一主研人，"SNTM调味酒的研制"每年为企业净增经济效益6千多万元，他主持研制开发的新产品"东方红"酒以极其高贵的品质，华丽的包装，丰富的内涵，受到消费者的好评和专家的认可，自上市以来，供不应求为企业创造了显著的经济效益，通过产品结构的调整，企业形成了以剑南春名牌系列，东方红高档系列及浓香型大曲系列等品种合理的产品结构，大大增强了企业的活力和竞争能力，自1991年至1997年以来，企业的年产量、销售收入、利税均以30%以上的速度递增，其本人也被评为四川省推进企业技术进步优秀工作者二等奖及全国内贸系统劳动模范等荣誉称号。

谢义贵1980年参加工作，1986年至1990年，作为主研人员之一，参与了28%（v/v）剑南春酒的开发研制，该产品于1990年获省技术进步奖，1991年至1993年任标准计量处处长期间，主持建立了一套较为完善并有效运行的标准化与计量管理体系，包括技术标准，管理标准，工作标准，通用标准四大类共计500多个，主持制定了《产品内控标准》，在稳定产品质量的同时，突出了"剑南春"系列的独特风味，2001年，主持进行了SNTM调味酒的研制工作，2002年根据国家《酒精标准》，制定了《酒精质量指标及检验方法》。

张志民

高级工程师，毕业于天津轻工业学院工业发酵专业，大学学历，1970年在衡水地区制酒厂参加工作，历任制酒车间工人，生产技术科技术员，制酒车间副主任，厂生产指挥部主任（副厂级）、厂长助理（副厂级）、副厂长等职，现任河北衡水老白干酿酒（集团）有限公司副董事长。

张志民先后完成了"衡水老白干香味成份分析"、"大曲微生物分离鉴定"等研究课题，取得了具体详实的数据资料，通过对衡水老白干传统工艺的发掘、整理、创新、完善，实现了从工艺到生产的全过程标准化管理；完成了定型条件论证和《老白干香型白酒》标准草案，为定型工作提供了充分依据。2004年11月，《老白干香型白酒》行业标准通过了国家标准委员会的批准认定，国家标准也即将颁布实施，这标志一个新的白酒香型——"老白干香型"的诞生，使衡水老白干酒成为"老白干香型"的代表。

他在新产品开发工作中率先提出了"销售一代，研发一代，储备一代"的开发战略，每年推出的新产品达到20余个，目前已形成了100多个品种，逐步形成了覆盖多元市场的立体化产品格局。

他还在国家级刊物发表论文8篇，其中《衡水老白干酒的工艺质量特点与发展趋势》一文被中国酿酒工业协会评为首届全国白酒行业科技与发展优秀论文二等奖。另外还有著作两部《发酵工业概论》《历史名酒——衡水老白干与酒文化》。

先后被授予有突出贡献中青年科学专家、科技开发先进工作者、有突出贡献的科技先进工作者等荣誉称号。1997年他被评为河北"双十双百双千人才工程"第二层次人选，1998年被河北省政府批准为河北省有突出贡献的中青年（科学、技术、管理）专家，2002年被批准为享受国务院政府特殊津贴专家。

李怀民

研究生学历，高级工程师。1978年在北京栏山酒厂参加工作，历任酿酒、制曲工人、化验员、品酒员、技术员、检测中心主任、厂长助理、副厂长、常务副厂长，1999年至今任北京顺鑫农业股份有限公司牛栏山酒厂厂长、党委书记、北京顺鑫农业股份有限公司副总经理。

2003年在传统二锅头酿造工艺基础上，成立了专项科研小组、对酿造白酒所用的原料、曲子、水质、工艺、环境等多方面素，聘请有关专家进行评估和分析研究，并投资千万元建立了高标准的白酒酿造车间和几万亩的绿色高粱种植基地。根据北方气候特点，制定了详细的工艺参数，利用独特的地理位置和优质的潮白河地下水系，采取传统的老五甑与新型工艺相结合，确保酒头、酒尾、黄水等的合理利用与贮存，保证了酒体清香、纯正、口味甘冽、酒力强劲的特点。

在李怀民主持下，牛栏山酒厂与高等院校，食品研究所等单位合作，耗资近百万建立了自己的微生物实验室，逐步实现传统产业向高科技产业生物工程领域的转变，加快产品结构的调整，围绕窖泥功能微生物的分析研究，大曲微生物的分析研究展开攻关，并成立生产实验班，利用微生物丰富的清香大曲进行生产实验，掌握跟踪大曲技术，进行优良菌种的选育和培养，由此保证清香基酒的独特风格，加强基酒生产的科研开发，提高优质久、调味酒比例、生产具有牛栏山特色的优质基酒，在不断提高产品质量的基础上，保证产品特性，从源头上保证清香基酒的独特风格。

他还组织科研部门研制了以苹果、贡米发酵为基酒的具有营养和保健的功能性产品，并建立高标准的香海研究所，专门负责科技研发和新产品的开发工作。主要设备包括发酵池、勾调过滤一体化设备和生产灌装设备及先进的气相色谱等质量检测设备、科研能力居同行业前列。

以研究所为依托，牛栏山酒厂成功完成了珍品二锅头、精品二锅头、经典二锅头以及百年牛栏山系列酒——百年一牛、二牛、三牛、四牛的开发。

2006年1月，《牛栏山》被国家工商行政管理总局商标认定为《中国驰名商标》。李怀民本人也多次得到社会的嘉奖：1998年获"首都劳动奖章"，2003年获得全国酿酒业先进个人，2005年获得北京市劳动模范奖章称号。

李家顺

四川省射洪人，高级工程师，现任四川沱牌集团有限公司董事长兼总经理。

李家顺1971年参加工作，1976年任沱牌曲酒厂厂长。自任职以来，他率先提出了"生态酒"的概念，建立了全国第一个酿酒工业生态园，提出的《沱牌生态产业链的构建及促进县域经济的研究及应用》项目于2004年被国家科技部和省科技厅同时列为全国100个、全省24个科技示范县重点项目。同时，李家顺率领技术人员探索了一整套新工艺，其中一起创造的"大曲酒生产工艺"使公司大曲酒产量猛增，还获得了国家星火计划成果博览会金奖。

李家顺率领科研人员，探索出了《沱牌六粮浓香型酒工艺》等新工艺新技术。主研的《沱牌曲酒生产新工艺》于1988年首次在第十六届日内瓦国际新发明展览会上获铜奖；《浓香型大曲酒优质高产新工艺开发》获国家科委星火科技金奖；《轮轮双轮发酵新工艺》获得国家发明专利；《双轮底发酵新工艺及其应用》《酯化发酵液生产技术的研究及其应用》《窖泥质量标准研究与应用》均获国内贸易部科技进步奖；《固态白酒可控蒸馏法的研究及应用》获四川省科学技术进步奖；《舍得系列酒生产工艺技术的研究及应用》获四川省科技进步一等奖。他率先提出酿酒行业生态化经营理念，创建了全国首家酿酒工业生态园。《沱牌酿酒工业生态园》项目获四川省金桥工程一等奖，列为四川省首批循环经济试点企业，并被国家环保局授予"全国环境保护先进企业"称号。

他曾发表于《酿酒》及《酿酒科技》等公开性期刊上论文10余篇，译文3篇，参与了5项国家级、15项省市重点科研项目。先后被评为四川省"优秀企业经营者"，全国酿酒行业百名先进个人、全国五一劳动奖章获得者、享受政府特殊津贴。

谭崇尧

湖北省人，高级工程师，大学本科，现任湖北枝江酒业股份有限公司副总经理．

毕业于湖南工学院生物工程系。历任制曲车间副主任、质检科副主任、1983年9月任枝江县酒厂技术科主任、包装一车间主任、枝江市酒厂副厂长、1998年至今任湖北枝江酒业股份有限公司副总经理。

谭崇尧主持开发的《枝江大曲》1983年获湖北省优质产品奖，1984年《52°枝江小曲酒》获国家优质产品奖，1985年该产品又荣获国家轻工部酒类质量大赛铜杯奖。90年代初，由他研究开发的《52°枝江大曲酒、小曲酒》在"首届中国国际酒类商品博览会"上被专家检评为金奖产品。同时，他与白酒泰斗周恒刚老先生合作开展《枝江大曲》在货架期内产生白色针头沉淀的难题，他还主持了浓香型酒酿造中微生物应用的研究，成功解决了枝江大曲降度不走味，缩短自然老熟周期等系列问题。1999年在他的主持下，与710所联合开发了《枝江大曲》微机自动勾兑系统。

他成功申报发明专利项，实用新型专利一项，外观设计专利18项。同时，还发表多项专业论文。如：《浓香型白酒现状分析及发展趋势的探讨》《浅析引起白色针状沉淀的原因》等。其中，《浓香型白酒现状分析及发展趋势的探讨》获茅台杯第二届全国酒行业科技与发展优秀论文二等奖、《浅析引起白色针状沉淀的原因》论文获宜昌市第四届优秀论文一等奖。被授予"宜昌市95优秀专家"、"劳动模范"、"优秀专业技术人才"等荣誉称号。2003年被评为"全国酿酒行业先进个人"。

张国强

山东省菏泽人，研究生，高级工程师。

1975年参加工作，历任技术员、厂长助理、副厂长等职。现任安徽口子酒业股份有限公司董事、常务副总经理。

1979~1989年张国强同志主持勾兑的口子酒两次获国家优质酒称号；1984年获轻工部金杯奖；1990年主持勾兑的口子酒在全国轻工系统名优酒质量检评会上，被评为全国浓香白酒第一名。1999年主持研制的兼香型口子窖酒，采用小麦、大麦、碗豆、高粱为原料，制曲应用现代生物技术，加入生香微生物，酿酒工艺上以挖掘传统的口子酒工艺路线为主，将古老的濉溪制酒工艺"大蒸大回"中能提升酒质量品味的饭茬、分池发酵和酱香型酒生产中的精华以及高温曲的使用，堆积发酵等进行充分揉合，促进了产品品质的提升，使之具有独特的风格，其香味既非浓、酱兼香型能全部涵盖，又与现有各种香型白酒有别。2000年《口子窖酒研制》项目获安徽省科技进步二等奖。口子窖酒获安徽省新产品奖、此外，他主持的《营养型复制口子酒的研究与开发》《口子酒微机勾兑调味专家系统》《口子窖酒特殊风味的工艺研究》《口子酒新工艺研究与开发》等九个项目，分别获省、市科技进步奖。

先后发表论文20多篇。其中《白酒中微量成分的阈值测试研讨》获中国"九五"科学技术成果奖，被列入"世界华人重大学术成果"；《提高企业技术创新能力迎接知识经济的到来》获中国酿酒工业协会优秀论文一等奖，《浓香型低度白酒的除浊技术》获安徽省第三届自然科学学术论文三等奖。《白酒技术发展趋势的思考》《水质对白酒的影响》《二十一世纪淮北酒业的发展》《对浓香型酒质量标准修改的几点意见》《酿酒班掐酒技术》《白酒香型的思考》《论白酒的个性化》等数十篇论文发表于《酿酒》《酿酒科技》等中国科技重点期刊上。

他多次被聘为白酒国家级评酒委员，2003年安徽省科学技术协会第七次代表大会上被选为省科协委员。

邓启宝

陕西省凤翔县人，无锡轻院发酵专业、高级工程师，现担任陕西西凤酒股份有限公司常务副总经理、公司董事会董事。

他走上公司领导岗位的十多年时间里，在生产经营、企业管理方面紧扣企业改革发展这个中心，从企业内部改革、产品结构调整、市场营销与策划公关、强化管理等方面进行创新，企业取得了显著的业绩。2005年，公司全年完成工业总产值4.7亿元，实现销售回款5.1万元，同比增长39.1%；实现利税总额12663万元，同比增长92.8%，其中利润2208万元，同比增长4.45倍，"西凤酒"商标被国家工商行政管理总局评选并依法认定为"中国驰名商标"。

在三十多年的技术革新和学术研究中，邓启宝同志主持编写了《西凤酒酿酒工艺》一书，长期作为西凤酒生产工艺技术指导用书。他参与完成了《凤型白酒》国家标准的制定，参与制定了西凤企业的《经济责任制考核方案》。他先后参与了凤型酒香型、新凤型大曲生产工艺、西凤酒工艺技术创新、抗老健身西凤炎黄寿酒、西凤彩虹鸡尾酒、特制西凤酒（凤兼浓）、西凤饮用天然矿泉水等科技开发项目的研究，多次获得省、市和国家级科技创新、科技进步奖和科技优秀成果奖等荣誉。他先后多次在《酿酒》《酿酒科技》杂志上发表数十篇专业学术论文。

邓启宝同志，在白酒生产、新产品开发、科学技术研究、企业管理等方面取得了丰硕成果，在白酒生产技术和企业管理方面有很高的造诣。他的多篇论文一直受到国内同行业专家的好评，其许多成果已直接或间接转化为生产成果，他多次提出新观点、新思路及开发的新项目，填补了西凤系列酒的空白，邓启宝同志参加主持编写了《西凤酒酿酒工艺》一书，长期作为西凤酒生产工艺技术指导用书和西凤技校教材，尤其参加的《探索"酒稍"回收新途径，在"汽泡"改造上要效益》课题获陕西省质量管理优秀成果三等奖。其参与的《凤型酒香型研究》项目被陕西省轻工厅授予科技进步一等奖；其参与西凤抗老健身酒，"炎黄寿酒"的研制项目获陕西省科技进步二等奖；其参与主持研制的用a—氨基氮度量大曲质量项目被宝鸡市政府授予科技进步三等奖，尤其主持参加的《优化立窖方案，提高破窖产量》课题获陕西省质量管理成果二等奖。

赖登辈

高级工程师，1968年分配到四川省成都酒厂（现更名为四川水井坊股份有限公司）。历任车间主任、副厂长（副总经理）、管理者代表，现任四川水井坊股份有限公司副总经理。

他先后组织开展了"酯化酶—粗酶制剂工业化生产与应用的研究"PGZ——配套技术在全兴大曲白酒生产中的研究与运用"、"缩短浓香型酒发酵周期、提高质量的研究"、"水井坊酿酒微生物和窖泥的综合研究"等十三项科研项目，分别荣获国内贸易部科技进步二等奖1项、三等奖2项，四川省人民政府科技进步二等奖2项，三等奖2项；成都市人民政府优秀项目一等奖1项，科技进步二等奖2项，联合国LIPS中国分部"发明创新奖"1项。

他独著、合著了"酯化酶—粗酶制剂工业化生产与应用的研究"、"强化新窖老熟的途径"、"水井坊红色红曲霉及次生产代谢产物的研究"、"中国白酒蒸馏技术"、"中国十种香型白酒工艺特点"、"香味特征及品评要点的研究"等30余篇科技论文，分别在《酿酒》《酿酒科技》《中国食品质量报》《华夏酒报》《四川酿酒》《四川食品与发酵》等杂志报刊上登载，并多次在全国白酒行业研讨会上发表。其中许多论文被评为优秀论文一、二等奖。

1993年由他组织开展了"加快新窖老熟、加快投资效益"课题的QC活动，大胆推广新技术、新工艺，在窖泥培养及强化、科学地建好窖池、粮糟立窖等工艺上采取了相应的组合措施，使新窖当年全兴大曲名酒率达到41.3%，当年多增加效益800多万元，由此这个QC小组荣获全国优秀质量管理小组，他也被评为"全国质量管理活动卓越领导者"。

张晓阳

河南镇平人，研究生学历，高级经济师，1968年5月参加工作，河南天冠企业集团有限公司董事长、党委书记、总经理、河南天冠燃料乙醇有限公司董事长。历任车间技术员、车间主任、白酒分厂厂长、酒精总厂负责生产技术的副厂长、总厂厂长直至任现职。

七十年代初，他致力于白酒生产的机械化改造，三年多时间自制了桥式天车、自动抓斗等30多台（套）设备，使白酒生产工效提高了6倍，受到全国酿酒行业的瞩目，他本人也获得共青团中央授予的"全国新长征突击手"称号。他率领企业工程技术人员同科研院校合作承担了多项国家、省部级课题，取得国家级成果10项、省部级成果86项、重要发明专利和专有技术16项，其中"生物能搅拌生产沼气技术"获国家专利金奖、国家发明二等奖，受到联合国有关部门的高度关注，被列为具有世界性推广价值的技术项目；南阳5号、南阳8号醇母是列入酒精教科书上的经典工业酒精生产酵母；现开展的纤维乙醇、生物柴油、乙醇柴油、生物质化工、全降解塑料等研究开发工作均处于同行业前列，居国内领先水平。尤其值得一提的是他依据行业发展趋势和企业发展优势，主持开发了燃料乙醇产品，并率先向国家有关部门提出了"开发推广乙醇汽油，以综合解决我国粮食过剩、石油短缺、环境恶化三大热点问题的政策建议"，得到了国务院主要领导的高度重视。在进行燃料乙醇产品开发的工作中，他提出对利用小麦生产燃料乙醇关键技术进行研究，取得了重大突破；"年产1.5万吨谷朊粉生产技术"获得河南省科技进步一等奖。"车用燃料乙醇生产的关键技术研究"获河南省优秀新技术一等奖，"以清洁生产为主线的绿色管理"获国家管理创新成果一等奖。

多年来，他多次荣获盛誉，1994年4月获"河南劳动模范"1995年4月获"全国劳动模范"，连续当选省六届、七届党代表、省九届人大代表、第十届全国人大代表、2003年被南阳市政府授予"南阳市科技功臣"。

王常南

大学文化程度，教授级高级工程师，现任哈尔滨中国酿酒厂厂长兼总工程师。

他成功的研发了甲醇含量2ppm以下的特优级中性食用酒精。主持实施与奥地利奥高布殊公司合作开发的六塔差压蒸馏酒精技术项目，是在他亲自倡导和指挥下经过消化吸收结合本企业实际进行的一个大胆的尝试。在各塔增加再沸器，并对杂醇油塔进行改造，从不同层次提取不同的杂质，单设甲醇塔，进一步脱甲醇，使其含量控制在2ppm以下，提高酒精纯度和蒸馏率。该技术使蒸汽的热能得以多次利用，节约了大量能源。生产的特、优级食用酒精经理化指标和感官质量同步考核，实物比较，已经达到发达国家同等水平，特级优级食用酒精被国家科技部等五部委列为国家重点新产品计划项目。

近几年来他先后在《中国酒精》《酿酒》《酒精》等杂志上发表了十几篇学术论文。

樊伟

山东青岛市人，工程硕士、工程系列应用研究员。现任青岛啤酒股份有限公司总酿酒师。

毕业于山东轻工学院后分配到青岛啤酒厂，曾在青岛啤酒技术科工作，担任过制麦车间、包装车间副主任，主管工艺技术和质量管理。1987~1988年在德国慕尼黑杜明斯啤酒学校进修，回企业后，担任青岛啤酒厂酿造车间副主任，1991年任青岛啤酒厂副总工程师，1993年7月任青岛啤酒股份有限公司生产技术部副部长（主持工作），1994年3月任青岛啤酒二厂副厂长兼总工程师，1996年6月任青岛啤酒股份有限公司、青岛啤酒集团有限公司总工程师、青岛啤酒集团有限公司董事，2002年6月起任青岛啤酒股份有限公司总酿酒师。

他提出、主持并组织了10多项国家级技术创新项目及100多项青岛市及公司项目。

樊伟主持国家重点技术创新项目《啤酒风味图谱技术的开发应用》，建立了比较完整的啤酒图谱数据库，解决了长期以来对啤酒的评定依赖品酒师口味品尝的局面，使啤酒的感官评定与现代分析技术有机结合在一起。该项目荣获2002年国家科技进步二等奖。省、市科技进步一、二等奖。

他组织实施了国家重点技术创新项目《非发芽谷物结合高浓酿造技术开发》在不添加设备投资的提前下，大幅度提高啤酒产量，缓解了啤酒行业淡旺季明显设备利用率低下的行业瓶颈问题。该成果经过青岛啤酒股份有限公司下属几十家生产厂的转化应用。该项目2003年获青岛市科技进步一等奖，山东省科技进步二等奖。

主持组织设计了国家重点技术创新项目《啤酒生产中污染微生物的快速检测及鉴定技术开发》，建立了适用于啤酒生产全过程的快速有效的微生物污染预防控制体系，为啤酒的纯净化生产以及新鲜度管理提供了强有力的技术支持。该项目获2002年山东省十大科技成果奖，2004年青岛市科技进步一等奖。

主持组织设计了《啤酒高效低耗酿造技术的开发与应用》项目，本项目围绕提高啤酒生产效率、低消耗、优化产品质量而进行了一系列针对传统酿造工艺技术的创新与突破。

他主持开发并投入市场的青岛啤酒新产品及系列产品百余种。其中有的产品已进入台湾市场；多项新产品被列入国家新产品试制计划，获得省市级科技进步奖，并获国务院授予享受特殊津贴专家，山东省有突出贡献的青年专家、青岛市突出贡献人才、青岛市专业技术拔尖人才等称号。

廖加宁

大学本科，高级工程师，现任广州珠江啤酒集团有限公司党委书记、副董事长、副总经理、广州珠江啤酒股份有限公司董事长。

1982年毕业于华南理工大学的前身华南工学院，于1984年调入珠江啤酒厂工作，先后到德国、比利时、丹麦、荷兰、美国等啤酒工艺发达的国家考察、学习。1984年在比利时新鲁汶大学进修酿造技术一年，历任发酵工艺员、生产技术部负责人、酿造分厂厂长、技术部主任、珠江啤酒股份有限公司副总经理等职。先后荣获了"广州市劳动模范"、省、市科技进步奖等荣誉。

廖加宁先后主持或参与从国外引进了30多项先进技术，其中19项填补了我国啤酒工业的空白，形成了包括快速发酵工艺、高浓发酵及稀释技术，抗光抗氧化无色瓶装啤酒生产技术，低温膜过滤技术等核心技术，奠定了珠啤集团在全国同行的技术和装备水平的领先地位。廖家宁同志先后主持了"纯生啤酒泡沫稳定性研究"、"控制啤酒高级醇的研究"、"纯生啤酒质量稳定性的研究"、"珠啤集团信息化管理"等科研项目，成功研发了白瓶抗光抗氧化啤酒、珠江白啤酒、ALE上面发酵啤酒、低醇啤酒、无醇啤酒、金小麦啤酒、全麦啤酒等新产品。

她所主持的"广州市珠江啤酒集团公司BRP系统工程"，被列为1999年广州市第二批技术创新项目，负责组织构建的珠江啤酒《企业标准体系》通过了国家"标准化良好行为企业"，最高级AAAA级的认证，负责整合的食品质量安全管理体系，一次性通过了DNV挪威船级社SO22000、HACCP的审核，成为我国啤酒行业首家通过ISO22000认证的企业。她参加了《啤酒瓶》《啤酒》《啤酒分析方法》《啤酒大麦》《食品质量认证实施规划——酒类》等一系列标准的修订和审核工作，为以上标准的修订提供了大量的数据和意见，目前正参与《啤酒企业良好操作规范》和《啤酒企业HACCP实施指南》两个国家标准的起草和研究工作。

张铁山

高级经济师，河南省郑州市人，自1985年1月以来先后担任郑州市东风啤酒厂、郑州金星啤酒厂、河南金星啤酒厂厂长、现任河南金星啤酒集团有限公司董事长。

1998年以来他主持完成了五期大的技改工程建设、用于技术改造和技术研发资金累计超过2.7亿元，引进具有国内一流水平的大型设备100余台（套），进行技术改造100多项。"小麦啤酒稳定性研究"获2000年省科技成果金奖。1998年企业荣获农业部全国乡镇企业技术创新示范单位称号。

张铁山在工作中先后发表多篇论文和专著，如《对青岛、燕京、华润、金星四大啤酒资本运作的研究》、《名牌资源是巨大的生产力》《培养核心竞争力与我国啤酒企业的战略发展》等。

先后荣获河南省劳动模范、河南省优秀企业家、2000年4月被国务院授予"全国劳动模范"称号，享受国务院特殊津贴。

王树生

天津市人，大学本科，正高级工程师，天津市授衔专家。现任中法合营王朝葡萄酿酒有限公司副总经理。中国农业大学客座教授、中国管理研究院学术委员会特约研究员、天津科技大学硕士指导教师。

他发表的学术论文《王朝高档干红葡萄酒酿造工艺与原料设备保障体系的研制与开发》获2001年国家科技进步二等奖；《王朝高档干红葡萄酒的开发》获2000年天津市科技进步一等奖；《金王朝干红葡萄酒》获2001年天津市技术创新优秀项目一等奖；《王朝香槟工艺酒酿造技术的研究》和《红葡萄酒稳定性的技术研究》分获2001年和2003年天津市技术进步二等奖；《王朝白兰地酒酿造技术的研究》和《王朝勃艮地型高档干白葡萄酒的

开发》分获1999年和2000年天津市科技进步三等奖；《全汁低醇起泡葡萄酒》获2003年天津市技术创新优秀项目三等奖。《提高企业竞争力的优化管理》获第八届国家级创新成果二等奖；《玫瑰香汉沽产地葡萄酒的开发》获2004年天津市科技进步二等奖；《耐低温耐酒精的白葡萄酒活性干酵母的选育》获2003年科技成果奖。

他编著的《葡萄酒化学》于2005年6月由科学出版社出版，在葡萄酒研究、国内葡萄酒生产企业的生产中起到了显著的指导作用。先后在《中外葡萄与葡萄酒》等全国性学术刊物上发表论文10余篇。

1995年根据中国特色及王朝产品的特点，主要引进了九十年代最先进的意大利高速全自动化灌装生产线、保压罐式香槟发酵罐，并主持制定了相应的工艺流程及国内配套的达到王朝质量的包装材料、辅料标准等。

1999年主持了在蓟县新建10000吨红酒发酵厂的项目，包括100～120吨自动化立式喷淋发酵罐及卧式发酵罐设备的国内加工；根据新型发酵设备，主持制定了工艺流程，用此设备酿制的王朝干红酒系列酒缩短了生产周期，提高了产品质量。2000年主持了王朝公司第四期扩建工程，其中包括发酵、储酒、勾兑、冷稳处理中心、成品库、辅料立体库和运输通道罩棚。2004年作为主要完成人参加了王朝公司六期工程，其中包括葡萄酒地下酒窖及现代化的地上灌装车间。

获奖的发明专利：一种干红葡萄酒及其制备方法；一种干白葡萄酒及其勾兑，一种咖啡型起泡红葡萄酒饲料；一种用玫瑰香葡萄酿制的桃红起泡葡萄酒及其酿造工艺。

李记明

他进入烟台张裕葡萄酿酒股份有限公司以来，共承担国家自然基金、十五攻关项目、省部级、企业课题20余项，申请发明及实用新型专利7项，发表论文70余篇，并有译著2本：《葡萄酒酿造学原理及应用》、《国际葡萄酒与葡萄汁分析方法汇编》，研究项目主要包括："葡萄酒香味成分的研究"、"葡萄品种与酒种区域化研究"、"中国野葡萄酚类香味物质及遗传研究"、"清爽葡萄酒的研制"、"张裕解百纳干红葡萄酒工艺优化与质量评价体系的建立"、"无醇葡萄酒的研制"、"蛇龙珠品种鉴定与优系选育"、"葡萄酒苹果酸—乳酸发酵的研究"、"苹果深加工与关键技术研究（苹果酒部分）"、"张裕白兰地主要风味的研究"、"张裕卡斯特酒庄系列产品开发"、"张裕酒庄酒、张裕解百纳特征风味质量图谱研究"等。

主要成果是：枸杞利口酒获宁夏自治区1998年度科技进步三等奖；清爽葡萄酒获山东省经贸委优秀新产品二等奖；国家经贸委2002年度国家级新产品奖；"苹果酒新产品开发"获山东省科技进步三等奖；"苹果深加工关键技术和设备研究"获山东省轻工行业科技进步一等奖；"苹果酒加工关键技术研究"获教育部科技进步二等奖。

作为主要参加人，参与《葡萄酒GBIS037—2004》标准的修订、主要负责指标的提出、试验工作，该标准将在全国颁布实施。其还参与组建与完善张裕公司技术研发体系，质量管理体系，张裕公司技术中心于2002年12月被国家经贸委认定为国家级企业技术中心，2003年12月国家人事部批准设立"博士后科研工作站"。张裕葡萄酒先后被评为"中国名牌产品"，"国家免检产品"。他于2001年被评为山东省"轻工业技术拔尖人才"，2004年被中国酿酒工业协会评为"全国酿酒行业百名先进人物"。

严升杰

河北省人、高级工程师、现担任中粮华夏长城葡萄酒有限公司总经理兼总工程师，中粮酒业技术部总监、长城葡萄酒总酿酒师。

他主持开发、实施了中国干型葡萄酒三大系列、30多个品种的课题研究，承担了6项国家级科研项目，完成了"AOC级酿酒葡萄原产地项目研究——赤霞珠"等国家级、省级重大科研项目，这些成果成为国家重点开发和扶持项目。在此基础上，他以绿色干型葡萄酒作为打入国际市场的中国第一品牌，完成了无公害葡萄生产关键技术集成与产业化示范。2002年3月，华夏长城干红葡萄酒被国家质量监督检验检疫总局评为"首批葡萄酒免检产品"，同年6月，被中国绿色食品发展中心认定为"AA绿色食品"。1998年被国家商检局评为"中国出口名牌"，"第29届法国评酒会特别奖"、"巴黎第十四届国际食品博览会金奖"等国际大奖10项。2002

年获"中国名牌"和"中国驰名商标"称号。

严升杰建立了以科研、科普、观光、示范为一体的万亩国际酒葡萄科技示范园，将世界最优良的酒葡萄科技成果和中国古文化、现代文化聚一园，创建了1.6万平方米亚州最大的地下拱形花岗岩酒窖和华夏文化长廊，将工艺、陈酿、品牌和华夏文化有机结合。在此基础上，他与西北农林科技大学和中国农业大学、江南大学合作，研究葡萄品种的选育与栽培、葡萄酒酿造工艺和"AA级绿色食品基地"、"食品工业示范企业"建设项目。2003年8月，他主持公司与中国农业大学联合在华夏长城葡萄酒有限公司建立了中国葡萄酒行业第一家"中国农业大学长城葡萄酒学院硕士、博士研发中心"。

在工作中结合自身研究经验，发表了多篇论文。如《微氧处理对葡萄酒的影响》《科技是葡萄产业发展的灵魂》《微氧对葡萄酒品质影响的研究进展》等。先后被授予国家"优秀星火企业家"、"中央企业劳动模范"、"全国酿酒行业百名先进个人"等多项荣誉称号，享受国务院政府特殊津贴。

孙腾飞

高级工程师，河北省人。现任中国长城葡萄酒有限公司总经理助理，中粮集团中国长城葡萄酒有限公司总工程师，是享受国务院特殊津贴，有突出贡献的技术专家。

孙腾飞同志1976年参加工作，1984年赴意大利欧共体农学院深造，专修葡萄—葡萄酒酿造技术，回国后，一直从事葡萄与葡萄酒研究工作30年，其主持的科研项目荣获国家级、省级、市级科技进步奖十八项，优秀新产品奖二十项，在国内外多家权威期刊发表学术论文十余篇。

1978～1982年参与完成国家重点科研项目《干白葡萄酒新工艺研究》课题，研制开发出中国第一瓶长城牌干白葡萄酒，研究成果获国家科技进步二等奖。1986～1990年完成了国家科委星火计划项目《香槟法起泡葡萄酒生产技术开发》课题研究。该项目获国家轻工部科技进步二等奖，河北省新产品一等奖。1995～1997年，以中国传统品种龙眼葡萄为原料，研制开发出既具世界水平又具中国特色的长城牌V.S.O.P白兰地，突破了酿造白兰地只限于"白坟霓、白福尔、鸽龙白"为原料的惯例，该产品先后荣获河北省科技进步三等奖，2005年北京伦敦国际评酒会上获英国伦敦特别金奖。

1999年，孙腾飞创建了具有中国特色的"长城庄园"。并以1979年从法国引进的13个国际专用酿酒葡萄为原料，主持研发出"赤霞珠"、"赛芙蓉"、"琼瑶浆"、"雷司令"、"霞多丽"等系列高档单品种年份葡萄酒，2004年《长城庄园模式的创建及庄园葡萄酒关键技术研究》项目，荣获国家科技进步二等奖。

1995年始，孙腾飞负责实施了万亩国际酿酒名种葡萄基地开发工程，采用"企业+基地+农户"方式，与怀涿两县六个乡十七个自然村酿酒葡萄基地合同11600亩，与怀来县土木乡合股建成"怀来县长城葡萄酒基地开发有限公司"，开发土木乡四荒地5000亩，参加编制了《怀涿盆地酿酒葡萄综合标准》。先后在《中国葡萄与葡萄酒》等公开性期刊上发表论文10余篇。

胡志明

高级工程师，大学本科，现任中国绍兴黄酒集团有限公司董事、兼浙江古越龙山绍兴酒股份有限公司副总经理。

胡志明是绍兴黄酒业第一代有专业文化知识的技术人员，参加工作以来，他从一名普通的技术人员成长为企业主管生产质量的副总经理，通过黄酒酿造战线多年来的生产实践和业务钻研，积累了丰富的酿酒生产技术、质量管理经验，具有扎实的黄酒酿造专业理论和技能，在解决黄酒生产、质量、技术、工艺、设备重要问题等领域有很高的造诣。

他参与了绍兴黄酒第一个万吨机械化生产线的建设，实现了绍兴黄酒从几千年来手工作坊式生产到机械化生产的重大突破，他潜心钻研机械化绍兴黄酒生产的工艺操作，建立起一整套的生产操作工艺规程，通过反复试验，解决了发酵酸败，口味淡薄等一道道技术难题，使机械化黄酒质量出现了质的飞跃，彻底改变了黄酒生产技术水平低下、劳动强度大的现状，他主持了沈永和酒厂的搬迁重建工作，仅用短短半年的时间就平稳搬迁完毕，并创下沈永和酒厂年产黄酒4万吨，瓶酒2.5万吨，65吨白酒2400吨的历史记录，他负责主持了二万吨机械化黄酒技改和四万吨黄酒国家"双加"技改两个重大的项目，在这二个技改项目中，首次在僵黄酒行业中应用了120立方大容积的露天后发酵罐，改进了浸米罐设置在底层，增加了CIP清洗系统等许多新的生产工艺和设备改进，使机械化黄酒生产工艺趋于成熟，公司的黄酒产量实现了跨越式发展，从1.5万吨增长到了10万吨，成为全国最大的黄酒生产企业，产量连年保持在全国同类产品首位。

在他的主持下，全公司建立了各类操作规范作业指导书和质量标准300余项，使产品质量控制管理形成了规范化、标准化等级体系，公司荣获国家科技部技术标准示范企业，他所主持的公司、各厂QC项目多次获得国家、省、市成果奖。在他的主持下，公司通过了省质量管理奖复审和ISO9000、ISO14000换版认证，通过了HACCP和QS认证，使"古越龙山"和"沈永和"品牌的绍兴黄酒质量始终处于同行业领先地位，并相继在黄酒行业率先获得中国名牌、中国驰名商标、国家免检产品等荣誉。

他还先后参加主持了青梅酒、味淋酒、白糯米酒、黑米酒、薏米酒和话梅酒、状元红酒等多项新产品的生产试制工作，并率先在黄酒行业主持研制开发了黄酒年份酒（如五年陈、十年陈等），填补了国内空白，使绍兴酒从原来单纯的按包装样式来分品种，发展到按内在质量的优劣来分档次。这些品种在开发和市场销售的成功，每年可为企业增加巨大的经济效益。

在工作期间撰写了多篇论文。其中《黄酒稳定性小议》《创新——黄酒持续发展的动力》《从新旧葡萄酒之战看黄酒如何发展》《瓶装黄酒酒脚成分的测定》《纤维素酶提高黄酒残糟出酒率的研究》《黄酒糖化酶的筛选》《黄酒的体外抗氧化及其机理研究》等相继发表于国家级专业期刊上，主持参加的《以复合发酵菌提高新工艺加饭酒质量和改善风味的研究》科研项目获省科学技术进步三等奖，《黄酒制曲新工艺研究》科研项目获99年度绍兴市科学技术进步二等奖、省科技进步三等奖；《绍兴黄酒非生物稳定性的研究与应用》连续获得了2004年、2006年省科技进步三等奖。这些研究成果的取得和转化应用，极大地提高了中国黄酒这一传统产业的科技水平。

第三节　酒文化专家

2004年4月16日，中国食文化研究会在北京钓鱼台表彰了全国饮食行业的43名"中国食文化突出贡献专家"，其中全国酒业界仅有以下两人作为酒文化突出贡献专家受到表彰：

秦含章（详见中国酒业"特殊贡献奖人员工作业绩简介"）

右为中国酒界泰斗秦含章先生，左为徐少华先生

徐少华

（1950～）男，大学文化程度，高级政工师。现任中国食文化研究会常务理事、北京华西昌文化传播有限公司董事长。曾任陕西省西凤酒厂办公室主任、西北大学兼职教授、《中国烟酒茶》杂志和《中外酒文化》杂志常务副总编辑等职。专业研究中国酒文化和国际酒文化20年。

专著《西凤酒文化》和《酒与楹联》分获中国酒文化科技成果一等奖和中国北方民间文学二等奖。专著《中国酒与传统文化》2003年由中国轻工业出版社作为中国酒文化的代表作推向国际图书博览会。编著有《迈向二十一世纪的世界酒文化》《文化酒论》《西周酒文化与当今宝鸡名酒》《山西杏花村对联赏析》《国酒茅台征联作品集》；与他人合编《中华大酒典》；参编《中国大酒典》《中国酒经》《中华酒文化大观》等。另有多篇酒文化论文获国际奖和国内奖。

先后为茅台集团"中国酒文化城"、'2003厦门国际酒文化博览会"中国酒文化展览"和广州南方名酒交易中心"国际酒品文化博展馆"做策划、撰稿和配图。为茅台集团、五粮液集团龙虎酒业公司、汾酒集团、西凤酒股份公司和广州南方名酒交易中心等国内多家著名酒类企业做过文化策划。一手成功地策划并组织了两次国际酒文化论坛会（2000年咸阳、2001年济南）。多次在日本和国内举办的国际酒文化高峰论坛做过演讲，在全国讲授酒业文化营销课多场。曾获"中国食（酒）文化突出贡献专家"、"发展国际酒文化事业卓越贡献奖"（中国食文化研究会、日本国酿造协会）、"中国酒文化研究卓越贡献奖"、"世界文化名人成就奖"、美国肯塔基州路易维尔市"荣誉市民"称号（美国路易维尔市议会）和"陕西省优秀民间文学家"（省委宣传部、省文联）等荣誉称号。

第四节　优秀酒企业家

季克良

（详见"酿酒专家"一节"季克良"简介）

袁仁国

（详见"酿酒大师"一节"袁仁国"简介）

乔天明

（1949～）男，汉族，四川省绵竹市人，中共党员，1968年参加工作，高级经济师，享受国务院特殊津贴专家。现任四川剑南春集团有限责任公司董事长、党委书记、总经理，十一届全国人大代表，中共四川绵竹市委委员。

乔天明自参加工作以来，历任四川清平磷矿汽车队调度，四川德阳曲酒厂厂长，四川绵竹剑南春酒厂党办主任、副厂长、党委副书记，四川剑南春酒类经营公司经理，四川剑南春股份有限责任公司副董事长、副总经理、党委副书记，四川剑南春集团有限责任公司董事长、党委书记、总经理。

四川剑南春集团有限责任公司始建于1951年5月，前身为四川省绵竹县国营酒厂，由原私营酿酒作坊改造组建。1979年，企业产品剑南春酒在第三届全国评酒会上获"国家名酒"称号和国家质量金奖，成为国家早期的"八大名酒"之一，企业名称由此改为四川绵竹剑南春酒厂。到本世纪初，企业发展成为以生产经营中国名酒剑南春及其系列产品为主、兼营其他产业的现代化企业集团，规模效益长期保持中国白酒制造业前3名地位。2003年9月，剑南春集团国有资本全部退出，改制成股权结构多元化的非公有制企业。在他的带领下，经过全体员工的共同努力，剑南春集团在近年实现飞速发展，特别是改制以后的4年来，剑南春集团以市场为导向，优化配置和有效利用各种资源，狠抓主业生产，加大科技投入，调整辅业提高资产质量创造效益，完善机制调动积极因素，推行"收缩战线、集中精力、利用优势、做优做强"的发展战略，推动了企业快速、健康发展，企业产量、销售收入和上交税收翻了一番，实现了5年再造一个剑南春，保持稳定、健康、快速发展的目标。2007年实现销售收入36亿元，上交税金9.7亿元。改制4年来，累计上交税金已达32亿元，比改制前53年上交的税利总和还多近10亿元。由此，企业获得各种国家级、

中国文化遗产年鉴·酒文化卷

省级荣誉，各项事业取得全面进步。2003年获"全国守合同重信用企业"称号，2004年获"全国食品安全示范单位"称号，2005年获"全国实施卓越绩效模式先进企业"称号，2006年获四川省民营企业"双十佳"企业称号，2007年获四川省"十佳民营企业"称号，连续多年被评为全国质量效益先进企业、中国食品工业百强企业、中国白酒工业百强企业、中国白酒工业经济效益十佳企业、四川工业企业最佳效益10强。

他先后被评为全国内贸系统劳动模范、全国食品工业科技进步先进管理者、全国关爱员工优秀民营企业家，四川省"依靠职工办企业好厂长"、四川省中国特色社会主义建设者先进个人；多次被评为省、市优秀共产党员和优秀党务工作者称号，省、市优秀企业家称号，德阳市突出贡献专家、突出贡献经营者和杰出企业家。

傅建伟

（1960～ ）男，浙江绍兴人，大学文化，中共党员，教授级高级工程师。现任中国绍兴黄酒集团有限公司党委书记、董事长。兼任中国酿酒工业协会黄酒分会理事长，中国酿酒工业协会黄酒分会技术委员会专家组主任，绍兴市第五、六届党代表，浙江省第十届人大代表，首届绍兴市酒文化研究会会长，江南大学、绍兴市委党校客座教授。曾先后荣获中国经济十大新闻人物奖、全国食品安全优秀管理企业家、全国轻工行业劳动模范；浙江省劳动模范、浙江省质量管理优秀工作者；2002-2006年度绍兴市市长奖、绍兴市十佳最感动员工的企业家、十大风云越商、"十五"期间绍兴市经济社会十大建设功臣等殊荣，绍兴市第五、六批专业拔尖人才、学术带头人。

傅建伟始终以振兴黄酒这一民族传统产业为己任，着力做大、做强黄酒主业，在规模、技术、质量、效益等方面均居黄酒行业领先，并拥有年产优质绍兴黄酒14万吨，总资产40亿元规模企业。集团公司拥有2个中国驰名商标、2个中国名牌、2个中华老字号、10个国家级免检产品。公司先后荣获"全国模范职工之家"、"浙江省诚信示范企业"、"浙江省纳税百强企业"、"浙江省首批绿色企业"、"绍兴市首批环境友好企业"、"绍兴市慈善之星"等荣誉称号。2007年，集团公司实现销售收入23.84亿元，较上年增长33.71%，实缴税金2.6亿元，较上年增长31.26%；外贸出口2335万美元，较上年同期增长68.82%。企业经济效益实现了历史性大突破。

一、勇立潮头，打造强势品牌

黄酒是中华民族历史最悠久、最古老的酒种之一，绍兴黄酒则是中国黄酒的代表。绍兴独一无二的自然环境、鉴湖佳水，以及传承千年的酿酒技艺，赋予了绍兴黄酒独特的品质而享誉海内外。尽管黄酒有如此多的独特之处，但黄酒在国内酒业中，特别是与白酒、啤酒相比，黄酒的市场占有率并不高、竞争力还不强。在经济快速发展、消费持续升级的今天，黄酒需要奋起直追，做强、做大。"酒香尚需勤吆喝"，傅建伟果断打破传统观念，实施以大品牌、大传播赢得大市场的营销战略，在营销上"大手笔"，聘请著名演员陈宝国作为古越龙山品牌形象代言人，请国内策划大师李光斗作为公司营销顾问，在中央电视台率先打响黄酒宣传广告，此后又连续三年问鼎央视，与央视开展品牌战略合作，使古越龙山品牌知名度与美誉度大幅提高，销售额连年实现较大幅度增长，同时也带动了整个黄酒业的发展。"古越龙山"以其引人注目的成长性和良好的品牌影响力，连续三届入选"中国500最具价值品牌"行列，2006年最新品牌估值为14.19亿元，名列第353位，成为唯一一家进入500强的黄酒酿造品牌，并入选中国行业标志性品牌。在07年11月份央视投标中，公司又获得了08年央视"朝闻天下"栏目的广告权，并在奥运会期间推出"奥运资讯套餐"，届时，古越龙山黄酒将以崭新形象通过央视展现给各国运动员及海内外电视观众。

二、传承创新，酿造卓越产品

沉醉在黄酒芬芳之中，傅建伟有一种强烈的民族自豪感和责任感。他认为，黄酒这一民族瑰宝唯有在不断创新中才能生生不息、芬芳隽永。黄酒是一个传统产品，拥有诸多独有的优势，如历史沉淀、独特工艺、文化遗产、人文精神等等。只有保留这些传统精华，融入新的元素，满足不同层次消费者对黄酒的需求，才能引领黄酒消费潮流，使黄酒"恒久远"。他致力于传承创新并举，在传承方面：重视保护和保留黄酒传统工艺精华，精心组织力量参与起草制定绍兴黄酒国家标准，保证了绍兴黄酒的品质统一、风味延续。绍兴酒的生产技艺现已被列入国家非物质文化遗产保护目录，集团公司成为首批使用中国原产地域产品保护专用标志的企业。他投入4.2亿元建设了一座集黄酒生产工艺及产品展示、酒文化演示为一体的中国黄酒城和黄酒博物馆，保护了中国黄酒几千年流传下来的文化遗产，让国内外来宾近距离感受中国黄酒的博大精深。比如在传承中创新：立足传统工艺精华，开创纯生黄酒之先河，将纯种发酵、黄酒冷冻、无菌膜过滤等一系列新技术应用于黄酒生产，有效地解决了长期困扰黄酒界的黄酒沉淀问题，使黄酒品质有了质的飞跃；黄酒是保健型酒种，但其保健机理，过去人们一直无法厘清，他与浙江大学、江南大学及相关医院开展合作，对黄酒营养成分及临床医学进行多年的基础性研究，最终以确凿的科学依据，证明了黄酒养生保健之功能。他还努力做好经典与时尚文章，让传统的更经典，让现代的更时尚：把高档化、文化味融入到黄酒产品中，《兰亭集序》花雕、青瓷系列、五十年极品酒等相继开发并上市，使传统黄酒成为高端酒的代名词；为适应年轻一代消费者对黄酒的需求，进行黄酒风味和口感创新，开发了状元红、东方原酿等一批低度、营养、时尚的新品，为古老的黄酒注入了新的活力。迄今为止，公司有24项黄酒科研成果获得省、市科技进步奖，有65项设计、实用新型及发明获国家专利。

三、敢于突破，拓展两个市场

长期以来，囿于区域性、季节性消费等因素，黄酒销售存在"南黄北白"现象。为实现黄酒销售大突破，傅建伟建立了覆盖全国各大中城市的销售网络，设立了1000多家古越龙山精品专卖店，大家过去认定黄酒是长三角"地域性产品"，如今北上西去，连西藏人都能喝到，"南黄北白"现象得到了改变。酒越陈、越香醇，价也越高。傅建伟勇于革新，对24万吨陈酒的年份酒进行等级设置与管理，通过等级提价，实现了黄酒价值的回归与提升，在此期间古越龙山股票也得到了市场认同。利用占地307亩的中央酒仓库和黄酒博物馆2万平方米的地下酒库，建立原酒交易平台，与钓鱼台国宾馆、各省市国宾馆联合成立国粹黄酒采购中心，实现了黄酒陈酒价值与市场的真正接轨，为国有资产大幅增值提供了想象的空间。他借助金六福强大的营销力量和网络渠道，推出古越龙山30年、40年、50年高端年份酒及屋里厢黄酒，拓展了高端黄酒市场。过去公司国外市场主要集中在日本及东南亚地区，在他的不懈努力下，中国黄酒以高端形象真正走向欧洲等更多、更广的国际市场。2006年，公司与有着140多年历史的法国卡慕国际有限公司合作，古越龙山黄酒首次进入全球3000家免税店的中华国酒专区。

四、人本管理，建设和谐企业

企业要发展，职工是根本。傅建伟始终坚持以人为本的管理理念，重视人的"文化力"，建设具有古越龙山特色的企业文化。公司倡导"团结拼搏、传承文明、酿造国粹、滋养人生"的企业精神，提出了"以智慧和勤奋酿造国酒，以仁爱和真诚回报社会"的经营理念，公司生产模式、管理模式实现了从传统产业向现代制造业的转变。他不忘为职工谋福利，连续五年提高了职工工资收入，为200多名职工家属、子女解决了就业问题；通过工会补助、职工互助互济基金等形式，定期为80多名困难职工和家属遗孀提供必要的生活补助；每逢春节等重大节日，班子成员都亲自上门慰问离退休干部和生活特困职工，让他们充分感受到企业的温暖；连续五年开展中层以上干部无记名民主测评活动，由职工代表对干部的德、勤、能、绩、廉进行无记名投票，对测评末位者进行谈话诫勉，测评结果作为干部年度奖金考核依据之一；每年举行"古越龙山"文艺演出、职工运动会，办好《古越龙山》杂志、报纸、酿酒通讯和企业网站，为职工搭建学习成长的平台。他还积极参与社会公益事业，累计投入1600万元设立了"古越龙山"慈善基金，资助社会弱势群体；积极参与环保事业，捐款863万元参与绍兴市区环城河改造和清水工程；捐资参与绍剧保护工程建设、文化大巴下乡、社区共建等公益活动，实现了企业经济效益和社会效益双丰收。

傅祖康

（1964~ ）男，汉族，生于浙江绍兴，中共党员。浙江大学MBA，高级经济师。现任会稽山绍兴酒股份有限公司总经理。兼任中国酿酒工业协会黄酒分会副理事长、中国食品科学技术学会黄酒学会副会长，中国食品工业协会常务理事、中国酒文化协会副会长、绍兴市酒文化研究会副会长、绍兴县食品协会会长。

1986年至今，傅祖康先后担任精功海南分公司财务经理，绍兴经编机械总厂财务部经理，浙江华能综合发展有限公司财务经理，精工集团财务部经理、总经理助理，精工集团副总经理、财务总监，上市公司中国轻纺城集团股份有限公司（股票代码：600790）董事、副总经理、财务总监，曾参与策划以不到5亿元的资金5天内成功收购价值38亿元的轻纺城获得良好声誉。

2003年11月，傅祖康到会稽山走马上任，并任公司董事长兼总经理。随后，他着力处理协调好国家、股东、个人三者之间的利益关系；重塑品牌，争取企业和员工的共同发展；积极协调好生产、质量和消耗之间的关系。为顺应市场布局，拓展全国市场，傅祖康运筹帷幄，高屋建瓴地提出"牢牢控制浙江市场，积极拓展华东市场，稳步发展全国市场，努力开拓国际市场"的总体框架，并从2005年起，正式启动全国市场征程。在他的领导下，公司积极研发"稽山清"、"水香国色"、"益聚堂营养功能黄酒"等新产品并通过省级验收；"基于生物工程和现代分离技术的黄酒降度技术"通过县级验收，基于此技术的"水香国色"新一代低度营养黄酒畅销苏州市场，2007年销售有望突破1亿元。同时有二项发明专利在审。在营销上，傅祖康积极创新营销模式，变革营销体制，步步为营，征战全国，使公司走上快速发展的通道。2005年6月，会稽山商标被认定为"中国驰名商标"；12月，会稽山黄酒获"国家免检产品"认证；同年10月，会稽山产品再获全国酒类质量安全诚信推荐品牌等称号；2005年11月18日，会稽山以7000万元一举夺得2006年央视黄金资源多个标的；同日，又以9000万元巨资收购嘉善黄酒43%股份；2006年，会稽山被认定为首批"中华老字号"，公司技术中心被认定为省级企业技术中心；2007年，会稽山黄酒又荣获"中国名牌"产品称号，至此，会稽山囊括黄酒业所有国家级荣誉，成为中国黄酒业中唯一集中国驰名商标、中国名牌产品、国家免检产品、中华老字号、国家地理标志保护产品等五大荣誉于一身的企业。

四年多来，在傅祖康的策划并运作下，会稽山以创新的理念，打造全新的企业文化。同时，通过专业媒体、企业内刊、企业网站多角度、全方位进行宣贯；通过体育营销、文化营销、网络营销，打造标准，拓展黄酒营销新模式；通过实施品牌创新工程，全力提升会稽山品牌美誉度。经过几年的努力经营，会稽山产量从傅祖康赴任的4万千升提升到目前的12万千升，销售业绩从2.8亿提升到2007年的7个亿。品牌影响力从绍兴本土向省内、省外市场快速扩展，并向东南亚辐射，会稽山品牌知名度迅速攀升。傅祖康个人也先后荣获"全国酿酒行业百名企业先进个人"、"全国食品工业先进科技管理工作者"、绍兴县"敬业爱岗、奉献事业"优秀企业家、"企业管理标兵"等多种荣誉称号。同时，还在《销售与市场》《中国酒》《中国酿造》《金融研究》《浙江金融》等国内核心期刊上发表了"中国黄酒吹响大发展号角'会稽山'奋勇当先冲在前"、"跳出黄酒做黄酒"、"到有鱼的地方去钓鱼"、"以战略创新推进绍兴黄酒业健康持续发

2005年11月18日，会稽山7000万中标央视黄金标。

展"、"突破发展瓶颈，打造黄酒标准"、"管理者收购，困境与规范"、"对另类关联交易的'另类'思考"等10多篇学术论文。

2005年岁末，傅祖康与蒙牛集团董事长牛根生、中粮集团董事长兼总经理宁高宁、青啤集团总经理金志国等一起入选由《新食品》杂志社2005年度十大新闻人物名单。2006年3月，傅祖康入选"谁改变了中国酒业10年·50人"名单；10月，傅祖康再次入选"中国葡果酒、黄酒及保健酒十大品牌领袖"。2007年3月，傅祖康被评为首届中国酒业营销金爵奖之年度风云人物。在由香港国际名酒文化研究会和中国酒业著名记者联盟联合编著的《谁改变了中国酒业》一书中，对傅祖康作了如下点评：

"一位极具改革精神的企业家，一个从未接触过黄酒的'门外汉'成为黄酒业领军企业的掌门人。傅祖康，以一种大无畏的精神在短短两年时间内锐意进取，一举打破了长期以来黄酒业缓慢的发展局面。他的行为虽然在业内遭到一些非议，甚至被冠以"搅局者"的骂名，但黄酒产业要取得快速发展太需要像他这种有创新精神、有闯劲的企业家了"

喻德鱼

（1955～）大专文化程度，现任陕西西凤酒股份有限公司董事长、陕西省西凤酒厂厂长、党委书记。兼任中国酿酒工业协会副理事长、陕西省企业家协会副理事长、陕西省经济发展促进会常务理事、陕西省糖酒副食流通协会副会长等职务。

2005年初担任现职以来，他带领全体职工奋发图强，开拓创新，锐意进取，使企业三年迈了三大步，各项经济指标大幅度增长：工业总产值由2004年的3.22亿元，提高到2007年的8.76亿元，增长了1.72倍；成品酒生产由2004年的11411吨，提高到2007年的28843吨，增长了1.53倍；销售汇款由2004年的3.21亿元，提高到2007年的10.02亿元，增长了2.12倍；利税总额由2004年的0.66亿元，提高到2007年的2.13亿元，增长了2.23倍；其中利润由2004年的0.04亿元，提高到2007年的0.45亿元，增长了10.25倍。企业生产经营工作取得了前所未有的喜人成绩，主要经济指标在中国白酒行业的排名由2004年的第36位上升到2005年的第21位，2006年的第17位。企业开始呈现出超常规跨越式发展的良好态势。

近三年来，公司先后荣获 先后荣获"全国轻工业卓越绩效先进企业"、"全国质量、信誉、服务 AAA等级企业"、"全国重质量、守信誉先进单位"、"全国轻工行业先进集体"、"全国轻工业卓越绩效先进企业"、"中国食文化优秀企业"和陕西省"信用企业"等。公司全面推行"全员目标责任管理"项目荣获陕西省企业管理现代化创新成果一等奖。在72届全国春季糖酒会上，西凤酒被评为"中国十大最具增长潜力白酒品牌第一名"；在第六届上海中国国际评酒会上，西凤酒荣获"特别金奖"；在全国白酒质量检评活动中，西凤酒荣获"全国质量优秀白酒"、"中国畅销名酒"称号；西凤酒还 获得国家"纯粮固态发酵白酒认证"和首批国家"酒类产品质量优级认证"标志，荣获"中国白酒行业十大竞争力品牌"等称号；西凤酒商标被认定为"中国驰名商标"，西凤酒酿制技艺被列入陕西省首批非物质文化遗产名录。他个人也先后荣获"全国食品安全管理百佳先进个人"、"中国影响力十佳企业家"和"陕西省十大杰出贡献企业家"等称号。

一、绘制"十一五"发展规划 和 百亿西凤蓝图

喻德鱼从全球经济一体化和企业可持续发展的战略高度出发，为做优、做强、做大、做久西凤企业，提出了"做酒业、拓市场、抓改革、促管理、创效益"的整体工作思路，他领导制定了企业"十一五"发展规划，发展目标是：2006年生产成品酒产量2万吨，实现销售收入7亿元；2007年生产成品酒产量2.6万吨，实现销售收入10亿元；2008年生产成品酒产量3.2万吨，实现销售收入13亿元；2009年生产成品酒产量3.5万吨，实现销售收入15亿元；2010年生产成品酒产量4.5万吨，使销售收入突破20亿元大关。前两年的目标已顺利实现。为了迅速做大做强西凤企业，2007年，喻德鱼和领导班子又 制定了《百亿西凤发展战略规划》，目标是利用5～8年的时间，把西凤打造成年销售收入上百亿的企业集团。目前，百亿西凤发展战略规划中的有关具体措施，

已经开始付诸实施，招商引资、体制改革、工程立项、土地预批等工作，正在逐步展开。

二、改革思路，营销工作创新高

面对白酒市场更趋激烈和无序，喻德鱼带领班子迅速转变经营思路，理顺客户网络，由等客上门到主动出击，由大流通、大批发转化为渠道精细化、终端直供化。对有实力、有网络、产品有市场的卖断产品、区域代理产品，企业在生产安排、市场开发、业务配合、广告宣传等方面给与重点支持，达到厂商共赢的目的。

为建立合理的产品结构体系，他提出实施"369"工程（打造三款全国性品牌，主推六款个性化产品，畅销九款区域性产品）的同时，省内规范理顺产品结构，省外鼓励开发中高价位新产品，对部分产品进行了微调，使其更加适应了消费者需求，极大地提高了产品的市场竞争力。

为彻底搞活营销机制，他对营销公司用人、分配、财务等方面进行了一系列大胆改革。将营销公司名称变更为营销总公司，由二级法人变更为独立法人，使其具有了相对独立的决策权、经营权、管理权。机制上改过去的销售片区为八个分公司，分公司引进民营机制和民营管理办法。在用方面，股份公司只聘用营销公司总经理，由营销公司总经理聘任副总和各分公司经理，各分公司自行聘任业务员。人员能上能下，能进能出，形成动态管理机制。同时全面实行了目标责任绩效考核。各分公司经理以上人员实行了年薪制考核办法。另外，西凤酒营销公司办公地点举迁宝鸡市以后，接受市场信息更为快捷，市场决策更为灵活，服务客户更加方便。

为加快发展西凤酒走进国际市场，达到"西凤美酒世界共享"的宏伟目标，公司与百万基国际香港有限公司合作，于2006年5月9日在香港正式挂牌成立，标志着西凤酒迈出了参与世界市场竞争重要而坚实的一步。

三、创新管理，提高经济效益

喻德鱼倡导推行全员目标责任管理，职工劳动热情、参与竞争的意识大大增强，目标责任管理办法的推行，使企业在薪酬分配机制改革方面迈出了可喜的一步，引入市场竞争机制，体现了绩效管理的先进性、科学性，提高了全员劳动生产率，增强了企业发展后劲。

他按照市场经济规律进行内部整合，切实加强企业内部管理，进一步理顺机构设置，调整部门职责，明确管理权限，实行精细管理，推动企业各项工作有序、协调向前发展。他将原辅材料采供部、包装材料采供部、质量部、仓库管理部集中到一座楼上实行"一楼式办公、一条龙服务"。使企业内部形成了扁平化组织管理机构，办事效率大大提高。

为顺利完成"十一五"发展规划，解决生产能力和规模与品牌扩张不相匹配的问题，他带领企业领导班子，克服各种困难，投资2000余万元新建了一座具有现代化标准、与国际白酒食品生产企业接轨的西凤酒灌装中心。竣工后新增3条自动化生产线，加上对原成装二车间手工线的技术改造，西凤酒的成品生产能力将达到2.5万吨，基本满足生产需要。对于饮料酒生产能力不足问题，他通过整合地方白酒生产资源，加快西凤酒原产地域白酒产业发展，扶持培育一批饮料酒生产小企业，建立西凤饮料酒生产基地。

为进一步压缩和降低管理费用，他主持制订了《招待费管理规定》、《车辆使用管理规定》、《电话使用管理规定》、《财务收支和财务报销审批规定》、《领用成品酒管理办法》等一系列规章制度，规范了招待费、车辆使用费、电话费、成品酒领用、费用报销等管理办法，同时下发了《关于加强劳动用工管理的规定》，彻底清退了厂内临时用工，通过加强内部管理，有效降低了企业费用，提高了经济效益。

对于质量管理，他提出了一整套全新的管理观念和办法，严格落实各部门质量责任制，加强质检队伍建设，把原则性强、工作认真、敢于负责的优秀职工，选拔到质检岗位，努力培养、放手使用。在全厂范围内，开展了全员质量意识教育活动。他始终坚持"预防为主、过程从严"的原则，推行了全员质量管理、实行全过程质量控制，严格检验进厂原材料、包装物品，严把酿制、勾兑、灌装关，严格产品检验，严把成品酒出厂关，重视信息反馈，把好售后服务关。对出现的质量事故从严、从重处理，不姑息，不迁就。在不断探索完善的基础上，完成了公司《质量手册》和《程序文件》的更新换版工作，通过了质量认证体系的复审工作，把一套行之有效的管理办法以文件的形式固定下来，在生产经营中贯彻落实，有效地促进了西凤酒产品质量稳步提升，提高了产品市场竞争力。

四、注重企业文化建设，促进了企业的健康发展喻德鱼认为，企业文化是物质文化、精神文化、制度文化的总和，是一个企业的灵魂，是一种信念和象征，是企业鲜明个性的体现，现代企业间的竞争不仅是经济实力的竞争，更是企业文化的较量。

他高度重视企业的文化建设，注重加强西凤精神教育和经营理念教育，增加了企业职工的荣誉感，增强了责任心和凝聚力。"继往开来，拼搏腾飞"的企业精神和"酿造美酒，酿造生活，振兴企业，奉献社会"的经营理念深入人心。大家都能产生"我靠企业生存，企业靠我发展"、"我与企业荣辱与共"、"爱企业、爱岗位、爱产品"的思想共鸣，并能全心全力为西凤企业努力工作，企业呈现出一派产销两旺、欣欣向荣的局面，主要经济指标连年增长，西凤企业保持了持续、健康发展的良好局面。

第五节　酒具制作大师

徐复沛

（1946~）男，浙江绍兴人。毕业于北京中国书画函授大学高级研修班，大专文化程度，高级工艺美术师，第八届全国人大代表。

长期从事绍兴花雕（油泥堆塑）民间美术创作设计工作。1979年以来，组建花雕工艺生产车间、厂家，培养年轻美工140多名，创作设计酒类包装等花雕品种28件，题材2000多幅。其作品先后获得西班牙马德里国际酒类博览会金质奖、中国首届食品博览会金牌奖、中国酒文化装潢大赛特等金奖、中国专利十年成就展金奖等45次国内外专业评比金奖、大奖、优秀奖。其中有5件花雕外观设计获国家专利。1988年被列为国宴专用高级礼品。作品多次作为外国元首、使节访华的国礼被收藏。为开辟创立中国酒文化艺术形式和民族风格的特色产业作出了显著成就，是绍兴花雕绝艺的唯一正宗传人。

有《谈女酒史源》《女儿酒历史演变因故》《花雕演变史源》《花雕工艺》等论文24篇，先后在《中国黄酒》杂志和全国黄酒技术培训教材上发表，是绍兴花雕工艺在学术理论上的拔尖人才和带头人。

杨达

（1960~）陕西省凤翔县人。大专文化程度，中国民主建国会会员，陕西省七、八届政协委员。现任陕西省凤翔工艺美术研究所所长、凤翔县博物馆馆员。兼任国家文化部翰墨艺术研究会研究员、中国美术家协会陕西分会会员、海内外书画联谊会荣誉高级书法家。专业特长为城市园林雕塑、书法、绘画和高档青铜酒器的设计制作。1995年被联合国教科文组织及中国文艺家协会授予"民间工艺美术家"荣誉称号。

近年来，先后创作出大型系列水浒一百单八将及三国人物雕像，并在海内外展出，有数十件个人作品被国外艺术家及博物馆收藏。举办个人作品综合展5次。为陕西西凤酒股份公司设计、制作了国家专利产品《大秦西凤》、《先秦特珍铜车马西凤酒》酒具，在全国酒界引起轰动。多年来还先后为西凤酒公司设计、制作了"李白醉酒仙"（双凤壶）、仿先秦青铜器壶"、仿伯格卣、折觥、纹觥等仿古酒器。1994年以来，先后为陕西省西凤酒厂设计大型铜雕《弄玉吹箫引凤》、麟游县县徽大型铜雕《金麒麟》、麟游县中医院大型人物雕像《孙思邈》、千阳县城城标《奋飞》、望鲁台《燕及》雕像、汉中汉南书院《孔子》铜像；并有10多件作品刊载于《人民日报》《中国日报》（海外版）《中国青年报》《文化艺术报》《中国雕塑大全》《陕西日报》《宝鸡日报》等。2004年16件个人作品荣登中国邮票。

蒋蓉

（1919～2008）别号林凤，1919年出生于宜兴川埠乡潜洛村的一个紫砂工艺世家。她的作品形象色泽及表面肌理都达到出神入化的境地。早在1956年被江苏省评为"紫砂艺人"，1978年被任命为"工艺美术师"，1989年国家授于予"高级工艺美术师"，1993年国家授予"中国工艺美术大师"称号。其创作大多以自然界瓜果、动植物为题材，表现手法以仿生为主，作品形象生动、东趣天真，形成了独特的紫砂艺术风格。被中国工艺美术协会授予"中国工艺美术终身成就奖"。酒具作品《莲藕酒具》《十四头白果酒具》《寿桃酒壶》。其作品施艺精细，追求色彩效果，惟妙惟肖，形神兼备，生意盎然，自成独特的造壶艺术风格。

吕尧臣

（1940～）出生于江苏宜兴高塍镇，高级工艺美术师，中国工艺美术大师，中国工艺美术学会会员，中国古陶瓷研究会会员，中国工业设计协会会员，宜兴紫砂文化艺术研究专委会顾问。1958年时宜兴紫砂工艺厂，师从著名紫砂老艺人吴云根学习紫砂持技艺。1970年进紫砂研究所从事紫砂造型设计，期间创作的《竹庐茶具》《玉带壶》《竹圈酒具》在省以上创新评比中获奖。他以优雅的壶体造型和优美的绞泥装饰艺术形成具有特色的个人风格。创作的《碧波茶具》《八方凌云茶具》《银葵茶具》（合作）被故宫博物院收藏。1996年5月个人作品集《尧臣陶艺》在马来西亚出版发行。其代表作品还有：《玉带提梁壶》《竹庐茶具》《玉屏移山壶》等。酒具作品：《竹圈酒具》。

鲍仲梅

（1944～）江苏省工艺美术大师。生于江苏宜兴，1959年进宜兴紫砂工艺厂随陶刻家任淦庭学习，1972年进紫砂厂研究室从事紫砂器装饰、印模及雕塑工艺研究和创作。1982年开始与其妻施秀春合作，创制以银丝镶嵌的紫砂壶，为紫砂陶艺开创了新的装饰技法。七十年代初期，与几位工艺师研讨紫砂装饰的新题"砂银丝镶嵌工艺"这是一种大胆尝试。首先须在坯体上刻成预留的纹饰，雕刻时要求线条深浅、粗细完全统一，才能确保嵌入的银丝永不脱落。鲍仲梅成功地借鉴我国古代传统镶嵌工艺手法再融合中国工笔画铁线白描手法，走出了一条紫砂装饰新路。酒具作品：《龙凤酒具》。

高丽君

（1940～）女，生于江苏宜兴，高级工艺美术师，中国工艺美术学会会员，宜兴紫砂文化艺术研究专委会会员，现宜兴方圆紫砂工艺有限公司从事紫砂壶艺。1955年进宜兴紫砂工艺厂，先后师从著名艺人朱可心、王寅春学艺，后从事艺徒培训工作十多年，一九八三年中央工艺美院陶瓷造型制图班进修。一九五八年起任辅导老师至今。五十年的艺术生涯中，施艺带徒、创作新品，多次参加国内外大型展览并获奖。2000年作品《鸣蝉瓜壶》获江苏省陶艺评比一等奖和中国工艺美术精品博览会银奖，其代表作品有《南瓜壶》系列等十多个品种。酒具作品：《葫芦酒壶》。

刘建平

高级工艺美术师。1976年进入宜兴紫砂工艺厂，师从高级工艺美术师高丽君女士，学习紫砂成型工艺。1978年考入研究室，师承中国工艺美术大师吕尧臣，学习紫砂艺术设计、制作。1979年由吕尧臣设计，刘建平制作的八方凌云茶具和竹圈酒具被选为邓颖超出访日本的国礼。1990年在香港中国文物馆，参加由香港中国文物馆、中央工艺美术学院主办的中国现代陶瓷艺术展。应邀赴马来西亚吉隆坡举办"刘建平紫砂珍品展"；应邀赴马来西亚吉隆坡参加陶艺交流活动。2000年《春涌大地》由中国国家博物馆（原中国历史博物馆）"世纪收藏"工程收藏；2005年应邀参加在杭州中国美院主办的全国陶瓷艺术工作会议。金牛壶被国务院紫光阁收藏。酒具作品：《作圈酒具》。

周桂珍

（1943～）女，中国陶瓷艺术大师。1958年进宜兴紫砂厂师从王寅春学习壶艺并得顾景舟悉心教诲。将现代创意与传统艺术相结合，博采众长，借鉴青铜器、玉器于紫砂艺术之中，与丈夫高海庚合作了集玉壶、扁竹提梁壶、鼎纹立足壶、四季如意壶、追月壶等。后又仿制历史名作——曼生提梁壶、僧帽壶皆得其神，创作了春神提壶、联璧壶、乐水壶、高枝提梁壶等，线条流畅、造型美观大方、朴质高雅而极富现代气息。

毕胜增

（1941～）河南省镇平县人。毕业于郑州地质学校，现任河南省镇平县石佛寺神奇玉雕厂厂长，工艺美术师。自1995～1998年连续3年先后发明了6项中国专利，创玉雕行业之冠。1995年2月，他发明的《鸳鸯转心壶》问世，并得到国家专利局认定。《鸳鸯转心壶》是一件融合电子遥感技术的玉雕酒壶。一壶可同时装两种酒，互不混淆，壶心可随壶盖转动而将不同的酒溢出，以适应饮者不同口味，堪称一绝。他研制的《康熙九龙杯》是根据历史上"杨香武三盗九龙杯"的传说故事仿制而成，杯上暗设机关，杯子斟满酒后，按动机关，酒会自动消失。酒具作品：《鸳鸯转心壶》《康熙九龙杯》。

李洪才

（1942～）辽宁鞍山哈达碑镇李家堡村人，高级工艺美术师。从事玉雕艺术工作40余年，玉雕工艺造诣颇深，创作出许多艺术珍品、精品。他设计制做的《俏色蝈蝈篓》《如意酒壶》《春红报喜》《麻姑献寿》《七品芝麻官》等玉雕作品均获省大奖。1989年设计的《太平舞人》获全国轻工部百花奖二等奖。他作为玉雕界的代表，被收入《中国少数民族专家学者辞典》《世界名人》大型辞书等。酒具作品：《如意酒壶》

乐茂顺

（1961～）出生于景德镇，现任教景德镇高等专科学校艺术系，副教授、中国高级工艺术美术师、中国工艺美术学会会员，景德镇美术家协会会员，高岭陶艺学会会员，擅长陶瓷造型、青花、新彩、色釉装饰，作品注重造型与装饰的完美结合，并赋予时代气息。作品多次参加陶瓷美术展，获国家级，省级，市级多项奖，其中《景德壶》获江西省优秀产品奖、景德镇国际陶瓷节银奖。艺术传略及作品刊载：《景德镇陶瓷大全》、《中国当代陶瓷美术家辞典》《宋元清白瓷鉴藏》《景德镇中青年陶艺家》等书集。酒具作品：《仙酒壶》。

丁益民

宜兴紫砂一厂工艺师，紫砂方器的代表人物之一，早年一直和台湾陶艺家李佑任先生合作。丁益民方器的特点可以用九个字来概括——造型正，做工精，老味足。顾景舟专门为他刻制了一方印章。这款雪华壶可以说是丁益民的代表作品，造型、做工、韵味都达到了相当高的水准。酒具作品：《六方酒壶》

李福民

被誉为"世界瓶王"、"酒瓶圣人"的中外酒器博物馆馆长、中外酒器文化协会主席。他是酒瓶收藏大世界基尼斯纪录创作者，酒瓶文化三部曲（《中国酒瓶精品大全》《世界酒瓶大全》《圣经与酒食》）的作者，国内外公认的酒瓶文化理论的创建人，当今中国酒瓶收藏、研究的顶尖人物。《红双喜酒瓶》是他四十余年藏瓶、研瓶生涯中的首个杰作，被誉为"中国喜庆第一瓶"，此瓶较好地体现了中华民族的喜庆、婚庆文化的理念，使品牌喜庆酒，实现了真正意义上的瓶与酒在内容与形式的完美融合。酒具作品：《红双喜酒瓶》

施秀春

（1949～）女，生于陶艺世家，1966年进宜兴紫砂工艺厂拜裴石民为师学艺，并得朱可心、顾景舟的指导，练就了扎实的基本功底。七十年代与丈夫鲍仲梅开始共同设计开拓了紫砂壶金银镶嵌工艺技术，继而又以釉珠、钻石、玉石、牛角等于壶体的镶嵌工艺获成功，使古朴深厚茶具更显典雅，身价百倍。与鲍仲梅合作的作品如1982年的《嵌银朝凤酒具》获全国陶瓷美术设计优秀产品一等奖，1990年的《嵌金博浪锥壶》获国际陶瓷精品大奖一等奖及全国陶瓷艺术展评一等奖，《镶银宝鬲壶》入选中南海紫光阁陈设收藏。酒具作品：《嵌银朝凤酒具》。

黄永玉

（1924～）出生于湖南省凤凰县，土家族人。少年时期就以出色的木刻作品蜚声画坛，被誉为"中国三神童之一"。十六岁开始以绘画及木刻谋生。曾任教员、剧团见习美术队员、报社编辑、电影编剧及中央美术学院教授、中国美术家协会副副主席。他设计的猴票和酒鬼酒包装家喻户晓。。酒具作品：《酒鬼酒瓶》。

杨连新

中外酒器文化协会名誉主席。由他设计的《潜艇酒瓶》的问世，弥补了世界酒瓶设计军事体裁的空白，这是著名核潜艇科普作家杨连新先生对酒瓶文化建设的又一贡献。酒具作品：《潜艇酒瓶》。

第六节　酒器收藏家黎福清

黎福清

（1936～）湖南株洲市人，原湖南株洲市工人文化宫职工。自1980年始创家庭博物馆———《梦瓶斋》艺术酒具收藏馆。兼任中国民间文艺家协会会员、中国收藏家协会会员、湖南省作家协会会员、中外酒器文化协会顾问。著有《中国酒器文化》等著作。

黎福清从事文化工作50年，在中国传统文化的熏陶下，黎先生热爱民间艺术，特别喜欢收藏酒瓶酒器，经过30年的努力，现已收藏珍品酒器数千件。所藏品种中有不少珍品，如能盛两种酒液的鸳鸯转香壶、百鸟鸣叫壶、郎红倒装壶、会唱歌的杏花村汾酒瓶、获得联合国包联金奖的十二生肖瓶、傩戏脸谱瓶等。还收藏一睦珍贵的历史酒壶酒器，古色古手，洋溢着浓的文化味。另外，该馆还收藏酒标数万枚、文化书刊报纸数以万计。

《梦瓶斋》馆名由台湾孔孟学会原会长陈立夫先生题写，人民日报社原社长邵华泽、中国收藏家协会原会长史树青以及许多著名收藏家、作家、诗人、书画家都为《梦瓶斋》赠诗赠画。《华夏酒报》曾为黎福清开设过专栏"梦瓶斋漫笔"，发表黎先生的酒文化研究文章长达数年。黎先生的论文多次在《中国酒文化》报刊登。黎福清悉心收藏酒器的事迹先后在湖南卫视、中央电视台、人民日报海外版、《中国收藏》杂志，香港《名酒》杂志、《收藏》杂志等众多报刊宣传过，并被编入《世界名人词典》《中国当代优秀收藏家词典》、《中国酒业丰年名人传》《湖南文艺家名录》等。

主要参考资料：
1.朱宝镛、章克昌主编《中国酒经》，上海，上海文化出版社，2002年
2.中国酿酒工业协会2006年编印的《酿酒大师》

第十一篇 中外文化交流

第一章　古代部分

一、两汉时期中西酒文化交流的勃兴

公元前138年，张骞奉汉武帝之命，第一次出使西域，获得了大量前所未闻的有关西域地理、物产等信息。前119年以后，张骞第二次出使西域。从此，乌孙等国同汉朝有了正式往还。此外，汉朝连年派出使官前往西域诸国，汉代文化也伴随这些活动流传到遥远的西方。中西交通、文化和酒文化交流，揭开了新的纪元。

从张骞第一次出使西域，就引进了大宛国（今中亚细亚地区）作酒的优良葡萄品种和葡萄酒酿造艺人。据《史记·大宛列传》载："大宛左右，以蒲陶（即葡萄——编者注）为酒，富人藏酒万余石，久者数十年不败。汉使取其实来，于是天子始种苜蓿、蒲陶。"这些都说明从西域引进的葡萄酒是陈酿、度数高的优质品。西域葡萄酒及其酿造艺人的引进，使汉代葡萄酒的酿造技术进一步提高，品种有了增加。

这个时期，欧洲酿制的古酒也出现在大汉朝廷之中。据汉朝人郭宪《别国洞冥记》卷二记载："瑶琨去玉门九万里，有碧草如麦，割之酿酒，味如醇酎。"瑶琨，古地名，在古罗马西北，其方位难以确定，估计为外高卢，即今阿尔卑斯山以北的广大地区，大体包括今法国、比利时、卢森堡及荷兰、瑞士的一部分。公元前58~前51年，外高卢被罗马征服，并入古罗马帝国的势力范围。外高卢出产大麦酒，是当时欧洲最先进的酿造产品，罗马人特别喜欢饮用外高卢的大麦酒。汉朝人郭宪能清楚地记录下这种欧洲古酒的酿制原料，在那个时代实属不易。古罗马曾与汉朝进行过物品交易，那么瑶琨酒就是首次输入中国的欧洲古酒。按汉朝酿酒，酒度极低，人们饮酒，一般以石、斗计量；而瑶琨酒仅饮一合就能醉人，足见其酒精含量之高。汉人加用甜水饮此酒，目的在于稀释酒度。由于瑶琨酒来自遥远的外高卢及罗马帝国，到达汉朝疆域就显得格外珍贵。因此，只有皇室范围才有可能饱饮此酒。《别国洞冥记》又载：汉武帝在神明台，"酌瑶琨碧酒，炮青豹之脯。国则有涂阴紫梨，琳国碧李。"

中国在引进国外酿酒技术的同时，也向国外传授了自己的先进酿造方法。在中西酒文化开展交流之前，中国同自己东边一衣带水的邻邦日本早已开始了交流。据日本酿造学会会长秋山裕一先生考证：日本"从中国大陆接受了各种文化，可以认为在绳文末期传来了稻作技术，造酒技术也在那时传来了。"日本的绳文末期正是中国的西周末期。西周时期是中国酒文化的大发展期和定向期。当时，中国已经发明了酒曲。这是我们的远祖在酿酒技术上一项极为重要的、超越世界各民族的重大发明，其影响之大，堪与中国四大发明相比。当时总结的"五齐"（即泛齐、醴齐、盎齐、缇齐、沉齐）、"六必"（即秫稻必齐、曲蘖必时、湛炽必洁、水泉必香、陶器必良、火齐必得）的酿酒经验，是世界上最早的酿酒科学和工艺规程，使酿酒纳入了有章可循的科学轨道。据《大隅风土记》载：日本远古时期主要是"口嚼酒"，即酿酒者先将稻米等谷物放在嘴里咀嚼，用唾液使谷物糖化变甜，吐入壶中，作成酒曲，再拿来酿酒。中国的用曲酿酒经验传到日本，使日本进入了用曲酿酒的时代。日本学者花井四郎在其《日本清酒源于中国江南之我见》中说道："用曲酿酒技术就是由中国通过大海传到了日本。""从来自中国江南的人们制造的原始酒曲出发，通过利用稻曲作为种曲，发明了纯种曲的制作法，从而形成了如今芳醇淡爽的日本清酒的酿造工艺。"现在，清酒为日本的"国酒"。

公元前3世纪中国秦代徐福集团东渡日本开始，中国大陆移民大量流向日本，给当时刚刚脱离原始社会的日本带去了先进的中国文化。至汉代，中国的制曲、制酒技术有了重大进步，这些技术传到日本，进一步促进了日本酒业的发展。

二、唐宋时期中西酒文化交流的第二次高潮

唐代的陆上丝绸之路最称繁荣，在汉代以来的南、北、中三道以外，又开辟了三条新的路线，其中两条通往波斯和大食（阿拉伯）等地区，一条通往印度。唐宋时期的海上丝绸之路也大大繁荣起来。这条海上商道，从中国的扬州、明州和广州出发，向西跨越南海和印度洋，一直到达东非沿海诸城邦和北非埃及的亚历山大里亚，再进入地中海地区。

由于西方的拜占庭帝国、萨珊波斯和阿拉伯帝国都是有着高度古代文明的国家，所以它们在同中国交往时，能够将自己多姿多彩的文化沿着丝绸古道输送到中国来，如浮雕、胡乐（龟兹乐、天竺乐，琵琶是主要的演奏乐器）、胡舞（拂林舞、拓枝舞、胡旋舞）、波罗球（马球）、葡萄酒酿造品种和方法，以及西方宗教摩尼教、祆（xian掀）教、伊斯兰教和景教，从而出现了中西文化交流的第二次高潮。而且，由于阿拉伯人在西亚、北非一带创造的高度发展的伊斯兰封建文明，使其在同中华文明交往时能够达到高层次的文化交流。

据钱易《南部新书》丙卷记载："太宗破高昌（即今新疆吐鲁番地区），将马乳葡萄种于宛，并得酒法。仍自损益之，造酒成绿色，芳香酷烈，味兼醍醐，长安始知其味也。"唐太宗时收复西域，西域葡萄酒的酿制方法也由此全面传入内地，这是自西汉之后的又一次葡萄酒引进。从此，葡萄酒成为唐代最常用的果酒而得到普及，酒的色味也大有提高，有的甚至跻身唐朝名酒之列，成为皇家贡品。

同时，欧洲古酒仍以各种途径输入中国。据唐人苏鹗《杜阳杂编》记载，当时西方传来的酒有龙膏酒、煎澄明和无忧酒。煎澄明酒的特色是"色紫如膏，饮之令人骨香。"这种酒由大食（即古阿拉伯）人转手贸易而来。可惜对于煎澄明酒与无忧酒的具体产地及酒类性质，唐人未作过多说明。关于龙膏酒，《杜阳杂编》记载说："饮龙膏之酒……黑如纯漆，饮之令人神爽。此本乌戈山高国所献。"按乌戈山高，即今埃及之亚历山大城。唐朝时，海上丝绸之路甚为畅通，唐王朝与欧洲的物品交换，经常以亚历山大为枢纽。当时欧洲出产的很多酒都偏重于深颜色，而且粘稠度较大，所以唐朝人用"色紫如膏"、"黑如纯漆"来形容。亚历山大输入唐朝的酒，大多为欧洲产品。

李肇在《唐国史补》卷下记录的唐代16种名酒，其中有三种就是从波斯（今伊朗）传进来的："酒—又有三勒浆类酒，法自波斯。三勒者谓庵摩勒、毗梨勒、河勒。"

在唐代，中国的曲酒技术正是沿着海上丝瓷之路逐步传向南亚和东南亚。正如中国食文化研究会会长杜子端所说："我国的酿酒技术，早已在亚洲传播，如尼泊尔、不丹、缅甸、泰国、老挝、柬埔寨、越南、马来西来、新加坡、印度尼西亚、菲律宾等国，都有根霉小曲酿酒。"（《酒都宜宾国际酒文化学术研究论文集·序》）日本酿造协会副会长秋山裕一在《东西方的酵母文化》一文中也说道："尼泊尔的酒是固体的粒酒。其曲是把中国风格的饼曲与蒸过的蟋蟀草相混合，不加下料水来酿造，饮时再加入热水，用吸管吸饮。"（载《辉煌的世界酒文化》）

三、明清时期中外酒文化交流的第三次高潮

明初，郑和率领船队七次下西洋，遍访东南亚、南亚、西亚和东非等30多个国家和地区，架起了一座通商、友好的桥梁，沟通了东西方的海上交通。之后，葡萄牙人达·伽马率领的船队饶过好望角，向东横渡印度洋，开辟了通往东方的新航路。这样，中西交通的主角从过去的中国、中亚、西亚和北非各国和地区，几乎完全转移到欧洲国家。

这一时期，欧洲的科技文化如天文学、数学、地理学、生物学、医学、建筑技术与风格、绘画艺术，以及西洋火器、工艺品和酒品，陆续传到中国。与此同时，中国的传统文化如风土人情、伦理道德、宗教信仰，特别是孔子的言行与儒家经典，以及中国的语言文字、文学、史学、绘画艺术、园林艺术，同中国的丝绸、瓷器、漆器、酒品等精美商品流入欧洲，进入欧洲社会各阶层的生活。

明清时期，欧洲出产的酒开始大批量涌入中国市场，国人称之为西洋酒。这时的西洋酒都会用精美的玻璃瓶包装，通过海上运输到达广东口岸，然后输散于全国各地。对于荷兰人输送的欧洲酒，人们又称作番酒或红毛酒，盖因当时称西人为番人，荷兰人多是红头发，人们俗称为红毛。清朝人王紫诠《瀛壖杂志》卷五也记载："舶中所携红毛酒，贮以玻璃瓶，色红味甘，辣如丁香，功胜媚药。"

自明代晚期起，澳门成为欧洲人向中国输送酒品的桥头堡，许多欧洲贸易船舶都在此停舶，倾销货物。《竹叶亭杂记》卷三记载："广东香山属地曰澳门，为通夷舶之所，……酒贮以玻璃瓶，大小罗列，以酒之贵贱，分杯之大小。"形形色色的西洋酒在当时中国酒界引起了轰动效应，以至饮惯了中国传统酒的人们，或多或少要投以好奇的目光。

明清时期输入中国的欧洲酒已有明显的类别区分，如葡萄酒、白兰地、香槟酒以及各种香料配制，都能被国人所识别。西洋酒葡萄酒（包括红葡萄酒和白葡萄酒）的输入量最大。明人顾起元《客座赘语》卷九载："四夷入国朝来，所闻酿酒，……拂菻国以蒲桃酒。"拂菻，古人指东罗马辖区。蒲桃，即葡萄。清朝人张汝霖《澳门纪略》卷下记述欧洲来的酒："酒以白葡萄为上，红葡萄次之，所谓色如琥珀、气类貂鼠者。又有葡萄红露酒、葡萄黄露酒，皆以瓶汁，外贮以箱。"查慎行《敬业堂诗集》卷三八《谢院长惠西洋蒲桃酒》有云："妙酿真传海外方，龙珠滴滴出天浆。醍醐灌顶知同味，玻珀浮瓶得异香。直可三杯通大道，谁教五斗博西凉。平生悔读无功记，误被村醪引醉乡。"在当时国人的心目中，西洋葡萄酒属于海外异品，给人以独特的享受。白兰地酒是欧洲特产的蒸馏酒，品牌尤为高贵。清代中叶，这种酒已大规模进入官方宴会，成为款客敬宾的上佳酒品。

香槟酒也从欧洲输入中国，甚至进入皇家宫廷，大有取代国产酒的声势。佚名《前清宫词》记云："宫中饮宴，多重洋酒，香槟最佳，有金头、银头之分。气香烈，开时不慎，则酒气上冲，淋漓满地，而瓶无余滴矣。先以小锥锥瓶，以泄气。"欧洲多产香料酒和配制酒，其中如茴香酒、雪利酒、菊芋酒、利口酒、麝香马拉加酒，古时候也都先后输入我国。前引《清稗类钞》所说的"口里酥"是指利口酒。按西洋利口酒分果料、草料和种料三类，用料较为特殊。清人刘廷玑《在园杂志》卷四记载："近日玻璃瓶盛，红毛酒多入中国，然其中有香料茴椒，止宜于冬月及病寒者，若弱脆之体，未可轻饮。"这里提到的便是茴香酒，为法国、希腊和意大利所特产。

1892年，著名爱国华侨企业家张弼士先生先后在山东烟台投资购地近千亩，从欧洲及国内各地引进优良葡萄160多种，建成了中外闻名的葡萄种植基地，创建了张裕葡萄酒公司，采用欧洲现代化酿酒技术，生产各种优良的葡萄酒。自此以后，太原、青岛、北京、通化等地也相继建立了现代化的葡萄酒厂和引进欧洲优良的酿酒葡萄品种园，并指导广大农民依法栽培葡萄，保证了优质葡萄酒原料的供应。从而有力地促进了中国葡萄酒的发展。1910年，法国在华传教士将香槟酒（我国又名起泡葡萄酒）传入我国，由北京葡萄酒厂继承发展。

张裕公司创始人张弼士

1892年烟台张裕酿酒厂大门

1900年在哈尔滨由俄罗斯技师建立了第一家啤酒作坊（乌卢布列夫斯基啤酒厂），标志着啤酒这一新的酒种在中国正式诞生。而第一家现代化啤酒厂是1903年在青岛由德国酿造师建立的'英德啤酒厂'（青岛啤酒厂前身）。1904年，我国在哈尔滨创建第一个啤酒厂——东三省啤酒厂。1915年，由中国人出资在北京建立了双合盛啤酒厂。当时，酿造啤酒的原材料和技术全部由西方引进。

明清时期，我国在引进西洋葡萄酒和啤酒的同时，已开始向西方出口中国白酒及其酿造技术。蒸馏白酒在唐代产生，经宋、元代普及发展，至明代，两种酿造烧酒的类型——小曲白酒法和大曲白酒法都已经成熟，而且分为北方烧酒和南方烧酒两大流派至迟在明代中期，制曲业从酿酒业中分离出来，成为一个独立的行业。至清代，高粱烧酒法已从北方发展到南方，逐渐成为蒸馏酒的主要原料。在世界各国以淀粉质为原料酿酒的各种方法中，高粱烧酒法是中国人独创的。特别是糖化酒化同时进行和固态发酵法用水很少这两项技术，在国际酿酒工业进展中更具有深远的意义和很高的科研价值。中国的这种白酒蒸馏术，18世纪传入欧洲后，将西方自古以麦芽糖化谷物，然后用酵母菌使糖发酵成酒的传统技术大大提高了一步，使法国本来一般的葡萄酒成为白兰地酒而一举成名，使苏格兰威士忌成为世界名酒。这也是中国酒文化对世界酒文化的重大贡献。与此同时，中国的名酒如茅台、汾酒、绍兴黄酒等在清代已经出口西方和日本，引起了海外消费者的关注。

第二章　当代部分

建国以后，随着中国同世界各国的交往日益增加，中外酒文化的交流也越来越密切。建国初期，我国从日本引进啤酒大麦在浙江种植，技术和管理开始由自己掌握。五十年代末期，啤酒的原料和酿造技术我国完全达到自给、独立。改革开放以后，我国又从国外引进了啤酒生产的先进设备和先进技术，并逐步发展了一批三资啤酒企业，现在已经成为世界第二位的啤酒生产大国。从上述情况可以看出，我国现代的啤酒酿造，完全走的是一条引进、消化，再引进、再消化，直至赶超世界先进水平的路子。啤酒和葡萄酒通过消化、吸收国外技术，自身的质量和势力在迅速提高，青岛啤酒和烟台张裕葡萄酒等一批名牌酒已大量出口国外。

改革开放以后，我国在大量引进葡萄酒和啤酒生产技术的同时，一些企业还引进了一些威士忌、鸡尾酒等西方名酒的生产工艺，生产出了中国造的洋酒品种；而"在中国清酒的研制过程中，不但运用和发展了我国的传统酿造工艺，吸收了日本清酒的酿造技术，还引用了多项高新技术，解决了传统工艺长期不能解决的技术难题，保证了产品质量的稳定"。（沈锦辉《中国清酒生产技术初探》）特别是借鉴西方国家酒类低度化、品种系列化、包装精美化、广告艺术化的经验，大大促进了中国酒的四个转变，即由粮食酒向果露酒、蒸馏酒向酿造酒、高度酒向低度酒、普通酒向优质酒的转变，使中国酒呈现出前所未有的良好发展态势。

白酒、黄酒和果露酒是中国的传统酒种，远在明清时期就有少量出口，建国以后逐年增多，改革开放以后数量大增，特别是茅台酒、五粮液酒、汾酒、竹叶青和绍兴黄酒等一大批名酒在世界酒类市场上已享有盛名。

改革开放以后，中外酒文化的交流如火如荼，主要是通过举办研讨会和酒文化节的形式开展。例如中日联办的六届国际酒文化研讨会，5次在中国举办，1次去日本举办，还吸引了美国、韩国的专家学者参加，对于促进中外酒类科技工艺和历史文化的研究交流起到了良好的作用。青岛国际啤酒节、烟台张裕国际葡萄酒节，以及我国各地举办的众多国际酒文化博览会，对于促进中外酒品及其文化的交流意义重大。

通过中外交流，我国酒业同西方名酒的差距已大大缩短，整体实力大大增强。现在，我国各个酒种都有许多品牌在国际权威赛会和展览会上摘金夺银，在国际市场上成为新宠，为中国酒业增光添彩，为国家和企业创造了大量外汇。

主要参考资料：

1. 王赛时著《中国古代从欧洲输入的酒》（专利号2007303003182）
2. 徐少华著《中国酒与传统文化》北京，中国轻工业出版社，2003年
3. 何芳川、万明著《古代中西文化交流史话》北京，商务印书馆，1998年
4. 何兆武著《中西文化交流史论》北京，中国青年出版社，2001年
5. 贾蕙萱著《中日饮食文化比较研究》北京，北京大学出版社，1999年

第十二篇 酒史大事记

中国酒史大事记

公元前359~前338年	商鞅变法，税重抑商，酒价十倍于成本。
前221~前206年	《秦律》，禁用余粮酿酒，沽卖取利。
前138年	张骞出使西域带回葡萄，引进酿酒艺人，中土开始有了葡萄酒。
前98年	汉武帝采纳理财家桑弘羊的建议，设立"酒榷"官司，实行了酒类专卖制度，实行了17年之久。
前81年	汉代始元六年，官卖酒，每升四钱，是酒价的最早记载。
公元533~544年	贾思勰撰《齐民要术》92篇，其中6~9专论制曲、酿酒，为世界上最早的酿酒工艺学。
1656年	泸州一舒姓人，开设"舒聚源"典酒坊，据传所用酒窖沿用至今，故酒名"泸州老窖特曲"。
1842年	四川成都全兴老号糟坊建立，产全兴大曲酒。
1860年	江西人华联辉在茅台镇创成裕烧房，生产茅台酒，是为"华茅"。
1879年	仁怀县人在茅台镇创荣太和烧房，生产茅台酒，是为"王茅"。
1892年	张裕葡萄酒公司创建，我国开始用"手榴弹式"玻璃瓶装酒，以张裕葡萄酿酒公司为首开始按洋酒式样包装。
光绪年间	俞敦培辑《酒令丛钞》四卷，收录酒令322种，为清末前集酒令之大成者。
1900年	俄罗斯技师在哈尔滨建立第一家啤酒作坊——乌卢布列夫斯基啤酒厂。
1903年	青岛啤酒前身——英德啤酒酿造公司创建，酒质精良，在国内外享有盛誉。
1904年	哈尔滨东三省啤酒厂建立，它是我国民族资产阶级自己建立的最早的啤酒生产企业。
1914年	哈尔滨五州啤酒厂建立，是我国自己建立的第二家啤酒厂。
1915年	茅台在巴拿马万国商品赛会上荣获金质奖章。
1916年	汾酒在巴拿马万国商品赛会上荣获一等优胜金质奖章。
1921年10月10日	山西酒厂建立，其最初的建厂目的是想振兴民族工业，以国产葡萄酒代替舶来品。
1927年9月	鲁迅在广州夏期学术演讲会上发表《魏晋风度及文章与药及酒之关系》的讲演。这是中国历史上第一篇以科学观点分析酒文化现象的论文。
1929年	南京政府公布了《洋酒类税暂行章程》，规定在国内销售的洋酒，从价征收30%的税金。
1934年	由宋子文领头集资创建的五羊啤酒厂，采用了当时的新设备捷克式糖化锅。
1945年1月	晋冀鲁豫边区政府公布《关于造酒的规定》《关于统一造酒决定》及《造酒业完全由政府直接经营》等命令。
1946年8月	国民政府公布《国产烟酒类税条例》。
1947年	茅台酒在香港试销，立即被抢购一空，自此茅台酒开始走向国际市场。
1949年4月	华北税务总局、华北酒业专卖总公司在北京召开华北首届酒业经营管理会议，决定对酒实行专卖，停止私人经营，酒业专卖工作的总方针是"统一经营"与"分散管理"相结合。
1950年1月1日	华北税务总局改为中央财政部税务总局。
1950年12月6日	财政部税务总局、华北酒业专卖总公司在《关于华北公营及暂许私营酒类征

税管理加以修正的指示》中，决定对公营啤酒、黄酒、洋酒、仿洋酒、改制酒、果木酒等均改按从价征税。

1951年5月	中央财政部颁发了《专卖事业暂行条例》，规定专卖品为酒类和卷烟用纸两种。
1952年	第一届全国评酒会在北京举行。
1953年2月10日	财政部税务总局和中国专卖事业总公司对酒税、专卖利润率定为11%，其它酒类为10%。
1954年	青岛啤酒做为中国的啤酒品牌第一个进入了国际市场，正式开始出口。
1955年	北京最早举办糖酒会。
1958年	中国成立第一所酿酒大学——张裕酿酒大学。
1959年	中国啤酒产量达到10.77万吨，这是我国啤酒工业第一次产量超过10万吨。
1963年11月	第二届全国评酒会在北京举行。
1964年	糖酒会在上海最早设展。
1964年	黑龙江省轻工研究所最早分析出酒尾中的混浊物质是棕榈酸乙酯和亚油酸乙酯。
1964年	开始山西杏花村汾酒试点。
1974年	黑龙江省玉泉白酒试点最先总结出利用发酵副产品"香糟、黄水、酒头、酒尾"生产新型白酒。
1978年	长城葡萄酒公司开始生产国际流行的非氧化型的干白葡萄酒开始投入市场，并于1979年开始出口。
1978年4月	国务院副总理李先念作出"把啤酒搞到50万吨"的重要批示。
1979年8月	第三届全国评酒会在大连举行。
1979年	上海建成年产万吨规模的黄酒机械化生产线，使我国第一次实现了黄酒的机械化生产。
1980年	我国第一个中外合资的王朝葡萄酒公司成立，使我国市场上有了较大批量的不含糖或略含糖的干型、半干型、半甜型的白葡萄酒。
1980年	河南商代后期古墓中出土了最古老的酒，现存于故宫博物院。
1981年	国家颁发了国家标准"蒸馏酒及配制酒卫生标准（GB-2757-81）。
1983年6月	第四届全国评酒会评送黄酒葡萄酒，第四届评酒会评比酒较多，分3次举行。
1984年5月	第四届全国评酒会评选白酒。
1984年10月	中国烟草总公司中国食品总公司、天津市烟酒公司集资经营的全国第一家烟酒贸易中心在天津开业。
1984年3月6日	我国第一次从国外（联邦德国）引进啤酒瓶装设备制造技术，该技术由中国轻工机械总公司广东轻工机械厂使用。
1984年4月	山东烟台市举办"全国果酒生产工艺学术讨论会"，这是建国以来第一次由学会主办的葡萄酿酒学术交流会。
1984年3月6日	辽宁省啤酒专业协会在沈阳成立，是全国各省市区啤酒行业最早成立的专业啤酒协会。
1985年5月	第四届全国评酒会评选啤酒、果酒和露酒。
1985年	我国第一批从计划经济管理体制下转为市场调节的产品就包括酒精、黄酒、果露酒和葡萄酒。
1986年11月	全国第一所酿酒学校——淮阴酿酒职工中等专业学校在酒乡江苏泗洪县双沟镇成立，该校设4个专业。
1987年	中国第一家啤酒行业的专业集团公司——海花啤酒集团公司在江苏南通宣告成立，年产量30000吨。
1987年9月1~5日	中国第一个名酒节在酒城泸州举行。
1987年	我国各类酒总产量突破1000万吨，比1949年增加了60多倍。

中国文化遗产年鉴·酒文化卷

1988年7月	名白酒的价格普遍放开，此次调价幅度较大，有的国家级名酒从每500克数十元升至百元以上。
1988年	中国第一家生产干红葡萄酒的专业公司——华夏葡萄酿酒公司成立。
1989年	拉萨啤酒厂成立，至此，我国31个省、市、自治区都有了本地的啤酒生产企业。
1989年1月10日	第五届全国评酒会在安徽合肥举行。
1993年7月15日	青岛啤酒股份有限公司发行的H股在香港联交所挂牌上市，成为中国第一家海外上市公司。
1994年	我国啤酒产量跃居世界第二位。
1994年8月	我国最大的黄酒生产和出口基地——绍兴黄酒集团成立。
1994年11月2日	孔府宴以利税的1/3即3009万元夺得央视首届标王。
1994年	黑龙江省酒业协会最先研制成功并在全国推广"营养型复制白酒"。
1995年6月	珠江啤酒有限公司在布鲁塞尔隆重开业，开创了中国啤酒在国外生产的先例。
1995年	23个部委提出，"今后公宴不喝白酒，改用果酒，以后进一步发展成不喝白酒和进口酒"。
1995年11月8日	秦池酒厂以6666万元取得央视第二届标王。
1996年	中国出现第一个"白酒博士"徐岩副教授和"啤酒博士"李崎副教授。
1996年	黑龙江省酒业协会最先研制成功并在全国推广"五层挤压膜袋装白酒"。
1996年6月9日	辽宁锦州市凌川酒厂在老厂搬迁时在地下80cm处发掘出4个庞大的木制酒海，其中存有2000余公斤白酒，该酒封藏于道光二十五年即公元1845年。
1997年秋	在郑州举办的糖酒会创成交额最高记录——135.62亿元。
1998年2月	山西朔州假酒案破案。
1999年	黑龙江省酒业协会最先研究试用了"新的白酒评定办法"，在全国第二届新型白酒展示会上试用成功。
2000年9月	2000年秋季糖酒交易会举办。
2000年10月	第三届中国四川名酒文化节暨第二届成都商品交易博览会举办。
2002年	《中国酿酒工业年鉴》2001年版问世。
2003年	全年规模以上白酒企业产量331.35万千升。
2004年2月24日	由中国酿酒工业协会白酒分会组织的"全国白酒行业技术发展研讨会"于在北京召开，出席会议的有白酒行业著名专家沈怡方等九人，来自全国 17个重点企业负责人。中国酿酒工业协会白酒分会王延才理事长主持会议。会议回顾了2003年白酒行业情况；讨论了白酒行业今后发展中主要技术科研工作；看望了病中白酒泰斗周恒刚。
2004年3月	经国家质量监督检验检疫总局批准建设，由青岛产品质量监督检验所筹建的国家啤酒质量监督检验中心，经国家质检总局检查验收投入使用。
2004年3月17日	在成都春交会上成功主办了"中国酒业新通路论坛"。邀请业内知名酒类营销专家、策划人员及相关领导对酒类营销新思路、新热点进行演讲、座谈。被许多业内人士称为是当届交易会上最为成功的论坛。
2004年4月	随着中国国际酒类信息展示交易中心落户上海，国内3大酒类交易中心已初具规模。另外两家大型酒类交易中心分别是位于洛阳的中原物流中心和位于广州南方的名酒专业市场。
2004年5月	广州发生数起因饮用甲醇含量超标的散装白酒导致的中毒事件，造成多人死亡。
同月	葡萄酒行业新标准修订完成
同月	长城、张裕、王朝、新天和甘肃莫高在内的5家葡萄酒企业齐聚国家标准主管部门，共同参与审议新的葡萄酒国家标准修订稿———《葡萄酒行业标准草案》。经最后审议

讨论完成后，这套草案正式上交国家主管部门。葡萄酒新标准出台后，葡萄酒产品将执行葡萄酒国家标准。

2004年6月24~25日 在广州新塘召开"第二届全国酒类协会工作交流会暨中国酒业管理高峰论坛"

2004年6月30日 半汁葡萄酒完全退出了葡萄酒市场。

2004年7月 《2004年中国糖酒年鉴》出版。

同月 中国农业大学——龙徽葡萄酒实验室正式启动。该实验室由中国农业大学食品科学与营养工程学院与北京龙徽酿酒有限公司共同建立。

同月 首批酿酒技师晋级培训与鉴定启动

同月 江南大学黄酒酿造技师培训班开学。

同月 啤酒花及其制品新国家标准出台。

同月 中国酿酒工业协会果露酒分会专家委员会成立。

2004年8月 江南大学举办白酒高级技师培训班。

2004年8月20~23日 在江西景德镇成功举办了"全国酒类大中型骨干企业董事长、总经理联谊交流会暨行业热点问题研讨会"。

同月 中国园艺学会葡萄与葡萄酒分会首届学术年会暨中国首届葡萄与葡萄酒产业发展高峰论坛在京召开。

同月 在中国啤酒大麦发展规划专家论证会暨啤酒原料产业发展论坛上，最为重要的一项活动就是与会专家对中国啤酒大麦发展规划进行了论证。

2004年9月 在长春召开中国酒类商业协会2004年年度理事会。

同月 江南大学举办酒精技师培训班。

2004年 中国饮料酒总产量约为3464.48万千升。

2004年 中国长城葡萄酒有限公司长城庄园赤霞珠干红葡萄酒获得北京——布鲁赛尔国际评酒会金奖，长城五星干红葡萄酒获得北京-布鲁赛尔国际评酒会银奖。

2004年 中国长城葡萄酒有限公司庄园模式的建立与关键技术应用获得国家科技进步二等奖。

2005年 由中国食文化研究会主办的《食文化与食品企（产）业发展高层论坛》在北京召开。

2005年 中国长城葡萄酒有限公司长城VSOP白兰地、长城庄园赤霞珠干红葡萄酒获中国北京伦敦国际评酒会金奖。

2006年 世界卫生组织公布了关于《西太平洋地区减少酒精危害计划》的报告。

2006年9月1日 在首届酒博会上，"中国酿酒协会经销商联盟"正式成立。

2006年10月 中国酿酒协会承担了《啤酒工业循环经济重点技术的调研及经济政策研究》的课题研究工作，于2007年完成。

2006年 我国啤酒产量实现3515.15万千升，比2005年增长14.7%，并连续五年居世界首位。

2006年 中国葡萄酒消费量4.94亿升，但仅占当年各种酒消费总量的1.5%；进口葡萄酒约占中国葡萄酒市场10%份额。

2007年1月10日 中国品牌研究院公布《中国最有价值商标500强》排行榜。

2007年1月11日 中国酿酒工业协会向各省、自治区、直辖市酿酒（白酒）协会、白酒企业通报了第七批全国酿酒品酒师名单。

2007年1月21日 国家质检总局发布的果露酒产品质量监督抽查结果显示，抽样合格率为71.2%。

2007年1月23日 全国酒协秘书长会议在安徽九华山召开，30多家地方酒类协会的有关领导就协会如何更好地为企业办实事进行了深入研讨。

2007年1月24日 四川泸州老窖股份有限公司继高端品牌国窖1573在全国热销后，又一经典力作——泸州老窖封坛年份酒正式问世。"泸州老窖封坛年份酒新品上市新闻发布会暨品鉴酒

	会"在大连市香格里拉大酒店隆重举行，9年陈藏、18年陈藏和28年陈藏盛装登场。
2007年1月30日	山东蓬莱市园艺师协会正式成立，这是全国第一家针对酿酒葡萄成立的园艺师协会。
2007年2月3日	央视"每周质量报告"曝光了河南省民权县部分葡萄酒企业产品存在问题。这是继2002年通化"山葡萄酒事件"之后，又一起以地方为单位的集体葡萄酒质量事件。
同日	由中国农业大学葡萄酒科技发展中心和中粮集团华夏长城葡萄酒有限公司完成的"中国葡萄酒酚类物质的研究"项目通过了教育部组织的科技成果鉴定。
2007年2月12日	落户石河子经济技术开发区的新疆燕京啤酒有限公司开始投产。
2007年2月24日	中国最大的小曲酒生产基地——劲牌公司原酒基地在湖北大冶正式落成投产。
2007年2月27日	在2006年度国家科学技术奖励大会上，青岛啤酒历时8年完成的《啤酒高效低耗酿造技术的开发与应用》项目荣获2006年国家科学技术进步二等奖。
2007年2月28日	香港财政司长唐英年公布今年的财政预算案，其中将现在分别为80%及40%的红酒及啤酒税税率均大减50%。
2007年3月20日	由《华夏酒报》主办的"普瑞特"杯2006年度中国酒业十大新闻人物"、"2006年度中国酒业十大创新品牌"颁奖典礼暨《华夏酒报》出版2000期庆典在重庆召开。
2007年4月26日	中国酿酒协会白酒分会技术委员会组织，在江苏无锡召开了"中国白酒169计划"成立大会。按产、学、研合作的模式，由协会白酒分会技术委员会、江南大学生物工程学院和四川剑南春集团有限责任公司、山西杏花村汾酒厂股份有限公司等九个大型企业共同组成。
2007年4月	"中国酿酒大师"颁证大会暨我国酿酒业泰斗——秦含章老先生百岁寿辰活动"举办。
同月	全国整规办公布了首批行业信用评价试点单位名单,中国酿酒工业协会和中国酒类流通协会均被列入行业信用评价体系试点单位。
同月	华润雪花啤酒集团以1.7亿元的价格并购内蒙古巴特罕酒业。
2007年5月10日	中国酿酒协会与国家质检总局在北京签订了《白酒、酒精生产许可技术支持技术服务合同》。
2007年5月22日	由中国农大食品科学与营养工程学院段长青教授主持完成的科技成果转化资金项目"冰葡萄酒酿造技术的产业化开发"通过了教育部科技司组织的专家验收。
2007年5月	山东张裕集团公司在宁夏投资新建的2万亩酿酒葡萄种植基地，至今年5月新建葡萄园面积将达到1万亩。这标志着张裕酿酒葡萄基地正式落户宁夏。
同月	北京啤酒的绿色环保工厂扩建完工。该厂于2004年建成，一期生产能力为5万吨/年。扩建后，生产能力达10万吨/年。新扩建的厂区主要用于生产"纯生"啤酒。
2007年6月6日	山东扳倒井集团投产的酿酒车间，正式入选"大世界基尼斯之最"。上海大世界基尼斯总部认定该车间为世界上最大的纯粮固态发酵酿酒生产车间。
同日	张裕葡萄酒股份有限公司旗下第四个酒庄、投资2亿元的北京爱斐堡酒庄在北京密云正式落成。
2007年6月	组织召开了"全国酒精行业节能减排调整税收政策座谈会"。
2007年7月26日	辽宁省大连市2007中国国际啤酒节隆重开幕。30多个啤酒商、200多种啤酒、30万大连市民与来自世界各地的宾朋共同演绎着啤酒节火热的狂欢激情。
2007年7月26~28日	中国酿酒协会和中国财贸轻纺烟草工会在北京联合召开了全国酿酒行业劳动关系和谐企业表彰会。
2007年7月29~31日	2007年国家级葡萄酒评委年会暨宁夏贺兰山东麓葡萄酒峰会在银川举行。
2007年7月30日	互助杯第一届青稞酒发展高峰论坛暨招商洽谈会在西宁市举行。
2007年7月	由中国酿酒工业协会组织的"国际名酒与中国市场"座谈会在北京召开。

中国文化遗产年鉴·酒文化卷

2007年8月3日	"金门高粱酒——纯粮固态发酵白酒酿造工艺发布会"在北京人民大会堂举行。
2007年8月17日	由中国酿酒工业协会主办的首届中国低度白酒高峰论坛暨中国酿酒工业协会白酒分会技术委员会会议在郑州召开。
2007年8月20日	由国家葡萄酒质量监督检验中心和《华夏酒报》共同主办的"2007(首届)中国葡萄酒经济年会"在河北昌黎召开，期间，《华夏酒报》发布了《中国葡萄酒经济报告》。
2007年8月24日	由中国酿酒工业协会主办、珠江啤酒集团承办的"中国啤酒行业自主创新国际高峰论坛暨中国纯生啤酒十周年庆典"举行。
2007年8月24~26日	国内23家白酒经销商聚会四川宜宾，与五粮液结成品牌运营联盟。
2007年9月8日	2006年度中国纳税500强系列排行榜在京公布。
2007年9月9日	酱香武陵酒启航仪式暨泸州老窖股份有限公司销售公司华中分公司揭牌仪式在湖南省常德市隆重举行。
2007年9月17日	中国酿酒工业协会组织的"调整白酒产业政策的研究会议"在北京召开。
同日	山东十大白酒企业负责人从中食协负责人手中接过了"纯粮固态发酵酿酒"标志。这意味着山东省十大白酒企业可以正式贴上"纯粮"新标签。
2007年9月19日	中国食品工业协会和安徽古井集团共同创办的"古井集团淡雅香型白酒研究院"揭牌，标志着古井在复兴之路上又迈出了坚实的一步。
2007年9月23日	首届烟台国际葡萄酒节在烟台开幕。
2007年9月	由上海龙川酒业发展有限公司联合上海市15家酒类饮料经销商发起的上海市首家酒业销售联合体———上海聚龙国际经贸发展有限公司宣告正式成立。
	《预包装饮料酒标签通则》正式实施，并严格规定了标签样式。
2007年10月12~4日	2007年秋季全国糖酒商品交易会在哈尔滨市举行。
2007年10月18日	由中国酿酒工业协会、杏花村汾酒集团有限责任公司共同主办的"首届国际蒸馏酒发展论坛"在山西太原开幕。
同日	苏鲁豫皖第四届白酒峰会在安徽亳州召开。
2007年10月20日	德国啤酒节暨"首届宁波国际啤酒节"在宁波市体育中心富邦体育场开幕。
2007年10月28~31日	中国酿酒协会和中国财贸轻纺烟草工会、中国就业培训技术指导中心、中国轻工业职业技能鉴定指导中心联合举办了"诺维信杯"首届全国啤酒评酒技能大赛。
2007年10月29日	浙江绍兴中国黄酒博物馆正式开馆。博物馆由酒史厅、酒业厅、酒艺厅、酒俗厅、酒窖等组成，展示了源远流长的黄酒文化。
2007年11月6日	由四川省泸州市政协主办的泸州酒业发展论坛在泸州酒城宾馆开幕。
2007年11月17日	拥有国家保密酿造配方及工艺、采用百草入曲酿造、中国传统八大名酒之一的董酒，在贵州省遵义市的遵义宾馆举办了国密董酒战略发展暨新产品上市新闻发布会。
2007年11月19日	酒鬼酒发布公告，称中国证监会已经下达批复，同意豁免中国糖业酒类集团公司控股的中皇有限公司收购酒鬼酒的要约收购义务。
2007年11月	由剑兰春和酩悦轩尼诗合力打造的高档浓香型白酒——文君酒在北京上市。
2007年11月24日	国家食品药品监管局下发《关于贯彻落实国务院常务会议精神加强市场食品安全监管的通知》，通知进一步要求严格管理食品安全。
2007年11月27日	罐装雪花啤酒在华润雪花啤酒（甘肃）有限公司刚建成的生产线出产。
2007年11月29~12月2日	中国国际酒业及技术博览会在北京举办。
2007年1~11月	广东啤酒对东盟出口1551.7万升，大幅增长50.8%，延续近年强劲的增长势头。
2007年11月	全国31个省区市，日本、美国、东南亚酒业商会涌进泸州地区。
同月	国际权威的葡萄酒行业机构———国际葡萄与葡萄酒组织（OIV）主席彼德·海斯

（Peter Hayes）带领高层代表团造访北京张裕爱斐堡国际酒庄，并宣布全面启动储酒领地。

同月	烟台12万亩葡萄标准化生产基地通过绿色认证。农业部绿色食品发展中心组织专家对全市12万亩绿色食品原料（葡萄）标准化生产基地进行验收。
2007年12月2日	年产能力20万吨的麒麟啤酒新厂在珠海建成投产。
2007年12月8日	中国食品工业协会白酒专业委员会8日推出了我国第一个鉴别白酒陈酿年份的方法——"挥发系数鉴别法"，这一鉴别法是由四川剑南春酒厂研究发明的，已申请国家发明专利，此产品标准已用于生产15年陈酿剑南春酒。
2007年12月23日	中粮南王山谷君顶酒庄有限公司承担的烟台市科技项目"数字化酿酒葡萄园共性关键技术研究与应用"通过了省科技厅组织的专家鉴定。
2007年12月	一款具有浓郁喜庆色彩的"婚庆专用黄酒"由会稽山绍兴酒股份有限公司隆重推出。该产品是会稽山公司为婚庆市场专门打造的一款时尚新品。每瓶容量500ml，可将新人婚纱照印到瓶身上。
同月	在刚刚结束的2007年法国·波尔多中国国际葡萄酒烈酒评酒会上，由民权九鼎葡萄酒有限公司选送的赤霞珠干红（珍藏版）荣获金奖，另一款赤霞珠干红则获得银奖荣誉。
同月	2007年度"中国最有价值品牌"研究评估报告揭晓，五粮液品牌价值突破400亿元，继续稳居中国食品行业第一品牌位置。
2007年	饮料酒产量（不含果露酒）5203.51万千升，同比增长13.83%其中：酒精17.87%；白酒22.24%；啤酒13.80%；黄酒7.85%；葡萄酒37.05%；销售产值2931.15亿元同比增长27.72%。
2007年	中国酿酒协会承担了《酒类质量安全检测评估与甲醇、杂醇油超标等专项调查》课题，并按文件要求，2008年3月已将报告上交国家质检总局。
2007年	中国酿酒协会和北京工商大学等单位，组织相关技术工作人员50多人，开展调查工作。
2007年	进行了露酒、黄酒中国名牌产品申报和评选工作，露酒最终有6个产品获得中国名牌产品的称号。
2007年	酿酒行业利润预计突破200亿元大关，位居整个食品行业第二位。
2007年	中国酿酒协会白酒分会共为9家企业推荐驰名商标，为2家企业推荐申报非物质文化遗产名录；
2007年	发酵酒的产量占到总产量的90%以上，中、低度白酒占到白酒总产量的80%左右。
2008年1月1日	新《葡萄酒》国家标准（GB10537－2006）实施。新国家标准是强制性标准，并是第一次在我国的国家标准中对产地葡萄酒、品种葡萄酒和年份葡萄酒等作了明确的定义。
同日	中国酒业总评榜评选活动在四川启动。
2008年1月1～3月10日	率先进行白酒总评榜的评选活动。按照规定，白酒总评榜的评选将实行申报参评制。
2008年2月	稻花香集团以其独特的白酒文化内涵、丰富的企业文化、创新的企业文化建设等特色，荣膺2007年度中国酒业文化百强。
2008年3月21日	2008年春季全国糖酒商品交易会在成都世纪新城会展中心隆重开幕。
2008年3月22日	泸州2008酒业博览会开幕式举行。

主要参考资料：

中国糖酒网 www.tangjiu.com

一代宗师

在50～60年代研究的基础上，时任茅台酒厂厂长、总工程师、国际评酒大师的季克良在全国率先发表工艺论文，解决了重水份、轻水份的认识分歧；黑、白、黄曲的认识分歧，解决了二酒超一次酒的工艺难题，使茅台酒生产工艺不断科学、合理、完善。

有机食品

有机食品才是真意义上的健康食品。图为茅台集团的有要原料生态示范园外景。

昔日小作坊　今朝大集团

茅台镇全景图

茅台万吨工程实景

茅台集团于2003年新万吨扩建工程全面铺开，为打造百亿集团迈出坚实的一步。

1951年 在原私营烧房基础上成立"贵州省茅台酒厂"。

1992年 茅台酒厂在全国白酒行业中惟一晋升为国家一级企业。

1994年 茅台酒厂在全国白酒行业中惟一晋升为国家特大型企业。

1997年 中国贵州茅台酒（集团）有限责任公司成立。

1999年 贵州茅台酒股份有限公司成立。

2004年 向"再建万吨工程，打造百亿集团"的宏伟目标迈进。